이 책의 한국어판 저작권은 EYA(Eric Yang Agency)를 통해 케임브리지대학교 출판부(Cambridge University Press)와 독점계약한 (주)소와당에 있습니다. 저작권법에 의하여 보호를 받는 저작물이므로 무단전재와 복제를 금합니다.

Korean translation copyright © 2021 by SOWADANG
Korean translation rights arranged with Cambridge University Press through EYA(Eric Yang Agency)

CAMBRIDGE WORLD HISTORY: Volume IV(PART 2)
Copyright © Cambridge University Press 2015

제국과 네트워크 2
지역을 넘어선 교류

크레이그 벤저민 편집 / 류충기 옮김

기원전 1200년 – 기원후 900년

Cambridge World History
VOL. IV Part 2

소와당

케임브리지 세계사 시리즈 소개

케임브리지 세계사 시리즈는 활발한 연구가 펼쳐지고 있는 세계사 분야를 새롭게 개괄하는 권위 있는 개론이다. 세계사 및 지구사의 최근 연구 경향을 반영함으로써 포괄하는 시간적 범위를 확대했으며, 문헌 기록 이후의 역사뿐 아니라 인류의 전체 역사를 대상으로 했다. 국제적으로 다양한 분과 학문에서 선도적인 연구 업적을 내는 필자들을 섭외했고, 200명 이상의 저자들이 참여하여 오늘날까지 인류의 과거를 종합적으로 설명했다. 세계사는 다양한 방법론을 통해, 그리고 다양한 시공간적 범위에서 검토되어야 한다는 인식이 성장하고 있음을 감안하여, 시리즈의 각 권에서는 지역별 연구, 주제별 연구, 비교 연구의 성과를 수록했으며, 사례 연구를 더하여 넓은 시각의 연구를 깊이 있게 들여다볼 수 있도록 기획했다. 바로 이런 점이 케임브리지 세계사 시리즈의 특징이라 하겠다.

시리즈 편집 총괄
메리 위스너-행크스(Merry E. Wiesner-Hanks)
- Department of History, University of Wisconsin-Milwaukee

편집위원회
그레이엄 바커(Graeme Barker)
- Department of Archaeology, Cambridge University

크레이그 벤저민(Craig Benjamin)

- Department of History, Grand Valley State University

제리 벤틀리(Jerry Bentley)

- Department of History, University of Hawaii

데이비드 크리스천(David Christian)

- Department of Modern History, Macquarie University

로스 던(Ross Dunn)

- Department of History, San Diego State University

캔디스 가우처(Candice Goucher)

- Department of History, Washington State University

마니 휴스-워링턴(Marnie Hughes-Warrington)

- Department of Modern History, Monash University

앨런 캐러스(Alan Karras)

- International and Area Studies Program, University of California, Berkeley

베냐민 케다르(Benjamin Z. Kedar)

- Department of History, Hebrew University

존 맥닐(John R. McNeill)

- School of Foreign Service and Department of History, Georgetown University

케네스 포메란츠(Kenneth Pomeranz)

- Department of History, University of Chicago

베린 셰퍼드(Verene Shepherd)

- Department of History, University of the West Indies

산자이 수브라마니암(Sanjay Subrahmanyam)
- Department of History, UCLA and Collège de France

스기하라 가오루(杉原 薫)
- Department of Economics, Kyoto University

마르설 판 데르 린던(Marcel van der Linden)
- International Institute of Social History, Amsterdam

에드워드 왕(Q. Edward Wang)
- Department of History, Rowan University

노먼 요피(Norman Yoffee)
- Departments of Near Eastern Studies and Anthropology, University of Michigan; Institute for the Study of the Ancient World, New York University

한국어판 영어판 분권 대조표

케임브리지 세계사 시리즈 영어판은 7권 9책으로 구성되어 있지만, 번역본 한국어판은 18권으로 출간한다. 그 이유는 분량 때문이다. 분량이 워낙 많은 데다 번역하는 과정에서 페이지 수가 더욱 늘어나 때로는 1000페이지가 넘는 경우가 생기므로, 부득이 영어판 각 1권을 한국어판 2권으로 나눴다. 다만 세계사 서술에서는 시대구분 문제가 중요한 주제 중 하나이며, 영어판의 구성 자체가 시리즈 기획자들의 의도를 담고 있으므로, 페이지 분량 문제로 한국어판에서 부득이 분권을 하더라도 영어판의 구성을 최대한 존중하고자 했다. 그리하여 각 권의 표지에서 영어판의 분권 체제를 명시했으며, 또한 아래와 같이 한국어판과 영어판의 분권 구성과 시대구분을 정리했다. — 옮긴이

영어판		한국어판
Cambridge World History Vol. I (to 10,000 BCE)	Part 1	케임브리지 세계사 01
	Part 2	케임브리지 세계사 02
Cambridge World History Vol. II (12,000 BCE~500 CE)	Ch.1~7	케임브리지 세계사 03
	Ch. 8~23	케임브리지 세계사 04
Cambridge World History Vol. III (4000 BCE~1200 CE)	Part 1~3	케임브리지 세계사 05
	Part 4~6	케임브리지 세계사 06
Cambridge World History Vol. IV (1200 BCE~900 CE)	Part 1	케임브리지 세계사 07
	Part 2	케임브리지 세계사 08

영어판		한국어판
Cambridge World History Vol. V (500~1500 CE)	Part 1~3	케임브리지 세계사 09
	Part 4~5	케임브리지 세계사 10
Cambridge World History Vol. VI (1400~1800 CE)	Part I Ch. 1~10	케임브리지 세계사 11
	Part I Ch. 11~18	케임브리지 세계사 12
	Part II Ch. 1~12	케임브리지 세계사 13
	Part II Ch. 13~18	케임브리지 세계사 14
Cambridge World History Vol. VII (1750~Present)	Part I Ch. 1~10	케임브리지 세계사 15
	Part I Ch. 11~23	케임브리지 세계사 16
	Part II Ch. 1~11	케임브리지 세계사 17
	Part II Ch. 12~21	케임브리지 세계사 18

케임브리지 세계사 VOL.IV 소개

기원전 1200년부터 기원후 900년 사이, 세계적으로 문화권을 넘어서는 교류와 정복의 네트워크가 형성되었고, 또한 새로운 국가 및 제국 체제의 부상이 확인되었다. 대규모 정치 단위의 형성과 확장을 고려하여 이번 책(한국어판 07~08권)에서는 이 시대에 전 세계적으로 일어났던 경제, 정치, 사회, 문화, 지식의 발전을 검토하고자 한다. 전반부(한국어판 07권)에서는 선도적인 학자들께서 과학 기술, 경제 체제, 젠더와 가족에 대한 태도, 사회적 위계, 교육, 예술, 노예 문제 등의 결정적 변화를 검토해주셨다. 후반부(한국어판 08권)에서는 좀 더 넓은 범위에서 교류의 과정에 초점을 맞추었다. 유라시아의 서부 및 중부, 지중해, 남아시아, 아프리카, 동아시아, 유럽, 아메리카, 오세아니아가 모두 논의에 포함되었다. 더불어 특별한 주제에 대해서는 지역 연구가 더해졌다. 예를 들면 실크로드 무역과 사하라 관통 무역에서부터 미국 남서부의 차코 문화, 동아시아의 유교와 국가 체제 등이 논의되었다.

책임 편집 / 크레이그 벤저민(Craig Benjamin)

그랜드밸리주립대학교(Grand Valley State University Frederik J. Meijer Honors College) 역사학과 교수. 《빅 히스토리(Big History: Between Nothing and Everything)》 공저자.

07권 저자 목록

크레이그 벤저민(Craig Benjamin), Frederik Meijer Honors College, Grand Valley State University

지타 폰 레덴(Sitta von Reden), History Department, Albert Ludwigs University

스콧 웰스(Scott Wells), Department of History, California State University, Los Angeles

요평(姚平, Ping Yao), Dept. of History, California State University, Los Angeles

피터 헌트(Peter Hunt), Department of Classics, University of Colorado Boulder

비에른 비트로크(Björn Wittrock), Swedish Collegium for Advanced Study, Uppsala

헬무트 슈나이더(Helmuth Schneider), Faculty of Arts, Universität Kassel

로버트 배글리(Robert Bagley), Department of Art and Archaeology, Princeton University

티머시 메이(Timothy May), Department of History and Philosophy, North Georgia College and State University

08권 저자 목록

투라이 다랴이(Touraj Daryaee), Department of History, University of California Irvine

제프리 러너(Jeffrey Lerner), History Department, Wake Forest University

크레이그 벤저민(Craig Benjamin), Frederik Meijer Honors College, Grand Valley State University

메리 위스너-행크스(Merry E. Wiesner-Hanks), Department of History, University of Wisconsin-Milwaukee

윌리엄 모리슨(William Morison), Department of History, Grand Valley State University

찰스 패즈더닉(Charles F. Pazdernik), Department of Classics, Grand Valley State University

찰스 홀콤브(Charles Holcombe), Department of History, University of Northern Iowa

요신중(姚新中, Xinzhong Yao), Renmin University of China, Beijing

유흔여(劉欣如, Xinru Liu), Department of History, The College of New Jersey

쇼날리카 카울(Shonaleeka Kaul), Department of History, University of Delhi

에리카 비건(Erica Begun), Department of Anthropology, University of Iowa

자넷 브래슐러(Janet Brashler), Department of Archaeology, Grand Valley State University

스티븐 렉슨(Stephen H. Lekson), Department of Anthropology, University of Colorado Boulder

이안 맥니븐(Ian J. McNiven), Monash Indigenous Center, Monash University

스탠리 버스타인(Stanley Burstein), Department of History, California State University, Los Angeles

랄프 오스틴(Ralph Austen), Department of History, University of Chicago

케임브리지 세계사 시리즈 서문

케임브리지 역사 시리즈는 오래전부터 역사학의 특정 주제를 선정하여 권위 있는 개론을 제공해왔다. 전문가들이 각 장별로 집필을 맡아서 여러 권으로 구성된 시리즈를 제작하는 방식이었다. 이런 방식으로 만들어진 첫 번째 시리즈는 〈케임브리지 근대사〉였다. 액턴 경(Lord Acton)이 기획을 맡았는데, 그가 사망한 직후 1902년부터 1912년까지 14권으로 출간되었다. 이는 이후 시리즈 구성의 모범이 되었다. 후속 시리즈로는 7권으로 구성된 〈케임브리지 중세사〉(1911~1936), 12권으로 구성된 〈케임브리지 고대사〉(1924~1939), 13권으로 구성된 〈케임브리지 중국사〉(1978~2009) 등이 있었다. 이외에도 국가별, 종교별, 지역별, 사건별, 주제별, 장르별로 전문화된 시리즈가 있었다. 이러한 시리즈들은 〈케임브리지 중국사〉가 표방했듯이 해당 주제에 대해서 영어로 된 "가장 방대하고 가장 종합적인" 역사서였고, 〈케임브리지 정치사상사〉가 주장했듯이 해당 분야의 "주요 주제를 모두" 포괄하고자 했다.

〈케임브리지 세계사〉 시리즈는 위대한 선배들의 업적을 본받았지만 동시에 차이도 있다. "가장 방대하고 가장 종합적인" 세계사 시리즈로서 "주요 주제를 모두" 포괄하려면 적어도 300권 규모가 필요할 것이다(시간은 100년쯤 걸리지 않을까?). 그 대신 이번 시리즈는 세계사 중에서 활발히 논의되는 분야를 개괄하고자 했고, 전체는 7권(volume) 9책(book)으로 구성되었다. 시간 범위는 문자 기록이 발달한 이후로 한정하지 않고 인류의 역사 전체를 포괄했다. 이러한 범위 설정은 최근 세계사 연구 경향을 반영한 것이다. 이처럼 폭넓게 시간 범위를 설정하면 고고학과 역사학의 경계가 모호해지고, 인류의 과거를 밝혀내기 위해 두 학문이 서로 보충적 관계에 놓이게 된다. 그래서 시리즈 각 권의 책임 편집에는 역사학자뿐만 아니라 고고학자도 참여했다. 이들은 미국, 영국, 프랑스, 오스트레일리아, 이스라엘 등지의 대학교에 재직하는 학자다. 또한 저자들의 연구 분야 역시 지역 범위 못지않게 폭이 넓다. 역사학, 미술사, 인류학, 고전학, 고고학, 경제학, 언어학, 사회학, 생물학, 지리학, 지역학 전문가가 참여했다. 이들은 오스트레일리아, 영국, 캐나다, 중국, 에스토니아, 프랑스, 독일, 인도, 이스라엘, 이탈리아, 일본, 네덜란드, 뉴질랜드, 폴란드, 포르투갈, 스웨덴, 스위스, 싱가포르, 미국 등지의 대학교에 재직하는 학자다. 연구를 통해 세계사 분야를 형성하는 데 기여한 원로 학자도 포함되어 있으며, 중견 및 소장 학자는 앞으로 세계사 분야를 만들어갈 사람들이다. 저자들 중 일부는 독립된 학문 분과이자 교육 분과로서의 세계사를 구축하는 데 긴밀한 노력을 기울였다. 학계에서는 이들의 활동을 지구사(global history), 초국사(transnational history), 국제사(international history), 비교사(comparative history) 등으로 일컬었다. (이들 분야는 서로 겹치거나 얽혀 있고 때로는 경쟁 관계에 놓여 있다. VOL. I 에 이 분야의 발전을 추적하는 글이 몇 편 수록되었다.) 대부분의 저자는 자기 분야의 전문가일 뿐이라고 생각하지만, 편집자들이 보기에는 폭넓은 대중에게 해당 분야를 가장 잘 설명할 수 있는 전문가, 혹은 자신에게 익숙한 영역을 넘어 새로운 영역으로 나아갈 수 있는 학자다.

세계사에 접근하는 길은 여러 갈래가 있고, 시공간적 범위를 다양하게 설정해야 한다는 인식이 날로 심화되고 있다. 이를 반영해서 각 권에는 다양한 분야의 글이 수록되었다. 지역 연구, 주제 연구, 비교 연구뿐만 아니라 사례 연구도 포함되었다. 사례 연구는 세계사 특유의 폭넓은 시야에 깊이를 부여해줄 것이다.

VOL. I(한국어판 01~02권)에서는 핵심적인 분석의 틀을 소개한다. 시대를 관통하는 세계사를 어떻게 서술할 것인지, 가장 중요한 접근 방법과 주제는 무엇인지 등에 대한 내용이다. 그리고 인류 역사의 95퍼센트를 차지하는 구석기 시대부터 기원전 1만 년까지를 다룬다. 이후로 각 권이 포괄하는 시간 범위는 갈수록 줄어들 것이며, 각 권별로 시간 범위가 다소 겹칠 수도 있다. 여기에는 복잡한 시대구분 문제가 반영되어 있다. 진정으로 글로벌한 역사를 다루려면 시대구분 문제가 복잡할 수밖에 없다. 편집자들은 겹치는 시간 범위를 억지로 조정하지 않았고, (예컨대 고전기, 근대 등의) 전통적 시대구분에 얽매이지 않았다. 이는 기존의 시대구분에 도전하고자 하는 의미도 있다. 또한 각 권별로 시간 범위를 조금씩 겹치게 함으로써 다양한 지역 간의 고립과 불균형, 서로가 서로에게 영향을 미치는 방식을 강조할 수 있었다. 각 권은 고유의 주제, 혹은 일정한 범위 내의 주제에 집중한다. 주제 선정은 편집자들이 맡았는데, 각 권에서 포괄하는 시대의 핵심인 동시에 세계사 전체를 이해하는 데 기본이 되는 주제들이 선정되었다.

VOL. II(한국어판 03~04권) "농업과 세계사(1만 2000 BCE~500 CE)"는 신석기 시대 이전부터 시작해서 이후 농업의 기원과 세계 여러 지역의 농경 공동체를 살펴본다. 더불어 유목 경제와 사냥·어로·채집 경제 관련 이슈들도 검토한다. 농업을 통해 형성된 더욱 복합적인 사회 구조 및 문화 양식의 공통점을 추적하고, 세계 여러 지역을 개관하며, 해당 지역의 사례 연구를 제시한다.

    VOL. Ⅲ(한국어판 05~06권) "고대의 도시들(4000 BCE~1200 CE)"은 초기 도시에 초점을 맞춘다. 도시는 인류 사회 변화의 원동력이었다. 도시 및 공통 이슈 비교 연구를 통해 행정 및 정보 기술의 탄생과 전승, 의례, 권력의 분배, 도시와 그 배후지의 관계를 추적한다. 세계 여러 지역을 대상으로 도시의 발전과 일부 도시가 제국의 수도로 전환되는 과정을 살펴보기 때문에, VOL. Ⅲ이 포괄하는 시간 범위는 매우 폭넓다.

    VOL. Ⅳ(한국어판 07~08권) "제국과 네트워크(1200 BCE~900 CE)"는 대규모 정치 단위와 상호 교환 네트워크가 형성되는 과정을 분석한다. 여기에는 "고대 문명"이라고 일컬어지던 내용이 포함된다. 그러나 세계의 다른 지역까지 포함하다 보니 시간 범위가 더 넓어졌다. 노예, 종교, 과학, 예술, 성차별에 대한 장을 포함해 사회·경제·문화·정치·기술 발전의 공통점을 분석한다. 또한 지역별 개관을 제시하는데, 지역별로 한두 군데 사례 연구도 포함되어 있다. 이는 해당 지역을 보다 깊이 있게 들여다보도록 하기 위함이다.

    VOL. Ⅴ(한국어판 09~10권) "교역과 분쟁(500~1500 CE)"은 당시 1000년 동안 특징적으로 나타났던 무역 네트워크 및 문화 교류의 확장을 조명한다. 여기에는 경전 중심 종교의 확장과 과학, 철학, 기술의 전파도 포함된다. 사회 구조, 문화 제도, 환경, 전쟁, 교육, 가족, 법정 문화 같은 의미 있는 주제들이 전 지구적 차원 혹은 유라시아 차원에서 논의된다. 그리고 아시아, 아프리카, 유럽, 아메리카의 정치 및 제국 연구에서는 VOL. Ⅳ에서 시작된 국가 형성에 관한 논의가 계속 이어진다.

이상 VOL. Ⅰ~Ⅴ는 모두 각 1책(book)이다. 그러나 VOL. Ⅵ~Ⅶ은 각 2책이다. 기존의 시대구분으로 보면 근현대에 해당하는 부분이다. 최근 500년에 해당하는 이 시대의 특징은 갈수록 복잡해졌다는 데 있다. 전례 없는 세계화가 진행되었기 때문이다. 뿐만 아니라 그리 멀지 않은 과거이기 때문에 자료도 풍부하고 연구 성과도 많이 남아 있다.

VOL. Ⅵ(한국어판 11~14권) "세계화의 시대(1400~1800 CE)"는 갈수록 확대되는 생물학적·상업적·문화적 교류를 추적하고, 정치·문화·지성의 발달을 살펴본다.

VOL. Ⅵ 제1책(한국어판 11~12권)은 갈수록 상호 의존성이 심화되는 세계가 어떻게 만들어지게 되었는지 그 기초를 살펴본다. 여기에는 환경이나 기술 혹은 질병 등의 주제, 카리브해나 인도양 혹은 동남아시아처럼 특히 교류가 집중되었던 지역, 해양 제국이나 러시아 같은 육지 중심의 제국, 이슬람 제국, 대륙과 해양 모두 진출한 이베리아반도의 제국(포르투갈과 스페인) 같은 대규모 정치 체제 등이 연구 대상에 포함된다.

VOL. Ⅵ 제2책(한국어판 13~14권)은 전 세계적 혹은 지역적 이주와 서로의 만남을 검토한다. 이주를 일으킨 경제·사회·문화·제도적 구조를 살펴보고, 또한 이주를 통해 이러한 구조가 어떻게 바뀌었는지 검토한다. 여기에는 무역 네트워크, 법, 생필품 유통, 생산 과정, 종교 체제 등의 논의가 포함된다.

VOL. Ⅶ(한국어판 15~18권) "생산, 파괴, 접속(1750~현재)"은 세계가 화석 연료 사용 단계로 접어드는 과정을 추적하고, 인구 폭발과 세계화 과정을 통한 활발한 교류의 시대를 다룬다.

VOL. Ⅶ 제1책(한국어판 15~16권)은 인구 과잉의 지구가 만들어진 물질적 조건에 대해 논의한다. 여기에는 환경, 농업, 기술, 에너지, 질병 등의 주제와, 국가주의, 제국주의, 탈식민화, 공산주의 등 현대 사회를 만든 정치적 흐름, 그리고 몇몇 핵심 지역 연구가 포함된다.

VOL. Ⅶ 제2책(한국어판 17~18권)은 앞에서 논의된 주제들을 다시 검토한다. 가족, 도시화, 이민, 종교, 과학 등의 주제뿐만 아니라 스포츠, 음악, 자동차 등 이 시대에 특징적으로 나타난 글로벌한 현상, 냉전과 1989년 같은 변화의 특별한 계기 등에 대한 연구가 포함된다.

〈케임브리지 세계사〉 시리즈에는 모두 200여 편의 논문이 수록된 만큼 종합적이라고 할 수 있다. 그러나 결코 충분하지 않다. 각 권별 책임 편집자는 무엇을 포함하고 무엇을 배제할지 고심을 거듭했다. 이는 세계사 연구자라면 누구나 맞닥뜨리는 문제다. 2000년도 더 지난 과거에 헤로도토스(Herodotos)도 그랬고, 사마천(司馬遷)도 마찬가지였다. 각 권에서 논문의 배열 순서는 해당 시대의 특성을 고려하여 책임 편집자(들)가 판단했다. 그래서 각 권의 구성이 조금씩 다르다. 권별로 시대도 조금씩 겹치므로 어떤 주제는 여러 권에 걸쳐서 등장하기도 한다. 이는 각 권의 역사적 흐름을 이해하는 데 모두 중요하다고 판단되는 주제였기 때문이다. 특히 시리즈 편집자들은 중요한 요소의 발전 과정을 각기 다른 관점에서 살펴보는 것이 세계사 연구에 가장 적합한 방향이라고 생각했다. 각주는 다른 케임브리지 역사 시리즈들과 마찬가지로 상대적으로 가볍게 달았고, 처음 이 분야에 주목하는 독자들을 위한 배려로 각 장이 끝날 때마다 "더 읽어보기" 목록을 제시했다. 또한 이 시리즈는 이전의 시리즈들과 달리 전권이 한꺼번에 출간되었다(영어판의 경우—옮긴이). 시리즈를 출간하는 데 10여 년씩 걸리던 출판계의 여유로운 속도가 21세기 디지털 시대에 이르러 달라진 것인지도 모르겠다.

다시 말해 〈케임브리지 세계사〉 시리즈는 책이 기획 및 생산되는 시점의 시대상을 반영하고 있다. 〈케임브리지 근대사〉 시리즈도 이와 다르지 않았다. 케임브리지대학교 출판부의 설명에 따르면, 액턴 경이 기획한 것은 "세계사"였다. 그러나 실제로 그 시리즈에 수록된 수백 편의 글 중에서 주인공이나 사건 혹은 정치 단위가 유럽과 북아메리카를 벗어난 경우는 손에 꼽을 정도에 불과했다. 〈새로운 케임브리지 근대사〉(1957~1979) 시리즈도 마찬가지로 세계사를 자처했지만 지역 편중은 별로 개선되지 않았다. 이는 놀라운 일이 아니다. 1957년, 심지어 시리즈의 마지막 권이 출간된 1979년에도 유럽은 곧 "세계"였고, 근대의 모든 것은 유럽에서 비롯되었다고 믿었다. 이런 관점을 우리는 "유럽 중심주의"라 부른다. (다른 언어권에서도 세계사가 집필되는 해당 지역을 중심으로 세계를 바라보는 관점이 없지 않았다.) 20세기 중반에도 유럽 중심은 지속되었고, 세계사와 지구사 분야는 미약했다. 강연회, 학회, 학술지 등 신생 분야를 형성해간 주역들은 1980년대에 이르러서야 등장했다. 그중에는 시작된 지 10년도 안 지난 것들도 있다. 가령 〈세계사 저널(Journal of World History)〉이 1990년 처음 출간되었고, 〈지구사 저널

(Journal of Global History)〉이 2005년, 〈뉴 글로벌 스터디즈(New Global Studies)〉가 2007년 시작되었다.

세계사 혹은 지구사의 발전은 다른 모든 학문 분과에서 치열한 자기반성이 이루어지던 시대와 맥을 같이했다. 자신의 존재를 돌아보지 않고는 어떤 연구도 불가능했고, 기존의 모든 범주가 혼란스러워졌다. 포함과 배제, 다양성에 대한 우려가 역사학의 하위 분야에서 기본으로 자리 잡았고, 이러한 분위기에서 역사학 관련 교육이 이루어졌다. 그래서 이 시리즈의 편집자들은 균형을 추구하려고 노력했다. 전통적으로 세계사 분야에서 중점을 둔 것은 거대 규모의 정치·경제적 과정이었고, 정부나 경제 엘리트들이 주체가 된 역사였다. 이것과 문화적 요인, 사고방식, 의미 등 새로운 관심 주제들의 균형을 고려해야 했다. 뿐만 아니라 우리는 세계 여러 나라의 역사에서 중요한 주제들도 포함시키고자 노력했다. 저자의 구성에서도 지역적 안배와 세대별 안배를 고려했다. 〈케임브리지 근대사〉와 비교하자면 저자군의 지역적 범위가 훨씬 더 넓고, 저자의 성별도 더 균형이 맞는다. 그러나 우리가 원한 만큼 글로벌하지는 못했다. 현재 세계사와 지구사 연구는 영어권에서 압도적으로 많이 진행되고 있다. 그래서 학자들의 분포 또한 영국과 미국의 대학교에 편중되어 있다. 현대 세계의 여러 가지 불평등한 현실도 그렇지만, 세계사 연구의 이 같은 격차는 그야말로 이 시리즈에서 서술하는 세계사의 결과다. 그중 어느 시대가 핵심 요인이었는가, 그리고 어느 정도 비중으로 기원의 문제를 다룰 것인가 하는 문제는 저자마다 의견이 다를 수 있다.

나는 다만 이 시리즈가 액턴 경의 시리즈만큼 편차가 크지 않기를 바랄 뿐이다. 가능하면 2권으로 구성된 〈케임브리지 인도 경제사〉 (1982) 정도였으면 좋겠다. 〈케임브리지 인도 경제사〉의 편집자들(Tapan Raychaudhuri, Irfan Habib)은 서문에서 이렇게 말했다. "우리는 감히 우리의 노력이 새로운 지식을 형성하는 데 촉매가 되기를 바랄 뿐이다. 그래서 머지않아 새로운 지식이 이 책에 수록된 내용을 대체할 수 있기를 기원한다." 세계사와 지구사는 활발한 분야라서 머지않아 틀림없이 새로운 지식이 등장할 것이다. 다만 우리의 시리즈가 21세기 초라는 시점에 한해서나마 세계사 분야로 들어가는 문이 되고 전체를 조망할 수 있는 유용한 개론이 되기를 기대해본다.

메리 위스너-행크스(Merry E. Wiesner-Hanks)

케임브리지 세계사 08 차례

케임브리지 세계사 시리즈 소개   4
한국어판 영어판 분권 대조표   7
케임브리지 세계사 VOL. IV 소개   9
케임브리지 세계사 시리즈 서문   12

PART 2 지역을 넘어선 교류

CHAPTER 10   서부 및 중앙 유라시아   29
CHAPTER 11   지역 연구: 박트리아 – 고대 유라시아의 교차로   85
CHAPTER 12   지중해   131
CHAPTER 13   아테네, 기원전 5세기   175
CHAPTER 14   유럽의 후기 고대, 기원후 300~900년경   221
CHAPTER 15   동아시아   277
CHAPTER 16   지역 연구: 유교와 국가   321
CHAPTER 17   지역 연구: 실크로드와 세계 교환 체제   357
CHAPTER 18   남아시아   397
CHAPTER 19   지역 연구: 파탈리푸트라   455
CHAPTER 20   아메리카   497
CHAPTER 21   지역 연구: 차코 캐니언과 미국 사우스웨스트   555
CHAPTER 22   오스트랄라시아와 태평양   613

| CHAPTER 23 | 아프리카: 국가, 제국, 교류 | 663 |
| CHAPTER 24 | 지역 연구: 사하라 남북 무역 | 713 |

케임브리지 세계사 07 차례

| CHAPTER 1 | 서론: 기원전 1200년에서 기원후 900년의 세계 |

| PART 1 글로벌 히스토리 |

CHAPTER 2	글로벌 경제사
CHAPTER 3	가족과 국가에서 젠더와 권력
CHAPTER 4	노예제
CHAPTER 5	세계사에서 축의 시대
CHAPTER 6	과학과 기술의 발전
	(c. 800 BCE~c. 800 CE)
CHAPTER 7	문헌으로 본 젠더와 섹슈얼리티
CHAPTER 8	예술
CHAPTER 9	초원 유목민

그림 목록

13-1. 아크로폴리스 재구성, 기원전 4세기 초	189
13-2. 트로이 멸망을 보여주는 도기 그림	200
13-3. 파르테논 신전의 기마인물상	202
15-1. 중국의 고대 문자 갑골문이 새겨진 거북의 배딱지	283
15-2. 병마용갱 세부(전사), 진나라, 기원전 210년	292
15-3. 낙타 모양 토기, 북위 혹은 북제, 6세기 중후반	303
15-4. 동대사(東大寺), 일본 나라현	314
15-5. 관자재보살(觀自在菩薩) 진언	316
16-1. 곡부(曲阜)의 공자 사당	332
16-2. 공자묘의 공자상, 중국 북경	340
18-1. 돌기둥 위의 사자상	416
18-2. 사자상에 앉은 부처	428
18-3. 쿠마라굽타 1세와 찬드라굽타 1세의 금화(dinar)	440
18-4. 바라하(비슈누의 화신)를 묘사한 부조	442
18-5. 아잔타 석굴의 보살상 프레스코화(파드마파니 보디사트바)	444
18-6. 엘로라 석굴 사원 16번 카일라사나타 사원의 다와자 스탐바	446
19-1. 디다르간지 약시	479
20-1. 태양의 사원, 테오티우아칸	530
21-1. 푸에블로 보니토와 사암 절벽	573
21-2. 푸에블로 보니토 유적 항공 촬영	575
21-3. 체트로 케틀의 그레이트 키바	584
22-1. 조개무지	630
22-2. 군디츠마라의 물고기 덫, 콘다 호수	633
22-3. 토템 의례 공간(kod)의 재구성, 귀상어와 악어의 모형	635

22-4. 교역용 2중선체 카누와 토기를 싣는 소형 카누	643
22-5. 난마돌 유적의 석조 구조물	656
23-1. 쿠시 왕국의 피라미드와 사원	677
23-2. 누미디아 왕실 무덤	685
23-3. 극장	688
23-4. 무릎에 아래턱을 괴고 있는 인물상	694
23-5. 거대한 비석과 오벨리스크	699
23-6. 가라마(가라만테스 왕국의 수도)의 고고 유적	703
24-1. 전사(가라만테스인으로 추정)와 말을 그린 바위그림	734
24-2. 아라완 마을로 소금을 운반하는 낙타	739

지도 목록

11-1. 박트리아	89
12-1. 페니키아인의 무역로	137
12-2. 고전기 그리스	148
12-3. 로마 공화국	159
13-1. 기원전 5세기의 아테네	179
13-2. 아테네 제국	183
14-1. 기원후 3세기의 유럽과 지중해	233
14-2. 10세기 유럽과 지중해	271
15-1. 동아시아, 기원전 350년	288
15-2. 동아시아, 250년경	297
15-3. 동아시아, 650년경	312
17-1. 실크로드	362

18-1. 기원전 600년경의 인도　　　　　　　　　　　　407
18-2. 카나우지를 둘러싼 삼각 분쟁　　　　　　　　　451
19-1. 마가다 왕국, 마우리아 제국, 굽타 제국　　　　466
19-2. 아시아의 무역로, 기원전 3세기경　　　　　　　471
20-1. 포버티포인트　　　　　　　　　　　　　　　　507
20-2. 어스워크 연결망　　　　　　　　　　　　　　511
21-1. 차코 캐니언 지도　　　　　　　　　　　　　　570
23-1. 고대 아프리카(화살표는 반투어의 확산)　　　668
24-1. 사하라 남북 무역로　　　　　　　　　　　　　718

표 목록

20-1. 남북 아메리카 시대구분 비교표　　　　　　　　500
20-2. 마야 장기력 시스템　　　　　　　　　　　　　535

그림 출처

〔그림 13-1〕 akg-images / Peter Connolly. 〔그림 13-2〕 INTERFOTO / Alamy. 〔그림 13-3〕 ⓒ Corbis. 〔그림 15-1〕 Art Directors & TRIP / Alamy. 〔그림 15-2〕 Tomb of Qin Shi Huangdi, Xianyang, China / Bridgeman Images. 〔그림 15-3〕 Metropolitan Museum of Art / ⓒ SCALA. 〔그림 15-4〕 Photograph ⓒ Luca Tettoni / Bridgeman Images. 〔그림 15-5〕 ⓒ Trustees of the British Museum. All rights reserved. 〔그림 16-1〕 Werner Forman Archive / Bridgeman Images. 〔그림 16-2〕 Robert Fried / Alamy. 〔그림 18-1〕 Asia Alan King / Alamy. 〔그림 18-2〕 Peter Horree / Alamy. 〔그림 18-3〕 National Museum of India, New Delhi, India / Giraudon / Bridgeman Images. 〔그림 18-4〕 ⓒ Luca Tettoni / Corbis. 〔그림 18-5〕 Dinodia Photos / Alamy. 〔그림 18-6〕 Universal Images Group Limited / Alamy. 〔그림 19-1〕 Getty Images. 〔그림 20-1〕 Tom Till / Alamy. 〔그림 21-1〕 Efrain Padro / Alamy. 〔그림 21-2〕 Manfred Gottschalk / Alamy. 〔그림 21-3〕 Dale O'Dell / Alamy. 〔그림 22-1〕 Photograph by Michael Morrison. 〔그림 22-2〕 Photograph by Ian J. McNiven. 〔그림 22-3〕 Drawing by A. C. Haddon, from Hutchinson 1931. 〔그림 22-4〕 from Lindt 1887. 〔그림 22-5〕 Photograph by Glenn R. Summerhayes. 〔그림 23-1〕 De Agostini Picture Library / C. Sappa / Bridgeman Images. 〔그림 23-2〕 imageBROKER / Alamy. 〔그림 23-3〕 Leptis Magna, Libya / ⓒ Julian Chichester / Bridgeman Images. 〔그림 23-4〕 Peter Horree / Alamy. 〔그림 23-5〕 De Agostini Picture Library / W. Buss / Bridgeman Images. 〔그림 23-6〕 bildagentur-online.com/th-foto / Alamy. 〔그림 24-1〕 Robert Estall Photo Agency / Alamy. 〔그림 24-2〕 ⓒ George Steinmetz / Corbis.

PART 2

지역을 넘어선 교류

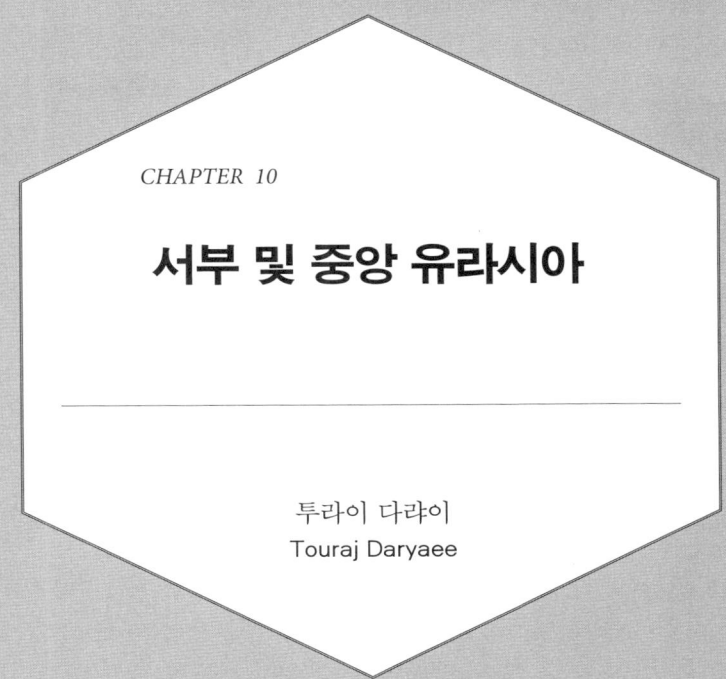

CHAPTER 10

서부 및 중앙 유라시아

투라이 다랴이
Touraj Daryaee

* 원고를 읽고 매우 소중한 기여를 해주신 Dr. Khodadad Rezakhani(University of Nevada, Reno)에게 감사드린다. 또한 원고의 개선을 위해 조언을 해주신 Dr. Craig Benjamin에게도 감사드린다.

기원전 제2천년기부터 기원후 제1천년기까지 전근대 유라시아 세계를 전체적으로 설명하기란 쉽지 않은 일이다. 아무다리야강에서 인더스강 사이의 수많은 제국과 사회 시스템을 관통해야 하고, 타클라마칸(Taklamakan) 사막의 오아시스 도시들을 지나 이란고원까지 포괄해야 한다. 이란고원 북쪽으로는 카스피해와 캅카스산맥이 놓여 있고, 남쪽으로 사막을 지나면 페르시아만에 이른다. 이란의 서쪽으로 자그로스산맥을 넘으면 흔히 "문명의 요람"이라 일컬어지는 비옥한 메소포타미아가 나타난다. 메소포타미아 지역에는 두 개의 물줄기가 흘러가는데, 하나는 티그리스강이고 또 하나는 유프라테스강이다. 이들은 비옥한 초승달 지대에서 남쪽으로 흘러 페르시아만으로 들어간다.[1] 중앙아시아의 오아시스 도시들이 그러하듯이 메소포타미아의 남부 지역에도 도심지가 사막과 맞닿아 있는 무역 거점 도시들이 즐비하다. 한편 메소포타미아의 북부 비옥한 초승달 지대는 곧 캅카스산맥의 남쪽 지역인데, 이곳을 따라 서쪽으로 나아가면 동부 지중해 지역(Eastern Mediterranean)으로 연결된다.[2] 그곳이 흑해의 바로 아래, 또 하나의 경제 중심지다.[3] 지중해는 북

---

1 페르시아만의 역사와 의미에 관한 연구는 다음을 참조. Lawrence G. Potter (ed.), *The Persian Gulf in History* (New York: Palgrave Macmillan, 2009).

아프리카, 근동, 남부 유럽을 하나로 묶어준다. 오아시스와 사막 정착지 혹은 산악 지대와 달리, 지중해에서는 바다가 문화의 양상을 결정했다. 이들은 때로는 통합되고 또 때로는 분열되었다. 최초의 통합을 이끌어 낸 사람들은 기원전 2세기의 로마인이었다. 그러나 이 지역은 훨씬 더 오랫동안 정치보다는 경제적으로 묶여 있었다.

기원전 1200년경 아프리카-유라시아 세계에서 변화가 시작되었다. 기술 혁신과 외부의 침략이 모두 원인이라 할 수 있었는데, 침략자는 대개 해양 민족(Sea People)이라고 불리는 이들이었다. 고대 최초로 제국 시스템을 구축하는 데 성공한 나라는 아시리아였다. 아시리아 제국은 유라시아 세계에서 꽤 큰 지역을 통합해냈다. 이후 두 차례의 천년기가 지난 뒤 기원후 900년경, 사산 제국과 동로마 제국의 유산을 한꺼번에 이어받은 아바스 칼리파국이 지중해 연안을 따라 과거의 아시리아 제국과 비슷한 연방 체제를 만들어냈다. 그러나 아바스 칼리파국의 지배 영역은 아시리아 제국에 비할 바가 아니었다. 아바스 제국은 중앙아시아의 아무다리야강에 이르기까지 전 지역을 지배했다. 결과적으로 아바스 칼리파국은 세계 제국을 향한 야망의 결정판이었다. 기원전 제2천년기 말부터 기원후 제1천년기까지 유라시아 세계가 지향한 바는 바로 이와 같은 세계 제국을 향한 열망이었다. 이런 측면에 착안하면 지리 및 정치

---

2 지중해의 역사와 의미에 관한 연구는 다음을 참조. Peregrine Horden and Nicholas Purcell, *The Corrupting Sea: A Study of Mediterranean History* (Oxford: Blackwell Publishers, 2001).
3 흑해의 역사와 의미에 관한 연구는 다음을 참조. Neal Ascherson, *Black Sea* (New York: Hill and Wang, 1995).

적으로 기본 윤곽과 구조를 그리는 일이 어떤 식으로든 불가능하지는 않을 것이며, 역사적 주요 시대의 분기 또한 설정이 가능할 것이다.

기원전 1200년경 유라시아 세계에 중대한 변화를 가져온 세 가지 사건이 있었다. 첫째는 기후 변화였다. 절정은 기원전 1200년 무렵, 당시 심각한 가뭄이 동부 지중해 지역을 강타했다. 기원전 1200년경에 이르러 온난기가 끝나자 호숫가를 따라 살던 사람들은 다른 터전을 찾아 떠날 수밖에 없었고, 곳에 따라서는 해수면이 상승해 물에 잠기기도 했다.[4] 기후는 주요 인구 이동을 촉발했다. 리비아인, 이스라엘인, 아람인, 프리기아인, 그리고 해양 민족이 이때 이동했다.[5] 민족 이동은 혼돈과 무질서의 시대를 불러왔다. 동부 지중해, 아나톨리아, 시리아 지역에 바야흐로 "암흑기"가 시작되었으며, 청동기 시대가 막을 내렸다.[6] 해양 민족을 비롯하여 여러 민족이 이동하면서 체계적 정주 사회의 통치 계급에 타격을 주게 되었다. 예컨대 람세스 3세가 통치한 이집트의 경우 국력이 심각하게 손상되었다. 같은 시기 아람인은 근동 지역(아시리아와 아나톨리아)으로 진출했으며, 미케네인의 세력이 크게 위축되어 그리스 곳곳으로 흩어졌다. 마침내는 아나톨리아에서 히타이트가 괴멸적 붕괴를 맞이했다. 당시의 기후 변화가 유목민으로 추정되는 여러 집단의 이동을 촉진했고, 그들이 중앙 집중화된 국가로 진출하면서 정주 사회의 몰

---

4 William James Burroughs, *Climate Change: A Multidisciplinary Approach* (Cambridge University Press, 2007), pp. 250-51.
5 Amélie Kuhrt, *The Ancient Near East c. 3000-330 BC*, 2 vols. (London: Routledge, 1995), vol. II, p. 386.
6 Barry Weiss, "The Decline of Late Bronze Age Civilization as a Possible Response to Climatic Change," *Climatic Change* 4 (1982): 134-35.

락을 초래했던 것이다.

당시의 또 한 가지 중요한 변화는 금속 기술과 전쟁 기술의 혁신이었다. 예컨대 유라시아 지역에서 전차(戰車) 사용이 유행한 시기는 기원전 제2천년이었다. 고고학적으로 확인된바 인도유럽어족 가운데 인도이란어파에 속하는 언어의 사용자들이 당시 이미 이란고원과 인도아대륙에 진출해 있었는데, 말 사육과 전차 사용이 그 증거였다. 기원전 제2천년기의 전차는 민족 이동을 가능케 한 수단이었을 뿐만 아니라(특히 게르만인, 발트인, 슬라브인, 이탈리아인, 켈트인, 아르메니아인, 프리기아인 등 인도유럽어 사용자들) 전차 덕분에 그들이 이미 진출한 지역에서 주도 세력으로 떠올랐다. 근동 지역에서부터 미케네인이 활동한 그리스는 물론 이집트에 이르기까지 전차를 이용하지 않는 곳이 없었다. 인도로 진출한 아리아인이 남긴《베다》, 그리고 그리스인이 남긴《일리아스(Iliás)》는 문학적 형태로 당시의 기억을 보존하고 있다.[7] 기원전 1200년의 변화를 설명하는 주류 이론을 비판적으로 검토한 로버트 드류스(Robert Drews)는 변화의 원인에 군사 분야를 추가하여 그림을 완성했다. 즉 군사 기술의 변화가 청동기 시대의 종말을 가져왔다는 주장이다. 그가 보기에 이동 중인 민족들은 기존에 전차를 사용한 중앙 집권 국가들을 압도했다. 리비아, 팔레스타인, 이스라엘, 리키아, 북부 그리스, 이탈리아, 시칠리아, 사르데냐를 비롯한 다른 몇몇 지역에서도 같은 일이 일어났다. 그들은 투창(재블린)을 사용했고 대규모 보병을 이용한 육박전을 펼

---

7 David W. Anthony, *The Horse, the Wheel and Language: How Bronze-Age Riders from the Eurasian Steppes Shaped the Modern World* (Princeton University Press, 2007), pp. 411, 461-62.

쳤다.⁸ 마지막으로 중요한 변화는 청동기 대신 사용한 철기였다. 유라시아 세계에서 철기의 사용은 군사 분야뿐만 아니라 종교적 관습도 바꾸어놓았다. 검(劍)은 더욱 강해졌고, 청동기에 글자를 새겨 신전에 성물로 바치는 관습도 시들해졌다.

아시리아: "메소포타미아의 핵심"

아시리아에서는 미탄니 왕국의 잿더미를 딛고 일어선 중기 아시리아 제국(Middle Assyrian Empire)의 통치가 기원전 12세기 내내 지속되었다. 이집트의 파라오 메르넵타(Merneptah)가 해양 민족과 리비아인의 침략에 맞서는 사이, 유명한 아시리아의 황제 투쿨티-니누르타(Tukulti-Ninurta) 1세(성경 속 인물 니므롯Nimrod일 가능성이 있다)는⁹ 히타이트 잔당을 물리치며 제국을 확장하고 있었다. 한때 그는 바빌로니아를 다스린 카시트 왕국의 통치자를 체포한 뒤 사슬에 묶어 아시리아로 끌고 오기도 했다. 그는 스스로를 "수메르와 아카드의 왕"이라 칭했는데, 이것이 전통적으로 바빌로니아 통치자의 칭호였다.

아시리아는 동부 아나톨리아 지역에서 상당히 폭넓은 범위의 무역로를 통제했고, 오늘날의 시리아 지역 무역로를 장악하면 지중해까지 안정적으로 연결될 수 있었다. 투쿨티-니누르타가 사망한 뒤 후계 문제로 후손들 사이에 내분이 일어났다. 그로부터 30년이 채 지나지 않아서

---

8 Robert Drews, *The End of the Bronze Age: Changes in Warfare and the Catastrophic ca. 1200 BC* (Princeton University Press, 1995), p. 210.
9 Marc Van de Mieroop, *A History of the Ancient Near East* (Hoboken, NJ: Blackwell Pub, 2004), vol. I, p. 182.

아시리아에는 또 한 사람의 개혁가가 등장했으니, 그가 바로 아슈르 단(Ashur-Dan) 1세(재위 1179~1133 BCE)였다. 그의 오랜 재위 기간 동안 아시리아 제국은 점차 안정을 되찾았다. 카시트 왕조가 멸망한 뒤 바빌로니아 북부의 상당 지역을 차지한 것도 그의 여러 업적 가운데 하나였다. 카시트 왕조가 바빌로니아 북부를 통치한 세월은 300년이 넘었다. 바빌로니아 북부를 차지한 아시리아는 당시 떠오르는 세력인 중기 엘람 왕국(Middle Elamite Kingdom)과 직접적인, 물론 상당히 적대적인 접촉을 하게 되었다. 당시 엘람 왕국을 이끈 강력한 통치자들 가운데 슈트룩-나훈테(Shutruk-Nahhunte)가 있었는데, 카시트 왕국의 공백 이후 바빌로니아 전역과 메소포타미아 남부를 최종적으로 장악한 인물은 바로 그였다.[10] 엘람인은 함무라비 법전, 메소포타미아의 위대한 신격 마르두크(Marduk)의 신상, 기타 여러 보물을 전리품으로 빼앗아 이란고원 남서부의 도시 수사(Susa)로 가져갔다.[11]

근동 지역의 암흑기

기원전 1050년 이후는 근동 지역의 "암흑기(Dark Ages)"로 알려져 있다. 주된 이유는 역사학의 입장에서 당시를 증언해줄 자료가 희박했기 때문이다. 바빌로니아와 아시리아의 흔한 기록들이 이 시대에 접어

---

10 D. T. Potts, *The Archaeology of Elam* (Cambridge University Press, 1999), pp. 231-58.
11 Dominique Charpin, "The History of Ancient Mesopotamia: An Overview," in Jack M. Sasson (ed.), *Civilizations of the Ancient Near East* (Peabody, MA: Hendrickson Publishers, 2000), vol. I, p. 821.

들면서 사라져버렸다. 이외에도 당시의 역사를 알 수 있는 자료는 거의 남아 있지 않다. 레반트와 아나톨리아에서도 상황은 비슷했다. 다만 루비아어(Luwian) 그림문자가 남아 있어서 킬리키아(Cilicia)와 동부 아나톨리아에서 일어난 사건을 파악하는 기본 자료로 쓰이고 있다. 그러나 이는 일반적 상황에 비추어 보면 예외에 속한다. 게다가 《구약성경》도 기본적으로는 유대 지방과 이스라엘 지역에 초점을 맞추고 있긴 해도 당시의 역사를 파악하는 데 얼마간 쓸모가 있다. 적게나마 다마스쿠스 왕국 같은 아람인 정치 단위의 형성이나 유대/이스라엘 지역의 역사에 대한 정보가 담겨 있기 때문이다.[12]

이런 자료를 통해 파악되는 사실과, 고고학적으로 확인되는 이란어파(넓게는 인도유럽어족)의 이주가 아마도 같은 시기의 사건은 아닐 것이다. 이란어를 사용한 부족들은 나중에 메디아인, 파르티아인, 페르시아인으로 나뉘는데, 이들의 조상이 이란고원으로 이주해 들어간 시기는 기원전 1000년 무렵이었다. 혹은 그 무렵에 같은 형제지간인 인도-아리아인 계열과 구분되기 시작했을 수도 있다. 또한 《아베스타》 중에서 가장 오래된 부분이나 조로아스터교의 경전 《가타(Gathas)》도 그와 비슷한 시기에 성립되었다. 언어학적 분석에 따르면 그 시기도 기원전 1000년경으로 추정된다.[13] 그러나 이란어파에 속하는 부족들이 중동의 사건에서 뚜렷이 감지될 정도의 영향을 미치기까지는 아직 몇 세기의 시간이 더 필요했다.[14]

12 Van de Mieroop, *A History of the Ancient Near East*, pp. 122-25, 223.
13 J. P. Mallory, *In Search of the Indo-Europeans: Language, Archaeology and Myth* (London: Thames and Hudson, 1989), pp. 49, 52.

우라르투 왕국과 아시리아

우라르투(Urartu)는 대체로 고산 지대의 왕국이었다. 토로스(Toros) 산맥 동부 산악 지대의 고갯길과 무역로를 그들이 장악하고 있었다. 거대 요새를 비롯한 군사 시설 유적은 그들의 군사적 분위기를 짐작케 한다. 그들이 아시리아 면전의 위협이었다는 가설은 그리 틀린 말이 아닐 것이다. 우라르투의 왕 사르두리(Sarduri) 시기로부터 그 이후를 거치는 동안, 우라르투 왕국은 반호(Lake Van)에서 시작해 기원전 9세기에 우르미아호(Lake Urmia)까지 확장되었다. 뿐만 아니라 우라르투 왕국은 분명 막강한 경제력을 보유하고 있었다. 특히 토로스산맥과 자그로스산맥 북부 지역의 광산이 그들의 손에 들어가 있었다. 이외에도 방대한 농지를 개간하고 관개 시설을 건설하기도 했다.[15] 이 모든 요소를 종합해볼 때 우라르투는 부유한 왕국이었으며, 기원전 9세기에서 기원전 8세기까지는 아시리아에 현실적인 위협이 되었다. 또한 우라르투의 뒤를 이은 정치 단위들, 예컨대 메디아 왕국이나 아르메니아 왕국에 문화적으로 심대한 영향을 미쳤다.

한편 아시리아의 통치자 아슈르나시르팔(Ashurnasirpal, 재위 883~859 BCE)과 샬마네세르(Shalmaneser) 3세(재위 859~824 BCE)는 아시리아 영토의 직접 지배를 강화했다. 아나톨리아 동부에서 시리아 북부가 모두 아시리아의 직접 지배권 아래 들어갔다. 또한 바빌로니

---

14 Elena E. Kuz'mina, *The Origin of the Indo-Iranians*, ed. J. P. Mallory (Leiden: Brill, 2007), pp. 454-55.
15 P. Zimansky, "The Kingdom of Urartu in Eastern Anatolia," in Sasson (ed.), *Civilizations of the Ancient Near East*, vol. I, p. 1139.

아에서도 직접 통치 체제를 수립했으며, 남아 있는 이집트의 잔여 세력과 그 협력자들을 몰아냈다. 대표적 사건은 기원전 853년 오론테스(Orontes)강 근처에서 벌어진 카르카르(Qarqar) 전투였다. 샬마네세르의 후계자들은 제국 통치권을 두고 내분을 일으켰다. 그럼에도 가까스로 제국의 유산을 지켜낼 수 있었다. 그들은 근동 지방의 대부분과 이란 전역을 장악했으며, 남아 있는 엘람 왕국의 세력도 크게 약화시켰다. 그 뒤로 막대한 인적·물적 자원을 동원하여 특정 위치에 기념비적 건축물을 세웠다. 칼후(Kalhu, 오늘날 님루드Nimrud)에서는 4.2마일(약 6.7킬로미터)에 달하는 성벽이 건설되었다. 코르사바드(Khorsabad)와 니네베(Nineveh)에서도 비슷한 규모의 기념비적 건축물이 확인되었는데, 아마도 수천 명의 노동자가 동원되었을 것이다. 그렇지만 이와 같은 주요 건설 프로젝트가 아시리아 제국을 황폐화시켰으며, 결국은 몰락을 재촉하게 되었다.

신아시리아 제국

그러나 기원전 8세기 말에 이르러 아시리아의 세력은 다시금 최고조에 이르렀다. 정복자이자 건설자인 강력한 왕들이 잇달아 등장했기 때문이다. 이 무렵 아시리아는 신아시리아 제국을 향해 달려 나갔다. 시작은 티글라트 필레세르(Tiglath-Pileser) 3세였고, 사르곤(Sargon) 2세와 센나케립(Sennacherib)이 그 뒤를 이었다. 이 왕들에 의해 아시리아의 영토는 아나톨리아 지역의 경계를 훌쩍 넘어서게 되었다. 그 결과 그리스계 도시국가들과 맞닥뜨리게 되었는데, 이들 또한 그리스의 암흑기(Dark Ages)에 부상한 왕국들이었다. 아시리아의 왕들은 또한 이란 지역의 만나이(Mannai) 왕국과 메디아(Media) 왕국을 포함한 자그로스산맥 지역도 완전히 흡수했다. 과거 킴메르인이 캅카스 지역을 침략했을 때 파괴된 우라르투 왕국의 잔여 세력도 기원전 743년에 완전히 신아시리아 제국으로 포섭되었다. 신아시리아 제국의 영토는 이란의 수사(Susa)로부터 이집트의 테베(Thebes)까지 이르렀다.[16] 이처럼 기원전 8세기의 신아시리아 제국은 명실상부한 아프리카-아시아 제국이 되어 있었다.

아시리아의 왕들은 도시 아수르가 의례의 중심지로 한계가 있다는 사실을 깨닫고 여러 차례에 걸쳐 새로운 수도 건설을 시도했다. 그중에서 가장 중요한 도시는 바로 칼후(Kalhu)였다. 칼후는 이미 중기 아시리아 시기부터 중요한 도시로 성장해 있었다. 그러나 완전히 기초부터 새로 건설한 도시도 있었다. 두르-샤루킨(Dur-Sharrukin)이 그런 사례였는데, 오늘날 이라크의 도시 코르사바드(Khorsabad)에 당시의 유적이 남아 오늘날까지 아시리아의 영광을 생생히 전해주고 있다. 그러나 또 다른 중기 아시리아 유적이 남아 있는 니네베(Nineveh)는 장기적으로 수도의 지위를 가졌던 도시 중에서는 아시리아 최후의 도시로, 기원전 7세기 초에 많은 업적을 남긴 황제 에사르하돈(Esarhaddon)이 건설했다. 아시리아 제국 팽창의 최후 단계에는 엘람 왕국 침공과 엘람의 수도 수사(Susa)의 파괴가 포함되어 있었다. 당시 아시리아의 황제는 아슈르-바니팔(Ashur-banipal, 재위 669~627 BCE)이었다. 그러나 이는 결국 낙타의 등을 부러뜨린 마지막 한 가닥의 지푸라기가 되었다(속담을 인용한 표현으로, 낙타의 등에 계속해서 짐을 싣다가 임계점이 지나면 지푸라기 하나만

---

16 Charpin, "History of Ancient Mesopotamia," vol. I, p. 823.

더 올려도 등이 부러진다는 의미 – 옮긴이).

아슈르-바니팔 재위 시기 아시리아는 레반트, 아나톨리아, 메소포타미아, 서부 이란의 주인이었고, 감히 아시리아에 필적할 상대는 없었다. 그러나 아시리아의 경제적 기반은 농업에 있었고, 여기에다 보충적으로 점령지에서 획득한 전리품이나 조공이 있었지만, 그들의 경제력은 충분하지 못했다. 지역 공동체의 농업 생산량만으로는 아수르, 칼후, 니네베, 두르-샤루킨 같은 거대 도시를 먹여 살리기 어려웠다. 그래서 부족한 식량을 시리아, 바빌로니아, 아나톨리아에서 조달했는데, 그 과정이 안정적일 수만은 없었다. 동시에 아람어 사용 인구가 아시리아 본국의 경계 혹은 그 너머까지 퍼져 있었고, 바빌로니아, 시리아, 아나톨리아에도 진출해 있었다. 이들은 아시리아에게 복종하기보다는 더 나은 정치 단위의 출현을 고대했다. 아시리아의 남쪽 바빌로니아의 총독은 아시리아의 황제 아슈르-바니팔과 형제 관계였다. 칼데아 왕국(Chaldean kingdom)은 이들의 불화를 틈타 반란을 부추겼다. 칼데아는 바빌로니아 지역에서 성립한 신생 왕국이었다. 결국 칼데아의 군주 나보폴라사르(Nabopolassar)는 니푸르(Nippur)를 제외한 바빌로니아 전역을 통일하는 데 성공했고, 이를 기반으로 아시리아에 맞섰다. 이후 2세기 동안 바빌로니아에서는 사상 최초로 독립 왕국이 유지되었다. 이집트는 과거 에사르하돈 황제 시기부터 아시리아의 속국이었는데 이 무렵 토착 왕조가 성립했고, 바빌로니아와 마찬가지로 독립을 쟁취했다.

아시리아의 군인 계층도 너무 확장되어 있었다. 더 이상 현지 인구만으로는 필요한 인력을 충당할 수 없었다. 군대 안에서 용병은 드문 사례가 아니었고, 그중에는 킴메르인과 메디아인 병력도 포함되어 있었다. 중간 계급은 대부분 이들이 장악한 상태였다. 이런 상황에서 음모가 생겨났다. 부분적으로는 메디아의 지역 군주 키악사레스(Cyaxares)가 주도했지만, 전체적으로는 바빌로니아의 왕 나보폴라사르(Nabopolassar)가 꾸민 음모였다. 이는 결국 기원전 616년 아시리아의 황제 신-샤르-이쉬쿤(Sin-sharr-ishkun)을 몰아내는 쿠데타로 이어졌다. 당시의 황제 또한 과거 쿠데타로 등극한 인물이었다. 이후 아시리아 군대 내부에 있던 메디아인 부대가 아시리아 전체 군대를 지휘하기 시작했고, 바빌로니아-메디아 연합군은 칼후를 비롯한 아시리아의 여러 도시를 체계적으로 약탈했다.[17] 기원전 627년 이후 몇 년 동안 지루하게 이어진 전쟁은 기원전 612년 아시리아의 수도 니네베 침략으로 끝이 났다. 니네베와 아시리아 제국의 세력은 공식적으로 막을 내렸고, 이후 메디아와 바빌로니아 왕국에 주도권이 넘어갔다.

신바빌로니아 제국(612~539 BCE)

근동 지역의 정치 질서가 큰 틀에서 재편되는 동안 불가피하게 지역 내 권력의 공백이 발생했다. 네부카드네자르(Nebuchadnezzar) 2세(재위 605~562 BCE)는 바빌로니아의 칼데아 왕국에서 가장 오래도록 재위한, 가장 강력한 왕이었다. 《구약성경》에서 그는 유대 지방을 약탈한 왕으로 등장한다. 유대인이 대거 바빌로니아로 끌려갔던, 유명한 "바빌론 유수(幽囚)" 사건이 그때의 일이었다.[18] 그러나 유대 지방 약탈은 거대 정복

---

17 Joan Oates, "The Fall of Assyria (635-609 BC)," in John Boardman, I. E. S. Edwards, E. Sollberger, and N. G. L. Hammond (eds.), *The Cambridge Ancient History*, 2nd edn. (Cambridge University Press, 1992), vol. III, part 2, pp. 162-93.

전쟁 중 일부였을 뿐이다. 네부카드네자르 2세는 유대 지방뿐만 아니라 페니키아의 여러 도시국가, 그리고 다마스쿠스 등 아람인의 왕국을 모두 장악하여 이집트의 팽창을 저지하고자 했다. 당시 이집트의 파라오 아마시스(Amasis)는 과거 아시리아를 대신할 제국을 건설하고자 했고, 특히 유대 지방은 레반트에서 이집트로 가는 교통 요충지였기 때문에 그로서는 안정적으로 확보해둘 필요가 있는 곳이었다(네부카드네자르 침공 당시 유대 왕국의 왕은 이집트가 세운 꼭두각시 왕이었다. - 옮긴이).

네부카드네자르의 대규모 인구 이동 정책, 즉 유대 지방의 인구를 통째 바빌론으로 옮긴 사건도 사실은 과거 아시리아의 관행을 따른 것이었다. 아시리아는 기원전 9세기부터 이런 정책을 사용했다. 여기에는 경제적 이익과 전략적 목적이 동시에 개입되어 있었다. 대규모 이주를 시켜버리면 적대 지역의 저항 세력이 일소되었다. 더구나 이주한 인력은 오로지 제국의 재량에 따라, 단순한 하인으로 부리든 전문 기술자로 사용하든 마음대로 쓸 수 있었다. 그때 바빌론으로 끌려간 유대인의 처지 또한 이와 같았다. 나중에 키루스(Cyrus) 대왕의 사면에 따라 자유민의 지위를 회복한 뒤에도 그들 중 일부는 고향으로 돌아가지 않고 자발적으로 바빌론에 남았다. 그중에는 부유한 농민이 된 사람도 있었고, 도시의 상인이 된 사람도 있었다.

네부카드네자르 2세는 아시리아 황제들의 전통을 좇아 바빌론에서도 수많은 거대 건축 공사 프로젝트를 진행했다. 유명한 이슈타르의 문

---

18 Oded Lipschitz and Joseph Blenkinsopp (eds.), *Judah and the Judeans in the Neo-Babylonian period* (Winona Lake, IN: Eisenbrauns, 2003).

(Gate of Ishtar, 혹은 바빌론의 문), 바빌론의 수호신 마르두크(Marduk)를 위한 신전 에사길라(Esagila)로 연결되는 행진용 도로 등도 이때 건설되었다. 물론 이러한 공사들은 모두 과거 바빌론 왕국의 영광을 회복하려는 시도였다.[19] 대형 공사로 유명했던 그의 가장 대표적인 업적으로 바빌론의 공중정원(Hanging Gardens of Babylon)이 손꼽히는데, 틀림없이 신아시리아 제국의 황제 샬마네세르(Shalmaneser)가 도시 칼후에서 조성한 식물원과 동물원을 따라 만든 것이었다. 네부카드네자르 2세는 메디아 왕국의 공주와 결혼했다고 전한다. 당시 메디아 왕국의 실체를 전하는 유물이 없는 점에 비추어 볼 때 결혼 이야기는 하나의 전설일 뿐이겠지만,[20] 그가 동방의 국가들과 가까운 관계를 유지했을 것이라는 추정은 가능하다. 네부카드네자르의 재위 기간은 그렇지 않아도 짧았던 신바빌로니아 제국 시대에서 더욱 짧았던 영광의 시대라고 볼 수 있겠다.[21]

기원전 556년, 나보니드(Nabonid, 그리스 기록에는 라비네토스 Labynetos)가 바빌로니아의 왕 라바쉬-마르두크(Labashi-Marduk, 네부카드네자르의 손자)를 살해하고 왕위에 올랐다. 나보니드는 아슈르-바니팔의 외손자로, 신아시리아 최후의 황제 아슈르-우발리트(Ashur-ubalit)의 거점 도시였던 하란(Harran) 출신이었다. 나보니드는 아시리아에서

---

19 Charpin, "History of Ancient Mesopotamia," vol. I, p. 826.
20 Giovanni B. Lanfranchi, Michael Roaf, and Robert Rollinger, "Afterword," in Lanfranchi, Roaf, and Rollinger (eds.), *Continuity of Empire: Assyria, Media, Persia* (Padova: S.a.r.g.o.n. Editrice e Libreria, 2003), pp. 402-403.
21 David Weisberg, "The 'Antiquarian' Interests of the Neo-Babylonian Kings," in J. G. Westenholz (ed.), *Capital Cities: Urban Planning and Spiritual Dimensions* (Jerusalem: Bible Land Museum, 1998), pp. 177-86.

달의 신으로 일컬어진 신(Sin, 혹은 Nannar) 숭배와 관련이 있었다. 그가 하란 출신이라는 점과, 바빌론 성직자들의 부정적 선전의 결과였는지도 모른다. 키루스 실린더(Cyrus Cylinder)처럼 그에게 적대적인 자료들에 남아 있는 기록에 따르면, 그는 신(Sin) 숭배에만 관심을 갖고 바빌로니아 공식 의례인 마르두크 숭배는 등한히 한 아주 게으른 왕이었다. 제국 통치는 그의 아들이자 대리인 벨샤자르(Belshazzar)에게 맡겨두었다. 나보니드의 통치 방식에 불만이 팽배해진 틈을 타서 안샨(Anshan)의 왕 키루스(Cyrus)가 쳐들어왔고, 바빌로니아 제국은 막을 내렸다.[22]

하나로 통합된 아프리카-유라시아 세계: 아케메네스 제국

아케메네스 제국은 사회경제적으로, 또한 정치적으로 세계 제국 건설을 시도한 성공적 사례였다. 그 지역의 역사 서술에서 아케메네스 제국의 영향은 제국이 사라진 이후 1000년이 넘도록, 심지어 오늘날까지도 중대한 비중을 차지하고 있다. 우여곡절 끝에 아케메네스 제국이 만든 시스템이 이란 지역에 정착했고, 이후 1000여 년 동안 역사적 진보를 이루어냈다. 아케메네스의 시스템은 중앙 집권 정치 체제에 기반을 두고 주변부의 경제를 개척하는 동시에 경제 자원을 중앙에서 처리 및 분배하는 것으로, 기본 바탕이 세계 체제를 전제로 했다. 아케메네스 제국은 그 이전의 다른 제국들과 달리 피정복 지역을 정치적으로 탄압하거나 경제적으로 파괴하지 않았다. 그보다는 잘 설계된 정치 체제가 경제적 생산을 뒷받침했다. 이러한 정치 체제가 제국 전역으로 뻗어 나갔

---

22 Charpin, "History of Ancient Mesopotamia," vol. I, p. 826.

고, 지역에 맞는, 그러나 특권을 인정하지 않는 세금 시스템을 운용했다. 이러한 시스템은 동시에 제국의 중앙 권력에 종속되어 있었다. 이와 같은 시스템에서 제국의 중심부는 가장 중요한 소비처인 동시에 경제 활동이 활발하게 일어나는 핵심이었다. 그곳은 제국 전체 경제 시스템의 중심부였다. 멀리 떨어진 지역의 생산과 소비는 중심부의 경제에 연결 및 종속되어 있었고, 중심부를 먹여 살리는 동시에 중심부로부터 통제를 받았다.

아케메네스 제국(550~330 BCE)은, 페르시아의 키루스(Cyrus) 2세(나중에 "대왕"이라는 칭호의 기원이 된다)와 그의 아들 캄비세스(Cambyses)가 감행한 정복 전쟁의 결과로 탄생한 제국의 기원에서부터, 다리우스(Darius) 1세(다시 한 번 "대왕"이라는 칭호에 부족함이 없었다)와 크세르크세스(Xerxes) 1세의 통치 기간에 만들어진 복잡한 행정 및 금융 체제에 이르기까지, 진정한 의미에서 "세계 제국"의 면모를 갖추었고 이후 세계사 전반에 미친 영향에 대해 연구할 가치가 충분한 정치적 실체였다. 또 다른 측면에서 보자면, 아케메네스 제국은 약 3000년 역사의 문명이 축적된 결과이며, 또한 근동 지역에서 제국 건설을 향한 약 2000년의 노력과 경험 위에 만들어진 체제였다. 아케메네스 제국이 세계사에 불쑥 등장한 신출내기라고 할 사람은 없을 것이다. 아케메네스 제국의 어떤 내용도 과거와 긴밀한 관계를 맺지 않은 것이 없었다. 그러나 아케메네스 제국이 이전의 제국 시스템을 이어 연속성을 가진다 하더라도 나름대로 새로운 면은 상당히 컸고, 특히 사회 체제의 혁신이 두드러졌다.

아케메네스 제국을 세운 키루스 2세는 제국이란 어떠해야 하는지,

스스로를 어떻게 인식하고 규정해야 하는지 위대한 사례를 보여주었다. 키루스는 고대사에서 잘 알려진 한 도시의 지역 통치자였다. 그 도시가 바로 안샨(Anšan, 혹은 안잔Anzan)이었는데, 엘람 왕국의 "고산 지대" 수도로 오래도록 명성이 있었다. 엘람인은 안샨을 거점으로 종종 아래쪽의 수시아나 평원(Susiana Plain)으로 진출했고, 여러 차례 강력한 왕국을 건설했으며, 바빌로니아와 아시리아에 맞섰다. 그러다가 세력이 불리해질 때면 다시 고산 지대로 피신했다. 이런 측면에서 키루스는 고대의 전통을 간직한 고대 도시의 통치자였다. 그곳에는 잘 정비된 행정 관리 체계와 위계질서가 자리 잡고 있었다.

키루스 대왕은 아나톨리아 정복으로 또 한 곳 오랜 문명의 요람을 차지했다. 이곳은 해운과 농업을 기반으로 하는 문명이었다. 또한 거대 농업 기반을 갖춘 메소포타미아도 정복했다. 이로써 키루스 대왕은 장차 완성하게 될 아케메네스 제국을 향해 가는 여정의 첫발을 내디딘 셈이었다. 아시리아 또한 아나톨리아 고원 지대의 자원을 장악하려 시도한 적이 있었다.[23] 우리가 앞에서 보았듯이 먼저 아나톨리아와 바빌로니아를 장악해야 나머지 서아시아 지역을 정복 및 통제할 수 있었기 때문이다.

그러나 키루스 대왕의 정복은 조금 다른 면이 있었다. 키루스 대왕은 이란고원 전역은 물론 아나톨리아 및 바빌로니아까지 정복함으로써 고대 근동 제국의 상속자가 되었다. 그러나 그의 제국은 분위기나 방향에서 극적인 전환을 보여주었다. 키루스 대왕과, 그보다 조금 뒤에 황제위

---

23 Van de Mieroop, *A History of the Ancient Near East*, pp. 127-35.

를 계승한 다리우스 대왕은 새로 정복한 지역마다 강력하고 잘 조직화된 제국의 시스템을 이식했다. 그 속에서 각 지역들은 반(半)자율적 자치 지역이 되었고, 그 지역의 행정 관료들이 직접 통제를 맡았다. 동시에 각 지역 단위(Satrapi, 고대 페르시아어 xšathrapaiti에서 유래)마다 제국의 대리인, 세금 징수관, 주둔군 등을 두어 제국의 실체가 사람들에게 분명하게 인식되었다. 키루스의 제국은 다리우스의 통치 기간에 행정 관리가 더욱 완벽해졌다. 그러나 그 제국의 특이점은 다만 행정 관리의 측면에 머물지 않았다. 그보다는 이전에 어느 누구도 이룩하지 못했던 괄목할 만한 성공이 있었다. 그것은 바로 과거 적대적 경쟁 관계에 놓였던 문명 지역들, 아나톨리아, 메소포타미아, 엘람, 그리고 이란고원이 대체로 평화롭게 통합되었다는 사실이다. 이는 키루스 대왕 본인의 언급이나 당시의 정치적 선전 내용을 통해서도 명확하게 드러나며, 이전의 제국인 아시리아와 바빌로니아의 기록이나 정복민을 대했던 태도와 분명히 차이가 있었다.

다리우스(Darius, 재위 522~486 BCE)도 "대왕(great)"이라는 칭호로 일컬어지지만, 키루스나 알렉산드로스처럼 정복자는 아니었다. 그가 정복한 지역은 극소수에 지나지 않았다. 그가 대왕으로 불리게 된 것은 그가 설립한 시스템 때문이었다. 심지어 오늘날까지도 그가 구축한 국가 행정 체계의 유산이 남아 있다. 그는 키루스 대왕이 시작한 지방 관리 시스템을 더욱 완벽하게 만들었다. 지역 통치자들은 "위대한 왕의 눈과 귀"를 통해 면밀히 감시받았다. 세금 체계는 진정으로 혁신적이었다. 당시로서는 전례를 찾아보기 어려울 정도로 효율적이고 경제 발전에 도움이 되는 방식이었다. 지역 주둔군 덕분에 지역의 안정이 보장될 수 있었고, 그 책임은 오직 왕 중의 왕, 대왕(Great King) 자신이 맡고 있었다. 이처럼 다리우스는 정부의 기본 역할, 시민 보호 책임을 중앙 정부에서 감당하도록 했다. 이렇게 하면 동시에 지역 통치자의 반란 위험을 사전에 제거하는 효과도 있었다.[24]

다리우스는 왕령 도로 시스템(Royal Road system)을 만들었다. 총연장이 1400마일(약 2250킬로미터)에 달하는 이 도로 체계는 다리우스의 대표 업적이었다. 제국의 동맥이라 할 이 도로는 중간에 정거장(stathmoi)과 경비대(phylakteria)가 설치되어 있었으며, 당시로서는 가장 안전하고 신속한 소통의 수단이었다. 여행자들이 묵을 수 있는 여관(katagogai)과 상단이 머무를 수 있는 카라반세라이(kataluseis)도 있었다.[25] 키루스 대왕 당시의 위대한 성취, 예전의 다른 제국들과 다른 아케메네스 제국의 특징은 다리우스 대왕의 치세에도 그대로 이어졌다. 즉 강을 중심으로 하는 고대 문명들, 나일강, 메소포타미아, 인더스강이 하나의 정치 시스템으로 통합되었다. 이란고원과 아나톨리아도 같은 시스템을 공유했다.

다리우스가 건설한 제국 시스템에는 경제적 기능이 강조되어 있었다. 이 시스템에서 도로와 물길이 건설되었고, 그것은 다시 교역과 소통을 위해 활용되었다. 지중해와 홍해를 연결하는 운하도 다리우스의 통치 기간에 처음 건설되었다. 이 운하를 이용하여 아프리카에서 아시아

---

24 Muhammad A. Dandamaev and Vladimir G. Lukonin, *The Culture and Social Institutions of Ancient Iran* (Cambridge University Press, 1989), pp. 96-115.
25 David F. Graf, "The Persian Royal Road System," in Heleen Sancisi-Weerdenburg, Amélie Kuhrt, and Margaret Cool Root (eds.), *Achaemenid History VIII: Continuity and Change: Proceedings of the Last Achaemenid History Workshop, April 6-8, 1990 Ann Arbor, Michigan* (Leiden: Brill 1994), p. 167.

까지 배를 운항할 수 있었다.[26] 이집트 샬루프(Chaluf)에서 발견된 비문의 쐐기문자 기록에 따르면, 다리우스는 제국의 여러 물길을 연결하여 이집트에서 이란에 이르기까지 물길을 계속 건설하고자 했다.[27]

농업 생산은 제국의 가장 중요한 수입원으로, 운하 시스템과 카나트(qanāt, 건조 혹은 반건조 지대에 지하수를 끌어 저장하는 수로 체계) 건설에서 중요한 문제로 자리 잡고 있었다. 건설 공사의 결과 이집트에서 아라비아, 그리고 페르시아에 이르기까지 경작지 면적이 확장되었다.[28] 수로 건설의 혁신적 성공 이후로는 강 유역에서뿐만 아니라 건조 지대에서도 농업이 가능했다. 유라시아 세계에서 예전에 경험하지 못한 규모의 경제 체제가 작동하기 시작했다.

아프리카-유라시아 지역에 걸쳐 실제 주민들에게 아케메네스 제국이 의미하는 바가 몇 가지 있었다. 아케메네스 제국은 통일성이 강했다. 즉 제국 차원에서 일관된 정책을 실시했으며, 그에 따라 생계 수준을 넘어서는 상업적 기획이 가능했다. 국가는 대개 세금 정책을 통해, 생산자가 이윤을 계획하고 나아가 전문화를 이룰 수 있도록 지원했다. 더 높아진 생산력 덕분에 당연히 생활 수준도 눈에 띄게 향상되었다. 관용 정책과 유연성을 발휘하여 제국은 각 지방의 특수성을 인정했다. 에게해나

---

26 Dandamaev and Lukonin, *Culture and Social Institutions of Ancient Iran*, pp. 210-11.
27 Christopher Tuplin, "Darius' Suez Canal and Persian Imperialism," in Sancisi-Weerdenburg, Kuhrt, and Root (eds.), *Achaemenid History VIII*, p. 244.
28 Pierre Briant, "Polybe X.28 et les qanāts: le témoignage et ses limites," in Briant (ed.), *Irrigation et drainage dans l'Antiquité, qanāts et canalisations souterraines en Iran, en Égypte et en Grèce, séminaire tenu au Collège de France sous la direction de Pierre Briant* (Paris: Persika, 2001), pp. 15-40.

페니키아 상인은 바다를 마음대로 돌아다닐 수 있었고, 어디서든 그들이 처한 곳에서 이윤을 추구할 수 있었다. 유목민은 가축을 키울 수 있었고, 농민은 가능한 모든 자원을 동원하여 농사를 지을 수 있었다.

이에 못지않게 오래도록 영향을 미친 것이 아케메네스 제국의 문화 정책이었다. 오늘날 표현대로 하자면 "다문화"라고 번역할 수 있을 법한 표현(고대 페르시아어 vispazanānām)이 다리우스의 비문(Naqš-e Rostam 소재)에서 그의 제국을 나타내는 의미로 사용되었다.[29] 아케메네스 제국은 행정 관리에 통일된 소통의 수단으로 (페르시아어 이외에도) 아람어와 아람 문자를 도입했을 뿐만 아니라 더 발달시키기까지 했다.

정치적 관점에서 보자면 아케메네스 제국은 정의와 질서의 사상을 구현했다. 고대 페르시아어로 이를 지칭하는 개념인 아르타(arta)는 "혼돈 속의 질서"라는 우주적 의미를 담고 있었다. 왕이 공표한 법은 그들이 섬기는 신 아후라마즈다(Ahuramazdā)의 창조물에 대하여 정의를 실현하는 것이었다. 세상에는 "좋은 말(馬)들과 좋은 사람들"만 존재해야 하고, "적의 군대, 흉년, 거짓"이 존재해서는 안 된다.[30] 왕 중의 왕인 아케메네스 제국의 황제는 정의를 관리하는 집행자이며, 그의 다타(dātā, 고대 페르시아어로 "법")는 최고 권위를 가진다. 아케메네스 제국의 황제는 실제로 이오니아 해안에 있던 그리스 도시의 민주정도 인정했고, 다른 사트라피(속주)의 전통도 모두 지지했다. 주변의 모든 관습법을 포용했지만, 그것이 페르시아의 전통과 상충되지 않았다.[31]

29　Rüdiger Schmitt, *The Old Persian Inscription of Naqsh-i Rustam and Persepolis* (London: School of Oriental and African Studies, 2000), part 1, pp. 25 and 29.
30　Schmitt, *Old Persian Inscription*, p. 58.

알렉산드로스와 헬레니즘 시대:
인도-아프가니스탄에서 마케도니아-이집트까지

기원전 4세기에 이르러 신흥 마케도니아 세력이 아프리카-유라시아 세계의 정치적 판도를 바꾸어놓았고, 그 여파로 문화적 발전 과정 또한 새롭게 구성되었다. 마케도니아의 왕 필리포스(Philippos)와 그의 뒤를 이은 알렉산드로스 대왕(Alexandros the Great)은 그리스의 도시국가들을 정복하고 그리스-마케도니아 연합 군대를 결성했다. 새로운 장비와 전략으로 무장한 그들은 마침내 아프리카-유라시아 세계로 쳐들어갔다. 기원전 334년 알렉산드로스가 헬레스폰트(Hellespont, 다르다넬스 해협)를 건넌 뒤 기원전 330년 핵심 경쟁 상대인 다리우스(Darius) 3세가 사망하기까지, 세 차례의 중요한 전투가 있었다. 그라니코스(Granicos) 전투, 이소스(Issos) 전투, 가우가멜라(Gaugamela) 전투가 그것이었다. 전투를 거치면서 동부 지중해 권역과 아프리카-아시아 세계의 통합에 한 걸음씩 다가갔다. 마지막 전투에서 승리한 뒤 기원전 331년에 알렉산드로스는 스스로 "아시아의 왕(King of Asia)"이 되었고, 바빌론에서 그는 "온 세계의 왕(King of the Universe)"으로 일컬어졌다.[32] 이는 페르시아 권역과 그리스-마케도니아 권역의 세력 및 통치 주체가 역전되는 상징적 사건이었다. 아프리카-아시아 세계는 새로운 정복자에 의해 식민지가 되었다. 이러한 권력 관계의 변화는 아시아에서 지중해로 부와 재화

---

31 Pierre Briant, "L'histoire de l'empire achemenide aujourd'hui: l'historien et ses documents," *Analles HSS* 5 (1999): 1135.
32 Pierre Briant, *From Cyrus to Alexander: A History of the Persian Empire* (Winona Lake, IN: Eisenbrauns, 2002), p. 862.

의 이동을 가져왔다. 전리품은 막대했다. 페르시아의 수도 페르세폴리스(Persepolis)에서만 하더라도 황금 2500톤이 알렉산드로스의 금고로 들어갔다. 이는 고대 세계 최대 규모의 전리품이었지만, 알렉산드로스의 금고에서는 일부분에 지나지 않았다. 이 막대한 재산을 가지고 알렉산드로스는 아시아 정복에 필요한 비용을 조달할 수 있었다.

알렉산드로스는 다리우스 3세를 꺾은 후 박트리아로 진군했다. 당시 박트리아의 영토는 오늘날 아프가니스탄과 거의 비슷했다. 알렉산드로스는 지역 왕과의 동맹을 통해 권력을 공고히 했다. 특히 다리우스 3세의 딸을 아내로 맞이함으로써 아시아에서 자신의 권력을 강화하고 그 자신은 물론 그의 후손이 페르시아 제국의 정당한 후계자로 인정되기를 원했다. 심지어 알렉산드로스는 초자연적 정당성을 확보하기 위해 시와(Siwah) 오아시스를 방문하기도 했다. 그곳은 이집트 사막 깊숙이 자리잡은 신탁의 장소였다. 그곳에서 알렉산드로스는 자신이 신의 아들이며, 파라오가 될 운명이라는 신탁을 받았다. 이처럼 알렉산드로스는 그가 정복한 아시아에서 아프리카에 이르기까지 도덕적 및 종교적으로 정당성을 확보하고자 했고, 비록 그 기간이 길지 않았지만 의도한 기획은 성공적이었다. 알렉산드로스는 아시아의 왕이자 이집트 태양신 암몬의 아들이자 위대한 군대의 사령관으로서, 아프리카-유라시아 세계를 전례 없이 가깝게 통합하는 데 성공했다. 이러한 역사적 의의를 알렉산드로스 스스로도 충분히 인식하고 있었다는 연구도 있다. 알렉산드로스가 낭만적으로 꿈꾼 것은 바로 "온 인류의 통합"이었다.[33]

---

33 W.W. Tarn, *Alexander the Great* (Cambridge University Press, 1948), vol. II, p.

기원전 323년 알렉산드로스가 바빌로니아에서 사망했을 당시, 아프리카-유라시아 세계는 통합된 것처럼 보였다. 그러나 머지않아 통합된 세계 전체가 심각한 위기와 전쟁의 소용돌이로 휩쓸려 들어갔다. 그 여파는 이후 한 세기가 지나도록 회복되지 못할 만큼 격렬했다.[34] 당시 중요한 도시였던 티로스(Tyros), 시돈(Sidon), 페르세폴리스 등이 모두 파괴되었다. 그럼에도 알렉산드로스의 진정한 후계자를 자처하는 세력들 간의 투쟁과 파괴는 끝나지 않았다. 짧았던 알렉산드로스 대왕의 제국에서 중요한 장군으로 일한 사람들 가운데 셀레우코스 니카토르(Seleucos Nicator)도 포함되어 있었다. 그는 서아시아의 대부분과 과거 아케메네스 제국의 가장 큰 지역 단위, 그러니까 중앙아시아의 사마르칸트(Samarkand)에서부터 소아시아의 사르디스(Sardis)에 이르는 지역 전체를 다스리던 책임자였다.[35] 당시의 셀레우코스 제국은 의례나 왕의 책무 측면에서 고대 근동 지역의 왕국들과 비슷했다.[36] 왕조 초기부터 메소포타미아의 티그리스강 유역 도시 셀레우케이아(Seleuceia, 혹은 Seleucia)와 바빌론이 활동의 중심지가 되었고, 여러 측면에서 과거 아케메네스 제국의 전통이 정치 및 행정 구조에서 그대로 지속되었다. 셀레

    400; contra E. Badian, "Alexander the Great and the Unity of Mankind," *Historia* 7 (1958): 425-44.
34 Francois Chamoux, *Hellenistic Civilization* (Oxford: Blackwell Publishers, 2003), p. 40.
35 셀레우코스 제국에 관한 흥미로운 해석으로 다음을 참조. Susan Sherwin-White and Amélie Kuhrt, *From Samarkand to Sardis: A New Approach to the Seleucid Empire* (London: Duckworth, 1993).
36 Peter Green, *The Hellenistic Age: A Short History* (New York: Modern Library Edition, 2007), pp. 17-18.

우코스 제국이 서쪽으로 진출한 이후로는 시리아와, 오론테스(Orontes) 강 주변의 도시 안티오케이아(Antiokheia)가 왕조의 운명을 다할 때까지 권력의 중심지로 남아 있었다.

한편 프톨레마이오스(Ptolemaios) 1세는 이집트를 장악할 수 있었다. 당시 이집트 전통 고대 문명에는 헬레니즘 문화가 깊숙이 스며들어 있었다. 프톨레마이오스 제국은 경제를 통제하여 곡물을 수출했고, 그 결과 이집트는 지중해 권역의 빵 바구니(곡창 지대)로 부상했다. 또한 이집트는 중요한 학문의 중심지가 되었다. 헬레니즘의 전통과 이집트의 전통을 모두 물려받았기 때문이다. 다만 갈수록 파라오 중심으로 변해가는 경향이 있었다. 또 한 군데 중요한 중심지는 마케도니아였다. 마케도니아의 통치자 안티고노스(Antigonos)는 알렉산드로스의 출신지를 기반으로 다시 한 번 위대한 권력의 중심을 세우고자 하는 의지가 있었다. 결국 당시 권력의 중심지는 세 군데였다. 기원전 3세기 내내 팽팽한 힘의 삼각 균형이 유지되었다. 그러므로 아케메네스 제국 당시 중앙 집중화된 권력의 판세가 헬레니즘 시기에 이르러 다중심 제국 체제로 변해갔다고 말할 수 있겠다.

각 세력들, 여러 장군들, 작은 지역의 군주들이 내전을 벌여 고대 세계는 끊임없는 불안에 시달려야 했다. 그러나 동시에 여러 제국에 공통적으로 헬레니즘 문화가 전파되었고, 헬레니즘과 지역별 고유 문화가 공존했다. 아프리카-유라시아 세계에서 알렉산드로스 대왕과 그의 휘하 장군들은 여러 도시들을 건설했다. 그중에서도 가장 주목할 만한 사례는 아프리카-유라시아 세계의 양쪽 끝에 위치한, 이집트의 알렉산드리아(Alexandria)와 아프가니스탄의 아이하눔(Ai Khanum)이었다. 원형

극장, 체육관, 그리스 문학과 생활 양식 등이 보편화되었다. 아이하눔에서 이란의 신들은 헬레니즘 예술 양식으로 표현되었고, 그리스의 신들도 아시아 종교 전통의 일부로 편입되었다. 통치자와 그의 조상들을 기념하고 축복을 내리는 의례가 거행되었다.[37] 언어적으로 볼 때 그리스어는 세계 역사상 두 번째로 등장한 공통어(lingua franca)였다. 첫 번째는 기원전 8세기의 아람어였다. 역사학 및 인류학에서 인도, 아프가니스탄, 이란, 레반트를 비롯한 여러 지역을 관찰 조사한 결과, 여러 현지인들도 그리스어로 소통하며 기록을 남겼다.

셀레우코스 제국과 기타 알렉산드로스 제국의 후예를 자처하는 자들의 투쟁 결과, 새로운 제국들 혹은 왕국들이 탄생했다. 단적인 예로 오랜 역사적 과정을 거쳐 형성된 마우리아 제국(321~187 BCE)이 있다.[38] 기원전 6세기 다리우스 1세는 인도 북부 지역을 정복하고 사실상 하나의 세력권으로 통합시킨 적이 있었다. 그 뒤 알렉산드로스는 예컨대 포로스(Poros) 같은 크고 작은 지역 세력들을 제거했다. 그 결과 고대 도시 파탈리푸트라(Pataliputra) 출신의 찬드라굽타 마우리아(Chandragupta Maurya, 재위 321~297 BCE)의 왕국이 등장할 수 있었다. 찬드라굽타 마우리아는 서쪽의 셀레우코스 제국에서 셀레우코스 니카토르가 재위하는 동안 그와 맞서 싸웠다. 그러다가 서로 선물을 교환하고 새롭게 국

---

37 A. K. Narain, "The Greeks of Bactria and India," in A. E. Astin, F. W. Walbank, M. W. Frederiksen, and R. M. Ogilvie (eds.), *Cambridge Ancient History* (Cambridge University Press), vol. VIII, pp. 403-406.

38 Elizabeth Errington and Yesta Sarkhosh-Curtis (eds.), *From Persepolis to Punjab: Exploring Ancient Iran, Afghanistan and Pakistan* (London: The British Museum Press, 2007), pp. 37-38.

경을 획정했다. 이와 같은 지역의 발전은 종교 역사에 더욱 의미 깊은 변화를 초래했다. 마우리아 제국의 최대 팽창기를 이끈 황제 아소카(Ashoka, 재위 268~231 BCE)는 불교를 종교 및 철학적으로 선호했다. 고대 도시 사르나트(Sarnath, 鹿野園)에서 그의 칙령을 새긴 비문이 많이 발견되었는데, 아람어를 비롯한 여러 언어로 새겨져 있었다. 아람 문자는 과거 페르시아 제국의 칙령에 사용하던 문자였다. 따라서 과거 인도-이란 세계의 전통이 당시에 이어지고 있었음을 알 수 있다. 아소카 대왕은 칼링가(Kalinga) 지역을 잔혹하게 정복한 뒤 깨달은 바가 있어 불교와 비폭력 사상을 추종하게 되었고, 심지어 그의 제국 너머까지 불교가 전파되도록 힘썼다. 그리하여 캄보자(Kamboja, 즉 이란) 사람들과 요나(Yona, 즉 그리스) 사람들에게도 불법(佛法)이 전해졌다.[39] 그와 같은 전파의 과정에서 북쪽의 아프가니스탄에도 불교가 전해졌는데, 불과 10여 년 전까지만 해도 아프가니스탄 바미안(Bamiyan)에 세계에서 가장 큰 석불상 2구가 남아 있었다. 기원후 8~9세기에 이르러 이슬람 문명에도 불교의 영향이 스며들었다. 아프가니스탄의 바르마키드(Barmakid, 산스크리트어로 paramukha) 가문은 불교 신도였는데, 아바스 칼리파국 초기에 가장 강력한 정치적 가문으로서 고관 대신을 많이 배출했을 뿐만 아니라 강력하고 부유한 후원자로서 예술과 문학을 후원하기도 했다. 불교의 개념은 이슬람 신비주의에 영향을 미쳐, 아바스 칼리파국 동부에서 하나의 종파로 나타났다. 그러므로 마우리아 제국 초기의 변화들

---

39 Richard Foltz, *Religions of Iran: From Prehistory to the Present* (London: OneWorld, 2013), p. 94.

은 당시의 짧았던 과정이 아니라 아시아 사람들과 종교에 오래도록 영향을 미친 사건이었다.

헬레니즘 왕국들 안에서 내전이 일어나기도 했지만, 그보다 더 심각한 문제는 신흥 세력의 부상이었다. 헬레니즘 세력은 동서 양쪽 끄트머리에서부터 점차 무너지기 시작했다. 셀레우코스 제국의 동쪽, 그러니까 약사르테스(Jaxartes, 시르다리야)강과 옥소스(Oxos, 아무다리야)강 사이에 있던 그리스-박트리아 왕국은 기원전 250년에 떨어져 나갔다. 왕국의 통치자는 과거 셀레우코스 제국의 사트라프(satrap, 지방 총독)였던 디오도토스(Diodotos, 재위 c. 250~230 BCE)였다. 같은 시기 데메트리오스(Demetrios) 1세(재위 200~190 BCE)는 소그디아나를 차지했고, 힌두쿠시산맥도 그의 세력권에 들어갔다. 그리하여 셀레우코스 제국은 상당한 영토를 잃어야 했지만, 이는 이란의 유목 왕조 아르사케스(Arsaces)의 부상에 비하면 그리 큰 손실도 아니었다. 아르사케스 왕국은 나중에 파르티아(Parthia) 제국으로 발전하게 된다. 그들은 카스피해 동쪽에서 출발하여 남쪽으로 밀고 내려왔다. 아르사케스 왕국을 세운 아르사케스 1세는 카스피해 동쪽의 파르티아 지방을 정복한 뒤 기원전 247년 스스로 왕의 지위에 올랐다. 이로써 오랜 분쟁의 서막이 올랐다. 갈등이 점차 누적되다가 기원전 147년 그들은 이란고원 중부 지역을 정복했고, 셀레우코스 제국은 미트리다테스(Mithridates) 1세 재위 기간에 시리아 지역으로 밀려나야 했다.[40] 셀레우코스 제국은 결국 로마군, 특히 로마 장군 폼페이우스(Pompeius)에 의해 운명을 다했고, 도시 안티오케이아

---

40 Errington and Sarkhosh-Curtis (eds.), *From Persepolis to Punjab*, pp. 44-45.

(Antiokheia)와 그 주변 지역으로 한정되어 명맥만 유지할 따름이었다.

파르티아: 로마와 중국 사이 또 하나의 세계 제국
(c. 200 BCE~c. 200 CE)

기원전 2~1세기를 기준으로 유라시아 지역은 아르사케스의 파르티아 제국, 로마 제국, 한(漢) 제국이 3대 패권 세력으로 자리 잡고 있었다. 이들에 의해 서쪽의 지중해 권역, 중앙의 이란고원 권역, 동쪽의 중국 권역이 서로 연결되었으며, 거대한 아프리카-유라시아 지역권의 교류가 전례 없이 긴밀하게 이루어졌다. 그 밖에도 소규모 왕국들과 제국들이 있었는데, 이들 또한 거대 제국 사이에서 같은 방식으로 교류하고 협력했다. 대표적 사례가 쿠샨(Kushan) 제국이다(우리 책의 다른 장에서 집중 논의한다). 상황은 이러하지만 이번 장에서는 파르티아 제국에만 초점을 맞추기로 한다. 기존 세계사에서는 이 지역과 통치 권력에 소홀한 면이 있었다. 세계사를 서술하는 입장에서는 로마와 중국에 주로 초점이 맞추어졌기 때문이다.

아르사케스가 파르티아 제국을 수립한 때가 기원전 3세기였다. 그 서쪽에는 로마 제국, 동쪽에는 한 제국이 위치했다. 카스피해 동쪽에 있던 유목 부족 파르니(Parni)가 과거 셀레우코스 제국의 영토로 쳐들어가면서 셀레우코스 제국의 동부에서 각 지방을 하나씩 하나씩 병합하기 시작했다. 초기 파르티아 제국의 수도 니사(Nisa)는 오늘날 투르크메니스탄에 속하는 곳으로, 나중에는 왕실의 묘지 구역으로 사용되었다. 아르사케스는 기원전 247년 오늘날 이란의 쿠찬(Quchan)에서 왕위에 올랐고, 그의 제국은 이후 400년 동안 이라크, 이란고원, 캅카스산맥의 일부, 중앙아시아의 일부를 통치했다. 초기 파르티아는 헬레니즘 문화의 영향 아래 놓여 있었고, 그리스 문화권의 일부로 보였다. 그러나 시간이 지나면서 아케메네스 제국이 남긴 메소포타미아와 이란의 유산이 점차 강조되었다. 미트리다테스(Mithridates) 1세(재위 171~131 BCE) 당시에는 메소포타미아를 거쳐 카스피해 동쪽까지 파르티아의 손에 들어갔다. 과거 페르시아 황제의 칭호였던 "왕 중의 왕"은 이제 파르티아 황제의 칭호가 되었다.[41] 이와 함께 조로아스터교 이데올로기가 도입되어 왕권의 정당성을 뒷받침했다. 가령 "왕의 영광(Kingly Glory)"같은 관념이 생겨났는데, 로마에서 말하는 포르투나(fortuna, 운명의 여신)와 비슷한 관념이었다. 이러한 관념이 헬레니즘 예술 전통을 거쳐 동전에 초상화를 새기는 관행으로 이어졌다.

왕 중의 왕과 그의 왕자들은 궁정과 파르티아 사회의 정점에 위치했다. 제국 전체는 모두 18개 지방으로 나뉘었으며, 지방의 총독을 샤르다르(shahrdar)라 했다. 귀족의 저택은 로마 귀족의 농장 라티푼디움(latifundium)과 비슷한 대규모 농장(dastkirt) 안에 위치했다. 지방 총독은 필요할 경우 하위 귀족(azats)을 군대로 징발할 권한이 있었다. 도시와 마을의 방위는 지주 귀족이 책임졌고, 제국 중앙 정부는 필요할 경우 지원군을 보냈다. 이와 같은 새로운 형태의 정치 구조와 경제 시스템은 중세 유럽의 봉건제(feudalism)와 비슷한 면이 있었다.[42]

로마가 팽창하자 파르티아와의 충돌이 불가피했다. 특히 메소포타미

---

41 M. Rahim Shayegan, *Arsacids and Sasanians: Political Ideology in Post-Hellenistic and Late Antique Persia* (Cambridge University Press, 2011), pp. 40-41.
42 J. Wolski, *L'Empire des Arsacids* (Louven: Peeters, 1993), p. 113.

아가 분쟁 지역이 되었다. 기원전 53년 파르티아의 장군 수레나(Surena)가 카르하에(Carrhae, 혹은 Harran)에서 로마군을 궤멸시켰다. 이후 로마는 파르티아의 실체를 깨달았고, 그들의 실력과 동방을 지배할 권리를 인정했다. 실크로드 무역은 파르티아를 부유하게 만들어주었다. 파르티아는 세계 제국 간 무역을 중개하며 이득을 남겼을 뿐만 아니라 그들 자신의 상품과 재화도 수출했다. 교역은 주로 양대 제국의 국경 지대에서 이루어졌다. 이런 경향은 후기 고대(late antiquity)까지 지속되었다. 아르메니아와 메소포타미아의 도시들은 특히 의미가 있었다. 양측은 교역을 위해 상인들이 국경을 넘는 것을 허락하지 않았다.

아르메니아는 작은 왕국이었지만 로마 제국과 파르티아 제국에서 모두 심각하게 여겼다. 아르메니아는 정기적으로 파르티아 혹은 로마와 전쟁을 치렀다. 문제는 새로운 교통로에 접근할 권한, 황금 등의 천연자원, 말, 용병 등이었다. 아르메니아는 양측 모두에 적절히 대응해야만 독립국의 지위를 유지할 수 있었다. 아르메니아의 전략은 때로 성공적이었다. 파르티아 제국은 아라비아로 진격해 들어갔고, 페르시아만 근처에서 몇몇 거점을 확보했다. 일차적으로는 군사적 목적이었지만, 더 중요한 것은 경제적 목적이었다. 기원전 1세기에 저술된 이시도로스(Isidoros of Characenos)의 저서 《파르티아 도정기(道程記, Parthian Stations)》에는 메소포타미아에서 중앙아시아에 이르기까지, 파르티아에 속하는 지역 내의 상품과 활발했던 항구의 일상이 자세히 기록되어 있다.[43] 페르시

---

43 Wilfred H. Schoff, *Parthian Stations by Isidore of Charax. An Account of the Overland Trade Route between the Levant and India in the First Century BC*

아만과 인도양의 무역 관계, 페르시아만과 메소포타미아의 연결 등으로 이제는 장거리 무역에서 페르시아만이 중요한 연결 거점으로 떠올랐다. 또한 같은 시기 팔미라(Palmyra)에서 하트라(Hatra), 바빌론(Babylon), 셀레우케이아(Seleuceia)까지, 최종적으로 스파시누 카락스(Spasinu Charax)와 메세네(Mesene)까지 이어지는 무역로의 중간 거점으로 오아시스 도시들이 부상했다. 이들 도시의 대부분은 파르티아 관할이었다. 그리고 그 도시에는 많은 사람들이 거주했다. 프라테스(Phraates, 파르티아어로 Farhad)의 아들 마네소스(Manesos)도 그런 도시에 살았으며, 자신이 살던 도시에 관해 많은 정보를 남겼다. 그는 메소포타미아 지역을 관장하는 세금 징수관이자 총독(arabarch)이었다.[44]

파르티아인은 종교 홍보에 별로 관심이 없었으나, 조로아스터교 신앙은 그들에게 중요한 문제였다. 기원후 1~2세기에 유대교와 기독교는 황제 숭배에 반대하여 로마 제국과 싸웠다. 많은 사람들이 고향을 버리고 파르티아 제국, 즉 메소포타미아로 건너갔다. 메소포타미아는 대부분의 세계 종교가 자리를 잡은 터전이었다. 이교도, 조로아스터교, 유대교, 기독교, 침례교를 비롯한 여러 종교의 신도가 서로 이웃해서 살았다. 유대인은 심지어 파르티아 군대에도 참여했다. 그들은 때때로 팔레스타인 지역에 남아 있는 형제들을 구하기 위한 군사 행동을 시도하기도 했다. 당시 상당한 규모의 유대인 공동체가 메소포타미아에 형성되어 있었다. 이란고원은 유대 공동체의 율법 제정과 깊은 관련이 있었는데, 그 결과

(Chicago: Ares Publishers, 1914).
44 Malcolm A. R. Colledge, *The Parthians* (New York: Frederick A. Praeger, 1967), pp. 62-63, 78-79.

물이 《바빌로니아 탈무드》였다(《탈무드》는 두 종류가 있는데, 바빌로니아 지역에서 전해진 《바빌로니아 탈무드》와 팔레스타인 지역에서 전해진 《예루살렘 탈무드》다. - 옮긴이).

파르티아 사람들은 또한 실크로드가 유지되는 데 기여했다. 파르티아 제국 왕 중의 왕 미트리다테스(Mithridates) 2세(재위 123~88 BCE)와, 거의 비슷한 시기에 재위한 중국 한(漢) 제국의 무제(武帝, 재위 140~87 BCE)는 서로 교류하면서 파르티아와 중국의 공통 관심사에 대한 의견을 교환했다. 쌀과 밀 농사가 잘되는 땅은 양쪽 모두에 있었지만, 특히 파르티아에는 거대 규모의 포도밭이 있었다. 많은 거대 도시 출신의 상인과 파르티아 제국에서 발행한 은화가 한 제국에 도달했다. 파르티아인은 한 제국이 생산한 수출 상품의 소비자였을 뿐만 아니라 새롭게 대두된 원거리 지역 간 교류(로마와 중국의 교류)에서 중개상 역할을 하기도 했다. 중국 문헌 기록에 따르면, 파르티아인은 특히 중국 비단을 직거래하고자 했다. 파르티아인의 전략 때문에 로마인은 기원후 2세기가 저물 때까지 중국 비단을 직접 구매하지 못했다.

파르티아 제국의 동쪽에는 쿠샨(Kushan) 왕국이 자리 잡고 있었다. 초기 쿠샨 왕국은 부족 연맹의 후예였다. 중국 문헌에는 그 연맹체가 월지(月氏, 月支)라고 기록되어 있다.[45] 중국 문헌 기록에 따르면, 기원전 2세기 중엽 흉노가 월지의 영역으로 침범해 들어오는 바람에 월지는 서쪽으로 달아나 트란스옥시아나(Transoxiana) 지역으로 들어갔다고 한

---

45 Liu Xinru, "Migration and Settlement of the Yuezhi-Kushan: Interaction and Interdependence of Nomadic and Sedentary Societies," *Journal of World History* 12 (2001): 265.

다. 쿠샨 왕국은 나중에 거대한 제국을 건설하는 데 성공했으며, 기원후 220년경 사산(Sasan) 왕조가 일어날 때까지 지속되었다. 사산 왕조에 대해서는 우리 책의 다른 장에서 자세히 논할 것이다.

사산 제국: 후기 고대(late antiquity) 제국

기원후 3세기 아프리카-유라시아 세계는 중대한 변화의 현실로 달려가고 있었다. 당시 두 개의 거대 제국이 도전에 직면했고, 권력을 더욱 강화하려는 의지가 고양되고 있었다. 양측 모두 공동의 종교를 강화하는 노선을 선택했다. 이를 통해 오래도록 존속 가능한 제국의 구조를 만들고자 했다. 그리하여 세계사에서 또 한 단계의 새로운 역사가 문을 열었다. 지중해 지역은 로마 제국이 장악하고 있었다. 그러나 기원후 3세기부터 로마 제국은 두 개의 정치-행정 단위로 쪼개지기 시작했다. 그중 하나가 동로마 제국으로, 비잔티움 제국이라고도 한다. 동로마 제국은 아나톨리아, 팔레스타인, 이집트, 그리고 시리아와 메소포타미아 일부를 차지했다. 동로마 제국의 동쪽에는 사산 제국이 자리를 잡고 옥소스강에서 유프라테스강까지, 그리고 그 너머까지도 자신의 영토라고 주장하고 있었다.

사산 제국은 3세기에 파르티아 제국을 밀어내고 지역 패권을 차지했다. 사산 제국을 설립한 왕은 아르다시르(Ardashir)였다. 명석한 군사 지도자인 그는 종교를 새로운 제국의 비전으로 제시했다. 제국 설립 초기부터 선호한 종교는 조로아스터교, 즉 아후라 마즈다(Ahura Mazda, 혹은 Ohrmazd)를 숭배하는 종교였다. 사산 제국에서 발행한 동전이나 바위 부조에는 왕이 조로아스터교의 신들로부터 왕관을 받는 장면이 그려져 있다. 이때 등장하는 신들은 아후라 마즈다(Ohrmazd) 혹은 아나히타 (Anahita)였다. 과거 파르티아의 귀족들과 주변 지역의 왕들은 이란샤흐 르(Iranshahr, 이란 제국)라는 울타리 안으로 복속해 들어갔다. 예언자 마 니(Mani)의 보편주의 종교와 영적 지향이 강한 마니교(Manichaeism)가 초기에 세를 발휘하기도 했지만, 제국의 사제 계층은 곧이어 조로아스터 교의 틀에서 제국의 종교를 만들어갔다. 조로아스터교 종교 체제가 만들 어지는 동안 유대교인, 기독교인, 마니교인, 불교인은 박해를 받았다.[46]

사산 제국과 동로마 제국이 수차례에 걸쳐 전쟁을 치르는 동안, 로마 인은 사산 제국이 과거의 파르티아 제국과는 매우 다른 세력이라는 사 실을 알게 되었다. 사산 제국의 황제 아르다시르와 로마 제국의 황제 세 베루스 알렉산데르(Severus Alexander)는 메소포타미아를 차지하기 위 해 서로 싸웠다. 유프라테스강이 두 제국의 명목상 국경선이 되었고, 강 을 따라 요새들이 건설되었다. 전쟁 때문에 3세기에는 두라-에우로포 스(Dura-Europos)와 팔미라(Palmyra)를 비롯한 여러 대상(카라반)의 도 시들이 쇠락했다. 사산 제국의 제2대 황제 샤푸르(Shapur) 1세는 잇달 아 세 명의 로마 황제를 물리치고, 살해하고, 포로로 잡았다. 사산 제국 의 동쪽에 있는 쿠샨 제국도 사산 제국의 종주권을 인정했다. 쿠샨-사 산 혼혈이 사산 황실 가문의 중요한 방계 혈족으로 자리 잡았다. 중앙아 시아 남부는 이로부터 기원후 5세기에 에프탈(Hephthal)이 패권을 차지 할 때까지 줄곧 사산 제국의 통제 아래 놓였다.

---

46 Touraj Daryaee, *Sasanian Persia: The Rise and Fall of an Empire* (London: I. B. Tauris, 2013) pp. 77-78.

샤푸르 2세가 70여 년을 통치한 5세기에 이르러 조로아스터교는 옥소스강에서 유프라테스강에 이르기까지 제국의 종교로 자리 잡았다. 조로아스터교의 제사장을 마기(Magi)라 했는데, 당시 마기인 아두르바드 마흐르스판단(Adurbad Mahrspandan)은 고난과 시련을 거쳐 "진리의 말씀"과 "선한 종교(weh-den)"의 해석 이론을 수립했다.[47] 조로아스터교가 국가적 지원을 얻고 조로아스터교의 "정통성"이라는 것이 만들어지면서 기독교는 이제 사산 제국에 위협이 되었다. 로마 제국에서도 기독교도를 지하 반역 세력으로 간주했다. 4세기 초에 이르러 로마의 황제 콘스탄티누스(Constantinus)는 기독교 박해를 끝내고 스스로를 모든 기독교도의 통치자로 선포했고, 사산 제국에서는 더더욱 기독교도를 의심의 눈초리로 바라보게 되었다.[48] 이후 로마의 황제 율리아누스(Iulianus)는 기독교와 대립하여 배교자(Apostate)라는 별명을 얻기도 했지만, 사산 제국의 샤푸르 2세는 아이러니하게도 배교자 율리아누스와 싸워 패퇴시켰다. 물론 샤푸르 2세는 율리아누스가 그토록 증오한 기독교도도 처형했다. 당시의 처형에 대항한 페르시아 기독교의 순교록에는 수많은 순교자의 이름이 기록되었다.

사산 제국이 캅카스 지역 정복을 시도하면서 조지아, 아르메니아, 알바니아 등지가 다시 사산 제국과 로마 제국 사이의 분쟁 지역으로 변해갔다. 캅카스 지역의 전략적 중요성 이외에도 천연자원, 도로, 숙련 노동자 등의 요인 때문에 캅카스의 여러 왕국은 경제적으로 중요한 비

---

47 Daryaee, *Sasanian Persia*, pp. 84-87.
48 Timothy D. Barnes, "Constantine and the Christians of Persia," *Journal of Roman Studies* 75 (1985): 126-27.

중을 차지하고 있었다. 그래서 지역 왕국들은 양측 제국 사이에서 분쟁을 이어갔는데, 7세기 사산 제국이 멸망할 때까지 그들의 분쟁은 계속되었다. 7세기 이후부터 신흥 이슬람 제국이 캅카스 지역을 확고히 장악하면서 지역 내 분쟁이 멈추게 되었다. 실크로드는 여전히 중요한 내륙 교통로였으나, 점차 바닷길이 무역에서 중요한 비중을 차지하기 시작했다. 사산 제국과 로마 제국의 전쟁이 지속되는 와중에 육지 무역로가 혼란해졌고, 그사이 아랍 세력은 아라비아 남부에서 주도권을 차지할 수 있었다.[49]

5세기에 이르러 사산 제국에서는 기독교 교회가 건립되었다. 사산 제국의 수도 크테시폰(Ctesiphon)에 거주하는 가톨릭 신자도 있었다. 사산 제국의 수도는 국제적 중심 도시로, 후기 고대 전 세계에서 가장 크고 가장 인구가 많은 도시 중 하나였다. 비교하자면 콘스탄티노폴리스(Constantinoplis)와 비슷한 정도였다. 사산 제국은 동방 무역, 특히 당시 세계 최고 품질의 중국 비단 무역을 장악하고 있었다. 사산 제국의 상인들은 인도양 지역에 들어온 비단을 전부 사들여서 가격과 공급량을 조절했다. 페르시아와 중국 사이의 가장 중요한 무역상인 소그드인(Sogdians)은 이란고원과 나아가 로마 지역까지 직거래를 하고자 시도했다. 소그드인은 페르시아 황제에게 청원했지만, 황제는 직접 교역을 허락하지 않고 페르시아 비단 시장의 통제를 받도록 조치했다. 그리스의 상인 코스마스 인디코플레우스테스(Cosmas Indicopleustes)는 동방에서

---

49 Touraj Daryaee, "The Persian Gulf in Late Antiquity," *Journal of World History* 14 (2003): 8-10.

사산 제국으로 수입되는 비단 상품의 목록을 직접 보고 기록한 1차 자료를 남겼다. 기원후 568년 아라비아 남부를 정복한 사산 제국은 비잔티움 제국으로 향하는 해양 무역로를 장악하고 비단 가격을 올리고자 했다.[50]

마침내 아라비아 지역도 사산 제국의 직접 통치 아래로 들어갔고, 사산 제국의 상인은 인도양의 아라비아 무역로를 장악했을 뿐만 아니라 아라비아의 구리 광산에도 직접 접근할 수 있었다. 당시 사산 제국과 로마 제국은 평화로운 관계를 유지했지만 양측 제국 모두 국경 지역의 유목민 침략 문제와 맞닥뜨렸는데, 그들은 바로 유라시아 스텝 지역에 정주 세력권을 형성한 훈족이었다.[51] 훈족과 투르크 유목 부족들은 내륙아시아(inner Asia)에서 중국으로, 또한 이란으로 밀고 들어갔다. 중국에서도 사산 제국에서도 장성을 건설하여 대응했다. 유목민이 정주민의 지역으로 기습하는 것을 막기 위한 방편이었다. 결국 투르크는 유라시아 역사에 뚜렷한 흔적을 남기게 되었다.

6세기에 이르러 투르크는 그들의 고향 알타이산맥을 벗어나 서쪽으로 향했다. 에프탈과 키다르(Kidar)는 그들에게 밀려 사산 제국의 영토로 진입했고, 전쟁이 벌어졌다. 사산 제국의 황제 호스로(Khosro) 1세는 투르크와 직접 접촉을 시도했고, 소그드인을 매개로 양측은 동맹 관계

---

50 Étienne de la Vaissière, *Sogdian Traders: A History* (Leiden: Brill, 2005), pp. 228-29.
51 James Howard-Johnston, "State and Society in Late Antique Iran," in Vesta Sarkhosh-Curtis and Sarah Stewart (eds.), *The Idea of Iran: The Sasanian Era* (London: I. B. Tauris, 2008), vol. III, p. 121.

를 맺었다. 비잔티움 제국 또한 비단 무역 때문에 투르크와 동맹을 맺었다. 563년 투르크 사절단이 콘스탄티노폴리스에 도착했다. 이후 4세기 동안 투르크는 중앙아시아에서 지중해에 이르기까지 실질적 권력을 유지했다. 7세기에 투르크는 중국 당(唐) 제국의 황제 옹립에 개입했으며, 아바스 칼리파국에서도 중요한 역할을 담당했다. 5세기에서 7세기 사이 투르크는 양측 정주 제국의 주요 무역 파트너였다. 그러나 소그드 상인도 중국에서 중앙아시아까지, 박트리아의 사산 제국 국경까지 오가며 교역을 담당했다.[52]

6세기 호스로 1세의 재위 기간에 제국 전체적으로 중요한 개혁을 단행했다. 혁명을 시도한 조로아스터교 성직자는 모두 면직시켰다. 동전, 행정, 세금 징수, 군사 등 전방위적 개혁이 실시되었고, 사산 제국은 다시금 활력을 되찾았다. 조로아스터교 교리는 완성 단계에 이르렀고, 성스러운 송가를 기록한 경전 《아베스타》도 확정되어 문자로 기록되었다. 제국 전역에 불을 모시는 제단이 설치되었다. 그중에서도 가장 성스러운 제단이 이란 북서부에 남아 있는 아두르 구쉬나스프(Adur Gushnasp)였다.

근동 지역에 남아 있는 당시 건물 중 가장 높은 호스로의 아치(Arch of Khosro)는 왕 중의 왕의 권력을 나타내는 상징으로서, 후기 고대 세계에서 가장 큰 도시 중 하나인 크테시폰에 세워졌다. 6세기에 비잔티움 제국에서는 유스티니아누스 황제가, 사산 제국에서는 호스로 1세가 통

---

52 Denis Sinor, "The Establishment and Dissolution of the Türk empire," in Sinor (ed.), *The Cambridge History of Inner Asia* (Cambridge University Press, 1994), pp. 299-308.

치했고, 양측 제국은 모두 최전성기에 도달했다. 사산 제국은 도시마다 성벽을 강화했고, 또한 북쪽 국경을 따라 장성(長城)을 건설했다. 카스피해 서쪽과 동쪽에 모두 장성이 건설되었는데, 로마와 북방 유목민의 침략을 막기 위한 시설이었다. 고르간 장벽(Wall of Gorgan)은 고대에서 가장 긴 장성으로 전체 길이가 196킬로미터에 달하며, 장성을 따라 36개의 병영 막사가 설치되어 있었다.[53] 중국의 수당(隋唐) 제국 또한 5~7세기에 사산 제국과 보다 밀접하게 교류했다.

이와 같이 후기 고대의 뒤편으로 가면서 지중해부터 중국의 황해에 이르기까지 아프리카-유라시아 제국들이 펼쳐져 있었다. 비잔티움 제국, 사산 제국, 수당 제국이 그들이었다. 그 사이사이에 위치한 왕국들이 이들 거대 제국과 교류하거나 맞서고 있었다. 캅카스, 아라비아, 중앙아시아 등지에 이런 작은 왕국들, 유목민, 상인이 분포했다. 상인에는 아르메니아인, 라즈인, 아랍인, 그리고 누구보다 중요했던 소그드인이 있었다. 그러나 고대 세계 권력의 핵심은 세 곳, 즉 콘스탄티노폴리스, 크테시폰, 그리고 장안(長安, 중국)이었다. 황제들과 왕공들이 있는 그곳에서 풍성한 궁중 의례가 펼쳐졌다.[54] 아랍인은 비잔티움 제국과 사산 제국 양쪽의 고객이었다.[55] 로마와 사산 제국 사이에서 아르메니아인의 왕

---

53 Howard-Johnston, "State and Society in Late Antique Iran," p. 125.
54 Matthew P. Canepa, "Distant Displays of Power: Understanding Cross-Cultural Interaction among the Elites of Rome, Sasanian Iran, and Sui-Tang China," *Ars Orientalis* 38 (2010): 122, 131.
55 당시 아랍인의 역할에 관해서는 다음을 참조. Greg Fisher, *Between Empires: Arabs, Romans, and Sasanians in Late Antiquity* (Oxford University Press, 2011), pp. 72-127.

국 또한 분열되어 있었다. 투르크 카간국들은 세 개의 거대 제국 중 어느 한 곳 혹은 여러 곳과 동맹을 맺었다. 이와 같은 상황이 후기 고대 유라시아 세계의 현실이었다.

　로마와 사산 제국은 상징적으로 상대의 왕자들을 볼모로 데려갔고, 서로의 평등한 관계를 인정했다. 호스로 2세는 세계가 두 개의 눈, 바로 로마와 사산 제국이라는 눈으로 빛난다고 생각했다.[56] 거의 한 세기 가까이 명목상 평화가 유지되었다. 그러나 비잔티움 제국에서 포카스(Phocas)가 황제 마우리키우스(Mauricius, 재위 593~602 CE)를 살해하고 왕위를 찬탈한 뒤 상황은 바뀌기 시작했다. 젊은 시절 마우리키우스 황제의 보살핌을 받은 적이 있는 호스로 2세는 비잔티움 제국을 공격했다. 한편 헤라클리우스(Heraclius)는 스스로를 비잔티움 제국의 새로운 황제로 선포했다. 그러나 사산 제국의 군대는 멈추지 않았다. 그들은 팔레스타인과 이집트를 차지했으며, 콘스탄티노폴리스를 포위 공격했다. 그들은 성십자가(True Cross)와 성배(聖杯, Holy Grail)를 빼앗아 이란으로 가져갔다. 이는 콘스탄티노폴리스뿐만 아니라 동로마 제국 전체 기독교도에게 충격과 실망을 안겨준 사건이었다. 비잔티움의 황제 헤라클리우스는 반격을 감행해 사산 제국으로 쳐들어갔다. 기독교 교회는 자금을 후원했다. 이 사건은 무슬림이 근동 지역의 세력 판도에 등장하기 20년 전의 일이었지만, 십자군의 시원(proto-Crusade)이라고도 불린다. 헤라클리우스는 페르시아와의 전쟁에서 사망하는 자에게 천국을 약속

56　Matthew P. Canepa, *The Two Eyes of the Earth: Art and Ritual of Kingship between Rome and Sasanian Iran* (Los Angeles: University of California Press, 2010), p. 1.

했으며, 성십자가를 되찾아오겠다고 맹세했다.[57] 628년 사산 제국과 왕중의 왕 호스로 2세는 전쟁에서 패배하고 황제위를 박탈당했다.

628년부터 사산 제국 최후의 황제 야즈드게르드(Yazdgerd) 3세가 사망한 651년까지 사산 제국은 여러 황제가 잇달아 교체되며 혼돈에 빠져 있었다. 마침내 무슬림이 사산 제국과 세 차례의 주요 전투에서 모두 승리를 거두고 이란샤흐르 전체를 정복했다. 근동 지역에서 새로운 역사가 시작되었으며, 이는 지중해 동부의 변화와도 같은 시기였다. 호스로 2세가 과거 로마 제국과 사산 제국이 구축한 서남아시아 세계 질서를 무너뜨림으로써 이원적 체제와 권력 균형을 무너뜨렸다는 비판도 가능할 것이다.[58] 이와 같은 혼란을 틈타 사산 제국은, 비록 그 기간은 짧았지만 서남아시아의 대부분 지역을 장악하려 했고, 훨씬 더 강력한 아프리카-유라시아 패권 세력으로 변화를 시도했던 것이다.

이슬람 연방(650~900 CE)

이상에서 설명한 후기 고대의 세계 정세 속에서 이슬람이 출현하여 새로운 패턴과 연맹 체제를 수립했다.[59] 아프리카-유라시아 세계는 7세

---

57 Yuri Stoyanov, *Defenders and Enemies of the True Cross: The Sasanian Conquest of Jerusalem in 614 and Byzantine Ideology of Anti-Persian Warfare* (Vienna: Verlag der Österreichischen Akademie der Wissenschaften, 2011), p. 48.
58 James Howard-Johnston, "The Destruction of the Ancient World Order," in Derek Kennet and Paul Luft (eds.), *Current Research in Sasanian Archaeology, Art and History* (Oxford University Press, 2008), pp. 79-85.
59 Marshall G. S. Hodgson, "The Role of Islam in World History," in Hodgson, *Rethinking World History: Essays on Europe, Islam, and World History*, ed. Edmund Burke III (Cambridge University Press, 1993), p. 113.

기 초 극심한 분쟁으로 극한의 공포에 빠져 있었다. 그러나 제국의 변방에서 출현한 새로운 권력에 의해 머지않아 혼란은 극복되었다. 예언자 무함마드(Muhammad)는 홍해와 아라비아 지역에서 펼쳐진 로마 제국과 사산 제국의 분쟁을 목격했는데, 에티오피아의 기독교도와 아랍의 유대인이 양측 제국을 대리하여 싸우고 있었다. 무함마드는 이런 상황에 발을 들여놓았고 승리를 거두었다.[60]

지리적으로 이슬람은 상업적 요충지에 자리하고 있었다. 메카(Mecca)는 시리아와 연결되는 아라비아 남부 무역로에 위치했으며, 아라비아의 동부 및 북동부에서 홍해로 연결되는 길 위에 놓여 있었다. 이슬람은 637년 군사력을 동원하여 (사산 제국에 맞서) 카디시야(Qadisiyya)를 공격했고, 636년 (비잔티움 제국에 맞서) 야르무크(Yarmuk)를 공략했으며, 이외에도 여러 도시로 이슬람이 확산되었다.[61] 그들의 성공 비결은 특유의 시스템에 있었다. 그들은 기존에 익숙했던 것을 받아들이고 유연성을 발휘했으며, 마주치는 상대가 누구든 그들의 시스템을 흡수했다. 사산 제국과 비잔티움 제국의 행정 시스템은 이미 수십 년 동안 유지된 경험이 있었다. 그중에서 가장 좋은 부분을 엄선하여 "이슬람 시스템"을 만들었다. 그때가 7세기 말에서 8세기 초로 넘어가는 시점이었다.

이슬람 최초의 왕조는 우마이야(Umayyad) 칼리파국이었다. 우마이

---

60 Glen Warren Bowersock, *The Throne of Adulis: Red Sea Wars on the Eve of Islam* (Oxford University Press, 2013).
61 Fred M. Donner, "Muhammad and the Caliphate," in John L. Esposito (ed.), *The Oxford History of Islam* (Oxford University Press, 1999), p. 12.

야 왕조는 "최후의 고대 제국"이라 일컬어지기도 한다.[62] 그들은 이슬람 정복지의 대부분을 통합했으며 다마스쿠스(Damascus)를 수도로 정했다. 우마이야 칼리파국을 수립한 왕실의 연고지가 이슬람 출현 이전부터 그곳에 있었기 때문이다. 그들은 고대 제국의 방식을 거의 그대로 답습하여, 비잔티움의 황제와 사산 제국의 왕 중의 왕을 닮은 중앙 집권적 권위를 수립하고자 했다. 이는 무함마드와 그의 뒤를 이은 계승자들(즉 칼리프)이 취했던, 영적 지도자 겸 행정 관리자의 면모와는 확연히 다른 것이었다. 행정 관리 측면에서 우마이야 왕조의 능력은 금방 드러났다. 금과 은 이중 본위의 이슬람 화폐(통화) 체제를 만들었으며, 세금 규정도 정비했다. 우마이야 왕조는 과도하게 확장된 이슬람 제국을 충분히 통제할 수 있는 능력을 보여주었다. 다만 행정력이 미치지 않는 동쪽 지방을 등한시하고, 이슬람 사회의 엘리트 계층을 고립시키려 한 것이 실수였다. 제국은 마침내 750년 변경으로부터 무너지기 시작했다.

새로운 관리 책임을 맡은 왕조는 바그다드에 기반을 둔 아바스(Abbasid) 칼리파국이었다. 이들은 중앙아시아와 동부 이란, 즉 대(大)호라산(Greater Khorasan)의 군사력을 이용하여 권력을 잡았다. 이곳은 사산 제국 후기부터 정치적으로나 경제적으로나 부상해온 지역이었다. 과거 우마이야 왕조에 포섭되지 않은 이슬람의 엘리트 계층에는 예언자 무함마드의 가문을 비롯해 무함마드의 가장 가까운 추종자들의 후손도 포함되어 있었다. 이들이 중앙아시아와 대호라산의 군대를 이용하여 우

---

62 Eric H. Cline and Mark W. Graham, *Ancient Empires: From Mesopotamia to the Rise of Islam* (Cambridge University Press, 2011), p. 322.

마이야 왕조를 무너뜨리는 데 성공했다.

아바스 제국은 나름대로 독특한 방식의 아프리카-유라시아 제국을 건설했다. 제국의 서쪽 끝은 마그레브(Maghreb, 아프리카 북동부 지역)와 이베리아(Iberia)반도였는데, 우마이야 왕조의 잔존 세력들이 장악하고 있었다. 한편 북아프리카의 여러 지역은 아바스의 패권에 결코 복속하지 않았다. 대호라산(이란 동부, 아프가니스탄, 우즈베키스탄)을 포함하여 제국의 동쪽 변경 지역은, 비록 아바스 제국이 수립될 당시 그들의 도움을 받기도 했지만, 서서히 지역 자치의 방향으로 나아갔다. 아바스 칼리파국의 전성기는 8세기 말에서 9세기 초였다. 당시 학문이 대단히 번성했는데, 대표적 성과라면 대규모 번역 프로젝트를 들 수 있다. 그들이 정복한 권역 내에서 후기 고대 민족과 제국의 모든 유산, 말하자면 시리아어(근동과 레반트 지역), 그리스어(비잔티움 지역), 중세 페르시아어(사산 지역) 자료가 모두 번역되었다. 아랍어(Arabic)는 공통어(lingua franca)의 지위를 획득하며, 기존에 1500년 동안 유지되어온 아람어(Aramaic)의 지위를 대체했다. 이는 아바스 제국의 권력에 수반된, 체제 안정화 면에서 가장 큰 업적이었다. 동부 지중해 세계는 셀레우코스 제국이 무너진 이후로 다양한 정치 권력으로 분열되었으나 아바스 칼리파국의 깃발 아래 다시 한 번 통합되었고, 시장 개척과 경제적 생산이 모두 활성화되었다.

아바스 왕조가 이룩한 평화 덕분에 지속적 경제 성장이 가능했고, 후기 고대의 상황이 다시 한 번 재현되었다. 시리아의 농업이 발달하고 시리아가 이집트 및 메소포타미아와 통합되자 이른바 중세 녹색 혁명(Medieval Green Revolution)이 일어났다. 그 징후는 동쪽으로도 멀게는 후제스탄(Khuzestan) 지역까지 나타났으며, 새로운 작물(목화, 사탕수수,

쌀)과 농업 기술이 전파되었다.[63] 농업 혁명이 유지된 것은, 근동 지역의 오랜 물 관리 전통과 관개 수로를 통한 농지의 물 공급 덕분이었다. 특히 메소포타미아 지역에서 이와 같은 수로를 오래도록 지속적으로 관리했고, 아마도 그 덕분에 메소포타미아는 세계에서 가장 부유한 지역이 되었다.[64] 농업 성장에서 비롯된 번영과 함께, 사하라 무역과 이란 및 중앙아시아의 목화 무역이 가져다준 재력을 바탕으로 아바스 황금기의 문화적 성장도 가능해졌다.[65] 아바스는 군대를 통해 칼리파국 전체를 관리했다. 군대는 호라산 출신이지만 이제 바그다드에서 권력의 한자리를 차지한 아브나 알 다울라(abna al-dawla), 즉 "혁명의 아들들"로 구성되었다.

번영이 계속되자 아바스 왕국의 관리 능력도 다시금 시험대에 올랐다. 왕국이 팽창하면서 동원 가능한 행정력이 한계에 이르렀기 때문이다. 가끔 중앙 정부가 약화될 때면 지방 행정 기관이 스스로 수입원을 찾아 현지 권력을 강화했다. 특히 대호라산, 북아프리카, 이집트가 그랬고, 심지어 시리아의 일부 지역에서도 이런 현상이 나타났다. 이들 지역에서 지방 행정 책임자는 자신이 맡은 지역을 배타적으로 통제하는 권한을 행사했다. 아랍인, 소그드인, 페르시아인, 투르크인 병사와 용병 사이의 내부 투쟁이 격화되자 관료와 지역 행정 관리자는 개인적 권력

---

63 Andrew M. Watson, "A Medieval Green Revolution: New Crops and Farming Techniques in the Early Islamic World," in Abraham Udovitch (ed.), *The Islamic Middle East, 700-1900: Studies in Economic and Social History* (Princeton, NJ: The Darwin Press, 1981), pp. 29-58.
64 Hugh Kennedy, *When Baghdad Ruled the Muslim World: The Rise and Fall of Islam's Greatest Dynasty* (Cambridge, MA: Da Capo Press, 2005), p. 131.
65 Richard W. Bulliet, *Cotton, Climate, and Camels in Early Islamic Iran: A Moment in World History* (New York: Columbia University Press, 2009), see chapter 2.

을 구축할 기회를 얻었다. 아바스 제국은 이크타(iqta)라고 하는 "봉토(fief)" 시스템을 가지고 있었다. 군사 책임자가 특정 지역에서 세금을 징수할 수 있는 권리가 있었다. 다만 바그다드는 예외였다. 관료주의는 칼리파국이 약해지고 부분적으로 영토를 상실하는 시기에 오히려 불리하게 작용했다.[66] 9세기 말엽의 아바스 제국은 문화적으로 여전히 강건하고 활발했지만, 정치적 분열 때문에 낭떠러지로 밀려갔다. 기원후 900년을 전후하여 호라산(Khorasan)에서 타히르 토후국(Tahirids)이, 시스탄(Sistan)에서 사파르 토후국(Saffarids)이, 중앙아시아 및 트란스옥시아나에서 사만 토후국(Samanids)이 일어났다. 더 이상 바그다드의 칼리프는 전권을 가진 막강한 존재가 아니었다.[67] 이번 장을 시작할 때 잠시 언급했듯이, 기존 세계 시스템의 쇠락과 분열은 기후 탓이었을 가능성이 크다. 최근 연구 성과에 따르면 10세기 초 근동 지역에서 심각한 기온 저하가 있었고, 그 때문에 농업 생산력이 쇠퇴했으며, 이후 매우 오래도록 당시의 쇠퇴로부터 회복되지 못했다고 한다.[68]

결론

철기 시대의 시작부터 이슬람 제국이 탄생할 때까지 서아시아 및 중앙아시아는 정치·경제·문화적으로 흥미로운 발전 패턴을 보여주었다. 이 지역에 인도이란어파에 속하는 언어를 사용하는 부족이나 아람어 혹

---

66 Donner, "Muhammad and the Caliphate," p. 30.
67 John Joseph Saunders, *A History of Medieval Islam* (London: Routledge and Kegan Paul, 1980), pp. 118-19.
68 Bulliet, *Cotton, Climate, and Camels*, see chapter 3 "The Big Chill," pp. 69-95.

은 기타 셈어파의 언어를 사용하는 부족이 들어오면서 청동기 시대의 제국은 밀려나고 소규모 왕국들이 자리를 잡았다. 아시리아 같은 고대 국가들, 그리고 생존 기간이 짧았던 바빌로니아는 힘을 이용하여 당시의 상황을 통제해보려 애썼지만 지역 내 문화적 변화의 대세를 어찌할 수 없었다. 아람어는 곧이어 레반트, 아나톨리아, 메소포타미아 지역에서 공통어의 지위를 획득했고, 아람어를 통하여 아시리아와 바빌로니아의 정치 및 문화적 유산이 아케메네스 제국으로 이어졌다. 이란어군 언어를 사용하는 사람들 가운데 페르시아어 사용자가 아케메네스 제국의 주인이 되었지만, 그들의 문화는 이란어군의 어떤 언어와도 관련이 없는 엘람어 사용자의 문화가 지배했다. 이후 이란어가 다른 많은 언어를 밀어내며 이란고원과 중앙아시아 대다수 사람들의 모국어가 되었다. 아케메네스 제국은 메소포타미아와 시리아를 장악했고, 시리아-메소포타미아 문화의 확산에 기여했다. 이는 수메르인, 아카드인, 히타이트인, 아람인의 문화로 이어오면서 2000년 이상의 전통이 누적된 문화였다. 이란 중앙부 고원 지대로부터 북아프리카에 이르기까지 아케메네스 제국 전역에 그들의 문화가 확산되었다.

    알렉산드로스와 헬레니즘의 세례를 듬뿍 받은 마케도니아인이 등장하면서 시리아-메소포타미아 문화에는 새로운 자양분이 공급되었다. 헬레니즘에는 기본적으로 시리아-메소포타미아 문화가 많이 가미되어 있었고, 그리스 문학의 형태로 파급력이 있었다. 그리하여 그리스 문화는 동쪽으로 박트리아와 트란스옥시아나까지 퍼져 나갔다. 그러나 그리스어는, 그 중요성을 부정할 수는 없지만 아람어의 지위를 빼앗지 못했다. 아슈르-바니팔의 제국 아시리아의 언어는 기독교의 언어가 되면서

(갈릴리 지방에서 활동한 예수가 고대 아람어를 사용한 것으로 알려져 있다. – 옮긴이) 지역의 공통어로 남았고, 중세 페르시아어와 소그드어부터 그리스어에 이르기까지 상당한 영향을 미쳤다.

후기 고대의 세계는 서아시아와 이란 지역에서 헬레니즘 이후 분열의 시대를 맞이했으나 기독교 세력의 통합 아래 새로운 부흥기가 찾아왔고, 이는 심지어 근본적으로 고립주의를 채택한 조로아스터교의 교단 조직에도 영향을 미쳤다. 사산 제국과 로마 제국은 서로 치열하게 싸우면서도 적대적 공생 관계를 유지했다. 그들은 결코 한쪽이 다른 한쪽을 경시하지 못했다. 양측 모두 서아시아 전체를 장악하고자 했으며, 그들의 노력에 따라 서아시아는 400여 년을 이어져온 전쟁 상황에서 빠져나와 매혹적인 평화의 시대를 맞이했다. 서아시아와 상황이 비슷했던 곳, 어쩌면 그 이상이었던 곳은 중앙아시아밖에 없다. 사산 제국은 수 세기에 걸쳐 중앙아시아에 남아 있는 박트리아 왕국(마케도니아의 후예)의 잔여 세력과 쿠샨 세력을 장악하려 노력했다. 결국 이란고원과 메소포타미아 지역 모두를 사산 제국의 통치 아래 둘 수 있었다. 그러나 이런 상황은 결코 지속될 수 없었다. 곧이어 스텝 지역 유목민의 물결이 밀어닥쳐 이를 입증했다. 6세기 말에 이르면 사산 제국은 아무런 통치권을 행사하지 못하는 지경이었다. 훈족, 에프탈, 그리고 마침내 투르크가 정주 제국의 변경에서 중요한 배역으로 등장했다.

이슬람은 근동 지역의 신흥 세력이었다. 그들은 마침내 불가능한 일을 이루어냈다. 즉 아람어를 공통어의 지위에서 밀어냈던 것이다. 처음에는 아라비아 지역에서 그랬지만, 결국 이슬람 제국의 동쪽 페르시아 지역에 이르기까지 문어와 구어에서 모두 아랍어가 공통어의 지위를 차지했다. 이슬람은 또한 정치적 통일도 이루어냈다. 레반트 지역과, 비록 그 시기는 짧았지만 중앙아시아와 서아시아까지 통합한 적이 있었다. 서부 및 중앙 유라시아에서 일어난 많은 제국은 기본적으로 세계적 시야를 가지고 있었다. 우리는 이번 장에서 그 점에 대하여 논의했다. 신아시리아 제국처럼 아케메네스 제국과 셀레우코스 제국 또한 아프리카-유라시아 제국의 목표를 달성하고자 팽창 정책을 시도했다. 파르티아 제국과 로마 제국, 사산 제국과 비잔티움 제국이 모두 같은 꿈을 실현하기 위해 서로 충돌했다. 궁극적으로 통합을 이룬 세력은 변방에서 나왔다. 말하자면 남쪽에서 아랍이, 그 뒤 동쪽에서 투르크가 나와서 통합 제국의 꿈을 실현했다.

더 읽어보기

Anthony, David W., *The Horse, the Wheel, and Language: How Bronze-Age Riders from the Eurasian Steppes Shaped the Modern World*, Princeton University Press, 2007.

Ascherson, Neal, *Black Sea*, New York: Hill and Wang, 1995.

Bowersock, Glen W., *Empires in Collision in Late Antiquity*, Waltham, MA: Brandeis, 2012.

Briant, Pierre, *From Cyrus to Alexander: A History of the Persian Empire*, Winona Lake, IN: Eisenbrauns, 2002.

Bulliet, Richard W., *Cotton, Climate, and Camels in Early Islamic Iran: A Moment in World History*, New York: Columbia University Press, 2009.

Burroughs, William James, *Climate Change: A Multidisciplinary Approach*, Cambridge University Press, 2007.

Canepa, Matthew P., *The Two Eyes of the Earth: Art and Ritual of Kingship between Rome and Sasanian Iran*, Los Angeles: University of California Press, 2010.

Chamoux, François, *Hellenistic Civilization*, Oxford: Blackwell Publishers, 2003.

Charpin, Dominique, "The History of Ancient Mesopotamia: An Overview," in Jack M. Sasson (ed.), *Civilizations of the Ancient Near East*, Peabody, MA: Hendrickson Publishers, 2000, vol. I, pp. 807-29.

Cline, Eric H., and Mark W. Graham, *Ancient Empires: From Mesopotamia to the Rise of Islam*, Cambridge University Press, 2011.

Dandamaev, Muhammad A., and Vladimir G. Lukonin, *The Culture and Social Institutions of Ancient Iran*, Cambridge University Press, 1989.

Daryaee, Touraj, *Sasanian Persia: The Rise and Fall of an Empire*, London: I. B. Tauris, 2013.

Donner, Fred M., *The Early Islamic Conquests*, Princeton University Press, 1981.

Drews, Robert, *The End of the Bronze Age: Changes in Warfare and the Catastrophic CA. 1200 BC*, Princeton University Press, 1995.

Errington, Elizabeth, and Vesta Sarkhosh Curtis (eds.), *From Persepolis to Punjab: Exploring Ancient Iran, Afghanistan and Pakistan*, London: The British Museum Press, 2007.

Fisher, Greg, *Between Empires: Arabs, Romans, and Sasanians in Late Antiquity*, Oxford University Press, 2011.

Foltz, Richard, *Religions of Iran: From Prehistory to the Present*, London: One

World, 2013.
Green, Peter, *The Hellenistic Age: A Short History*, New York: Modern Library Edition, 2007.
Henkelman, Wouter, *The Other Gods Who Are: Studies in Elamite-Iranian Acculturation Based on the Persepolis Fortification Texts*, Leiden: Nederlands Instituut voor het Nabije Oosten, 2008.
Hodgson, Marshall G. S., "The Role of Islam in World History," in Marshall G. S. Hodgson, *Rethinking World History: Essays on Europe, Islam, and World History*, ed. Edmund Burke III, Cambridge University Press, 1993, pp. 97-125.
Howard-Johnston, James, "State and Society in Late Antique Iran," in Vesta SarkhoshCurtis and Sarah Stewart (eds.), *The Idea of Iran: The Sasanian Era*, London: I. B. Tauris, 2008, vol. III, pp. 118-31.
Kennedy, Hugh, *When Baghdad Ruled the Muslim World: The Rise and Fall of Islam's Greatest Dynasty*, Cambridge, MA: Da Capo Press, 2004.
Kuhrt, Amélie, *The Ancient Near East c. 3000-330 BC*, 2 vols., London: Routledge, 1995.
Kuz'mina, Elena E., *The Origin of the Indo-Iranians*, Leiden: Brill, 2007.
Lincoln, Bruce, *Religion, Empire & Torture: The Case of Achaemenian Persia, with a Postscript on Abu Ghraib*, University of Chicago Press, 2007.
Ma, John, *Antiochos III and the Cities of Western Asia Minor*, Oxford University Press, 2000.
Mallory, J. P., *In Search of the Indo-Europea: Language, Archaeology and Myth*, London: Thames and Hudson, 1989.
Ostrogorsky, George, *History of the Byzantine State*, New Brunswick, NJ: Rutgers University Press, 1969.
Potts, D. T., *The Archaeology of Elam*, Cambridge University Press, 1999.
Rosenfield, John M., *The Dynastic Arts of the Kushans*, Los Angeles: University of California Press, 1967.
Shayegan, M. Rahim, *Arsacids and Sasanians: Political Ideology in Post-Hellenistic and Late Antique Persia*, Cambridge University Press, 2011.
Sherwin-White, Susan, and Amélie Kuhrt, *From Samarkand to Sardis: A New Approach to the Seleucid Empire*, London: Duckworth, 1993.
Tignor, Robert, Jeremy Adelman, Stephen Aron, Peter Brown, Benjamin Elman, Stephen Kotkin, et al., *Worlds Together Worlds Apart: A History of the World*, New York: W. W. Norton & Company, 2011.
la Vaissière, Étienne de, *Sogdian Traders: A History*, Leiden: Brill, 2005.Wallech,

Steven, Craig Hendricks, Touraj Daryaee, Anne Lynne Negus, Peter P. Wan, and Gordon Morris Bakken, *World History: A Concise Thematic Analysis*, New York: Wiley-Blackwell, 2012.

Van de Mieroop, Marc, *A History of the Ancient Near East: ca. 3000-323 BC.*, Hoboken, NJ: Blackwell Publishing, 2004, vol. I.

Wiesehofer, Josef, *Ancient Persia: From 550 BC to 650 AD*, London: I. B. Tauris, 2001.

Wolski, J., *L'Empire des Arsacids*, Louven: Peeters, 1993.

CHAPTER 11

지역 연구: 박트리아
- 고대 유라시아의 교차로

제프리 러너
Jeffrey Lerner

그리스에서 박트리아(Baktria, 혹은 Bactria)라고 부른 나라의 수도는 두 개의 이름을 가지고 있었다. 즉 박트라(Baktra)와 자리아스파(Zariaspa)였는데, 오늘날 발흐(Balkh)에 해당한다. 지리적 위치는 아프가니스탄 북부의 평원으로, 남쪽으로 힌두쿠시산맥, 북쪽과 서쪽으로 아무다리야(Amudaria, 그리스어 Oxos)강, 동쪽으로 바다흐샨(Badakhshan)산맥이 놓여 있다. 고고학에서는 이 지역을 둘로 나누어 보는 경향이 있다. 하나는 동쪽으로 쿤두즈(Kunduz)강에서 바다흐샨산맥에 이르는 지역이고, 또 하나는 중앙부로 박트라와 타쉬쿠르간(Tashkurgan)의 오아시스 도시를 중심으로 하는 지역이다. 아무다리야강과 함께 이 지역을 흐르는 주요 강은 콕차(Kokcha)강, 쿤두즈강, 타쉬쿠르간강, 발흐강, 사리풀(Sar-i Pul)강, 그리고 쉬린타가오(Shirin Tagao)강이다. 이 지역에서는 이러한 강들이 교역과 상업의 주요 통로 구실을 하여 남쪽으로 인도아대륙, 북쪽과 동쪽으로 중앙아시아, 서쪽으로 중동 및 지중해 지역과 교류했고, 삼각주 오아시스의 정착지들을 중심으로 농업도 번성했다.

석기, 청동기, 철기 시대

아프가니스탄 북부 지역에서 최초로 인류가 거주했던 흔적은 구석기 시대부터 확인된다. 석기 시대의 거주지는 동굴로 한정되었는데, 카라 카마르(Kara Kamar), 하자르 숨(Hazar Sum), 아크 쿠프루크(Aq Kupruk) 등의 유적이 남아 있다. 유적지에서 가젤, 염소, 양 등의 야생 동물 뼈와 수천 점의 석기가 발견되었다. 석기는 돌도끼, 스크레이퍼(scraper), 뷰렝(burin), 몸돌(core), 찌르개 등이었고, 재질은 석영과 대리석을 비롯하여 다양했다. 중석기(Mesolithic) 시대에는 타쉬쿠르간(Tashkurgan)과 다라이쿠르(Dara-i-Kur)를 비롯한 여러 곳에서 토종 밀과 양이 재배 및 사육되었다. 재배종 보리와 사육종 염소도 있었는데, 이는 서아시아에서 전파되어 들어온 것이었다. 신석기 시대에는 이집트나 인도 혹은 메소포타미아 지역과 마찬가지로 이 지역에서도 식량이 기본 수요를 넘어 초과 생산되었고, 이를 바탕으로 전문화 및 복합 구조 사회(complex society)가 등장했으며, 마침내 문명 그 자체가 성립했다. 그리하여 토기가 제작되었으며 괭이(hoe), 셀트(celt), 대리석 연마기 등의 도구가 생산되었다. 한편 이란고원 전역에서 동석(凍石, steatite)으로 만든 사발이 발견되었는데, 이로 보아 당시 이미 장거리 무역 네트워크가 형성되어 있었던 것 같다.[1]

청동기 시대(c. 3000~1000 BCE)를 거치는 동안 아무다리야강 양쪽으로 수백 곳의 오아시스 정착지가 만들어졌다. 이전 시기와 마찬가지로 이 시기의 박트리아 역사도 기록이 부족하여 밝혀진 것이 거의 없다. 다만 희박한 자료를 통해서나마 확인할 수 있는바 당시 박트리아는 옥

---

1 최근의 개괄적 연구로 다음을 참조. Graeme Barker, *The Agricultural Revolution in Prehistory: Why Did Foragers Become Farmers?* (Oxford University Press, 2006), pp. 154-81, and Meredith L. Runion, *The History of Afghanistan* (Westport, CT: Greenwood Publishers, 2007), pp. 15-19.

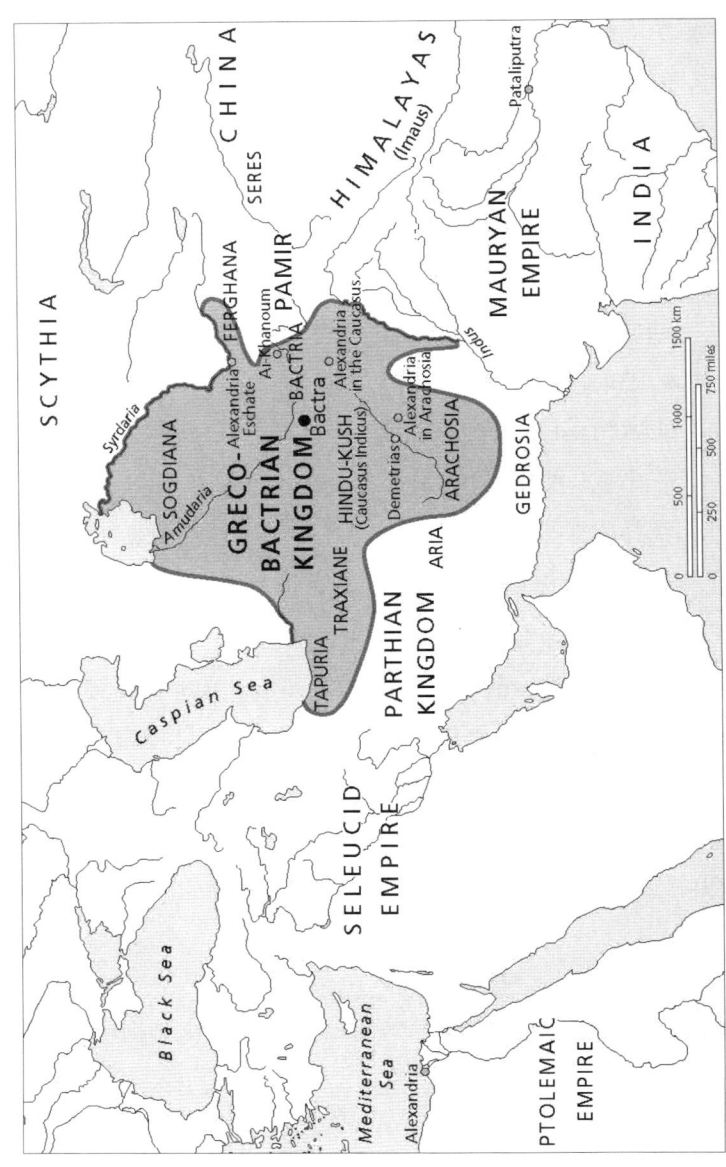

[지도 11-1] 박트리아

CHAPTER 11 - 지역 연구: 박트리아 - 고대 유라시아의 교차로 89

서스 문명(Oxus Civilization), 혹은 더 넓게는 박트리아-마르기아나 문화 복합체(Baktria Margiana Archaeological Complex, BMAC)에 속해 있었다.[2] BMAC의 기원지는 코페트다그(Kopet Dag)산맥의 북쪽, 오늘날 투르크메니스탄에 있는 무르가브(Murgab)강 삼각주의 오아시스 도시 마르기아나(Margiana, 오늘날 메르브Merv)다. 기원전 2200~2000년에는 아프가니스탄의 대부분과 발루치스탄(Baluchistan)이 모두 BMAC 문화권에 속했다.[3] 주민들은 정주 농업인으로, 관개 시설을 조성하여 거대한 농지에서 밀과 보리를 재배했다. 그들의 정착지는 박트리아 안의 사팔리(Sapalli)나 다슐리(Dashli) 같은 오아시스 주변이었다. 정착지를 둘러 감시탑과 함께 거대한 방벽이 건설되었고, 정착지는 궁전, 사원, 불의 제단, 개인 거주지 등으로 구성되었다. 여성의 신체를 본뜬 인형, 토기, 보석, 인장, 금은 그릇, 손잡이 부착 구멍이 있는 의례용 도끼, 그리고 멧돼지와 용 등 여러 현실 동물과 상상 동물의 문양이 가득한 청동기도 있었다. 청동기 시대를 거치면서 이후 철기 시대 초기에 이르기까지 그들의 생활 경제는 목축과 농경의 협력에 바탕을 두고 있었다. 아프가니스탄 북동부 쿤두즈(Kunduz)에 있는 쇼르투가이(Shortugai) 유적이나 그보다 조금 시기가 늦은 발라 히사르(Bala Hissar) 유적에서 그러한 흔적들이 발견되었다. 그곳이 인더스 문명권에서 무역 중심지로 기능할 수 있었

---

2 소련 고고학의 발굴 성과에 관해서는 다음을 참조. Viktor I. Sarianidi, "Issledovanie pamiatnikov Dashlinskogo oazisa," in E. I. Kruglikova (ed.), *Drevniaia Baktriia*, vol. I (Moscow: Nauka Publishing, 1976), p. 71.
3 David W. Anthony, *The Horse, the Wheel, and Language: How Bronze-Age Riders from the Eurasian Steppes Shaped the Modern World* (Oxford University Press, 2007), pp. 421-27.

던 것은 목축과 농경 복합의 생활 경제 덕분이었다. 사팔리(Sapalli)에서는 방벽을 두른 도시-요새 유적이 발견되었는데, 방벽 안에 약 300명의 주민이 거주했던 것으로 추정된다. 이 지역에서 말을 타고 바큇살이 있는 바퀴를 사용하기 시작한 시기도 이 무렵이었다. 이를 통해 서아시아, 인더스강 유역, 안드로노보(Andronovo) 문화, 그리고 그보다 더 북쪽의 다양한 문화권 등과 원거리 교역이 가능했다. 낙타를 비롯한 가축을 사육하여 견인 축력으로 이용했다. 청동기 시대 초기 스텝 지역에 살던 인도이란어(Indo-Iranian) 사용자들이 잇달아 남쪽으로 이주하기 시작해서 박트리아와 이란고원으로 진출했다. 그들과 함께 그들의 문화도 들어왔는데, 예를 들면 그들이 사용한 토기가 청동기 후기 및 철기 초기의 정착지와 묘지 유적에서 확인되었다. 나중에는 이들이 모두 현지인과 동화되었다. 이러한 변화의 결과 중앙아시아, 특히 박트리아는 초창기 "세계 체제(world system)"의 중심지가 되었고, 박트리아를 중심으로 유라시아의 내부(inner)와 변경(outer), 근동, 인도, 중국 등의 지역이 서로 연결되었다.[4]

아케메네스 제국 시대의 박트리아, 기원전 6세기부터 기원전 4세기까지

박트리아에 관한 최초의 문헌 기록은, 박트리아가 아케메네스 제국에 흡수된 이후부터 나타났다.[5] 다리우스(Darius) 1세(재위 522~486

---

[4] Andre Gunder Frank and Barry K. Gills (eds.), *The World System: From Five Hundred Years to Five Thousand* (London: Routledge, 1994), p. 82.

BCE) 당시의 사트라프(satrap, 즉 지방 총독) 목록이 남아 있는데, 거기에 박트리아(Baktria=Baktrish)가 12개의 지방 가운데 하나로 기록되어 있다. 같은 목록에서 소그디아(Sogdia=Sugda)도 확인이 된다. 소그디아(오늘날 우즈베키스탄과 타지키스탄)는 중앙아시아에서 가장 큰 강들 사이에 자리 잡고 있다. 남쪽으로는 아무다리야강, 북쪽으로는 시르다리야(Syrdaria, 그리스어 Jaxartes)강이 흐른다. 소그디아의 중심에는 다시 두 줄기 강이 흐른다. 하나는 자라프샨(Zarafshan, 그리스어 Polytimetos)강으로, 아프라시압(Afrasiab) 궁전 유적으로 유명한 도시 사마르칸트(Samarkand, 그리스어 Marakanda)를 지난다. 궁전 유적은 오늘날의 사마르칸트 동쪽에 위치해 있다. 또 하나는 사마르칸트의 남쪽에 있는 카슈카(Kashka)강으로, 강 유역에 에르쿠르간(Erkurgan)을 포함하여 수많은 정착지가 있었다. 투르크메니스탄의 무르가브(Murghab)강 삼각주에 있었던 오아시스 도시 마르기아나(Margiana=Margu) 지방도 소그디아 총독의 관할이었다.

크테시아스(Ktesias, c. 400 BCE)는 아케메네스 제국 시대의 그리스 사람으로, 그의 저술에서 박트리아는 완성된 형태의 왕국으로 등장한다. 그의 저술 자체는 전하지 않지만 다른 사람의 책(디오도로스 시켈리오테스Diodoros Sikeliotes의 역사서 전40권 중 제2권)에 파편적으로 남아 있으며, 내용은 아시리아의 역사를 담고 있다. 그가 전해주는 이야기에는 왕비 세미라미스(Semiramis=Sammuramat, 9~8세기 BCE)의 업

---

5 Muhammad A. Dandamaev, "Media and Achaemenid Iran," in János Harmatta (ed.), *History of the Civilizations of Central Asia* (Paris: UNESCO, 1994), vol. II, pp. 35-65.

적이 많이 등장한다. 예를 들면 아시리아가 박트리아 왕 옥시아르테스(Oxyartes)의 요새를 정복할 때 했던 역할, 아시리아의 왕 니노스(Ninos=Shamsi-Adab Ⅴ, 824~811 BCE, 성서에 나오는 니므롯)의 아들 니니아스(Ninyas)를 낳은 이야기, 박트리아에서 군사를 모아 인도의 왕 스트라브로바테스(Strabrobates)를 공격했으나 실패한 이야기 등이다. 폴리아이노스(Polyainos)의 저서 《스트라테게마타(Strategemata)》(8.26)에서도 왕비 세미라미스의 이야기가 나오는데, 세미라미스가 아시리아 왕국의 국경을 북쪽으로 확장하여 소그드족과 사카족(Saka, 그리스어 Sakai)을 복속시켰다고 한다. 이러한 이야기들을 근거로 보자면 기원전 7세기에 이미 박트리아 왕국이 존재했다고 할 수 있겠지만, 이를 뒷받침할 쐐기문자 기록 등 문헌 기록이 없는 것이 문제다. 박트리아 왕국은 고사하고 아시리아가 박트리아나 소그디아 혹은 인도 등을 원정했다는 기록도 없으며, 중앙아시아의 유목 민족 사카와 전투를 벌였다는 기록은 더더욱 없다. 다만 아케메네스 제국이 성립되기 이전에 박트리아와 아시리아 사이에 점차 교역 및 상업 관계가 형성되어 있었을 가능성은 배제할 수 없다.

박트리아가 과연 《리그베다(Rig Veda)》에 언급이 되는지는 의문스럽지만, 《아베스타(Avesta)》에 등장할 가능성은 좀 더 큰 편이다. 《아베스타》는 조로아스터교의 경전과 찬송 혹은 예언자 조로아스터(자라투스트라)의 가르침을 모아둔 책이다. 조로아스터는 기원전 제1천년기의 인물이다. 조로아스터교의 기원지가 박트리아는 아니지만 조로아스터가 종교적 가르침을 시작한 뒤 얼마 지나지 않아 박트리아로 이주했고, 기원전 522년에 도시 발흐(Balkh) 근처에서 사망했다. 경전 《아베스타》는 키루스 대왕(Cyrus the Great, 즉 키루스 2세, 재위 549~530 BCE) 시기에 조성되었다. 키루스 대왕은 아케메네스 제국 전역에 조로아스터교를 권장했다. 기원전 6세기 말에 이르러 조로아스터교는 정식 국교로 성립되었다. 조로아스터교 교리는 기본적으로 이원론이다. 선한 신 아후라-마즈다(Ahura-Mazda)와 악한 신 아리만(Ahriman)의 끊임없는 투쟁이 우주를 지배한다고 믿는다. 《아베스타》의 가르침에 따르면, 사람들은 우주적 투쟁에서 아후라-마즈다의 편에 서야 한다. 훗날 아케메네스 제국 황제가 되는 다리우스(Darius) 1세의 아버지 비슈타스파(Vishtaspa)와 어머니 후타오사(Hutaosa, 그리스어 Atossa)가 과연 처음부터 조로아스터교 신자였는지 혹은 개종을 했는지는 논란의 여지가 있지만, 그들의 이름 자체가 《아베스타》에 등장하는 인물의 이름을 따른 것은 분명하다. 그러므로 그들의 아들 다리우스 1세는 틀림없이 태어날 때부터 조로아스터교 신자였을 것이다.[6]

기원전 545~539년 페르시아의 왕 키루스 2세(이후 아케메네스 제국의 황제 키루스 대왕으로 등극)는 박트리아와 그 주변 중앙아시아 및 남아시아의 왕국들을 정복했다. 키루스의 원정은 아직 밝혀지지 않은 면이 많다. 그리스의 저술가 크테시아스(Ktesias)의 기록에 따르면, 키루스의 페르시아와 박트리아는 적대 관계에 놓여 있었는데, 메디아 왕국의 왕 아스티아게스(Astyages)가 키루스를 아들로 입양했다는 소식을 듣고 박트리아 사람들도 그에게 복종하기로 했다고 한다. 헤로도토스의 저서

---

6 Mary Boyce, *A History of Zoroastrianism* (Leiden: Brill, 1982), vol. I I, pp. 7-8, 41, and 68-69.

에도 박트리아 군대가 등장하며(7.64), 아이스킬로스(Aiskhylos)의 저서 《페르시아인(Persai)》에도 박트리아가 나온다. 즉 페르시아의 황제 크세르크세스(Xerxes)가 그리스를 침략할 때(480~479 BCE) 박트리아의 총독(satrap) 히스타스페스(Hystaspes)가 군대를 지휘했다는 내용이 나오는데, 그가 바로 다리우스 1세의 아버지 비슈타스파였다.

    왕의 친인척을 박트리아의 총독으로 임명하는 관행은 당시 박트리아의 종주권이 페르시아에 있었음을 의미한다. 박트리아 이전에 메디아(Media) 지역에서도 행정 체계에 따른 관료를 임명하기보다는 현지 귀족과 중앙 왕실의 개인적 인척 관계가 중시되었다. 페르시아가 박트리아를 지배할 때 관개 시설 건설을 통해 강과 운하 주변의 막대한 토지가 농지로 개간되었다. 이는 청동기 시대부터 시작된 관행이지만, 이 시기에 개간 면적은 크게 확대되고 정주민의 재산도 증가했다. 총독이 중앙 정부에 바치는 세금은 매년 은화 360탈란톤(talanton)이었다(Herodotos 3.89). 또한 새로운 정착지들도 생겨났는데, 박트리아 동부 지역에서는 쿤두즈(Kunduz)의 발라 히사르(Bala Hissar), 인근 지역에서는 쿤사(Qunsa), 아이하눔(Ai Khanoum), 아르치(Archi), 중부 지역에서는 박트라(Baktra), 딜베르진(Dilberjin), 알틴 딜리야르(Altyn Dilyar) 등지에 정착지가 만들어졌다. 소그디아 지역에서 가장 유명한 정착지 가운데 키레스차타(Cyreschata, 그리스어 Cyropolis)라는 곳이 있었는데, 아마도 오늘날 시르다리야(약사르테스)강 유역에 있는 도시 후잔트(Khujand)로 추정되며, 그곳이 박트리아 왕국의 북쪽 끝이었던 것 같다. 사마르칸트(Samarkand)에는 지역을 관장하는 행정부가 위치하고 있었다.[7] 아케메네스 제국에 속하는 다른 도시에서 추방된 사람들은 모두 이곳으로 보내졌다. 그래서 소그디아에는 이집트 마을이라는 유명한 마을이 있었고 (Herodotos 4.204), 기원전 479년 페르시아의 황제 크세르크세스가 강제 이주를 시킨 밀레시안 브란치다이(Milesian Branchidai) 부족도 있었다 (Herodotos 6.10-20). 그들의 후손은 모두 알렉산드로스에 의해 학살되었다(Strabon 11.11.4, 14.1.5; Curtius 7.5.28-35). 그리스 동전 유물은 교역의 증거다. 처음에는 소아시아에서 발행된 동전이 유입되었고, 이후에는 그리스 동전을 모방한 동전을 현지에서 생산했다. 특히 아테네의 은화 테트라드라크몬(tetrádrachmon)을 모방한 동전이 유행했다. 또한 시베리아 파지리크(Pazyryk)의 유목민 고분에서 발견된 카펫이 유명한데 (기원전 4~3세기의 유물로 추정), 남쪽에서 오랜 여정을 거쳐 그곳까지 전달된 상품이었다.[8] 이 지역에 아람 문자를 소개한 사람들도 페르시아인이었던 것 같다. 이후 기원후 4세기에 이르기까지 아람 문자를 바탕으로 파르티아 문자, 소그드 문자, 호레즘 문자, 심지어 북서부 인도 지역에서 카로슈티 문자가 개발되었고, 중앙아시아의 다른 지역에서도 문자가 개발되었다. 아케메네스 제국의 성취는 상당 부분이 그 이전의 아시리아와 바빌로니아 제국의 유산에서 비롯되었다. 아케메네스 제국은 거대한 영토를 행정적으로 잘 관리했으며, 유연성을 발휘하여 지역 내 평화를 구축했고, 그 결과 약 200년 동안 번영의 시대가 지속되었다.[9]

---

7 W. J. Vogelsang, *The Rise and Organization of the Achaemenid Empire: The Eastern Iranian Evidence* (Leiden: Brill, 1992), vol. III, pp. 267-84 and 287-93.
8 Sergei I. Rudenko, *Frozen Tombs of Siberia: The Pazyryk Burials of Iron Age Horsemen* (Berkeley: University of California Press, 1970), pp. 298-310.
9 Pierre Briant, *From Cyrus to Alexander: A History of the Persian Empire*, trans. P. T. Daniels (Winona Lake, IN: Eisenbrauns, 2002), pp. 873-76, and Josef

헬레니즘 시대의 박트리아, 기원전 4세기부터 기원전 2세기 중엽까지

알렉산드로스 대왕이 페르시아로 쳐들어갔을 때 가우가멜라(Gaugamela) 전투(331 BCE)에서 알렉산드로스를 상대한 지휘관은 베소스(Bessos)였다. 베소스는 페르시아의 황제 다리우스 3세 코도만누스(Codomannus, 재위 336~330 BCE)의 친척이자 박트리아-소그디아 총독(satrap)이었다. 이 전쟁에서 페르시아가 패하자 베소스는 거꾸로 다리우스 황제를 살해한 뒤 부하들을 이끌고 박트리아로 달아났다. 박트리아에서 베소스는 스스로 황제 자리에 올라 아르탁세르세스(Artaxerxes) 4세라 칭했고, 페르시아 군대를 지휘했다. 알렉산드로스는 왕위 찬탈자를 추적한다는 명분으로 힌두쿠시산맥을 넘었고 신속히 박트리아를 점령했다. 마케도니아 사람들에게 박트리아 관리를 맡겨둔 채 알렉산드로스는 베소스를 추격하여 소그디아로 진출했다가 거센 저항에 맞닥뜨렸다. 박트리아와 소그디아 지역 통치자들과 사카 유목 부족이 연합하여 게릴라전을 펼쳤기 때문이다. 마침내 베소스는 소그디아에서 부하의 손에 체포되어 알렉산드로스 앞으로 끌려갔다. 알렉산드로스는 베소스에게 사형 선고를 내리고 스스로가 다리우스 3세의 적법한 후계자라고 주장했다(Arrian 3.8.3ff.; Curtius 4.6.2ff.). 알렉산드로스는 중앙아시아 원정 기간 동안(329~327 BCE), 즉 인도로 떠나기 전까지는 박트리아를 중심 기지로 사용했다. 소그디아는 특히 정복하기 어려운 지역이었다. 알

Wiesehöfer, *Ancient Persia from 550 BC to 650 AD*, trans. A. Azodi (London: I. B. Tauris, 1996), pp. 66-101.

렉산드로스는 시르다리야강변을 따라 여러 도시와 요새를 건설했는데, 알렉산드리아 에스카테(Alexandria Eschate)도 그중 하나였다. 그사이에도 강 건너편 페르가나(Ferghana) 지역에서 사카족과의 전투는 계속되었다. 베소스의 후계자 스피타메네스(Spitamenes)는 사카족 군대를 이끌고 마라칸다(Marakanda, 사마르칸트) 외곽 폴리티메토스(Polytimetos, 자라프샨)강변에서 마케도니아 군대를 섬멸하는 전과를 올리기도 했다. 알렉산드로스는 소그디아와 마르기아나를 공략하느라 거의 2년을 허비했다. 그사이 많은 도시와 요새가 건설되었고, 그때마다 알렉산드로스의 군대에서 인력을 선발하여 관리를 맡겼다. 그들은 징병 대상자의 목록을 뽑고 포로를 붙잡아 군 병력으로 보냈다. 스피타메네스는 머지않아 동맹이었던 마사게타이(Massegetai)의 손에 죽었고, 마침내 평화가 찾아왔다. 스피타메네스의 딸 아파마(Apama)는 나중에 수사(Susa)에서 셀레우코스 1세 니카토르(Nikator, 재위 305~281 BCE)와 결혼했다(324 BCE). 셀레우코스 1세는 마케도니아의 장군이자 장차 셀로우코스 왕국을 수립하게 되는 인물로, 아파마는 훗날 안티오코스(Antiochos) 1세(재위 281~261 BCE, 292 BCE 이후 공동 통치)의 어머니가 되었다. 정복 전쟁의 마지막은 외교가 장식했다. 기원전 327년 알렉산드로스는 박트리아의 귀족 옥시아르테스(Oxyartes)의 딸 록사네(Rhoxane, Roshanak)와 결혼했다(Arrian 4.18.ff.; Curtius 8.4.ff.).[10]

알렉산드로스가 인도 원정을 위해 출발할 때 박트리아에는 1만

---

10 이란 지역에서 알렉산드로스의 원정 관련해서는 다음을 참조. E. Badian, "Alexander in Iran," in Ilya Gershevitch (ed.), *The Cambridge History of Iran* (Cambridge University Press, 1985), vol. II, pp. 420-501.

3000명의 병사가 남았다. 박트리아와 중앙아시아 곳곳에 건설한 도시와 요새에 주둔할 군사였다. 당시 유적이 많이 발굴되었지만, 고대 이름이 적힌 자료는 아직 단 한 건도 발견되지 않았다. 그래서 알렉산드로스가 건설했다고 알려진 도시 혹은 요새가 과연 정말인지 의심을 자아내고 있다.[11] 알렉산드로스 당시에 정복지의 행정 관리 책임자로는 현지인이 임명되었지만, 기원전 323년 알렉산드로스가 사망한 이후로는 행정 책임자가 모두 그리스인과 마케도니아인으로 교체되었다. 알렉산드로스가 인도를 향해 떠난 시점(327 BCE)부터 셀레우코스 1세가 박트리아 지역을 다시 정복한 시점(c. 306 BCE) 사이에 과연 무슨 일이 있었는지는 알려진 바가 없다. 다만 몇몇 총독의 이름이 남아 있는데, 아민타스(Amyntas), 필리포스(Philippos), 스타사노르(Stasanor), 그리고 마지막이 디오도토스(Diodotos) 1세였다. 반란이 일어난 지방에는 군사가 두 배로 배치되었다. 그러나 그들 또한 고향으로 돌아가고 싶었기 때문에 결국 그들도 독립을 원하는 현지인의 편에 서게 되었다.[12]

셀레우코스 제국(c. 306~248/7 BCE) 치하에서 마케도니아인은 다시 한 번 중앙아시아의 종주권을 주장했다. 셀레우코스 1세는 마르기아나(Margiana)의 지역 명칭을 셀레우케이아(Seleuceia)로 바꾸었고(당시 같은 이름의 도시가 왕국 내 곳곳에 있었다. – 옮긴이), 그가 사망한 뒤 그

---

11 E.g. Peter M. Fraser, *Cities of Alexander the Great* (Oxford University Press, 1996), pp. 102-70.
12 G. A. Koshelenko, "Vosstanie grekov v Baktrii i Sogdiane 323 g. do n.e. i nekotorye aspekty grecheskoi politicheskoi mysli IV v. do n.e.," *Vestnik drevnei istorii* 119 (1972): 72-78.

의 후계자 안티오코스(Antiochos) 1세는 마르기아나 지역 안에서 기존의 도시를 확장하여 자신의 이름을 딴 도시 안티오케이아(Antiocheia)를 건설했다. 안티오케이아 성벽의 길이는 250킬로미터에 이르렀다. 셀레우코스는 기원전 305년경 인도의 마우리아 왕조(Mauryan Dynasty, c. 324~180 BCE)와 외교 관계를 맺고 찬드라굽타(Chandragupta, 그리스어 Sandrakottas, 재위 c. 324~301 BCE)의 권리를 인정해주었다. 서로 평화를 지키는 대신 힌두쿠시산맥 이남의 땅은 모두 찬드라굽타의 땅이 되었다. 한편 셀레우코스는 마르기아나, 박트리아, 소그디아와 힌두쿠시산맥 이북의 땅을 차지했고 전투용 코끼리 500마리를 선물로 받았다. 양측은 오늘날의 대사와 유사한 인물을 서로 파견했는데, 셀레우코스 제국의 대사로 파견된 인물이 메가스테네스(Megasthenes)였다. 셀레우코스는 영토 내의 문화적 동질성을 만들어갔으며, 권역 내에서 "코이네(koine) 그리스어"가 공용어의 지위를 획득했다. 또한 공식 화폐를 도입했고, 지중해와 중앙아시아 및 남아시아에 이르는 원거리 무역 네트워크도 만들어졌다. 셀레우코스 제국에서는 아시아로 진출하고자 하는 식민지 개척자의 유입을 적극 권장했다.[13]

안티오코스 2세(재위 261~246 BCE)의 재위 기간 셀레우코스 제국의 국력이 쇠약해졌고, 파르티아의 총독 안드라고라스(Andragoras)는 독립을 주장했다. 기원전 248/7년경 유목민 파르니(Parni) 부족의 지도자 아르사케스(Arsakes) 1세가 안드라고라스를 무너뜨렸고, 거의 같은 시기

---

13 Susan Sherwin-White and Amélie Kuhrt, *From Samarkand to Sardis: A New Approach to the Seleucid Empire* (Berkeley: University of California Press, 1993), pp. 91-113.

박트리아의 총독 디오도토스(Diodotos) 1세도 자신의 왕국을 선포했다. 마르기아나가 아르사케스의 지배하에 들어간 시기도 비슷한 무렵이었을 것이다. 이로부터 40여 년이 지난 기원전 208년, 셀레우코스 제국의 안티오코스 3세(재위 222~187 BCE)는 파르티아와 박트리아의 종주권을 되찾으려 했다. 일단 파르티아는 되찾았지만 박트리아는 쉽지 않았다. 안티오코스 3세가 박트리아에 도착했을 당시 박트리아의 왕위는 에우티데모스(Euthydemos) 1세(재위 c. 220~190 BCE)에게 넘어가 있었다. 디오도토스 1세의 아들 디오도토스 2세로부터 왕위를 빼앗았던 것이다(Justin 41.4.9). 이후 2년 동안(208~206 BCE) 에우티데모스는 박트리아의 수도 박트라(Baktra)에서 성문을 닫아 걸고 나오지 않았다. 결국 안티오코스는 평화 조약에 동의했다. 에우티데모스는 왕국을 유지할 수 있었고, 대신 셀레우코스 제국과 동맹을 맺기로 했다. 평화 조약 체결을 지휘한 인물은 데메트리오스(Demetrios) 1세로, 에우티데모스의 아들이었다. 모든 일이 정리된 뒤 안티오코스는 인도와 페르시아만을 거쳐 시리아로 돌아갔고, 에우티데모스는 박트리아와 소그디아의 유일한 왕으로 남게 되었다(Polybios 11.39.1-10).

역사학적으로 고대 박트리아의 특징은 극히 희박한 문헌 자료라고도 할 수 있겠다. 동전을 제외하면 고대 박트리아 관련 자료의 대부분은 고고학을 통해 발견된 헬레니즘 시기의 박트리아 유물로, 대체로 1950년대에서 1970년대 사이에 진행된 발굴 작업의 결과물이다. 이후 지속적으로 아프가니스탄을 괴롭힌 비극적 전쟁 때문에 발굴 작업이 거의 진행되지 못했다. 헬레니즘 시기 박트리아의 정착지 가운데 가장 유명한 유적은 도시 아이하눔(Ai Khanoum)이다. 일찍이 셀레우코스 1세와 안티오코스 1세의 공동 통치 시기(292~282/1 BCE)에 지방 정부(polis, 혹은 politeuma)로 승인되었던 곳으로 추정된다. 도시 아이하눔을 건설한 인물은 분명 키네아스(Kineas)일 것이다. 그는 왕실에서 임명한 에피스타테스(epistates, 왕을 대신하여 현지에 거주하며 행정을 관장하고 세금을 징수하는 관리 - 옮긴이)였다. 박트리아가 그리스인의 지배를 받는 동안 도시 아이하눔의 위상과 중요성이 커졌다. 위치는 콕차(Kokcha)강과 판지(Panj)강의 합류 지점이다. 언덕 위에 도시가 건설되어서 자연스레 두 구역, 그러니까 언덕 위의 아크로폴리스와 그 아래의 일반 도시 구역으로 나뉘었다. 도시를 둘러싸고 성벽이 건설되었는데, 높이 30피트(약 9미터) 이상에 두께는 26피트(약 8미터)가량이었고, 중간중간에 감시탑이 설치되어 있었다. 주요 출입문과 연결된 도로는 도시 전체를 관통했다. 중심 도로를 따라 좌석 5000석 규모의 극장, 무기고, 헤라클레스에게 헌정된 김나지움(gymnasium), 키네아스를 기리는 성역(聖域)이 연결되었다. 출입문을 하나 지나면 궁궐, 보물창고, 도서관, 시민의 주거지, 저장고 등이 있었다.[14] 유적 발굴 성과로 추정하건대 아이하눔의 상인들은 그리스 지배하 박트리아의 다른 도시들과 마찬가지로 원거리 무역에 참여했다. 주로는 파르티아와 셀레우코스 제국 치하의 이란 및 인도 등이

14 유적지 개관은 다음을 참조. Cl. Rapin, "Greeks in Afghanistan: Aï Khanoum," in Jean-Paul Descoeudres (ed.), *Greek Colonists and Native Populations* (Oxford University Press, 1990), pp. 329-42; and Paul Bernard, "The Greek Colony at Aï Khanum and Hellinism in Central Asia; Aï Khanum Catalog," in Fredrik T. Hiebert and Pierre Cambon (eds.), *Afghanistan: Hidden Treasures from the National Museum, Kabul* (Washington, DC: National Geographic Society, 2008), pp. 81-130.

었으며, 간헐적으로 중국, 지중해, 흑해 지역과도 교류가 있었다.

찬드라굽타의 손자 아소카(Ashoka, 재위 c. 272/268~232 BCE) 대왕의 사망으로 마우리아 왕조의 쇠락이 시작되었다. 기원전 180년에 이르러 마우리아 왕조를 밀어내고 슝가(Shunga) 왕조가 일어섰다. 그 과정에서 인도 북부 지역의 대부분이 정치적 혼란에 휩싸였고, 그 여파는 힌두쿠시산맥까지 이르렀다. 이 시기의 유물로 힌두쿠시산맥 남북 지역에서 모두 에우티데모스 1세의 후계자들이 박트리아 왕국에서 주조한 동전이 발견되는데, 이는 당시 상황 이해를 더욱 혼란스럽게 할 따름이다. 당시의 연대기와 계보학적 선후 관계는 여전히 혼란스럽다. 다만 이 시기 박트리아 왕국의 최고 통치자를 역임한 인물의 수는 그리 많지 않다(데메트리오스Demetrios 1세, 에우티데모스Euthydemos 2세, 안티마코스Antimachos 1세, 아가토클레스Agathokles, 판탈레이몬Panteleimon, 아폴로도토스Apollodotos 1세, 안티마코스Antimachos 2세, 데메트리오스Demetrios 2세, 메난드로스Menandros). 이들이 이후 2세기 동안 펼쳐진 역사적 사건의 주역이었다.

스트라본(Strabon)의 기록(15.1.27)에 따르면, 데메트리오스(Demetrios) 1세는 힌두쿠시산맥을 넘어 남쪽으로 인도아대륙의 상당 지역을 침략해 들어갔다. 멀게는 아마도 파탈리푸트라(Pataliputra, 즉 인도의 파트나Patna)까지 이르렀던 것 같다. 아프가니스탄 남부와 인도 북서부 사이에 적어도 30개 이상의 소왕국이 있었고, 그곳 왕들은 모두 박트리아의 왕 에우티데모스의 책봉을 받은 상황이었다. 이들을 대개 인도-그리스계((Indo-Greeks) 왕국이라 한다. 한편 통치권의 뿌리가 주로 힌두쿠시산맥 이북 지역과 연관되어 있었던 왕국들을 그리스-박트리아계(Greek Baktrians, 혹은 Graeco-Baktrians) 왕국이라 한다. 인도-그리스계 왕국들은 대개 파로파미사다이(Paropamisadai, 오늘날 베그람Begram) 지역에 있는 알렉산드리아, 서부 펀자브 지방에 있는 탁실라(Taxila), 푸쉬칼라바티(Pushkalavati, 오늘날 파키스탄의 차르사다Charsada) 등과 연계가 있었다. 인도 정복에 나섰던 데메트리오스 1세가 박트리아로 돌아가자 그곳에는 새로운 도전자가 기다리고 있었다. 그의 이름은 에우크라티데스(Eukratides) 1세였다. 에우크라티데스는 데메트리오스를 제거한 뒤 신속하게 에우티데모스 가문의 인물들을 박트리아 전역에 파견하여 정당성을 확보했다. 그리하여 새롭게 자신의 왕국을 수립했는데, 그 왕국은 그리 오래가지 못하고 그의 아들들 대에서 수명을 다했다. 그의 뒤를 이은 왕들은 에우크라티데스 2세, 플라톤(Platon), 그리고 헬리오클레스(Heliokles) 1세였다. 에우크라티데스 1세는 나름의 방식으로 자신의 왕국을 확장하고자 했다. 그래서 남쪽의 인도 지역에 있는 인도-그리스계 왕국들에 종주권을 행사하고자 했다. 그러나 그의 성공은 그리 길지 않았다. 인도-그리스계 왕국의 왕들 가운데 메난드로스(Menandros)라는 호적수를 만났기 때문이다. 메난드로스는 에우크라티데스 1세의 공세를 적절히 막아냈다. 에우크라티데스 1세는 하는 수 없이 고향으로 말 머리를 돌렸으나, 집으로 돌아가는 도중에 아들 중 한 명에게 살해되고 말았다. 한편 메난드로스의 재위 기간은 상당히 길었다. 애초에 그는 북부 펀자브 지방의 사갈라(Sagala, 오늘날 파키스탄의 시알코트Sialkot) 왕국을 다스린 것으로 추정된다. 메난드로스는 서쪽으로 바리가자(Barygaza, 오늘날 바루치Bharuch)에서부터 동쪽으로 갠지스강(강가강) 유역의 마가다(Magadah)까지 자신의 왕국을 확장했다. 그는 그리스 고전 시대의 저술가와 인도 저술가의 글에서 다 같이 이름이 등장하는 소수의 왕들 중 한 명이다. 특히 《미란다왕문경(彌蘭陀王問經)》이라는 불교 경전에서 메난드로스는 불교로 개종하고 종교를 후원하는 인물로 등장한다. 인도-그리스계 왕국의 왕으로 이름이 알려진 최후의 인물은 스트라토(Strato) 3세다. 그가 발행한 동전이 기원후 20년경 동부 펀자브 지방에서 유통된 것으로 밝혀졌다. 또한 간다라(오늘날 파키스탄)의 왕 테오다마스(Theodamas)도 있었다. 그의 이름이 새겨진 인장이 하나 발견되었고, 인도의 카로슈티 문자로 기록된 왕의 목록에도 그의 이름이 나온다. 기록에 따르면 그는 기원후 1세기에 활동한 인물이었다. 스트라토 3세와 테오다마스는 모두 인도-스키타이계 유목민의 침략으로 제거된 것으로 추정된다.[15]

인도-그리스계 소왕국들은 통일 왕국을 이룬 적이 없었다. 그리스-박트리아계 왕국과 끊임없이 전쟁을 치르느라 여유가 없었기 때문이다. 그 과정에서 서로 불화와 반목이 생겼고, 다른 유목 민족들, 특히 인도-스키타이, 인도-파르티아, 월지(月氏) 등과도 싸워야 했다. 월지는 인도-그리스계 왕국의 후손이라고도 하는데, 데칸 지방 서부의 인도-그리스인은 아마도 상인이었을 것이다. 기원후 3세기 중반의 여러 다양한 불교 석굴 사원에 시주 명단이 프라크리트어(Prakrit) 혹은 산스크리

---

15 헬레니즘 권역의 극동 지역 역사는 문헌 자료가 상당히 복잡한 편이다. 최근 서로 다른 전통에 입각해서 이 주제에 접근한 학자들의 연구 성과가 폭넓게 출간되었다. 예를 들면 다음과 같다. Elizabeth Errington and Joe Cribb (eds.), *The Crossroads of Asia: Transformation in Image and Symbol* (Cambridge: Ancient India and Iran Trust, 1992); and Joe Cribb and Georgina Herrmann (eds.), *After Alexander: Central Asia before Islam* (Oxford University Press, 2007).

트어(Sanskrit)로 새겨져 있는데, 그들의 이름이 여러 차례 등장한다.[16] 인도-그리스계 왕국의 문화적 유산은 상당히 뚜렷했다. 기원전 3세기 중엽 아소카 대왕은 두 개의 언어로 칸다하르(Kandahar)에 비문을 남겼다. 하나는 그리스어, 또 하나는 아람어였다. 아람어는 아케메네스 제국에서 행정 관리의 공식 언어로 사용되었다. 그리스어 번역가의 실력으로 미루어 보건대 이미 초기에 불교와 그리스 철학을 깊이 이해하고 있었던 것 같다. 그리스어는 인도-그리스계 왕국들이 더 이상 정치적 단위를 형성하지 못한 이후에도 오래도록 후계자들에 의해 계승되었다. 예를 들면 파르티아 왕국, 스키타이 왕국, 쿠샨 제국 등에서 동전을 주조하거나 비문을 새길 때 그리스 문화의 영향이 지속되었다. 기원후 2세기부터는 그리스어가 현지에서 사라졌지만, 그리스 문자는 쿠샨 제국에서 그들의 언어인 박트리아어(Baktrian)를 표기하는 데 계속 이용했으며, 9세기에 아랍이 이 지역을 정복할 때까지 꾸준히 사용되었다. 한편 인도-그리스계 왕국들은 기원전 2세기에도 백성의 언어를 사용했다. 예컨대 동전에는 그리스어 외에도 프라크리트어를 새겼는데, 문자는 브라흐미(Brahmi) 문자나 카로슈티(Kharoshthi) 문자를 사용했다.[17] 인도-그리스계 왕국의 지배 계층은 불교로 개종하는 경우도 있었지만, 헬리오

16 J. D. Lerner, "The Greek-Indians of Western India: A Study of the Yavana and Yonaka Buddhist Cave Temple Inscriptions," *The International Journal of Buddhist Studies 1* (1999): 83-109.
17 그리스의 유산과 그들의 언어에 관한 연구는 다음을 참조. János Harmatta, "Languages and Scripts in Graeco-Bactria and the Saka Kingdom," in Harmatta (ed.), *History of the Civilizations of Central Asia*, vol. II, pp. 397-416; and Stanley M. Burstein, "New Light on the Fate of Greek in Ancient Central and South Asia," *Ancient West and East* 9 (2010): 181-92.

도로스(Heliodoros)처럼 힌두교로 개종하는 경우도 있었다. 그는 인도-그리스계 왕국의 왕인 안티알키다스(Antialkidas)가 인도의 슝가(Shunga) 제국에 파견한 대사였다. 기원후 1세기에 지중해 출신은 물론 박트리아와 인도 출신의 헬레니즘 예술가들이 인도의 전통과 그리스 고전 양식을 결합하여 새로운 불교 미술 장르를 만들었다. 그것이 유명한 간다라 미술 양식(Gandhara style)으로, 붓다의 입상(立像)이 대표적이다. 특유의 기둥머리 장식(capital)이 포함된 코린트 양식의 기둥은 박트리아와 간다라 미술에서 장식 요소로 사용되었다. 불교, 그리스, 인도의 신격들도 혼재되었다. 예를 들면 금강수보살(金剛手菩薩, Vajrapani)이 헤라클레스의 형상으로 표현되기도 했다. 기원후 5세기에 이르러 헬레니즘 예술은 불교 성상(聖像) 표현에서 워낙 확고하게 자리를 잡아서, 그 영향이 박트리아를 넘어 중앙아시아는 물론 중국까지도 전파되었다.[18]

노마드 헤게모니 시대의 박트리아, 기원전 2세기 중엽부터 기원후 1세기까지

역사학에서는 이 시기를 과도기로 본다. 즉 그리스인의 박트리아 지배가 끝나고 쿠샨 제국(Kushan Empire)으로 넘어가는 중간 과정으로 보는 것이다. 이 시기에 관하여 우리가 아는 내용의 대부분은 장건(張騫)의 증언에서 비롯된다. 기원전 2세기 중엽 한(漢) 제국의 사절로 파견

---

18 B. K. Kaul Deambi, *History and Culture of Ancient Gandhara and the Western Himalayas from Sarada and Epigraphic Sources* (New Delhi: Ariana Publishing House, 1985); and W. J. Vogelsang, "Acculturation in Ancient Gandhara," *South Asian Studies* 4 (1998): 103-13.

된 장건의 이야기가 《사기(史記)》 123장 〈대완열전(大宛列傳)〉에 기록되어 있다. 《사기》가 집필된 시기는 기원전 109~91년이다. 기록에 따르면 (아마도 나중에 유럽에서 훈족Hun, 인도에서 후나Huna로 일컬어진) 유목 민족 연맹체 흉노(匈奴)가[19] 오늘날 신강(新疆) 및 감숙(甘肅) 지역의 월지(月氏)를 침략했고, 흉노의 공격을 피해 서쪽으로 달아난 월지는 이식쿨(Issyk Kul) 남쪽을 돌아 일리강(Ili River)에 도달했다. 그 뒤 다시 서남쪽으로 더 내려가서 페르가나 분지(Ferghana valley, 오늘날 우즈베키스탄, 키르기스스탄, 타지키스탄의 국경이 만나는 곳)에 이르렀다. 여기서 월지는 기존에 그 남쪽에 있던 대하(大夏, 즉 박트리아)를 정복하여 신하로 삼고, 다시 북쪽의 소그디아로 올라가 규수(嬀水, 아무다리야강의 중국식 명칭) 이북에 자리를 잡았다. 소그디아에서 마침내 월지의 왕은 감씨성(監氏城)에 수도를 건설했다. 월지가 이식쿨호 지역에서 대하까지 이동하는 가운데 유목 부족 사카(Saka, 塞)를 물리친 적이 있었는데, 이후 사카는 기존에 살던 지역에서 쫓겨나 남쪽으로 이동했고 월지도 그들의 뒤를 추적하여 남쪽으로 진출했다. 월지와 사카는 유목 민족으로, 둘 다 기원전 2세기 중엽 그리스-박트리아를 침략한 적이 있었다. 그리스 고전기 저자들의 저서에도 유목 민족의 이름이 등장한다. 예컨대 아폴로도로스(Apollodoros)는 아시오이(Asioi), 파시아노이(Pasianoi), 토하로이

---

19 최근의 연구로는 다음을 참조. Étienne de la Vaissière, "Huns et Xiongnu," *Central Asiatic Journal* 49 (2005): 3-26; 이와 상반되는 견해는 다음을 참조. Christopher I. Beckwith, *Empires of the Silk Road: A History of Central Eurasia from the Bronze Age to the Present* (Princeton University Press, 2009), pp. 404-405. (이강한·류형식 옮김, 《중앙유라시아 세계사》, 소와당, 2014.)

(Tocharoi), 사카라울로이(Sakarauloi) 등을 기록했고(Strabon 11.82), 트로구스(Trogus)는 사라우카이(Saraucae)와 아시아니(Asiani)라는 이름을 기록했지만, 이들 중 누가 월지 혹은 사카를 지칭하는지 알 수 없을뿐더러 누가 박트리아를 점령했는지도 밝혀지지 않았다. 월지의 정체를 밝히기가 특히 어려운 이유 중 하나는 그들의 역사와 언어 문제 때문이다. 그들은 인도유럽어 가운데 켄툼어(centum)에 속하는 토하라어(Tokharian) 계열의 언어를 사용한 것으로 추정된다. 그러나 그들의 왕국이 사라진 뒤에도 그 이름은 오래도록 토하리스탄(Tokharistan)이라는 지명에 남아있었다. 박트리아 동부와 바다흐샨(Badakhshan) 지역을 포괄해 일컫는 지명이었다. 당시 소그디아는 두 권역으로 나뉘어 있었다. 월지는 소그디아의 남쪽 히사르산맥(Hissar range)까지를 차지했고, 북부는 강거(康居)라고 하는 유목 민족의 왕국에 속해 있었다. 시르다리야강 중류를 중심지로 삼은 강거는 소규모 군벌들의 느슨한 연맹으로 구성된 왕국이었다(*Hanshu*, 96A.3894).[20]

당시의 역사를 재구성하기 어려운 이유는 문헌 자료의 절대 부족 때문이다. 당시의 유물 자료들은 해답을 제시해주기보다 더 많은 의문점을 불러일으킨다. 그래서 아이하눔을 포함하여 당시 박트리아에 존재한 도시들 가운데 유목 민족의 약탈로 고통을 받은 증거는 단 하나도 발견된 것이 없다.[21] 사카가 박트리아의 동쪽 혹은 서쪽 끄트머리를 침략한 적은

---

20 간략한 소개는 다음을 참조. Craig Benjamin, "The Origin of the Yüeh-chih," in Craig Benjamin and Samuel N. C. Lieu (eds.), *Walls and Frontiers in Inner Asian History* (Turnhout: Brepols, 2003), pp. 131-51.
21 Gérard Fussman, "Southern Bactria and Northern India before Islam: A Review

있지만 전체를 정복한 적은 없었을 수도 있다. 월지에 대해서도 사정은 마찬가지다. 파르티아 왕국의 왕들 가운데 두 명이나 사카와 싸우다가 죽었다. 프라아테스(Phraates) 2세는 기원전 128년경 박트리아 동쪽에서, 그리고 아르타바노스(Artabanos) 2세는 기원전 123년경 이란 동부 지역에서 전사했다. 또 한 사람의 파르티아 왕 미트리다테스(Mithridates) 2세(재위 c. 123~87 BCE)는 사카와 평화 협정을 체결했다. 사카가 박트리아의 종주권을 인정하는 대신 사카에게는 이란 동부의 시스탄(Sistan) 지역을 할당해 주었다. 이후 시스탄에서 아프가니스탄 남부를 거쳐 인도 북서부에 이르기까지 사카와 파르티아 공동 통치 지역들이 곳곳에 생겨나 기존의 작고 약한 인도-그리스계 왕국들을 밀어냈다. 기원전 1세기 전반기에 박트리아 동부를 거쳐 간 사카는 그들의 왕 마우에스(Maues)의 지휘 아래 인도 북서부로 들어가 그들의 왕국을 설립했다.[22]

당시 그리스-박트리아 왕국에서 극적인 변화가 있었고, 결국 왕국이 멸망하기에 이르렀지만, 그러한 변화가 물질문화에 반영되지는 않았다. 월지가 종주권을 차지하고 있을 당시의 대하(박트리아)를 묘사한 장건의 증언에 따르면, 당시 대하는 경제적으로 번영을 구가했다. 상인들은 인도까지 갔다가 상품을 싣고 돌아왔는데, 놀랍게도 장건의 고국인 중국의 상품도 포함되어 있었다. 장건이 보기에 대하의 주민들은 무기를 잘 다룰 줄 몰랐고 전투를 두려워했다. 그러나 상업에는 능한 사람들이었다. 기원후 1세기 박트리아의 유적으로 틸리아-테페(Tillya-tepe)가

of Archaeological Reports," *Journal of the American Oriental Society* 116 (1996): 247.
22 A. K. Narain, *The Indo-Greeks* (Oxford University Press, 1957), pp. 133-64.

있는데(유적지의 고분 중 한 군데에서 로마 황제 티베리우스Tiberius의 동전이 발견되었다) 실크로드 초창기 고대 세계의 타임캡슐과도 같은 유적이다. 유목민 가족의 무덤 6기에서 무려 2만 점 이상의 유물이 쏟아져 나왔다. 유물로 보아 유목민의 취향과 미적 수준은 기존에 알려진 것보다 훨씬 높았다. 발견된 보물의 양식은 다양한 범위를 포괄했다. 중국, 그리스, 인도, 이란, 로마, 시베리아 등지의 유물이 포함되어 있었다.[23] 정치적으로 강력했던 그리스-박트리아계 왕국은 아이하눔 같은 소규모 지역별 권력으로 대체되었다. 월지는 기존의 도시를 파괴하기보다 조공을 받아내기를 원했다. 스키타이는 벌써 몇 세기 전에 흑해 연안의 그리스 식민 도시에서 그런 방식으로 조공을 받아낸 적이 있었다. 아이하눔 유적에서 발굴된 보물로 미루어 보자면, 당시의 조공은 인도-그리스계 왕국이 발행한 은화와 인도의 펀치마크(punch-mark) 은화(은 조각편에 문양을 두드려 새기는 방식으로 제작한 고대 인도의 화폐 유물, 기원전 6~2세기 – 옮긴이)로 지불된 것 같다. 그 결과 정복자와 피정복민이 평화롭게 공존할 수 있었다. 심지어 박트리아 최후의 왕인 헬리오클레스(Heliokles) 1세(재위 c. 125~90 BCE)는, 그가 통치하는 영역은 크게 줄어들어 수도 박트라(Baktra)에 국한되었지만, 그럼에도 불구하고 왕위에 오래도록 머무른 것 같다.[24] 힌두쿠시산맥 남쪽의 무역 네트워크가 무너졌을 때 박

---

23 Viktor I. Sarianidi, "Ancient Bactria's Golden Hoard," in Hiebert and Cambon (eds.), *Afghanistan*, pp. 211-18; and V. Schlitz, "Tillya Tepe, the Hill of Gold: A Nomad Necropolis" and "Tillya Tepe Catalog," in Hiebert and Cambon (eds.), *Afghanistan*, pp. 219-95.
24 Joe Cribb, "The Greek Kingdom of Bactria, its Coinage and its Collapse," in Osmund Bopearachchi and Marie-François Boussac (eds.), *Afghanistan, ancien*

트리아의 진정한 변화가 찾아왔다. 은 공급이 고갈되었기 때문이다. 은화가 공급되지 않으면 박트리아의 어느 도시도 월지에게 조공을 지급할 수 없었고, 월지와의 거래도 유지될 수 없었다. 결과적으로 월지의 지배계층인 5개 가문에 대혼란이 닥쳤다. 은 공급이 급속히 줄어드는 문제에 대처하기 위하여 가문들끼리 경쟁이 치열해졌다. 아마도 그래서 기원전 1세기 중엽 월지가 새로운 수입원을 확보하려고 아무다리야(옥소스)강을 건너 박트리아로 들어온 것 같다.[25]

쿠샨 제국 시대의 박트리아, 기원후 1세기부터 4세기까지

쿠샨 왕조를 세운 사람들이 원래 월지의 다섯 부족 가운데 하나였고, 적어도 그들 중 일부는 토하라어(Tokharian) 사용자였다는 점에 대해서는 대개 동의하는 편이다. 중국의 문헌에 이런 사실들이 기록되어 있다.[26] 《후한서(後漢書)》에는 기원후 125년경 서역에 파견되었던 장군 반용(班勇)의 보고서가 실려 있다. 기록에 따르면 월지는 아무다리야강(규수嬀水) 북쪽에 정착했고, 감씨성(監氏城)에 수도를 건설했다. 이들은 대하(大夏, 즉 박트리아)를 정복한 뒤 다섯 개의 흡후(翕侯, 즉 야브구yabghu)

---

carrefour entre l'Est et l'Ouest: Actes du colloque international au Musé e arché ologique Henri-Prades- Lattes du 5 au 7 mai 2003 (Turnhout: Brepols, 2005), pp. 212-14.
25 J. D. Lerner, "Revising the Chronologies of the Hellenistic Colonies of Samrakand- Marakanda (Afrasiab II-III) and Aï Khanoum (northeastern Afghanistan)," *Anabasis: Studia Classica et Orientalia* 1 (2010): 58-79.
26 Jamsheed Choksy, "The Enigmatic Origins of the Tokharians," in Carlo G. Cereti and Farrokh Vajifdar (eds.), *Ātaš-e Dorun: The Fire Within* (San Diego: 1st Books Library, 2003), pp. 107-19.

로 나누어 지배했다(休密, 雙靡, 貴霜, 肸頓, 都密). 이는 월지를 구성한 다섯 개의 부족 연맹에 대응하는 것으로 추정된다. 약 한 세기 이상이 지나면서 월지의 기운이 쇠하자 다섯 흡후 중 하나인 귀상(貴霜) 흡후 구취각(丘就卻, 쿠줄라 카드피세스Kujula Kadphises)이 나머지 네 흡후를 정복하고 월지국의 왕이 되었다. 그는 새로운 왕국의 이름을 귀상(貴霜, 즉 쿠샨Kushan)이라 했다. 이때가 기원후 1세기 중엽이었다. 구취각은 안식(安息, 즉 인도-파르티아Indo-Parthia), 고부(高附, 즉 카불Kabul), 복달(濮達, 즉 팍티야Paktiya), 계빈(罽賓, 즉 간다라Gandhara)을 잇달아 정복했다. 구취각은 80세가 넘어 죽었고 후계는 그의 아들 염고진(閻膏珍, 즉 비마 탁토Vima Takto)이 이었는데, 염고진은 천축(天竺, 즉 인도India)으로 쳐들어가 휘하의 장군들로 하여금 그곳을 통치하도록 했다. 쿠샨 왕국의 북쪽에는 강거(康居)라고 하는 또 다른 왕국이 있었다. 그들은 시르다리야강 양측에 거주했다. 기원전 128년경 그곳을 방문한 장건이 전하는 바에 따르면, 그들이 유목민이며 남쪽의 월지와 동쪽의 흉노에게 동시에 복속되어 있었다고 한다. 기원후 2세기에 이르러 강거 왕국은 소그디아의 북부, 대완(大宛, 즉 페르가나Ferghana), 그리고 아랄해 북쪽 연안과 카스피해 사이에 있는 엄채(奄蔡) 등을 흡수했다. 이로써 강거 왕국은 실크로드 북로(北路)의 일부를 통제할 수 있게 되었다. 쿠샨 왕국을 설립한 사람들이 정주민의 생활 양식을 받아들인 후 과거 유목민의 유산을 어느 정도로 잃어버렸는지를 정확히 확인하기는 어렵다. 과거 아케메네스 제국을 설립한 이들이나 그와 비슷한 다른 많은 경우에도 이 문제는 마찬가지로 모호한 면이 있다. 고고학적 성과로 월지가 헤게모니를 장악했던 시기와 그 후손인 쿠샨 제국 당시를 비교하자면, 도시와 농지의 관개 시설이 상당히 증가한 것을 알 수 있다. 그 결과 박트리아와 소그디아 지역에서는 인구가 성장했을 뿐만 아니라 경제적으로도 번성했다. 월지와 초기 쿠샨 왕조 시기의 고분에서는 이전 시기에 비하여 부장품이 더욱 풍성하게 발견되었다.[27]

라바타크(Rabatak) 비석 덕분에[28] 우리는 쿠줄라 카드피세스(Kujula Kadphises, 중국 문헌에서 丘就卻)부터 카니슈카(Kanishka) 1세에 이르기까지 쿠샨 왕조의 왕력을 제대로 알 수 있다. 기원후 1세기 말경 비마 탁토(Vima Takto, 중국 문헌에서 閻膏珍)의 아들이자 후계자인 비마 카드피세스(Vima Kadphises) 시대에 "위대한 쿠샨"의 전성기에 도달했다. 이때부터 대를 이어 카니슈카(Kanishka) 1세, 후비슈카(Huvishka), 그리고 기원후 3세기의 바수데바(Vasudeva) 1세까지 왕국의 전성기가 이어졌다. 비마 카드피세스는 최초로 쿠샨 제국의 금화(dinar)를 주조했으며, 또한 무게가 더 나가는 구리 동전(tetradrachma)의 사용을 시작했다. 쿠샨 제국은 인도의 항구 바리가자(Barygaza, 오늘날 바루치Bharuch)로부터 실크로드 남로(南路)를 관장했다. 바리가자를 거점으로 로마 제국 치하의 이집트와 직접적인 무역 관계를 맺었으며, 이란 지역의 파르티아 왕국을 거치지 않더라도 지중해 권역과 간접적으로 연결이 되었다. 비마 카드피세스의 후계자는 쿠샨 제국의 황제 중 가장 유명한 동시에 가장 베일에 싸여 있는 카니슈카 1세였다. 전설과 동전과 비문에서 모두 카니

---

27 Craig Benjamin, *The Yuezhi: Origin, Migration and the Conquest of Northern Bactria*, Silk Road Studies 14 (Turnhout: Brepols, 2007), pp. 184-215.
28 Nicholas Sims-Williams, "The Bactrian Inscription of Rabatak: A New Reading," *Bulletin of the Asia Institute* 18 (2004): 53-68.

슈카 대왕이 등장한다. 여러 불교 건축물, 예컨대 붓다의 진신사리를 모신 스투파 등이 그가 건설한 것으로 알려져 있지만, 그 자신이 불교 신자는 아니었다. 그는 여러 종교에 관여했다. 주로 이란의 특성을 가진 종교들에 관여했고, 그보다는 연관이 조금 약했지만 그리스나 인도의 특성을 가진 종교들에도 관여했다. 동전과 관련된 전설 및 비문으로 판단하건대 카니슈카는 박트리아어를 공식 언어로 채택했다. 기존에 공통어로 사용된 아람어와 그리스어 문자 대신, 그리스어를 변형한 박트리아 문자를 사용한 것이다. 예를 들어 박트리아 문자 중에 Þ(철자의 이름은 sho)는 "쉬" 발음을 표기할 때 사용되는 문자인데, 이는 그리스 문자의 P(철자의 이름은 rho)를 가지고 세로획을 위로 조금 더 길게 연장하여 만든 것이었다. 또한 카니슈카는 재위 첫해부터 새로운 연호를 사용했다. 추정컨대 이는 기원전 58년 인도-스키타이의 왕 아제스(Azes) 1세부터 시작된 연호를 대신한 것이었다. 카니슈카는 세 곳의 수도에서 왕국을 통치했다. 즉 카이베르 고개(Khyber Pass)에서 가까운 푸루샤푸라(Purushapura, 오늘날 페샤와르Peshawar), 인도 북부의 야무나강(Yamuna River)가에 있는 도시 마투라(Mathura), 그리고 쿠샨 왕국의 중심에 있는 박트리아의 여름 수도 카피사(Kapisa, 추정컨대 Alexandria ad Caucasum, 오늘날 베그람Begram)였다. 쿠샨 제국의 다른 왕들과 마찬가지로 카니슈카 또한 데바푸트라(devaputra, 신의 아들)라는 칭호를 사용했다. 이는 로마 황제의 칭호 디비 필리우스(divi filius, 성스러운 아들) 혹은 중국 황제의 칭호 천자(天子, 하늘의 아들)와 비슷한 의미였다. 아마도 그래서 기원후 3세기의 중국인 여행가는 전 세계가 세 개의 지역으로 나뉜다고 말했을지도 모른다. 각 지역, 즉 중국과 쿠샨 및 로마는 "하늘의 아들"이 다

스렸다.[29]

 카니슈카 재위 기간의 또 한 가지 특징적인 업적은 쿠샨 제국 영토의 확장이었다. 북쪽으로는 아랄해 근처의 강거와 국경을 접했고, 남쪽으로는 오늘날 투르크메니스탄, 키르기스스탄, 우즈베키스탄, 타지키스탄, 아프가니스탄, 파키스탄의 대부분을 차지했으며, 인도 북부에서는 갠지스강 유역의 도시 바라나시(Varanasi)까지, 동쪽으로는 오늘날 마디아프라데시(Madhya Pradesh)주에 있는 도시 산치(Sanchi)까지 제국의 영토로 편입되었다. 미란(Miran)에서 발견된 간다라 양식의 프레스코화 엔타블러처(건축물 문 위의 띠 모양 장식 - 옮긴이)에서 보이는 푸토(putto, 아기 천사)의 형상이 페샤와르에서 발굴된 카니슈카의 관 장식에서도 보이는데, 이들 두 작품은 같은 시기의 것으로 모두 카니슈카 생전에 만들어졌다. 즉 카니슈카는 쿠샨 제국의 권위를 확장하는 데도 기여했는데, 미란뿐만 아니라 카슈가르(Kashgar), 야르칸드(Yarkand) 및 타림 분지(Tarim Basin)의 오아시스 도시 호탄(Khotan)에 이르기까지 쿠샨의 문화가 전파되었다. 카니슈카가 치세하는 동안 불교도는 중국까지 머나먼 길을 안전하게 오가며 순례했고, 그들에 의해 간다라 미술과 카로슈티 문자가 전파되었다. 위대한 쿠샨 제국 최후의 황제는 바수데바(Vasudeva) 1세였다. 그의 이름은 그가 힌두교의 신 비슈누(Vishnu) 숭배

---

29 Harold Walter Bailey, "A Kharoṣṭhi Inscription of Senavarma, King of Oḍi," *Journal of the Royal Asiatic Society* (1980): 23; and Boris J. Staviskij, *La Bactriane sous les Kushans: Problèmes d'histoire et de culture*, trans. Paul Bernard, M. Burda, Frantz Grenet, and P. Leriche (Paris: Librairie d'Amérique et d'Orient, 1986), p. 29.

자임을 의미할 뿐만 아니라, 왕실의 인종적 정체성이 지속적으로 인도 현지인과 가까워졌음을 보여준다. 바수데바 1세는 30여 년을 재위에 머물면서 평화와 번영의 전성기를 이어온 쿠샨 황제들의 대를 이었다. 그가 이룩한 평화와 번영을 기반으로 제국 안팎에서 왕국들이, 혹은 기타 세력들이 일어났다. "위대한" 황제들의 시대가 끝난 뒤 쿠샨 제국은 점차 작은 규모의 왕국으로 축소되었고, 마지막에는 인도 북서부의 조그만 공국 정도를 다스리게 되었다.

쿠샨 제국 치하의 박트리아는 "실크로드"의 국제적 중심지가 되었다. 유라시아의 사람들이 상품과 사상을 싣고 중국, 인도, 파르티아, 로마로 갈 때 거쳐야 하는 곳이 박트리아였다. 기원후 2세기 마케도니아의 상인 마에스 티티아노스(Maes Titianos)도 그러한 일을 하는 사람들 중 하나였다. 그는 중앙아시아에서 중국으로 가는 육로의 정보를 지리학자 마리노스(Marinos ho Tyrios)에게 제공했고, 그것이 후대의 지리학자 클라우디오스 프톨레마이오스(Klaudios Ptolemaios)의 글에 실렸다(1.11.7). 당시 중앙아시아는, 그중에서도 특히 박트리아는 본질적으로 차원이 다른 전대미문의 시대를 맞이했다. 최소한만 열거하더라도 불교, 기독교, 유교, 도교, 헬레니즘, 힌두교, 마니교, 조로아스터교 등 종교와 철학이 서로 교류하는 장이 열린 것이다. 기원후 2세기에 이르러 쿠샨과 로마의 외교 관계는 더욱 밀접해졌다. 로마 황제 아우구스투스(Augustus)는 "인디아(India)"에서 파견된 외교 사절을 접견했으며, 후대의 황제들, 트라야누스(Trajanus), 하드리아누스(Hadrianus), 안토니누스 피우스(Antoninus Pius)도 마찬가지였다. 기원후 1세기 쿠샨 제국의 쿠줄라 카드피세스(Kujula Kadphises) 재위 시기에 발행된 동전에서 왕은 높은 의

자에 앉아 있는데, 이는 로마의 클라우디우스(Claudius) 황제가 발행한 동전과 비슷한 모습이다. 또한 동전 반대쪽에는 황제의 초상이 그려져 있는데, 이것 역시 로마의 은화 데나리우스(denarius)에 새겨진 아우구스투스(Augustus) 황제 혹은 티베리우스(Tiberius) 황제의 초상과 놀라울 정도로 비슷하다. 비마 카드피세스(Vima Kadphises)가 발행한 금화는 로마의 금화 아우레우스(aureus)와 비슷한 무게 표준을 따랐다. 기원후 1~2세기 쿠샨 제국은 중앙아시아로 팽창해 나갔고, 중국의 한(漢) 제국과 쿠샨 제국은 유목민을 상대로 공동의 군사 작전을 펼치기도 했다. 유목민이 양측 제국의 상인과 수많은 무역로 및 주거지를 공격했기 때문이다. 또한 양측 제국은 외교 사절과 선물을 교환하기도 했다. 쿠샨의 금화는 원래 지중해 및 인도 지역의 무역에 사용하려고 발행했지만 예기치 않게 실크로드 무역의 보편적 통화로 자리 잡았다.[30] 쿠샨 제국과 한(漢) 제국 사이에 간혹 무력 충돌이 발생하기도 했지만 그렇게 심각했던 적은 없는 것 같다. 일찍이 기원후 2세기에 카니슈카는 오늘날 신강(新疆) 지역에 있는 카슈가르에 왕국을 설립했는데, 과거 한(漢) 제국에 복속해 있던 호탄과 야르칸드 등의 소국들을 병합했다. 이때가 중앙아시아에 브라흐미 문자(Brahmi script)가 공식적으로 전해진 시기였다. 쿠샨 제국 출신의 불교 선교사들은 낙양과 남경 같은 중화 제국의 수도에서도 활동했었다.[31]

---

30 실크로드 유물에 관한 고전적 연구. Manfred G. Raschke, "New Studies in Roman Commerce with the East," in Hildegard Temporini and Wolfgang Haase (eds.), *Aufstieg und Niedergang der römischen Welt: Geschichte und Kultur Roms im Spiegel der neueren Forschung* (Berlin: Walter de Gruyter, 1978), pp. 604-1378.

쿠샨의 동전에는 여러 신격이 혼합되어 있다. 이란 스텝 지역, 헬레니즘, 힌두교의 신들이 모두 등장하며, 이들이 불교, 자이나교, 조로아스터교와도 결합되어 있었다.[32] 실크로드의 혜택을 가장 크게 본 종교는 불교였다. 파르티아와 마르기아나, 박트리아와 인도 출신의 승려들은 실크로드 상인들의 발자국을 따라 이동했고, 기원후 2세기에는 인도에서부터 중앙아시아를 거쳐 중국까지 진출했다. 대승불교의 전통에 따르면 카니슈카 1세가 제4차 결집(불교의 경전을 확정하기 위한 불교 승려들의 대회 – 옮긴이)을 소집했고, 아마도 카슈미르 지역의 간다라에서 모임이 개최되었으며, 그때 불교 대장경이 확립되었다.[33] 카니슈카 황제 재위 중에 있었던 불교 문학의 대표적 성취 가운데 또 하나는 아슈바고샤(Ashvaghosha)가 저술한 《붓다차리타(Buddhacarita)》였다. 이는 부처의 생애를 기록한 책이었다. 전하는 바에 따르면 카니슈카는 아슈바고샤에게 불교와 관련된 모든 문제의 자문을 구했다고 한다. 5~6세기에 이르러 불교는 중앙아시아에서 확립된 종교가 되었다.[34]

쿠샨 제국의 번영은 무역 이외에도 마을과 도시에서 진행된 건설 공

---

31 John E. Hill, *Through the Jade Gate to Rome: A Study of the Silk Routes during the Later Han Dynasty 1st to 2nd centuries CE: An Annotated Translation of the Chronicle on the "Western Regions" in the Hou Hanshu* (Charleston, SC: BookSurge Publishing, 2009).
32 Martha L. Carter, "Kaniṣka's Bactrian Pantheon in the Rabatak Inscription: the Numismatic Evidence," in Antonio Panaino and Andrea Piras (eds.), *Proceedings of the Fifth Conference of the Societas Iranologica Europaea Held in Ravenna, 6-11 October 2003* (Milano: Mimesis, 2006), vol. I, pp. 351-56.
33 Erich Frauwallner, "Die buddhistischen Konzile," *Zeitschriften der Deutschen Morgenländischen Gesellschaft* 102 (1952): 240-61.
34 Xinru Liu, *Ancient India and Ancient China: Trade and Religious Exchanges, AD 1-600* (Delhi: Oxford University Press, 1990).

사 덕분이었다. 크고 작은 규모의 관개 시설이 건설되었는데, 특히 제라프샨(Zerafshan)강, 시르다리야강, 아무다리야강을 중심으로 치수 공사가 진행되었다. 농업에서 새로운 기술도 발달했다. 예를 들면 철제 농기구의 사용이 널리 확산되었고, 그 결과 생산성이 높아졌으며, 곡물, 과일, 목화, 양귀비 등 재배 작물이 훨씬 더 다양해졌다. 포도와 와인은 북쪽으로는 호레즘까지, 그리고 서쪽으로는 마르기아나까지 수출해도 좋을 만큼 넉넉한 양이 생산되었다. 한편 페르가나는 종마 교배로 명성을 얻었다.

"쿠샨 예술"이라는 용어는 쿠샨 제국 당시의 독특한 종교 예술을 가리키는 말이다. 말하자면 그것은 하나의 예술 양식이라기보다 당시 예술에서 반복적으로 나타난 주제, 사상, 형상 등을 일컫는다. 쿠샨 예술의 두 분파로, 오늘날 파키스탄 펀자브 지방의 간다라 미술과 북서부 인도의 마투라 미술이 유명하다. 쿠샨 제국 시기 처음으로 붓다가 인간의 형상으로 묘사되었는데, 그 이전에는 발자국이나 연꽃 등 간접 방식으로 붓다를 표현했다. 간다라 미술은 헬레니즘 예술의 영향을 받았으며, 그 예술가들은 붓다의 이미지를 마치 아폴론 신상처럼 표현했다. 스투코와 회색 편암으로 붓다의 일생과 관련된 에피소드를 표현하기도 했다. 간다라 지방 남부에 있는 하다(Hadda, 오늘날 아프가니스탄)라는 곳은 불교의 중심지였다. 그래서 불교와 관련된 수많은 작품이 생산되었는데, 예를 들면 조각상, 회화, 스투파, 온갖 기념비적 건축물 등이었다. 하다의 예술 작품들은 박트리아, 헬레니즘, 남아시아 미술 양식이 혼합된 간다라의 미술 양식을 뚜렷하게 보여준다. 마투라 미술은 일상생활 표현에 집중되어 있고, 토속적 신격의 그림에서 출발한다. 그래서 예술가들은 이상화된 남성과 여성상을 그리는 동시에 힌두교와 불교의 수많은 신격의 모습도 그렸다. 마투라의 조각은 흰색 반점이 있는 붉은색 사암(砂岩)을 이용했기 때문에 한눈에 알아볼 수 있다. 여기서 북쪽으로 한참 올라가 박트리아에는 쿠샨의 도시 건축 유물이 남아 있다. 예컨대 박트라, 딜베르진-테페(Dilberjin-tepe), 달베르진-테페(Dalverzin-tepe) 등의 유적지를 보면 기존의 그리스 도시 계획이 완전히 달라졌음을 알 수 있다. 쿠샨 시기의 도시는 사각형으로 조성되었고, 새로운 도시 방어 기술이 강조되어 있다. 성벽은 예전에 비해 더 높고 두꺼워졌으며, 감시탑과 보행로를 갖추었다. 코린트 양식의 수도는 정원으로 바뀌었다. 정원에는 그리핀(사자 몸통에 독수리 날개를 한 상상 동물)과 혹소가 거닐며 포효하거나, 혹은 붓다가 명상에 잠겨 있다. 그리스 사원은 쿠샨 왕조의 다른 종교에 자리를 내주어야 했다. 수르흐 코탈(Surkh Kotal)이나 테르메스(Termez) 같은 도시 유적에는 불교 승원, 스투파, 비하라(精舍) 등이 설립되었다. 불교가 박트리아 중심 지역을 넘어 확산되었고, 중앙아시아에서 불교로 개종한 신도들의 요구에 맞추어 종교적 시설이 건립되었던 것이다. 쿠샨 제국의 여름 수도인 베그람 왕궁 유적에서 보물로 가득 찬 두 개의 방이 발견되었다. 방 안에는 실크로드 무역에 참여했던 여러 나라에서 보내온 보물이 가득했다. 중국의 칠기, 헬레니즘 청동상, 로마의 유리 제품, 인도의 상아 조각 등이었다.[35]

---

35 G. A. Pugachenkova, S. R. Dar, R. C. Sharma, and M. A. Joyenda, "Kushan Art," in Harmatta (ed.), *History of the Civilizations of Central Asia*, vol. II, pp. 331-95; and Suman Mathur, *Art and Culture under the Kushans* (Delhi: Bharatiya Kala Prakashan, 1998).

사산 제국에서 에프탈 시기까지의 박트리아, 기원후 250년경부터 550년까지

쿠샨 왕조의 쇠락은 이란 지역에 있던 사산 제국(224~650 CE)이 동쪽으로 팽창한 결과였다. 사산 제국의 설립자 아르다시르(Ardashir) 1세(재위 c. 224~240 CE)가 영토 확장을 주도했다. 기원후 230년경 아르다시르 1세는 파르티아를 정복했고, 쿠샨 제국으로부터 마르기아나, 박트리아, 소그디아를 모두 빼앗았다. 결국 아르다시르 1세는 제2의 아케메네스 제국을 완성하고자 했다. 그의 아들 샤푸르(Shapur) 1세(재위 242~272 CE) 치하에서 쿠샨 제국의 서쪽 영토는 더욱 줄어들었고, 간다라마저 사산 제국에 넘어갔다. 발흐와 카불 계곡의 어느 도시에서 주조된 동전으로 당시의 상황을 추정해볼 수 있다. 박트리아에는 10여 명도 안 되는 소수 인원으로 구성된 사산 제국의 행정 기관이 들어와 있었는데, 기원후 350년경까지는 명목상 쿠샨샤(Kushanshah), 즉 "쿠샨의 왕"의 허락을 얻었다.[36] 그러나 350년을 기점으로 박트리아의 역사는 다시 혼란 속으로 빠져들었다. 이란어 사용자들과 (중국에서 흉노라 일컫는) 훈족이 혼합된 동방의 부족들이 잇달아 박트리아로 쳐들어왔기 때문이다. 서방에 있던 훈족이 유럽을 침략하는 동안, 이들은 쿠샨-사산 제국을 휩쓸고 다녔다.[37]

---

36 A. D. H. Bivar, "The History of Eastern Iran," in Ehsan Yarshater (ed.), *The Cambridge History of Iran* (Cambridge University Press, 1983), vol. III, pp. 209-12.

37 A. H. Dani, B. A. Litvinsky, and M. H. Zamir Safi, "The Kushano-Sasanian Kingdom," in Litvinsky et al. (eds.), *History of the Civilizations of Central Asia* (Paris: UNESCO, 1996), vol. III pp. 103-18.

최초의 침략자는 시온(Xion, 그리스어 Chionitae, 영어 Xionites)이었다. 이들은 트란스옥시아나와 박트리아를 정복하고, 나중에는 사산 제국의 황제 샤푸르 2세(309~379 CE)와 동맹을 맺었다.[38] 그리스의 역사가 암미아누스 마르켈리누스(Ammianus Marcellinus)에 따르면(16.9~19.2) 358년에 페르시아(사산 제국)가 로마와 전쟁을 벌였는데, 메소포타미아의 도시(아미다Amida)를 공격할 때 시온의 왕 그룹바테스(Grumbates)의 아들이 전사했다고 한다. 또한 키다르(Kidar)라는 유목 민족도 있었는데, 그들의 지도자 키다라(Kidara, 寄多羅)의 이름을 딴 민족 명칭이었다. 이들은 소그디아에서 토하리스탄을 거쳐 간다라에 이르는 왕국을 건설했다. 왕국이 처음 설립된 시점은 기원후 380년에서 430년 사이였다. 기원후 5세기 중엽에는 사산 제국의 황제 페로즈(Peroz, 재위 457~484 CE)를 상대로 수차례 승리를 거둔 에프탈(Hephthal, 嚈噠)이 키다르의 뒤를 이어 주도권을 잡았다. 그 결과로 그들은 중앙아시아, 호라산, 아프가니스탄 지역을 통치하게 되었다. 그들의 행정 관리 언어는 박트리아어였지만 원래 그들의 모국어가 무엇이었는지는 알 수 없다. 에프탈은 박트리아에 남아 있던 사산 제국의 문화에서 강한 영향을 받았고, 그들이 정복한 지역 어디서든 불교 신앙은 자유롭게 허용되었다. 그러나 6~7세기에 이르러 전반적으로 불교가 쇠퇴했는데, 박트리아뿐만 아니라 박트리아 남북의 다른 지역들도 마찬가지였다. 인도에서는 힌두교가, 이란에서는 이슬람이 세력을 확장하고 있었다.

---

38 B. I. Marshak and N. N. Negmatov, "Sogdiana," in Litvinsky et al. (eds.). *History of the Civilizations of Central Asia*, vol. III, pp. 234-35.

에프탈의 권세는 사산 제국의 황제 호스로(Khosrow) 1세 아노쉬르반(Anoshirvan, 재위 531~579)과 투르크의 일 분파가 연합한 세력과 싸워 패한 뒤 갑자기 막을 내렸다. 당시 투르크는 몽골에서 내려온 신흥 세력이었다. 지도자 신지부(Sinjibu)칸 혹은 실자보울로스(Silzaboulos)칸의 지휘 아래 투르크가 박트리아 지역으로 내려온 시기는 558년에서 561년 사이였다.[39] 에프탈 왕국을 무너뜨린 자들은 옥소스강을 따라 왕국의 영토를 비슷한 크기로 나누어 가졌다. 북쪽은 투르크의 땅이 되었고, 남쪽은 사산 제국의 땅이 되었다. 그럼에도 소규모 에프탈 군장들의 공국은 아프가니스탄의 카불과 헤라트 등지에 흩어져 남아 있었다. 에프탈 계보의 마지막 왕국은 아랍 문헌에 그 이름이 등장한다. 바로 타르칸 니자크(Tarkhan Nizak) 왕국인데, 그들은 기원후 650년경에서 710년 사이 아랍의 공세를 막아낸 것으로 유명했다. 그러나 그들의 왕국도 이후 불과 수십 년 더 살아남았을 뿐 8세기 중엽 소멸하고 말았다.[40] 이 시기에 박트리아에 잇달아 쳐들어온 유목민은 남쪽의 이란과 인도로 들어가는 길목에서 박트리아를 공격했던 것이다. 그 여파로 당시 거대 도시 지역들이 쇠락했는데, 특히 인구 및 정치적 요충지들의 타격이 심했다. 도시는 주변 지역을 아우르는 중심지로서의 권위를 잃어버렸고, 이제 도시가 아니라 마을이나 대규모 농장이 더 권위를 갖는 시대가 되었다.[41]

---

39 B. A. Litvinsky, "The Hephthalite Empire," in Litvinsky et al. (eds.), *History of the Civilizations of Central Asia*, vol. III, pp. 138-44.
40 Étienne de la Vaissière, *Sogdian Traders: A History* (Leiden: Brill, 2005).
41 Litvinsky, "The Hephthalite Empire," pp. 144-62; Dani and Litvinsky, "The Kushano-Sasanian Kingdom," pp. 169-72.

끊임없는 유목민의 이주로 박트리아는 정치 및 사회적 격변을 겪었고, 같은 시기 이란 지역의 사산 제국도 세력을 크게 잃었지만, 박트리아 북쪽의 상업 도시국가 소그디아나는 오히려 기원후 7세기부터 11세기까지 번영을 구가했다. 소그디아나에서 불교는 기원후 600년경 사라졌고 현지의 여러 종교, 네스토리우스교, 마니교, 조로아스터교의 일 분파 등이 불교를 대신했다. 그러나 이후 페르시아 문화를 담고 있는 이슬람이 들어오자 이들 세력도 희미해졌다. 부하라(Bukhara)와 사마르칸트의 도시국가들은 중국과의 무역 중심지로 부상했다. 일상 용품은 물론 사치품 무역도 번성했다. 희귀하고 값비싼 비단, 진주, 옥, 말, 이국적 동식물, 심지어 음악가와 무용가도 거래 대상이 되었다. 뿐만 아니라 보석, 향신료, 상아, 언제나 귀중했던 금속인 금과 은도 거래 품목이었다. 아무다리야강 삼각주의 서쪽, 아랄해의 남부 연안 지역이 호레즘(Khorezm)인데, 그곳 사람들은 오래전부터 카스피해와 볼가강을 거치는 동유럽 무역으로 이익을 보고 있었다. 호레즘이 쿠샨 제국에 속했는지, 혹은 사산 제국에 어느 정도로 종속되어 있었는지는 여전히 논란이 남아 있다. 대략 4세기 초부터 토착 왕조인 아프리기드(Afrighid) 왕국이 호레즘을 차지했다. 에프탈로부터 독립한 시기는 기원후 6~7세기로 추정된다. 711~712년 호레즘에서 내란이 일어났고, 쿠타이바 이븐 무슬림(Qutaiba ibn Muslim)이 이를 수습했다. 그 뒤 호레즘은 이슬람 국가에 속하게 되었다.[42]

---

42 Xinru Liu, "A Silk Road Legacy: The Spread of Buddhism and Islam," *Journal of World History* 22 (2011): 55-81.

아랍 치하의 박트리아, 기원후 9세기경

무함마드(Muhammad, c. 570~632 CE) 사망 이후 4대에 걸쳐 칼리프가 선출되었고, 이들이 신생 이슬람 국가의 정신적 및 세속적 권력을 대표했다. 그사이 무슬림 군대가 중동 지역의 대부분을 점령했다. 651년 사산 제국 최후의 황제가 메르브(Merv, 옛날 마르기아나)에서 살해되었고, 이후 메르브는 그들의 근거지가 되었다. 옛날 사산 제국 시절에도 메르브의 지역 내 위상은 마찬가지였다. 671년 아랍 정복자들이 오아시스 도시에 정착하여 식민지를 건설했다. 그리하여 메르브와 호라산(Khorasan)은 이슬람 문명의 요새가 되었다.[43]

이곳을 기반으로 아랍인은 원정을 계속했다. 652년에는 박트리아, 715년에는 트란스옥시아나, 즉 아랍어로 마와란-나흐르(Mawara'n-nahr, 강 건너의 땅)를 점령했다. 무슬림 장군 쿠타이바 이븐 무슬림이 암살되자 내부적으로 분쟁이 격화되었고 정치 세력도 약화되었다. 이런 상태가 이후 수십 년 동안 지속되었다. 마침내 751년 긴장은 최고조에 달했다. 중국의 당나라와 아랍의 아바스 왕조가 탈라스(Talas, 오늘날 타라즈 Taraz) 전투를 벌였다. 중국 문명이냐, 이슬람 문명이냐, 그 전쟁에 중앙아시아의 운명이 달려 있었다.[44] 전투 자체는 무승부로 끝났지만 중국

---

43 B. A. Litvinsky and M. I. Vorobyova-Desyatovskaya, "Religions and Religious Movements - II," in Litvinsky et al. (eds.), *History of the Civilizations of Central Asia*, vol. III p. 424; and B. A. Litvinsky, A. H. Jalilov, and A. I. Kolesnikov, "The Arab Conquest," in Litvinsky et al. (eds.), *History of the Civilizations of Central Asia*, vol. III, p. 456.
44 W. Barthold, *Turkestan down to the Mongol Invasion*, ed. C. E. Bosworth (London: Lowe and Brydone, 1968), pp. 194-96; Zhang Guang-da, "The City-States of the Tarim Basin," in Litvinsky et al. (eds.), *History of the Civilizations*

측에서 물러났고, 중앙아시아는 무슬림의 세력 아래 놓이게 되었으며, 이슬람 세계의 일원으로서의 혜택도 누리게 되었다. 종교적 열정의 분위기에서 중앙아시아에 있었던 이슬람 이전 문화의 흔적들은 점차 지워졌고, 10~11세기에 이르면 남은 것이 거의 없게 되었다.

정치적으로 아바스 칼리파국(750~1517 CE)은 중앙아시아를 차지한 여러 정권 중 하나였을 뿐이다. 아바스 제국이 멸망한 뒤 수많은 지역 세력이 권력을 나누어 가졌다. 과거 아바스의 총독들, 지방 왕국들, 스텝 지역에서 일어선 부족의 지도자들 같은 수많은 후보자가 권력을 향해 도전했다. 10세기에 이르러 사만 왕조(Samanid dynasty, 819~1004 CE)가 지역 패권을 차지했다. 과거 페르시아 제국 시절 발흐 지역을 관리했던 사만-호다(Saman-khudat)의 후손들이 그의 이름을 따서 왕국 명칭으로 삼았다. 이들은 부하라에서 아바스 제국을 모델로 강력한 중앙집권 정부를 구성했다. 이를 기반으로 지역 내 평화와 번영이 찾아왔으며, 문화 및 지적 성취 면에서 부하라는 바그다드에 필적할 만했다.[45] 부하라는 실크로드 선상에 위치하여 세계적으로 앞서가는 도시로 성장했다. 즉 무역과 상업, 문화, 종교, 교육의 중요한 중심지였다. 쿠샨 제국 이후로 지역 분쟁을 제압할 정도로 강력한 정부가 박트리아에 들어선 적은 없었다. 게다가 이번에는 옛날처럼 축적된 부가 멀리 떨어진 다른 지

---

of Central Asia, vol. III, p. 291; and Mu Shun-ying and Wang Yao, "The Western Regions (Hsi-yü) under the T'ang Empire and the kingdom of Tibet," in Litvinsky et al. (eds.), *History of the Civilizations of Central Asia*, vol. III, pp. 349-50 and 357.

45 Richard N. Frye, "The Sāmānids," in Richard N. Frye (ed.), *The Cambridge History of Iran* (Cambridge University Press, 1975), vol. IV, pp. 131-61.

역을 치장하기 위해 실려 나가는 일 없이 지역 안에 쌓이기 시작했다.[46]

결론

우연한 지리적 위치 때문이었겠지만, 박트리아는 언제나 역사의 교차로에 놓여 있었다. 그곳은 문명이 시작되는 곳이자 끝나는 곳이었다. 아프리카-유라시아 대륙에 펼쳐져 있는 중요한 결절점 중 하나가 박트리아였다. 박트리아에서 내륙아시아, 중앙아시아, 중국, 인도아대륙, 근동, 지중해 세계의 사람들이 서로 만났다. 서로의 만남이 평화로운 때도 있었지만 그렇지 않은 때도 있었다. 실크로드를 따라 무역과 상업을 하다가 그곳에 가는 사람도 있었고, 문화나 종교적 교류 때문에 가는 사람도 있었으며, 심지어 정복자나 장차 정복자가 될 영웅들이 대업을 시작하기 위한 거점으로 그곳에 들어가는 수도 있었다. 어떠한 이유에서건 박트리아에 정착한 사람들은 그 특성상 문명 소통적 사회를 만들게 되었다. 그 사회는 환경 때문에라도 다문화 사회가 될 수밖에 없었다. 그것이 박트리아 사회 활력의 핵심이었다. 전혀 다른 사람들이 만나 타문화의 요소를 빌려서 만들어낸 결과는 풍요롭고 다양한 사회였다. 박트리아의 역사는 그러므로 문명의 역사 그 자체라고 말할 수 있겠다.

---

46 Johan Elverskog, *Buddhism and Islam on the Silk Road* (Philadelphia: University of Pennsylvania Press, 2010), pp. 120-29.

더 읽어보기

Anthony, David W., *The Horse, the Wheel, and Language: How Bronze-Age Riders from the Eurasian Steppes Shaped the Modern World*, Oxford University Press, 2007.

Barthold, W., *Turkestan down to the Mongol Invasion*, ed. C. E. Bosworth, London: Lowe and Brydone, 1968.

Beckwith, Christopher I., *Empires of the Silk Road: A History of Central Eurasia from the Bronze Age to the Present*, Princeton University Press, 2009.

Benjamin, Craig, *The Yuezhi: Origin, Migration and the Conquest of Northern Bactria*, Silk Road Studies 14, Turnhout: Brepols, 2007.

Bernard, Paul, "The Greek Colony at Aï Khanum and Hellenism in Central Asia; Aï Khanum catalog," in Pierre Cambon and Fredrik T. Hiebert (eds.), *Afghanistan: Hidden Treasures from the National Museum, Kabul*, Washington, DC: National Geographic Society, 2008, pp. 81-130.

Boyce, Mary, *A History of Zoroastrianism*, Leiden: Brill, 1982, vol. II.

Briant, Pierre, *From Cyrus to Alexander: A History of the Persian Empire*, trans. P. T. Daniels, Winona Lake, IN: Eisenbrauns, 2002.

Burstein, Stanley M., "New Light on the Fate of Greek in Ancient Central and South Asia," *Ancient West and East* 9 (2010): 181-92.

Cribb, Joe, "The Greek Kingdom of Bactria, its Coinage and its Collapse," in Osmund Bopearachchi, Marie-François Boussac, and Christian Landes (eds.), *Afghanistan, ancien carrefour entre l'Est et l'Ouest: Actes du colloque international au Musé e arché ologique Henri-Prades-Lattes du 5 au 7 mai 2003*, Turnhout: Brepols, 2005, pp. 207-25.

Cribb, Joe, and Elizabeth Errington (eds.), *The Crossroads of Asia: Transformation in Image and Symbol*, Cambridge: Ancient India and Iran Trust, 1992.

Cribb, Joe, and Georgina Herrmann (eds.), *After Alexander: Central Asia before Islam*, Oxford University Press, 2007.

Dani, A. H., B. A. Litvinsky, and M. H. Zamir Safi, "The Kushano-Sasanian Kingdom," in B. A. Litvinsky, Zhang guang-da, and R. Shabani Samghabadi (eds.), *History of Civilizations of Central Asia*, Paris: UNESCO, 1996, vol. III, pp. 103-18.

de la Vaissière, Étienne, *Sogdian Traders: A History*, Leiden: Brill, 2005.

Fussman, Gérard, "Southern Bactria and Northern India before Islam: A Review of Archaeological Reports," *Journal of the American Oriental Society*, 116 (1996): 243-59.

Hill, John E., *Through the Jade Gate to Rome: A Study of the Silk Routes during the Later Han Dynasty 1st to 2nd centuries CE: An Annotated Translation of the Chronicle on the "Western Regions" in the Hou Hanshu*, Charleston, SC: BookSurge Publishing, 2009.
Koshelenko, G. A., "Vosstanie grekov v Baktrii i Sogdiane 323 g. do n.e. i nekotorye aspekty grecheskoi politicheskoi mysli IV v. do n.e.," *Vestnik drevnei istorii* 119 (1972): 59-78.
Kuhrt, Amelie, and Susan Sherwin-White, *From Samarkand to Sardis: A New Approach to the Seleucid Empire*, Berkeley: University of California Press, 1993.
Lerner, J. D., "The Greek-Indians of Western India: A Study of the Yavana and Yonaka Buddhist Cave Temple Inscriptions," *The International Journal of Buddhist Studies* 1 (1999): 83-109.
_____, "Revising the Chronologies of the Hellenistic Colonies of Samarkand-Marakanda (Afrasiab II-III) and Aï Khanoum (Northeastern Afghanistan)," *Anabasis: Studia Classica et Orientalia* 1 (2010): 58-79.
Liu, Xinru, *Ancient India and Ancient China: Trade and Religious Exchanges, AD 1-600*, Delhi: Oxford University Press, 1990.
_____, "A Silk Road Legacy: The Spread of Buddhism and Islam," *Journal of World History* 22 (2011): 55-81.
Narain, A. K., *The Indo-Greeks*, Oxford University Press, 1957.
Raschke, Manfred G., "New Studies in Roman Commerce with the East," in Hildegard Temporini and Wolfgang Haase (eds.), *Aufstieg und Niedergang der römischen Welt: Geschichte und Kultur Roms im Spiegel der neueren Forschung*, Berlin: Walter de Gruyter, 1978, pp. 604-1378.
Rudenko, Sergei I., *Frozen Tombs of Siberia: The Pazyryk Burials of Iron Age Horsemen*, Berkeley: University of California Press, 1970.
Sarianidi, Viktor I., "Issledovanie pamiatnikov Dashlinskogo oazisa," in E. I. Kruglikova (ed.), *Drevniaia Baktriia*, vol. I, Moscow: Nauka Publishing, 1976, pp. 21-86.
Sims-Williams, Nicholas, "The Bactrian inscription of Rabatak: a new reading," *Bulletin of the Asia Institute* 18 (2004): 53-68.
Staviskij, Boris J., *La Bactriane sous les Kushans: Problèmes d'histoire et de culture*, trans. Paul Bernard, M. Burda, Frantz Grenet, and P. Leriche, Paris: Librairie d'Amérique et d'Orient, 1986.
Vogelsang, W. J., *The Rise and Organization of the Achaemenid Empire: The Eastern Iranian Evidence*, Leiden: Brill, 1992.
Wiesehöfer, Josef, *Ancient Persia from 550 BC to 650 AD*, trans. A. Azodi, London: I. B. Tauris, 1996.

CHAPTER 12

지중해

크레이그 벤저민 Craig Benjamin
메리 위스너-행크스 Merry E. Wiesner-Hanks

기원전의 마지막 2000년 동안 새로운 농업 국가들이 출현했고, 마침내 규모가 거대하고 구조가 복합적인 농업 기반 제국들이 지중해 연안에서 등장했다. 지중해(Mediterranean)라는 이름 자체는 라틴어에서 유래하며, "육지의 가운데"라는 뜻이다. 이는 두 가지 의미를 나타내는 것으로, 지중해의 둘레를 대부분 육지가 감싸고 있다는 의미가 하나 있고, 또 하나는 그곳이 세계의 중심이라는 의미다. 고대 아프리카-유라시아의 서부 사회에서는 그렇게들 알고 있었다. 지중해는 동쪽으로 다르다넬스(Dardanelles) 해협(그리스어 헬레스폰트Hellespont), 서쪽으로 대서양의 지브롤터(Gibraltar) 해협(스페인어 히브랄타르Gibraltar)과 연결되어 있다. 지중해의 해안선은 약 2만 9000마일(약 4만 6600킬로미터)이며, 이 광대한 연안 지역에서 다양한 수준의 인류 공동체가 형성되었고, 마침내 이들이 합쳐져서 거대한 농업 국가 및 제국으로 확장되었다.

동부 지중해, 기원전 1800~800년경

아시리아와 이집트 같은 거대 제국들은 주변의 작은 공동체들에 막대한 문화적 영향을 미쳤다. 특히 히브리인, 페니키아인, 미노아인, 미케네인 등 지중해 동부 해안과 섬 지역에 거주한 사람들이 그 영향을 강하게 받았다. 과거 히브리인은 유목민이었다. 셈어파에 속하는 언어를 사용했으며, 기원전 제2천년기에 이집트와 지중해 및 메소포타미아로 둘러싸인 지역을 차지했었다. 그들은 당시로서는 새로운 형태의 종교를 창안했는데, 일신론으로 전지전능한 신을 섬기는 종교였다. 그들은 그 신의 이름을 야훼(Yahweh)라 했다. 히브리인의 역사와 관련하여 우리가 가지고 있는 근거의 출처는 대부분《히브리 성서》다. 이는 역사를 거치는 동안 여러 책을 하나로 묶어서 만든 경전이었다(기독교인은 이를 "구약성서"라 하는데, 그들이 지정한 글들을 묶어 만든 "신약성서"에 대비되는 표현이다). 경전을 숭상하는 전통은 히브리인의 종교, 즉 유대교의 특징적 측면이었다.《성서》에 따르면 일부 히브리인이 이집트로 이주했고, 그 후 기원전 14세기 혹은 13세기에 모세가 나타났는데, 그는 이집트 이민자의 후손이자 카리스마 넘치는 예언자였다. 모세의 지휘 아래 히브리인은 다시 이집트를 떠나 북쪽으로 이주하여, 지중해의 남동부 연안 팔레스타인에 도착했다. 이들은 스스로를 이스라엘인이라 하는데, 12개의 부족(지파)이 모여 형성된 느슨한 연맹체였다. 이후 정치적으로 군주정을 발달시켜서 예컨대 다윗(David, 재위 1000~970 BCE)이나 솔로몬(Solomon, 재위 970~930 BCE) 같은 왕의 치세에 번영을 구가했다.

왕국 시기의 히브리인은 정교한 법률 체계를 만들었다. 기반은 행동 규범이라 할 수 있는〈십계명〉이었다. 히브리인은 이집트에서 탈출할 때 야훼가 직접 선지자 모세에게 이〈십계명〉을 준 것으로 알고 있었다. 이러한 행동 규범에 따라 종교적 관습이 만들어졌다. 히브리인에게는 도둑질, 살인, 거짓말, 간통 등의 행위가 금지되었다. 이를 기반으로 만들어진 복잡한 법의 체계에서 당시 일상생활의 여러 측면을 엿볼 수 있어 흥미를 자아낸다. 예컨대 기원전 제1천년기 동부 지중해 지역 문화에서 여성의 지위와 권리가 어떠했는지를 짐작할 수 있다. 히브리 법률 중에는 처녀가 남자를 유혹하는 문제, 혹은 남자가 딸을 노예로 팔 수 있는 권리, 혹은 남자 입장에서 이혼은 쉽지만 여자 입장에서는 불가능한 문제 등이 등장한다. 이로 보아 당시 사회는 여성에게 상당히 거친 환경이었다. 그러나 한편으로 여성에게 법적 보장을 하는 내용이 있는가 하면, 심지어 남녀 젠더의 지위가 비슷한 측면도 포함되어 있었다. 예컨대 간통에 대한 처벌은 남녀 모두 사형이었다. 히브리인의 사회는 분명 가부장제였다. 남자는 공적으로든 가정적으로든 가장의 역할을 맡았다. 다만 결혼한 배우자들은 서로가 도움을 주어야 했다. 독신은 매우 불편한 시선으로 바라보았다(유대교의 주요 사상가와 성직자는 대부분 예외 없이 결혼을 선택했다). 아이를 낳는 일은 어떤 측면에서 종교적 의미도 담고 있었다.

솔로몬 왕 사후에 부족 간 긴장이 점점 높아져 결국 왕국은 둘로 갈라지고 말았다. 그리하여 북쪽은 이스라엘 왕국, 남쪽은 유대 왕국이 되었다. 아시리아 제국이 이 지역으로 진출하여 기원전 722년 이스라엘 왕국을 정복했고, 이스라엘인 수만 명을 아시리아의 영토로 이주시켰다. 이것이 유대인 디아스포라(Diaspora, 그리스어로 "흩어지다"라는 의미)의 시작이었다. 기원전 586년 신바빌로니아 제국의 네부카드네자르(Nebuchadnezzar) 황제가 남쪽의 유대 왕국을 정복했고, 이때도 유대인 수천 명이 추방되었다. 이 지역에 남은 사람들과 곳곳으로 흩어진 사람들은 모두 이후의 지역 패권에 따라 소속을 달리했다. 대표적으로 페르시아, 마케도니아, 로마가 지역 패권을 차지한 적이 있었다. 고대 아프리카-유라시아 세계에서 유대인의 정치적 역할은 그리 크지 않았으나, 그들의 종교적 사유 방식은 심오한 영향을 미쳤다.

유대 및 이스라엘 왕국을 넘어 북쪽에는 또 다른 셈어파 언어 사용자 집단이 이주해 왔다. 그들은 원래 아라비아 사막 지대에 살던 사람들로 기원전 3000년경 지중해 연안에 도착했으며, 마침내 그곳에서 잇달아 도시국가를 건설했다. 그들은 스스로를 가나안인(Canaanites)이라 했지만, 세계사에서는 페니키아인(Phoenicians)으로 알려져 있다. 유대인이 그랬듯이 그들 또한 역사적으로 정치적 비중은 미미했으나, 오랜 시간을 두고 봤을 때 그들의 문화 및 상업적 중요성은 정치적 비중과 완전히 달랐다. 페니키아인은 티레(Tyre), 시돈(Sidon), 베이루트(Beirut) 등의 도시를 건설했으며, 해상 무역에 특화된 그들의 전문성 덕분에 도시가 번성했다. 페니키아 상인들은 기본적인 식량과 자원을 수입했지만, 고급 수출품으로 명성을 얻게 되었다. 특히 염색 직물이 유명했다. 가장 귀하게 취급된 직물은 뿔소라(murex)의 진액을 이용하여 보라색과 붉은색으로 물들인 천이었다. "페니키아"라는 고유명사 자체가 이 상품에서 비롯된 것으로, 그리스어로 페니키아는 곧 "보라색"을 의미한다.

기원전 1200년부터 800년 사이 4세기 동안 페니키아인은 지중해 무역을 주도했다. 지중해 연안 곳곳에 무역 거점 식민지를 건설했다(지도 12-1). 페니키아 함대는 희귀하고 값비싼 원자재를 찾아다녔다. 주석과 구리(청동기를 만들 때 사용), 상아, 보석 등이 그들이 찾는 물건이었다. 그들은 멀리 대서양 연안까지 나아가 프랑스, 스페인, 아프리카 해안지역은 물론 브리튼섬까지 진출했다. 이런 과정을 거치면서 지중해를 중심으로 연안 지역의 상업 활동은 갈수록 속도가 빨라졌고, 이들을 매개로 거대 문명과 소규모 지역 국가 사이에 높은 수준의 문화 교류가 촉

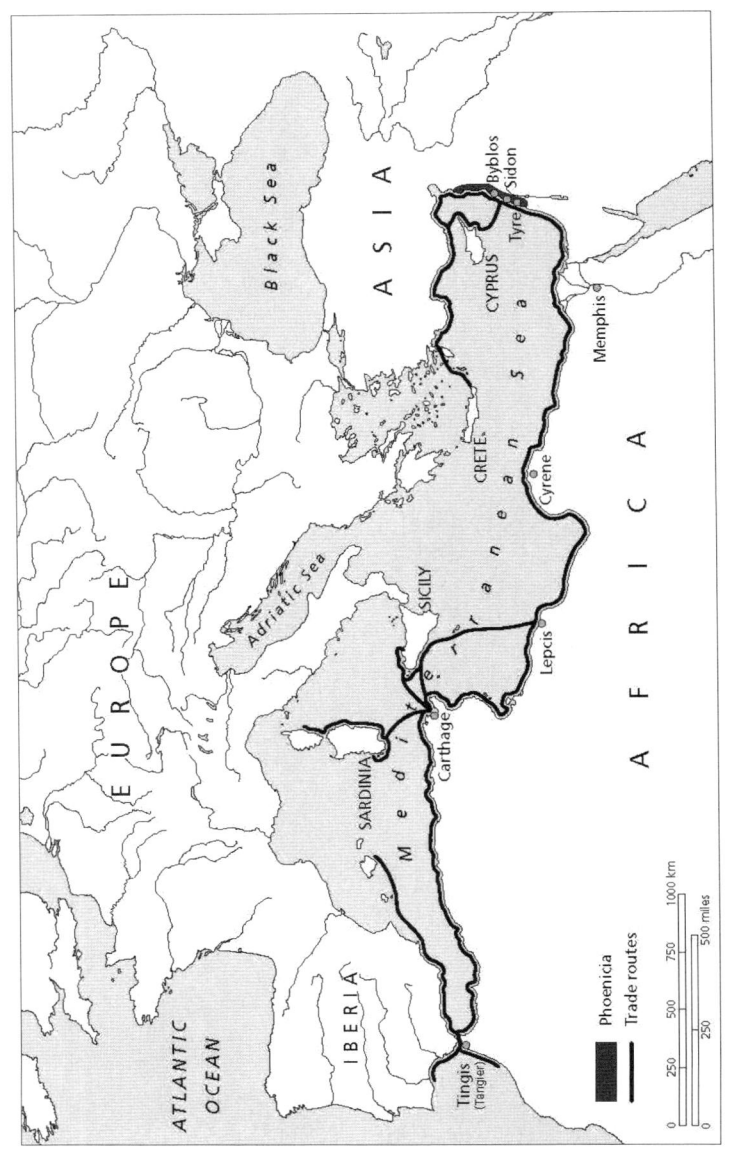

[지도 12-1] 페니키아인의 무역로

CHAPTER 12 - 지중해

진되었다. 특히 다음 두 가지는 소규모 공동체가 세계사의 무대에서 특별한 영향을 미친 대표 사례였다. 첫 번째, 그들은 페니키아 문자를 도입했다. 아마도 시나이반도 지역에서 그들의 언어를 표기하기 위해 만들어진 문자였을 것이다. 문자가 간단해서 읽고 쓰는 법을 배우는 것도 어렵지 않았다. 글자 하나가 단어 또는 사상을 함축하는 다른 문자들에 비해 페니키아 문자는 철자가 훨씬 더 적었기 때문에 간단한 교육만 거치더라도 읽고 쓰는 데 문제가 없었다. 페니키아 문자는 상당히 유연했으므로 그리스인도 이를 기반으로 자신의 문자를 개발했고, 다시 로마인에게도 그리스 문자가 전해졌으며, 마침내는 알파벳 문자 체계가 세계의 상당 지역에 전파되었다. 페니키아의 상업 거점 식민 도시 가운데 하나인 카르타고(Carthago)는 북아프리카 해안의 오늘날 트리폴리(Tripoli)에 위치했는데, 그곳을 수도로 중요한 왕국이 성립되었고 마침내 지중해 전체 패권을 두고 로마인에게 도전하기도 했다.

또한 역사의 발전 도상에서 페니키아인이 시초가 된 두 번째 측면이 있는데, 그 패턴은 우리 책에서 거론하는 시간 범위에서 출현했지만 이후 근대에 이르기까지 역사의 발전 과정을 통틀어 영향을 미쳤다. 그것은 바로 소규모 상업 국가의 특별한 활약이었다. 페니키아인은 순수 상업 목적의 도시국가를 잇달아 건설했다. 특성상 그것은 고대 그리스가 인도양 연안에 건설한 폴리스, 즉 거대 무역 거점 도시나, 심지어 근대 초기 이탈리아 도시-국가들과도 비슷했다. 그들은 주로 무역에만 초점을 맞추었기 때문에, 상업 도시-국가는 조공 시스템을 기반으로 한 거대 제국들에 비해 훨씬 더 혁신적이었다. 그들은 지역 간 교역망에 능동적으로 참여했는데, 애초에 내부 자원이 부족하기도 했고 고도로 도시화된 상업 인구가 많았던 탓이기도 하다. 후대에는 지리적으로 조그만 국가들이 정치 및 군사적 힘을 키워서 거대하지만 침체된 조공 체제의 제국에 도전하고 때로는 무너뜨리는 사례도 등장했다.

미노아와 미케네, 기원전 2700~1000년경

히브리인이 메소포타미아와 이집트에서 활동하고 있을 때, 그리고 페니키아인이 오늘날 레바논 해안을 따라 상업 거점 도시국가들을 건설하고 있을 때, 지중해 동부의 크레타(Creta)섬에서 복합 구조의 사회(complex society)가 출현했다. 페니키아인과 마찬가지로 미노아(Minoa) 왕국(2700~1450 BCE, 왕국의 전설적인 설립자는 미노스Minos 왕)의 사람들도 해상 무역에서 활발히 활동했다. 크레타섬은 중간 지점에 위치했기 때문에 지역 내 무역 네트워크상 중요한 상업 중심지로 부상했다. 미노아인은 페니키아인의 배 만드는 기술과 문자 기술을 모방했고, 지중해 동부 연안 전역으로 함대를 파견했다. 그들은 크레타섬의 올리브유, 와인, 모직 등을 판매하고 이집트의 곡물, 페니키아의 직물, 기타 지역별로 특수하게 만들어지는 상품을 구입했다. 미노아인은 (제국의 확장으로 부를 축적하는 경우와 달리) 성공적인 무역으로 부를 축적했고, 이를 기반으로 복잡한 체계의 사회를 구축했지만, 또한 축적한 부 때문에 외부의 침략자를 불러들이기도 했다.

크레타로 쳐들어온 침략자들 가운데는 그리스반도 출신자들도 있었다. 당시 그리스반도에는 다양한 유형의 사회가 발달해 있었다. 고대 그리스어를 사용하는 이민자들이 발칸 및 그리스 지역에 정착한 때는 기원전 2200년경이었다. 이들은 농업 공동체를 형성했고, 돌로 쌓은 거대한 요새가 특징적이었다. 기원전 1650년경 이들 이주자 가운데 궁궐과 도시를 건설하는 사람들이 나타났다. 테베, 아테네, 미케네를 비롯한 여러 곳에 도시가 형성되었다. 궁전이 건설된 중심 도시는 왕이 직접 통치했다. 미케네(Mycenae) 왕을 중심으로 느슨한 형태의 연맹체가 결성되었는데, 그 문화적 흔적을 최초로 발견한 고고학자들이 그들을 미케네인(Mycenaean)이라 했다. 미케네인은 미노아인의 문자 기술과 건설 기술을 모방했다. 미노아인의 문자(선형문자 A)는 아직도 전혀 해독되지 못했다. 그러나 점토 태블릿에 기록된 미케네인의 문자(선형문자 B)는 수천 건이 해석되었고, 덕분에 그 지역에서 대략 기원전 1500~1100년에 일어난 일을 조사하는 역사학자들에게 귀중한 자료가 되었다.

미노아 문화와 미케네 문화를 통해 지중해의 섬들, 그리고 지중해 연안 지역에 복잡한 사회 구조가 소개되었다. 크레타섬 미노아 사회에 위계질서 체제가 있었는지는 고고학적으로 확인되지 않았다. 전설에 따르면 미노스(Minos) 왕이 미노아 왕국을 건설했다. 그리고 영국의 고고학자 아서 에반스(Arthur Evans)는 크레타섬의 도시 크노소스(Knossos)에서 거대 건축물을 발굴했다. 건축물 안에는 수백 개의 방이 서로 연결되어 있었는데, 아서 에반스는 이를 "궁전"이라 불렀다. 후대의 학자들은 과연 미노아인의 왕이 한 명이었는지, 그리고 그 왕이 남성이었는지 의문을 제기했다. 프레스코 벽화로 볼 때 사회 내의 특정 임무를 수행하는 지도자적 위치는 특정 집단 혹은 몇몇 개인이 함께 맡았던 것으로 나타났다. 또한 미노아 사회는 오래도록 비교적 평화로웠던 것으로 추정되었다. 그러나 새로운 발굴이 진행될수록 도시를 두르는 더 많은 성벽이 나타났고, 미노아 사회가 평화로웠으리라는 가설도 의문의 여지를 남기게 되었다.

　미케네 사회 구조에 관해서는 미노아 사회보다 불확실성이 덜한 편이다. 미케네 사회에는 분명 조직화된 위계질서 체제가 존재했다. 최상위에는 유일한 왕이 있었고, 그 아래로 사회정치적 집단들의 위계가 분명하게 나뉘었다. 예컨대 미케네의 도시국가 필로스(Pylos)에서 왕은 거대한 땅을 소유했고, 거의 신적인 존재로 여겨졌으며, 강력한 행정 관리 책임자로 누군가를 임명할 권한이 있었다. 그리고 헤케타이(hequetai, 추종자들)라고 하는, 왕의 시중을 드는 사람들이 있었다. 귀족 및 행정 관료 계층 아래에는 농업에 종사하는 노동자가 있었다(필로스의 노동 집단 하나는 18명의 성인 남성과 8명의 소년으로 구성되었다). 또한 직물 생산에 종사하는 노동자도 있었고(궁전에 부속된 노예 노동자가 이 일을 담당했던 것 같다), 금속 생산에 투입되는 노동자도 있었다(필로스에서 고용된 제철 노동자만 400명에 달했다). 직물, 금속, 기타 상품의 무역은 미케네 사회에서 매우 역동적인 요소였다. 그러나 지금까지 발견된 점토 태블릿에는 상인 계층에 관한 언급이 전혀 보이지 않는다. 이로 보아 당시 교역은 수익이 괜찮은 사업이었기 때문에 엘리트 계층이 독점했으며, 나아가 이를 기반으로 그들의 권력과 지위를 강화했을 것으로 추정된다.

　미노아인은 아마도 남성 신격들보다 여성 신격들을 숭배했던 것 같다. 그리고 종교 의례에서도 여성들이 관리자로서 중요한 역할을 담당했다. 주요 신격은 아름다운 어머니 여신(Mother Goddess)이었다. 대개는 화려한 옷을 입고 등장하는데, 어깨를 노출한 드레스 차림인 경우도 발견되었다(복식 유물로는 역사적으로 가장 시기가 올라가는 사례다). 인더스 문명에서 풍요의 신들이 이후 힌두교의 여신이 된 것과 마찬가지로,

미노아의 어머니 여신도 이후 그리스 고전기 종교에서 아테나(Athena), 데메테르(Demeter), 아프로디테(Aphrodite) 같은 여성 신격들에 영향을 미쳤을 수 있다. 여성 신격을 숭배했다는 사실이 과연 현실에서 젠더의 평등으로 해석될 수 있을지는 의문이다. 그러나 현재 전해지는 미노아 예술 작품들, 즉 프레스코 벽화와 인형으로 보건대 여성은 남성과 함께 종교 활동에서 주도적 역할을 하며 같이 대중오락을 관람하고, 황소 뛰어넘기 같은 체육 경기에도 참여했다. 정교한 문양이 새겨진 옷과 아름답게 물결치는 길고 검은 머리카락 등을 보면 여성 관객은 수준 높은 유행을 따를 만큼 시간과 재력과 사회적 자유가 허용되었던 것 같다.

미케네 사회는 미노아 사회보다 더 가부장적이었던 것 같다. 남성이 전쟁에 나가 있는 동안 엘리트 계층의 여성이 농장을 책임지고 돌보기는 했지만, 평시에는 상류 계층 여성이든 하류 계층 여성이든 모두 여러 가지 집안일을 담당하는 모습으로 그려졌다. 빨래, 곡식을 베고 빻는 일, 남성 전사를 목욕시키고 기름을 바르는 일 등이었다. 그들에게 전쟁은 일상이었다. 아마도 군사적 가치가 미케네 사회 구조를 만들어냈던 것 같다. 무덤 부장품으로는 창, 투창기, 검, 투구 등이 발견되었다. 이것이 세계 역사상 최초의 갑옷 유물이다.

미노아인과 미케네인의 접촉은 처음에는 평화롭게 이어졌다. 미노아의 문화와 상품이 그리스 본토로 흘러들었다. 대부분의 학자들은 기원전 1450년경을 분기점으로 보는데, 이때 지진이 일어나서 크레타섬의 방어막이 약화되었다. 미케네인은 이를 틈타 크레타섬을 공격했고, 수많은 도시를 파괴한 뒤 크노소스를 점령했다. 이후 약 50년 동안 미케네인이 크레타섬의 대부분 지역을 다스렸다. 무역과 조공이 미케네의 여러 왕에게 흘러들자 크노소스 궁전을 비롯한 에게해 연안의 여러 다른 도시도 더욱 거대해졌다. 그러나 번영이 반드시 평화를 가져오는 것은 아니었다. 기원전 1300년에서 기원전 1000년 사이 미케네 및 그리스 바깥의 여러 왕국까지도 하나씩 차례차례 전쟁으로 쓰러져갔다. 미노아인과 미케네인도 모두 전쟁의 참화를 피하지 못했다.

미노아와 미케네 문화가 무너진 사건은, 학자들이 "동부 지중해 청동기 사회의 몰락"이라고 일컫는 거대한 흐름의 일환이었다. 청동기 문화의 몰락은 여러 가지 원인이 복합적으로 작용했다. 먼저 노예 반란 등 내부의 사회 및 경제적 문제가 있었다. 그리고 외부자의 침략과 이주 문제가 있었는데, 이들이 도시를 파괴하고 무역과 생산 체제에 혼란을 초래했다. 전투 방식과 무기의 변화도 원인이었다. 특히 철제 무기가 도입되면서 전투에서 보병의 역할이 가장 중요해졌고, 그 결과 전차를 이용하는 왕과 부유한 귀족의 힘이 상대적으로 축소되었다. 마지막으로 자연재해가 있었다. 화산 폭발, 지진, 가뭄 등으로 식량 생산량이 감소하고 기근에 시달렸다. 이런 일들이 벌어지자 지역 내에서는 예전 선조들의 문화와는 근본적으로 다른 문화가 등장했다.

동부 지중해 청동기 문화의 몰락을 초래한 여러 문제가 그리스 지역에서도 그대로 나타났다. 그리스는 가난과 혼란의 도가니에 빠져들었다. 역사학자들은 이 시기를 그리스의 "암흑기(Dark Age)"(c. 1100~800 BCE)라 부른다. 도시는 파괴되고, 인구가 감소하고, 마을은 폐허가 되고, 무역은 단절되었다. 당시의 도자기는 더욱 단순한 형태로 변해갔고, 보석과 무덤 부장품도 장식 요소가 덜한 소박한 형태로 바뀌었다. 심지어 문자의 사용도, 원래 그리 폭넓게 확산된 것은 아니었지만, 시대적 상황 탓에 더더욱 줄어들었다. 전통적 국가와 제국 들은 무너졌고, 그리스어 사용자들은 그리스 본토를 벗어나 바깥으로 확산되었다. 암흑기가 끝날 무렵, 그리스인은 에게해 연안 전역에 걸쳐 그들의 문화를 전하고 있었다. 지중해 연안과 서남아시아의 다른 여러 문화에서 그랬던 것처럼 그리스 문화도 그때 철기 문화를 받아들였다.

고전기의 그리스, 기원전 800~350년경

미케네인은 농업 사회의 중심부에 강력한 성채를 건설하는 관행이 있었다. 그리스 지역에서 미케네인의 뒤를 이어 살게 된 사람들도 그 영향을 받았다. 동부 지중해에서 몇 세기 동안 불안정한 시대가 지나고 다시 정치 질서가 회복되자 새롭게 요새화된 정착지들이 건설되었고, 그런 곳들이 점차 온전한 체제의 도시-국가로 발달했다. 기원전 800년경에 이르러 폴리스(polis, 도시-국가)가 그리스 문화의 핵심으로 부상했다. 폴리스 체제 아래서 상업 활동과 정치 구조가 되살아났다. 여러 폴리스는 도시의 중심지로 번성했고, 폴리스마다 각기 다른 형태의 정부가 행정을 관리했다. 정부의 형태는 군주정, 귀족정, 과두정 등 다양했고, 야망 있는 지도자가 등장해 폴리스를 지휘했다. 그들은 자신이 가진 부를 이용하거나 추종자를 모아 기존의 합법 정부를 전복하기도 했다. 그런 자들을 "참주(tyrannos)"라 했다. 그러나 참주라 해서 언제나 억압적인 통치자는 아니었으며, 때로는 자신이 가진 힘을 이용하여 시민에게 이익을 주는 경우도 없지 않았다. 그리스인은 여러 폴리스를 통합한 통일 국가를 건설한 적이 없었다. 언제나 작은 규모의 도시국가들이 서로 경쟁하며 공존했다. 그들은 서로 전쟁을 벌이기도 했고, 페르시아 같은 외부의 적을 상대로 힘을 합쳐 싸우기도 했다. 결국 그리스의 분열은 파국적 결말을 맞았다. 그리스 문화는 극심한 내부 경쟁으로 사실상 자기 파괴적인 결과를 초래했다.

그리스 지역에서 발달했던 다양한 폴리스 가운데 스파르타가 있었다. 스파르타는 펠로폰네소스라고 하는 남부 그리스의 비옥한 지역에 자리를 잡았고, 군사력을 자랑하는 폴리스가 되었다. 스파르타는 폴리스의 확대를 꾀하는 과정에서 펠로폰네소스 남서부의 메세니아(Messenia)를 정복하고 그곳 사람들을 헤일로타이(heilotai)로 지정했다. 헤일로타이란 토지가 국가 소유로 넘어가 시민의 자유를 박탈당한 사람들을 의미한다. 헤일로타이는 곧 반란을 일으켰고, 스파르타는 이를 진압하기 위해 30년 동안 내전을 벌여야 했다. 노예화된 헤일로타이는 언제든 반란을 일으킬 위험이 있는 존재였다(스파르타 인구의 10배에 달했다). 여기에 대응하다 보니 스파르타는 엘리트 군사 계층을 양성하기 위해 막대한 에너지를 쏟아야 했고, 결국 노예화된 헤일로타이를 통제하는 것을 넘어서 펠로폰네소스 지역 대부분을 장악하게 되었다.

스파르타에서는 국가를 위해 가정생활까지 희생해야 했다. 불과 7세부터 길고도 험난한 군사 훈련이 시작되었고, 시민은 평생 군인으로 살았다. 스파르타 군대는 그리스 최강이었다. 전투에서 스파르타인은 서서 죽을지언정 후퇴하지 않았다. 남자들은 대개 오랫동안 자신의 아내든 다른 여성이든 만날 수가 없었는데, 전시뿐만 아니라 평시에도 마찬가지였다. 그들에게 가장 내밀한 관계는 동성애 관계였다. 스파르타의 군대 지휘관들은 그러한 관계를 군사적으로 좋은 일로 여겼던 것 같다. 동료나 연인을 위해서라면 전투에 더욱 적극적으로 참여하는 경향이 있었기 때문이다. 여러 일화에서 흔히 등장하는 스파르타의 어머니 이야기가 있는데, 스파르타의 군사적 가치를 압축적으로 담고 있다. 아들이 전쟁에 참전하기 위해 집을 떠날 때 어머니는 아들에게 방패를 건네주며 이렇게 말한다. 승리하고 돌아올 때 반드시 방패를 가져오고, 만약 전사하게 되면 방패에 실려 오라. 스파르타의 남성은 엄격한 훈련을 받았고, 극단적 상황에서도 생존해야 했으며, 그것을 기꺼이 즐기도록 교육받았다. 이런 성격은 심지어 오늘날 영어의 형용사 spartan(엄격한, 스파르타인 같은)에도 그대로 남아 있다. 스파르타의 여성 시민은 가족을 위한 현모양처가 되고 미래의 군인을 양성하는 엄격한 어머니가 되라고 교육을 받았다. 남성은 생애 대부분의 기간을 군대에서 보냈고, 그사이 여성은 농장을 운영하며 자기 이름으로 토지를 소유하기도 했다. 육체적으로 여성이 제한을 받거나 배제되는 일은 없었다. 그리스 사람들은 대부분 잘 훈련되어 강력한 스파르타의 군대를 부러워했다. 그러나 특히 아테네 사람들처럼, 스파르타를 문명화되지 않은 가련한 전체주의 국가로 폄하하는 사람들도 일부 있었다.

아테네는 스파르타의 북쪽 비옥한 아티카(Attica) 평원에 있었다. 아테네의 위치는 농지 접근성도 좋았지만, 근처에 있는 항구 페이라이아스(Peiraias, 고대 그리스어 Peiraieus)를 통해 바다로 나가기도 쉬웠다. 아테네는 또한 세계에서 가장 풍부한 은광을 가지고 있었다. 농업과 해상 무역을 통한 아테네의 번영으로 혜택을 보는 사람들은 주로 귀족 지주 계층이었다. 이들이 정부를 통제하고 농업과 상업의 개혁을 가로막았다. 소농과 토지를 소유하지 못한 농민은 빚 때문에 노예로 전락하는 경우가 흔했다. 동시에 도시의 평민은 귀족 계층의 특권 때문에 분노가 가득했다. 사회 계층 간 긴장감이 높아지자 여러 지도자가 이를 해소하기 위한 노력을 기울였다. 솔론(Solon)의 개혁도 그러한 노력의 일환이었다. 기원전 594년 솔론은 일련의 개혁 정책을 통과시켜 모든 사회 계층이 만족할 수 있는 방안을 마련했다. 결국 부채 노예제는 폐지되었고, 평민도 점차 정부에서 목소리를 낼 수 있게 되었다. 기원전 5세기 초 18세 이상 모든 남성 시민이 의회에 모여 투표를 할 수 있게 되었다. 당시까지의 세계 역사상 가장 민주적인 제도가 탄생했던 것이다. 하지만 여성 시민, 노예, 이방인 거주자 등에게는 투표권이 주어지지 않았다. 아테네는 시민에 의해 선출된 장군 페리클레스(Pericles)의 지휘(461~429 BCE) 아래 당시 서부 아프리카-유라시아 세계에서 상업 및 문화적으로 가장 활력이 넘치는 도시가 되었다. (기원전 5세기 아테네와 관련하여 더 상세한 논의는 이 책의 제13장을 참조하기 바란다.)

기원전 8세기에서 5세기 사이 그리스 지역의 모든 폴리스는 급성장을 거듭했다(지도 12-2). 정치의 잠재적 불안정을 극복하고자 (또한 험난한 그리스의 지형 때문에 농지가 제한적이기도 해서) 많은 그리스 사람들은 지중해와 흑해 연안에 식민지를 건설했다. 기원전 750년경에 시작된 식민지 건설 유행은 이후 약 250년 동안 계속되었다. 식민지 이주자들은 과거 페니키아인과 미노아인이 구축해둔 무역 네트워크를 이용했고, 연결된 지역들을 더욱 강한 연대로 묶어 나갔다. 식민 도시의 그리스 이주자들은 문화적·지적 생활도 강화했다. 특히 이오니아(Ionia) 지역(오늘날 에게해의 터키 측 해안)의 여러 그리스 식민 도시에 살던 학자들이 자연학 및 형이상학의 체계적 연구를 시작했다(이오니아학파를 일컫는다. - 옮긴이).

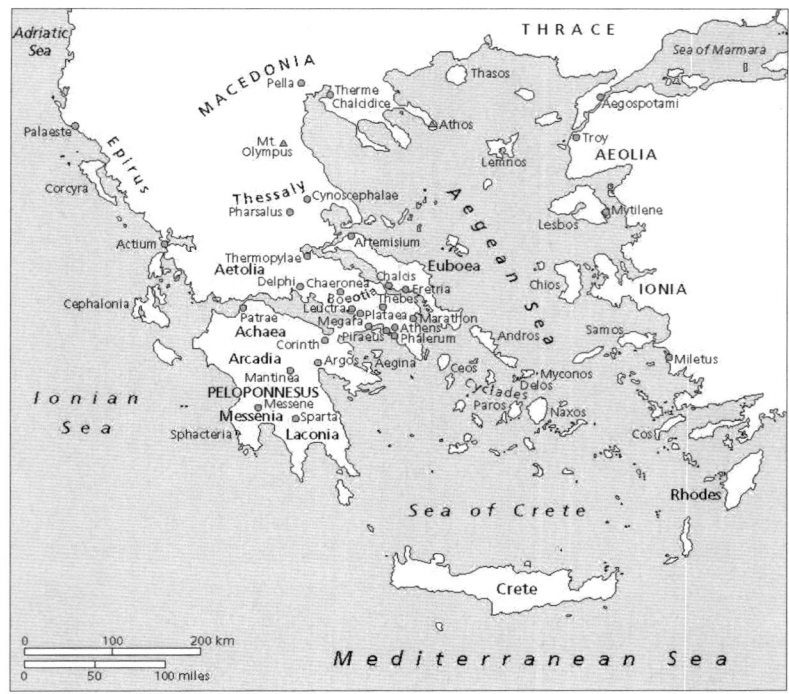

[지도 12-2] 고전기 그리스

이오니아 지역의 그리스인은 당시 유라시아 서부에서 떠오르던 세력과 충돌하게 되었다. 그들은 바로 페르시아의 아케메네스 제국이었다. 그들은 거대 제국을 형성하고 서쪽으로 영토를 확장하는 중이었다. 이오니아 해안에서 고도로 발달한 도시국가를 건설한 그리스 사람들은 페르시아의 헤게모니를 인정하지 않았다. 마침내 기원전 500년 그리스인은 반란을 일으켰다. 아케메네스 제국의 응답은 과감한 진압이었다.

뿐만 아니라 이후 그리스 본토를 향하여 진군했다. 기원전 490년 아케메네스 제국의 황제 다리우스(Darius)가 보낸 군대는 수적 우세에도 불구하고 마라톤(Marathon) 평원에서 패배했다. 그로부터 10년 뒤, 다리우스의 후계자 크세르크세스(Xerxes)는 다시 그리스로 군대를 보냈다. 아마도 당시까지는 세계 역사상 가장 큰 규모의 원정군이었을 것이다. 그러나 스파르타인은 테르모필레(Thermopylae) 지역에서 아케메네스 제국의 군대를 저지한 것으로 유명하다. 한편 아테네인은 살라미스(Salamis) 해전에서 페르시아 함대를 격파했다. 아테네의 성장세는 매우 강력했고 또한 공격적이었다. 이는 스파르타를 긴장시키기에 충분한 기세였다. 이후 양대 세력 사이에 불화가 심화되어 펠로폰네소스 전쟁으로 이어졌다. 아테네 동맹과 스파르타 동맹의 전쟁이었다. 질병과 산발적 전투, 파괴, 기근, 대량 살상이 이어졌다. 분쟁과 음모와 전염병이 창궐한 세월이 거의 30년에 달했다. 마침내 스파르타가 명목상 "승자"가 되었다. 그러나 그리스 도시국가들 사이의 분쟁은 여기서 그치지 않았다.

헬레니즘 시대, 기원전 350~30년

그리스 도시국가들은 서로 싸우느라 지쳐갔다. 그리스 북쪽에 위치한 마케도니아 왕국의 필리포스(Philippos) 2세는 그 틈을 타서 그리스의 영역을 조금씩 정복해 들어가다가 마침내 그리스 전체를 차지했다. 이후 그의 칼끝은 아케메네스 제국을 향했다. 그러던 차에 필리포스 2세는 그만 암살을 당하고 말았다. 그의 아들 알렉산드로스는 전쟁을 계속했다. 명석한 군사 지도자인 그는 페르시아 제국 전역을 정복했다. 그의 영토는 서쪽으로 리비아에서 동쪽으로 박트리아에 이르렀다. 또한 알렉산드로스는 새로운 도시들을 건설했다. 그는 다음 원정을 준비하다 죽었지만, 그의 사망 이후에도 그가 건설한 새로운 도시에서 그리스인과 현지인이 서로 섞여 살았다. 알렉산드로스가 남긴 제국은 곧바로 여러 개의 소왕국으로 갈라졌다. 그러나 제국보다 중요한 알렉산드로스의 유산은 바로 헬레니즘 문화였다. 헬레니즘의 전파와 함께 그리스 문화, 그리스어, 그리스 사상이 멀리 인도까지 전해졌고, 그 과정에서 곳곳의 현지 전통과 융합되었다. 대개 헬레니즘 시대는 기원전 30년까지로 보는데, 이는 로마가 이집트의 헬레니즘 왕국을 정복했던 시점이다. 그러나 로마 제국 치하에서도 헬레니즘 문화는 많은 측면에서 여전히 번성했다.

다시 말해서 알렉산드로스의 가장 중요한 유산이라 하면 그리스 사상과 전통이 광대한 지역으로 확산된 일이었다. 학자들은 이를 헬레니즘화(Hellenization)라고 한다. 알렉산드로스의 원정이 동쪽을 향해 계속해서 뻗어 나가는 동안 그는 그리스 세계와 끊임없이 접촉해야 할 필요를 느꼈고, 그래서 새로운 도시와 군사 거점을 건설하여 그리스와 마케도니아 군부대를 주둔시켰다. 알렉산드로스가 사망한 뒤에도 그의 전통은 계속되었다. 북아프리카, 서아시아, 중앙아시아, 남동부 유럽 등지에 새로 건설된 도시는 250개가 넘었다. 이러한 도시와 식민지는 헬레니즘 전파 및 그리스와 타문화의 융합에 막강한 도구가 되어주었다. 새로운 도시가 건설된 지역이 어디든지 헬레니즘 도시는 오늘날의 근대 도시와 닮은 모습이었다. 극장, 사원, 도서관 같은 문화 시설, 즉 교육과 여흥의 공간이 도시의 중심에 위치했다. 헬레니즘 도시는 또한 경제 중심지 기능도 담당했다. 시장이자 무역 및 상품 제조의 현장이었다.

헬레니즘 세계를 다스리는 왕들은 원래 마케도니아인이었고, 정치·

군사·외교의 중요한 자리는 그리스인과 마케도니아인으로 채워졌다. 중요한 제도와 법률은 그리스어로 만들어졌고, 그리스어는 지중해 동부 전역의 공통어가 되었다. 그리스 본토에서 사용되는 그리스어 방언과 달리 새롭게 공통어로 사용된 그리스어 방언은 코이네(koine)라 했는데, 곧 공통(common)이라는 의미였다. 코이네는 헬레니즘 세계 전역에서 무역, 왕실, 관료, 군대의 언어로 기능했다. 그리스인이든 동방인이든 모두 공직에 오르거나 혹은 상업 관계를 구축하려면 코이네를 배워야 했다. 사회적 이동의 기회를 포착한 사람들, 그리고 이르면 기원전 3세기부터 새롭게 만들어진 헬레니즘 도시에 거주하는 현지인도 권력에 가까이 다가가 특권을 누리기 시작했다. 헬레니즘 도시에서 태어난 현지인에게는 시민권이 주어졌다. 그러나 고전기 그리스의 도시에서 주어진 정도의 특권은 아니었다. 헬레니즘 도시의 권력은 시민이 아니라 군주에게 있었기 때문이다. 현지인의 문화가 그리스인에게 영향을 미치는 경우는 그렇게 흔히 일어나지 않았다. 현지 문화를 배워서 얻을 수 있는 특권이 별로 없었기 때문이다. 행정 관료로서 업무상 꼭 필요한 경우가 아니라면, 그리스어가 아닌 다른 언어를 배우는 그리스인은 거의 없었다. 그리스인도 현지의 신격을 숭배하기도 했지만, 그러한 신들은 헬레니즘의 영향을 받아 어느 정도 변화를 거친 후였고, 현지의 신격들에 기존 그리스의 신이나 여신의 성격이 혼합되었다.

크게 번성한 이집트의 도시 알렉산드리아에는 프톨레마이오스(Ptolemaios)라는 마케도니아인 군주가 있었다. 그는 이집트 현지인에게 그리스 문화를 권장했다. 지나친 그리스 문화 편애가 왕조의 불안정을 초래하기도 했지만, 그 덕분에 그리스의 교육 혹은 전통 문화 지원이 크게 강화되기도 했다. 프톨레마이오스 왕조의 왕들은 고대 세계에서 가장 거대한 도서관을 건설했다. 거기서 학자들은 여러 곳에서 빌려 온 저작을 파피루스 두루마리에 옮겨 적었으며, 다른 언어로 저술된 책이면 그리스어로 번역하기도 했다. 또한 학자들은 과학과 수학의 새로운 발견도 연구했다. 알렉산드리아에는 고대 세계에서 가장 규모가 큰 유대인 공동체가 있었다. 유대인 학자들은 도서관에서 역사상 최초로 히브리어 성경을 그리스어로 번역했다. 박트리아와 파르티아의 왕들은 그리스 문화를 동방으로 멀리까지 전파했다. 그곳의 왕국은 헬레니즘 문화의 전진 기지가 되었다. 중국과 인도의 통치자들은 그곳을 통해 자신들과는 종류가 다른 고도로 발달한 사회의 소식을 들었다. (박트리아에 관한 상세한 논의는 이 책의 제11장 참조.)

알렉산드로스가 아케메네스 제국을 정복했을 때 제국의 보물 창고가 발견되었다. 창고에는 금은보화가 가득했다. 알렉산드로스는 이를 재원으로 도로를 건설하고 항구를 개발했으며, 특히 앞에서 언급했듯 새로운 도시를 건설했다. 이들 도시는 상인에게 완전히 새롭게 열린 시장이었다. 여기서라면 누구라도 예기치 못한 기회를 잡을 수 있었다. 가능한 한 상인은 수로를 이용하여 상품을 운송하고자 했으나, 헬레니즘 시대에는 육로 무역이 중심이었다. 무역 네트워크는 중국까지 연결되었다. 중국에서 들여오는 가장 중요한 상품은 비단이었다. 후대에 동서 무역 네트워크에 비단길(실크로드)이라는 이름을 붙인 이유도 여기에 있다. (실크로드 무역에 관한 자세한 내용은 이 책의 제17장 참조.) 이 시대에는 또한 표준화된 무역 관행도 발달했다. 그래서 국적이 서로 다른 상인끼리 특히 코이네를 배우면 모두가 소통이 가능했다. 동전 주조 덕분에 무역은 더욱 활성화되었다. 동전은 상인에게 편리한 지불 수단이었을 뿐만 아니라 상품의 표준 가치를 측정할 수 있는 기준을 마련해주었다.

헬레니즘 시대 무역에서 노예는 기본 품목이었다. 육로와 해로 양쪽 모두를 거쳐 노예 거래가 이루어졌다. 고대의 저자들은 노예를 한꺼번에 너무 많이 모아두지 않도록 조심하라고 경고했다. 노예가 모이면 반란을 일으킬 우려가 있었기 때문이다. 전쟁을 하면 포로가 노예 시장에 팔렸고, 그보다 경우의 수는 적었지만 납치를 당하거나 해적에 잡혀 노예로 팔려 갈 수도 있었지만, 대부분의 노예는 어떤 경로로 팔려 왔는지 묻지 않았다. 고대 그리스의 도시국가나 헬레니즘 시대의 왕국에서는 모두 노예 시장이 열려 있었다. 지중해 전역에서 노예는 언제나 수요가 있었다. 수공업 작업장, 들판, 농장, 광산에서 노예가 필요했고, 부유한 가정에서도 노예를 썼다.

무역량은 증가했지만 헬레니즘 시대에 사람들이 생활하고 일하는 방식은 크게 개선되지 않았다. 도시는 번성했지만 많은 사람들이 시골에서 살았고, 그들의 처지는 과거에 비해 나을 것이 없었다. 토지 임대료나 세금이 올랐기 때문이다. 기술의 발전은 군사 분야에 적용되었을 뿐 식량을 비롯한 기타 상품의 생산에는 별로 적용되지 못했다. 결국 농업 생산, 원재료 생산, 물품 제조 전반에 걸쳐 기계가 아니라 육체노동이 헬레니즘 시대를 지탱했다.

헬레니즘 시대에 여러 지역 사람들이 뒤섞이면서 종교, 철학, 과학에 그 영향이 미쳤다. 헬레니즘 왕국의 왕들은 과거 올림포스의 신들을 위한 신전을 건축했고, 예전 그리스 도시에서 이루어진 것 같은 의례를 권장했다. 그러나 그리스의 신들뿐만 아니라 새로운 신들도 대두되었다.

그리스적 요소와 비-그리스적 요소가 혼합된 신비주의 종교가 많은 신도를 확보했다. 통과 의례에 참여하여 종교적 비밀을 공유했고, 신도들은 또한 죽거나 죽었다가 부활한 신과 일체가 되었다. 실용적 철학으로 관심을 돌리는 사람들도 있었는데, 철학은 어떻게 하면 훌륭한 삶을 살 것인가에 대한 충고를 전해주었다.

로마 공화정과 로마 제국, 기원전 600~기원후 600년경

그리스인이 에게해 연안 곳곳에 폴리스와 식민 도시를 건설할 무렵, 이탈리아반도에 위치한 조그만 도시국가 로마에서는 귀족들이 반란을 일으켜 왕을 몰아내고 공화정 체제를 수립했다. 통치는 귀족 회의, 즉 원로원(Senate)에서 맡았다. 그때가 기원전 6세기 말이었는데, 당시의 로마는 이탈리아반도에 산재한 여러 도시국가에 비해 특별할 것이 없었다. 로마의 조상들은 일곱 개의 높은 산으로 둘러싸인 라티움(Latium) 평원에 마을을 건설했다. 마을 옆으로는 티베르강(Tiber River)이 흘렀다. 주민들은 농사를 짓고 교역 활동도 했다. 기원전 1800년경부터 청동기를, 기원전 900년경부터 철기를 사용했다. 로마의 남쪽에는 이탈리아반도의 해안 지역과 시칠리아섬 등지에서 그리스인의 식민 도시가 번성하고 있었다. 로마의 북쪽은 에트루리아(Etruria)였다(기원전 8~5세기). 에트루리아인은 오늘날의 중북부 이탈리아에 해당하는 지역 대부분을 장악하고 있었다. 중심 도시는 토스카나(Toscana) 성이었다. 후대에 전하는 로마 기원에 관한 전설에 따르면, 에트루리아의 왕이 내려와 도시 로마를 다스렸는데, 여성의 윤리 및 남성의 명예와 관련된 몇 가지 사건 때문에 왕을 몰아냈다고 한다. 건국 설화는 몇 가지 다른 종류가 있는데,

그중 하나에 따르면 에트루리아의 왕 타르퀴니우스(Tarquinius)의 아들이 로마를 다스렸다. 그런데 그가 현모양처인 루크레티아(Lucretia)를 그녀의 집에서 강간하는 사건이 발생했다. 루크레티아는 남편과 아버지 앞에서 복수를 부탁하며 스스로 목숨을 끊었다. 루크레티아의 아버지와 남편, 그리고 다른 로마의 귀족들은 피 묻은 칼을 앞에 두고 루크레티아의 죽음에 복수하고 에트루리아의 왕을 폐위시키겠노라 맹세했다. 결국 그들의 맹세가 실현되었다. 여러 이야기에서 과연 어디까지가 사실인지는 알 수 없다. 다만 로마인은 이런 이야기를 실제 역사로 인정했고, 에트루리아 왕국의 왕이 폐위된 시기는 기원전 509년으로 알고 있었다. 그래서 그해를 기점으로 군주정이 폐지되었고, 피해자 여성과 그녀의 부탁을 계기로 공화정이 시작되었다고 한다.

대부분의 역사학자들은 에트루리아의 왕이 도시 로마를 통치했다는 이야기를 단지 전설로 치부한다. 오히려 중요한 사실은 에트루리아의 문화적 영향이었다. 에트루리아의 영향으로 로마는 진정한 도시로 거듭났다. 성벽, 사원, 포장도로, 배수 시설, 기타 도시 기반 시설들이 그렇게 해서 갖추어졌기 때문이다. 로마의 문자 또한 에트루리아의 알파벳을 받아들인 것으로, 에트루리아 문자는 과거에 그리스 문자를 모방한 것이었다.

정확히 기원전 509년이 아니었을 수도 있고, 혹은 다른 왕국의 왕을 폐위하는 사건이 일어나지 않았을 수도 있지만, 귀족들이 반란을 일으키고 새로운 체제의 정부가 수립된 것만은 사실이었다. 두 사람을 선정하여 정책의 집행을 맡겼는데, 그들을 집정관(consul)이라 했다. 집정관의 결정은 원로원의 승인을 받아야 했다. 원로원은 로마 권력의 최정점이었다. 원로원과 집정관은 귀족 계급인 파트리키(patricii) 중에서 선출되었다. 파트리키는 특정 가문의 일원으로 태어날 때부터 법적 특권이 보장되었다. 파트리키 남성이 국가의 업무를 주도했으며, 전시에는 군사 지휘관으로 참전했고, 법과 소송 과정에 관한 지식을 독점했다. 로마의 평민은 플레브스(plebs)라 했는데, 자유로운 시민이었지만 정치적 목소리는 낼 수 없었다. 그들에게는 파트리키와 같은 정치·사회적 특권이 주어지지 않았다. 플레브스 가운데 일부 상인은 파트리키에 필적할 만큼 부유한 경우도 있었다. 그러나 대부분의 플레브스는 가난한 수공업자, 소규모 농민, 토지가 없는 도시 주민 등이었다.

플레브스와 파트리키 사이의 불평등은 결국 사회적 갈등으로 비화되었다. 플레브스는 자신의 권력을 강화하기를 원했다. 로마의 생존 자체가 플레브스 보병 군대에 의존했기 때문에 그렇게 주장할 만도 했다. 플레브스가 참여하지 않으면 보병 군대의 체제를 온전히 유지할 수 없었다. 전하는 기록에 따르면 기원전 494년 플레브스는 말 그대로 걸어서 로마를 벗어났고, 군복무를 거부했다. 그들의 파업은 효과가 있었다. 그래서 파트리키로부터 중요한 양보를 얻어냈다. 플레브스는 그들만의 행정관(호민관tribune)을 선출할 권리를 확보했고, 원로원의 결정에 거부권(veto, 라틴어로 "나는 금지한다"라는 뜻)을 행사할 수 있게 되었다. 마침내 평민들의 민회(Concillium Plebis)가 결성되었고, 모든 로마인에게 적용될 법률은 민회를 통과해야 했다. 이와 같은 다양한 정치적 타협의 과정을 거치면서 권력의 기반이 확장되었다. 파트리키 엘리트는 농지를 소유했기 때문에 사회에서 여전히 특권적 지위를 누렸다. 그들은 부패한 지방 관습을 이용해 부를 축적했으며, 선출직 평민 관료를 "매수"할

재력을 가지고 있었다.

　대외 정책을 보자면, 로마 공화국은 잇달아 발생한 외부의 강력한 위협에 성공적으로 맞섰고 실용적 노선을 채택했다. 그 결과, 아마도 의도하지는 않았겠지만, 금세 이탈리아반도 전체의 주도권이 로마에게 넘어갔다. 이는 역사학적 의문으로 남아 있는데, 과연 로마가 적어도 초기에는 조공 체제의 제국을 건설할 의도가 있었는지, 혹은 국가 안위를 위해 외부에 대응하다 보니 의도치 않게 팽창을 하게 되었는지 역사학자들 사이에서도 의견이 분분하다. 기원전 309년 로마는 골족(Gauls) 비적 떼에게 도시를 점령당하는 굴욕을 겪었다. 그들은 상당한 몸값을 받고서야 겨우 도시를 떠났다. 이후 로마는 수준 높은 전문 직업 군인 체제를 만들었다. 북쪽에 있는 에트루리아의 세력이 약화되자 로마는 다른 라틴 국가들 및 그리스 식민지들을 상대로 로마를 지키기 위해 싸워야 했다. 로마는 이기더라도 패배한 도시의 시민을 거칠게 다루지 않았다. 오히려 정복을 당했더라도 정부를 유지할 권리를 인정해주었다. 다만 로마의 군대를 유지할 비용을 지불하고, 로마의 외교 정책을 지원하는 조건이었다. 이와 같은 개혁적 헤게모니는 나중에 로마 공화국이 카르타고의 험난한 도전에 직면했을 때 큰 보상으로 돌아왔다.

　기원전 270년을 기점으로 중부 지중해 지역에서 로마에 필적할 만한 경쟁자는 카르타고밖에 남지 않았다. 카르타고는 페니키아인이 건설한 식민 도시였다. 카르타고는 당시 아마도 로마보다 더 부유했으며, 로마보다 더 강한 해군도 보유하고 있었다. 팽창을 지향하는 두 세력이 공존하기에는 지중해가 너무 좁았다. 양측 모두 조공과 전리품을 통해 더 많은 자원을 확보하려고 노력 중이었다. 세 차례에 걸쳐 포에니 전쟁

(Bella Punica, 264~146 BCE)이 벌어졌고, 마침내 로마가 카르타고를 꺾고 승리를 거두었다. 힘겹게 얻어낸 승리였다. 이후 로마는 동방을 향해 나아갔다. 헬레니즘 왕국들은 로마에 패해 파괴되거나, 혹은 로마의 속국이 되었다. 이제 로마는 지중해를 "마레 노스트룸(mare nostrum, 우리의 바다)"이라 불렀다. 로마는 지중해 전역을 아우를 수 있는 정치 및 행정 체제를 구축하기 시작했다. 모든 지방에 공통적인 문화와 정치 시스템이 만들어졌고, 로마에서 파견한 총독이 이를 다스렸다. 이후 잇달아 소규모 원정이 이어졌고, 기원전 133년에 이르러 로마는 지중해의 패권자가 되었다. 로마의 언어, 법, 문화는 그리스의 영향으로 더욱 풍성해져서 서서히 지중해 지역 전반에 스며들었다.

지중해 전역을 정복하는 동안(지도 12-3) 로마는 거대 도시로 변해갔다. 전쟁을 통해 벌어들인 수익으로 극장, 경기장, 기타 오락 시설을 건설했고, 로마인과 다른 이탈리아 도시 주민들은 여가 활동에 더 많은 시간을 할애했다. 새로운 도시 문화에는 헬레니즘의 영향이 있었다. 로마에서는 그리스 문학 애호 풍토가 발달했으며, 로마의 지식인들은 라틴어와 그리스어를 모두 구사하는 경우가 흔했다. 게다가 로마 군대가 동방의 헬레니즘 왕국들을 정복하면서 그리스 회화와 조각 작품을 모조리 쓸어 왔다. 이런 작품은 로마의 사원, 공공 건물, 개인 저택을 장식하는 데 사용되었다.

새로운 관습이 생겨났다고 해서 로마 사회 구조의 핵심이 바뀌지는 않았다. 남성 가장을 파테르파밀리아스(paterfamilias, 가부장)라 했는데, 그는 아이들에 관한 한 절대적 권한을 가졌다. 애초에는 아이들의 생사여탈권도 가부장에게 있었던 것 같으나, 기원전 2세기에 이르러 이는

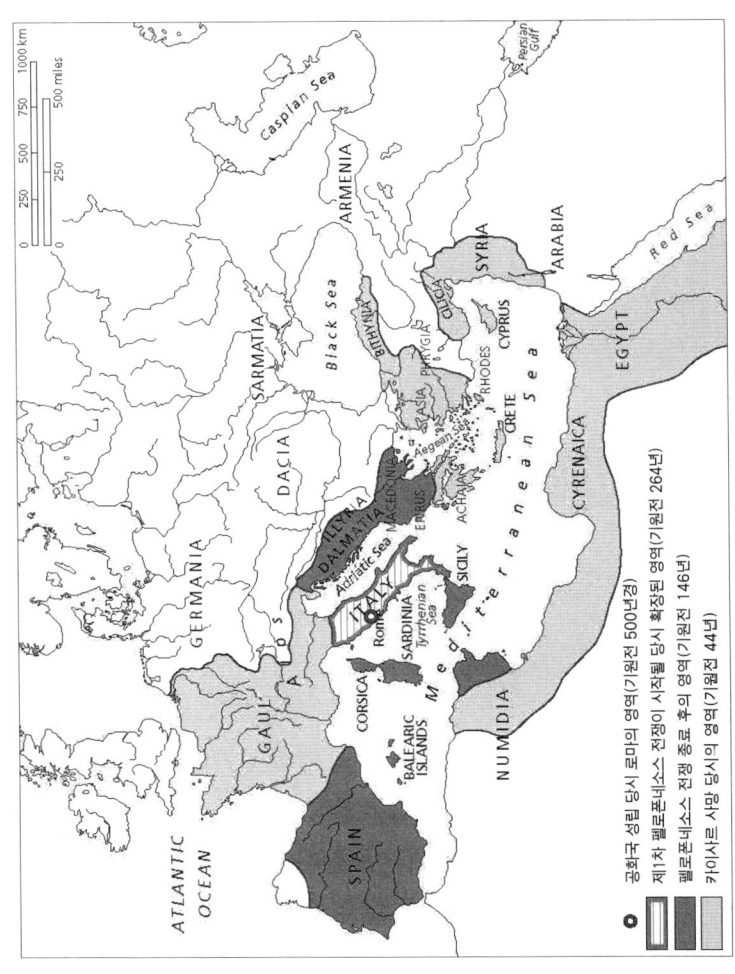

[지도 12-3] 로마 공화국

CHAPTER 12 - 지중해

법과 관습의 범위 안으로 제한되었다. 가족의 재산을 어떻게 사용할지 결정하는 권한은 여전히 아버지에게 있었고, 아들들은 아버지가 죽기 전까지 유산을 받을 수 없었다. 대부분의 시민은 결혼을 했다. 결혼 연령은 파트리키 계층의 여성은 10대 중반, 평민 계층의 여성은 10대 후반이었다. 신랑은 신부보다 나이가 조금 많았다. 결혼 합의는, 특히 부유한 가정에서는 가정 대 가정으로 약정을 맺는 경우가 많았다. 노예의 경우 소유주가 허락한다면 결혼과 비슷한 관계를 맺을 수 있었는데, 이를 콘투베르니움(contubernium)이라 했다. 이는 소유주에게도 이득이 되었는데, 노예가 낳은 아이의 소유권이 주인에게 주어졌기 때문이다. 여성도 상속을 받고 재산을 소유할 수 있었으나, 대개는 남자 형제들보다 적은 금액을 상속받았다. 로마인은 과거 루크레티아(Lucretia) 같은 여성을 칭송했다. 현모양처로 남편과 아이들에게 헌신하는 여성상이었다. 아내는 주로 집안일을 돌보았고, 남편은 외부 사업과 정치적인 일을 수행했다. 로마 엘리트 남성의 관심사는 가정사보다 국가적인 일이었고, 그 일에 많은 시간을 쏟았다. 기원후 1세기 그리스인 역사가 플루타르코스(Plutarchos)는 로마 파트리키 남성의 이상적 태도를 다음과 같이 묘사했다. "귀족적이며 영혼이 고상한 로마의 남자라면 마땅히, '나는 자식들을 사랑하지만, 더욱 사랑하는 것은 국가'라고 선포해야 한다."

포에니 전쟁 이후 확장된 영토의 행정 관리를 위해 로마는 새로운 지방 행정 체제를 구축했다. 원로원 구성원 가운데 총독을 선출하여 각 지방에 배치하는 방식이었다. 많은 총독이 계급 의식에 사로잡혀 있었다. 조공을 거두어들여 부를 축적하고자 하는 사상에 물들어 있었기 때문에, 총독의 자리를 개인 재산을 불릴 수 있는 기회로 생각했다. 부정부

패가 만연했다. 군인들이 전쟁에서 돌아왔을 때, 그들은 자신의 농장이 거의 폐허가 된 것을 발견했다. 많은 경우 헐값에 토지를 매각할 수밖에 없었다. 구매자는 이미 대기하고 있었다. 기존에 전쟁을 이용하여 부를 축적해둔 사람들이었다. 이와 같이 부유한 남성들이 거대한 토지를 소유하게 되었는데, 이를 라티푼디아(latifundia)라 했다. 라티푼디아에서는 곡물 같은 주식 작물보다 올리브유나 와인 같은 현금 작물을 재배했다. 토지가 없이 도시, 특히 로마에 거주하는 퇴역 군인들은 일자리를 찾을 수 없었다. 이런 상황이 악화되자 도시는 불안해졌고, 로마 군대 자체에도 위협이 되었다. 로마인은 언제나 토지 소유주만 군에 복무해야 한다는 관념을 가지고 있었다. 무언가 잃어버릴 것이 있는 자가 제대로 싸울 것이라는 생각이었다. 토지가 없는 사람이라면, 비록 그의 국적이 로마이고 주거지가 도시 로마라 할지라도 군복무가 원천적으로 금지되었다. 토지를 잃은 퇴역 군인들은 누구라도 불러주는 지휘자가 있으면 달려갈 자세가 되어 있었다. 이런 사람들의 기대에 최초로 부응한 사람은 그라쿠스(Gracchus) 형제였다. 그들은 공공 토지를 분할하여 가난한 사람들에게 나누어주고 곡식을 저렴한 가격에 분배하고자 했다. 결국 부유한 원로원 구성원 가운데 누군가가 그라쿠스 형제를 살해했고, 이후 궁극적으로 공화국 붕괴로까지 이어질 정치적 폭력의 긴 시대를 열었다.

이와 같이 불만이 고조되던 시기에 권력을 탐하는 인물들이 잇달아 출현하여 군대의 충성과 국가의 운영을 두고 서로 경쟁했다. 기원전 1세기 내내 로마는 연이은 내전에서 헤어나지 못했다. 마리우스(Marius), 술라(Sulla), 폼페이우스(Pompeius), 율리우스 카이사르(Julius Caesar) 등이 사병을 거느리고 서로 싸웠다. 이들은 모두 군사 원정에 참여하여 로마의 영토를 확장한 업적이 있는 인물들이었다. 율리우스 카이사르는 능력이 출중한 장군이었고, 끝없는 야망을 지닌 명민한 정치가였으며, 뛰어난 웅변가였다. 최종 승자는 카이사르였다. 원로원에서는 카이사르에게 여러 직책을 부여했다. 그는 로마에서 가장 폭넓은 인기를 얻은 인물이었다. 그러나 원로원에서는 그가 절대 권력을 향해 나아가는 것을 꺼려했다. 기원전 44년, 어느 집단의 음모로 카이사르가 암살되고 말았다. 이후 또 한 차례 내전이 시작되었다. 이번 최종 승자는 옥타비우스(Octavius)였다. 그는 카이사르의 누나의 외손자이자 카이사르의 양아들이기도 했다. 옥타비우스의 승리가 확실해지자 기원전 27년 원로원에서는 옥타비우스에게 아우구스투스(Augustus)라는 칭호를 부여했다. "존경받아 마땅한 분"이라는 의미였다. 원로원에서 기존의 공화정 체제를 중단할 의도는 전혀 없었다. 그러나 보통은 아우구스투스 칭호 부여를 분기점으로 로마 공화정이 막을 내리고 로마 제국이 시작된 것으로 본다.

표면상으로 아우구스투스는 공화정을 복원하겠다고 했으며, 결코 스스로 황제의 호칭을 채택한 적이 없었다. 그 대신 프린켑스(Princeps)라는 호칭으로 알려졌는데, 이는 원로원에서 제일 첫 번째 자리에 앉는 자라는 의미였다. 그러나 그는 실질적으로 정부 체제를 바꾸어 나갔다. 즉 모든 권한이 단일한 통치자에게 귀속되도록 한 것이다. 아우구스투스는 별도의 집무실을 마련하지 않고 공화국 의회 안에 집무실을 두었다. 그러나 과거에 별도의 사람들이 담당했던 업무를 점차 자신의 아래 두었다. 아우구스투스의 후계자는 이런 섬세함이 없었다. 기원후 4세기 말까지 모두 140명이 황제의 자리에 올랐다. 정신적으로 문제가 있는 사람이 있는가 하면(예컨대 기원후 14~68년 율리우스-클라우디우스Julius-

Claudius 계열의 후계자들), 지극히 능력이 뛰어난 사람도 있었다(예컨대 기원후 96~180년 안토니누스Antoninus 계열의 황제들). 로마의 팽창은 외부의 자원을 폭력적으로 획득하여 성장을 도모하는 과정이었으며, 로마 제국 시기 최초 200년 동안 지중해, 사하라 이북 아프리카, 서아시아, 유럽에 이르기까지 계속되었다. 로마 제국이 최대 영토를 확보한 시기는 기원후 2세기로 추정되며, 로마의 행정 관리 안에 놓인 인구는 1억 3000만 명에 달했다. 도시 로마의 인구는 100만이었는데, 부유한 자와 가난한 자의 양극화가 극심했다.

공화국에서 제국으로 정치 체제가 변해가는 사이 사회적 변화도 찾아왔다. 상류층과 하류층의 간극은 더욱 벌어졌다. 그 사이에 중산층을 의미하는 에퀴테스(equites)라는 계급이 생겨났는데, 노예 신분에서 풀려난 자유민이라 할지라도 사업을 벌여 막대한 재산을 모은 경우 에퀴테스에 편입될 수 있었다. 돈을 주고 권력과 사회적 지위를 살 수 있는 방법이 점점 더 많아졌다. 로마 제국 시기 파트리키 계급과 에퀴테스 계급은 플레브스를 통제하고 반란을 미연에 방지할 수 있는 방안을 찾아야 했다. 일단은 그들을 먹일 수 있는 충분한 식량을 확보해야 했다. 또한 그들의 정치적 열망과 평등의 요구를 왜곡할 수 있는 오락거리가 필요했다. 기원후 1세기의 풍자 시인 유베날리스(Iuvenalis)는 이를 "파넴 에트 키르켄수스(panem et circensus, 빵과 서커스)"라고 멋지게 표현한 바 있다. 언제나 충분한 양의 식량을 확보하고, 연간 100일 이상의 공휴일을 제정하고, 휴일이면 언제나 자유롭고 멋진 오락거리를 제공함으로써 로마 사회에서 부와 권력을 가진 기득권층은 가난한 사람들의 불만을 억누르고 자신의 지위를 안정적으로 유지할 수 있었다. 로마의 주민 가운데 많은 수는 노예였다. 교육을 많이 받아 가정교사나 정부 공무원으로 일하는 노예도 있었고, 수요가 높았던 조각가에서부터 힘겨운 육체노동을 담당하는 노동자까지 다양한 노예가 있었다.

아우구스투스는 로마의 행정 관리를 안정화하기 위하여 정치 및 사회적 개혁안을 잇달아 실시했다. 그리하여 황제가 쇠약해지더라도 제국 체제는 안정적으로 운영될 수 있게 되었다. 먼저 군대를 직업 군인으로 재편했고, 20년 복무를 마친 퇴역 군인이 국경 지역에 정착하면 토지를 나누어 주었다. 지역별로 스스로 정부를 구성하도록 권장했으며 도시 개발도 장려했다. 지방과 도시 로마의 정신적 연대를 강화하기 위하여 로마 에트 아우구스투스(Roma et Augustus, 로마와 아우구스투스 황제)를 국가의 수호신으로 숭배하도록 했다. 국가와 황제 숭배는 곧이어 로마 통일의 상징이 되었다. 사회적 영역에서 아우구스투스는 결혼과 출산을 장려했고 이를 법적으로 보장했다. 일반 여성과 노예 신분에서 자유민으로 풀려난 여성도 일정한 수의 아이를 출산하면 남성 가부장의 통제를 받지 않아도 되는 권리를 부여했다. 결혼하지 않거나 출산하지 않은 남성과 여성은 재산 상속에서 제한을 받게 되었다. 아우구스투스는 로마 제국의 인구가 증가하면 과거 인구가 적을 때 가정에서 알아서 했던 일들도 나라에서 책임을 맡아야 한다고 주장했다. 도덕주의자들은 성적 관계로 남자들이 돈을 낭비하거나 낮은 계급의 사람들에게 굴욕을 당하는 일을 비난했다. 그러나 법적으로는 매춘이나 동성애를 금지하지 않았다.

아우구스투스 황제 재위 기간 로마 제국의 팽창에서 가장 특징적인 점을 꼽자면 북유럽 및 서유럽 정복이었다. 아우구스투스는 스페인 정복 사업을 완성한 뒤 힘겨운 전투 끝에 로마 제국의 북쪽 국경을 게르마니아(Germania) 지역 라인강까지 밀어 올렸다. 같은 시기 로마의 여러 장군은 도나우강 유역을 정복했고, 오늘날의 오스트리아, 독일 바이에른 남부, 헝가리 서부 등지에 로마군이 진출했다. 오늘날의 세르비아, 불가리아, 루마니아 지역도 이때 로마 제국에 편입되었다. 이들 지역에서 로마 군대는 요새를 건설하고 주둔했다. 로마군의 캠프와 캠프 사이에는 도로가 건설되었고, 캠프 주변으로 정착지가 발달했으며, 마침내 도시가 탄생했다. 무역상은 자주 국경을 드나들었고, 국경 지역의 주민과 거래했다. 그리하여 역사상 최초로 중부 및 북부 유럽 지역과 지중해 지역 사이에 직접적이며 항구적인 교류 관계가 형성되었다.

거대 농업 사회가 역사적으로 언제나 그러했듯이 로마의 행정 책임자들도 교통 인프라 구축에 막대한 자원을 투입했다. 다만 이는 상업을 촉진하기 위해서라기보다 군대의 이동과 연락을 신속하게 하기 위한 작업이었다. 로마의 도로는 모두 합해서 5만 마일(약 8만 킬로미터) 이상이었다. 제국의 모든 지역을 효율적으로 연결하고, 내부 거래에 따른 세금과 관세를 철폐하고, 보통법(common law) 체계를 수립함으로써 로마는 아프리카-유라시아 세계 서부에 상대적으로 문화적 동질성을 갖는 거대 지역 단위를 만들어냈다. 로마인은 해상 무역을 촉진하기도 했는데, 상선들은 이집트의 항구에서 인더스강 입구까지 운행했으며, 그곳에서 현지 물품과 파르티아인이 수입한 도자기를 구입했다. 곳곳에 위험이 도사리고 있었음에도 불구하고 강인한 뱃사람들은 아프리카 해안을 따라 내려갔으며, 또한 인도양으로 진출했다. 그곳에서 그들은 똑같이 강인한 선원들과 서로 교역했다. 로마의 동전이 스리랑카와 베트남에서도 발굴되었는데, 이는 무역 관계가 어떤 식으로든 연결되어 있었음을 의미한다. 다만 전체 여정을 한 사람의 상인이 오가지는 않았을 것이다.

로마인은 정복지에서 태어난 현지인에게 로마의 문화를 강요하지 않았다. 그러나 과거 헬레니즘 세계의 사람들이 경험했듯이, 즉 정치 및 사회적 신분 상승의 지름길은 그리스 문화와 그리스어를 습득하는 것이었듯이, 마찬가지로 로마 제국에 편입된 지역의 사람들은 라틴어를 배우고 로마 문화에 적응하기 위해 적극적으로 노력을 기울였다. 이와 같은 문화의 융합이 일어난 한 영역은 언어였다. 사람들은 법률과 국가 종교에서 라틴어를 사용했다. 그러나 후대로 내려가면서 라틴어는 현지의 언어 및 구술 언어와 뒤섞여 방언이 만들어졌다. 로만어 계열의 방언은 스페인어, 이탈리아어, 프랑스어, 포르투갈어, 루마니아어 등으로 진화했다. 문화 교류와 융합의 또 한 가지 중요한 장은 바로 종교였다. 로마인은 점차 현지의 토착 신들에 관해 배우고 섬겼으며, 현지인 또한 로마의 신들을 배워갔다. 점차 양측이 융합된 신격이 출현하고 의례 또한 융합적으로 발달했다. 결과적으로 새로운 종교가 탄생했다.

당시의 문화적 변화 가운데 가장 중요했던 것은 바로 기독교(Christianity)다. 나사렛(Nazareth) 출신 예수(c. 3 BCE~29 CE)의 추종자들이 만든 종교였다. 그는 유대인이었고, 나사렛은 로마 치하의 유대 지방에 속한 도시였다. 당시 많은 유대인은 로마의 지배에 반대했다. 로마와의 최후 결전이 다가왔다고 믿었으며, 다윗왕의 후손 중에서 유대인을 구원할 메시아(Messiah)가 태어나 로마의 군대를 부수고 유대인에게 행복과 풍요를 가져다줄 새 시대를 열 것으로 기대하고 있었다. 기독교 문헌에 따르면 예수는 종교적 성향이 강한 가정환경에서 태어났으며,

예수의 부모도 메시아를 향한 기대를 가득 품고 있었다. 서른 살 무렵부터 예수는 가르침을 베풀기 시작했다. 죽은 후의 삶에서 영원한 행복을 가져다줄 하늘의 왕국과, 신에 대한 헌신 및 이웃에 대한 사랑의 중요성을 역설했다. 그는 많은 추종자를 모았고, 로마의 지방관 폰티우스 필라투스(Pontius Pilatus)는 이를 우려하여 예수를 체포하고 십자가형에 처했다. 예수는 글을 남긴 적이 없었다. 그러나 그의 말과 가르침이 처음에는 신도들 사이에서 구두로 전해졌고, 기원후 1세기 말경 어느 시점에 기록으로 남아 신앙 공동체 건설을 위한 자료로 사용되었다. 이러한 기록들과, 초기에 예수를 추종한 사람들의 다른 글들이 함께 묶여서 기독교 경전이 형성되었고, 그것이 예수의 삶과 사상을 전하는 주요 증거가 되었다. 예수의 가르침은 히브리 성경에 근거를 두었으며 유대교 전통에 따른 신과 도덕성 개념을 반영했다. 그러나 그는 그것을 야훼의 이름이 아니라 자신의 이름으로 가르쳤다. 그리고 그 자신이 바로 메시아라고 선포했다(히브리어 "메시아Messiah"의 그리스어 번역이 "크리스투스Christus"이며, 크리스투스는 영어 "크라이스트Christ"의 어원이 된다). 소규모 추종자들이 이를 믿고 인정했다. 신자들은 그가 십자가에 달려 죽었다가 3일 뒤에 부활해서 신이 있는 하늘로 올라갔으며, 언젠가 다시 지상으로 돌아오리라고 믿는다. 이것이 바로 기독교 신앙의 핵심이었다.

예수와 그의 가르침에 대한 기억은 살아남았고 번성했다. 그를 신으로 믿는 신도들은 소규모로 공동체를 이루어 서로의 집에서 모임을 가졌고, 예수가 남긴 메시지의 의미를 되새기며 공동 의례를 거행했다. 나중에는 이를 성찬식(Eucharist)이라 했는데, 예수가 체포되기 전날 밤 제자들과 나눈 최후의 만찬을 기념하는 의례였다. 신도들은 예수가 머지 않아 세상으로 돌아온다고 믿었기 때문에 지상의 삶이나 제도가 별로 중요하지 않다고 생각했다. 예수의 가르침의 확산과 기독교 교단의 성립에 중요한 촉매 역할을 한 사람이 바로 타르수스(Tarsus) 출신의 파울루스(Paulus, 사도 바울)였다. 그는 교육을 많이 받고 헬레니즘의 영향권에서 성장한 유대인이었다. 그에게는 로마의 세계와 유대인의 세계가 모두 낯설지 않았다. 그는 신도들을 방문하거나 편지를 써서 예수의 가르침을 전했다. 그의 말에서 예수의 가르침은 더욱 분명한 윤리적 내용으로 부각되었고, 기독교는 유대인의 일 분파를 위한 종교가 아니라 유대인이 아닌 모든 사람을 설득할 수 있는 별도의 종교로 변화했다. 로마의 일부 관리들은 기독교 신앙에 반대했고, 기독교도들을 체포해 고문하거나 처형하기도 했다. 그러나 이와 같은 박해는 산발적인 지역 차원의 일이었을 뿐 로마 전역에서 일관된 처분은 아니었다. 기독교는 로마 제국이 구축해둔 육로와 해로의 네트워크를 따라 확산되어 나갔다.

최초의 기독교 신도들은 남성과 여성, 모든 계급을 아울렀다. 선교사를 비롯한 여러 사람들은 가족, 친구, 사업 네트워크를 통해 기독교 메시지를 전파했다. 사람들이 기독교에 매력을 느낀 이유는 여러 가지가 있었다. 일단 기독교는 영원불멸을 보장하는 특별한 가르침을 포함했다. 또한 사람들에게 추구해야 할 인생의 목표를 제공해주었다. 그리고 일종의 신분, 공동체, 정신적 가족의 울타리가 되어주었다. 기원후 2세기에 이르러 예수가 다시 돌아온다는 믿음은 약해지기 시작했다. 또한 신도의 수가 늘어나자 항구적 조직 체계가 수립되었다. 예배를 위한 건물이 건설되었고, 교단 조직의 위계질서도 만들어졌다. 조직 체계는 로마 제국의 체제를 모방했다. 주교(bishop)는 특정 지역의 사법권을 담당했는데, 로마 제국의 총독과 마찬가지로 특히 중요한 직책이 되었다. 고등 교육을 받은 신도들이 많이 생겨나자 그리스 철학이 도입되어 성경에 명확히 기술되지 않은 문제들을 철학적으로 분석하는 복잡한 신학 체계가 발달했다. 주교들이나 신학자들은 예컨대 부자에 대한 예수의 혹독한 비판처럼 로마인에게 당혹스럽게 여겨질 만한 내용을 슬쩍 바꾸어놓기도 했다. 3세기 말경에 이르러 대부분의 로마인은 자신이 신도는 아닐지라도 기독교를 반대하지 않았다.

기원후 3세기 초부터 로마 제국은 심각한 위기에 처해 있었다. 실크로드 무역에서 로마는 매년 수백만 아우레우스(aureus, 로마의 금화)를 소비했다. 같은 시기 지역 경제는 활기를 잃어가고 있었다. 로마의 농업은 과잉 생산이 오히려 문제였고(그래서 농산물 가격이 지나치게 하락했고) 혁신이 부족했다. 제국의 지도력은 약화되었고 어떤 문제에도 뚜렷한 해결책이 나오지 않았다. 로마는 무정부 상태로 접어들었다. 그때가 이른바 "기원후 3세기 위기의 시대(Crisis of the Third Century, 235~284 CE)"였다. 그사이 20~25명의 군인 황제들이 번갈아가며 권좌에 올랐으며, 대부분은 폭력 사태로 목숨을 잃었다. 능력이 출중했던 디오클레티아누스(Diocletianus, 재위 284~305 CE)가 일시적이나마 이런 위기를 해소할 방안을 마련했다. 효율적인 정부 구조와 순수한 의지가 해결책으로 제시되었다. 그는 제국을 반으로 나누어 관리가 용이하도록 하고, 각각의 절반을 다시 두 명의 공동 황제가 다스리는 구상을 내놓았다. 그러나 그의 기획은 실패로 끝났다. 콘스탄티누스(Constantinus, 재위 306~337 CE) 황제는 새로운 대안을 마련했다. 즉 제국의 수도를 도시 비잔티움(Byzantium)으로 옮기는 것이었다. 도시의 이름도 콘스탄티노폴리스(Constantinopolis)로 바뀌었다. 그곳에서 그는 제국 전체를 다시 통치하기 시작했다. 또한 기독교를 재정적 및 정치적으로 지원했다. 교회의 성직자들을 통해 질서를 회복하고자 하는 시도였다. 만년에 접어들어 황제 자신도 기독교 세례를 받았다. 황제의 우호적 지원에 힘입어 기독교는 점차 제국의 주도적 종교로 자리 잡아갔다. 380년에 황제 테오도시우스(Theodosius, 재위 379~395 CE)는 기독교를 제국의 공식 종교로 선포했다. 이는 이후 교회 권력의 성장에 밑바탕이 되었다.

3~5세기의 로마에는 내부의 정치 및 경제적 문제뿐만 아니라 외부의 위협도 상당했다. 파르티아는 제국의 동쪽 변경에서 무시할 수 없는 적대 세력이었다. 파르티아의 뒤를 이어 사산 제국이 성립한 뒤, 기원후 260년 로마 제국의 황제가 그들의 포로가 되기도 했다. 4세기 초부터 농업 기반의 완고한 게르만족이 서쪽으로 이주하기 시작했고, 이들이 제국의 북쪽 변경 상당 지역을 차지하고 자리를 잡았다. 5세기 중엽에는 중앙아시아로부터 훈족이 넘어왔다. 그들의 압박에 못 이겨 서고트족, 동고트족, 반달족, 프랑크족과 다른 게르만 부족이 로마의 국경을 넘어 쏟아져 들어왔고, 로마 제국의 서쪽 절반 대부분의 지역을 차지했다. 오늘날 유럽의 지명은 이들 게르만족의 정착과 밀접한 연관이 있다. 프랑스는 프랑크족(Franci), 잉글랜드는 앵글족(Angli), 안달루시아는 반달족(Wandali), 롬바르디아는 랑고바르드족(Langobardi)에서 비롯되었다. 476년에 이르러 게르만족의 장군 오도아케르(Odoacer, 435~493)가 서로마 제국의 황제에 선임되었다. 기존의 많은 역사학자들은 18세기 영국인 역사학자 에드워드 기번(Edward Gibbon)의 영향을 받아 이때를 로마 제국의 "멸망"으로 기록하기도 했다.

서로마 제국은 분열되어 지역별 왕국으로 쪼개졌고, 요새를 기반으로 서로 경쟁했다. 그러나 동쪽의 절반 비잔티움 제국은 여전히 강건했다. 뿐만 아니라 비잔티움 제국은 이후 1000여 년 동안 중국의 당(唐) 제국 및 다르 알-이슬람(Dar al-Islam, 이슬람의 거처) 제국과 함께 아프리카-유라시아 대륙의 경제 및 문화의 핵심 축이 되었다. (비잔티움 제국과 유럽의 후기 고대에 관해서는 이 책의 제14장 참조.) 비잔티움 제국이 오래 살아남았기 때문에, 많은 역사학자들은 로마 국가가 아프리카-유라시아 대륙의 서부에서 약 2000년 동안 주도권을 잃지 않았다고 말한다. 로마 제국에서 만들어진 문화, 법, 사회 형태는 사실 그보다 훨씬 더 오래도록 살아남았다.

결론

사실 서로마 제국의 멸망은 기존의 역사학에서 알려져 있던 만큼 그렇게 기념비적인 사건이 아니었을지도 모른다. 그러나 여전히 서양사에서 중요한 시대의 분기점으로 준용되고 있다. 즉 이때를 기점으로 고전기가 끝난 것으로 본다. 비슷한 시대구분이 세계사 차원에서도 적용된다. 중국, 인도, 마야 등지에서도 고전기가 있었고, 그 시기가 끝난 시점이 있었다. 물론 그 시점이 지중해와 일치하지는 않았다. 다만 다른 지역의 고전기와 지중해의 고전기 사이에는 놀라운 공통점이 있었다. 효율적인 대규모 행정 체제가 만들어졌고, 무역이 번성했으며, 도시가 성장했고, 도로가 건설되었고, 새로운 문화적 형태가 발달했다. 또한 세계의 모든 지역에서 고전기가 끝난 뒤에는 쇠락의 시대가 이어졌고, 더 많은 전쟁과 파괴를 목격했다.

이 책의 다른 장에서도 지중해와 유라시아의 다른 지역을 비교했을 때 비슷한 점이 논의되었을 것이다. 사실 유라시아의 다른 지역을 굳이 고전기와 고전기 이후로 나눌 필요는 없다. 세계 곳곳에서 지역별로 소규모 국가들이 출현했고, 저마다 팽창의 과정을 거쳤으며, 효율적인 정치·군사·경제 구조를 갖추어 나갔다. 이 과정을 거쳐 마침내 비교적 작은 규모의 엘리트 집단이 대규모 인구를 통제하는 단계에 이르렀다. 이런 측면에서는 거대 제국이나 소규모 왕국이 다를 바가 없었다. 헬레니즘 왕국이나 로마 제국 같은 거대 정치 조직도, 대규모 제국으로 발달하지 못한 작은 규모의 문화권 혹은 국가들, 예를 들어 히브리 왕국, 페니키아 왕국, 미노아 왕국, 미케네 왕국 등도 모두 예외 없이 복잡한 단계의 사회 구조를 향해 나아가는 과정을 거쳤다. 그러한 위계질서 안에서 예컨대 여성과 노예 등 특정 집단에게는 특별히 소외된 지위가 주어졌다. 동시에 다양한 문화권에서 고도로 발달한 과학 및 철학 사상들이 출현했다. 물론 지중해 지역도 예외는 아니었다. 지중해 지역에서 발달한 학문과 사상은 이후 세계사에도 심오한 영향을 미쳤다.

더 읽어보기

Abulafia, David, *The Great Sea: A Human History of the Mediterranean*, New York: Oxford University Press, 2011.

Adam, Jean-Paul, *Roman Building: Materials and Techniques*, London: Routledge, 1994.

Aubet, Maria Eugenia, *The Phoenicians and the West: Politics, Colonies, and Trade*, 2nd edn., Cambridge University Press, 2001.

Boardman, John, *The Greeks Overseas: Their Early Colonies and Trade*, 4th edn., London: Thames and Hudson, 1999.

Bradley, Keith, *Slavery and Society at Rome*, Cambridge University Press, 1994.

Broodbank, Cyprian, *The Making of the Middle Sea: A History of the Mediterranean from the Beginning to the Emergence of the Classical World*, Oxford University Press, 2013.

Burnard, Trevor and Heuman, Gad (eds.), *The Routledge History of Slavery*, Oxford and New York: Routledge, 2011.

Cartledge, Paul, *The Spartans: The World of the Warrior Heroes of Ancient Greece*, New York: Vintage, 2002.

Clark, Gillian, *Christianity and Roman Society*, Cambridge University Press, 2004.

Cohen, Edward E., *The Athenian Nation*, Princeton University Press, 2000.

Cornell, T. J., *The Beginnings of Rome. Italy and Rome from the Bronze Age to the Punic Wars*, London: Taylor and Francis Group, 1995.

D'Ambra, Eve, *Roman Women*, Cambridge University Press, 2006.

Davies, John K., *Wealth and the Power of Wealth in Classical Athens*, Salem, NH: The Ayer Company, 1984.

Dillon, Sheila, and Sharon L. James (eds.), *A Companion to Women in the Ancient World*, Malden, MA: Wiley-Blackwell, 2012.

Edmondson, J. C., *Augustus*, Edinburgh University Press, 2009.

Errington, R. Malcolm, *A History of the Hellenistic World 323 – 30 BC*, Oxford: Blackwell Publishing, 2008.

Erskine, Andrew (ed.), *A Companion to the Hellenistic World*, Oxford: Blackwell Publishing, 2006.

Fisher, N. R. E., *Slavery in Classical Greece*, ed. Michael Gunningham, London: Duckworth, Bristol Classical Press, 1993.

Garnsey, Peter, *Famine and Food Supply in the Greco-Roman World*, Cambridge University Press, 1988.

Goldenberg, Robert, *The Origins of Judaism: From Canaan to the Rise of Islam*, Cambridge University Press, 2007.

Goldsworthy, Adrian, *Roman Warfare*, Washington, DC: Smithsonian Books, 2000.

Horden, Peregrin, and Nicholas Purcell, *The Corrupting Sea: A Study of Mediterranean History*, Oxford: Wiley-Blackwell, 2000.

Markoe, Glenn E., *Phoenicians*, Berkeley: University of California Press, 2006.

Morley, N., *Trade in Classical Antiquity*, Cambridge University Press, 2007.

Oleson, John Peter (ed.), *The Oxford Handbook of Engineering and Technology in the Classical World*, Oxford University Press, 2008.

Pomeroy, Sarah B., *Families in Classical and Hellenistic Greece: Representations and Realities*, Oxford: Clarendon Press, 1997.

Powell, Anton, *Athens and Sparta: Constructing Greek Political and Social History from 478 BC*, New York: Routledge, 2001.

Rhodes, P. J., *A History of the Classical Greek World 478-323 BC*, Oxford: Blackwell Publishing, 2009.

Scheidel, Walter, Ian Morris, and Robert Saller (eds.), *The Cambridge Economic History of the Greco-Roman World*, Cambridge University Press, 2007.

Van de Mieroop, Marc, *A History of the Ancient Near East, 3000-332 BCE*, 2nd edn., Oxford: Blackwell Publishing, 2010.

Young, G. K., *Rome's Eastern Trade: International Commerce and Imperial Policy, 31 BC-AD 305*, London: Routledge, 2001.

CHAPTER 13

아테네, 기원전 5세기

윌리엄 모리슨
William Morison

일단 예루살렘을 제외하고 보면, 규모에 비해 세계사에 그토록 커다란 영향을 미친 도시는 기원전 5세기의 아테네 말고 없었다. 그리스의 조그만 폴리스(polis), 즉 도시국가 중 하나로 출발한 아테네는 지중해 동부 지역에서 군사 및 경제적 패권 세력으로 성장했고, 주목할 만한 성취를 이루어냈다. 아테네의 드라마, 철학, 역사 서술, 미술과 건축, 정치 제도 등은 (어떤 것도 아테네에서 시작된 것은 없지만 모두 기원전 5세기 아테네에서 번성했고) 아테네가 사라진 뒤에도 오래도록 지속되었으며 세계 문화의 자산으로 남았다.

지리 및 천연자원

도시 아테네를 둘러싼 지역을 아티카(Attica)라 한다. 그 면적은 약 2550제곱킬로미터로, 오늘날로 치면 미국의 카운티 하나보다 작은 정도였다. 그러나 당시 그리스의 폴리스들 중에서는 규모가 큰 편이었다. 아티카의 대부분은 낮은 산들과 계곡들로 이루어져 있었다. 아크로폴리스(Acropolis)라고 하는 조그만 석회암 언덕 주변으로 성장한 아테네는 자그마한 평원 지역으로, 해안에서 약 12킬로미터 정도 떨어져 있었다. 아티카 지역에서는 농지가 워낙 드물어서 도시의 많은 인구를 부양하기가 어려웠다. 그래서 최소한 기원전 6세기부터 아테네 사람들은 수입 곡물에 의존해서 살았다. 하지만 아티카 지역의 토양이 몇 가지 농작물에 유리한 점이 있었다. 과일나무나 올리브는 특히 아테네의 토양에서 잘 자랐다. 아테네의 가장 유명한 생산물은 토기였다. 토기 생산에는 점토가 필수였는데, 특히 아테네의 점토가 명성이 높았다. 또한 근처의 산에서 석회암과 품질이 우수한 대리석이 생산되었다. 이것이 없었다면 고전기 그리스의 상징과도 같은 대부분의 건축물이 애초에 불가능했을 것이다(지도 13-1).

에게해를 향해 뾰족하게 튀어나온 삼각형 모양의 땅에 자리 잡은 아테네는 에게해 서부의 중심지로 긴 해안선을 가졌다. 가까운 거리에 위치한 팔레론(Phaleron)과 페이라이에우스(Peiraieús)에는 만(灣)이 형성되어 있었다. 지중해 최고의 자연 항구 두 곳이 모두 아테네에 속한 셈이었다.[1] 페이라이에우스는 오늘날 피레아스(Peiraiás)인데, 실제로 이곳은 유럽에서 가장 물동량이 많은 항구에 속한다.

아테네인에게 주어진 자연의 혜택은 또 있었다. 아티카 지역의 남동쪽 라우리온(Laurion)에 은(銀)이 풍부하게 매장된 광산이 있었다. 그 밖의 그리스 중부 및 남부 지역에는 귀금속 광산이 없었다. 라우리온은 아테네에서 충분히 사용할 만큼의 은화를 제공해주었다. 당시 도시국가들 가운데 은화를 보유한 곳은 거의 없었다. 농지가 부족한 아테네에게 이러한 환경은 큰 도움이 되었다. 게다가 기원전 483년경 매장량이 특히 풍부한 광맥이 추가로 발견되었다. 이 자금을 기반으로 아테네는 그리

---

[1] Mogens H. Hansen and Thomas H. Nielsen (eds.), *An Inventory of Archaic and Classical Poleis* (Oxford University Press, 2004), pp. 624-26.

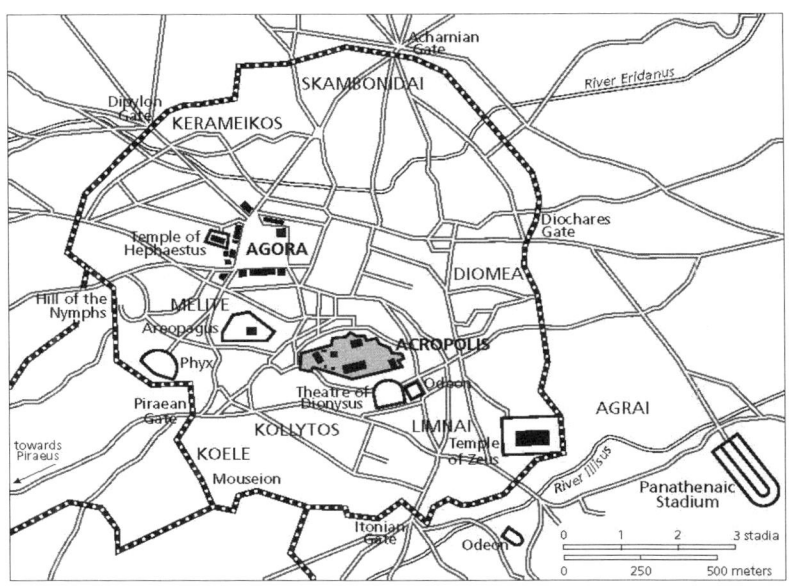

[지도 13-1] 기원전 5세기의 아테네

스 최대의 해군을 건설할 수 있었다. 당시 그리스의 어느 폴리스도 그러한 해군을 보유하지 못했다.

지리적 조건과 천연자원을 근거로 학자들은 기원전 430년경 아티카 지역에 약 50만 명이 거주했을 것으로 추정한다. 그중에서 아테네 시민권을 가진 사람은 12퍼센트에 불과했고, 전체 인구의 거의 절반이 동산(動産) 노예(chattel slave, 재산으로 취급되는 노예)였다.[2] 산업 사회가 도래하기 전의 전근대 사회가 대체로 그러했듯이 대부분의 아테네인도 도시

---

2 Hansen and Nielsen (eds.), *Inventory*, p. 627.

안에서만 살지는 않았다. 아테네 주변으로 곳곳에 공동체(deme, 마을)가 있었다. 기원전 5세기 동안에는 대부분 이런 상황이었다. 그러나 정치적, 군사적, 경제적 요인들 때문에 사람들은 점차 도시로 몰려들었다.

역사 개관

아테네는 지리와 천연자원 면에서 몇몇 이점이 있었을 뿐만 아니라 훌륭한 역사적 배경과 주목할 만한 지도력을 갖추고 있었다. 기원전 6세기 아테네는 내전에 휘말린 적이 있었고, 독재자의 압제에 놓이기도 했다. 페이시스트라토스(Peisistratos)가 최초의 독재자였고, 그의 아들 히피아스(Hippias)가 그 뒤를 이었다. 당시 흑해 연안에서부터 이베리아반도에 이르기까지 그리스 공동체들이 확산되는 중이었음에도 불구하고, 아테네는 굳이 다른 곳에 식민지를 건설하려 노력하지 않았다. 아테네의 토기와 올리브유가 지중해 지역에서 인기가 있었기 때문이다. 그래서 대규모 해군을 보유하거나 특별히 강한 육군을 양성하지도 않았다. 예전 호메로스(Homeros)의 서사시를 보더라도 아테네는 그저 지나가는 지역이었을 뿐이며, 여러 위대한 신화의 줄거리에서도 테바이(Thebai, 테베)와 미케네(Mycenae)가 이야기의 중심 무대였다. 현자(賢者)로 알려진 솔론(Solon)을 제외하면 아테네가 크게 내세울 인물도 없었다. 레스보스(Lesbos)섬의 사포(Sappho)에 필적할 만한 시인도 없었고, 밀레토스(Miletos)의 탈레스(Thales)에 견줄 만한 철학자도 없었다.

기원전 507년에 이르러 상황이 변하기 시작했다. 근본적인 개혁을 표방하는 새로운 정치 체제가 수립되었기 때문이다. 후대인들은 당시의 체제를 데모크라티아(demokratia, 민주정)라 일컬었다. 새로운 정부는 기원전 490년 중대한 시험대에 올랐다. 아티카 북동쪽 마라톤(Marathon) 만(灣)에서 아테네 군대는 수적 열세에도 불구하고 페르시아의 황제가 보낸 군대를 상대로 압승을 거두었다. 페르시아 측에서는 아테네가 지원했던 과거 이오니아 지역 반란에 대한 책임을 묻고 예전의 독재자 히피아스(Hippias)를 다시 권좌에 돌려놓고자 했었다.[3] 아테네의 승리 이후 10여 년이 지난 뒤 훨씬 더 많은 병력이 그리스로 몰려왔고, 과거의 패배를 보복하기 위해 아테네를 약탈했다. 그러나 라우리온 광산의 은을 효과적으로 활용한 아테네는 이미 200척에 달하는 3단 갤리선을 건조해두었고, 살라미스(Salamis)섬 근처에서 페르시아의 무적함대를 박살냈다.[4] 침략자에 대응하는 그리스 연합군은 스파르타의 지휘 아래 놓여 있었다. 그러나 기원전 479년 플라타이아(Plataea) 전투에서 페르시아 군을 대파한 뒤로 스파르타 사령관의 평판이 좋지 않았고(그리스 연합군을 이끌었던 사령과 파우사니아스는 당시 스파르타 왕의 조카였다. 그는 기원전 478년 비잔티움 전투에서 포로로 잡은 페르시아 왕족을 몰래 풀어주고 페르시아 공주와 결혼하기를 원한다는 편지를 보내는 등의 행태로 동맹국의 반발에 직면했다. 동맹의 여론이 아테네로 넘어가는 데 결정적 역할을 한 인물로 평가된다. – 옮긴이), 스파르타를 대신하여 아테네가 동맹의 맹주를 이어받았다. 후대의 사람들은 이를 델로스 동맹(Delian League)이라 했다. 델로스 동맹은 표면상 페르시아에 대적하기 위하여 결성된 것이었다.

---

3 Peter Krentz, *The Battle of Marathon* (New Haven, CT: Yale University Press, 2010), pp. 64-65.
4 Borimir Jordan, *The Athenian Navy in the Classical Period* (Berkeley: University of California, 1975), pp. 16-20.

동맹의 맹주는 아테네였고, 아테네의 강한 군사력에 의존했으며, 동맹에 소속된 다른 폴리스들은 병력 대신 돈을 보탰다. 기원전 470년대 말에서 460년대 초에 페르시아와 그리스의 적대 관계가 완화되자 동맹 소속 폴리스들 가운데 낙소스(Naxos)나 타소스(Thasos) 등 일부 폴리스는 동맹을 탈퇴하고자 했다. 그러나 아테네는 막강한 군사력을 기반으로 동맹 탈퇴를 허용하지 않았다. 이제는 어떤 폴리스도 마음대로 탈퇴할 수 없었다.

기원전 454년 동맹의 자산이 전부 아테네에 넘어가면서 동맹은 아테네 제국으로 변모되었다(지도 13-2). 아테네는 종종 동맹 소속 폴리스의 내정 문제에 간섭했고, 동맹의 자산을 이용하여 아테네의 아크로폴리스에 거대한 건축물을 건설했다.[5] 이 시기 아테네의 팽창주의자들은 스파르타 중심의 펠로폰네소스 동맹(Peloponnesian League) 소속 폴리스들과 잇달아 분쟁을 일으켰다. 최초의 "펠로폰네소스 전쟁"(460~445 BCE)은 평화 조약으로 끝났다. 이 전쟁에서 아테네의 해상 패권이 확인되었다. 아테네의 해상 패권과 펠로폰네소스 동맹의 육상 패권이 세력 불균형 환경을 만들었고, 평화 조약이 체결된 뒤 15년이 지나 다시 전쟁이 벌어졌다. 기원전 405년 아테네 해군이 궤멸되면서 전쟁은 끝났다. 아테네에서 농성전을 벌인 시민들은 굶주림 끝에 그 이듬해에 펠로폰네소스 동맹군에 항복했다.[6]

---

5 P. J. Rhodes, *A History of the Classical Greek World 478-323 BC* (Oxford: Blackwell Publishing, 2006), pp. 31-70.
6 Rhodes, *A History of the Classical Greek World*, pp. 81-154.

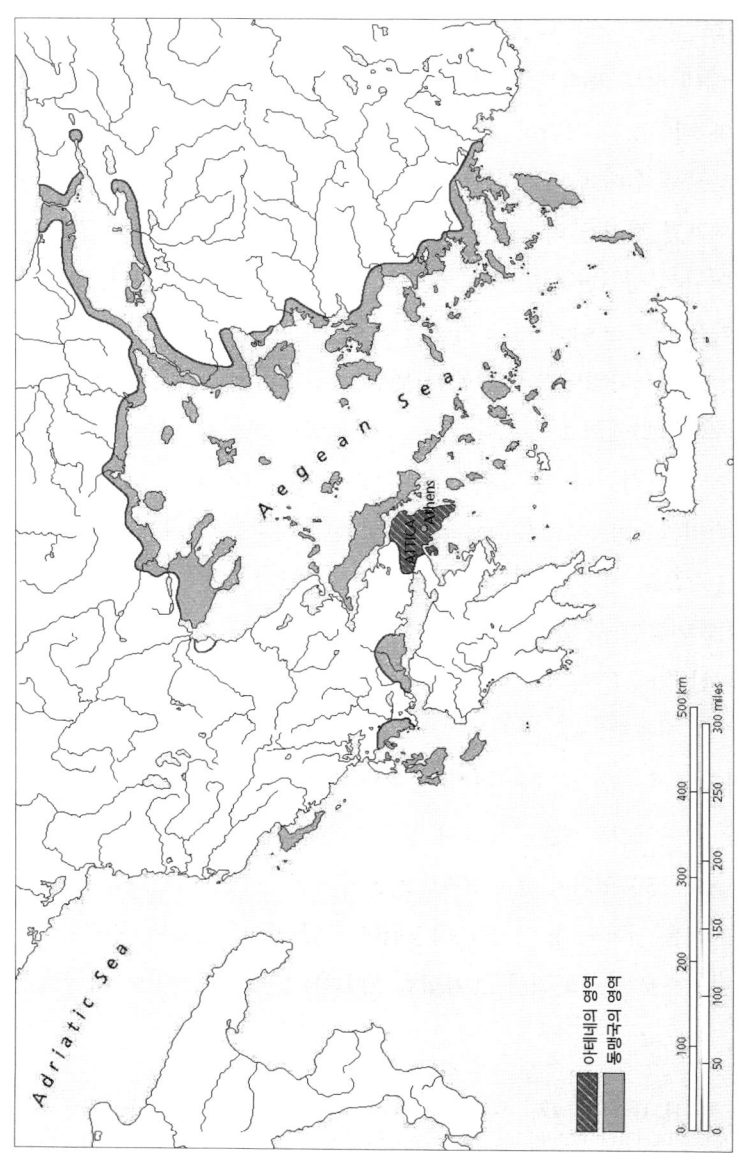

〈지도 13-2〉 아테네 제국

CHAPTER 13 - 아테네, 기원전 5세기

정부

아테네 정부 체제의 특징은 참여에 있었다. 기원전 5세기 짧게나마 두 차례 과두정치 기간이 있었지만 그것은 예외에 불과했다. 아테네의 참여 정부를 후대에 데모크라티아(demokratia)라고 일컬었다. 이 새로운 정치 체제가 정치 엘리트들이 만든 것이었는지, 아니면 하층 계급이 들고 일어나서 생겨난 것인지는 학자들 사이에서 의견이 갈린다. 그러나 어느 쪽을 따르든 다른 여느 지중해 국가들에 비해 자유민 남성 인구의 참정권이 확대되었다는 사실에는 변함이 없다. 아테네 의회는 프닉스 언덕(Pnyx Hill)에서 1년에 최소 열 차례 모임을 가졌고, 약 5000~6000명의 아테네 시민이 이 모임에 참여했다. 이 민회(ekklēsia)가 국가 최고 기관이었으며, 데모스(demos), 즉 아테네 사람들 전체의 의견을 대표하는 것으로 여겨졌다.[7] 민회에서 통과된 안건은 즉시 효력을 발휘했고, 이를 번복할 수 있는 권한은 오직 민회만 가졌다. 일상적 국가 사무는 500인회(boulē)가 맡았다. 500인회에서 일할 위원은 1년 단위로 제비뽑기로 선출했는데, 대개는 아티카 지역의 대표자들로 구성되었다. 500인회는 소소한 문제에 관한 명령을 발령할 권한이 있었고, 민회의 안건을 준비하기도 했다. 국가의 일상적 업무 대부분은 여러 상임위원회(prytaneis, 500인회의 일부 위원들로 구성 – 옮긴이)가 맡았는데, 500인회에서 이를 감독했다. 이외에 배심원단이 있었는데, 201명 혹은 그 이상의 시민으로 구성되었다(그 유명한 소크라테스의 재판에서는 501명이었

---

7 Mogens H. Hansen, *The Athenian Democracy in the Age of Demosthenes* (Oxford: Blackwell Publishing, 1991), pp. 125-60.

다). 이들 또한 제비뽑기로 선출되었고, 각각의 소송 사건을 청취했다. 사소한 일이나 채무 변제 같은 문제는 하루 안에 판결했다. 배심원이 소송에 참여하는 날짜는 매년 175일에서 225일 사이였다. 아테네는 그야말로 소송을 남발하는 사회였다. 시민은 누구나 기소할 수 있었다. 기소된 사람은 남자든 여자든 스스로 방어해야 했다. 결정은 배심원의 다수결에 따랐다. 문제에 따라서 법령이 존재하는 경우도 있었지만, 소송 당사자가 설득력 있는 논변을 구사하면 얼마든지 배심원의 마음을 사로잡을 수 있었다.[8]

최고행정관, 정부 상임위원, 배심원 등 제비뽑기로 선출하는 직무가 많았고, 또한 공무원으로 일하면 급여를 지급했기 때문에 가난한 계층의 사람들도 권력을 갖게 되는 경우가 점점 많아졌다.[9] 키몬(Cimon)이나 페리클레스(Pericles)처럼 대중적 인기를 모은 지도자들이 민회의 결정에 영향력을 끼친 경우도 있었지만, 그들의 권력은 어디까지나 헤르메스(Hermes) 신의 뜻과 때로는 변덕스러운 아테네 시민의 마음에 달려 있었다. 주요 관직, 예컨대 군사 지휘관이나 관개 시설 관리자 등의 직책은 선출 과정을 거쳤지만, 대부분은 제비뽑기로 채워졌다. 이는 아테네 시민이 평등을 놀라울 정도로 강조했음을 의미한다. 기원전 462년부터 배심원에게 급여를 지급하기 시작했는데, 이 관행이 점차 다른 관직으로도 확장되었다. 그래서 가난한 아테네 시민들은 점차 공직 참여에 매력을 느끼게 되었다.[10]

8 Hansen, *The Athenian Democracy*, pp. 178-203.
9 Hansen, *The Athenian Democracy*, pp. 232-33.
10 Hansen, *The Athenian Democracy*, pp. 188-89.

시민의 권리와 의무는 남성 아테네 시민의 후손에게만 주어졌다(기원전 450년부터는 부모가 모두 아테네 시민이어야 했다). 아테네 시민은 재산에 따라 네 계급으로 나뉘었다. 펜타코시오메딤노이(pentakosiomedimnoi)와 히페이스(hippeis)는 부유한 계급, 제우기타이(zeugitai)는 중간층 농민, 테테스(thetes)는 재산이 거의 또는 전혀 없는 가난한 계급이었다. 4등급 시스템을 만든 사람은 기원전 6세기 초의 솔론(Solon)이었다. 계급은 바뀔 수 있는 것이었다. 그러나 민주주의가 전성기를 구가할 때조차 테테스 계급은 고위 관직을 맡을 수 없었다. 차별이 없지 않았지만 시민권을 가진 사람들은 공통적으로 확실하게 자유를 누릴 수 있었고, 국가 운영에 깊숙이 참여할 수 있었다. 모든 시민은 국가 최고 입법 기관인 민회에 출석하고 발언할 권리가 있었고, 모든 시민에게 발언권이 주어졌으며, 누구나 국가의 주요 기관에서, 즉 배심원으로, 상임위원으로, 행정 관료로 일할 수 있었다(다만 테테스나 제우기타이 계급의 사람들에게는 자리가 허용되지 않는 경우도 있었다).[11]

군대

아테네 시민에게 참정권이 놀라울 정도로 확대되었던 이유를 알고자 한다면 정치와 군복무 사이의 관계를 이해해야 한다. 당시 대부분의 그리스 폴리스들이 그러했듯이 초기 아테네에서 완전한 시민권은 군복무 의무와 결부되어 있었다. 모든 시민은 18세부터 60세까지 군대

---

11 P. J. Rhodes, *A Commentary on the Aristotelian Athenaion Politeia* (Oxford University Press, 1993), pp. 136-49.

에 복무해야 했다. 시민이자 군인으로 참여하려면 토지를 소유하고 있어야 했고, 장갑 보병(혹은 일반 보병)에게 필요한 갑옷과 무기를 스스로 구비해야 했다. 대부분의 그리스 도시-국가에서 참정권은 토지를 소유한 자, 그리고 스스로 무기를 준비하여 전쟁에 나갈 수 있는 자에게만 주어졌다.[12]

기원전 480년대에 접어들며 부상한 아테네의 패권은 해군에 기반을 두고 있었다. 아테네 해군은 3단 갤리선 200~300척을 보유하고 있었다. 배 한 척에는 노 젓는 병사 170명이 탑승했다. 대개는 가난한 테테스 계급의 남성이 그 일을 맡았다. 부유한 시민은 갑옷을 입고 기병이나 보병으로 참여했다. 아테네는 해전에서 페르시아를 꺾고 동맹국들을 아우르는 제국으로 발전했다. 그 과정에서 가난한 계급의 사람들을 포함하여 모든 시민에게로 국가 운영에 참여할 기회가 확대되었다.[13]

사회와 경제

도시 아테네는 단지 정치 및 군사의 중심지가 아니었다. 에게해를 주름잡는 상업 제국의 수도 또한 아테네였다. 상품이 도시로 흘러 들어왔다가 다시 나갔고, 장사를 하고자 하는 사람들이 동부 지중해 전역에서 아테네로 몰려들었다. 민주주의와 제국 체제는 아테네를 기초적인 농업 사회에서 점차 도시화된 지역국가(regional state)로 변모시켰다.

---

12 Victor D. Hanson, *The Western Way of War* (Berkeley: University of California Press, 2000), p. 89.
13 John R. Hale, *Lords of the Sea: The Epic Story of the Athenian Navy and the Birth of Democracy* (London: Penguin Books, 2010), pp. 95-99.

제조업과 무역업이 확대되었고, 그 결과 에게해와 동부 지중해 지역 경제를 아테네가 주도하게 되었다. 아티카 지역은 대체로 밀이나 보리 같은 주식 작물을 재배하기에 적합한 토양이 아니었다. 그래서 농산물 중에서는 올리브유가 주요 수출 품목이었다. 비교적 거대한 인구를 부양하기 위해 곡물은 수입을 해야만 했다(주로 흑해 연안의 오늘날 크림반도에서 수입했다). 아테네에서 가까운 팔레론(Phaleron)과 페이라이에우스(Peiraieús)에 빼어난 항구가 있어서, 라우리온(Laurion) 광산에서 생산된 은을 수출하거나 동맹국들로부터 조공 수입을 거두어들일 때 편리한 통로로 사용되었다. 이를 통해 아테네 시민의 생활 수준(standard of living)도 높아졌다. 아테네 안에서 상업의 중심은 아고라(Agora)였다(그림 13-1). 아크로폴리스 북쪽의 넓은 개방지인 아고라는 시장으로 기능했다. 뿐만 아니라 정부의 핵심 기관, 종교 시설, 정부의 화폐 주조 시설 등이 아고라에 들어서 있었다. 기원전 4세기에 이르러 이곳을 중심으로 교역이 성장하여 오늘날의 시장 경제 비슷한 상황이 만들어졌다.[14]

경제 성장의 결과 아테네는 도시화 또한 가속화되어 국제도시로 성장했다. 내부에는 비록 많지 않지만 이방인도 거주했다. 이들을 메토이코이(metoicoi)라 했다. 메토이코이는 특별 세금을 내고 도시에 거주하며 일을 했고, 여러 가지 사업을 벌였다. 아테네의 가정집은 규모가 작은 편이었다. 완전히 독립적인 주택은 아니어서 주택들 사이에 여유 공간은 거의 혹은 아예 없었다.[15] 아고라나 몇몇 성역을 제외하면 도시 안에

---

14 Edward E. Cohen, *Athenian Economy and Society: A Banking Perspective* (Princeton University Press, 1997), pp. 3-8.

[그림 13-1] 아크로폴리스 재구성, 기원전 4세기 초

15 Peter Connolly, *The Ancient City* (Oxford University Press, 1998), pp. 48-55.

CHAPTER 13 - 아테네, 기원전 5세기

서 개방된 공간도 거의 없었다. 가정집이나 사업용 건물이 밀집되어 있었다. 그중에는 시민이나 메토이코이가 운영하는 작업장도 있었다. 여러 가지 다양한 상품이 여기서 생산되었다. 예컨대 도자기, 군용 장비, 가죽 제품 등이었다. 가게에서 일하는 사람들은 자유민도 있었고 노예도 있었다.

노예는 아테네 곳곳에 스며들어 있었다. 아테네에서 노예의 중요성은 아무리 강조해도 지나치지 않다. 겸손한 아테네 농부조차 노예 몇 명쯤은 데리고 있었다. 국가 기관이나 종교 조직에서도 마찬가지였다. 추산해보면 아테네 인구의 거의 절반 정도가 노예였다. 노예는 아테네 경제의 척추와 같았다. 그러나 그들은 아테네 법의 보호를 받을 권리가 없었으며 재산, 즉 동산(動産, chattel property)으로 취급되었다. 노예는 소유자의 마음대로 사용하고 처분할 수 있는 존재였다. 임대도 가능했고 매매도 가능했다. 은을 캐는 광산에서 일하거나 작업장이나 건설 현장에 전문 기술자로서 투입되었다. 사무 처리를 하는 행정 요원이나 교사로 채용되는 경우도 있었고, 시내 곳곳에 있는 사창가의 작부도 대부분 노예였다.[16] 노예 노동이 없었다면 이른바 서구 문명의 요람은 진작 무너졌다고 해도 과언이 아닐 것이다.

아테네에는 토지 소유 귀족도 존재했다. 그들의 계보는 대개 전설적 영웅 시대까지 이어졌으며, 시와 음악 및 체육 교육의 페이데이아(paideia, 문화)를 공유했다. 그리스 문화권의 귀족이라면 누구나 페이

---

16 Edward E. Cohen, *The Athenian Nation* (Princeton University Press, 2000), pp. 130-32.

데이아를 인정했다. 철학자 플라톤(Platon) 같은 일부 귀족은 민주정에 반대했던 것으로 유명하다. 그러나 같은 귀족 중에서도 페리클레스(Pericles)와 키몬(Cimon)은 선출된 장군으로서 국가를 위한 직책에 종사했고, 민주주의를 성취한 지도자로 평가되고 있다. 또한 아테네에서 가장 부유한 시민은 정기적으로 레이투르기아(leiturgia), 즉 공공을 위한 특별 세금을 내도록 했다. 이 돈은 예를 들면 3단 갤리선 건조 비용 등으로 쓰였다. 아테네의 귀족은 하층 계급 사람들과 정치 권력을 나누고 특별 세금도 내야 했지만, 기꺼이 아테네에서 살았고 적극적으로 민주정을 지원했다. 더욱이 아테네의 부자들은 소송을 당하거나 정치적 공격을 받을 때 스스로를 방어하기 위한 핵심적 수단으로 레이투르기아를 이용하기도 했다.[17]

반면 아테네의 여성은 (전근대 사회에서 일반적으로 그러했듯이) 정치적 참정권이나 법률적 권한을 갖지 못했고, 그리스 세계에서 가장 은폐된 존재 중 하나였다. 상류 사회 아테네 여성은 종교 축제에 참석하는 것 말고는 집을 떠나는 일이 거의 없었다. 나가야 할 일이 있을 때는 집안의 남성을 동반해야 했다. 교육받은 여성의 사례는 극히 드물지만, 부유한 엘리트 계층에 속하는 여성도 있었고(고대 문헌에서는 이에 대하여 언제나 의심의 눈길을 숨기지 않았다), 값비싼 창녀도 있었다. 후자의 경우, 돈을 지불하는 남성 손님과 더욱 긴밀한 관계를 맺기 위해 교육이 활용되었던 것이다. 가난한 여성은 농장에서 일해서 농산물이나 다른 물건

---

17 John Kenyon Davies, *Athenian Propertied Families 600-300 BC* (Oxford University Press, 1971), pp. xvii–xxxi.

을 팔거나, 혹은 유모로 일하며 식구들을 부양해야 했다. 그래도 이들은 부유한 집안의 여성에 비해 이동의 자유가 훨씬 큰 편이었다.[18]

교육과 철학

아테네에서 비석에 글자를 새겨 시민에게 공표한 문서가 확연히 증가하기 시작한 시기는 기원전 5세기 중엽이었다. 이는 당시 아테네 시민의 문자 해독 능력이 상승했기 때문일 것으로 추정된다. 게다가 교육은 당시 빈번했던 소송이나 민주정 참여 과정에서 부와 권력에 접근할 수 있는 핵심 통로였다. 수사학 훈련은 정치 권력의 수단으로 특히 중요했으며, 재산을 노린 소송에서도 방어를 위해 중요한 수단이었다.

설득력 있는 논설에 대한 관심이 높아지자 그리스 문화권 전역에서 최고의 (그래서 가장 비싼) 교사들이 아테네로 몰려들었다. 특히 오래 살아서 유명했던 레온티노이(Leontinoi)의 고르기아스(Gorgias, c. 483~375 BCE)도 그런 인물이었다. 그는 아무리 모호한 문제라도 명확히 논증하는 수사학의 위력을 보여주었으며, 대중 앞에 나서서 연설을 해야 하는 사람들이나 이후 글을 써야 하는 사람들에게 큰 영향을 미쳤다. 고르기아스 같은 소피스트들은, 알려진 바와 같이 학생들에게 어떤 논쟁에서도 이길 수 있도록 해준다고 광고하면서 많은 비용을 요구했다.[19] 플라톤의 《대화편》에 따르면 프로타고라스(Protagoras)는 아테네 귀족(칼리아스)의 집에 유숙하고 있었다. 칼리아스는 광산에서 일할 노예를 임대해

---

18 Anton Powell, *Athens and Sparta: Constructing Greek Political and Social History from 478 BC* (New York: Routledge, 2001), pp. 348-403.
19 W. K. C. Guthrie, *The Sophists* (Cambridge University Press, 1971).

주고 큰돈을 번 부호였다. 소크라테스(479~399 BCE)는 칼리아스의 저택으로 찾아가 프로타고라스와 머리를 맞대고 논쟁을 벌였다. 주제는 현명한 정치적 결정을 내리는 법을 과연 가르칠 수 있는가 하는 문제였다. 이들의 논쟁은 결론을 맺지 못했다. 그러나 소크라테스는 결국 프로타고라스가 스스로 가지고 있지도 않은 지식을 주장한다는 사실을 입증하는 데 성공했다.

소크라테스의 아버지는 석공이었고 어머니는 산파였다. 애초 그는 자연철학을 공부했지만 나중에는 이를 거부했는데, 자연철학은 그가 활동한 시대의 그리스에서 가장 우선적인 탐구 대상이었다. 뿐만 아니라 소크라테스는 다른 소피스트들의 상대주의와 불가지론에도 반대했으며, 지식과 덕(德)을 기반으로 한 윤리적·도덕적 원리를 탐구하고자 했다.[20] 소크라테스는 권위보다는 질문과 추론을 통한 지식 탐구를 원했다. 그래서 그는 서양의 윤리학 및 도덕 철학의 선구자로 인정받는다. 그가 스스로 남긴 저서는 전무하지만 그의 제자들, 주로는 플라톤(428~348 BCE)이 남긴 글을 통해 그의 이야기가 오늘날까지 전해지고 있다.

플라톤은 그의 스승 소크라테스의 인식론적 질문에서 시작해 독창적이고 심오한 철학자의 길로 나아갔다. 그의 주장에 따르면, 관념적 존재인 "원형(原形, Form)"들이 현실을 만들어내고, 우리의 주변을 둘러싸고 있는 물리적 세계는 실체가 아니라 단지 그림자에 불과하다.[21] 플라

---

20 James A. Colaiaco, *Socrates against Athens* (New York: Routledge, 2001), pp. 99-104.

톤이 만들어낸 지적 용광로에서 탄생한 또 하나의 작품이 바로 아리스토텔레스(384~322 BCE)였다. 그는 플라톤의 제자였으며, 메토이코이(이방인 거주자)였다. 아마도 그는 서구 역사상 가장 박식한 학자였을 것이다. 스승 플라톤의 형이상학적 이론을 혁파하고 물리적 세계를 체계적으로 이해하고자 한 아리스토텔레스는 결국 생물학, 정치학, 문학 비평 등 수많은 분과 학문의 창시자가 되었다.[22]

종교

소피스트들은 대개 신학적 회의론의 입장을 취했다. 그럼에도 불구하고 아테네 시민들은 태어나서부터 죽을 때까지 수많은 신들의 예배에 갇혀 있었다. 신을 위한 예배는 개인적 차원의 일일 뿐만 아니라 심각한 사회 현상이었다. 신들의 이름으로 수많은 축제와 희생 의례가 공적 비용으로 개최되었다. 이외에도 아테네에서 조성된 유명 건축물의 대부분은, 적어도 부분적으로나마 종교적 이유에서 건축되었다. 오늘날과 같은 "정치와 종교의 분리"라는 개념은 기원전 5세기 아테네인에게 매우 낯선 이야기가 아닐 수 없었다.

아테네에서 종교적 관습은 광범위하게 퍼져 있었고 공적 성격을 띠었다. 모든 시민이 요람에서 무덤까지 종교와 관련이 되었다. 시민이 태어난 이듬해 가을, 어린 소년은 프라트리아(phratria, 형제단)에 등록되고, 아이의 머리카락 한 줌은 아파투리아(Apatouria) 축제 기간 제우스의 제

---

21 G. M. A. Grube, *Plato's Thought* (Boston: Beacon Press, 1958), pp. 1-50.
22 Georgios Anagnostopoulos, *A Companion to Aristotle* (Oxford: Wiley-Blackwell, 2009), pp. 3-15.

단(Phratrios)에 바쳐졌다(소녀의 경우, 여신 아테나의 제단에 바쳤다).[23] 프라트리아 가입 여부는 시민권의 가장 중요한 근거가 되었다. 가난한 아테네 청년은 일찍부터 장사를 배우거나 농장에서 일했다. 그러나 부유한 가정의 젊은이들은 김나시온(Gymnasion)에 들어가서 교육을 받고 공부했다. 김나시온에는 다양한 신들의 제단이 설치되어 있었다. 예컨대 아테네에 있는 김나시온 가운데 하나인 아카데메이아(Academeia)에는 에로스(Eros) 신, 또 다른 김나시온인 리케이온(Lykeion)에는 아폴론(Apollon) 신의 제단이 있었다. 레슬링 학교인 팔라이스트라(palaestra)에는 헤르메스(Hermes)나 헤라클레스(Heracles) 같은 다른 신들의 제단을 모셨다.[24] 학생이 점차 성년에 가까워지면 에페보스(ephebos, 청소년)라 했는데, 에페보스는 초보적 군사 훈련을 받아야 했다. 에페보스의 맹세 내용에는 아티카 지역의 경계뿐만 아니라 도시의 중요한 사원과 신격화된 장소를 지키겠다는 서약이 포함되어 있었다.[25] 젊은 여성들은 브라우로니아(Brauronia, 아티카 지역 도시 중 하나)에 있는 여신 아르테미스(Artemis) 사원으로 가서 조그만 어린이의 조각상을 바치며 건강한 아이를 낳게 해달라는 소원을 빌었다.[26] 정치적 관심이 많은 아테네 시민이

---

23 S. D. Lambert, *The Phratries of Attica* (Ann Arbor: University of Michigan Press), pp. 25-57.
24 W. S. Morison, "An Honorary Deme Decree and the Administration of a Palaistra in Kephissia," *Zeitschrift für Papyrologie und Epigraphik* 131 (2000): 93-98.
25 Robin Osborne and P. J. Rhodes (eds.), *Greek Historical Inscriptions 404-323 BC* (Oxford University Press, 2003), pp. 440-45.
26 M. Poulkou, "Arkteia: Überlegungen zu den nackten 'Bärinnen' in Brauron," in *Akten des 10. Österreichischen Archäologentages in Graz* (Vienna: Phoibos,

라면 민회를 개최할 때 돼지를 희생 제물로 바치는 의례를 목격했을 것이다.[27] 또한 아테네에서는 많은 종교 축제가 개최되었는데, 그중에서도 가장 중요한 축제는 판아테나이아(Panathenaea) 축제였다. 축제는 다양한 행사들로 구성되었다. 횃불 전달, 퍼레이드, 운동 경기, 도시의 수호신 아테나를 경배하는 장면 등이 연출되었다.[28] 아테네 시민은 결혼할 때 개인적으로 서약을 했다. 제우스의 화신 호르키오스(Zeus Horkios)가 서약을 보증했다. 여신 헤라가 결혼 생활을 감독하고, 가족의 건강은 여신 헤스티아(Hestia)가 돌보아주었다. 아이를 위해 기도하려면 여신 에일레이티이아(Eileithyia)를 찾아야 했다.[29] 성년이 된 후 어느 시점에는 도시 엘레우시스(Eleusis) 가까이에 있는 여신 데메테르(Demeter)의 신비주의 의례에 참여하도록 초청받을 기회가 주어졌다.[30] 병이 들면 본인이나 가족이 치유의 신 아스클레피오스(Asklepios)에게 기도하거나 공물을 바쳤다. 아테네 시민이 사망한 뒤에는 여러 의례를 거친 뒤 시신을 태운 재를 매장했다. 그래야 그의 영혼이 지하 세계를 제대로 여행할 수 있다고 믿었다.[31] 아테네 시민이라면 누구나 살아가면서 공물을 바치고 기도

2006), pp. 155-59.
27 Hansen, *The Athenian Democracy*, p. 142.
28 Alan L. Boegehold, "Group and Single Competitions at the Panathenaia," in Jenifer Neils (ed.), *Worshipping Athena: Panathenaia and Parthenon* (Madison: University of Wisconsin Press, 1996), pp. 95-105.
29 Walter Burkert, *Greek Religion* (Cambridge, MA: Harvard University Press, 1985), pp. 170-71.
30 George E. Mylonas, *Eleusis and the Eleusinian Mysteries* (Princeton University Press, 1961), pp. 237-43.
31 Robert Garland, *The Greek Way of Death* (Ithaca, NY: Cornell University Press, 2001), pp. 21-37.

를 올리고 희생 의례에 참여했다. 일생에 걸쳐 참여한 모든 종교 활동을, 위의 간략한 목록만 가지고 빠짐없이 기술했다고 말하기는 어렵다.

종교적 축제는 아직 아이를 출산하지 않은 여인이 대중 앞에 모습을 드러낼 수 있는 드문 기회에 속했다. 여신 데메테르를 위한 테스모포리아(Thesmophoria) 축제의 경우, 가을에 개최되었으며 오직 기혼 여성만 참여할 수 있었다. 도시의 중요한 신들 가운데 여성이 성직자로 봉직해야 하는 경우가 있었는데, 이는 주로 남성이 압도적으로 주도한 사회에서 그나마 여성이 공적 업무를 수행했던 유일한 사례다. 여신 아테나 폴리아스(Athena Polias)의 성직자는 여성이었는데, 이들의 업무는 도시 아테네의 종교 시설 가운데 특히 중요했고, 아테네에서 가장 유서 깊은 귀족 가문의 여성이 그곳에서 일했다.[32]

마지막으로, 기원전 5세기 아테네에서 가장 인상적인 건물들은 사원이었다. 예를 들면 헤파이스토스(Hephaistos) 신전 같은 건물로, 지금도 아고라의 서편 언덕 위에 우뚝 서 있다. 그리스의 다른 폴리스에서도 마찬가지였다. 사원은 예배의 장소라기보다는 신의 조각상을 모시기 위해 건축되었다. 그와 같은 건축물들이 가장 인상적으로 늘어서 있는 곳이 바로 아크로폴리스다. 그곳이 도시의 종교적 핵심이었다. 아크로폴리스에는 사원, 제단, 공물로 가득한 보물 창고들이 잔뜩 들어서 있었고, 또한 신을 경배하기 위해 조각상들이 세워져 있었다.

아프로디테의 제단 등 수많은 제단이 도시의 북쪽에서부터 아고라

---

32 Christiane Sourvinou-Inwood, *Athenian Myths and Festivals* (Oxford University Press, 2011), pp. 263-66.

로 들어오는 길가에 늘어서 있었다. 그러한 제단들도 경배와 희생 의례의 중심지였다.[33] 신분의 고하를 막론하고 아테네 시민은 그곳에서 희생 제물을 바쳤으며, 또는 최소한 신의 증오를 피하고 가호를 비는 기도를 올렸다.

건축과 미술

부와 종교적 열정, 미와 기술 혁신, 아테네 권력을 과시하고자 하는 욕망 등이 결합하여 이 시기 미술과 건축은 기적적 성과를 거두었다. 당시의 성취는 물병에 그려진 그림, 조각, 파르테논 신전, 에레크테이온 신전 등등의 유적과 유물에 남아 있다.

기원전 7세기 말부터 아테네는 이웃 도시 코린토스와 함께 흑색그림도기(black figure pottery)의 중심지였다. 흑색그림도기는 그리스 전역에서 유행했다. 기원전 6세기 이탈리아 북부의 에트루리아 고분에서도 상당량의 흑색그림도기가 발견되었다.[34] 도기의 그림은 신화나 일상생활을 모티프로 하며, 주로 심포지아(symposia, 남자들이 모여서 술을 마시는 회합) 혹은 특별한 모임에서 사용되는 병과 그릇이었다. 기원전 530년경 아테네에서 적색그림도기(red figure pottery)로 알려진 새로운 기법의 도기가 생겨났고, 기원전 5세기 초에 흑색그림도기를 대체하게 되었다. 다만 판아테나이아 경기에서 상으로 주는 암포라(amphora) 등은 바

---

33 John McK. Camp, *The Athenian Agora* (London: Thames and Hudson, 1986), pp. 56-57.
34 John Boardman, *Athenian Black Figure Vases* (London: Thames and Hudson, 1974), pp. 9-11.

꿰지 않았다.[35] 새로운 적색그림도기에서 예술가들은 움직임과 자연을 더욱 다양하게 표현했고, 유행은 그리스 문화권 전역으로 빠르게 확산되었다. 클레오프라데스(Kleophrades, 적색도기에 그림을 그린 화가의 이름은 대부분 알 수 없는데, 다만 어느 한 점의 유물에 클레오프라데스라는 서명이 남아 있어, 적색도기 화가를 통칭할 때 학계에서는 편의상 클레오프라데스 화가라 한다. – 옮긴이)가 남긴 트로이 약탈의 끔찍한 장면에는 전사들의 꿈틀거리는 근육, 어린 아스티아낙스(Astyanax)의 잘려 나간 신체, 비탄에 잠긴 트로이의 왕 프리아모스(Priamos)가 그려져 있다. 프리아모스도 아테나 여신의 제단에 앉아 있다가 끝내 비참하게 죽어갔다(그림 13-2).[36] 이 그림이 완성되기 직전 아테네 또한 점령군에게 약탈을 당하고 신전이 파괴된 적이 있었다. 기원전 480년 페르시아 군대가 쳐들어왔기 때문이다. 그러므로 신화의 묘사는 과거 트로이 전쟁 때가 아니라 페르시아 군대의 약탈 사건에 대한 비판으로 받아들여질 수 있다.

이와 비슷한 경우로, 신화적 내용과 당시의 주제를 섞어서 보다 직접적으로 표현한 그림이 거대한 벽화로 있었다. 기원전 460년대에 그려진 그림으로, 아고라 북쪽 끄트머리에 있었던 스토아 포이킬레(Stoa Poikile)다. 벽화 제작에는 미콘(Mikon), 파나에누스(Panaenus), 폴리그노토스(Polygnotos) 등 당시 유명 화가들이 참여했으며, 트로이 전쟁의 신화적 장면, 전설 속 위대한 영웅이자 아테네의 왕 테세우스가 아마존을

---

35 Dyfri Williams, "Refiguring Attic Red-Figure: A Review Article," *Revue Archéologique* 2 (1996): 227-52.
36 John Boardman, "The Kleophrades Painter at Troy," *Antike Kunst* 19 (1976): 3-18.

〔그림 13-2〕 트로이 멸망을 보여주는 도기 그림

상대로 승리하는 장면, 아테네 군대가 마라톤 평원에서 페르시아 군대를 상대로 승리하는 장면, 이보다 사소한 충돌이지만 오에노에(Oenoe)에서 스파르타를 물리치는 장면이 나란히 배치되어 있었다. 그러나 기원후 4세기 로마 군대에 의해 파괴되어버려서 지금으로서는 당시 예술가들의 업적을 상상해보는 수밖에 없다.[37]

---

37 John McK. Camp, *The Archaeology of Athens* (New Haven, CT: Yale University Press, 2001), pp. 67-69 and 231-32.

조각 분야에서는 비록 기원전 5세기 최고의 걸작들이 대부분 사라지고 없지만, 회화에 비해 근거 자료가 많이 남아 있는 편이다. 부분적으로 금과 상아로 장식된 거대한 제우스 신상은 페이디아스(Pheidias)의 작품으로, 높이가 40피트(약 12미터) 이상이었다. 신상은 올림피아에 있는 제우스 신전에 안치되어 있었다. 오늘날 고대 세계의 7대 불가사의 중 하나로 꼽히는 작품이다. 페이디아스는 제우스 신상을 제작하기 전에 이미 아크로폴리스에 있는 파르테논 신전의 조각상 제작을 지휘하여 두각을 나타낸 바 있었다(그리스 역사상 가장 야심에 찬 신전 건축이었다). 파르테논 신전의 백미 또한 금과 상아로 장식한 신상이었는데, 여기서는 아테나 신상이었다. 오늘날에는 후대 작가들의 글과 복제품이 남아 있다.[38] 다만 파르테논 신전의 장식품들 가운데 중요한 부분은 오늘날 실물이 남아 있다. 이를 통해 당시의 기술력과 혁신을 충분히 엿볼 수 있다. 동서측 박공벽(pediment)을 장식한 거대 조각상들은 여신 아테나의 탄생을 축하하는 내용과, 포세이돈과 아테나의 경쟁을 주제로 했다. 여신과 도시의 역사에서 중요한 순간들을 포착하여 아름다운 작품으로 완성했다. 기둥의 상단(metope) 패널에도 부조가 새겨져 있는데, 문명 세계와 야만 세계의 투쟁을 주제로 했다. 예컨대 라피타이(Lapithai)와 켄타우로스(Centauros)의 투쟁이다. 가장 혁신적이고 놀라운 장면은 벽면 상단 띠 모양 장식(frieze)인데, 여기에 아테네 시민이 판아테나이아 축제에서 행진하는 장면이 조각되어 있다.[39] 특히 기마인물상이 눈길을 끄

---

38 Jeffrey M. Hurwit, "The Parthenon and the Temple of Zeus at Olympia," in Judith M. Barringer and Jeffrey M. Hurwit (eds.), *Periklean Athens and Its Legacy* (Austin: University of Texas Press, 2005), pp. 135-45.

[그림 13-3] 파르테논 신전의 기마인물상
서측 벽 상단 장식(frieze).

는데, 말과 기수의 자연스러운 묘사가, 비록 이상화된 형태겠지만, 워낙 생생하게 표현되어 있어 동세와 감정이 충분히 느껴진다(그림 13-3).

파르테논 신전 건축은 놀라울 만큼 천재적인 업적이었다. 대부분은 현장에서 가까운 펜텔레(Pentele)산에서 나온 대리석을 재료로 사용했고, 구조적으로 수많은 시각적 장치를 활용했다. 그래서 오늘날까지 웅장한 신전의 위용에 손색이 없다. 또한 수많은 지진과 인간의 공격에도 불구하고 2500년 이상을 견뎌냈다. 건축 비용은 대부분 동맹 소속 폴리스들이 부담했으며, 주로 아테나 여신상을 안치하고 델로스 동맹의 재

---

39 Jenifer Neils, *The Parthenon Frieze* (Cambridge University Press, 2001), pp. 49-60.

물을 보관하는 곳으로 사용되었다(건축 공사는 기원전 447년에 시작했는데, 그로부터 약 7년 전인 기원전 454년에 델로스섬에 있던 동맹 금고를 아테네로 옮겼다).[40] 파르테논 신전은 아테네의 권력과 동맹 주도권을 과시하는 상징이었다.

문학과 음악

과감한 혁신과 대중적 인기가 결합된 분야는 또 있었다. 그것은 바로 비극(tragedy) 및 희극(comedy) 작가들의 위대한 성취였다. 그들의 작품은 당시 아테네에서 국가적으로 지원하는 종교 축제에서 공연되었다. 이외에도 다른 문학 작품과 음악 또한 발달했으며, 역사서 같은 새로운 산문 장르도 출현했다. 기존에는 페레키데스(Pherecydes)나 헤카타이오스(Hecataios) 같은 작가들이 신화적으로 지리를 해설하는 작품들이 유행했는데, 헤로도토스(Herodotos)나 투키디데스(Thucydides) 같은 작가들의 합리적 분석에 근거한 역사서가 등장하여 산문 장르의 신기원을 만들어냈다.

기원전 6세기 후반기 아테네는 참주 페이시스트라토스(Peisistratos)의 통치 아래 문학 예술의 중심지로 부상했다. 그는 디오니소스 축제에서 비극 공연을 후원했다. 초기 공연에 관한 구체적 내용을 오늘날 상세히 알 수는 없지만, 코러스(chorus)가 등장했고 배우 한 사람이 여러 역할을 담당했던 것 같다. 이후 민주정 시대가 된 뒤에도 디오니소스 축제

---

40 Jeffrey M. Hurwit, *The Athenian Acropolis* (Cambridge University Press, 1999), pp. 50 and 161-69.

기간 아크로폴리스에서 비극 공연이 계속되었고, 그 비용 또한 공적 자금으로 지출되었다. 어떤 작품을 공연할지 선정하는 업무는 정부의 관리가 담당했다. 선정된 작품마다 코러스를 배정해주었는데, 코러스 비용은 부유한 시민이 의례를 위해 지불한 기부금으로 충당했다.[41]

당시의 많은 비극 작가들이 알려져 있지만, 그중에서도 페르시아 전쟁의 영웅이기도 한 아이스킬로스(Aiskhylos, c. 525~456 BCE)가 비극의 아버지로 일컬어졌다. 아이스킬로스는 원래 배우가 단 한 명만 등장하는 비극 공연에 제2의 배우를 등장시켰고, 무대 장치와 의상을 본격적으로 연출했기 때문이다.[42] 아테네 비극 장르에 획기적 혁신을 가져온 또 한 사람은 바로 소포클레스(Sophocles, c. 496~405 BCE)였다. 그는 50년이 넘도록 비극 장르에 종사했다. 그는 아이스킬로스의 작품을 계승하여 더욱 발전시켰으며, 제3의 배우까지 등장시켰고, 배우와 극의 구조를 더욱 고도화했으며, 나아가 코러스에 관한 글까지 저술했다고 한다. 안타깝게도 그의 글은 오늘날 전하지 않는다.[43] 소포클레스는 스토아 포이킬레(Stoa Poikile) 벽화에서 기념된 마라톤 전투에 장군으로 참전한 아이스킬로스와 마찬가지로 적어도 한 번 이상 장군으로 선발된 적이 있었다. 그리고 재앙으로 막을 내린 시칠리아 원정에서 소포클레스는 또 한 차례 고위직으로 선발되었는데, 그때 그의 나이는 80대였다고

---

41 Robin Osborne, "Competitive Festivals and the Polis: A Context for Dramatic Festivals at Athens," in P. J. Rhodes (ed.), *The Athenian Democracy* (Oxford University Press, 2004), pp. 213-20.
42 John Herington, *Aeschylus* (New Haven, CT: Yale University Press, 1986), pp. 1-31.
43 Ruth Scodel, *Sophocles* (Boston: Twayne Publishers, 1984), pp. 1-11.

한다. 아이스킬로스, 소포클레스와 함께 아테네의 3대 비극 작가로 일컬어지는 에우리피데스(Euripides, 480~406 BCE)는 공직을 맡은 적이 없었다. 에우리피데스와 대중의 관계는 단순하지 않았다. 에우리피데스가 성인이 되었을 무렵 세속에서는 아테네의 패권이, 지성계에서는 소피스트의 지식이 전성기를 구가하고 있었다. 에우리피데스는 비극의 한계를 더욱 밀고 나갔다. 예컨대 《알케스티스(Alcestis)》에서는 부분적으로 뷔를레스크(burlesque, 선행 작품을 패러디하는 기법 – 옮긴이)를 실험했으며, 전쟁의 결과를 전혀 다른 관점에서 보여주는 《트로이의 여인들》과 여성의 분노를 보여주는 《메데이아(Medeia)》 같은 작품을 선보였다.[44] 이전의 작가들과 달리 에우리피데스는 살아생전보다 사후에 더 인기를 끌며 큰 영향을 미쳤다.

이외에도 수십 명의 위대한 아테네 극작가가 있었다. 예컨대 프라티나스(Pratinas)나 아가톤(Agathon) 같은 이름이 알려져 있다. 그러나 그들의 작품은 남아 있는 것이 없으며, 그들의 이름만이 후대의 기록에서 언급되었을 뿐이다. 또한 (무용은 연극 공연에서 굉장히 중요한 부분이었음에도 불구하고) 공연 당시의 안무를 우리는 알지 못한다. 코러스가 노래할 때 함께 연주했던 음악도 전하지 않는다. 그나마 살아남은 몇몇 작품에서조차 사정은 마찬가지다. 당시 아테네에 다몬(Damon)이라는 이름의 음악학자가 있었다고 한다. 그는 특정 리듬과 박자의 분석뿐만 아니라 도덕에 미치는 음악의 영향, 그러므로 교육에서 음악이 하는 역할에 대

---

44 Ann N. Michelini, *Euripides and the Tragic Tradition* (Madison: University of Wisconsin Press, 1987), p. 94.

한 글을 남겼다.[45] 그의 글은 오늘날 남아 있지 않지만 당시 아테네 지성계에서 음악은 중요한 주제였으며, 적어도 그 문제에 있어서 아테네 사람들이 최선두에 서 있었다고 말할 수 있다.

기원전 5세기 아테네에서 발달했던 또 하나의 장르는 희극(comedy)이다. 비극(tragedy)과 마찬가지로 종교적 축제에서 공적 자금으로 공연되었다. 희극 경연 대회는 디오니소스 축제나 레나이아(Lenaea) 축제의 일환으로 매년 개최되었다. 레나이아 축제 또한 디오니소스를 위해 매년 1월에 개최되는 축제였다. 많은 작품을 남겼다고 하는 희극 작가의 이름은 에우폴리스(Eupolis)나 플라톤(Platon) 등 수십 명이 알려져 있지만, 실제 희극 작품은 아리스토파네스(Aristophanes, c. 445~380 BCE)가 쓴 11편만이 전해지고 있다. 살아남은 작품들을 통해 우리는 당시의 희극이 정치 및 사회적 현실을 얼마나 신랄하고도 과감하게 비판했는지 알 수 있다. 온순한 비극의 본성(예컨대 무대에서 폭력이 일어나서는 안 된다)과 달리 희극에서는 외설적이고 노골적인 성적 표현들이 등장했다. 예컨대 《리시스트라테(Lysistrate, 여자의 평화)》 같은 작품에서 그리스의 여성들은 아테네와 스파르타의 전쟁을 멈추기 위해 섹스 파업을 일으키는데, 오늘날에 비추어 보더라도 상당히 충격적인 줄거리다. 민주정 자체를 비난하는 일을 제외하고는 희극 작가에게 별다른 제한이 없었다. 아테네 정치 지도자들(《Acharnians》)이나 인기 있는 비극 작가들(《Thesmophoria》)의 성생활을 고발했고, 주요 학자들의 동기(《Clouds》)

---

45 Robert W. Wallace, "Damon of Oa: A Music Theorist Ostracized?" in Penelope Murray and Peter J. Wilson (eds.), *Music and the Muses: The Culture of Mousike in the Classical Athenian City* (Oxford University Press, 2004), pp. 249-67.

혹은 아테네 남성의 지혜(《Lysistrata》)까지 문제 삼기도 했다. 희극 작가들은 관객이 보는 앞에서 이러한 문제를 웃음거리로 만들었다.[46]

이와 같은 문학적 혁신과 문제 제기는 비단 희곡이나 대중 공연 혹은 음악에 한정된 것이 아니었다. 산문 작품에서도 이와 같은 흐름이 나타났다(산문은 당시 상대적으로 최근에 등장한 장르였다). 헤로도토스나 투키디데스 같은 위대한 역사가들이 출현했기 때문이다. 그들의 출발점은 이오니아 철학이었는데, 합리성을 추구하며 자연현상에 대한 신학적 해답을 거부했다. 기원전 6세기 말에 이르러 세계를 지리학적으로 이해하고자 하는 여러 작가들이 출현하여, 대중적으로 알려진 그리스 신들과 영웅들의 신화적 이야기까지 합리적으로 재검토하고자 했다. 예컨대 아테네의 페레키데스(Pherecydes) 같은 신화이론가들이 출현했다. 그들은 과거의 신화와 최근의 사건을 논리적으로 연결하고자 했으며, 심지어 당시를 살아가고 있는 개인과 과거의 신화를 연결하기도 했다.[47] 이오니아에서 가까운 할리카르나소스(Halicarnassos) 출신의 헤로도토스(c. 484~425 BCE)는 페르시아 전쟁에 관해 이야기했는데, 이는 그리스의 관점에서 과거를 이해하는 전혀 새로운 방식이었다. 그의 저서는 단지 양측의 전쟁을 기술할 뿐만 아니라 히스토리아이(historiai), 즉 조사 결과를 보여주었다. 이를 통해 독자들은 방대한 민족학적 및 지리학

---

46 Jeffrey S. Rusten, *The Birth of Comedy* (Baltimore, MD: The Johns Hopkins University Press, 2011), pp. 16-26.
47 W. Morison, "Pherekydes of Athens (3)," in *Brill's New Jacoby* (Leiden: Brill, 2011), http://referenceworks.brillonline.com.ezproxy.gusu.edu/entries/brill-s-new-jacoby/pher ekydes-of-athens-3-a3?s.num=4.

적 지식을 얻을 수 있었고, 더불어 아테네는 물론 페르시아, 리디아, 스파르타의 과거 정치 및 사회사를 이해할 수 있었다. 그리스 문화권 전반에 관한 그의 지식은 대부분 아테네에서 습득한 것이었다. 그는 자료를 수집하는 방대한 네트워크를 구축하고 그가 획득한 자료에 관해 얘기했을 뿐만 아니라 전해 들은 여러 가지 이야기까지 모두 펼쳐놓았다. 그래서 때로는 서로 상충되는 이야기들도 있었는데, 그는 이를 그대로 드러내서 독자들이 판단할 수 있도록 했다. 오늘날 학자들에게는 그의 저술이 불완전하고 미진해 보일 수도 있겠지만, 헤로도토스는 당시에 과거의 사건을 증거에 입각하여 비판적으로 검토하는 새로운 방식을 제시한 것이었다. 후대 역사가들의 분석에 따르자면 그는 아테네의 정치가이자 장군인 투키디데스(c. 460~395 BCE)에게 영향을 미쳤고, 투키디데스는 그의 시대에 겪은 주요 전쟁에 관한 역사서를 남겼다.[48]

펠로폰네소스 전쟁에 관한 한 투키디데스의 설명은 헤로도토스의 저술과는 전혀 방향이 달랐다. 투키디데스는 전쟁의 시작부터 이야기했고, 저자 자신이 아테네의 장군으로 전쟁에 참여했으며, 전투에서 실패한 책임을 지고 아테네 시민으로부터 추방당하기도 했다. 그는 이야기를 구성하는 방식과 그가 강조하고자 하는 주요 주제를 명시했다. 그러나 근거를 제시하는 일은 거의 없었고, 가끔 서로 모순되는 내용이 포함되기도 했다. 신화나 일화를 거론하지 않는 그의 건조한 서술 방식 때문에 연구자들은 그가 객관적이며 냉정하게 역사를 서술했다고 평가하는 경우

---

48 David Asheri, Alan B. Lloyd, and Aldo Corcella, *A Commentary on Herodotus Books I - IV* (Oxford University Press, 2007), pp. 3-11 and 55-56.

가 많았다. 그러나 페리클레스(Pericles) 같은 정치가에 대한 편견이나 클레온(Cleon) 같은 인물에 대한 반감은 거의 노골적으로 드러나 있다. 게다가 인간 세상의 사건을 이야기하면서 정의롭지 못한 일은 인과응보의 결과로 설명하려 했던 헤로도토스와 달리, 투키디데스는 인간 본성의 더욱 깊고 어두운 측면을 보았으며, 그가 보기에 "시대를 막론하고" 모든 인간이 그러했다. 투키디데스는 당시의 초기 의학 서적에서 영향을 받았다. 그래서 역사가를 인간의 상황을 분석하는 일종의 자연학자로 간주했으며, 이런 관점은 후대의 많은 역사가들에게 영향을 미쳤다.[49]

기원전 5세기 말경 아테네에서는 두 가지 새로운 장르가 성장했고, 기원전 4세기에 이르러 전성기를 맞이하게 되었다. 그것은 바로 철학적 대화와 연설이었다. 그리스 웅변술의 역사는 과거 호메로스의 시대까지 거슬러 올라갈 수 있겠지만, 정치 연설에서부터 법정 소송 변론과 심지어 과시적 언변에 이르기까지 전면적으로 수사학적 분석이 동원된 것은 소피스트의 부상과 함께 나타난 경향이었다. 언어의 리듬, 중단 없는 연결, 단어 선택, 적절한 비유법의 사용 등을 면밀히 분석함으로써 아테네의 리시아스(Lysias, c. 445~380 BCE) 같은 작가나 데모스테네스(Demosthenes, 384~322 BCE) 같은 정치가는 기원전 4세기에 설득력 있는 웅변 이론의 결정판을 완성하게 되었다.[50] 아테네 최고의 산문 작가

---

49 Roberto Nicolai, "Thucydides Continued," in Antonios Regakos and Antonis Tsakmakis (eds.), *Brill's Companion to Thucydides* (Leiden: Brill, 2006). pp. 710-19, and Luciano Canfora, "Thucydides in Rome and Late Antiquity," in Regakos and Tsakmakis (eds.), *Brill's Companion to Thucydides*, pp. 721-53.
50 Stephen Usher, *Greek Oratory: Tradition and Originality* (Oxford University Press, 2007).

라 하면 단연 플라톤이지만, 그는 아마도 웅변가는 아니었을 것이다(그는 수사학이 도덕적이지 못하다며 비난하기도 했다). 그러나 철학자 플라톤의 저서 《대화편》에는 기원전 5세기 아테네의 지성계에서 가장 강렬했던 장면들이 문학적 필치로 묘사되어 있다.[51] 《대화편》의 주인공 소크라테스가 사실은 잘 모르면서 안다고 착각하는 당시 아테네인의 무지(無知)를 상대로 영웅적 투쟁을 벌이는 장면이었다. 소크라테스의 승리에 대해서 아테네의 배심원은 사형 선고로 복수했다.

세계사와의 연결 고리

전성기에도 그랬지만 이후 거의 2500년 동안 세계사에서 아테네는 도시 규모에 비해 엄청난 영향을 미쳤다. 아테네의 군사력은 민주정에 입각한 제국의 패권을 에게해와 지중해로 확장시켰다. 그보다 더욱 큰 영향력을 미친 것은 아테네의 미술, 문학, 지적 성취였다.

아테네는 기원전 490년 마라톤 전투에서 페르시아 대군을 물리친 뒤 세계 무대로 도약했다. 기원전 5세기 아테네 제국은 당대 최고의 패권을 차지하고 있던 페르시아를 에게해 일부에서 몰아냈으며, 기원전 5세기 중엽에는 페르시아의 이집트 통제권까지 위협했다. 그러나 스파르타를 비롯한 펠로폰네소스 동맹과의 전쟁으로 아테네의 패권은 파국을 맞고, 기원전 404~403년에는 민주정마저 무너졌다. 기원전 4세기에 도시의 운이 다시 한 번 상승했지만, 시민이 굴레를 벗어던지고 과감하게

---

51 Mary Margaret McCabe, "Form and the Platonic Dialogues," in Hugh H. Benson (ed.), *A Companion to Plato* (Oxford: Blackwell Publishing, 2006), pp. 39-54.

독재에 저항하던 시절은 회복되지 못했다. 게다가 아테네는 권력욕에 눈이 먼 마케도니아의 왕 필리포스(Philippos) 2세의 야욕을 끝내 막아내지 못했다. 기원전 338년 카이로네이아(Chaeroneia) 전투를 끝으로 아테네는 독립국의 지위를 잃고 말았다.

필리포스 2세에 의해 창조된 새로운 정치 질서는 그의 아들 알렉산드로스(Alexandros) 3세(356~323 BCE)가 급부상하는 계기가 되었다. 알렉산드로스는 페르시아를 정복하고 헬레니즘(그리스 문화)을 중앙아시아와 인도아대륙까지 전파했다. 알렉산드로스는 아테네를 단 한 번 방문했을 뿐이지만 그의 스승이 아리스토텔레스였고, 아리스토텔레스를 통해 아테네의 지적 흐름이 알렉산드로스에게 막대한 영향을 미쳤다. 마케도니아의 왕은 아리스토텔레스를 비롯한 여러 학자를 초빙하여 가능한 모든 지역과 민족을 기록하도록 했고, 그 모든 지역과 민족을 그 자신이 통치하고자 했다. 또한 아테네는 선전 선동의 도구로 사용되기도 했다. 알렉산드로스가 페르시아 제국의 수도 페르세폴리스(Persepolis)에서 페르시아 황제의 궁전을 처참히 파괴하고는 그것이 페르시아가 한 세기 전 아테네의 아크로폴리스를 파괴한 일에 대한 복수라는 명분을 내세웠던 것이다.[52] 여기서 우리는 다시 한 번 아테네가 단지 하나의 도시 이름을 넘어서는 의미를 지녔었다는 사실을 확인할 수 있다.

프톨레마이오스 왕조 치하의 이집트 알렉산드리아에서는 학자들

---

52 Ian Worthington, *Alexander the Great* (Harlow: Pearson Longman, 2004), pp. 110-11.

이 새 도서관을 건립하고 연구에 몰두했으며, 도서관은 머지않아 지중해 권역 학문의 중심이 되었다. 여기서도 예전 아테네와 그리스 아티카 지역에서 생산된 문헌 연구가 주류를 이루었다. 그리스 문화권이 방대했던 만큼 다양한 방언이 존재했음에도 불구하고 고전기 아테네(기원전 5~4세기)의 언어가 그리스 지식인들의 표준이 되었고, 그들이 연구서나 역사서, 연설문, 시문을 창작할 때 이 표준을 따랐다. 이런 관행은 아테네의 해군이 마지막으로 에게해의 파도를 넘은 이후에도 거의 2000년 동안 지속되었다.[53]

아테네 문학 연구와 교육은 로마 전성기에도 변함없이 그대로 지속되었다. 그도 그럴 것이, 기원전 2~1세기 아테네는 대학 교육 도시가 되었고, 지중해 전역의 부유한 집안 자제들이 교육을 위해 아테네에 거주하며 다양한 철학 수업을 들었다.[54] 결과적으로 아테네는, 페리클레스의 유명한 표현을 빌리자면, 전체 지중해 권역 교육의 산실이 되었다. 위대한 아테네 극작가들의 연극 공연도 계속되었고, 학교에서는 대본 강독이 지속되었다(오늘날 살아남은 많은 작품들은 대개 교재로 포함되었던 경우다). 그래서 아테네 민주정이 작동을 멈추고 수 세기가 지난 뒤에도 사람들은 계속해서 데모스테네스나 리시아스나 다른 많은 아테네인의 화법을 배우고 또한 모방했다. 예컨대 12세기 비잔티움 제국의 공주 안나 콤네네(Anna Komnene)의 저서 《알렉시아스(Alexias)》에서도 그러한 모

---

53 Geoffrey C. Horrocks, *Greek: A History of the Language and Its Speakers* (London: Longman, 1997), pp. 151-53.
54 Christian Habicht, *Athens from Alexander to Antony* (Cambridge, MA: Harvard University Press, 1997), pp. 105-11.

방의 색채가 뚜렷이 드러난다. 그녀의 역사 접근 방식을 보면 투키디데스의 영향이 확연히 드러나며, 그녀가 구사한 그리스어는 1500년 이전에 살았던 아테네인의 언어와 거의 비슷했다.

아테네의 미술과 건축 또한 지중해 전역에서 오래도록 영향을 미쳤다. 예를 들어 부유한 로마인은 고등 교육을 위해 아이들을 아테네로 유학 보냈을 뿐만 아니라 그리스에서 많은 미술 작품을 로마로 가져가서 당시 번성하던 제국의 영광을 드러내는 데 사용했다. 그리스 중에서도 특히 아테네는 이와 같은 약탈의 초점이 되었다. 기원전 86년 로마의 장군 술라(Sulla)의 아테네 약탈은 특히 유명하다. 로마 엘리트 계층이 집안 정원 장식에만 관심이 있었던 것은 아니다. 아테네는 이제 고급문화와 문화적 활력의 상징이 되었다. 로마 제국에서 그러한 사례는 풍부하게 확인된다. 초대 황제 아우구스투스(Augustus)부터 그리스 예술을 모방하여 선전 도구로 삼았다.[55]

아테네를 고대 세계의 고급문화로 간주하는 것에 반대가 없지는 않았는데, 특히 초기 기독교 교회와 관련해서 논쟁이 불거졌다. 테르툴리아누스(Tertullianus) 같은 몇몇 초기 기독교 교리 연구자들은 성서 이외에는 아무것도 인정하지 않으려 했다. 그러나 절충점을 찾으려 시도하는 사람들도 적지 않았다. 이런 풍토 가운데 일부 문헌이 소실되었다. 이유는 단순했다. 기원후 제1천년기 중엽에 기독교 분위기가 고조되면서, 고대 텍스트의 필사가 더 이상 이루어지지 못했기 때문이다. 기원후 5세기에 로마 제국은 여러 개의 게르만 왕국으로 갈라졌고, 이후 비잔티

---

55 J. C. Edmondson, *Augustus* (Edinburgh University Press, 2009), pp. 323-25.

움 제국의 세력도 급속히 약화되면서 그리스 문학은 서유럽에서 사실상 무대 뒤로 사라져버렸다.[56] 그러나 동방기독교(Christian East)에서는 소크라테스나 플라톤 같은 일부 이교도도 기독교 성인으로 인정했다. 그리하여 아테네의 특별했던 지위를 인정함으로써 아테네 문헌의 일부가 살아남을 수 있었다.[57] 이교도 선조들의 가치를 인정하는 일신론 종교는 또 있었다. 이슬람 제국이 떠오르면서 아리스토텔레스를 비롯한 여러 학자의 저작은 특히 중시되었고, 모두 아랍어로 번역되었다(그리스어 원본은 완전히 사라지고 아랍어 번역본만 남은 경우도 있다).[58]

아랍어 번역본을 통해서(특히 이슬람 치하 스페인의 교육 기관을 통해서), 그리고 12세기 십자군 전쟁이 계기가 되어 아리스토텔레스를 비롯한 그리스-로마 시대 위대한 사상가들의 저서가 서구에 다시 전달되었다. 그 결과 유럽에서 르네상스가 촉발되었고, 이후 계몽주의까지 나아가게 되었다. 당시 유럽의 예술, 문학, 사상에서 거대하고 복잡한 새로운 경향은 고전기 아테네 문화의 활발한 수용과 반응이라고 말할 수 있다. 그것이 좋든 나쁘든, 아테네의 미술과 건축은 르네상스 및 계몽주의 시기 화가나 건축가에게 이상형이었다. 다만 이후 근대 예술가들은 이러한 유산으로부터 뚜렷하게 거리를 두고자 노력했다. 소크라테스와 플라톤의 도덕, 윤리학, 형이상학은 서양 철학이 형성되는 데 심대한 영향을 미쳤다. 과거를 분석적으로 연구하는 방법론 또한 아테네에서 시작되었

---

56 L. D. Reynolds and N. G. Wilson, *Scribes and Scholars* (Oxford University Press, 1991), pp. 118-19.
57 Reynolds and Wilson, *Scribes and Scholars*, pp. 44-78.
58 Reynolds and Wilson, *Scribes and Scholars*, pp. 120-21.

고, 이 또한 서구에서 뚜렷한 전통으로 자리 잡았다.

아테네의 의미는 시대에 따라 바뀌었다. 1700년대 계몽주의 사상가들에게 아테네 민주주의는 상징적 존재였다. 그들에게는 아테네 민주주의가 대중 정치로 이해되었다. 그리하여 북아메리카에서 나라를 세운 주역들은 새로운 나라의 정치 제도를 공화국(Republic)이라 했다. 그들에게는 그리스보다 로마의 이미지에 빗대어 스스로를 표현하고자 하는 의도가 있었다.[59] 19세기 중엽에 이르러 자유주의 정치인이자 역사학자인 조지 그로트(George Grote)의 기념비적 저서 《그리스의 역사(History of Greece)》가 출간되자, 아테네의 민주정은 예전보다 더 높이 인정을 받게 되었다.[60]

그러나 제2차 세계대전 이후로 고대 아테네의 이상화된 초상은 점차 빛을 잃어갔다. 역사학자들은 문학, 정치, 건축에서 아테네가 이룩했던 성과에 못지않게 여성이나 시민권 없는 사람 등 참정권을 갖지 못한 사람들에 주목하는 새로운 연구 성과를 내놓았다. 또한 동산 노예(chattel slave)를 기반으로 사회를 유지하는 폭력적 체제도 밝혀냈다. 이런 경향은 사회사학자들에게서 더욱 극명하게 드러난다. 이들은 고대 신화를 새롭게 연구하고 고대 문학 작품을 전혀 새로운 지평에서 들여다보는 문학 이론을 개발했다. 이들의 성과는 많은 독자를 놀라게 했으며, 아마

---

59 Carl J. Richard, *The Founders and the Classics* (Cambridge, MA: Harvard University Press, 1994), pp. 57-72 and 237.
60 George Grote, *A History of Greece* (London: J. Murray, 1888), and John Vaio, "George Grote," in Ward W. Briggs and William M. Calder (eds.), *Classical Scholarship* (New York: Garland Publishing, 1990), pp. 121-22.

도 고대의 저자들도 이를 보면 적잖이 충격을 받을 것이다(예컨대 페미니즘에 입각한 안티고네 해석을 보면, 보수적이었던 소포클레스 같은 사람은 놀라 쓰러지지 않을까?). 다만 아테네가 시공간을 넘어서 그 영향을 계속 미치고 있다는 점에 대해서는 이론의 여지가 없다.

더 읽어보기

Anagnostopoulos, Georgios, *A Companion to Aristotle*, Oxford: Wiley-Blackwell, 2009.
Asheri, David, Alan B. Lloyd, and Aldo Corcella, *A Commentary on Herodotus Books I - IV*, Oxford University Press, 2007.
Boardman, John, *Athenian Black Figure Vases*, London: Thames and Hudson, 1974.
Boegehold, Alan L., "Group and Single Competitions at the Panathenaia," in Jenifer Neils (ed.), *Worshipping Athena: Panathenaia and Parthenon*, Madison: University of Wisconsin Press, 1996, pp. 95-105.
Burkert, Walter, *Greek Religion*, Cambridge, MA: Harvard University Press, 1985.
Camp, John McK., *The Archaeology of Athens*, New Haven, CT: Yale University Press, 2001.
_____, *The Athenian Agora*, London: Thames and Hudson, 1986.
Canfora, Luciano, "Thucydides in Rome and Late Antiquity," in Antonios Regakos and Antonis Tsakmakis (eds.), *Brill's Companion to Thucydides*, Leiden: Brill, 2006, pp. 721-53.
Cohen, Edward E., *Athenian Economy and Society: A Banking Perspective*, Princeton University Press, 1997.
_____, *The Athenian Nation*, Princeton University Press, 2000.
Colaiaco, James A., *Socrates against Athens*, New York: Routledge, 2001.
Davies, John Kenyon, *Athenian Propertied Families 600-300 BC*, Oxford University Press, 1971.
Garland, Robert, *The Greek Way of Death*, Ithaca, NY: Cornell University Press, 2001.
Grote, George, *A History of Greece*, London: J. Murray, 1888.
Grube, G. M. A., *Plato's Thought*, Boston: Beacon Press, 1958.
Guthrie, W. K. C., *The Sophists*, Cambridge University Press, 1971.
Habicht, Christian, *Athens from Alexander to Antony*, Cambridge, MA: Harvard University Press, 1997.
Hale, John R., *Lords of the Sea: The Epic Story of the Athenian Navy and the Birth of Democracy*, London: Penguin Books, 2010.
Hansen, Mogens H., *The Athenian Democracy in the Age of Demosthenes*, Oxford: Blackwell Publishing, 1991.
Hansen, Mogens H., and Thomas H. Nielsen (eds.), *An Inventory of Archaic and Classical Poleis*, Oxford University Press, 2004.

Herington, John, *Aeschylus*, New Haven, CT: Yale University Press, 1986.
Horrocks, Geoffrey C., *Greek: A History of the Language and Its Speakers*, London: Longman, 1997.
Hurwit, Jeffrey M., *The Athenian Acropolis*, Cambridge University Press, 1999.
Jordan, Borimir, *The Athenian Navy in the Classical Period*, Berkeley: University of California, 1975.
Krentz, Peter, *The Battle of Marathon*, New Haven, CT: Yale University Press, 2010.
Lambert, S. D., *The Phratries of Attica*, Ann Arbor: University of Michigan Press.
McCabe, Mary Margaret, "Form and the Platonic Dialogues," in Hugh H. Benson (ed.), *A Companion to Plato*, Oxford: Blackwell Publishing, 2006, pp. 39-54.
Meier, Christian, *Athens*, New York: Metropolitan Books, 1998.
Michelini, Ann N., *Euripides and the Tragic Tradition*, Madison: University of Wisconsin Press, 1987.
Morison, W., "Pherekydes of Athens (3)," in *Brill's New Jacoby*, Leiden: Brill, 2011, http://referenceworks.brillonline.com.ezproxy.gusu.edv/entries/brill-s-new-jacoby/pherekydes-of-athens-3-a3?s.num=4.
Morison, W. S., "An Honorary Deme Decree and the Administration of a Palaistra in Kephissia," *Zeitschrift für Papyrologie und Epigraphik* 131 (2000): 93-98.
Mylonas, G. E., *Eleusis and the Eleusinian Mysteries*, Princeton University Press, 1961.
Neils, Jenifer, *The Parthenon Frieze*, Cambridge University Press, 2001.
Powell, Anton, *Athens and Sparta: Constructing Greek Political and Social History from 478 BC*, New York: Routledge, 2001.
Reynolds, L. D., and N. G. Wilson, *Scribes and Scholars*, Oxford University Press, 1991.
Rhodes, P. J., *A Commentary on the Aristotelian Athenaion Politeia*, Oxford University Press, 1993.
_____, *A History of the Classical Greek World 478-323 BC*, Oxford: Blackwell Publishing, 2006.
Rhodes, P. J., and Robin Osborne (eds.), *Greek Historical Inscriptions 404-323 BC*, Oxford University Press, 2003.
Richard, Carl J., *The Founders and the Classics*, Cambridge, MA: Harvard University Press, 1994.
Rusten, Jeffrey, *The Birth of Comedy*, Baltimore, MD: Johns Hopkins University Press, 2011.
Scodel, Ruth, *Sophocles*, Boston: Twayne Publishers, 1984.

Sourvinou-Inwood, Christiane, *Athenian Myths and Festivals*, Oxford University Press, 2011.
Usher, Stephen, *Greek Oratory: Tradition and Originality*, Oxford University Press, 2007.
Wallace, Robert, "Damon of Oa: a Music Theorist Ostracized?" in Penelope Murray and Peter J. Wilson (eds.), *Music and the Muses: The Culture of Mousike in the Classical Athenian City*, Oxford University Press, 2004, pp. 249-67.
Worthington, Ian, *Alexander the Great*, Harlow: Pearson Longman, 2004.

CHAPTER 14

유럽의 후기 고대, 기원후 300~900년경

찰스 패즈더닉
Charles F. Pazdernik

세계사의 목격자, 콘스탄티노폴리스

도시 콘스탄티노폴리스(Constantinopolis)는 그 자체로 독보적이며 위대한 유럽의 성과였다. 콘스탄티노폴리스는 후기 고대(late antiquity), 즉 기원후 4~9세기 복잡다단했던 시대적 변화의 목격자다. 역사적으로 이 시기를 하나의 시대적 범주로 설정할 수 있다면, 또한 당시의 지정학적 관점에서 "유럽"을 하나의 지역 범위로 설정할 수 있다면, 우리는 그 타당성의 실마리를 도시 콘스탄티노폴리스의 성과에서 확인할 수 있을 것이다.

기원후 330년 로마의 황제 콘스탄티누스(Constantinus) 1세(재위 306~337 CE)는 보스포루스 해협에서 유럽 쪽 해안에 자리한 고대 그리스의 도시 비잔티움(Byzantium)을 로마의 새로운 수도로 지정했다. 이후 도시의 이름은 황제의 이름을 따라 "콘스탄티누스의 도시", 즉 콘스탄티노폴리스(오늘날 이스탄불)가 되었다. 도시를 제2의 로마 혹은 "새로운" 로마(고전 그리스어 nea Rhômê)로 개발한 계기는 대개 콘스탄티우스(Constantius) 2세(재위 337~361)의 결단이었다. 콘스탄티누스 1세의 아들이자 후계자인 콘스탄티우스 2세는 콘스탄티노폴리스 의회를 로마 의회와 동격으로 격상시켰다. 이후의 황제들도 도시를 아름답게 꾸며서 콘스탄티노폴리스는 동부 지중해의 다른 대도시들과도 사뭇 다른 도시로 성장했다. 도시의 발달에는 로마 제국의 정부 기관과 기독교 교회 조직 양측의 기여가 있었다. 이는 콘스탄티누스 1세가 기독교로 개종했기 때문이다. 381년 정교회 콘스탄티노폴리스 공의회(orthodox ecumenical council of Constantinople)에서는 콘스탄티노폴리스 주재 대주교를 로마의 교황 다음 서열 2인자로 인정했다. 그리하여 예루살렘, 안티오크, 알렉산드리아의 대주교보다 콘스탄티노폴리스의 대주교가 더 높아졌다. 5세기 초에 이르러 테오도시우스(Theodosius) 2세(재위 408~450)의 명령에 따라 거대한 성벽이 건설되었다. 이로써 콘스탄티노폴리스는 동방의 수도이자 황제의 거처로 확고히 자리매김되었다. 우리가 논의하는 시대에 이르러 로마 제국의 국력은 완연히 쇠락했지만, 콘스탄티노폴리스는 수차례의 포위 공격에도 굳건히 잘 버텨내었다.

4세기에 로마는 여전히 제국 최고의 도시였고, 지중해 지역 곳곳에 토지를 소유하고 어마어마한 재산을 보유한 귀족들이 도시 로마에 거주했다. 당시 약 50만 명에 이르는 로마의 인구는 북아프리카에서 수입하는 식량에 의존하고 있었다. 콘스탄티누스 황제는 콘스탄티노폴리스 또한 필요한 식량을 북아프리카의 이집트에서 조달하도록 했다. 서방에서 안전을 보장하기 어렵다는 이유로 황제가 동방의 국경 근처로 이주하자, 도시 로마는 황제의 거처로서의 지위를 잃어버렸다. 410년에 고트족이, 455년에 다시 반달족이 로마를 약탈했다. 그 뒤 476년에 도시 로마는 로마 제국 이후 이탈리아를 차지한 다른 왕국에 편입되었다. 6세기에 이르러 콘스탄티노폴리스에 주재하던 황제 유스티니아누스(Iustinianus, 재위 527~565)의 군대가 도시 로마를 탈환했지만, 이미 도시의 규모는 상당히 위축된 뒤였다. 그때부터 도시 로마는 동로마 제국의 한 지방 행정 구역으로 편입되었다. 동로마 제국의 군대가 물러난 뒤에도 도시 로마는 이탈리아 지역의 소비와 무역의 중심지로 남아 있었고, 서방 기독교(western Christian)의 수장인 교황이 주재하는 도시이기도 했다. 그러나 우리가 논의하는 시대가 끝날 때까지도 도시의 안위는 외부 세력에게 의탁할 수밖에 없는 형편이었다.

유스티니아누스 황제가 하기아소피아(Hagia Sophia) 대성당을 화려하게 재건축한 덕분에 콘스탄티노폴리스는 당대 최고의 도시라는 이미지가 더욱더 확고해졌다. 6세기에 도시의 전성기는 반환점을 돌았고, 콘스탄티노폴리스는 군사적 도전과 자연재해의 고난에 직면했다. 7~8세기에는 처참한 포위 공격을 당하기도 했다. 도시에 남은 것은 영광스러웠던 과거의 그림자뿐인 듯했다. 그리스-로마 시대의 아름다웠던 기념비적 건축물들은 방치되거나 폐허가 되었고, 사람들은 열에 한 명이 죽어 나갔으며, 황제의 권위는 도전에 직면했다. 9세기에 이르러 군사 및 경제적 회복이 이루어졌다. 이때부터 13세기까지 비잔티움 제국 중기의 정치적·문화적 성취가 분명히 있었다. 콘스탄티노폴리스의 대주교 포티오스(Photios) 1세(사망 c. 893) 같은 인물의 학문적·문학적 성취는 당시 콘스탄티노폴리스에서 고전의 보존과 교육 및 번역 수준이 어떠했는지를 잘 보여주고 있다.

시대적 부침에도 불구하고(혹은 그랬기 때문에) 콘스탄티노폴리스는 도시 내 주민뿐만 아니라 외부자에게도 특별한 곳으로 기억되었다. 연약했던 세속 권력에도 불구하고 여러 차례의 포위 공격을 견뎌낸 역사는 그곳이 신이 지켜주는 도시라는 인식을 심어주었다. 도시 자체에 신성(神聖)이 깃들어 성모 마리아가 지켜주는 도시라는 생각이었다. 환상의 이야기를 담고 있는 성체(聖體)와 성물(聖物)이 도시에 보관되어 있었다. 공식 행사와 공들여 연출한 무대의 장관은 초월적 신비주의를 강화했다. 이 모든 것이 황제의 통치 기구에 엄청난 권위를 부여해주었다. (로마, 사산, 이슬람의 이미지가 수놓인) 비잔티움 비단(Byzantine silk)을 비롯한 여러 보물이 신중하게 통제된 콘스탄티노폴리스의 작업장에서 제작되었으며, 유럽과 근동의 궁전과 보물 창고를 장식했다. 이런 고급 상품들은 외교와 소프트파워의 현장에서 유통되며 중앙 집중식 권력의 대체재 혹은 은폐재로 기능했다. 즉 정신적·시대적 권위를 나타내는 징표로서 세계 최고 수준의 미학과 기술을 과시했다.

비잔티움 제국의 황제는 후기 고대 군주들 가운데 독특한 지위를 가지고 있었다. 그는 신과 교회를 보호하는 특별한 임무를 자처했다. 거대 권력 주도하의 일신론과 보편주의 지향은 당시의 시대적 분위기였다. 당시의 콘스탄티노폴리스는 현실의 구체적 장소인 동시에 끝없는 상상과 살아 숨 쉬는 과거가 결합된 독특한 공간이었다. 한편으로 물질과 문화, 그리고 양자가 상호 작용하는 현실이 있었고, 다른 한편으로는 문명에 영혼을 불어넣는 정신과 이념이 있었다. 이러한 현실과 이념이 서로 교차하는 곳이 바로 콘스탄티노폴리스였다.[1] 지금부터 이어지는 우리의 논의는 공간 범위가 제한되어 있고, 또한 폭넓은 시공간 속에서 발전의 패턴을 파악하고자 하는 시도이므로, 현실과 이념 중에서는 현실 쪽

---

1 Compare Bryan Ward-Perkins, "Constantinople: A City and its Ideological Territory," in Gian Pietro Brogiolo, Nancy Gauthier, and Neil J. Christie (eds.), *Towns and Their Territories between Late Antiquity and the Early Middle Ages* (*Transformation of the Roman World*) (Leiden: Brill, 2000), vol. IX, pp. 325-45.

에 집중해보고자 한다. 그래서 결과적으로 우리가 검토하는 시간 범위 이전 혹은 이후 시대와 비교했을 때 우리의 논의가 다소 밋밋해 보일 수도 있겠다. 나름의 환경에서 이루어지는 개인의 체험(lived experiences) 범위는 상당히 좁을 수밖에 없다.[2] 당시를 살아간 사람들은 어쩌면, 변화의 흐름이 거대한 규모라서 도저히 이해할 수 없었을 수도 있고, 혹은 변화의 속도가 워낙 느리고 은밀해서 미처 알아채지 못했을 수도 있다. 후기 고대 연구의 취지는, 이러한 변화에 직면하여 사람들이 어떻게 대처하고 타협하며 적응했는지 살펴보려는 것이다. 그렇다면 필연적으로 파편적이고 제한적인 증거 자료를 면밀하고 신중하게 검토하는 수밖에 없다. 그러나 세밀한 분석이라 할지라도, 암묵적이든 아니든 어떤 고정관념과 선입관, 그리고 보다 큰 그림 속에서의 자리매김 과정이 없을 수 없다. 전체와 부분은 분리 불가능하며 상보적 관계에 놓여 있기 때문이다. 이후로 이어지는 우리의 논의 또한 그러한 큰 그림 중 하나가 될 것이다.

개념의 틀

우선 "후기 고대(late antiquity)"라는 시대적 범주와 "유럽(Europe)"이라는 지리적 범위에 대한 설명이 필요할 것 같다. 시공간적 범위의 설정을 분명하게 짚고 넘어가는 편이 이후 논의에 도움이 될 것이기 때문이다.

---

[2] 서유럽 문화사는 다음을 참조. Julia M. H. Smith, *Europe after Rome: A New Cultural History 500-1000* (Oxford University Press, 2005).

후기 고대 연구사를 전반적으로 개괄하는 일은 우리의 과제를 벗어나지만, 일단 우리가 설정하는 시간 범위(300~900 CE)가 선행 연구에 입각한 것이 아니란 점만은 밝혀두고자 한다. 굳이 피터 브라운(Peter Brown)의 "기나긴" 후기 고대(150~750 CE, *The World of Late Antiquity*, 1971)에 따른 것도 아니고,[3] 존스(A. H. M. Jones)가 말하는 "로마 제국 후기"(284~602 CE, *The Later Roman Empire: A Social, Economic, and Administrative Survey*, 1964)와 일치하는 것도 아니다. 크리스 위컴(Chris Wickham)의 《초기 중세의 기본 틀(Framing the Early Middle Ages, 2005)》(400~800 CE)이나, 《로마의 유산(The Inheritance of Rome, 2009)》(400~1000 CE)에서 설정한 시간 범위와도 맞지 않는다. 우리가 논의할 시간 범위는 첫째, 기본적으로 100년 단위의 시기 구분을 준용한 것으로, 세기별 특징을 추적했을 뿐 어떤 도식에 빠져들지 않으려 했고 그것을 만들어내려고 의도하지도 않았다. 그 대신 저마다의 시공간에서 사건과 그 영향이 스스로의 완급에 따라 명백히 드러나길 기다렸다. 둘째, 시작 시점으로는 로마 황제 디오클레티아누스(Diocletianus, 재위 284~305)와 콘스탄티누스 1세의 재위 기간을 중시했다. 그때가 역사적으로 매우 활발한 시기였으며, 그 시기를 거쳐 4세기에는 확실한 변곡점이 있었다. 셋째, 종말 시점은 카롤링거 왕조의 멸망과 중기 비잔티움 제국의 재건 및 아바스 칼리프 왕조의 분열 시기로 보았다. 이때가 대체로 유럽의 3대 세력이 핵심적 변화를 겪었던 시점이기 때문이다.

---

3 Compare Peter Brown, *The Rise of Western Christendom: Triumph and Diversity, AD 200-1000* (Oxford: Blackwell, 2003).

전통적으로 경제사나 정치사에서는 "고대의 종말"과 "유럽의 탄생"을 구분했으며, 이를 고대의 노예 기반 생산 양식에서 중세의 초기 봉건제 생산 양식으로 넘어가는 과정으로 설명했다. 그리고 그 변화의 과정이 완성된 때를 10세기로 보았다. 그 과정은 우리가 논의하는 시대와도 다소 겹친다. 기존에는 당시의 시대적 특징을 문화적·경제적 쇠퇴로 보았다. 그래서 그 시기를 "암흑기"라고 일컫기도 했다. 암흑기에는 폐쇄적이고 자족적인 농장에서 생산과 소비가 고립적으로 이루어졌고, 서유럽 귀족 계층의 뿌리도 그곳에 있었다. 그러나 최근 연구에서는 그와 같은 농장의 역할이 새삼 강조되는 경향이 있다. 그곳이 생산과 수요의 중심지로서 지역 간 네트워크를 발달시킨 원동력이었고, 그 네트워크는 유럽 전역은 물론 외부 지역까지 뻗어 나갔다.[4] 더욱이 고대의 종말이 결코 단일한 현상이 아니었다는 점도 갈수록 많은 연구자들의 인정을 받고 있다. 서부 지중해 지역에서는 기원후 5세기에 로마 제국의 권위가 해체되었지만, 동부 지중해 지역에서는 6세기가 한참 진행될 때까지도 이전보다 더욱 활발한 번영의 시대를 보내고 있었다. 농업 생산력도 증가했고, 교역의 중심도 여러 곳으로 확산되었다. 이를 기반으로 형성된 지중해 상업 네트워크는 8세기가 시작될 때까지도 그대로 유지되고 있었다. 과거 로마 제국은 주변의 여러 사회와 교류 관계를 맺었고, 메소포타미아 및 페르시아 지역에서는 충분한 조직력을 갖춘 제국들이 교류의 상대였다. 이들의 운명은 서로 긴밀하게 얽혀 있었다.

---

4 Adriaan Verhulst, *The Carolingian Economy* (Cambridge University Press, 2002), and Jean- Pierre Devroey, *Économie rurale et société dans l'Europe franque (Vie - IXe siècles)* (Paris: Ed. Belin, 2003).

후기 고대는, 특히 유럽의 측면에서는 분열과 전환 및 변화의 시기였다고 말할 수 있다. 당시 유럽은 정치 및 사회경제적 측면에서 로마 제국 후기의 지중해 중심적 질서와는 전혀 달랐다. 로마 제국의 여파는 이후 성립한 여러 군소 왕국의 형편에 따라 저마다 달랐다. 중앙 집권 체제로 운영되었던 로마 제국의 영토 내에서뿐만 아니라 그 바깥에서도 여러 군소 왕국이 탄생했다. 문화와 이데올로기의 측면에서 각각의 왕국은 크든 작든 과거 로마 제국의 연속성 위에 건설되었다. 다만 그 가치를 어느 정도로 활용하는가, 그리스-로마의 문학, 물질문화, 제국의 제도, 인프라 구조를 얼마나 지속하는가 혹은 재발견하는가는 경우에 따라 달랐다.

로마 이후 군소 왕국들의 경험과 맥락이 저마다 달랐음에도 불구하고 그들을 동일 선상에서 비교할 수 있는 근거는, 잉여 생산물을 집적하는 방식이 비슷했기 때문이다. 대개는 농민을 동원하여 농산물을 축적했다. 이를 기반으로 질서를 유지하고, 엘리트 계층의 소비를 유지 및 발전시키고, 스스로의 이념적 정당성을 구축하며, 경쟁하는 다른 나라들에 비해 자신의 세력을 키워 나가려 했다. 로마 후기의 재정 시스템은 전근대 지중해 지역에서 역사상 최대의 생산력을 직접 조직화하고 이끌어냈다.[5] 이러한 과거는 로마 이후 성립한 여러 군소 왕국과 비교할 때 기준이 되기도 한다. 그러나 애초에 로마 제국이 무너지게 된 물질적 조건도 바로 그 때문이었다. 외부 세력들이 부와 긍정적 미래를 꿈꾸며 로마 제

---

5 Chris Wickham, *Framing the Early Middle Ages: Europe and the Mediterranean, 400-800* (Oxford University Press, 2005).

국으로 몰려들었고, 나름대로 로마 제국의 아량을 이끌어내는 데 성공했던 것이다.

역사 연구에서 "후기 고대(late antiquity)"라는 시대구분이 임의적이라는 지적도 가능하겠지만, 그보다 지리적 범주로서의 "유럽"이라고 하는 개념이 애초에 그 뿌리부터 자의적이라는 사실은 더욱 분명하다. 당시 유럽은 정치적으로나 문화적으로 혹은 경제적으로 결코 단일한 실체가 아니었다. 역사적으로 드러난 사실만을 근거로 보자면, 서부 유라시아 대륙 정도를 하나의 지리적 범주로 묶는 것은 가능할 수도 있다. 이것이 바로 수 세기 동안 수많은 민족주의 이데올로기를 통해 그토록 강조해왔던 "유럽의 탄생"이라는 개념의 실체다.[6] 만약 21세기의 세계사 서술에서 "유럽"을 후기 고대의 논의에 포함시켜야 한다면, 그 근거는 기존의 유럽사에서 그러한 틀을 전통적으로 만들어온 역사가 워낙 오래되었다는 사실 하나뿐일 것이다.

목적론에 입각하여 과거를 꿰맞추고자 하는 욕망이 있었고, 그에 따라 근대 국가에서는 저마다의 기원을 로마 직후의 시대로부터 찾고자 하는 시도들이 이어져왔다. 이런 맥락에서 기존의 후기 고대 및 초기 중세 연구에서는 언제나 근대 국가가 속한 지역의 발전과 지역 특성이 강조되었다. 근대 국가의 입장에서는 지역 특성(다양성)을 밝혀주리라는 기대가 있었고, 거기에 부응하려면(혹은 다양성을 제대로 이해하려면) 후기 고대 및 초기 중세에서 뭐라도 찾아내야 할 형편이었다.

---

6 Patrick J. Geary, *The Myth of Nations: The Medieval Origins of Europe* (Princeton University Press, 2002).

4세기의 로마 제국

지중해 연안 전체를 지배한 제국은 로마 이전에도 없었고 로마 이후에도 없었다. 그러나 로마의 질서가 지중해 전역을 지배하는 동안에도 유럽 전역을 포괄한 적은 단 한 순간도 없었다. 기원후 4세기에서 9세기 사이에 가장 중요한 변화라고 한다면, 지중해 주변 지역의 정치 및 경제적 관계가 재편된 것이었다. 그 결과 과거 로마 제국의 영역이었던 곳과 그 바깥 지역을 이어주는 관계가 새로운 방식으로 발달했다(지도 14-1). 로마 제국의 성공과 회복의 핵심은 재정(財政) 시스템이었다. 로마의 재정 시스템은 제국 전역으로 모세혈관처럼 뻗어 나가 각 지역을 자극하는 효과가 있었다. 잉여 생산물을 제국의 주요 도시와 국경으로 빨아들이고 또한 재분배하는 네트워크였다. 그것을 바탕으로 제국의 위기를 극복할 수 있었고, 또한 그것이 제국의 성공 비결이었다.

3세기에 정치·군사·경제적 무질서의 시기를 거친 뒤, 4세기 초부터 로마 제국의 과거 영토 범위에서 중앙 집중 권력이 다시 수립되었다. 국경선은 브리튼섬의 하드리아누스 방벽에서부터 유럽 대륙에 걸쳐 있었다. 이외에 라인강과 도나우강의 물줄기도 대부분 국경선이었다. 이를 거쳐 소아시아(Asia Minor)와 시리아, 그리고 팔레스타인까지 국경이 뻗어 동쪽 변경이 메소포타미아의 분쟁 지역에 놓여 있었다. 그리고 다시 이집트와 북아프리카 해안 평원 지대가 국경선 안에 들어와 있었다. 당시 국경은 배타적 방어선이라기보다 문화와 경제 교류의 현장이었다.[7]

7　C. R. Whittaker, *Frontiers of the Roman Empire: A Social and Economic Study* (Baltimore, MD: Johns Hopkins University Press, 1994).

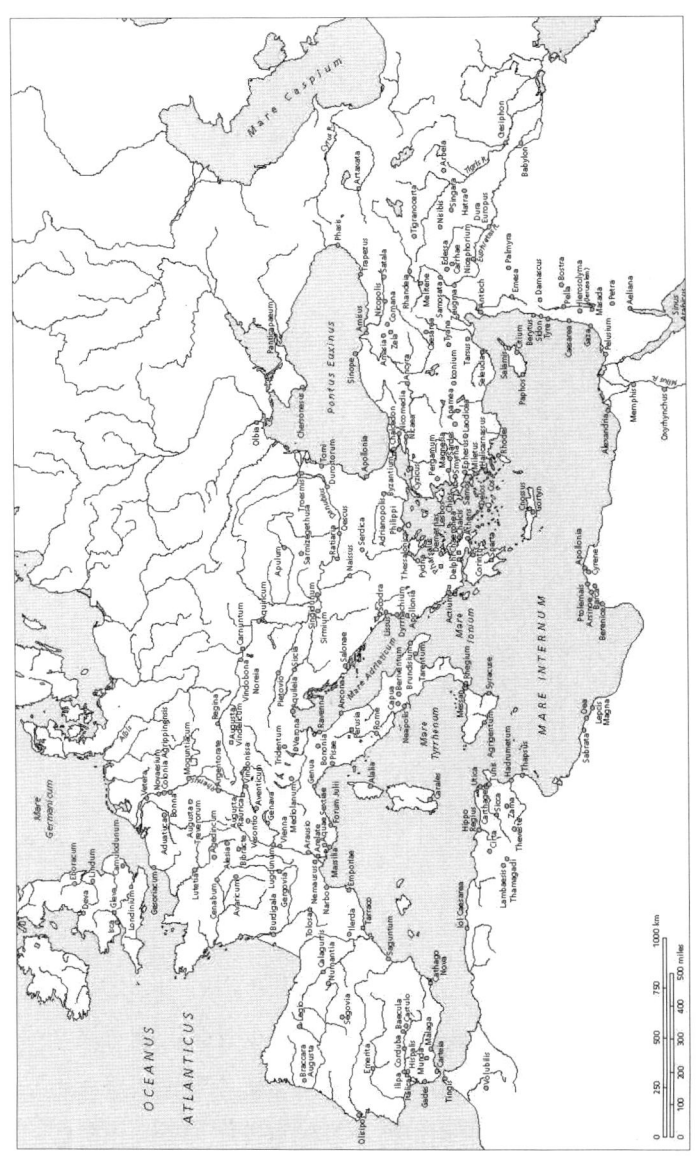

(지도 14-1) 기원후 3세기의 유럽과 지중해

CHAPTER 14 - 유럽의 후기 고대, 기원후 300~900년경

로마인은 직접 통치하는 지역 바깥에 완충 지대를 만들어놓았다. 그것이 바로 로마의 종속국(client kingdom)들이었다. 그들은 로마의 종주권을 인정하는 대신 시장에 접근할 수 있는 권리를 얻었고, 또한 외교적으로 인정을 받아 국가의 권위를 세울 수 있었다. 북방 경계와 남방 경계에서 모두 로마 제국은 이방인을 마주하고 있었다. 그들이 이른바 "야만인(barbarians)"이었는데, 그리스어 어원 바르바로스(barbaros)를 문자 그대로 해석하면 알아들을 수 없는 말을 하는 자라는 뜻이었다. 그들은 로마에 비하면 상대적으로 조직화가 견고하지 못한 데다 경제적으로도 발달하지 못한 상태였다. 대체적으로 나누자면 북방 경계에는 철제 도구를 이용하는 농경 민족이, 남방 경계에는 목축 민족이 자리 잡고 있었다. 북방의 완충 지대를 넘어가면 로마인이 직접 상대해본 적 없는 사람들이 살고 있었다. 로마에서는 오직 그들을 호박(amber)이나 노예 같은 원자재 생산자로 알고 있을 따름이었고, 그래서 그들은 민족학적 관심의 대상이 되었다. 남북방 경계와 달리 동방에서는 고도로 발달한 복잡한 체계의 영토 제국이 있었다. 로마 제국은 때로 이들과 다투었고, 또 때로는 서로 협력했다(기원후 3세기 중엽부터 페르시아 제국은 사산 왕조에 의해 통치되었다). 이들은 로마 제국과 함께 지정학적·경제적·문화적 균형을 이루고 있었다.

 로마 제국의 재정 시스템에는 약 2000개의 도시가 조직화되어 있었다. 그래서 농업 생산물을 엄청난 규모로 집적하는 일이 가능했다. 이를 멀리 떨어진 지역까지 분배하여 도시 인구를 먹여 살렸고, 국경 지역에 나가 있는 부대에 식량을 공급했다. 세금과 임대료 수입을 바탕으로 도시 문명이 만들어질 수 있었다. 이러한 수입은 엘리트 계층의 소비로 연결되었다. 여러 도시는 경쟁적으로 식량 수당(bread dole) 등의 봉급을 올려주었고, 극장, 격투장, 목욕탕, 기념비적 건축물 등 과시적 공간을 만들어냈다. 바다나 강을 통한 교통은 대량 상품의 지역 간 이동을 가능케 했다. 북아프리카와 이집트의 곡식이 각각 로마와 콘스탄티노폴리스의 인구를 먹여 살렸고, 에게해 남부와 이탈리아 북부에서 생산된 식량이 북방 국경에 주둔한 군대에 공급되었다. 국경을 넘어 유럽에는 굳이 비교할 만한 것이 없었다.

로마 제국 정부는 최소한의 노력으로 최대한의 수입을 거두고자 했다. 그래서 세금 징수는 오래도록 현지 엘리트 계층의 손에 맡겨두었다. 지역 엘리트들은 의회 의원(curiales)으로 참여하는 등 공동체 안에서 체면을 유지했고, 그들이 전체 시스템을 뒷받침하는 지지대가 되어주었다. 그러나 징세 업무를 총괄 지휘하는 자리는 중앙에서 임명한 관료가 차지했다. 이들은 중앙 정부로부터 봉급을 받는 신분이었다. 3세기의 혼란에서 회복된 뒤 로마의 황제 디오클레티아누스와 콘스탄티누스 1세는 재정 지출을 확대할 수밖에 없었다. 행정 관료와 군대가 그만큼 더 늘어났기 때문이다. 동방에는 사산 제국의 군사적 위협이 상존했고, 북방에는 예전에 비해 체계적으로 조직화되고 고도로 발달한 공동체들이 세금 인상을 거부하며 농업 생산물 중에서 자신들의 몫을 더 늘려달라고 요구했다. 그리하여 화폐와 현물 모두 표준 과세 체제가 도입되었다(그중 일부는 점차 금으로 대체되기도 했다). 모든 지방에서 거두어들인 수입은 중앙에서 임명한 지방 총독에게 흘러 들어갔고, 다시 4개의 거대 행정 구역 책임 집정관(praetorian prefects)에게 집중되었다. 집정관은 재정 및 사법 업무를 총괄하며, 약 60만 명의 상비군과 3만 명 이상의 행정 관료를 통솔하는 자리였다.

효율적 중앙 통제의 관건은 군인과 관료의 봉급을 중앙 정부가 지급한다는 사실이었다. 그러므로 중앙 통제의 핵심은 제국의 재정 시스템이었다. 행정 관료는 그리스-로마 문학과 수사학 교육에 깊이 빠져 있는 사람들이었다. 과거의 로마 엘리트가 그랬듯이 이들 또한 근본적으로는 문관이었다. 예컨대 3~4세기 군인 황제들처럼 군대에서 성공한 권력자들이나, 그 이후 시기에 나이 어린 황제 혹은 힘없는 황제를 대신하여 섭정한 자들도 가끔 자녀들에게 영향을 미치기는 했지만, 그 자녀들도 결국에는 문관으로 성장했다.[8]

로마 후기에 정부 기관이 비대해지고 갈수록 비용이 증가한 점은 전통적으로 경제 위기와 쇠락의 원인으로 지적되어왔다. 그러나 로마 후기의 경제 활동은 굉장히 활력 넘치고 그 기세가 널리 확산되어 있어서, 제국 내의 수많은 지역이 전례 없는 최고의 발전을 경험하는 중이었다. 정부 기관의 긴급한 수요를 충족하기 위하여 제국 정부는 생산 중심지와 소비 중심지를 연결했고, 연결 범위는 지중해 권역은 물론 그 너머까지 확장되었다. 이러한 정책 덕분에 물류 네트워크가 더욱 확장되었고, 또한 그것이 시장의 발달을 촉진했다. 세금을 통해, 즉 세입 지역에서 세출 지역으로 공적 물품이 유통되었고, 제국 정부는 그 유통망의 기반을

---

8 See Chris Wickham, "Tributary Empires: Late Rome and the Arab Caliphate," in Peter F. Bang and Christopher A. Bayly (eds.), *Tributary Empires in Global History* (New York: Palgrave Macmillan, 2011), pp. 208-11; also Meaghan A. McEvoy, *Child Emperor Rule in the Late Roman West, AD 367-455* (Oxford University Press, 2013).

닦고 안전을 관리했다. 그 유통망은 사적 무역에서도 그대로 활용되었다. 정부에서 요구한 것보다 더 많은 잉여 생산물을 생산한 사람들, 특정 물품을 제조하는 제조업자들, 수요가 높은 식량 자원을 수출하는 사람들이 로마 후기의 "세금의 뼈대(tax spine)" 혹은 "조공 수급망(tributary nexus)"을 고스란히 타고 들어갔다.[9]

재정 정책에 따라 상업이 확대되고 경제가 발전했지만, 이는 제국 관료들의 세계와는 동떨어진 일이었다. 근본적으로 로마의 체제는 굉장히 엄격한 사회적 계층 구조를 강화했다. 이런 사회 구조가 지중해 전역에 걸쳐 도시를 중심으로 생활하는 그리스-로마 엘리트 계층을 떠받치고 있었다. 이는 국가에서 강제적으로 실시한 정책에 따른 것이 아니었다. 오히려 도시 로마나 다른 여러 지역의 토지에 재산을 투자한 엘리트 계층의 사람들 스스로가 그러한 질서에 적응했고, 그 과정에서 직접적 이득을 얻었다. 토지를 소유한 엘리트 계층은 국가가 세금으로 거두어 가는 잉여 생산물의 일부를 차지할 수 있었다. 이익이 남을 만한 곳이면 어디든 제국의 체제가 유지되었다.

후기 고대의 로마 제국 정부는 이전보다 더욱 적극적으로 세금을 거두었다. 근대 관료주의 국가 체제와 비교해보면, 생산되는 자원이 시시하거나 행정력이 충분히 미치지 못하는 곳일지라도 아랑곳하지 않았다. 이런 상황에서 제국의 재정 통제가 흔들리면 중앙 권력도 붕괴하게 되고, 이를 소홀히 했다가는 쇠락의 소용돌이가 더욱 가속화될 것이었다. 3세기 혼란의 시기를 거치면서 제국의 각 지역은 파편화 및 지역화되는

9 Wickham, *Framing the Early Middle Ages*.

경향을 보였으나, 4세기에 들어서는 이러한 경향이 멈추고 오히려 반대 방향으로 나아가 중앙 통제가 더욱 강해지고 효율성이 강화되었다. 로마 제국의 재정 시스템은 서로마에서 5세기 초부터 무너지기 시작했다. 그 원인은 외부의 도전뿐만 아니라 제국 내 토지 소유 엘리트 계층의 세금 면제도 있었는데, 그들 또한 근본적으로 새로운 현실에 적응해 나가는 중이었다.

5세기의 붕괴 요인, 이방인 충격

5세기 말에 이르러 여러 개의 왕국이 성립하여 로마 제국을 대신했다. 새로운 왕국의 통치는 군사 엘리트들이 맡았다. 이들의 기원은 과거 로마 제국의 북방 경계 너머에 있었다. 오랜 시간 동안 로마 제국에 맞서거나 적응하는 과정을 거치면서 그들도 나름대로의 민족 정체성이 형성되었다. 이와 달리 동로마, 즉 황제의 거처가 있는 콘스탄티노폴리스와 그 주변 지역은 별 탈 없이 안전하게 유지되었다.

"로마 제국의 멸망"을 설명하려는 어떤 시도도 이와 같은 지역적 다양성을 간과해서는 안 된다. 다양성의 핵심은 지정학적 차이였다. 동로마는 로마 제국의 북방 경계로부터 다소 떨어진 동쪽에 위치한 덕분에 위기를 넘겼고, 서로마와는 다른 경로를 걸을 수 있었다. 서로마 지역에서는 주변부와 로마 제국 사이 점이 지대에 걸쳐 있는 이방인이 제국의 경계 안으로 들어와 땅을 차지하고자 했다. 역사학에서는 이러한 국경의 불안을 외부 "충격"으로 설명했다. 그 여파로 서로마의 중앙 권력이 붕괴되었다는 해석이다. 그러나 일부 대토지 소유 엘리트 계층이나 로마 제국의 일부 기관이 무탈하게 살아남은 경우도 있었다.[10]

5~6세기의 구조적 변화는 중앙 정부와 지방의 관계도 바꾸어놓았다. 제국 행정 체제의 외연이 확대되면서 최말단 행정 기관과 중앙의 거리도 물론 그만큼 더 멀어졌지만, 동시에 지역 엘리트 계층을 행정 체제 내부로 편입할 수밖에 없었다. 그들에게 공식적으로 직함을 부여하고 봉급을 주기도 했으며, 위계질서상 상하 관계를 엄밀히 편성했고, 세금 혜택을 주고 도시 의원으로서 내야 하는 기부금도 면제해주었다. 제국의 행정이 발달하면서 지역 엘리트 계층의 입장에서는 기존에 지역 내에서 경쟁하는 것에 비해 로마 제국에 편입되는 편이 훨씬 더 매력적으로 느껴졌다. 그렇게 편입된 엘리트 계층이 지역 의회에 부과되는 의무를 회피하자 나머지 의원들(curiales)은 재정적으로 더욱 힘들어졌다. 제국의 중앙 정부에서는 대토지 소유자나 대주교 등 지역의 실력자들과 갈수록 긴밀하게 관계를 맺고자 했다. 또한 중앙의 관리도 지방으로 파견했다. 세금 징수는 대토지 소유자들의 협조에 기대야 했다. 그러나 대토지 소유자들은 자신의 농장에서 일하는 인력의 재정적 의무를 은폐하는 대신 토지를 늘리고 인력에 대한 영향력을 확대하고자 했으며, 점차 국가의 간섭에 저항할 실력을 키워 나갔다.

　로마의 재정 시스템은 이러한 변화를 견뎌냈지만 결국 서로마 지역은 5세기, 동로마 지역은 7세기에 이르러 혼란의 상황을 맞이할 수밖에 없었다. 세입 지역과 세출 지역 간 네트워크가 지중해 전역에 깔려 있었지만, 이 네트워크가 깨지면서 결국 지역 경제의 쇠락이 불가피했다. 그

10 Peter Heather, *Empires and Barbarians: The Fall of Rome and the Birth of Europe* (Oxford University Press, 2010).

여파는 지역에 따라 크게 달랐고, 로마 이후 성립한 여러 군소 왕국 통치자 간의 교류도 그러한 형편에 달려 있었다. 심지어 세금 징수권뿐만 아니라 대토지 소유자들에 대한 권한까지 모두 잃는 경우도 있었다.

서로마 지역에서 당시 성립된 군소 왕국으로는 북아프리카에 반달(Vandal)과 알란(Alan), 이탈리아에 오스트로고트(Ostrogoth, 동고트), 스페인 북서부에 수에비(Suebi), 그 외 스페인 지역과 갈리아 남서부에 비지고트(Visigoth, 서고트), 갈리아 남동부에 부르군트(Burgund), 갈리아 북부에 프랑크(Frank), 브리튼섬에 앵글로색슨(Anglo-Saxon) 등이 있었다. 이들은 모두 해당 지역으로 새로 들어온 사람들이었으며, 인원수도 많지 않았다. 당시의 군소 왕국들이 경제적 자산을 취득한 방식은 논쟁의 여지가 많고 논란이 분분한 주제다.[11] 무조건 몰수하는 방식도 물론 있었겠지만, 그렇게 폭력적이지 않은 방법도 없지는 않았을 것이다. 경우에 따라서는 과거 중앙 정부 소유 자산에서 나오는 수입을 그들에게 주는 방식도 가능했을 것이다. 서로마 지역 대부분에서 새로 들어온 사람들을 직접 맞닥뜨리는 경우는 그리 많지 않았다. 그들은 제한된 지역에서 그들만의 공간을 만들었다. 급격한 변화는 정치적 고위직의 일일 뿐이었다. 그들로서는 과거의 생활을 계속하리라는 보장이 없었다. 그러나 이후 점차적으로 그 영향이 축적되어갔다.

결과는 다양했다. 6세기 말엽 갈리아 북부와 로마 이후의 브리튼섬

---

[11] Notably Walter A. Goffart, *Barbarian Tides: The Migration Age and the Later Roman Empire* (Philadelphia: University of Pennsylvania Press, 2006); compare Ward-Perkins, *The Fall of Rome and the End of Civilization* (Oxford University Press, 2006).

등지에서는 토지의 소유 방식 자체가 완전히 바뀌었다. 토지 소유 엘리트 계층이 새롭게 재편된 결과가 반영되었기 때문이다. 그 밖의 갈리아, 이탈리아, 북아프리카 지역에서 토지 자산은 별다른 변화가 없었다. 새로 들어온 사람들과 기존의 대토지 소유자들은 서로 잘 적응해갔다는 근거가 남아 있다. 과거 로마의 문화와 일부 제도가 그대로 남아 있었다. 새로 들어온 사람들, 즉 군소 왕국의 통치자 및 측근 세력들은, 처음에는 지역민과 차이가 뚜렷했지만 세대를 거듭할수록 차이가 희미해졌다. 5세기 말경 이탈리아에서는 테오도리쿠스(Theodoricus, 혹은 Theodericus)가 고트인과 로마인 모두를 상대로 관할권을 행사했다. 7세기 말에는 "프랑스 북부에 있던 사람은 누구나 프랑크족"으로 간주되었다.[12]

기원후 1~4세기 로마 제국의 군대가 북부 국경 지대에 주둔하면서 로마와 국경 바깥의 공동체 사이에 긴장이 형성되었다. 국경 바깥의 공동체들이 상대적으로 더 발달한 로마의 경제에 접근하고 로마 제국의 관리들과 접촉하면서 어떤 식으로든 기회를 얻게 되자, 이들은 점점 더 조직을 강화하는 경향을 보였다. 그래서 로마 제국으로부터 무언가 더 많은 보상을 얻고, 로마 제국의 비용으로 필요한 것을 더 많이 얻을 수 있었다. 처음에는 로마 제국에서 인정을 받는 정도의 규모에 불과했지만, 마침내 로마 제국에 대항하고 해를 끼치는 수준까지 발달했다. 이들은 군사적으로 연합을 결성하거나 능력 있는 지도자의 지휘 아래 연맹을 조직화하는 방식으로 성장했다. 서로마 제국 이후 성립한 여러 군소

---

12 Walter Scheidel, "Fiscal Regimes and the 'First Great Divergence' between Eastern and Western Eurasia," in Bang and Bayly (eds.), *Tributary Empires*, p. 200.

왕국은 대개가 이런 경험을 거쳤다. 이들의 핵심 역량은 새로운 혹은 더 큰 집단과 협력하는 능력이었는데, 로마 제국과의 관계를 바탕으로 그 능력을 유지할 있었다. 로마 제국의 관리나 지역 엘리트의 입장에서는 이들과 타협하는 것 말고 다른 선택의 여지가 없었다.

기원후 4세기의 4사분기에서 5세기의 1사분기 사이, 북방 국경을 따라 외부 압력이 거세졌다. 게다가 로마 제국의 전략적 실수와 내부의 혼란이 겹쳐 정세 불안이 가속화되었다. 결국 이방인이 로마 제국의 경계 안으로 들어와 정착하며 자치 공동체를 형성하게 되었다. 로마 제국의 입장에서는 지방의 핵심 지역이 중앙의 통제권에서 벗어난 것이었다. 알라리쿠스(Alaricus, 재위 395~410)는 연맹을 결성하여 발칸반도 주변으로 밀고 내려왔고, 이탈리아에도 두 번이나 쳐들어왔으며, 410년에는 도시 로마를 약탈했다. 이들은 게르만어를 사용하는 고트족의 여러 무리 가운데 하나였다. 고트족은 도나우강 하류를 건넜고, 378년 하드리아노폴리스(Hadrianopolis) 전투에서 동로마 제국의 황제 발렌스(Valens, 재위 364~378)를 상대로 궤멸적 패배를 안겨주었다. 알라리쿠스 자신은 고트족 연합 군대를 이끌고 프리기두스(Frigidus) 전투(394년)에 참전하여 로마의 황제 테오도시우스(Theodosius) 1세(재위 378~395)를 도왔다. 알라리쿠스의 후계자들이 418년 갈리아 남부에 정착해 서고트 왕국이 성립했고, 5세기 후반에는 서고트 왕국이 로마 제국의 정치에서 핵심 세력으로 부상했다. 429년 게르만어를 사용하는 반달족과 이란어를 사용하는 알란족 가운데 한 그룹이 지브롤터 해협을 건넜다. 이들은 원래 더 큰 연맹체에 소속된 한 집단으로, 그 연맹체는 406년 라인강 상류를 건너고 412년 스페인에 정착한 적이 있었다. 그들 중 일 분파가 게이세리쿠스(Geisericus, 재위 428~477) 왕의 지휘 아래 아프리카로 건너가 로마령 북아프리카를 정복했으며, 439년 카르타고를 점령하고 455년 로마를 약탈했다.

이들의 이동은 전통적으로 훈족의 압박에 따른 결과로 해석되어왔다.[13] 훈족은 원래 유라시아 초원 지대의 기마 민족으로, 395년 이후 캅카스산맥을 가로질러 동로마 제국 및 페르시아 제국을 침략한 사실이 기록되어 있다. 411년경 그들은 도나우강 중류에 도착했다. 440년대 중엽에 이르러 그들은 다양한 구성의 강제적 연맹체를 지배하게 되었다. 당시의 지도자는 아틸라(Attila, 재위 434~453)였다. 발칸반도 지역을 공격하면서 세력을 확인한 아틸라는 451년에 갈리아, 452년에 이탈리아 지역을 침략했다. 453년 아틸라가 사망하자 도나우강 중류 지역에서 훈족의 헤게모니는 급격히 무너졌고, 아틸라의 휘하에 모였던 연맹도 해체되었다.

훈족이 몰락한 뒤 다양한 방식의 연맹체가 출현했다. 469년경 스키리(Sciri)라고 하는, 게르만어를 사용하는 집단이 서로마 제국으로 진출했다. 스키리 출신의 오도아케르(Odoacer/Odovacar)가 476년에 이탈리아의 통치자가 되었다(493년 사망했다). 아말(Amal) 왕국 아래 뭉쳤던 고트족은 473년경 동로마 제국 치하의 발칸 지역으로 진출했다. 그들의 왕 테오도리쿠스(Theodoricus)는 동로마 제국의 황제 제노(Zeno, 재위 474~491)의 제안에 따라 488년 백성을 이끌고 이탈리아로 가서 오

---

13 Now especially Heather, *Empires and Barbarians*; compare Guy Halsall, *Barbarian Migrations and the Roman West, 376-568* (Cambridge University Press, 2007).

도아케르를 몰아내고 제2의 건국에 성공했다. 이들이 바로 동고트 왕국(493~526)이었다. 511년에 이르러 테오도리쿠스는 동고트 왕국과 서고트 왕국을 통합한 왕국에서 유일한 왕으로 등극했다. 그는 통치 기간 동안 과거 로마 제국의 관습과 제도를 보존하고 또한 활용했으며, 콘스탄티노폴리스 황제의 권위를 인정해주었다.

동로마 제국은 수입이 안정적인 편이었고, 발칸 지역으로 진출한 여러 민족을 흡수할 능력이 있었다. 그래서 훈족의 패권이 무너진 뒤 과거 유럽의 국경선을 회복할 수 있었다. 외부자의 입장에서는 동로마보다 서로마 지역으로 들어가는 편이 더 쉬웠다. 그러다 보니 5세기 중엽에 이르러 서로마 제국의 세금 수입은 절반 정도가 무너져버렸다. 이 정도 수입으로는 현실적인 외부의 위협에 대응하는 것만으로도 벅찰 지경이었다. 발칸 지역과 그 너머까지 훈족의 약탈에 노출된 것도 뼈아픈 일이었지만, 무엇보다 결정적이었던 것은 서로마 제국의 가장 풍요로운 수입원인 북아프리카의 상실이었다. 440년대에 반달족과 알란족이 그곳을 차지했다. 440년대 초에서 460년대 말 사이 서로마 제국뿐만 아니라 동로마 제국 정부도 많은 비용을 들여 해상 원정군을 보냈지만 침략자들을 몰아내지는 못했다. 이로 보아 당시 상황이 얼마나 심각했는지 알 수 있다. 제국 중앙의 권위가 쇠퇴한 시대를 맞이하여 각 지방의 백성은 새로 들어온 이들의 생활 양식(modus vivendi)에 맞추어 살아남기 위한 나름의 최선을 다하는 수밖에 없었다.

6~7세기의 혼란

6세기에는 서부 지중해 지역에서 잃어버린 로마 제국의 영토를 되찾으려는 시도가 있었지만 크게 성공을 거두지는 못했다. 동로마 제국의 황제 유스티니아누스 1세는 북아프리카와 이탈리아 지역에서 성립된 왕국들과 전쟁을 벌여 534년 반달 왕국과 알란 왕국을 격파했고, 이후 20여 년을 더 싸워서 동고트 왕국마저 무너뜨렸다. 이로써 스페인 남부 지역에 교두보를 마련했다. 이와 같은 개입으로 잠시나마 서유럽과 시리아-팔레스타인 및 북아프리카를 잇는 무역망이 재건되었다. 그러나 문제는 동방이었다. 사산 제국과의 정세가 날로 위태로워지고 있었다. 동로마 제국은 다시 페르시아와 적대 관계에 접어들었고, 엎친 데 덮친 격으로 자연재해와 전염성 강한 역병이 돌아 유스티니아누스 황제가 가용할 수 있는 자원이 상당히 궁핍해졌다. 그리고 그다음 세기에는 페르시아인, 아바르인, 슬라브인, 특히 아랍인이 봉기하여 동로마 제국은 존폐의 위기에 내몰렸다.

7세기 초 사산 제국이 재앙을 몰고 왔다. 626년 페르시아-아바르 연합군이 콘스탄티노폴리스를 포위 공격하자, 황제 헤라클리우스(Heraclius, 재위 610~641)는 이에 대한 보복으로 아르메니아를 거쳐 메소포타미아로 진군했다. 페르시아는 붕괴 위기에 몰렸고, 동로마 제국은 대부분의 영토를 회복했다. 아랍인은 예전부터 오래도록 동로마 혹은 페르시아에서 용병으로 활동했다. 양쪽 세력이 서로 싸우면서 기력이 약해지자 아랍인에게 새로운 길이 열렸고, 이슬람의 통합이라는 명분 아래 아랍인이 뭉치기 시작했다. 헤라클리우스 황제 재위 달년에 이르러 동로마 제국은 시리아, 팔레스타인, 이집트를 다시 상실했고, 소아시아 지역도 위험에 빠졌다. 652년에 이르러 페르시아 제국은 이슬람 제국에 흡수되었다. 8세기 초 이슬람은 인도 북부에서 스페인까지 뻗어 나갔다. 동로마 제국은 674~678년 아랍의 제1차 콘스탄티노폴리스 포위 공격을 막아낸 뒤 우마이야 왕조 초기의 야심은 꺾였고, 일시 휴전을 제안했다.

특히 이집트 상실의 여파가 컸다. 이집트는 629년 이전 10여 년 동안 사산 제국에게 점령되어 있었고, 641년 이후로 계속해서 아랍이 지배했다. 과거 반달족의 북아프리카 정복 때와 비슷했다. 이집트의 상실로 지중해 전역에 걸쳐 형성되어 있던 로마 제국의 재정 시스템이 완전히 파괴되었고 두 번 다시 회복되지 못했다. 콘스탄티노폴리스와 정치 및 재정적 관계가 단절된 지역은 비단 이집트의 알렉산드리아만이 아니었다. 북아프리카의 카르타고 또한 동로마 제국과의 관계가 끊어졌다. 카르타고는 헤라클리우스 황제의 권력이 시작된 출발점이었다(황제가 되기 전 총독의 아들이었다. - 옮긴이). 시리아의 안티오크, 팔레스타인의 예루살렘도 더 이상 동로마 제국과 관계를 이어갈 수 없었다. 암포라(amphora)와 북아프리카 도자기(north African fine wares) 유물 발굴로 보건대 지역 간 식량 및 공산품 교역은 7세기 말까지 지속되었던 것 같다. 확연한 차이는 기원후 700년 전후 10여 년 사이에 나타났다. 로마의 크립타 발비(Crypta Balbi)에서 연대가 분명히 확인되는 도자기 유물들이 발견되었는데, 그중에 690년 전후로 아프리카 및 동방에서 수입된 도자기가 상당량 포함되어 있었다. 그러나 그 이후 720년경의 유물 중 이탈리아나 시칠리아 이외의 외부에서 수입된 물품은 거의 없었다.[14]

---

14 Lucia Saguì, "Roma, i centri privilegiati e la lunga durata della tarda antichità: dati archaeologici dal deposito di VII secolo nell'esedra della Crypta Balbi,"

700년 이후에는 지역 간 무역의 붕괴가 뚜렷해졌다. 그 결과 경기가 쇠퇴했고, 엘리트 계층의 재산은 전반적으로 감소하고 물질문화는 지역화 및 단순화하는 경향을 보였다. 왕국 통치자들의 입장에서는 자율성이 강화되었고, 통제된 자원에 접근할 수 있는 권한을 가진 자, 즉 관료들이 왕국 내 엘리트 계층으로 부상했다. 또한 왕국 통치자로서는 스스로 자원을 소유하고 통제하는 자들, 그리고 소지역을 실질적으로 장악하고 있는 귀족들과의 협력이 더욱 중요해졌다.

서로마 제국이 멸망한 이후 그 영토에서 성립한 왕국들은 점차 백성 관리 및 세금 징수 능력을 잃어갔고, 봉급으로 군대를 유지하기도 어려워졌다. 그 결과 정치적 파편화가 가속화되었다. 사실상 여러 군주들, 지주들, 반(半)독립적 도시들, 성직자들이 서로 협상을 통해 질서를 유지해 나갔다. 국가 기관이 전반적으로 쇠약해지자 유럽의 사회 및 경제에서는 기독교 교회의 역할이 중요해졌다. 이와 달리 비잔티움 제국(서로마 멸망 이후의 동로마 제국을 전통적으로 비잔티움 제국이라 했다. 그러나 그들 스스로는 자신을 로마이오이Rhômaioi, 즉 로마인이라 했다.), 그리고 초기 아랍 국가들은 모두 로마 후기의 재정 시스템을 그대로 유지하고 실정에 맞게 적용했다. 물론 로마 제국보다는 상당히 축소된 형태였다. 7~8세기 비잔티움 제국은 급격히 줄어든 영토 기반 위에서 국가를 유

Archeologia Medievale 29 (2002): 7-42, and Simon T. Loseby, "The Ceramic Data and the Transformation of the Roman World," in Michel Bonifay and Jean-Christopher Tréglia (eds.), *LRCW 2: Late Roman Coarse Wares, Cooking Wares and Amphorae in the Mediterranean: Archaeology and Archaeometry* (Oxford: British Archaeological Reports, 2007), book 1662, pp. 1-14.

지하기 위해 분투했다. 한편 시리아에 기반을 둔 우마이야 왕조에서 세금 징수와 군대 조직은 지방 단위로 이루어졌고, 국가 재정의 상당 부분을 지역에 배분하는 방식을 유지했다.

로마 이후의 주요 논점

7~8세기를 "암흑기"로 보아서는 안 된다. 그보다는 오히려 교체와 재편성의 시기였다고 보는 것이 맞다. 이때 세 개의 핵심 정치 단위가 등장했다. 가장 대표적인 명칭으로 프랑크 제국, 비잔티움 제국, 칼리프국이 그 셋이다. 칼리프국이란 곧 이슬람 제국을 의미하는데, 그 수장은 예언자 무함마드의 "후계자(아랍어 khalifa)"로 인정되는, 종교와 정치의 최고 지도자였다. 세 정치 단위에는 각각 유럽 세력이 포함되었고, 로마 제국의 유산을 물려받았다는 특징을 공유했다. 그래서 이들은 과거 로마 지역과 비-로마 지역 모두를 자신의 새로운 구조 속에 통합해내야 할 과제를 안고 있었다. 따라서 세 개의 제국 세력은 유럽 곳곳에 왕국이 형성되는 과정에 영향을 미쳤고, 그 과정은 9세기 말까지 이어졌으며, 영역으로 보아 과거 로마 제국의 영토를 훨씬 넘어서서 대서양에서 볼가강까지, 북극권에서 지중해 북부까지 포괄했다. 우리에게 알려진바 해당 시기 로마 멸망 이후의 경기 쇠퇴는 어느 정도 그 외부 지역의 경제 성장 및 발전과 균형 관계에 놓여 있었다. 근본적으로 이러한 과정이 축적되어 중세 중엽 기독교 유럽의 변화가 가능했다. 이러한 관점은 물론, 당시 유럽인으로서는 전혀 알 수 없는 내용이었다.

서부 지중해 지역에서 로마의 지역 간 교환 체계가 완전히 무너진 때는 기원후 700년경이었다. 이후 이 지역의 경기가 침체기로 접어들었다. 그러나 유럽에 미친 효과는 지역에 따라 달랐다. 과거 로마의 영토였던 일부 도시들은 사라져버렸다. 살아남은 도시들도 섬처럼 지역 내에 고립되었다. 폐허와 빈 공간은 텃밭이나 포도밭으로 변했다. 그런 도시에서는 기껏해야 수백 명 내지 수천 명의 인구를 유지할 따름이었다. 이런 상황에서 교회 주교들이 공동체의 리더십을 발휘했다. 교회 행정 체제가 살아 있었기 때문이다. 이를 통해 고대 도시 네트워크의 일부 요소들이 유지되었다. 애초에 교회를 기반으로 한 경제 요소들이었다. 기념비적 건축물은 대개 교회 건축으로, 대부분 과거의 폐허에서 건축 자재를 수습하여 건설했다. 지역에 따라서는 과거 공공 건물 자리까지 사적 건물이 침범해 들어가 도심의 형태가 바뀌기도 했다. 한편 동부 지중해 지역에는 규모가 훨씬 축소된 비잔티움 제국이 있었다. 그리고 아직 기반이 잡히지 않아 연약했지만 상승 기조를 달리는 이슬람 제국이 있었다. 이들은 일관된 국가 구조를 유지했고, 갈수록 과거 로마 재정 시스템을 더욱 분명하게 채택했다. 그러는 사이 새로운 교환 체계와 무역항이 북해(North Sea) 지역에서도 생성되었다.

비잔티움 제국

비잔티움 제국은 세계 최고의 지위를 자부했으며, 로마 후기의 문화 패턴과 정통성을 유지하려 했다. 한편 동로마 제국의 잔당이 소아시아(아나톨리아)와 발칸 등지에 남아 있었고, 작은 규모이긴 했지만 이탈리아와 시칠리아에서도 출몰했다. 이들이 지정학적으로 동부 지중해 지역에서 세력권을 형성하고 있었지만, 그들의 경제적 기반은 오히려 주변의 이슬람 세력과 연결되어 있었다. 717~718년 아랍의 제2차 콘스탄티노폴리스 포위 공격이 실패로 끝난 뒤 칼리파국에서는 콘스탄티노폴리스를 당대에 정복하기는 어렵다는 판단이 섰고, 소아시아의 남동부, 즉 토로스산맥과 아르메니아 고산 지대를 잇는 선이 점차 양측의 국경선으로 굳어져갔다. 현실적 위협이 지속되는 한 군대 유지 비용을 지출하지 않을 수 없었는데, 비잔티움 제국은 영토 3분의 2를 잃고 재정 수입은 4분의 3이 줄어든 상태였다. 재정 수요가 생산과 분배의 패턴을 이끌었다. 상업 활동은 대개 지역 단위로 국한되어 있었지만 9세기 중엽부터 회복세를 보이기 시작했다.

정치 권력과 사회 자본은 콘스탄티노폴리스로 집중되었다. 당시 인구는 4만 명 규모였는데, 과거 6세기 초 50만 명에서 그렇게 줄어든 상태였다. 중앙에서 임명한 봉급제 관료들이 세금을 거두고 필요 경비를 지출하는 일을 담당했다. 세금은 대체로 농업 생산물에서 나왔다.[15] 7세기에는 소농이 위주였고, 예전에 있었던 대규모 농장은 규모가 줄어들었다. 그러나 8~9세기에 이르러 대토지 소유주들이 다시 등장했고, 국가 재정의 중추 역할을 이들이 맡게 되었다. 엘리트 계층이 되려면 토지뿐만 아니라 제국의 중앙에서 부여하는 관직도 필요했다. 토지와 관직은 사회적·물질적 지위 향상을 위해 빼놓을 수 없는 여건이었다.

8세기에 이르러 동방의 그리스어권과 서방의 라틴어권의 관계가 최악으로 치달았다. 성상파괴운동(iconoclasm)이란 도상(조각상)에 경배하는 것을 거부하는 종교적 태도였는데, 비잔티움의 황제 레오(Leo)

---

15 John F. Haldon, *Byzantium in the Seventh Century: The Transformation of a Culture* (Cambridge University Press, 1990).

3세(재위 717~741)가 720년대 말엽에 이를 도입한 뒤로 교황의 권위에 정면으로 도전했다. 6세기 말부터 이탈리아에서 랑고바르드족(Langobardi)이 권력을 차지하자 로마에서는 프랑크족에게 동맹을 제안했고, 774년에 프랑크족이 랑고바르드 왕국을 정복했다. 교황 레오(Leo) 3세는 기원후 800년 크리스마스를 맞이하여 로마의 성베드로 대성당에서 프랑크족의 왕 카롤루스 마그누스(Carolus Magnus)를 "로마의 황제"로 지명했다. 이에 고무된 프랑크 왕국은 비잔티움 제국의 이미지를 모방하고자 노력했다. 843년 비잔티움 제국은 성상파괴운동을 공식적으로 포기했으나, 로마 교황과 콘스탄티노폴리스 교회의 적대 관계는 이미 돌이킬 수 없는 상태로 접어들어 있었다. 9세기 중엽에 이르러 프랑크 왕국의 정세가 불안정해지자 권력의 공백이 생겨났고, 아랍 세력이 이탈리아를 공격하려 했다. 당시 비잔티움 제국은 황제 바실리오스(Basilios) 1세(재위 867~886)의 지휘 아래 지중해 중부 지역에서 세력을 키워가고 있었다. 그와 그 후계자들의 재위 기간은 마케도니아 왕조(Macedonian dynasty) 시기라 한다(바실리오스 1세가 마케도니아 출신이기 때문이다. - 옮긴이). 이때 로마 교황과 콘스탄티노폴리스의 외교 관계가 회복되었고, 9세기 말에 이르러 남아 있던 교회의 논점도 해소되었던 것 같다. 당시 로마 교황은 정치적으로 쇠락기에 접어들고 있었다.

이슬람 제국

우마이야 왕조의 수도는 다마스쿠스(Damascus)였고, 660년대부터 8세기 중엽까지 유지되었다. 그 뒤를 이은 아바스 왕조의 수도 바그다드(Baghdad)는 8세기 후기부터 이어지다가, 우리 논의 범위의 끝 무렵인

10세기 초에 해체되었다. 이들 두 왕국이 포괄한 영토와 자원은 로마 제국 전성기를 능가했다. 이슬람 제국은 후기 고대 유럽에 직접적으로 영향을 미쳤다. 그들은 스페인을 점령했으며, 동로마 제국을 약화시켰다. 뿐만 아니라 간접적 영향도 있었다. 군사·경제·외교적으로 지중해와 캅카스 지역을 거쳐 동유럽과 북유럽도 그들의 영향권 안에 들어갔다.

우마이야 왕조는 로마의 유산을 받아들여 지방 단위의 재정 구조를 가지고 있었는데, 비잔티움 제국이나 프랑크 제국과는 그 방식이 달랐다. 즉 비잔티움 제국과 달리 우마이야 왕조의 엘리트 계층은 군인이었다. 또한 프랑크 제국과 달리 군대 내에서 아랍인과 비-아랍인을 분리했고, 군인은 대부분 군대 주둔지에 정착하도록 했으며, 봉급을 지급했다. 그래서 군인은 굳이 토지를 소유하려 하지 않았다. 이집트와 시리아-팔레스타인 지역에서 약 700년경까지 대토지 소유자나 지방 행정 관료 등 토착 엘리트 계층은 주로 그리스어 사용자에 기독교인이었다. 이후 이들의 아랍화가 급속도로 진행되었다. 그럼에도 우마이야 왕조가 멸망할 때까지 아랍화가 완전히 진행된 것은 아니었다.[16]

과거 로마 제국과 마찬가지로 우마이야 왕조 또한 지역 엘리트 계층에게 세금 징수 업무를 맡겼다. 그러나 각 지방마다 봉급을 받는 직업 군인이 주둔하여 세금 수입의 대부분을 지방에서 거두어들이고 또 사용했기에, 중앙 정부에서 직접 지출할 수 있는 비중은 지방보다 더 적었다. 중앙의 칼리프와 지방 주둔 군대 사이에 이권이 갈리다 보니 정치적

---

16 See now Abd al-Aziz Duri, *Early Islamic Institutions: Administration and Taxation from the Caliphate to the Umayyads and Abbasids* (London: I. B. Tauris, 2011).

불안정이 야기되었다. 과거 로마 제국에서처럼 중앙의 재정 명령에 따라 세입 지역에서 세출 지역으로 물품이 대규모로 운송되고 지역 간 교역이 촉진되는 등의 경제적 효과는 우마이야 왕조에서 기대하기 어려웠다. 시리아나 팔레스타인 같은 지역별 상업 네트워크는 과거같이 유지되었다. 또한 북유럽에서 중앙아시아 및 동남아시아에 이르기까지, 엘리트 계층을 위한 사치품 원거리 무역도 지속되었다. 그러나 시리아와 팔레스타인의 암포라와 북아프리카 도자기 등이 대규모로 유통되는 일은 8세기 이슬람 제국 치하에서는 분명히 사라졌다. 지중해 다른 지역에서도 사정은 이와 다르지 않았다. 8세기가 저물기 한참 전에 새로운 지역 간 교환 상품이 (비록 고고학적으로 확인은 어렵지만) 유행했는데, 기독교 유럽과 칼리프국 사이의 교역에서 유럽의 노예가 무슬림 세계로 대량 수출되었다. 프랑크족이 정복 전쟁에서 포로로 잡은 노예였다.[17]

호라산(Khorasan, 오늘날 이란 북동부, 투르크메니스탄, 아프가니스탄에 걸쳐 있던 지역 명칭) 출신의 군벌이 우마이야 왕조를 무너뜨리고 바그다드에 새로 도시를 건설하여 아바스 칼리파국이 성립했다. 시리아 중심의 우마이야 군대는 소멸했고, 이후 아랍과 페르시아의 정치·문화적 재편 과정이 시작되었다. 군대와 재정 시스템은 중앙 집중식이었고, 이를 관장하는 본부는 이라크에 있었다. 지방에서 거두어들인 세금은 모두 중앙으로 집중시켰고, 이를 기반으로 이슬람의 황금시대가 도래했다. 그러나 그 과정에서 정치적 분쟁의 시기가 있었고, 지방의 수입을 지키기

---

17 Michael McCormick, *Origins of the European Economy: Communications and Commerce A.D. 300-900* (Cambridge University Press, 2001).

위해 별도로 군대를 모집하는 등 분열이 가속화되기도 했다. 세금 문제에 대한 불만을 구실로 8세기 말부터 분리주의자가 득세하기 시작했고, 920년대에 이르러 실제로 아바스 왕조가 쪼개지는 사태가 벌어지기도 했다. 그럼에도 불구하고 아바스 왕조는 13세기까지 살아남았다.

프랑크 제국

6세기에 서부 지중해 지역에서 동고트 왕국이 무너지자, 비잔티움 제국의 유스티니아누스 황제는 이 지역을 비잔티움 제국의 직접 지배하에 두고자 했다. 그러나 6세기 이후 서유럽의 지정학적 중심지는 알프스산맥 이북으로 확연하게 이동했다. 게르만어 사용자들 가운데 프랑크족이 잇달아 왕국을 수립하면서 라인강 좌우 양안, 대서양과 엘베(Elbe)강 사이의 전역을 포괄하는 거대 세력으로 등장했기 때문이다. 오늘날의 프랑스, 베네룩스, 서부 독일이 그들의 무대였다. 역사적으로 이전에는 이런 사례가 없었다. 프랑크 제국은 농업 생산물에 체계적으로 세금을 부과할 능력이 없었다. 따라서 상비군을 유지하기 어려웠으므로, 군비를 갖춘 토지 소유주 엘리트 계층의 지원에 의존했다. 각 지역의 관리는 이들이 맡고 있었다. 프랑크 제국은 과거 로마 제국에 비해 유연한 자세를 취하여 함부로 지역 문제에 개입하지 않았다. 대신 협력하는 지방 엘리트 계층을 회유하고, 그들을 동원하는 경우에는 보상을 해주었으며, 외부 정복 사업으로 중앙에서 벌어들인 재원으로 지방 엘리트 계층을 지원했다. 그러니 외부 정복 전쟁의 기회가 줄어들면 중앙 정부의 권위도 약화되는 구조였다.

5세기 중엽 킬데리쿠스(Childericus)가 등장하여 살리(Salii)라고 하는 프랑크족의 일 분파를 이끌었다. 나중에 그의 후손이 메로베우스(Meroveus) 왕조를 수립하게 되는데, 메로베우스는 킬데리쿠스의 아버지의 이름이었다(메로베우스는 바다 괴물의 자손이라고 전한다). 킬데리쿠스는 갈리아 주둔 로마군을 도와 서고트족과 루아르(Loire)강 유역 민족들의 공격을 막아냈다. 481년경 킬데리쿠스가 사망할 당시 그는 과거 로마의 한 지방이었던 벨기에 저지대를 다스리는 공국의 군주였다. 그의 아들이자 후계자인 클로도베쿠스(Chlodovechus, 재위 481~511)는 프랑크족의 일 분파에 불과했던 자신의 공동체를 강력한 왕국으로 발전시켰다. 그의 왕국은 서고트 왕국을 꺾고 갈리아 남서부 지역 대부분을 차지했으며, 부르군트(Bourgund) 왕국을 흡수했고, 라인강 동안에 있는 알라마니족(Alamanni)을 정복했다. 클로도베쿠스가 사망할 당시 그의 왕국은 동고트 왕국과 함께 로마 이후 성립한 여러 군소 왕국 가운데 서방 최고의 지위에 올라 있었다. 다른 이민족 통치자들은 적어도 부분적으로나마 로마 제국의 정치·문화적 질서에 저항한다는 입장에서 기독교를 신봉하지 않았다. 이들과 달리 클로도베쿠스는 정교회(orthodox Christianity)로 개종했고, 프랑크족이 비잔티움 제국의 잠재적 동맹이라는 인식을 심어주었다. 그 시작은 노련한 정치 전략이었다. 526년 동고트 왕국의 왕 테오도리쿠스(Theodoricus)가 사망했을 때에 맞춰 클로도베쿠스는 개종을 선언했다. 또한 비잔티움 제국의 황제 유스티니아누스가 이탈리아에 개입하기 직전에 그들 또한 이탈리아에 관심이 있음을 드러냈다. 클로도베쿠스의 손자 테우데베르트(Theudebert, 재위 533~548)는 독자적으로 금화를 발행했다. 이를 기반으로 허울뿐이었던 프랑크 제국 황실의 특권마저 메로베우스 왕조로 넘어왔다.

메로베우스 왕조는 6세기 말 최전성기에 도달했다. 7세기 후반기에는 네우스트리아(Neustria), 아우스트라시아(Austrasia), 부르군트(Bourgund) 등지에서 지방의 엘리트 계층이 실권을 장악했고, 변경 지역에서도 독립의 움직임이 활발하게 일어나고 있었다. 7세기 말에 이르러서는 카롤루스 왕조의 활력이 두드러졌다. 왕조 초기에 가장 주도적인 인물은 피피누스(Pippinus) 2세(사망 714)였다. 그는 프랑크 제국의 북부 아우스트라시아 공국의 재상(maior palatii, 궁정 사무의 관리 책임자)이었는데, 687년 이후 네우스트리아 공국의 재상직도 겸했다. 그의 아들 카롤루스 마르텔루스(Carolus Martelus, 사망 741)는 부르군트를 다시 장악하고 아퀴타니아(Aquitania, Aquitaine)를 정복했다. 카롤루스 마르텔루스의 아들 피피누스 3세는 메로베우스 왕조 최후의 왕 킬데리쿠스(Childericus) 3세를 끌어내리고 752년 스스로 왕위에 올랐다(768년 사망했다). 피피누스 3세의 아들 카롤루스 마그누스(Carolus Magnus, 재위 768~814, 샤를마뉴 대제로 유명하다)의 재위 기간에 카롤루스 왕조의 팽창은 최고조에 달하여, 작센(Sachsen) 연맹, 랑고바르드 왕국, 중부 유럽의 아바르(Avars) 연맹을 모두 정복했다. 결과적으로 갈리아, 스페인 북부, 라인강과 엘베강 사이, 이탈리아 북부, 도나우강 중류 지역 대부분이 그의 직접 통치 아래 놓이게 되었다.

이후 9세기 후반에는 카롤루스 왕조의 세력 범위가 오늘날의 파리 주변으로 국한되었다. 프랑크 제국의 서부 지역에서 권력은 지역별 왕공들에게 넘어가 있었다. 그러나 라인강 너머 동부 지역은 카롤루스 마그누스의 손자 중 하나인 루도비쿠스 게르마니쿠스(Ludovicus Germanicus, 재위 817~876)에 의해 통일되어 있었다. 그는 오래도록 왕위를 지키며 왕국을 발전시켰다. 덕분에 그의 후손들은 왕위가 끊어졌지만 왕국은 살아남아 10세기에 오토(Otto) 왕조로 이어졌다.

루아르강 남쪽 지역에서는 6세기 로마 제국 엘리트 계층의 후손들이 토지 소유권을 유지하며 그들만의 독특한 도시 문화를 지속하고 있었다. 로마 제국 당시의 지역 유지들이 통치했던 여러 도시는 그 자리에 그대로 남아 있었다. 그 안에서 프랑크족의 정착지는 그리 많지 않았다. 이와 반대로 루아르강 북쪽 지역의 도시들은 엘리트 계층의 소비와 과시 문화가 사라지고 귀족 계층이 소유했던 토지들이 흩어졌다. 7세기 이후로는 귀족 계층을 대신하여 교회의 지위가 뚜렷해졌고, 동시에 프랑크족 엘리트 계층의 토착화 현상도 보였다. 이른바 이중적 장원제(bipartite manors)가 카롤루스 왕조 시기 농장의 특징인데, 루아르강에서 라인강 사이에 형성된 관습이었다. 지주는 스스로 개간한 토지에 대한 소유권을 갖고, 유지 및 관리는 교회에서 담당하는 제도였다. 당시의 과세 단위를 만수스(mansus)라 했는데, 완전한 형태의 농장 하나를 일컫는 단위였다. 농장은 주거지, 부속 건물, 농지, 목초지와 주민으로 구성되었다. 농장 안에서 소작인의 사적 소유도 허락되었고 자신의 소유물을 자식에게 상속할 수도 있었다. 이러한 소작인의 지위를 유지하려면 관습에 따라 소작료를 지불하고 용역을 제공해야 했다.

프랑크 제국의 왕들은 시골의 성에서 사는 것을 좋아했다. 왕국의 핵심 지역에 왕이 사적으로 소유한 토지와 추종자들이 몰려 있었다. 왕의 권력은 도시에서 과시되지 않았고, 수도에서는 더더욱 왕권의 흔적을 찾아볼 수 없었다. 이런 점에서 프랑크 왕국은 랑고바르드 왕국이나 서고트 왕국과 전혀 달랐다. 랑고바르드 왕국은 파비아(Pavia)에, 서고트 왕국은 톨레도(Toledo)에 수도를 건설하고 그곳에 왕궁과 행정 기관을 설치했다. 프랑크 왕국에서는 매년 봄에 군대 및 교회의 엘리트 계층이 서로 모여 회합을 가졌다. 회합에서 서로의 충성을 재확인하고 선물과 조공을 교환했으며, 군사 원정을 위한 세력을 만들어냈다. 대토지 소유자, 평민, 성직자 등이 시골에 있는 성에서 함께 거주했으며, 수도원 역시 시골에 있었고, 로마 시대 후기의 농장 형태였던 빌라(villa)가 그대로 시골의 정착지로 남아 있기도 했다.

엘리트 계층을 중심으로 부의 집중이 이루어지자 당시 북유럽 지역의 교환 체계는 이전 시대에 비하여 활기를 띠었다. 예전에는 포스(Fos), 툴롱(Toulon), 나르본(Narbonne), 마르세이유(Marseilles) 같은 남부의 항구를 통해 올리브유를 비롯한 지중해의 상품들이 갈리아 북서부 지역으로 수입되었으나, 북유럽 교환 체계가 성장할 무렵 남부의 교역로는 바닥을 드러냈다. 시골에 있는 장원에서 정착 중심지로 상품이 오가면서 지역별 교환 체계가 촉진되었고, 나아가 국제적 차원으로까지 발달했다. 또한 프랑크 북부 지역에서 농업 기반 엘리트 계층을 중심으로 사치품 수요가 지속되었고, 잉글랜드나 스칸디나비아에서도 마찬가지였다. 이중적 장원제는 농산물에 대한 수요 증가와 집약적 생산을 반영하는 것이었다. 당시의 상품 생산 및 내부 교환 체계를 알 수 있는 근거는 도자기다. 루아르강과 라인강 유역에서 강의 교통로를 따라 수준 높은 도자기 제품들이 유통되었다.

프랑크 제국을 중심으로 하는 교환 체계는 이른바 엠포리아(emporia) 혹은 "--비크(--wic)"라고 하는 북해 주변의 무역 중심지가 번영할 수 있는 배경이 되었다. 이 교환 체계가 가장 번성한 시기는 카롤루스 왕조 시기, 즉 카롤루스 마르텔루스가 실권을 장악한 때부터 카롤루스 마그누스의 아들 루도비쿠스 피우스(Ludovicus Pius, 재위 814~840)가 통치할 때까지였다. 당시 강의 하구는 아일랜드, 브리튼, 스칸디나비아로 통하는 교통의 중심지였다. 외교관, 상인, 선교사, 순례자 들이 이곳을 통해 이동했다. 그곳에 위치한 엠포리아는 국제 무역의 중심지였다. 왕은 그곳에서 관세 수입을 거두었고, 그 주변으로 수공업품 제조 작업장과 농산물 시장이 발달했다. 네우스트리아 지방의 쿠엔토비크(Quentovic, 영국 해협 근처), 아우스트라시아와 프리슬란트(Friesland)의 경계 지역에 있는 도레슈타트(Dorestad, 라인강 물줄기가 바뀌기 전에는 강줄기와 연결되었음), 잉글랜드에서는 루덴비크(Lundenwic, 로마 시대의 런던 근처), 함비크(Hamwic, 오늘날 사우샘프턴Southampton), 그리고 이스트 앵글리아(East Anglia) 지역의 입스위치(Ipswich)에 엠포리아가 있었다. 이외에도 더블린(Dublin), 스웨덴의 비르카(Birka), 유틀란트반도(윌란반도)의 헤데뷔(Hedeby), 그리고 키예프(Kiev) 등지에서 덴마크인, 노르웨이인, 스웨덴인이 무역에 참여했던 흔적이 확인되었다.

기타 중요한 논점들

북아프리카와 동방에서 상품 수입이 끊어진 뒤 7세기 서유럽 어디에서나 공통적으로 나타난 현상은 생산과 교역의 지역화 및 단순화였다. 그러나 그 구체적 상황은 지역에 따라 상당한 편차가 있었다. 남부 프랑스 지역에서는 9세기까지도 기존의 대토지 소유 관행이 그대로 지속되었다는 증거가 남아 있지만, 새로운 관행이 만들어졌다는 증거는 거의 없다. 이탈리아 지역에서 랑고바르드 왕국의 귀족들은 도시를 기반으로 생활했다. 밀라노, 베로나, 피사, 베네치아 등 여러 도시는 분명 8세기에도 활발히 운영되고 있었다. 베네치아는 9세기 초에 이미 프랑크 제국으로 들어가는 동부 지중해의 상품이 몰려드는 교역 중심지로 떠오르기 시작했다.

도시 로마는 그때까지도 서유럽 최대 규모의 도시로 남아 있었다. 8세기의 로마 인구는 약 2만 5000명이었다. 교회 건축과 장인의 귀중품 생산은 이 시기에도 그대로 지속되었고, 다른 어느 지역에 비하더라도 규모가 컸다. 내부 수요가 꾸준했고, 비잔티움 제국과의 외교 관계도 지속되었기 때문이다. 이를 통해 문화 교류가 지속되었고, 예컨대 나폴리 같은 비잔티움 제국 치하의 이탈리아 도시들과 아마도 일정 정도 교역이 진행되었을 것이다. 포룸웨어(Forum Ware)라고 하는 도자기는 8세기 도시 로마의 생산품이었는데, 양식과 기술로 볼 때 콘스탄티노폴리스의 영향을 받은 것이 분명했다. 포룸웨어는 오래도록 발전을 거듭하며 주변에 널리 영향을 미쳤다. 9세기에도 토스카나 해안 및 남부 프랑스 지역으로 수출되었고, 그곳에서 모조품이 생산되기도 했다.[18]

스페인에서는 711년 우마이야 왕조에 의해 서고트 왕국이 무너졌다. 이미 6~7세기부터 진행된 지역별 고립화 경향은 우마이야의 서고트 정복 이후 더욱 심화되었다. 특히 내륙 지역은 이미 지중해 교역 시스템에서 분리된 참이라 고립화가 더욱 심했다. 정세가 불안정한 지역에서는 경제와 정착지의 총체적 붕괴가 가속화되었다. 저품질 생활용

---

18 Neil J. Christie, "Forum Ware, the Duchy of Rome, and Incastellamento: Problems in Interpretation," *Archeologia Medievale* 24 (1987): 451-66.

도자기의 생산은 산발적으로 계속되었지만, 스페인 남부 도시를 중심으로 고급 도자기도 생산되었다. 그곳은 우마이야 왕조의 세력이 정착한 중심 도시들로, 예를 들면 메리다(Mérida)와 코르도바(Córdoba), 그리고 그라나다(Granada) 근처 몬테프리오(Montefrío) 등이었다. 8세기 말에 이르러 코르도바 토후국(우마이야 칼리프국에 의해 이베리아반도의 총독으로 임명된 토후 세력이 750년 칼리프국 멸망 이후 독립 왕국을 자처했다. 수도는 코르도바 - 옮긴이)에 의해 알안달루스(al-Andalus) 지역이 통일되었다. 이를 계기로 정세 안정과 경제 회복에 청신호가 켜졌다. 이후 9세기에는 이슬람의 영향을 받은 도자기 산업이 이 지역에서 발달했다. 이는 당시의 경제 재건을 알려주는 대표적 사례였다.

정복, 개종, 문화적 변화

9세기는 기회의 시기였다. 비교적 균형을 되찾은 시기라서 몇몇 핵심 지역 혹은 그 주변을 아울러 새로운 변화를 모색할 수 있는 기회가 주어졌다. 우리에게 주어진 지면 관계상 주변부 지역을 모두 세세히 거론하기란 불가능하다. 다만 로마 제국 이후의 브리튼, 스칸디나비아, 슬라브인을 중심으로 900년을 전후한 시기의 풍경을 간략히 살펴보기로 한다.

로마 이후의 브리튼섬

로마의 브리튼섬 정복으로 소규모 농장 소유주들은 오히려 규모를 확장할 수 있었다. 당시 그들이 잉글랜드 농지를 개척한 규모는 그 이전의 중세번영기(high middle ages) 어느 시점보다 더 컸다. 기원후 407년경 브리튼섬을 강탈한 로마 제국의 장군은 스스로를 콘스탄티누스 3세(사망 411)로 선포하며 황제를 자처했고, 이후 라인강 유역 국경 지대를 안정화하기 위하여 바다를 건너 갈리아 지방으로 건너갔다. 그 뒤로는 로마 제국의 세력이 브리튼섬을 실질적으로 지배하는 시대가 두 번 다시 오지 않았다.

브리튼섬의 북쪽과 영국 해협의 양측에서 힘의 공백이 발생하자 브리튼 주재 로마인은 픽트인(Picts)과 스코트인(Scots), 그리고 대륙에서 건너온 앵글로색슨인(Anglo-Saxons)의 공격에 노출되었다. 5세기 중엽에 이르러 브리튼 주재 로마인은 색슨인의 공격을 막아내기 위해 로마 제국에 지원을 호소했지만 성과가 없었다. 색슨인은 아마도 용병으로 고용되었다가 반란을 일으켰던 것 같다. 이들의 공격을 막아내는 과정에서 아우렐리우스 암브로시우스(Aurelius Ambrosius, 아서왕 전설의 원형)라는 인물이 등장했다. 그는 바돈힐(Badon Hill)이라고 하는 어느 지역에서 승리의 기반을 닦았다고 전한다. 이후 6세기 중엽에는 다시 안정을 되찾았고, 이때 불안정하나마 엘리트 계층이 형성되었다. 이들은 문화적으로나 언어학적으로 로마 이후에 형성된 계층이었다. 7세기 초에 이르러 일련의 과정을 거쳐 잉글랜드에서 비교적 소규모의 앵글로색슨 왕국 10여 개가 출현했다. 비록 소규모이기는 했지만 대륙에서 인구가 꾸준히 유입된 결과였던 것으로 추정된다.

이와 같은 변화는 시골 지역에서 더욱 분명하게 나타났다. 브리튼섬에서 로마 지배 시기 말기에 빌라(villa) 중심의 농장들이 형성되었다가 600년경에 이르러 더 작은 규모로 쪼개졌다. 당시 부의 집중화 현상이 쇠퇴한 결과였다. 과거 로마인이 건설한 도시들도 대부분 도시적 성격을 잃어버렸다. 로마 제국 세력이 시골 지역에서 빠져나간 뒤 색슨인이 들어와서 이러한 현상이 생겨난 것인지, 아니면 반대로 색슨인이 들어와서 로마 제국 세력을 몰아내고 그리 된 것인지에 대해서는 여전히 논쟁이 진행 중이다. 앵글로색슨 왕국의 왕들로서는 먹여 살려야 할 인구가 과거 로마 지배 시기보다 더 많아졌다. 그래서 로마 제국 치하에서 만들어진 토지 소유 제도를 그대로 따를 수가 없었다. 아마 당시에도 로마식 제도에 따르는 농장들이 남아 있었겠지만, 앵글로색슨 왕국에서는 이를 유지하거나 회복할 이유가 없었다.

스칸디나비아

로마 제국 시기 호박(琥珀, amber) 무역은 발트해 남쪽 연안 지역에 살던 사람들을 중부 유럽 및 흑해 지역으로 끌고 들어왔다. 앵글로색슨인이 브리튼섬 주재 로마인을 몰아낼 때 유틀란트반도(윌란반도) 출신들도 앵글로색슨 편에서 참여한 바가 있었다. 8세기 말에서 9세기 초 무역이나 침략 전쟁 등의 과정에서 스칸디나비아인의 진출이 서유럽과 유럽 지역 러시아에서 이전 시기에 비해 크게 확대되었다.

서로마 제국이 무너진 뒤 7세기에 이르러 기존에 지중해와 갈리아 남부 지역에 형성되어 있던 지역 간 교역 체계에 혼란이 초래되었다. 이후 영국 해협 양안 지역과 북해 연안에서 새로운 제국 세력이 형성되자 스칸디나비아인에게 새로운 기회가 주어졌다. 그들의 기술로 바다를 건널 수 있는 배가 만들어졌다. 따라서 북유럽의 교환 체계가 발트해까지 이어지는 데 그들의 기여가 있었다. 강력했던 데인 왕국(Danish monarchy)이 붕괴한 뒤 유틀란트반도(윌란반도) 남부 및 일부 인근 섬을 포괄하여 스칸디나비아인이 토착 왕국을 성립했다. 그때가 기원후 700년경이었다. 아마도 이를 계기로 그들의 남하가 시작되었던 것 같다. 즉 9세기 중엽 서유럽의 섬 지역, 프랑스 북부 지역, 러시아 북부 지역에서 그들의 정착은 그들의 토착 왕국 성립과 긴밀한 관련이 있었을 것이다.[19]

8세기 말에 이르러서는 노르웨이 출신의 바이킹(Viking)이 브리튼섬 북부와 아일랜드, 그리고 남쪽으로 멀게는 포틀랜드까지 침략했고, 또한 덴마크 출신들이 영국 해협 양안을 따라 해협의 남부까지 쳐들어간 사실이 분명하게 확인되었다. 9세기 중엽 셰틀랜드(Shetland) 제도, 오크니(Orkney) 제도, 헤브리디스(Hebrides) 제도에 걸쳐 폭넓은 지역을 대상으로 체계적인 식민지 건설이 이루어졌고, 9세기 말엽 아이슬란드에는 정착지 건설이 충분히 진행된 상태였다. 이 시기 동안 아일랜드섬의 재산과 인력이 가장 집중된 곳이 바로 수도원이었기 때문에, 해안과 육지 등 입지 여건을 막론하고 수도원은 바이킹의 집중적 공격 대상이 되었다. 침략자들은 강줄기를 따라 내륙까지 진출했다. 영국 해협 양안 지역에 대한 침략도 더욱 강화되었다(845년에는 파리 지역도 약탈을 당했다). 이후 바이킹은 서유럽 지역에서 겨울을 났고, 그들 가운에 왕이라 일컫는 인물들이 최초로 등장하기 시작했다.

860년대에 이르러 바이킹 세력이 앵글로색슨 왕국들을 정복했다. 잉글랜드섬에 있던 이스트앵글리아(East Anglia), 노섬브리아

---

19 자료와 역사적 맥락에 관해서는 다음을 참조. Dagfinn Skre, "Towns and Markets, Kings and Central Places in South-Western Scandinavia, c. AD 800-950," in Dagfinn Skre (ed.), *Kaupang in Skiringssal* (Aarhus University Press, 2007), vol. I, pp. 445-69.

(Northumbria), 머시아(Mercia) 등의 왕국이 모두 그들의 손에 무너졌다. 마침내 웨섹스(Wessex)의 왕 알프레드(Alfred, 재위 871~899)가 878년 에딩턴 전투(Battle of Edington)에서 승리한 뒤 바이킹의 공세가 멈추었다. 이후 데인인(Danish)의 왕 구스룸(Guthrum, 사망 c. 890)이 기독교 세례를 받았고, 머시아 왕국이 분단되었다. 또한 잉글랜드섬에서 스칸디나비아인의 정착지가 공식적으로 인정되었는데, 그러한 곳들을 데인로(Danelaw, 데인인의 법칙이 적용되는 곳 - 옮긴이)라 했다. 프랑크 제국이 카롤루스 마그누스의 손자들에 의해 분단된 뒤로 유럽은 데인인에게 새로운 기회의 땅이 되었다. 891년에 벨기에의 딜(Dyle)강에서 데인인이 크게 패한 뒤에야 비로소 그들의 공세를 막아낼 수 있었다. 잉글랜드에서는 알프레드 왕을 중심으로 890년대에 계속된 데인인의 공격을 성공적으로 막아냈다. 아일랜드의 왕국들은 서로 연합하여 아일랜드에 남아 있는 바이킹 요새를 공격했고, 902년에는 바이킹의 핵심 요새가 있는 더블린에서 그들을 몰아내는 데 성공했다. 브리튼섬에서 쫓겨난 바이킹은 프랑크 제국의 서부로 방향을 돌렸다. 당시 프랑크 제국을 지배하던 카롤루스 왕조는 서유럽에서 지속적으로 그들에게 밀려나는 중이었다. 특히 911년에는 루앙(Rouen)과 그 주변 지역을 바이킹의 지도자 롤로(Rollo, 사망 c. 932)에게 떼어 주었고, 그곳을 기반으로 나중에 노르망디(Normandy) 공국이 탄생했다. 이와 비슷한 방식으로 10세기 초반에 잉글랜드, 아일랜드, 프랑스 북부를 비롯한 여러 곳에 정착지가 조성되었다. 더블린을 떠났던 바이킹도 다시 더블린에 정착했다. 그 결과 침략자들의 공세가 억제되었다.

 러시아 지역에서 왕국이 최초로 출현한 사건에도 스칸디나비아인의 역할이 결정적이었다. "루스(Rus)"라는 이름 자체가 핀란드어로 스웨덴 상인을 가리키는 말에서 유래했다. 고고학적 근거로 보건대 8~9세기 스칸디나비아의 모험적 상인들이 발트해 남부와 동부로 이동하여 러시아의 유럽 지역으로 진출했다. 그들은 노예와 모피 무역망을 점차 만들어 갔고, 호박, 꿀, 밀랍 등도 거래했다. 문헌 기록에 따르면 10세기에 무슬림 제국과 비잔티움 제국에 이러한 상품을 공급한 이들도 바로 그들이었다. 그들은 무역망에 걸쳐 있는 핀란드인, 발트인, 슬라브인과 교류했으며(상거래를 하거나 경우에 따라서는 조공을 받아내기도 했다), 이를 통해 무역에 필요한 상품을 확보했고, 이를 원거리 무역 시장에 내다 팔았다.

연륜연대학(나무의 나이테를 분석하여 역사적 사실을 조사하는 학문 분야 - 옮긴이)에 따르면, 737년 스칸디나비아인은 라도가호(Lake Ladoga) 근처의 볼호프강(River Volkhov)을 따라 소규모 식민지를 건설했다. 그들이 상대한 최초의 시장은 서쪽으로 프랑크 제국의 엘리트 계층이었다. 그러나 유럽 지역 러시아에서 강줄기를 따라 새로운 기회가 주어졌으며, 곧이어 흑해와 카스피해 연안까지 진출했다. 볼가강을 따라 발굴된 무슬림 은화 저장고들은 800년경부터 만들어지기 시작했던 것으로 추정된다. 당시 이슬람 제국의 중심지는 아바스 왕조의 수도 바그다드였다. 839년 러시아 출신의 스칸디나비아인 외교 사절이 프랑크 제국 카롤루스 왕조의 궁정에 도달했고, 비슷한 시기에 비잔티움 제국의 콘스탄티노폴리스에도 사절단이 파견되었다. 9세기 후반 혼란의 시기에 또 하나의 스칸디나비아인 권력의 중심지가 탄생했는데, 그곳이 바로 드네프르강 중류의 키예프(Kiev)였다. 860년경 러시아 출신의 스칸디나비아인이 콘스탄티노폴리스를 공격했다는 기록이 남아 있다. 또한 바이킹의 서유럽 공격도 규모가 거대해졌다. 그러나 10세기에 접어들면서 상황은 안정을 되찾아갔다.

10세기 초를 기준으로 스칸디나비아인의 핵심 정착지 세 곳은 모두 동유럽 지역에 있었다. 하나는 북쪽의 볼호프(Volkov)였는데, 발트해와 서유럽 경로를 그들이 장악하고 있었다. 또 하나는 볼가강 상류에 있었는데, 카스피해와 이슬람 세계로 가는 경로를 그들이 장악하고 있었다. 그리고 마지막 하나는 드네프르강 중류의 키예프로, 흑해와 콘스탄티노폴리스로 연결되는 경로를 그들이 장악하고 있었다. 이들의 교환 체계를 따라 원자재가 풍부하게 생산되는 지역과 서유럽 및 동유럽의 소비 중심지들이 연결되었다. 스칸디나비아인은 러시아에서 새로운 엘리트 계층을 형성했다. 이를 기반으로 최초의 러시아 왕국 키예프 루스(Kievan Rus)가 탄생했다. 왕국의 설립자는 노브고로트(Novgorod) 출신의 올레크(Oleg)로 알려져 있으며, 그 시점은 우리 논의 범위의 마지막 시기였다.

슬라브인

기원후 5~6세기 로마 제국 북부의 국경이 무너진 뒤 기존 로마 제국의 영토 내부 지역뿐만 아니라 그 주변 지역에서도 질서의 재편이 이루어졌다. 주로 게르만어 사용자들로 구성된 군사 엘리트 계층은 무장 조직을 이끌고 서쪽으로 이동하여 과거 로마 영토 내부로 이주했다. 그러자 기존에 게르만인이 차지하고 있던 라인강과 엘베강 사이 지역이 개방되었고, 기원후 500년경부터 (그 이전 시기까지는 그리스-로마 문헌에 전혀 등장하지 않았던) 슬라브어 사용자들이 도나우강을 건너 침략하기 시작했다. 550년경에 이르면 그들은 동로마 제국이 남동부 유럽에서 상대해야 할 가장 주된 야만족 중 하나로 일컬어졌다. 900년을 기준으로 그들은 이미 엘베강 동쪽뿐만 아니라 보헤미아 평원, 발칸반도의 대부분을 비롯하여 유럽의 상당 지역을 장악하고 있었다.

유물 자료로 보건대 700년경부터는 과거 로마 제국의 국경 바깥에 해당하는 엘베강 동쪽과 도나우강 북쪽에서 유물의 단순화 경향이 뚜렷했다. 이는 게르만족 군사 엘리트 계층의 이주 가설과 일치하는 근거로서, 수많은 농민이 그곳에 정착했음을 의미한다. 문헌 자료에 따르면 6세기 초에 도나우강 하류의 북쪽, 오늘날 왈라키아(Wallachia)와 몰도바(Moldova)에 해당하는 지역에 스클라벤인(Sclavenes)과 안트인(Antae)이 살았는데, 이들이 슬라브어 사용자들이었다고 한다. 과거 로마 제국의 국경 지역에서 벌어진 여러 사건에 슬라브인이 등장하지 않은 이유는 무엇인지, 특히 5세기 중엽 이 지역을 장악한 아틸라 제국의 소속 집단 가운데 누가 슬라브족과 연결되는지 등은 앞으로 연구가 필요한 주제다.

6세기에 슬라브족이 갑자기 어디서 나타났는지, 그 기원지를 밝혀줄 만한 언어학적 혹은 고고학적 근거가 없기 때문에 슬라브족의 정체성이 상황에 따라 만들어졌을 거라는 추측도 가능하다. 즉 처음 도나우강에 출현했을 때 그들은 단일한 민족적 정체성을 지닌 집단이 아니었지만, 안보 환경 변화에 대응하고자 한 로마 제국의 관리나 비잔티움 제국의 저술가 들이 기존에 국경 너머에 살던 사람들을 민족 개념으로 규정하는 바람에 생겨난 명칭일 수도 있다는 것이다.[20] 아바르인(Avars)의

20 Florin Curta, *The Making of the Slavs: History and Archaeology of the Lower*

등장으로 안보 상황은 더욱 위태로워졌다. 아바르인은 투르크어 사용자로, 기원후 570년 헝가리 대평원에 자리 잡은 기마 민족이었다. 상황은 점차 과거 아틸라 제국의 출현 당시와 비슷하게 돌아갔다. 아바르인에 밀려 랑고바르드는 알프스를 넘어 이탈리아 북부로 이주했고, 비잔티움 제국의 도움을 받아 그곳에서 그들의 왕국을 수립했다. 훈족과 마찬가지로 아바르인 또한 불평등한 연맹 조직을 갖추었던 것으로 추정된다. 원치 않는 사람들도 강제로 그들의 연맹체에 복속되었다. 비잔티움 제국은 580년대에, 그리고 다시 610년대에 페르시아 제국과 전쟁을 치르느라 병력의 대부분을 동방에 집결시킬 수밖에 없었다. 당시 비잔티움 제국에 속한 유럽 지역은 아바르와 슬라브인의 공격에 노출되었다. 614년 도나우강의 국경이 붕괴되었고, 슬라브인이 발칸반도 전역에 정착하는 계기가 되었다. 626년에는 비잔티움 제국의 수도 콘스탄티노폴리스마저 슬라브인의 포위 공격을 당했다.

이와 같은 슬라브인의 발전과, 우리가 논의하는 시간 범위의 마지막 시기에 북중부 유럽 및 러시아 서부에 슬라브인이 확산된 일이 어떤 연관이 있는지는 아직 분명하게 밝혀지지 못했다. 문화적 모방의 과정이 슬라브화였을 거라는 가설 또한 가능하다. 즉 그들의 생활 양식이 넓은 지역으로 퍼져 나갔고, 토착 인구가 그대로 유지되면서 새로운 문화에 적응한 결과가 슬라브인의 확산처럼 보였을 수도 있다는 것이다. 비잔티움 제국의 문헌에 따르면 빈곤, 단순성, 대체로 평등한 사회 구성이 초기 슬라브인 사회의 특성으로 기술되어 있다. 또한 초기 슬라브인 집단

Danube Region, c. 500-700 (Cambridge University Press, 2001).

가운데 적어도 일부 사람들은 기꺼이 외부 문화에 적극적으로 적응하려 했다고 한다. 로마의 관료나 아바르인과 교류하면서 그들 또한 어느 정도는 군사 조직을 갖추고 작전을 수행할 수 있었던 것으로 보인다. 그러나 문화나 언어의 변화 규모를 보건대 슬라브인의 적응 과정이 분쟁 없이 순조롭게 이루어지지는 않았을 것이다. 슬라브어 분포 지역으로 보건대 아바르가 장악한 지역 전역에서 슬라브어가 공통어(lingua franca)로 확산되었던 것으로 추정된다.

기원후 800년이 되기 직전 프랑크 제국의 카롤루스 마그누스가 아바르 제국을 격파했다. 이후 중부 유럽 지역에서 아바르를 대신하여 군소 왕국들이 앞 다투어 성립했다. 기존에 발전이 가장 늦어졌던 서부 유라시아 지역이 이제는 핵심 지역으로 부상했다. 유럽이라는 개념이 싹트기 시작한 것도 이 무렵이었다. 문화적으로 서로 연결된 정치 단위들이 묶여 하나의 개념이 탄생했던 것이다. 9세기 중엽 "대"모라비아("Great" Moravia) 왕국은 기독교로 개종한 최초의 슬라브 국가가 되었다. 잠식해 들어오는 프랑크 제국의 세력을 막아내기 위해서였다. 860년대에 비잔티움 제국의 선교사 키릴로스(Cyrilos)와 메토디오스(Methodios)가 대 모라비아 왕국으로 가서 슬라브 언어를 표기할 수 있는 최초의 문자를 개발했다. 《성서》를 슬라브어로 번역하기 위해서였다. 890년대 초에 이르러 카롤루스 왕조의 기운이 쇠약해지자 모라비아는 보헤미아까지 세력을 확장했다. 그러나 896년 유목민 마자르족(Magyars)이 등장하자 중부 유럽 핵심 세력으로 성장하려 했던 모라비아의 야심도 뜻대로 되지만은 않았다(지도 14-2).

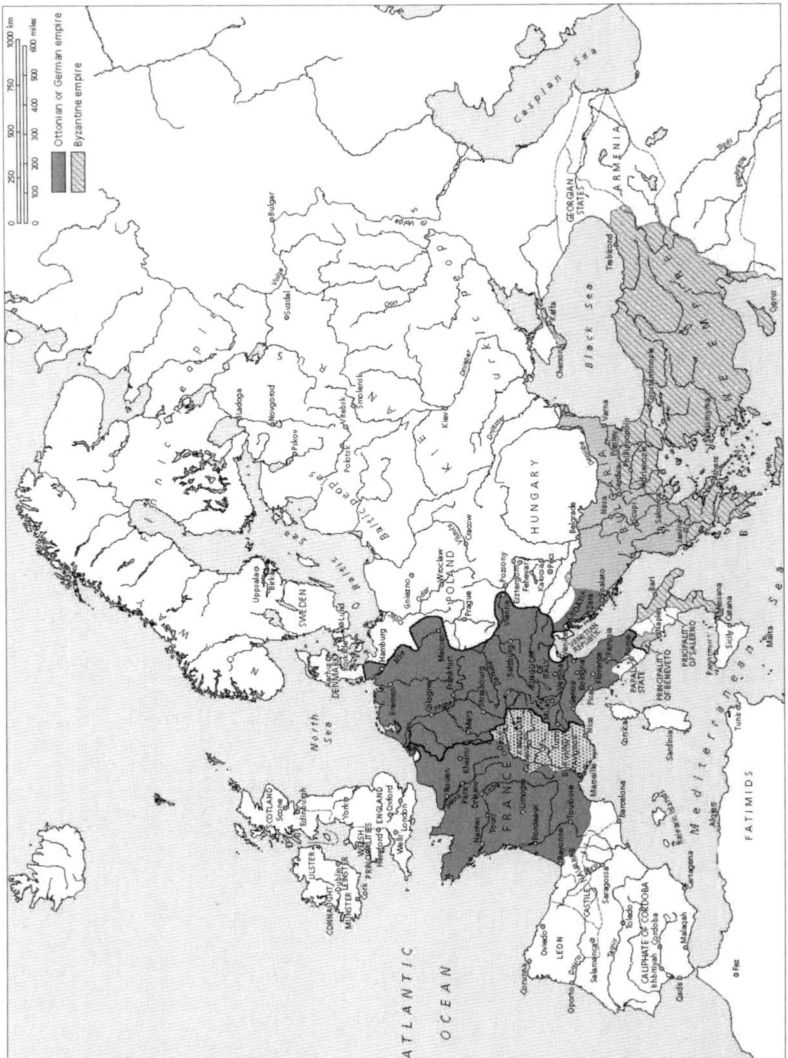

[지도 14-2] 10세기 유럽과 지중해

CHAPTER 14 - 유럽의 후기 고대, 기원후 300~900년경

시대 상황 핵심 정리

로마 제국 말기에 교역 체계가 혼란에 빠졌다. 수입이 집중된 지중해 핵심의 부유한 지역으로부터 북동부 국경의 군사 주둔지를 연결하는 교역망이 무너져버렸다. 붕괴의 시기가 서로마는 5세기, 동로마는 7세기였다. 그 결과 생산과 교역이 예전보다 지역화 및 단순화되었고, 지역별로 경제 상황이 다양해졌다. 로마 제국 이후 등장한 군소 국가들은 세금을 거둘 만한 권력을 확보하지 못했다. 그래서 군사를 모집하거나 군대를 조직하는 방식, 중앙 권력과 지방 엘리트의 관계 등이 이전 시대와는 달라졌다. 지역에 따라서는 로마 제국 말기의 토지 소유 관행이나 도시 네트워크가 그대로 유지되는 경우도 적지 않았다. 그러나 시민의 성격은 근본적으로 바뀌었다. 기존에 로마 귀족 특유의 에토스, 즉 그리스-로마 문학과 수사학 교육을 통해 유지 및 확산되고 엘리트의 표식이자 관직 진출을 위해 필수적이었던 교양은 그 존재 가치가 사라져버렸다. 이러한 변화의 결과로 로마 이후 서부 지역에서는 군인을 중심으로 평민 출신 엘리트 계층이 형성될 수 있었다. 그러나 비잔티움 제국과 이슬람 칼리프국은 사정이 달랐다. 비잔티움 제국은 외부에서 압력을 받기는 했지만 콘스탄티노폴리스의 궁전이 여전히 행정 관리의 중심으로 유지되었다. 다만 지방에 정착한 군사 엘리트 계층의 영향으로 갈수록 원심력이 강해지는 중이었다. 칼리프국에서도 중심과 지방 사이에 이와 비슷한 정도의 긴장 관계가 형성되었으나, 이는 아랍의 정복과 그에 따른 인구의 변화에서 초래된 일시적 상황일 뿐이었다.

카롤루스 마그누스가 황제의 자리에 오른 것은 로마 제국의 유산을 이어받겠다는 선언이었다(기원후 800년 교황 레오 3세가 그를 서로마의 황제로 임명했다. - 옮긴이). 기존에는 비잔티움 제국만이 로마의 유산을 자처하고 있었다. 뿐만 아니라 이는 곧 세계 권력을 표방하는 것이었다. 제국이라는 개념에는 이미 그러한 의미가 포함되어 있었다. 따라서 당시 최고 권력자들은 저마다 제국을 꿈꾸었다. 즉 왕국의 군주가 천상의 신을 대신하는 지상의 대리인으로 선정되고자 했다. 그래서 유럽에서는 기독교 개종이 다양한 전략적 의미를 지녔다. 이를 통해 세계 권력의 헤게모니에 동화되고 적응할 뿐만 아니라 그에 저항하고 차별화하는 수단이 되기도 했다. 기독교 교단 조직의 통합 위계질서는 동서 로마 지역에서 모두 새로운 계급 상승의 기회를 제공했다. 다만 동로마 지역에서는 평신도 엘리트 계층에 비해 성직자들의 학식이 더 풍부한 편이었으므로, 관료 조직이 복잡하게 발전해감에 따라 통치자로서는 성직자들의 도움을 더 필요로 했다.

기원후 837년경, 성상파괴주의자인 황제 테오필로스(Theophilos, 재위 829~842)는 보스포루스 해협의 아시아 쪽 브리아스(Bryas)에 궁전을 건축했다. 바그다드에 다녀온 사신들의 말을 참조하여 아바스의 궁전을 본뜬 것이었다. 그래서 당시의 건축 양식에는 사산조 페르시아의 영향이 뚜렷하게 나타난다. 비잔티움의 황제가 사신을 파견할 당시, 아바스 왕조의 칼리프는 알-마으문(al-Ma'mun, 재위 813~833)이었다. 그는 거대한 도서관 바이트 알-히크마(Bayt al-Hikma, 지혜의 전당)를 건설하고, 아리스토텔레스를 비롯한 고전기 그리스의 철학 및 과학 저술을 아랍어로 번역하는 사업을 후원했다. 비잔티움과 아바스 제국의 상호 교류가 그들의 전쟁을 막지는 못했다. 그들의 문화 교류는 아마도 문화적 전유(cultural appropriation, 혹은 문화적 도용) 현상이었을 수도 있다(문화적 전유專有란 문화적 적응과 달리 애초의 맥락은 무시한 채 겉모습만 베끼는 것을 의미한다. – 옮긴이). 이런 현상이 나타났던 이유는, 정치·군사적 라이벌 의식 때문이기도 했고, 또한 권력 승계의 정당성을 주장하기 위한 방편이기도 했다. 그것이 페르시아의 유산이든 고대 그리스의 유산이든, 베끼는 입장에서는 상관이 없었다. 기원후 800년에 카롤루스 마그누스가 서로마 황제 등극을 자처했던 사건도, 그런 측면에서는 당시의 비잔티움 혹은 아바스 제국의 행태와 다를 바 없었다. 후기 고대(말엽)의 풍경은 대체로 이와 같았다. 아직은 정착되어야 할 것들이 너무 많이 남아 있었고, 그래서 무작정이라도 누군가를 베껴야 할 분위기가 무르익어 있었다. 그것이 그 시대의 특징이었다.

더 읽어보기

Bang, Peter Fibiger, and Christopher A. Bayly (eds.), *Tributary Empires in Global History*, New York: Palgrave Macmillan, 2011.

Brogiolo, Gian Pietro, Nancy Gauthier, and Neil J. Christie (eds.), *Towns and Their Territories between Late Antiquity and the Early Middle Ages* (Transformation of the Roman World), Leiden: Brill, 2000, vol. IX.

Brown, Peter, *The Rise of Western Christendom: Triumph and Diversity, AD 200-1000*, Oxford: Blackwell, 2003.

_____, *The World of Late Antiquity: AD 150-750*, New York: Harcourt Brace Jovanovich, 1971.

Christie, Neil J., "Forum Ware, the Duchy of Rome, and Incastellamento: Problems in Interpretation," *Archeologia Medievale* 24 (1987): 451-66.

Curta, Florin, *The Making of the Slavs: History and Archaeology of the Lower Danube Region, c. 500-700*, Cambridge University Press, 2001.

Devroey, Jean-Pierre, *Économie rurale et société dans l'Europe franque (VIe-IXe siècles)*, Paris: Ed. Belin, 2003.

Duri, Abd al-Aziz, *Early Islamic Institutions: Administration and Taxation from the Caliphate to the Umayyads and Abbasids*, London: I. B. Tauris, 2011.

Geary, Patrick J., *The Myth of Nations: The Medieval Origins of Europe*. Princeton University Press, 2002.

Goffart, Walter A., *Barbarian Tides: The Migration Age and the Later Roman Empire*, Philadelphia: University of Pennsylvania Press, 2006.

Haldon, John F., *Byzantium in the Seventh Century: The Transformation of a Culture*, Cambridge University Press, 1990.

Halsall, Guy, *Barbarian Migrations and the Roman West, 376-568*, Cambridge University Press, 2007.

Hansen, Ingle Lyse, and Chris Wickham (eds.), *The Long Eighth Century*, Leiden: Brill, 2000.

Heather, Peter, *Empires and Barbarians: The Fall of Rome and the Birth of Europe*, Oxford University Press, 2010.

Jones, Arnold Hugh Martin, *The Later Roman Empire, 284-602: A Social, Economic, and Administrative Survey*, Oxford: Blackwell, 1964.

Loseby, Simon T., "The Ceramic Data and the Transformation of the Roman World," in Michel Bonifay and Jean-Christopher Tréglia (eds.), *LRCW 2: Late Roman Coarse Wares, Cooking Wares and Amphorae in the Mediterranean: Archaeology* and Archaeometry, Oxford: British Archaeological Reports, 2007, book 1662, pp. 1-14.

McCormick, Michael, *Origins of the European Economy: Communications and Commerce AD 300-900*, Cambridge University Press, 2001.

McEvoy, Meaghan A., *Child Emperor Rule in the Late Roman West, AD 367-455*, Oxford University Press, 2013.

Saguì, Lucia, "Roma, i centri privilegiati e la lunga durata della tarda antichità: dati archaeologici dal deposito di VII secolo nell'esedra della Crypta Balbi," *Archeologia Medievale* 29 (2002): 7-42.

Skre, Dagfinn, "Towns and markets, kings and central places in south-western Scandinavia, c. AD 800-950," in Dagfinn Skre (ed.), *Kaupang in Skiringssal*, Aarhus: Aarhus University Press, 2007, vol. I, pp. 445-69.

Smith, Julia M. H., *Europe After Rome: A New Cultural History 500-1000*, Oxford University Press, 2005.

Verhulst, Adriaan, *The Carolingian Economy*, Cambridge University Press, 2002.

Ward-Perkins, Bryan, *The Fall of Rome and the End of Civilization*, Oxford University Press, 2006.

Whittaker, C. R., *Frontiers of the Roman Empire: A Social and Economic Study*, Baltimore, MD: Johns Hopkins University Press, 1994.

Wickham, Chris, *Framing the Early Middle Ages: Europe and the Mediterranean, 400-800*, Oxford University Press, 2005.

_____, *The Inheritance of Rome: A History of Europe from 400 to 1000*, New York: Penguin, 2009.

CHAPTER 15

동아시아

찰스 홀콤브
Charles Holcombe

기원전 1200년이라고 하면(우리 책에서 논의하는 시간 범위는 기원전 1200년부터 기원후 900년까지다. – 옮긴이) 대략 기존 역사서에서 말하는 상(商) 왕조(c. 1570~1045 BCE) 중엽에 해당한다. 상나라는 중국 전통에서 말하는 전설의 3왕조(夏, 商, 周) 중 하나다.[1] 그러므로 중국사(와 동아시아사)의 시작을 기원전 1200년으로 잡으면, 그 시점을 필연적이라고 보기는 어려울 것이다. 다만 고고학적으로 최초의 문자와 전차(戰車, 혹은 바퀴가 달린 이동 수단)가 확인되는 가장 오래된 시점은 기원전 1200년에 매우 가깝다. 기원전 1200년은 전통적인 역사 연대기에서 크게 의미가 없는 연도지만, 실제로는 어떤 변화의 시기를 나타내는 것이 분명해 보인다. 중국 역사상 최초의 문헌 기록도 그러한 변화 중 하나였다.

전차가 상나라에 처음 소개된 시점은 분명 이 무렵이었다. 전차의 기원지는 중국의 바깥 북서부 스텝 지역이었다. 군사 목적으로 사용된 최초의 증거는 서부 국경 지대에 있는 상나라의 적들과 관련이 있었다.[2]

---

1 전설의 3왕조란 하(夏)나라(c. 2070~1570 BCE), 상(商)나라, 주(周)나라(c. 1045~256 BCE)를 의미한다.
2 Edward L. Shaughnessy, "Historical Perspectives on the Introduction of the Chariot into China," *Harvard Journal of Asiatic Studies* 48 (1988): 189-90, 192, and 221.

상나라 후기의 수도 안양(安陽, 오늘날 중국 북중부)에서 수많은 옥기가 발굴되었는데, 그 또한 기원지는 오늘날 중국의 북서부 신강(新疆) 지역이었다. 당시 신강은 상나라에서 멀리 떨어진 외국이었다. 분명 상나라는 고립된 나라가 아니었다. 북중국 지역에서 청동기 문명이 일어난 것은 상당 부분 지리적 이점 덕분이었다. 그곳은 교역의 중심지로 멀리 중앙아시아와 인도양까지 연결되어 있었다.[3] 그러나 상나라의 문자 시스템은 전혀 새로운 것이었다. 게다가 이 시기의 가장 오래된 문자 기록을 보더라도, 사용된 언어는 오늘날 사용되는 중국어의 고대 형태였다.

중국어가 단절 없이 계속 사용된 점(물론 시기에 따라 약간의 변화는 있었는데, 특히 최초의 시기와 최근에 많은 변화가 나타났다), 그것이 3000년 동안 기록된 중국사에서 가장 중요하고 독특한 요소였을 것이다. 게다가 중국의 문언문(文言文, 한문漢文)은 동아시아 문화권이 출현하는 데 결정적 역할을 했다. 한국, 일본, 베트남에서 모두 최초의 문자는 한문을 응용한 것이었다(한문은 기본적으로 표음문자가 아니기 때문에 어휘와 의미가 그대로 차용된다). 또한 고대 한국, 일본, 베트남에서는 한문(漢文)을 그대로 사용하기도 했다.

일본에 문자가 처음 소개된 경로는 유물을 통해서였다. 기원전 마지막 세기부터 한문이 새겨진 유물이 일본에 수입되기 시작했다. 그 후로도 오랫동안 일본에서 문자의 활용은 이민자의 일로 남아 있었다. 아마도 5~6세기에 이르러서 일본 현지인이 (엉성하게나마) 한자를 이용해서

---

3 Andrew J. Abalahin, "'Sino-Pacifica': Conceptualizing Greater Southeast Asia as a Sub- Arena of World History," *Journal of World History* 22 (2011): 678.

일본어 발음을 표기하기 시작했던 것 같다(일본어는 중국어와 계통이 전혀 다른 언어다). 한자를 표준화 및 단순화하여 일본어 음운을 표기했던 것이다. 9세기에 이르러 두 가지 체계의 발음 기호가 만들어졌다(이를 합쳐서 가나仮名라 한다). 이로써 일본어의 모든 음절을 표기할 수 있었다. 그 뒤 일본에서는 한자 없이도 쉽게 기록을 할 수 있게 되었다. 그럼에도 불구하고 한자는 발음보다 의미를 표기하는 수단으로 계속 사용되었다. 심지어 오늘날에도 일본에서는 여전히 가나와 한자가 병용되고 있다.

한국에서는 일본보다 먼저 문자가 사용되었다. 한국에서도 한자를 이용하여 한국어 발음을 표기하는 방법이 개발되었다. 다만 15세기에 한국어 알파벳(한글)이 창제된 이후로 기존의 방법은 거의 사라졌다. 베트남에서도 한자를 이용한 문자를 개발해서 베트남 고유의 사상을 표현했다. 그러나 이와 같은 차이와 혁신에도 불구하고 한자는 동아시아 전역에서 19세기까지 주도적 문자로 사용되었다. 심지어 오늘날에도, 유럽의 각 언어에 그리스어나 라틴어의 파생어가 광범위하게 남아 있는 것처럼, 한국어와 일본어 및 베트남어 어휘 중에 어근이 한자어인 경우가 많다. 세계 다른 지역과 뚜렷이 구별되는 동아시아 문화의 독특한 상징은 바로 한자다. 동아시아 문자 체계는 오늘날 전 세계에서 궁극적으로 고대 근동 지역에 기원을 두지 않은 거의 유일한 경우에 속한다.[4] 청동기 시대 중국에서 발달한 문자 체계는 중국은 물론 동아시아 문명 전반의 토대가 되었다.

---

4 William G. Boltz, "Language and Writing," in Michael Loewe and Edward L. Shaughnessy (eds.), *The Cambridge History of Ancient China: From the Origins of Civilization to 221 BC* (Cambridge University Press, 1999), p. 123.

상(商)·주(周) 시대

중국에서 어떻게 보면 글씨 같기도 한 흔적들은 오래전부터 존재해 왔지만, 분명하게 문자로 확인된 사례는 "갑골문(甲骨文)"이 최초다. 갑골문은 상나라 궁정에서 점을 볼 때 사용하는 문자였다. 점을 보는 과정은 이러했다. 먼저 거북의 딱지(甲)나 동물의 뼈(骨)를 불 위에 올려두고 한 지점에 집중적으로 열을 가하면 물체가 쩍 하고 갈라져 균열이 생긴다. 그 균열의 모양을 보고, 점을 보는 사람(주로 왕)이 질문한 말에 대한 혼령의 답변으로 해석한다(그림 15-1). 대략 기원전 1200년 이후부터는 점을 본 갑골에 당시의 질문과 때로는 혼령의 답변까지 새겨서 영원히 보존할 수 있는 기록으로 남겼다. 놀랍게도 당시의 기록은 중국에서 까맣게 잊혔다가 19세기 말이 되어서야 다시 발견되었다. 한약재로 팔리던 물건을 골동품상이 알아보았던 것이다. 마침내 호기심 많은 학자들의 탐문 끝에 그 뼈가 오늘날의 도시 안양(安陽) 근처에서 출토된 것으로 확인되었다. 1929년부터 1937년까지 현장에 대한 체계적 고고 발굴 조사가 실시되었다.

고고학자들이 안양에서 발굴한 갑골문을 통해 그곳이 상나라 후기 수도의 유적임이 밝혀졌다. 그곳이 주요 도시로 발전한 시기는 대략 기원전 1200년이었다. 이 놀라운 발견은, 적어도 부분적으로는 전통적 중국사 서술의 내용과 극적으로 일치했다. 그러나 상나라 핵심 지역을 벗어난 주변 지역(오늘날 하남河南 북동부와 산동山東 서부)에서는 이렇다 할 발굴 성과가 나오지 않았다. 기존 중국사에서 말하듯 상나라가 중앙 집권화된 거대 통일 국가 체제를 갖추었다는 근거는 전혀 발견할 수 없었다. 그 대신 오늘날 "중국"이라고 하는 지역 안에서 몇 가지 서로 다른

[그림 15-1] 중국의 고대 문자 갑골문이 새겨진 거북의 배딱지
타이베이(臺北): 대만국립박물관.

청동기 문명이 존재했다는 사실이 밝혀졌다. 예컨대 상나라의 남쪽 양자강 중하류 지역의 문화에서는 청동으로 만든 커다란 종(鍾)이 특징적인데, 아가리가 위를 향하도록 만들어졌다. 1986년 오늘날의 사천성(四川省)에 해당하는 양자강 상류 지역 삼성퇴(三星堆, Sanxingdui) 유적에서 예기치 않게 특이한 청동기 유물들이 발굴되었는데, 특히 거대한 사람 모형이 포함되어 있었다. 다시 말해 전통적 역사서에서는 상나라를 "중국"의 유일한 통일 왕조로 서술했지만, 최근의 고고학 발굴은 그러한 설명에 다분히 도전적인 성과를 보여주었다.

현재까지의 발굴을 근거로 최대한 해석을 해보자면, 기원전 1500년경 북중국 평원(중원中原)을 기반으로 거대 국가가 성립했으며, 청동 의례 용구 생산이 특징적이었던 그 나라는 팽창을 거듭하여 거대 제국으로 발달했다(사전적 의미로 중국의 "황제"가 존재하지 않았으므로 엄밀한 의미에서 제국은 아니었다). 전통적 연대기에 따라 일부 학자들은 이 시기를 상나라의 초기 단계로 보기도 한다. 그러나 문헌 기록이 존재하지 않기 때문에 당시 성립된 나라가 스스로를 뭐라고 불렀는지 알 수 없다. 고고학에서는 초기 형태의 유적을 이리강(二里岡, Erligang) 문화라고 통칭하고 있다. 광대한 지역에 걸친 이리강 문화는 멀리 떨어진 곳에까지 영향을 미쳐 지역별로 2차 문명들이 빠르게 발달했다. 대략 기원전 1300년 이후 이리강 제국의 핵심 지역이 붕괴되었고, 그 결과 지역별 다문화 세계가 출현했다. 갑골문으로 잘 알려진 상나라 후기도 이 무렵이었다.[5]

---

5 Robert Bagley, "Shang Archaeology," in Loewe and Shaughnessy (eds.), *Cambridge History of Ancient China*, pp. 124 and 156-58.

특히 흥미로운 점은, 상나라 후기의 이웃 나라 가운데 하나가 바로 주(周)나라였다는 사실이다. 고고학적으로나 전통 중국사 서술에서나 모두, 주나라 사람들은 여기저기로 옮겨 다닌 것으로 알려져 있다. 일정 기간 동안은 반(半)유목 생활을 한 적도 있었을 것이다. 마침내 오늘날의 섬서성(陝西省, 지명에 협곡이라는 의미가 담겨 있다) 서부 위하(渭河) 유역에 정착했는데, 그때가 대략 기원전 12세기였다. 이 지역은 양쪽의 문화가 만나는 지점이었다. 즉 중국 문화와는 확연히 다른 양자강 유역 비-중국 남방 문화의 최북단이었고, 동쪽으로는 상나라와 접하고 있었다. 주나라는 상나라에서 청동 의례 용기 스타일을 모방했고, 갑골로 점을 보는 관습과 문자도 도입했다. 처음에 주나라의 지도자들은 상나라의 제후로 관계를 맺었지만, 곧이어 상나라와 마찬가지로 "왕(王)"이라는 칭호를 사용했고, 상나라와는 적대 관계에 돌입했다.

기원전 1045년경 주나라의 제2대 왕 무왕(武王)이 대규모 연합군을 결성하여 상나라를 정복했다. 당시 중국에서는 신무기인 전차(戰車)를 대거 동원했는데, 아마도 전차가 승리의 비결이었던 것 같다. 승패를 가른 결정적 전투에서 주나라는 전차 300대를 동원했다고 한다. 그러나 전통 중국사에서는 상나라의 타락에 대한 주나라의 도덕적 승리라고 서술했다. 전세가 결판나고 주나라 왕은 곧이어 의례를 거행하여 주나라가 "중국(中國)", 즉 "중심 왕국"임을 선포했다. 갑골문에 따르면 상나라가 앞서 "중심" 국가를 자처한 적이 있었다. 상나라를 중앙에 놓고 주변의 4방위를 포함하여 5방(五方)이라 했으며, 중앙에 있는 상나라를 "중상(中商)"이라 표현했다. 주나라가 상나라를 정복한 이후 더 이상 중심 국가가 "중상"일 수는 없었다. 그래서 보다 일반적인 명칭으로 "중국"

을 선택했던 것이다. 이후 이 명칭은 중국을 의미하는 국호가 되었다. 주(周) 혹은 상(商) 같은 국호와 달리 (그리고 이후 중국을 지배한 왕조의 국호와 달리) "중국"이란 원래 고유 명사가 아니라 지리적 위치를 의미하는 일반 명사였다.

주나라의 정복은 역사상 획기적 사건이었다. 당시 정복 전쟁에서 승리를 거둔 주나라는 이후 8세기 동안 유지되었다. 중국 역사상 가장 오랜 시간 지속된 왕조였다. 주나라 초기 모델은 근대에 이르기까지 동아시아에서 이상적 정치 모델로 추앙되었다. 주나라는 공자(孔子)의 시대였다. 거의 모든 고전적 사상과 경전이 이 시기에 출현했다. 또한 주나라는 중국식 이상을 확립했다. 최고 신격을 천(天, 하늘)이라 했고, 하늘이 천자(天子, 하늘의 아들)에게 천명(天命, 하늘의 명령)을 부여하면 그가 천하(天下)의 정당한 통치자가 된다. 만약 왕실이 (상나라의 마지막 왕처럼) 덕(德)을 상실하면 하늘은 천명을 거두어들인다.

이것이 정치 사상의 핵심이었다. 전근대 중국에서 일어난 왕조의 변화는 대부분 이렇게 (천명의 철회로) 정당화되었다. 또한 어느 한 시대에 "천하"를 다스릴 정당한 통치자는 단 하나만 존재해야 한다는 믿음, 그래서 정치적 통일을 그토록 강조하는 중국의 특징도 여기에서 비롯된 것 같다. 흥미롭게도 중국의 천명 사상은 스텝 유목민이 믿는 우주적 하늘신 탱그리(Tängri)와 무척 비슷한 면이 있었다. 이는 동아시아 문화가 아니라 중국 북서쪽 이방인의 신앙이었다.[6] 한편 동아시아의 다른 지역

---

6 Sanping Chen, *Multicultural China in the Early Middle Ages* (Philadelphia: University of Pennsylvania Press, 2012), pp. 119-56.

을 보자면, 일본 황실의 정통성은 태양 여신의 후손이라는 데서 나왔다. 한국의 왕들은 중국식 천명 개념을 받아들였으며, 스스로를 자율적 제후국으로 설정하여 천자인 중국과 "조공" 관계를 맺음으로써 왕조의 정통성을 확보했다.[7]

"천하" 전체를 포괄하는 궁극적 최고 권력을 주장했음에도 불구하고 주나라는 결코 강력한 중앙 집권 국가가 되지 못했다. 그 대신 주나라의 왕들은 지역별로 제후를 임명하여 그들로 하여금 원래 반(半)독립적 상태인 수백 개 지역을 관장하도록 했다. 다시 그 제후국은 상속 토지를 기반으로 하는 세습 귀족 관료에 의해 지탱되었다. 기원전 771년 이방인의 침략으로 주나라의 수도가 약탈당하는 사건이 발생했다. 주나라 왕실은 낙양(洛陽, 오늘날 하남성河南省에 위치)으로 거처를 옮겼다. 이후로 주나라 왕실의 권위는 더욱 약화되었다. 지역별 귀족의 독립성은 점점 더 강해졌고, 마침내 전국 시대(戰國時代, 475~221 BCE)가 도래했다. 각각의 제후국은 스스로 왕조를 창설했다(지도 15-1). 성공적인 왕조는 영토를 넓혀갔고, 왕국의 수는 점차 줄어들어 최종적으로 7개의 왕국이 남았다. 전쟁의 양상은 더 이상 전차를 탄 귀족 계급의 예의 바른 경기가 아니었다. 농민군 보병을 징집하여 대규모 인력 대 인력이 맞붙어 쇠뇌를 쏘아댔다. 때로는 전투 참여 인원이 수만 명에 달했다. 드디어 중국 최초의 진정한 "제국"이 일어설 무대가 마련되었다.

---

[7] 한국과 관련해서는 다음을 참조. Michael J. Seth, *A Concise History of Korea: From the Neolithic Period through the Nineteenth Century* (Lanham, MD: Rowman and Littlefield, 2006), p. 182.

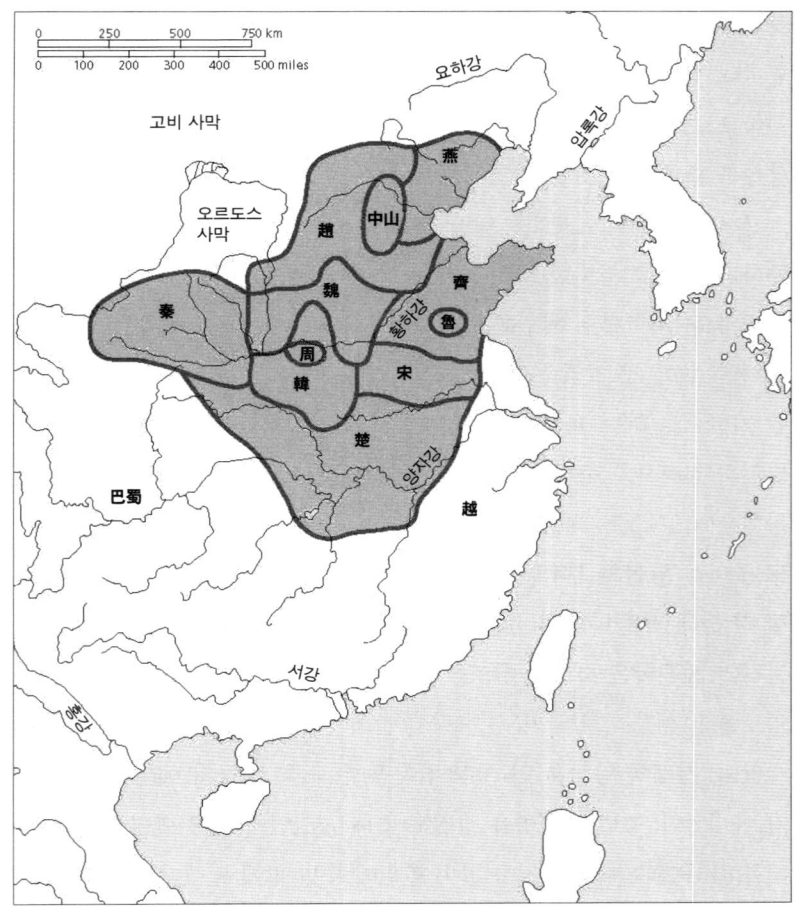

[지도 15-1] 동아시아, 기원전 350년

    당시는 주나라 후기로, 중원의 북방 동아시아는 여전히 선사 시대의 안개 속에 가려져 있었다. 주나라 영역을 넘어서면 다양한 민족이 살고 있었는데, 그들에게는 아직 문자가 보급되지 않은 때였으므로 그 역사는 고고학이나 후대에 기록된 전설을 통해서 밝혀내는 수밖에 없다. 한반도와 그 주변 지역에서도 기원전 1200년경 상당히 의미 깊은 변화가 있었다. 민무늬토기라고 하는 새로운 양식의 토기가 이 무렵 등장했고, 밭벼 재배 기술이 완숙한 단계에 이르러 있었다(기술 개발은 아마도 훨씬 이전이었을 것이다). 또한 청동기를 주조했으며, 거대한 고인돌을 건축했다. 거대 고인돌 수천 기가 남아 있는데, (전부는 아니지만) 대개 무덤이다. 분포 지역은 한반도뿐만 아니라 만주, 중국의 산동반도 북부, 일본 서부에 이른다. 당연하게도 그때는 한국이라는 국경이 (한국이라는 개념조차) 존재하지 않을 때였으므로 나중에 한국인으로 불릴 사람들의 조상은 주변에 널리 흩어져서 살고 있었다. 오늘날의 한국에서 압록강만 건너면 바로 만주고, 중국의 산동은 멀어 보이지만 바다로 한반도의 가장 가까운 지점과는 불과 120마일(약 200킬로미터) 거리다. 그리고 날씨가 맑은 날이면 한국의 해변에서 일본의 대마도를 육안으로 볼 수 있다.

    같은 시기의 유물로 중국의 상나라 혹은 주나라의 것과 같은 독특한 청동 의례 용기가 한반도에서 발견된 것은 없지만, 독특한 양식의 청동검(비파형 동검, 혹은 요녕식 동검)이 한반도와 만주 남부에서 발견된 사례는 상당히 많았다. 반면 만리장성의 남쪽으로는 이런 유물이 발견된 것이 없었다. 이로 보아 한국 고대 문화는 중국 고대 문화와는 확연히 다른 실체를 가졌다. 전설에 따르면 당시 고조선이라고 하는 왕국이 존재했다고 하는데, 마을 단위를 넘어서는 조직화된 국가 체제가 성립했음을 입증할 고고학적 근거는 발견되지 않았다. 한국의 험악한 산악 지형은 대규모 고대 국가가 성립하는 데 도움이 되지 않았다.

주나라가 멸망할 무렵 한반도에 거주하던 사람들이 바다를 건너가 일본 열도의 변화가 시작되었다. 일본의 섬들은 워낙 오래도록 농경 이전 단계의 주민들이 흩어져 살거나 바닷가에서 해산물을 먹고 사는 마을들뿐이었다. 한반도에서 사람들이 건너온 시기는 기원전 400년 무렵이었다. 당시 이주의 물결이 만들어낸 문화가 바로 야요이 시대(彌生時代, 기원전 3세기~기원후 3세기)였다. 당시 수도작(水稻作, 논벼 재배) 기술이 확립되어 있었고, 철기와 청동기가 모두 일본으로 수입되었다.[8] 야요이 시대에 일본은 빠른 속도로 발전했다. 그러나 야요이 시대가 끝나갈 무렵까지 일본에서는 특별한 정치 조직이 출현하지 않았다. 독립적 지역 공동체들이 각기 흩어져 존재할 따름이었다.

오늘날 북베트남이라고 하는 곳에도 이 무렵에는 아직 문자가 전파되지 않았다. 다만 청동기와 벼 재배 기술은 이미 오래전부터 도입되어 있었다. 당시 그 지역의 문화를 고고학에서는 동선(Đông Sơn, 東山) 문화라고 하는데, 기원전 500~300년경에 번성했으며, 특징적 유물로는 청동으로 만든 정교한 북(銅鼓)이 있다. 후대의 베트남 역사서에서는 그곳이 반랑(Văn Lang, 文郞) 왕국의 본거지였다고 주장한다. 기원은 머나먼 고대에 닿으며, 오늘날 베트남의 조상이라고 하지만, 그와 관련된 기록은 모두 훨씬 후대에 나타났다.[9] 더욱이 반랑 왕국의 특징적 유물인 청

---

8 William Wayne Farris, "Ancient Japan's Korean Connection," *Korean Studies* 20 (1996): 5–7, 16. Keiji Imamura, *Prehistoric Japan: New Perspectives on Insular East Asia* (Honolulu: University of Hawai'i Press, 1996), pp. 155-60.
9 Keith Weller Taylor, *The Birth of Vietnam* (Berkeley: University of California Press, 1983), pp. 3-4 and 309-11.

동북은 오늘날의 베트남 지역에만 국한되지 않고 동남아시아 지역에서 광범위하게 발견된다. 오늘날 중국의 남부에 해당하는 지역에서도 기원후 7세기까지 청동북이 흔히 제작되었다.

최초의 제국

상나라도 주나라도 고도로 중앙 집권화된 영토 국가가 아니었다. 그러나 전국(戰國) 시대에 이르러 국가의 행정 체제가 큰 폭으로 강화되었다. 당시의 발전은 대체로 법가(法家)의 원칙에 따라 이루어졌다. 법가는 성문법 체계에 근거한 행정 관리를 추구하는 국가 운영 철학이었다. 전국 시대 중국의 북서부에 위치한 진(秦)나라는 초기 주나라와 마찬가지로 "좁은 협곡(陝西)" 지대를 근거지로 했다. 법가의 원칙이 진나라에서는 특히 완벽하게 적용되었다. 진나라에서 농업 생산에 대하여 최초로 체계적 세금이 부과된 시기는 기원전 408년으로 알려져 있다. 기원전 375년에는 모든 가구를 대상으로 정부의 명령이 하달되었다. 보편적 과세와 군역 혹은 노역 징발을 통해 진나라는 정부의 기획에 전체 인구를 동원할 수 있게 되었다. 시골 지역에서는 기존의 공동체들이 기원전 350년에 현(縣)으로 재편되었다. 그리하여 중앙 정부에서 관장하는 전국적 행정 네트워크가 만들어졌다. 나중에는 다시 그보다 더 큰 범위를 관장하는 군(郡, 군사 주둔지의 사령부라는 의미)이라는 행정 단위가 만들어졌다. 능력에 따라 중앙에서 지명하는 관료가 국가 사무에서 기존의 세습 귀족을 대신했다.

기원전 230~221년 잇달아 정복 전쟁에 나선 진나라는 결국 전국 시대 6개 왕국을 모두 정복하고 역사상 최초로 중국을 단일한 중앙 집권

〔그림 15-2〕 병마용갱 세부(전사), 진나라, 기원전 210년

국가로 통일했다. 그 엄청난 성과의 위대함을 확고히 하기 위해서 진나라의 왕은 자신을 위한 새로운 칭호를 만들었는데, 그것이 바로 "황제"였다. 역사서에서는 주로 진시황(秦始皇, "진 제국 최초의 황제")으로 기록되었다. 그가 만든 제국의 칭호와 제국 체제 전반은, 약간의 변형은 있었지만 1912년까지 그대로 유지되었다(그림 15-2 진시황릉 참조).

진나라는 "중국"의 전국 시대 각 왕국을 통일했을 뿐만 아니라 제국의 국경을 훨씬 더 멀리까지 밀고 나갔다. 예를 들면 기원전 214년 오늘날의 중국 남동부에 해당하는 지역에서 대규모 침략 전쟁을 벌였다. 당시 그곳은 주나라 문화권에서 완전히 벗어난 지역이었다. 오늘날의 북베트남 상당 지역도 그 무렵에 중국으로 편입되었다. 이후로도 북베트남은 간헐적으로 자율성을 되찾기는 했지만 기원후 939년까지 대개 중국의 영향권 아래 놓여 있었다. 대략 기원후 1세기부터는, 오늘날 하노이에서 멀지 않은 홍하(紅河, Sông Hồng) 주변의 도시가 남중국에서 가장 번성하는 항구였다. 그러나 7세기 무렵 항구 도시 광주(廣州, Guangzhou)가 새롭게 떠오르면서 그 지위가 바뀌었다.

한편 북방에서는 진나라가 오르도스(Ordos) 지역을 정복했다. 오르도스는 황하강이 크게 꺾어지는 만곡 부근의 지역 명칭이다. 그런데 이 사건이 중국으로서는 의도치 않은 결과를 초래하고 말았다. 그곳에 살던 유목민의 군사 조직화를 자극했던 것이다. 기원전 209년경 그들은 역사상 최초로 거대 유목 제국 흉노(匈奴)를 건설했다. 이후로 이와 같은 스텝 유목 제국은 근대기에 이르기까지 중국이 상대해야 할 가장 힘겨운 적대 세력이 되었다.

신석기 시대에 내몽골과 만주 남부 지역의 문화는 농업 위주였으며, 북중국 지역과 크게 다르지 않았다. 그러나 상나라 후기에 이르면 물질 문화의 차이가 상당히 뚜렷해졌고, 내몽골과 만주 남부의 문화는 중국에서 멀어지는 대신 북서쪽 스텝 지역을 닮아갔다. 기원전 마지막 천년기에 기마, 목축, 유목 문화의 생활 양식이 이 지역 전반으로 확산되었다. 한편 중국 문화권이 점차 북방으로 팽창하며 중간 지대에 있는 사람들을 흡수해가자, 마침내 기원전 4세기경에 이르러 북방 유목 민족과 중국인이 직접 맞닥뜨리게 되었다. 기원전 307년에 전국 시대 조(趙)나라의 무령왕(武靈王)이 유목 민족 스타일의 군사 조직을 받아들인 일화는 유명하다. 중국에서 통일 제국 형성은 유목 민족의 조직화를 가속화했다. 기원전 200년 중국의 황제(漢 高皇帝 劉邦)와 휘하 부대가 산서(山西) 북부 지역에 있는 어느 성에서 일주일간 흉노에 포위된 적도 있었다.

이 무렵 중국은 이미 진(秦)나라가 멸망하고 한(漢)나라가 들어선 뒤였다. 전통적 역사 서술에 따르면, 진나라 법가 통치가 워낙 엄하고 융통성이 없어서 곳곳에서 반란을 불러일으켰다고 한다. 기원전 210년 진시황이 사망한 뒤 불과 1년도 안 돼 반란이 시작되었다. 기원전 207년 진나라의 수도가 점령당했으며, 이후 단기간의 내전을 거쳐 새로운 왕조가 성립되었다. 그것이 바로 한(漢)나라(202 BCE~220 CE)였다. 한나라는 진나라 법가의 효율적 행정 관리에 유교의 도덕적 가치를 결합했다. 그 결과 널리 지방 엘리트들이 제국 정부의 기획에 자발적으로 참여했다. 한나라의 기획은 매우 성공적이었고, 당시의 기억은 역사적으로 오래도록 지속되었다. 오늘날까지도 중국인은 스스로를 "한족(漢族)"이라 일컫는다.

기원전 200년 한 제국의 황제가 흉노에 포위된 사건이 발생한 뒤로 반세기 가까이 한나라는 흉노에 대하여 유화 정책을 폈다. 그러나 기원전 141년 무제(武帝, 재위 141~87 BCE)가 왕위에 오른 뒤 한나라의 대(對)흉노 정책은 다시 공격적으로 바뀌었다. 한 무제는 거대한 전략을 수립했고, 비록 비싼 대가를 치렀지만 결국 성공했다. 그의 전략은 한나라를 북서쪽으로 확장하여 흉노를 포위하는 것이었다. 당시 한나라의 세력 범위는 오늘날의 감숙성(甘肅省)과 신강 지역에 이르렀다. 중국 북동부에서도 한나라는 만주 남부와 한반도 북부까지 진출했다.

한국에서 가장 오래된 역사 기록에는 위만(衛滿)이라는 인물의 이야기가 등장한다. 그는 한 제국에 속하는 연(燕)나라의 관리였다. 연나라는 전국 칠웅 가운데 하나로, 만주 남동부에 위치했다. 기원전 195년 한

태조 유방(劉邦)이 사망한 뒤, 연나라의 왕은 새로 등극한 황제가 자신을 연나라의 왕으로 재신임해줄 것인지 확신할 수 없었다. 그래서 결국 흉노로 도망을 갔다. 이때 그의 휘하 관료인 위만은 약 1000명의 추종자를 이끌고 한반도의 고조선으로 들어갔다. 여기서 위만은 조선이라고 하는 자신의 왕조를 세웠고(즉 고조선의 왕위를 탈취했고 – 옮긴이) 오늘날의 평양 근처에 왕성(수도)을 두었다. 헤어스타일과 복식은 기존 한반도의 전통을 따랐다고 한다. 그는 중국인과 한국인이 혼재된 왕국을 통치했으며, 한나라의 신하를 자처하며 외교 관계도 수립했다. 흉노를 포위하고자 한 한 무제의 거대 전략에는 고조선도 포함되었다. 위만의 손자가 당시 한반도 남부에 위치한 왕국들이 한나라에 조공을 바치러 오는 길을 막았다는 이유를 명분으로 한 무제는 고조선을 침략했다. 고조선은 1년을 채 못 견디었고 한반도 북부가 한나라에 정복되고 말았다.

한나라는 한반도 북부에 군(郡)이라고 하는 거대 행정 구역을 설치했다(漢四郡). 시간이 흐르면서 처음에 네 개였던 군의 숫자 및 각 군의 포괄 범위는 변화를 거듭했다. 그중에서 가장 중요한 군은 낙랑군(樂浪郡)이었다. 낙랑군의 중심지는 오늘날 평양의 남쪽 대동강 건너편에 있었다. 중국의 한반도 북부 지배는 약 400년 동안 지속되었다(로마 제국이 브리튼섬을 지배한 기간과 비슷하다). 이로써 고대 중국의 제국 체제는 근대 국민 국가가 아니라 진정한 제국이었음을 알 수 있다. (동서양을 막론하고 근대 역사학에서는 민족주의 성향이 매우 강화되었고, 한국 근대사학 또한 예외가 아니었다. 낙랑군은 그중에서도 특히 한국 민족주의 역사 논쟁의 핵심 주제 중 하나였다. 낙랑군은 기원후 313년 폐지되었는데, 정작 낙랑군을 설치한 한나라는 기원후 220년에 멸망했기 때문에, 과연 낙랑군의 존속 기간 전체를 중국의 속군으로 볼 수 있는지가 논란의 핵심이다. 여기다가 한나라가 직접 통치한 내군內郡과 그 범위를 벗어난 변군邊郡의 차이까지 대입하면 논의는 한층 복잡해진다. 위에서 저자는 로마 제국과 한 제국이 세계사에서 비슷한 시기에 각기 동양과 서양을 지배한 제국임을 염두에 두고, 기원후 1세기에서 410년까지 로마의 지배를 받은 영국의 사례에 비추어 낙랑군을 이해하고 있지만, 한국의 학자들은 여기에 흔쾌히 동의하기 어려울 것이다. 낙랑군의 독립적 성격을 두고 국내외 학자들 간 이견은 물론 국내 학자들 간에도 극심한 견해 차이가 존재한다. 따라서 추후 한국사 혹은 동아시아사의 맥락에서뿐만 아니라 세계사의 맥락에서 이러한 논점들이 재검토 및 재정립될 필요가 있다. 케임브리지 세계사 시리즈는 이러한 논쟁의 결론이 아니라 새로운 논의의 시발점으로 보아야 할 것이다. – 옮긴이)

같은 시기 한반도 남부 지역은 중국의 행정 범위에서 벗어나 있었다. 느슨한 조직의 토착 공동체들이 존재했는데, 이들을 합해서 "삼한(三韓)"이라고 했다(중국의 한漢나라와 혼동하지 말아야 한다). 삼한 사이에 어느 정도 언어적 차이가 존재했다고 알려져 있다. 또한 삼한 각각에는 여러 작은 공동체가 소속되어 있었다. 삼한에서 한반도 동부 해안을 따라 북쪽으로 올라가면 또 다른 민족(예맥濊貊과 옥저沃沮)이 살고 있었다. 그리고 압록강 시발점의 북쪽, 남만주 지역에서는 고구려(高句麗)라고 하는 토착 왕조가 새싹을 틔우고 있었다.

동아시아의 탄생

기원후 184년 황건적의 난이라고 하는 종교 운동이 반란의 형태로 일어났다. 제국 체제로 중국을 통일한 한나라 왕조는 완전히 무너졌다.

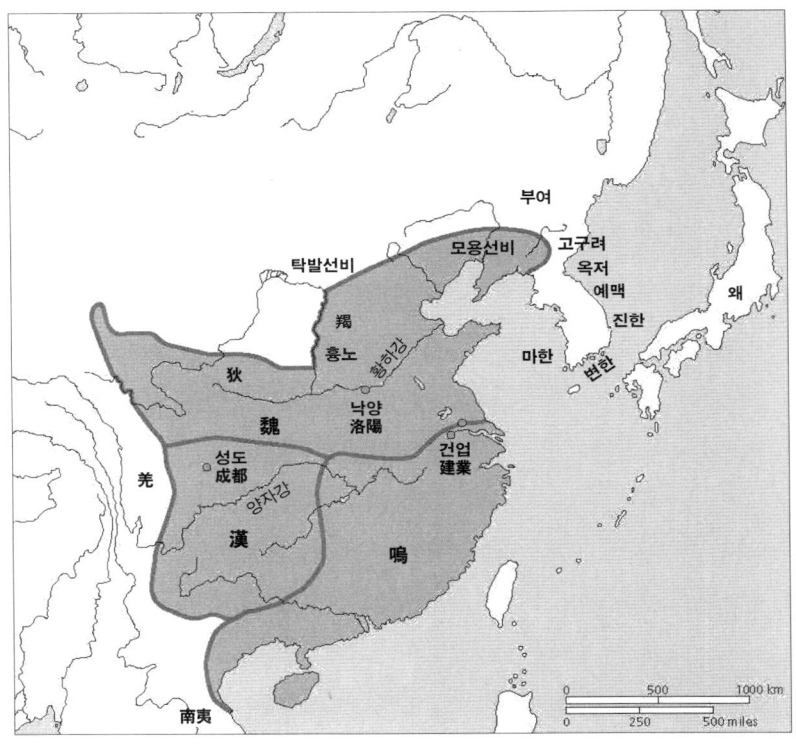

[지도 15-2] 동아시아, 250년경

후한 왕조는 기원후 220년까지 겨우 명맥만 유지할 뿐이었다. 184년 이후 수많은 군벌이 등장하여 패권을 다투다가 3세기에 이르러 점차 세 곳의 주요 정권으로 세력이 집중되었다. 이 시기를 삼국 시대(三國時代, 220~280)라 한다(지도 15-2 참조). 이 가운데 북부에서 성립된 정권이 가장 강력했고, 280년에 이르러 나머지 두 정권이 정복되었다(북부 정권 자체에서도 내부 쿠데타와 왕조의 변화를 거쳤다). 280년 이후 잠시나마 중원(中原) 지역의 대부분이 다시 통일되었다. 그 통일 왕조가 서진(西晉)이었는데, 금세 내전에 휩싸여 다시 갈라졌다. 316년에 북부의 중앙 권력은 완전히 붕괴되었다. 3세기에서 7세기 사이 중국에서는 대략 37개 왕조가 명멸했다.

무너진 제국의 왕자 한 사람이 남쪽으로 가서 일부 지역을 장악하고 317년에 스스로 왕조를 세웠다(이 왕조를 동진東晉이라 한다). 왕조의 수도는 건강(建康, 오늘날 남경南京)이었다. 중국 남부 지역에서는 동진을 시작으로 이후 다섯 왕조가 이어졌다. 이를 남조(南朝)라 한다. (과거 삼국 시대부터 존재한 남중국의 오吳나라와 이 다섯 왕조를 합쳐 육조六朝라고도 한다.) 남조 시대에는 위대한 문화적 성취가 있었는데, 예를 들어 중국 역사상 가장 위대한 서예가로 알려진 왕희지(王羲之, 303~379)가 이 시기의 인물이다. 차를 음미하는 취미 또한 남조 시기부터 확산되기 시작했다. 필사 재료로 종이가 본격적으로 다른 재료들을 대체한 시기도 이때였다. 그래서 이전 시기보다 훨씬 더 많은 책이 만들어졌다. 6세기 중엽 남조의 어느 왕실 도서관에는 14만 권(卷)의 책이 소장되어 있었다고 전한다.[10]

같은 시기 남중국의 농업에도 큰 변화가 있었다. 남조가 성립되기 직전까지도 그곳은 변경 지역에 불과했지만, 이 시기에 농업 생산력이 비약적으로 발전했다. 국제 무역의 규모도 증가하여 중국 남부 지역의 경제에서 상업이 점점 더 중요해졌다. 경제 발전의 지표로서 인구를 보자

---

10 Xiaofei Tian, *Beacon Fire and Shooting Star: The Literary Culture of the Liang (502-557)* (Cambridge, MA: Harvard University Asia Center, 2007), p. 95.

면, 남조의 수도(오늘날 남경) 인구는 500년대 초에 약 140만 명으로 당시 세계 최대 규모였다.[11] 경제는 발전을 거듭하여 500년경의 중국 경제 규모는 1인당 소득으로 보더라도 세계 최고였다(이후 오래도록 이 지위는 변함이 없었다).[12]

그렇다고 모든 일이 다 잘 되지는 않았다. 남조 최초의 왕조(동진)를 제외하면 이후 모든 왕조가 반란을 일으킨 장군에 의해 창립되었고, 당연히 정통성 시비가 끊이지 않았다. 빈부 격차가 극심했으며, 정부와 군대 모두 강하지 못했다. 한편 당시 북중국에서는 약 2세기 동안 분열의 시기를 거친 뒤 300년대 초에는 상업 경기가 완전히 바닥을 기었고, 농지는 방치되거나 목초지로 내어주었다. 304년부터는 이방인 군사 정권이 북중국을 장악했다.

당시 북중국에 이방인 침략자들은 주로 5개 민족이 있었다. 중국어로는 이들을 모두 호(胡, Hu)라고 지칭했다. 이들 대다수는 일정 시기나마 과거 제국 체제 중국의 국경 근처에 살거나, 심지어 국경 안쪽에 살던 사람들이었다. 정도의 차이는 있었지만 어쨌든 모두 중국 문화에 노출되어 있었다. 이들 중에서 역사적으로 가장 중요했던 민족은 선비(鮮卑)다(이들은 내부적으로 다시 여러 하위 그룹으로 나뉘었다). 선비의 기원

---

11 Shufen Liu, "Jiankang and the Commercial Empire of the Southern Dynasties: Change and Continuity in Medieval Chinese Economic History," in Scott Pearce, Audrey Spiro, and Patricia Ebrey (eds.), *Culture and Power in the Reconstitution of the Chinese Realm, 200-600* (Cambridge, MA: Harvard University Press, 2001), pp. 35 and 254.
12 S. A. M. Adshead, *T'ang China: The Rise of the East in World History* (New York: Palgrave Macmillan, 2004), p. 68.

지는 만주 남서부 지역으로 추정된다. 그들의 언어는 후기 몽골어와 관련이 있었고, 아마도 투르크어 혼입도 있었던 듯하다. 선비는 과거 한나라 초기에 흉노의 유목 제국이 일어났을 때 더 북쪽(내몽골 북동부 또는 만주 북부)으로 쫓겨났지만, 한나라의 전략으로 흉노의 세력이 무너지자 다시 남쪽으로 내려와 중국의 국경 지역에 머물렀다.

4세기에 이르러 등자와 말 갑옷이 발명되자 북방 유목민은 중무장 기병을 운용할 수 있게 되었다.[13] 처음에는 이민족 기마병이 중국 내전을 위한 용병으로 고용되었다. 그러나 300년대 초에 중국 왕조가 무너지자 유목민 군벌이 독립 세력으로 부상했다. 당시에도 이민족 군벌은 종종 "정통 왕조의 복위"를 기치로 내세우며 세력을 확장하곤 했다. 그러나 머지않아 여러 군장이 중국식 최고 권력자의 칭호인 "황제"로 자처했다. 동시에 흉노의 칭호를 사용하기도 했는데, 선비족 족장들은 그들만의 호칭을 사용했다. 바로 "칸(khan)"이다. 이 호칭은 후대에도 특히 오래도록 사용되었다. 이들 정권 중 대다수는 중국식 관료 체제를 갖추었고, 때로는 중국 고전 문헌을 가르치는 학교를 설립하기도 했다.

4~5세기를 거치는 동안 북동부의 선비족은 만주 남서부와 중원 북동부에 잇달아 왕조를 설립했다. 이 지역에 선비 제국이 성립된 여파로 한반도 지역과 중국의 체제는 이후로도 영원히 갈라서게 되었다. 선비 왕조들은 중국 문화는 물론 그들의 동쪽에 위치한 한국 고대 왕조 고구려와도 활발히 교류했다. 예컨대 고구려는 선비족에게 기마 전술을 배

---

13 David A. Graff, *Medieval Chinese Warfare, 300-900* (London: Routledge, 2002), pp. 41-42.

왔다. 고구려식 중무장 기마 전술은 한반도 남쪽 끝에까지 전파되었고, 5세기에는 바다를 건너 일본 열도에도 전해졌다(기마 궁수는 이후 일본 사무라이의 특징적 전술 중 하나가 되었다).[14]

이 시대 특유의 상호 교류로 뛰어난 문화적 성취가 일어난 매력적 사례를, 우리는 한반도 북부 지역 무덤 벽화에서 확인할 수 있다. 무덤 안에 적혀 있는 묵서(墨書)에 따르면, 그 무덤의 주인은 동수(冬壽, 사망 357)라는 인물이다. 아마도 그는 중국인의 후예였던 것 같다. 무덤 묵서명은 한문으로 적혀 있는데, 중국식 높은 관직들이 열거되어 있다. 관직명으로 보아 아마도 초년에는 중국 북동부 지역 선비족 왕조에서 복무했던 것으로 추정된다. 거기서 권력 투쟁의 와중에 고구려로 망명한 인물이었다. 일부 전문가의 견해에 따르면 그의 무덤 건축 양식은 고구려 특유의 양식이라고 하는데, 무덤 벽화에 등장하는 중무장 기병과 일상 생활 장면은 4세기 동북아시아의 현실을 잘 보여주고 있다. 오늘날 민족 국가의 관점에서 그것이 "중국의 것"이라거나 "한국의 것"이라고 구별하는 것은 중요하지 않으며, 당시 국경을 넘나드는 국제적 무덤 벽화 양식이 존재했다는 것이 중요하다. 국경을 넘어서는 국제적 양식, 그것이 바로 그 시대의 특성이었다.[15] (이 주제와 관련하여 뛰어난 연구 성과로

---

14 William Wayne Farris, *Sacred Texts and Buried Treasures: Issues in the Historical Archaeology of Ancient Japan* (Honolulu: University of Hawai'i Press, 1998), pp. 77-78; and Gina L. Barnes, *State Formation in Korea: Historical and Archaeological Perspectives* (Richmond, Surrey: Curzon Press, 2001), pp. 127 and 141.
15 See Kenneth H. J. Gardiner, *The Early History of Korea: The Historical Development of the Peninsula up to the Introduction of Buddhism in the Fourth Century AD* (Honolulu: University of Hawai'i Press, 1969), pp. 40-42 and 53-58; and Hyung Il Pai, *Constructing "Korean" Origins: A Critical Review*

김병준, 〈경계를 넘어서: 동아시아 시각에서 본 고구려 벽화〉, 《아시아리뷰》 제11권 제1호(통권 21호), 2021: 3-48 참조. – 옮긴이)

당시에 중국식 관직명은 심지어 지방의 독립적 군벌조차 명예를 치장하기 위하여 기꺼이 사용했다(3세기 일본의 여왕도 중국식 관직명을 사용한 사례가 있다). 당시 부상하던 한반도 지역 왕국의 통치자들은 중국 지역에서 성립한 왕조로부터 명예 관직명을 받아 사용했다. 중국의 관직명을 얻기 위해 5세기 일본에서 중국 왕조로 사신을 파견한 기록이 최소 13건 확인되었다. 그러나 7세기에 이르러 일본의 군주는 더 이상 중국의 책봉을 받지 않기로 했다. 대신 최고 권위자를 일컫는 중국식 호칭 "황제"를 스스로의 칭호로 사용했다.

북위(北魏)

중국 문화의 영향이 한국과 일본으로 전파된 이 시기가 나중에 동아시아라고 묶이게 될 문화적 동질성이 형성된 결정적 계기였다(지도 15-2 참조). 한편 당시 중국의 상당 지역은 이민족의 지배 아래 놓여 있었다. 중국 또한 외부의 영향에 심각하게 노출되었는데, 특히 북방과 서방에서 전파된 문화의 영향이 강했다. 6세기 초에는 상인들이 계속해서 중국으로 유입되었다. 멀리 서방에서 온 상인들은 선비족의 왕조 북위(北魏, 386~534)의 수도 낙양(洛陽, Luoyang)으로 몰려들었다. 낙양은 중국의 북중부 지역에 위치한 도시였다(그림 15-3 참조). 전하는 바로 북위

of Archaeology, Historiography, and Racial Myth in Korean State- Formation Theories (Cambridge, MA: Harvard University Asia Center, 2000), pp. 196 and 233-34.

〔그림 15-3〕 낙타 모양 토기, 북위 혹은 북제(北齊), 6세기 중후반

의 한 왕자는 멀리 페르시아에서 수입된 말을 가지고 있었으며, 낙양성에는 이방인 거주자가 1만 가구에 달했다고 한다. 중국 북서부의 영하

(寧夏, Ningxia)에서 발견된 은주전자는 569년에 제작된 것으로 밝혀졌는데, 페르시아 양식에 트로이 전쟁 장면으로 장식되어 있었다. 중국 북중부 산서(山西, Shanxi)에서 발굴된 무덤(虞弘墓)은 연대가 592년으로 밝혀졌는데, 무덤 안에서 이국적 형상을 담은 화상석각(畵像石刻)이 발견되었다. 낙타를 타고 사냥하는 인물들은 아랍인 모습이었고, 조로아스터교의 종교적 도상을 포함하고 있었다.[16]

이 시기 중국에 들어온 이민족의 물품으로는 예컨대 중국 고대에 보이지 않던 형태의 의자라든가, 류트(lute) 비슷한 현악기 비파(琵琶) 등이 있었다. 가장 압도적인 이민족의 영향을 들라고 한다면 이론의 여지 없이 불교를 손꼽을 수 있다. 불교는 원래 인도의 종교였는데 한(漢)나라 중엽에 무역로 "실크로드"를 따라 중국에 전파되었다. 그러나 중국에서 불교가 본격적으로 번성하기 시작한 때는 4세기 이후였다. 인도의 불교 경전은 엄청난 공을 들여 중국어로 번역되었다. 여기에 중국에서 저술된 새로운 경전들이 추가되어 동아시아의 불교 대장경(大藏經)이 형성되었다.

간다라 미술은 오늘날 파키스탄 북부 및 아프가니스탄 동부 지역(그리스, 페르시아, 인도 양식이 어우러진 문화적으로 풍성한 지역)에서 형성된

---

16 *Memories of Loyang: Yang Hsüan-chih and the Lost Capital (493-534)*, trans. W. J. F. Jenner (Oxford: Clarendon Press, 1981), pp. 220 and 242; Annette L. Juliano and Judith A. Lerner (eds.), *Monks and Merchants: Silk Road Treasures from Northwest China, Gansu and Ningxia, 4th-7th Century* (New York: Harry N. Abrams, 2001), pp. 98-100; and James C. Y. Watt, Angela F. Howard, An Jiayao, Boris I. Marshak, Su Bai, and Zhao Feng, *China: Dawn of a Golden Age, 200-750 AD* (New York: The Metropolitan Museum of Art, 2004), pp. 256-57 and 276-83.

불교 미술 양식으로, 중국에 들어온 뒤 중국적 요소가 가미되었다. 예를 들어 석굴 사원은 애초 인도에서 시작되었지만 세계 최대 규모의 석굴 사원은 아프가니스탄(바미안)에서 건설되었고, 이와 같은 석굴 사원 양식이 중앙아시아를 거쳐 북중국으로 유입되었다. 460년에서 525년 사이, 산서성 운강(雲崗) 지역에서 석굴 사원이 건설되었다. 운강은 당시 북위의 수도 대동(大同)에서 가까운 곳이었다. 불상과 석굴 사원이 어우러진 풍경이 장관이다. 여기에서는 서역의 영향뿐만 아니라 중국 양식과 전통적 모티프 또한 보이는데, 예를 들면 용이나 도철(饕餮, 중국 고대 청동기에 등장하는 신비 동물)의 형상이다. 선비족이 통치한 북위의 왕실은 석굴 사원에 특별한 애착을 가지고 있었다. 왜냐하면 불교 전통이 들어오기 전에 이미 그들에게는 큰 동굴에 조상의 사당을 모시는 전통이 있었기 때문이다. 494년 북위는 수도를 대동(大同)에서 남쪽의 낙양(洛陽)으로 옮겼고, 다시 수도에서 가까운 용문(龍門)에 석굴 사원을 조성하기 시작하여 또 하나의 장관을 연출했다.

한국과 일본

불교가 중국에서 한반도 지역으로 전파된 때는 4세기였다. 한반도에서 본격적 체제를 갖춘 최초의 왕국은 북부의 고구려(高句麗)였다. 압록강 상류 산악 지대에 살던 5개 부족 연합으로 출발한 고구려가 중국 문헌에 처음 등장한 시기는 기원전 107년이었다. 기원후 32년부터 고구려의 통치자는 스스로를 중국식 칭호인 "왕(王)"으로 일컬었다. 초기 고구려의 수도는 압록강의 북쪽, 지금은 중국 땅에 속하는 만주 지역에 위치했다. 따라서 초기 고구려에는 한반도 세력 못지않게 만주 세력이 참여했다. 427년 고구려가 수도를 남쪽의 평양(平壤)으로 옮긴 뒤로는 한반도 세력의 성격이 더욱 뚜렷하게 부각되었다. 이후 고구려를 포함하여 한국인이 형성되었을 때, 그들에게 고구려의 유산은 필수 불가결했다. 단적인 예를 들자면, 한국의 영어식 명칭인 코리아(Korea)가 바로 고구려(Koguryŏ)의 축약형인 고려(Koryŏ)에서 비롯된 것이다.

한반도 남부에서 토착 왕조가 형성된 시기는, 도시 성벽이 건설된 가장 이른 시기를 근거로 보자면 3세기 말경이었고, 흙을 쌓아 만든 대형 고분을 근거로 보자면 300년경이었다. 이 시점을 우연으로 보기는 어렵다. 즉 한반도 남부 왕국의 성립 시점이 한반도 북부 지역에서 중국의 제국 행정 체제(낙랑군 등)가 무너진 시기와 너무 정확하게 맞아떨어지기 때문이다. 중국이 수백 년 동안 한반도 북부에 관여하면서 "교류 구역(interaction sphere)"이 형성되었고, 그로부터 제2차 왕국 건설의 물결이 시작되었다. 한국뿐만 아니라 일본에서도 그 영향으로 왕국이 건설되기 시작했다.[17]

4세기 한반도 남서부에서는 백제(百濟) 왕국이, 남동부에서는 신라(新羅) 왕국이 성립했다. 고구려와 백제 및 신라를 합쳐서 "삼국(三國)" 시대라 하는데, 한국사에서 역사적 자료가 분명히 확인되는 최초의 시대가 바로 이 무렵이었다. 한반도 남부 지역에는 백제와 신라 사이에 가야(伽倻) 연맹도 있었다. 6개의 독립 부족 연맹체인 가야는 나중에 신라에 흡수되었다.[18] 백제, 가야, 신라와 과거 한반도 남부 지역의 "삼한(三

---

17 Pai, *Constructing "Korean" Origins*, pp. 122 and 125-26.
18 전통적으로 "삼국 시대"를 설정하면서 가야를 빼놓는 문제에 관해서는 다음을 참조. Mark

韓)"이 어느 정도로 긴밀하게 연결되어 있었는지는 분명히 말하기 어렵다. 삼한은 대략 기원후 3세기까지 이들 지역을 장악하고 있었다. 한국의 전설에 따르면 백제 왕국 설립자는 고구려 왕국 설립자의 아들이었고, 고구려와 백제는 모두 부여(扶餘)의 후손이라고 한다. (부여는 과거 만주 중부의 송화강松花江 유역에 있었던 옛 왕조의 이름이다.) 전설과 달리 백제 왕국의 성립 시기는 고구려에 비해 훨씬 더 나중이었다. 그러나 초기 백제 왕릉의 양식은 고구려 양식을 분명하게 계승한 계단식 적석총이었다(후대로 내려가면 백제 왕릉은 중국 남조의 양식을 따르게 된다). 그러므로 백제 왕국의 지배 엘리트 계층이 북방에서 내려와 기존의 토착민을 지배하며 왕국을 설립했을 가능성을 배제할 수 없다. 그때가 4세기 무렵이었다.

백제에 불교를 전파한 인물은 중앙아시아 출신의 마라난타(摩羅難陀, 말라난다)였다. 그는 384년에 중국의 남조에서 백제로 건너왔다고 한다. 백제는 중국의 남조와 특히 강한 연대를 맺었고, 열성적인 불교 신도가 되었다. 백제의 법왕(法王, 재위 599~600, 法은 곧 불교의 Dharma를 의미)은 매우 독실한 불교 신자였다. 그는 재위 기간에 동물 살생을 금지했고, 사냥용 매를 풀어주었으며, 사냥 및 어로 도구를 파괴했다. 527년에 백제의 수도에서 대통사(大通寺)라는 이름의 화려한 불교 사찰이 건축되었다. 대통(大通)은 남조의 연호(梁 武帝)를 따른 것이었다. 사찰의 양식도 중국식을 따랐다. 남북으로 축을 따라 사방에 회랑이 있었고, 가

E. Byington, "Editor's Introduction," in Mark E. Byington (ed.), *Early Korea: The Rediscovery of Kaya in History and Archaeology*, vol. III (Cambridge, MA: Korea Institute, Harvard University, 2012), p. 8.

운데에는 탑과 대웅전이 배치되었으며, 사방 벽을 따라 강당이 조성되어 남북 방향으로 이어져 있었다. 백제의 사찰 양식은 한 세기가 지나 일본 사천왕사(四天王寺, Shitennō-ji)의 모델이 되었다.[19]

백제에서 일본으로 불교가 전해진 시기는 538년 또는 552년이었다. 623년에는 백제의 승려가 일본 승단의 초대 종정이 되기도 했다. 백제와 일본의 불교 교류 과정에서 일본은 대륙의 선진 기술을 배울 기회를 얻었다. 백제와 일본은 불교뿐만 아니라 정치 및 군사적으로도 깊은 관계를 맺어갔다. 405년 백제의 아신왕(阿莘王)이 사망했을 당시 그의 맏아들이자 후계자는 일본에 볼모로 가 있었다. 후계자가 일본인 친위대를 거느리고 백제로 돌아오는 동안, 섭정을 맡은 둘째(訓解)를 막내(碟禮)가 살해하고 왕위를 찬탈하는 사건이 벌어졌다. 그러나 일본의 군사적 지원에 힘입어 후계자는 성공적으로 왕위에 오를 수 있었다. 그가 전지왕(腆支王)이다.

한반도 남동부에서 성립된 신라 왕국의 경우, 삼한과의 관계가 백제보다는 더 분명해 보인다. 그들은 3세기에 삼한 가운데 하나의 연맹에서 출발하여 왕국으로 성장했다. 역사적 근거가 분명하게 확인되는 최초의 신라 왕은 내물왕(奈勿王, 재위 356~402)이다. 처음에 그가 사용한 칭호는 (스텝 지역 군장의 칭호 "칸khan"을 떠올리게 하는) 마립간(麻立干)이었다.[20] 한국 전통 역사서에 따르면, 신라의 왕은 503년에 가서

---

19 Jonathan W. Best, *A History of the Early Korean Kingdom of Paekche: Together with an Annotated Translation of the Paekche Annals of the Samguk Sagi* (Cambridge, MA: Harvard University Asia Center, 2006), pp. 78-9, 81-82, and 134-37.

야 공식적으로 중국식 칭호인 "왕(王)"을 받아들였다. 그 뒤로 6세기부터 신라는 중국식 국가 체제를 받아들여 급격한 변화를 시도했다. 520년 중국식 법령 체제를 완성했고, 536년부터 중국의 방식을 따라 신라 고유의 연호를 사용했다. 중국에서 589년 수(隋)나라(581~618)가 중국을 통일하고 강력한 지역 패권자로 떠오를 기미가 보이자 신라는 중국과 긴밀한 관계를 맺고자 노력했다. 640년부터 왕족을 중국 당(唐)나라(618~907)의 수도로 파견하여 중국식 교육을 받도록 했으며, 649~650년에는 신라에서도 당나라의 의관과 당나라의 연호(永徽)를 사용했다. 그리하여 신라는 중국의 당나라와 군사 동맹을 맺고 한반도 내부의 경쟁자들에 맞섰다.

600년대 중엽을 기준으로 백제는 아마도 한반도에서 가장 강력한 왕국이었을 것이다. 더불어 고구려와 동맹까지 맺은 뒤 백제는 신라의 영토를 조금씩 빼앗기 시작했다. 신라는 우려를 금할 수 없었다. 한편 중국을 통일한 수나라와, 그 뒤를 이은 당나라는 중원을 통일한 것으로 만족하지 못하고 공격적 팽창 정책을 취해 나갔다. 612년부터 잇달아 고구려를 공격했지만 패배를 거듭할 따름이었다. 고구려와의 전투가 연패로 끝나자 당나라는 전략을 바꾸어 신라와 연맹을 맺은 뒤 한반도 북부의 고구려는 그대로 둔 채 한반도 남쪽부터 먼저 공격했다. 시작은 백제였다.

신라와 당나라 연합군은 660년에 백제를 공격하여 백제의 왕과 왕세자를 포로로 잡았다. 당시 왕세자의 동생은 일본에 볼모로 가 있었다. 그는 일본 군대의 도움으로 한반도로 건너와 충성스런 백제의 신하들을

20 Seth, *Concise History of Korea*, pp. 29 and 46.

규합했고, 일본-백제 연합군으로 침략자들에 맞섰다. 663년 백강(白江)에서 대규모 전투가 벌어졌고, 신라-당나라 연합군에 의해 일본 함대는 궤멸되었다. 이와 함께 백제 부흥의 희망도 사라졌다. 한반도에 미친 일본의 영향은 이때부터 거의 1000년 동안 단절되었다.

그다음 차례는 고구려였다. 668년 신라-당나라 연합군은 결국 고구려를 정복했다. 당나라는 한반도 전체를 제국의 직접 지배 아래 두고자 했다. 그러나 신라는 676년 과거의 동맹인 당나라를 한반도에서 쫓아냈다. 한반도 대부분은 토착 왕조 신라에 의해, 역사상 최초로 통일되었다. 그러나 북부 국경 지역은 안정을 이루지 못했다. 이런 상황은 이후 15세기까지 지속되었다. 또한 한반도 북부 지역의 약 3분의 1은 발해(渤海, 713~926)라고 하는 다른 왕국의 지배 아래 놓였다. 발해 왕국은 고구려의 유민과 다른 민족들이 결합되어 성립한 새로운 왕국이었다.

결국 한국인의 정체성이 형성되는 데에는 삼국 시대 각 왕국의 유산이 저마다 기여했다. 다만 오늘날 한국어는 신라어에서 직접적으로 이어졌다. 삼국 시대의 세 나라는 대체로 적대적으로 맞섰지만 문화적으로도 어느 정도 차이가 있었다. 예컨대 신라의 왕릉은 앞에서 언급한 고구려나 백제의 고분과 달리 연도(羨道, 무덤의 입구와 무덤 주인의 방을 연결하는 통로 - 옮긴이) 구조가 없다. 또한 신라에서는 사슴뿔 형태의 독특한 금관을 사용했다. 동시에 이들 세 나라의 문화는 중국과 분명한 차이가 있었다. (언제나 남성 후손에게만 대를 이을 자격이 주어진 중국과 달리) 남성과 여성이 모두 가문의 계보를 이을 수 있었으며, 그래서 성씨(姓氏)의 도입을 주저하게 되었다. 중국의 경우 한국보다 훨씬 앞서 성씨 제도를 도입했다. 신라의 왕족은 강력한 귀족 계층과 힘의 균형을 유지했다(신라에는 골품骨品, 즉 뼈의 등급에 따른 계급 구분이 존재했다). 결국 전근대 한국에서는 전근대 중국에 비해 신분 계층의 차이가 훨씬 강하게 남아 있었다.

신라가 한반도를 통일하고 당나라 세력을 몰아낸 뒤에는 다시 신라와 당나라의 관계가 회복되었다. 신라는 특히 당나라와의 무역에 능동적으로 참여했고, 당나라 과거 시험에 합격한 외국인 가운데 신라인이 가장 많은 수를 차지했다. 당나라 후기까지 과거 시험을 통과한 신라인이 약 90명에 달했고, 일부는 당나라 관직에 진출하기까지 했다고 전한다. 이후로 한국에서는 점차 유교가 강화되었고, 이때부터 19세기에 이르기까지 독립적으로 중화 제국에 조공을 바치는 "조공국"으로 남아 있었다.

한편 589년 수나라가 중국을 통일한 사건이 한반도 권력 균형이 변하는 계기가 되었던 것처럼, 일본 열도에서도 같은 일이 일어났다(지도 15-3 참조). 일본인(당시에는 스스로를 야마토라 했고, 글로는 왜倭라고 썼다)은 중앙 권력을 집중 강화하는 방식으로 시대에 대응했다. 일본에 관한 가장 오래된 문헌 기록은 3세기 중국의 역사서에 등장하는데, 그에 따르면 일본인은 30개의 소규모 공동체가 느슨한 형태의 연맹체를 결성했고, 히미코(卑彌呼)라고 하는 여왕 겸 사제가 그들을 다스렸다. 히미코의 통치 기간은 대체로 일본 역사에서 말하는 고분 시대(古墳時代, c. 250~552)와 일치했다. 거대한 봉토분이 당시의 특징적 유적으로, 같은 시기 한반도에서는 등장하지 않는 "열쇠 구멍" 모양의 독특한 고분이다. 한국의 역사에서도 마찬가지지만, 일본의 역사에서 거대 고분이 등장했다는 사실은 곧 과거에 비해 더 큰 정치 단위가 출현했음을 의미한다.

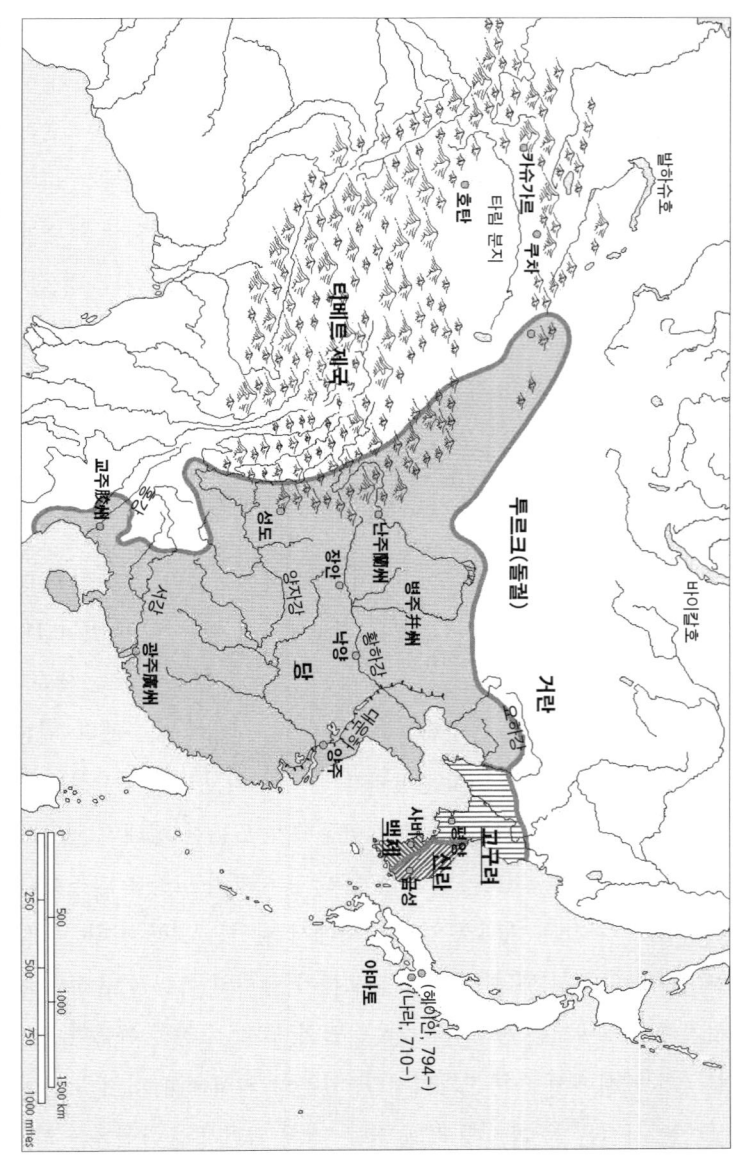

[지도 15-3] 동아시아, 650년경

이후 일본 서부 지역에서 본격적인 중앙 집권 왕국이 출현한 때는 기원후 6세기였다.

7세기에 이르러서는 일본에서 문헌 기록이 폭발적으로 증가했다.[21] 7세기 초까지도 일본에는 지역별 부족장들이 남아 있었다. 이들은 "왜왕과 느슨한 연맹 관계의 자율적" 공동체였다. 그러나 7세기를 거치는 동안 일본의 통치자들은 중국과 같은 황제의 칭호를 채택했고(천황天皇의 일본식 발음인 '텐노'가 지금도 사용되고 있다), 제국 체제를 만들어 중국에도 맞설 수 있다고 믿었다.[22] 현존하는 일본의 역사서 가운데 가장 오래된 《고사기(古事記, Kojiki)》는 712년 완성되었는데, "온 세상"을 뜻하는 중국식 표현 "천하(天下)"가 90차례나 등장한다. 그러나 문맥상 그것은 일본을 의미하며, 중국은 언급조차 되지 않는다.[23] 중국식 제국 행정 관리 체제가 가장 분명하게 드러난 부분은 형벌을 위한 법령, 그리고 행정법 체계였다. 현재 남아 있는 가장 오래된 법령은 (이르면 668년에 완성되었다고 하지만) 718년에 제정된 것이다. 708년에서 712년 사이 대륙의 도시 구조를 모방하여 일본에서도 나라(奈良)에 거대한 신도시가 건설되었다. 그래서 이후 시대를 나라 시대(奈良時代, 710~784)라 한다. 동쪽으로는 중국식 제국 체제 전파의 종착역이 바로 일본이었다(그림 15-4 참조).

---

21 David B. Lurie, *Realms of Literacy: Early Japan and the History of Writing* (Cambridge, MA: Harvard University Asia Center, 2011), pp. 104-51.
22 Joan R. Piggott, *The Emergence of Japanese Kingship* (Stanford University Press, 1997), pp. 91-92, 97, and 127.
23 Herman Ooms, *Imperial Politics and Symbolics in Ancient Japan: The Tenmu Dynasty, 650-800* (Honolulu: University of Hawai'i Press, 2009), pp. 6-7 and 36.

〔그림 15-4〕 동대사(東大寺), 일본 나라현

원숙한 단계의 동아시아

고구려, 백제, 신라의 사람들은 나중에 모두 한국인으로 통합되었다. 한편 중국 북부에 있던 선비족은 점차 한족(중국인)으로 동화되었다. 북위 왕국은 여러 선비족 왕조 가운데 역사적 의미가 가장 깊었다. 북위 왕국이 성립된 후 한 세기 동안 통치는 선비족, 백성은 한족(중국인)으로 이원화된 상태가 그대로 유지되었다. 그러나 5세기 말엽부터 중국화를 강제하는 조치들이 잇달아 시행되었다. 예컨대 궁정에서는 반드시 중국어를 사용하고, 이름도 중국식으로 바꾸어야 했다. 무엇보다 흥미로운 사실 하나는, 489년에 유교식 사원이 북위의 수도(大同)에 건설되었는데, 중국 역대 왕조의 수도에서 분명하게 유교 사원을 표방하는 기념비적 건축물의 최초 사례였다(孔廟 혹은 文廟). 선비족과 한족(중국인)의 정체성은 이후 500년대까지도 구분이 되었지만, 이들의 문화적 융합은 본격적으로 진행되고 있었다.

수나라가 중국을 통일한 때는 589년이었다. 수나라 왕실과 그 뒤를 이은 당나라 왕실은 모두 한족(중국인)의 후손으로 알려져 있지만, 그들의 조상은 오래도록 대를 이어가며 선비족 왕조의 신하로 복무했던 사람들이다. 그 과정에서 이들 가문에는 선비족과 통혼한 사례가 특히 많았다. 당나라 설립자인 고조(高祖) 이연(李淵)은 어머니와 아내가 모두 선비족이었다. 초기 당나라 왕실은 그야말로 코즈모폴리턴이었다. 예를 들어 630년 당나라가 동돌궐(동투르크)을 정복했는데, 그로부터 몇 년 후부터 당나라 통치자는 중국에서는 중국식 황제였으며, 동시에 스텝에서는 돌궐식 카간(qaghan)이었다.[24]

당나라 초기에는 "다민족 제국이라는 자의식"이 분명히 존재했다. 그러나 3세기 후 907년 당나라가 멸망할 무렵에는 단일한 한족(중국인)의 성격에 훨씬 더 가까이 다가가 있었다.[25] 과거 중국에서 형성된 제국의 성격과는 근본적으로 다른 새로운 제국 체제가 당나라 시기에 만들어졌다. 이때 만들어진 중국식 모델은 상당히 안정적이었다. 당나라 이후 중국에서 왕조 체제의 변화는 별로 찾아볼 수 없었다. 중국에서 과거 제도는 공식적 관료 선발 수단 중 하나로, 제국 체제가 등장하던 초기부터

---

24 Yihong Pan, *Son of Heaven and Heavenly Qaghan: Sui-Tang China and Its Neighbors* (Bellingham: Western Washington University, 1997), pp. 179-81.
25 Marc Samuel Abramson, *Ethnic Identity in Tang China* (Philadelphia: University of Pennsylvania Press, 2008), p. xi.

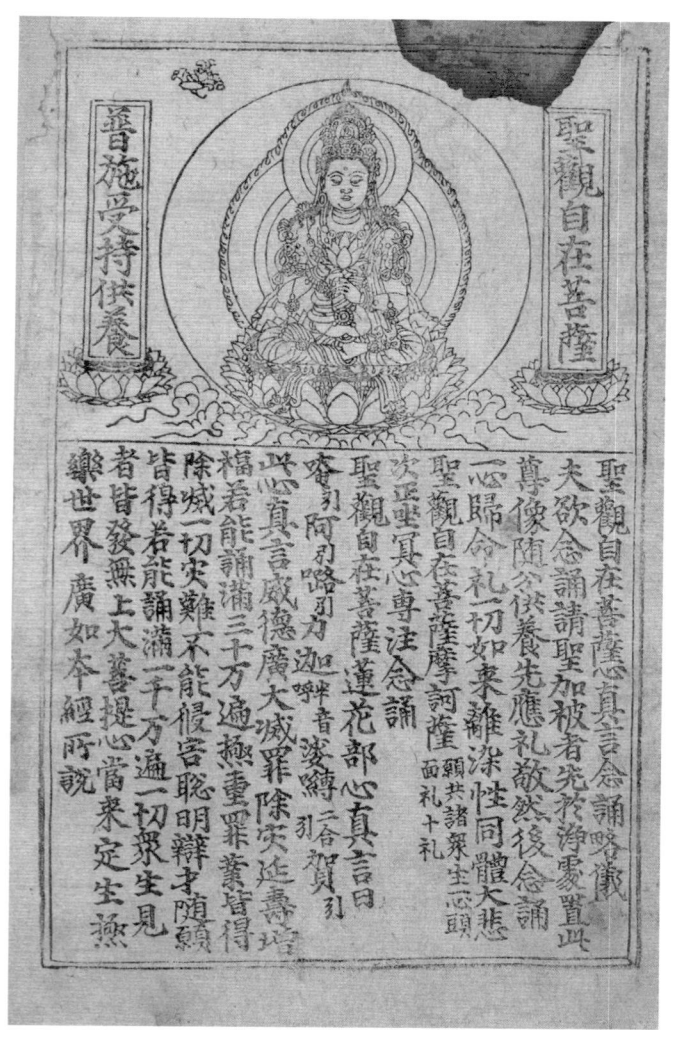

[그림 15-5] 관자재보살(觀自在菩薩) 진언
목판 인쇄, 9세기(晚唐), 돈황 천불동 출토.

시작되었으나 시험의 중요성은 당나라 시기에 비약적으로 상승했고, 점차 중국의 특징적인 제도로 자리를 잡게 되었다. 필기시험, 그리고 이를 준비하는 교육은 단일한 중국 문화가 형성되는 데 막대한 영향을 미쳤다. 복고풍 신유학이 다시 유행하기 시작한 시기도 당나라 후기였다. 목판 인쇄술 덕분에 이용할 수 있는 문헌 자료도 크게 증가했다(그림 15-5 참조). 국내 및 해외 교역도 갈수록 가속화되어 당나라가 수명을 다한 10세기 무렵의 중국은 세계에서 가장 발달한 나라였고, 아마도 당시 세계 인구의 약 3분의 1이 중국에 살았을 것이다.

　　당나라가 멸망한 뒤 오늘날 베트남의 북부 지역은 939년 이후 영원히 독립을 얻어냈다. 여기서 새로운 인도-중국 문화(그리고 토착 문화)가 융합되는 새로운 문화 현상이 시작되었으며, 동아시아와 동남아시아 문화의 매개 지역으로 자리 잡았다. 한국에서도 10세기에 큰 변화가 있었다. 신라 왕국은 점차 약화되어 935년 신라의 마지막 왕은 왕좌를 고려에 선양했다. 일본에서도 10세기는 중요한 분기점이었다. 중국식 제국 체제가 일본의 현실과 맞지 않아 왕실의 힘은 점차 약화되었고, 여러 지방의 무사들을 중심으로 새롭고 독특한 문화(사무라이 문화)가 존재감을 드러내기 시작했다. 일본만의 독특한 문화도 이때부터 만들어지기 시작해서 예컨대 《겐지 이야기(源氏物語)》같은 문학 작품이 탄생했다. 10세기에 이르러 오늘날 우리가 알고 있는 것과 같은, 이른바 동아시아 "전통"이라고 하는 문화적 실체가 비로소 서서히 형태를 갖추기 시작했다.

더 읽어보기

Adshead, Samuel Adrian M., *T'ang China: The Rise of the East in World History*, New York: Palgrave Macmillan, 2004.

Barnes, Gina L., *China Korea and Japan: The Rise of Civilization in East Asia*, London: Thames and Hudson, 1993.

Beckwith, Christopher I., *Empires of the Silk Road: A History of Central Eurasia from the Bronze Age to the Present*, Princeton University Press, 2009.

Brown, Delmer M. (ed.), *The Cambridge History of Japan*, Cambridge University Press, 1993, vol. I.

Chang, Chun-shu, *The Rise of the Chinese Empire*, 2 vols., Ann Arbor: University of Michigan Press, 2007.

Chang, Kwang-chih, Xu Pingfang, and Sarah Allan, *The Formation of Chinese Civilization: An Archaeological Perspective*, New Haven, CT: Yale University Press, 2005.

Di Cosmo, Nicola, *Ancient China and Its Enemies: The Rise of Nomadic Power in East Asian History*, Cambridge University Press, 2002.

Dien, Albert E., *Six Dynasties Civilization*, New Haven, CT: Yale University Press, 2007.

Farris, William Wayne, *Sacred Texts and Buried Treasures: Issues in the Historical Archaeology of Ancient Japan*, Honolulu: University of Hawai'i Press, 1998.

Gardiner, Kenneth H. J., *The Early History of Korea: The Historical Development of the Peninsula up to the Introduction of Buddhism in the Fourth Century AD*, Honolulu: University of Hawai'i Press, 1969.

Graff, David A., *Medieval Chinese Warfare, 300–900*, London: Routledge, 2002.

Holcombe, Charles, *The Genesis of East Asia, 221 BC–AD 907*, Honolulu: University of Hawai'i Press, 2001.

_____, *A History of East Asia: From the Origins of Civilization to the Twenty-First Century*, New York: Cambridge University Press, 2011.

Kieschnick, John, *The Impact of Buddhism on Chinese Material Culture*, Princeton University Press, 2003.

Lee, Ki-baik, *A New History of Korea*, trans. Edward W. Wagner, Cambridge, MA: Harvard University Press, 1984.

Lewis, Mark Edward, *China between Empires: The Northern and Southern Dynasties*, Cambridge, MA: Harvard University Press, 2009.

_____, *China's Cosmopolitan Empire: The Tang Dynasty*, Cambridge, MA: Harvard

University Press, 2009.

_____, *The Early Chinese Empires: Qin and Han*, Cambridge, MA: Harvard University Press, 2007.

Loewe, Michael, and Edward L. Shaughnessy (eds.), *The Cambridge History of Ancient China: From the Origins of Civilization to 221 BC*, Cambridge University Press, 1999.

Ooms, Herman, *Imperial Politics and Symbolics in Ancient Japan: The Tenmu Dynasty, 650-800*, Honolulu: University of Hawai'i Press, 2009.

Pai, Hyung Il, *Constructing "Korean" Origins: A Critical Review of Archaeology, Historiography, and Racial Myth in Korean State-Formation Theories*, Cambridge, MA: Harvard University Asia Center, 2000.

Piggott, Joan R., *The Emergence of Japanese Kingship*, Stanford University Press, 1997.

Seth, Michael J., *A Concise History of Korea: From the Neolithic Period through the Nineteenth Century*, Lanham, MD: Rowman and Littlefield, 2006.

Shively, Donald H., and William H. McCullough (eds.), *The Cambridge History of Japan*, Cambridge University Press, 1999, vol. II.

Taylor, Keith Weller, *The Birth of Vietnam*, Berkeley: University of California Press, 1983.

Trigger, Bruce G., *Understanding Early Civilizations: A Comparative Study*, Cambridge University Press, 2003.

Watt, James C. Y., An Jiayao, Angela F. Howard, Boris I. Marshak, Su Bai, and Zhao Feng, *China: Dawn of a Golden Age, 200-750 AD*, New York: The Metropolitan Museum of Art, 2004.

CHAPTER 16

지역 연구 : 유교와 국가

요신중
姚新中, Xinzhong Yao

유교(儒敎)를 뜻하는 영어 "Confucianism"은 공자(孔子, 551~479 BCE)를 뜻하는 영어 "Confucius"의 파생어다(공자란 "공씨 선생님"을 의미하는 "孔 夫子"의 줄임말이며, 이름은 구丘, 자는 중니仲尼다). 공자는 중국 문화가 형성되는 데 역사상 가장 큰 영향력을 끼친 사상가였다. "Confucius-ism"이란 사실 19세기에 만들어진 번역어로, 과거에는 "ru tradition(儒敎)"이라고 번역했다. 이는 16~17세기 중국으로 파견된 예수회 선교사들이 "학파" 혹은 "학자들의 분파"라는 의미를 염두에 두고 만든 올바른 번역어였다.[1] "ru tradition"이라는 번역어가 나중에 "Confucianism"이라고 바뀌었을 때, 그 의도는 명백했다. 즉 그 사상의 전통이 공자(Confucius)로부터 시작되었다는 의미, 혹은 공자의 신념과 가르침에 초점을 맞춘다는 의미를 표현하고자 했던 것이다. 비슷한 예로 불교를 의미하는 "Buddha-ism" 혹은 기독교를 의미하는 "Christ-ianity"를 염두에 둔 번역어였다.[2] 그래서 "Confucianism"이란 영어 번역어에는 종교적 의미가 더 풍부해진 느낌이 있는데, 그것이 19세기 당

---

1 Paul A. Rule, *K'ung-tzu or Confucius: The Jesuit Interpretation of Confucianism* (London: Allen & Unwin, 1986), p. 2.
2 Lionel M. Jensen, *Manufacturing Confucianism: Chinese Traditions & Universal Civilization* (Durham, NC: Duke University Press, 1997), pp. 4-5.

시의 현실에서는 더 적합했을지 모르겠으나 유교의 기원과 특성을 감안할 때는 오해의 소지가 없지 않다.[3] 이번 장에서는 유교(Confucianism)가 무엇을 의미하는지를 분명하게 살펴보고, 아울러 유교가 어떻게 세계사의 무대에 등장하게 되었는지, 그리고 기원전 1200년에서 기원후 900년 사이 중국 정치 문화를 형성하는 데 왜 그토록 강력한 이데올로기적 힘을 가지게 되었는지를 검토하고자 한다. 특히 이번 연구에서는 중국과 그 주변 지역의 정치 제도와 관련해서 유교가 가지는 의미와 영향에 초점을 맞추고자 한다. 즉 의례 전문가와 의례 교육 기관에서 시작된 유교가 어떻게 독특한 중국식 국가 및 관료 체제를 만드는 데 이용되었는가? 그리고 어떻게 동아시아의 이른바 "유교 문화권" 형성에 기여하게 되었는가? 교육과 도덕 수양을 거친 유학자들이 정부에서 활약하며 중국에서, 나아가 한국과 일본 같은 이웃 나라에서 정치 제도가 형성되는 데 암묵적으로 혹은 명시적으로 어떤 영향을 미쳤는가? 이러한 질문에 적절한 답변을 내놓으려면 우선 유교의 기원과 진화 과정을 검토해야 할 것이며, 정치 권력을 만들고 정당성을 부여하는 데 적극 개입한 사상의 핵심과 이데올로기 또한 아울러 살펴보아야 할 것이다.

유교의 기원

기원전 5세기의 어느 날 아침, 아마도 공자가 사망한 기원전 479년

---

3 "Confucianism"이라는 영어 번역어가 중국 전통을 정확히 옮기지 못한다고 해서 ru(儒)라는 중국어를 존중하여 "ruism"이라고 하는 편이 낫다는 입장은 결코 아니다. 우선 지적해두어야 할 점은 "Confucianism"이라는 번역어는 포괄적 의미로 어떤 전통을 가리키는데, 그것은 공자의 가르침에 기초하여 중국의 문화 및 동아시아 여러 지역의 문화를 형성했던 다양한 이데올로기와 정치 세력을 포괄하는 의미다.

이 그다지 멀지 않은 어느 시점에 공자가 한 말이 《논어(論語)》에 분명하게 기록되어 있다.

"심하도다, 나의 쇠약함이여! 오래되었구나, 꿈에 주공(周公)을 뵙지 못한 지가!"⁴

그렇다면 주공(周公)은 누구인가? 공자가 마음에 둔 문화적 영웅 주공은 공자의 육체가 그토록 쇠약해지기 전까지 꿈에 자주 등장했던 모양이다. 주공과 "고대 문화"의 형성에 어떤 관계가 있기에 이를 전하고 또한 확장하기 위해 공자가 그토록 애썼을까?

주공의 이름은 단(旦)이고, 주(周)나라(c. 1045~256 BCE)를 창립한 문왕(文王, 재위 1099/56~1050/45 BCE)의 아들이며, 문왕의 뒤를 이어 왕위를 물려받은 무왕(武王, 재위 1049/45~1043 BCE)의 동생이었다. 무왕은 기원전 1045년경 상(商)나라(c. 1766~c. 1045 BCE)를 상대로 강력한 전쟁을 펼쳐 결국 상나라를 정복했다.⁵ 상나라를 정복한 이듬해에

---

4 *Lunyu*, in *The Analects of Confucius*, trans. Simon Leys (New York: W. W. Norton and Company, 1997), 7.5, p. 29. (甚矣, 吾衰也. 久矣, 吾不復夢見周公.)
5 우리의 논의에서 등장하는 상-주 왕조의 연대 및 통치자 재위 기간의 출처는 다음과 같다. 'Table 1. Reign dates', in Michael Loewe and Edward L. Shaughnessy (eds.), *The Cambridge History of Ancient China: From The Origin of Civilization to 221 BC* (Cambridge University Press), 1999, p. 25. 다음 책의 연표도 참고했다. William Theodore de Bary and Irene Bloom (eds.), *Sources of Chinese Tradition: From Earliest Times to 1600* (New York: Columbia University Press, 1999), pp. xxvii-xxxiii. Edward L. Shaughnessy의 견해에 따르면, 중국 고대사에서 주나라가 상나라를 정복한 결정적 시점은 기원전 1050년보다 조금 뒤의 일이었다. Loewe and Shaughnessy (eds.), *The Cambridge History of Ancient China*, p. 23.

무왕이 사망했고, 그의 아들 성왕(成王, 재위 1042/35~1006 BCE)이 그 뒤를 이었다. 이에 주공은 섭정(재위 1042~1036 BCE)으로 조카를 보좌했다. 신생 제국의 기반을 튼튼히 하고 반란을 진압하는 데에도 주공의 공이 컸지만,[6] 무엇보다도 주나라 "의례(儀禮)"의 체계(종교, 정치, 윤리의 규범)를 세운 것이 그의 가장 큰 공헌이었다. 이후 유교 경전에서는 이 의례를 주나라의 종교-윤리-정치 문화의 핵심으로, 또한 정치 권력 혹은 문화를 유지하는 핵심 도구로 간주했으며, 그것이 "고대 문화"의 핵심 내용이자 숭고한 발현이라는 믿음이 있었다. 그래서 공자는 그의 인생을 걸고 온 힘을 다하여 이를 보존하고, 전파하고, 후세에 전하고자 노력했다.[7]

그 체계를 중국어로 예악(禮樂, li yue)이라 하는데, 문자 그대로 해석하면 "의례(禮)"와 "음악(樂)"이다. 예악은 유교 전통을 형성하는 데 상당히 중요한 역할을 했다. 의례와 음악은 종교나 정치 기관에서 기본적인 부분이었으며, 여기서 고대 중국 문화의 특징이 드러났다.[8] 주나라에서도 당연히 이전 시대에 형성된 관습에 의해 전해 내려오는 의례와 음악

---

6 "무왕께서 서거하셨을 때 성왕은 아직 어렸다. 주공은 성왕을 보호하며 무왕의 뒤를 이어 천하를 다스렸다. 제후국들이 주나라를 배반할까 두려웠기 때문이다. … 천자의 자리에 올라 천하의 일들을 듣고 처결하였다. … 관숙을 죽이고 은나라의 수도를 폐허로 만들었다. … 성왕을 가르치고 모범을 보이고 깨우치게 하여 능히 문왕과 무왕의 업적을 따를 수 있도록 하였다." (荀子: 第八) *Xunzi* (Beijing: Foreign Languages Press,1999), 8.1.
7 공자 스스로 이러한 입장을 천명한 바 있다. "주나라는 이전의 두 왕조를 거울삼았다. 빛나도다, 그 문화여! 나는 주나라를 따르리라."(《論語》第三) *The Analects, in Confucius: The Analects (Lun yu)*, trans. D. C. Lau (New York: Penguin Books, 1979), 3.14, p. 69.
8 의례 체제가 점차 쌓이고 세련되는 과정이 고대 중국의 독특한 경험이며 중국 문명의 중요한 특징이라는 주장이 있다. 卜工,《文明起源的中国模式》,科学出版社, 2007, p. 3.

을 물려받았고 또한 이를 변형하여 사용했다.⁹ 그래서 유교의 근본을 추적하다 보면 어쩔 수 없이 상나라 후기의 의례 체제를 들여다보지 않을 수 없는데, 당시는 신령과 조상의 혼령을 위해 희생 제물을 바치는 일이 국가 행정의 중심 업무였다.¹⁰ 오늘날 일부 학자들은 논의를 더욱 진전시켜, 공자의 선조가 상나라 및 주나라 초기 종교 의례에 참여한 무용수나 음악가였다고 주장하기도 한다. 그들이 의례 전문가와 음악 교사가 되었으며, "육예(六藝, 여섯 가지 기예)"의 전문가이기도 했다는 주장이다. 육예는 곧 역사, 시, 음악, 천문, 활쏘기, 산수를 의미하며, 이는 모두 서주(西周) 시기(1045?~771 BCE)의 의례와 밀접하게 연결된 분야였다 (《주례周禮》에 기록된 육예는 禮·樂·射·御·書·數로, 여기서 저자가 열거하는 사례와 다소 차이가 있다. – 옮긴이).

기원에 관한 논의를 통해 볼 때 유교 전통은 두 가지 점에서 중국 고대의 다른 사상과는 확연한 차이가 있었다. 첫째, 유교는 의례와 깊은 관련이 있었고, 그러므로 정치 제도와 밀접하게 연관되어 있었다. 둘째, 유교는 교육에 뿌리를 두고 있었다. 한(漢)나라(206 BCE~220 CE) 때의 선두적 학자인 유흠(劉歆, ? BCE~23 CE)은 이 두 가지 특성을 근거로 유

---

9 공자는 의례의 연속성을 명확히 인식하고 있었다. "은(상)나라는 하나라의 의례에 기초했기 때문에 무엇을 빼고 무엇을 더했는지 알 수 있다. 주나라는 은나라의 의례에 기초했기 때문에 무엇을 빼고 무엇을 더했는지 알 수 있다. 그러므로 혹 누군가 주나라를 계승한다면, 비록 백세가 지나더라도 그 또한 알 수 있을 것이다."(《論語》〈爲政23〉) *Confucius: The Analects (Lun yu)*, p. 66.
10 예를 들어 상나라 시기 조상의 사원(종묘)에서 왕이 관료들과 제후 군주들을 모아두고 군사 및 일반 정책을 공표했다. 또한 통치자와 장관들은 그 자리에서 승전 보고를 받고 공적에 따라 보상을 실시했다. Lester James Bilsky, *The State Religion of Ancient China* (Taipei: The Chinese Association for Folklore, 1975), p. 66.

교가 직업적 의례 전문가를 양성하는 과정에서 나왔다고 주장했다. 그래서 후대의 유학자들이 "육경(六經)"《시경詩經》《사기史記》《예기禮記》《악경樂經》《역경易經》《춘추春秋》)을 중시했으며, 과거의 유학자들은 정부 기관(특히 사도지관司徒之官, 즉 교육부)에 업적을 남겼는데, 구체적으로 그들의 업무는 "임금을 돕고, 음양의 순리를 좇으며, 백성의 교화에 힘쓰는(助人君, 順陰陽, 明教化)" 일이었다.[11]

문헌 자료에 따르면 중국에서 공식적 교육 체계는 상나라 왕실에서 제도화되었다. 갑골문에 기록된 점사 가운데, 귀족의 자제들이 학교에서 돌아올 때 과연 비를 맞을지 물어보는 내용이 나온다. 이를 근거로 중국의 역사학자 양콴(楊寬, 1914~2005)은 상나라 때 이미 공식 교육 기관이 있었다고 주장했다. 서주(西周) 시기에는 이를 종합적 체계로 더욱 발전시켰는데, 미성년자를 위한 초등 교육 기관(소학小學)과 성년자를 위한 고등 교육 기관(대학大學)으로 나뉘었으며, 고등 교육 기관의 내용은 주로 의례, 음악, 활쏘기였다고 한다.[12] 국가 교육 체제는 동주(東周, 771~221 BCE)에서도 계속되었다. 그러나 이때는 사립 교육 기관도 등장했는데, 아직 공자가 출현하기 전이었다. 이후에 등장한 공자는 사립 교육 기관에서 가장 인기 있는 교사였고, 평생에 걸쳐 그의 명성을 좇은 많은 제자를 거느렸다. 고대 문화를 전수하는 과정에서 공자는 과거의 문헌을 교재로 사용했다. 《사기(史記)》의 저자 사마천(司馬遷, 145?~86?

---

11 *Hanshu* in *Ershisi shi* [*Twenty-Four Histories*] (Beijing: Zhonghua shuju, 1998), vol. II, p. 1728.
12 Yang Kuan 杨宽, *Xi Zhou Shi* 西周史[*The History of the Western Zhou Dynasty*] (Shanghai: Shanghai renmin chubanshe, 1999), pp. 664 and 674.

BCE)에 따르면,

> 공자의 시절에 주나라 왕실은 이미 쇠약해졌고, 의례와 음악은 전통이 끊어졌으며, 시(詩)와 서(書)는 빠진 부분이 있었다. 공자는 삼대(하, 은, 주)의 의례를 조사하여 전수했고, 흐트러진 서(書)의 순서를 정리했다. … 그리하여 《서전(書傳)》과 《예기(禮記)》가 공자로부터 우리에게 전해지게 되었다.[13]

공자가 태어나고 살았던 시기는 이른바 춘추전국 시대(722~479 BCE)였다. 이 시기 주나라의 봉건 체제는 결속력이 흩어졌다.[14] 과거의 정치 및 사회 질서는 빠른 속도로 무너져 내렸고, 새로운 제도는 아직 성립되지 않은 시기였다. 비참한 현실 속에서 많은 위대한 사상가가 등장하여, 사회 혼란의 원인을 숙고하고 정치 질서를 다시 세울 수 있는 방안을 찾고자 했다. 공자는 과거 주나라의 전통을 회복하려는 운동을 펼쳤다. 전통 문화 확산을 강화함으로써 사회 및 정치의 안정과 조화를 회복하고자 했던 것이다. 공자는 무질서와 혼돈이 예악(禮樂, 의례와 음악)을 잘못 사용하거나 남용하는 데서 비롯되었으며, 옳지 못한 정부에

---

13 Fung Yu-lan, *A History of Chinese History*, trans. Derk Bodde (Princeton University Press, 1952), vol. I, p. 44. (孔子之時, 周室微而禮樂廢, 詩書缺. 追跡三代之禮, 序書傳, … 故《書傳》,《禮記》自孔氏.《史記》〈孔子世家〉)
14 제국 아래에 여러 제후국이 나뉘어 있었다. 왕자나 제후국의 대공은 황제를 "하늘의 아들(天子)"이자 최고 사령관으로 인정했다. 그러나 주나라 황제의 장악력이 약화되자 제국 관료 체제도 무너지기 시작했다. Xinzhong Yao, *An Introduction to Confucianism* (Cambridge University Press, 2000), p. 22.

서는 이를 바로잡을 수 없다고 믿었다. 왜냐하면 통치자나 그의 관료들도 자신의 위치에 걸맞은 진정한 가치에 따라 행동하지 않을 것이기 때문이었다. 이런 믿음에 따라 공자는 통치 계층이 기존의 의례에 맞는 방식으로 행동하는, 덕이 있는 정부를 만들고자 했다. 공자가 말하는 선한 정부는 잔인한 형벌과 공포보다 도덕적 가치로 통치하는 정부였다. 공자에 따르면 도덕은 사람들에게 신뢰와 믿음을 줄 수 있지만, 형벌은 순간적으로 행동을 규제할 수 있을지언정 악의 뿌리를 제거할 수는 없다. 선한 정치, 가정, 공동체의 삶에 기준을 마련하기 위해 공자는 학습과 교육이라는 수단을 재해석했다. 공자는 도덕을 계발하는 기본이 교육이라고 믿었으며, 도덕적 품성과 정치적 능력을 갖출 수 있는 방편이 교육이라 생각했다. 이와 같은 도덕적 품성을 갖춘 이상적 인물을 군자(君子)라 하는데, 그는 곧 어질고 고상한 인물인 동시에 공동체 삶의 질을 향상시킬 위대한 행동 능력을 갖춘 사람이며, 당시의 난세를 극복할 효율적 수단을 지녔으므로 새롭게 만들어질 선하고 조화로운 세계로 사람들을 이끌고 나아갈 수 있는 인물이다.

공자의 경력은 주로 교육자였지만 때로 정책 혹은 정치 컨설팅을 한 적도 있다. 그가 생각하는 이상을 실현해보기 위해서, 나아가 역사의 흐름을 바꾸어보기 위해서였다. 그의 고향인 노(魯)나라에서 관직을 맡기도 했고(502~497 BCE), 자신의 이상을 국가의 핵심 정책으로 받아들여주길 기대하며 덕(德) 있는 통치자를 찾아 여행하기도 했다(497~484 BCE). 그러나 공자의 여행은 성공적이지 못했고, 결국 그는 고향으로 돌아와 교육과 고전 텍스트 편집으로 여생을 보냈다.

공자는 평민 계급 태생이었다. 살아생전에도 영향력 있는 교육자이자 정치적 조언자로 명성을 얻은 그였지만, 사후에는 점차 더 많은 추종자가 생겼고 더 많은 사람에게 존경을 받았다. 그의 문하에 있던 학생들과 추종자들에 의해 공자는 마침내 중국 문화의 표준을 만든 최고의 인물로 추앙되었다(그림 16-1 참조).[15] 카를 야스퍼스(Karl Jaspers)에 따르면, 공자는 "역사적으로 사상의 기준을 만든 위인들(paradigmatic individuals)" 네 명 중 하나였다("역사적으로 비슷한 위상을 가졌다고 볼 만한 다섯 번째 인물을 손꼽기는 쉽지 않을 것이다"). 그들 네 명은 "존재만으로도, 인류의 역사를 결정지은 다른 어떤 인물들보다 더 큰 일을 해낸 위인이었다. 그들의 영향은 2000년이 지난 오늘날 우리에게까지 전해 내려오고 있다."[16]

유교의 진화와 제도화

전해오는 문헌 기록에 따르면, 공자는 3000명의 제자가 있었으며 그중 72명이 그를 측근에서 모셨다고 한다. 학생들이 많다 보니 자연스레 공자의 가르침을 이해하고 해석하는 중점에 차이가 생겨났고, 이러한 차이는 결국 유교의 여러 학파로 발달했다. 전국(戰國) 시대(479~221 BCE)에 활동한 한비자(韓非子, ?~233 BCE)에 따르면, 그 당시 이미 주

---

15 공자 이후 수백 년이 지난 뒤 사마천은 공자의 전기를 쓰면서 이런 글을 남겼다. "천하에 수많은 임금과 높은 사람들이 살아생전 영광을 누렸지만 죽은 뒤에는 그걸로 끝이었다. 공자는 비록 삼베로 지은 옷을 입은 평범한 학자에 불과했으나, 세대를 열 번이나 거듭하도록 학자들의 존경을 받고 있다. 중국에서 천자와 제후는 물론 그 아래 육예(六藝)를 논하는 모든 사람은 그를 지극한 성인으로 받들어 모신다."(《史記列傳》〈孔子世家〉) Lin Yu-tang (ed. and trans.), *The Wisdom of Confucius* (Mumbai: Wilco Publishing House, 2005), p. 78.
16 Karl Jaspers, *The Great Philosophers: The Foundations* (London: Rupert Hart-Davis, 1962), p. 6.

〔그림 16-1〕 곡부(曲阜)의 공자 사당

도적인 유교 학파가 8개나 존재했다고 한다.[17] 8개 학파 가운데 2개 학

---

17 *Han Fei Tzu, Basic Writings*, trans. Burton Watson (New York: Columbia

파가 유교 전통을 형성하는 데 오랜 영향을 미쳤다. 하나는 자사(子思, 이름은 공급孔伋, ?~402 BCE)와 맹자(孟子, 이름은 맹가孟軻, 372?~289? BCE)의 학파, 다른 하나는 순자(荀子, 이름은 순황荀況 혹은 순경荀卿, 313?~238? BCE)의 학파였다. 비록 학파들 간에 서로 다른 견해가 있었음에도 불구하고 이들이 없었다면 공자의 가르침과 영향은 중간에 사라지고 말았을 것이다.

자사는 공자의 손자였고,《중용(中庸)》이라고 하는 경전의 저자로 알려져 있다.《중용》은 후대 유교 전통에서 가장 중요한 4대 경전(四書) 중 하나로 일컬어졌다.[18] 맹자 또한 사서(四書) 중 하나인《맹자(孟子)》의 저자다. 자사와 맹자는 다 같이 인간의 본성이 선하다는 신념을 가지고 있었다. 그래서 원래 타고난 마음(心)을 확장하고, 다른 사람들을 어질게(仁) 대하고, 의롭게(義) 처신하며, 마음속 깊이 정성(誠)을 다하면 인간은 누구나 하늘의 뜻을 이해할 수 있고, 성현(聖賢), 즉 "하늘과 땅과 하나가 되는 사람"이 될 수 있다. 맹자는 공자를 존경하며 공자를 가장 위대한 성현이라 일컬었다.[19] 맹자는 자사의 이론에 따라 종교적-윤리적 측면을 더욱 강화했다. 즉 유교는 원래 고대의 성현이자 왕이었던 전설적 인물들의 업적과 삶에서 비롯된 것이며, 공자의 가르침에서 그것이 잘 드러나고 있다고 주장했다. 맹자는 일생에 걸쳐 공자의 사상을 옹호

University Press, 1970), p. 119.
18 사서(四書):《논어(論語)》,《맹자(孟子)》,《중용(中庸)》,《대학(大學)》
19 "내가 원하는 것은 공자를 따라 배우는 것이다. … 이 세상에 인간이 생겨난 이래로 공자 같은 분은 다시 없었다."《孟子》〈公孫丑上〉 *Mencius*, trans. D. C. Lau (London: Penguin Books, 1970), p. 79.

했으며, 특히 두 전선에서 맞서 싸웠다. 하나는 제후들이 정치 권력을 잘 못 사용하는 것이었으며(諸侯放恣), 또 하나는 유학이 아닌 다른 사상에 입각하여 유교 사상을 훼손하는 일이었다(處士橫議). 공자와 마찬가지로 맹자 또한 전국 여러 곳을 돌아다니며 "왕의 도리(王道)"를 조언했고, "인자한 정치(仁政)"를 권장했으며, "폭군의 처사(霸道)"에 반대했다. 맹자는 사설(邪說, 요사스러운 말)을 혹독하게 비판했다. 맹자가 보기에 특히 양주(楊朱, 440?~360? BCE)와 묵적(墨狄, 즉 묵자墨子, 479?~381? BCE)의 사상이 바로 그러한 사설이었다. 맹자는 이들의 사상을 배격하고, 이외에도 과도한 견해나 사설에 맞서 싸우는 일을 일생의 과업으로 자처했다. 왜냐하면 맹자는 "만약 양주나 묵적의 도를 없애지 못하면 공자의 도를 펼칠 수 없다. 사람들은 사설에 속아 넘어갈 테고, 인과 의가 완전히 가로막힐 것"이라고 믿었기 때문이다.[20]

유교 전통의 형성에 두 번째로 큰 영향을 미친 사람은 박학한 실용주의자 순자(荀子)였다. 유교 사상을 지키기 위해 순자는 유교 이외의 다른 사상들을 사설이라고 공격했을 뿐만 아니라, 맹자를 비롯한 유교의 다른 학파들도 공격 대상으로 삼았다. 그들은 "선왕의 법을 파편적으로 이해하고서 신비롭고 수수께끼 같은 말을 늘어놓지만 충분한 이론적 근거를 제시하지 못하기" 때문이다. 따라서 그들은 "세속의 어리석은 유학자"로 평가되는 것이다.[21] 그러나 순자는 당시에 활용할 수 있는 많

---

20 *Mencius*, p. 114. (楊墨之道不息, 孔子之道不著, 是邪說誣民, 充塞仁義也,《孟子》〈滕文公下〉)
21 *Xunzi*, 8.18, p. 193. (甚僻違而無類, 幽隱而無說, 閉約而無解. … 世俗之溝猶瞀儒 …《荀子》〈非十二子〉)

은 자료를 흡수하여 거대한 이론 틀로서 종합적 유교 체제를 구축했다. 예를 들어 순자는 자연으로서의 하늘(天)을 거론했는데, 이는 하늘(天)을 형이상학적으로 해석한 도교의 이론을 흡수한 것이었다. 한편 순자는 논리학에도 관심을 가졌는데, 이는 명가(名家)의 이론에서 영향을 받은 것이었다. 공자는 인도적인 인(仁)의 정신을 강조하고 맹자는 도덕적 올바름을 의미하는 의(義)에 주안점을 둔 반면, 순자는 행동 규범인 예법(禮法)을 중심으로 자신의 이론을 구축했다. 순자에 따르면 "유교를 따르는 자는 선왕을 본받고, 예의를 드높이며, 윗사람을 귀하게 섬겨야 한다."[22] 맹자가 이상적으로 인간과 윤리적 의미의 하늘을 결합시킨 것과 달리, 순자는 인간과 자연적 의미의 하늘을 의도적으로 분리하고 정치적 상황과 하늘의 뜻이 관련이 있다는 믿음을 거부했다. 즉 인간사의 성공과 실패를 자연의 변화에 연결시키지 않았다. 자연철학자의 관점을 채택한 순자는 인간이란 본성적으로 욕망에 따라 움직이는 존재이며, 이러한 욕망을 충족시키기 위해 가용한 자원을 두고 경쟁하는 성향이 있다고 보았다. 이와 같은 자연적 본능을 적절히 통제하지 않으면 공동체와 국가에 무질서와 혼돈을 초래하는 원인이 된다. 이를 근거로 순자는 인간의 본성이 악하며 덕은 훈련과 교화의 결과라고 주장했다. 이 점에서 순자는 맹자와 근본적으로 입장을 달리했다. 그럼에도 불구하고 순자는 자사와 맹자의 학파를 전적으로 배척하지는 않았다. 인간의 본성이 기본적으로 악하기는 하지만 예의와 학습에 따라 변할 수 있고, 따라서 교육은 무엇보다 중요한 미덕이며, 왕의 통치에 따라 세상에 평화와

---

22 *Xunzi*, 8.2, p. 165. (儒者法先王, 隆禮義, 謹乎臣子而致貴其上者也.《荀子》〈儒效〉)

조화, 그리고 선을 실현할 수 있다고 했다. 순자는 인간이 지혜와 덕을 쌓을 수 있는 존재임을 확고하게 믿었다. 그래서 "선을 쌓다 보면 덕을 이루게 되고 깊은 이치를 스스로 깨닫게 되며 성인의 마음을 갖추게 된다"라고 했다.[23] 다시 말해서 성현의 지혜에 도달할 수 있는 보편성은 맹자뿐만 아니라 순자도 인정했던 것이다. "분명 길거리를 지나는 평범한 사람도 우(禹)임금 같은 사람이 될 수 있다." 우임금이 우임금이 될 수 있었던 것은 "어짊과 의로움과 법과 올바름(仁義法正)을 따랐기" 때문이다. "이 네 가지 모두 우리가 노력하면 이해할 수 있는 원리가 있다."[24]

유교는 진(秦)나라(221~210 BCE) 때 크게 쇠퇴한 적이 있었다. 진나라에서는 법가(法家)를 통치 철학으로 채택했는데, 유교의 최대 라이벌이 바로 법가였다. 법가를 기반으로 진나라는 강력한 군사력을 내세워 전국 시대에 6개의 다른 왕국을 굴복시켰다. 그러나 진나라가 멸망하고 서한(西漢, 202 BCE~9 CE)이 들어서자 유교에 획기적 전환점이 찾아왔다. 이는 기회인 동시에 도전이었다. 한나라의 유학자들은 기꺼이 기회를 붙잡았다. 그들은 시대적 도전을 감당하기 위해 유교의 새로운 교리를 발전시켰고, 당시 신생 제국의 기반을 다져야 했던 한(漢) 제국이 당면한 과제에 부합하는 방향으로 나아갔다. 제국의 요구를 받아들인 유학자들은 과거의 이론을 새롭게 취사선택했고, 서로 다른 맹자와 순자의 입장을 결합하여 하나의 단일한 체계를 만들어 나갔다. 또한 황로학(黃老學), 음양오행설(陰陽五行說), 묵가(墨家), 법가(法家) 등 다른 여러

---

23 *Xunzi*, 1.6, p. 9. (積善成德 而神明自得, 聖心備焉.《荀子》〈勸學〉)
24 *Xunzi*, 23.14, p. 763. (塗之人可以爲禹. 凡禹之所以爲禹者, 以其爲仁義法正也. 然則仁義法正有 可知可能之理.《荀子》〈性惡〉)

사상의 유용한 요소들을 유교에 통합시켰다. 예컨대 "신학적" 혹은 형이상학적 교리라 할 수 있는 천인감응(天人感應)의 이론이 이때 만들어져, 황제의 권위와 권력을 정당화하는 동시에 제한하는 도구가 되었다. 또한 공자 숭배 경향이 강하게 일어났다. 공자는 고대의 스승이자 문화의 창시자로 존경받았으며, 나아가 동한(東漢) 시기(25~220 CE)에는 공자 제례가 국가 종교 의례 중 하나로 포함되기까지 했다.[25]

서한 시기 유학자들 가운데 가장 주도적인 인물은 동중서(董仲舒, 195?~105? BCE)였다. 당시 유교의 개혁에 동중서의 역할은 결정적이었다. 한 무제(漢武帝)의 요청에 따라 동중서는 세 편의 건의문을 올렸다(天人三策). 그 내용은 정부를 개혁하고 정부의 규칙과 규제를 통일하는 방안이었다. 동중서는 황제가 다섯 가지 미덕(五德, 仁義禮智信)을 드높일 것을 권했다. "황제께서 이를 실천하신다면 하늘과 귀신이 그를 도울 것이며, 황제의 은덕이 온 사방에 미쳐 모든 생명이 혜택을 볼 것입니다."[26] 이외에도 동중서는 많은 저술을 남겼는데, 그 대부분이 《춘추번로(春秋繁露)》라는 책에 수록되어 있다.

---

25 사마천의 사기에 따르면, 한 제국 초대 황제 때부터 "공자에게 제사를 지내고 제물(소, 양, 돼지 등)을 바쳤다"라고 한다. Lin Yutang, *The Wisdom of Confucius*, p.77. John Shryock은 공자 제례가 어떻게 발달해왔는지 구체적인 연구 성과를 보여주었다. "정기적으로 봉행된 공자 제례의 명확한 사례는 영평(永平) 2년(59 CE) 3월에서야 비로소 확인된다. 당시 황제였던 명제(明帝)가 모든 대도시의 학교에서 성현에게 제사를 지내도록 명령을 내렸다." Shryock에 따르면 "성현 제례는 성현을 추종하는 학자들의 요구에 따라 국가 차원에서 정책적으로 실시되었다. 성현 제례의 양식은 자연 신격과 조상 신격을 모시는 국가 제례의 그것을 따랐다." John Shryock, The Origin and Development of the State Cult of Confucius (New York: Paragon Book Reprint Corp., 1966), pp. 87, 97, 103, and 105.

26 Shryock, *The Origin and Development of the State Cult of Confucius*, p. 53. (五者脩飭, 故受天之祐, 而享鬼神之靈, 德施于方外, 延及群生也,《漢書》〈董仲舒傳〉)

통일 제국의 통일 이데올로기라는 긴급한 시대적 요구에 부응하기 위하여 유학자들은 점차 다른 학파의 사상에 배타적인 태도를 취하게 되었다. 동중서는 황제에게 올린 건의문에서 이렇게 말했다. "육예(六藝)의 과목과 공자의 학술에 포함되지 않은 모든 것은 끊어내야 하며, 유교와 병행하여 나아가지 못하도록 해야 합니다. 삿되고 편벽된 이론을 모두 제거한 뒤에야 학문이 하나로 통일되고 법도가 밝혀지며 백성이 따라야 할 바를 알게 될 것입니다."[27] 마침내 한 무제는 동중서의 건의를 받아들여 정부 정책에 반영했다. 황제의 명령에 따라 국가 차원에서는 유교가 아닌 다른 어떤 사상이나 학문도 채택하지 못하도록 했다. 이것이 바로 유교가 공식 이데올로기가 된 시초였다. 그리고 이때부터 하늘 제사 및 왕실 조상 제사와 더불어 국가에서 시행하는 3대 의례 중 하나로 공자 제사가 자리를 잡게 되었다. 중국에서 이는 20세기 초까지 변함없이 유지되었다.

유교가 국교로 시행되었지만 동한(東漢) 시기(25~220 CE)에는 인도와 중앙아시아로부터 불교가 중국에 전파되었으며, 종교로서의 도교 또한 갈수록 대중적 인기를 얻었다. 처음에 불교는 중국에서 크게 확산되지 못했다. 중국 문화와 외국 문화가 공존하기가 어려웠기 때문이다. 이후 불교는 유교의 윤리 체계를 신속히 흡수했고, 전쟁과 기근으로 고통받는 사람들이나 영적 세계를 갈망하는 사람들에 맞추어 변화해갔다. 결국 불교는 위진남북조(魏晉南北朝) 시대(220~581 CE)를 거치면서 중

---

27 de Bary and Bloom (eds.), *Sources of Chinese Traditions*, vol. I, p. 311. (臣愚以爲諸不在六藝之科孔子之術者, 皆絶其道, 勿使並進. 邪辟之說滅息, 然後統紀可一而法度可明, 民知所從矣.《漢書》〈董仲舒傳〉)

국의 구석구석 전파되지 않은 곳이 없었다. 아서 코터렐(Arthur Cotterell)이 주목했듯이 "오랑캐들에게 고대 중국의 심장인 중원 지역을 빼앗긴 뒤 사람들은 과연 유교가 현실 문제를 해결하기에 충분히 강력한 이데올로기가 맞는지 의문을 가지게 되었다."[28] 불교와 도교의 물결에 밀려 유교는 곳곳에서 쇠퇴를 거듭했고, 예전에 비해 우호적이지 못한 정치·종교·지성적 환경에서 살아남으려면 유교 또한 이론과 실천 양면에서 깊이 있는 변화를 꾀하지 않을 수 없었다.

사람들은 이데올로기를 점차 세 가지 차원으로 나누어 이해하게 되었다. 유교는 교육과 정치, 도교는 영적 생활, 불교는 사후 세계를 위한 이념으로 받아들였다. 어떤 학자들은 이 세 가지 차원을 묶어서 하나의 교리를 만들기도 했다. "공자와 노자와 부처는 하나다. 이들이 겉보기에 달라 보이는 것은 관습과 법과 의례가 다르기 때문이었다. 다른 것은 겉으로 보이는 것일 뿐" 내용이 다른 것은 아니었다.[29] 불교와 유교를 하나로 통합하려는 시도가 많이 이루어졌다. 안지추(顏之推, 531~591)의 표현에 따르면, 불교는 내면의 세계를, 유교는 외부의 세계를 위한 가르침이었다.[30] 수나라(581~618)와 당나라(618~906)를 거치면서 불교와 도교는 궁정이나 세속을 막론하고 사람들로부터 인기를 얻었다. 그럼에도 불구하고 유교는 과거 시험이라는 제도를 통해 서서히 행정 관료들을 장악해 나갈 수 있었다. 당나라의 유학자들 가운데 특히 한유(韓愈,

---

28 Arthur Cotterell, *China: A History* (London: Pimlico, 1995), p. 135.
29 Shryock, *The Origin and Development of the State Cult of Confucius*, p. 188.
30 Yan Zhitui, Yanshi jiaxun 颜氏家训 [*The Admonitions for the Yan Clan*], trans. Zong Fuchang (Beijing: Foreign Languages Press, 2004), p. 250.

〔그림 16-2〕 공자묘의 공자상, 중국 북경

768~824)는 "오래도록 불교와 도교에 미혹된 사회에서 유교적 사회 및 정치 질서를 회복하는 것"을 필생의 사명으로 자처했다.[31] 예컨대 한유

에 따르면 중국의 우수한 전통은 요, 순, 우, 탕, 문왕, 무왕, 주공 등 고대의 성현으로부터 공자와 맹자에게로 이어져오다가 맹자 이후 도의 전수가 끊어져버렸는데, 이것을 회복할 수 있다면 세상 사람들은 조화로운 평화의 세계를 회복할 수 있을 것이며, 국가는 다시금 번영하게 될 터였다(그림 16-2 참조). 이와 같은 유학자들의 노력을 거쳐 송(宋)나라(906~1271 CE) 때에는 새로운 유학이 발달했으니, 이를 "신유학(新儒學, Neo-Confucianism)"이라 한다.

유교 정치학의 이론적 토대

유교 정치학의 기본적 출발점은 성스러운 왕(聖王)의 개념이다. 이 개념의 기원은 국가의 요청으로 점을 본 샤먼의 점술 기록까지 거슬러 올라간다. 유학자들은 이 개념의 유산을 물려받아 유교 정치학 이론의 핵심으로 삼았다. 그 첫걸음은 하늘과 "천명(天命)"의 정치적 가치를 재해석하고 이를 확장하는 것이었다. 초기 유교 정치 사상은 종교적 신념과 그 실천에 초점을 맞추었다. 다시 말해서 인간을 통치하는 지도자는 하늘에 반드시 책임을 져야 하며, 하늘이 부여한 사명(天命)에 응답하는 길이 곧 통치자의 미덕이라는 종교-윤리적 신념이었다. 유교의 오경(五經)[32] 중 하나인 《서경(書經)》에 따르면, "하늘은 덕이 있는 사람을 상 주시며 … 하늘은 죄 있는 사람을 벌주신다"라고 했으며, 만약 왕이 "위로 하늘을 공경하지 않고 아래의 백성에게 재앙을 내린다면" 왕은 하늘에

---

31 de Bary and Bloom (eds.), *Sources of Chinese Traditions*, vol. I, p. 568.
32 《書經》,《詩經》,《易經》,《禮記》,《春秋》.

큰 죄를 짓게 된다.[33] 《시경(詩經)》(〈大雅 文王〉)에는 주나라를 창립한 왕이 천명을 얻어 백성에게 환영을 받았고, 그래서 상나라를 정복할 수 있었다는 내용이 있다.[34] 아무리 큰 나라라도 하늘이 천명을 거두어들이면 무너질 것이다. 천명을 유지하는 길은 "왕이 하늘을 두려워하는 마음을 가지고 미덕을 쌓아 나가는" 것이다. 주나라 이전 왕조의 왕들이 천명을 잃은 이유는 "삼가는 마음으로 덕을 쌓지 않았고, 그래서 천명을 잃어버렸기" 때문이다.[35] 유학자들이 동시대 정치사상가들에게 전하고자 한 메시지는 명확했다. 천명(天命)을 받지 못한 어느 왕조도, 통치에 도덕적 노력을 하지 않는 어떤 통치자도 유지 및 존속할 수 없다는 이론이었다.

유교 경전에서 분명하게 드러난 특징 중 하나가 왕을 "천자(天子, 하늘의 아들)"로 지칭한 것이었다. 천자는 "온 사방을 다스리며, 모든 관리가 그에 의존하고 공경해야 하는" 그런 존재였다.[36] 이 호칭은 인간 세상의 통치자와 하늘을 부자 관계로 연결하여 왕의 중심적 위치를 설정하고 왕의 권력에 신성성을 더하는 의미를 지녔다.[37] 하늘의 아들로서 왕은 세상을 다스리는 특권을 누리며 하늘과 땅을 중재하는 대신, 이 땅의 모든 사람과 하늘의 영적 권위를 책임지는 막중한 임무를 감당해야 했

---

33 *The Chinese Classics*, trans. James Legge (London: Trubner & Co., 1865), vol. III, pp. 74 and 284. (天命有德, 五服五章哉. 天討有罪, 五刑五用哉. 《書經》〈皋陶謨〉 / 弗敬上天, 降災下民 …《書經》〈周書 泰誓上〉)
34 de Bary and Bloom (eds.), *Sources of Chinese Traditions*, vol. I, p. 38.
35 de Bary and Bloom (eds.), *Sources of Chinese Traditions*, vol. I, p. 36. (曰不其延 惟不敬厥德 乃早墜厥命.《書經》〈周書 召誥〉)
36 *The Chinese Classics*, p. 248.
37 Julia Ching, *Mysticism and Kingship in China: The Heart of Chinese Wisdom* (Cambridge University Press, 1999).

다. 맹자는 이를 "공을 이루는 일은 하늘에 달려 있다"라고 표현했다.[38] 뿐만 아니라 《서경》을 인용하며, "하늘은 백성의 눈으로 보고, 백성의 귀로 듣는다"라고 했다.[39] 맹자에 따르면, 하늘은 군주가 악행을 일삼으면 천명을 거두어들인다. 그러나 "선정을 베풀면"(그래서 고통받는 이웃 나라를 정벌하러 가면 – 옮긴이) 백성은 그를 구원자라 생각하여 음식을 싸들고 나와 그를 환영할 것이다(今燕虐其民, 王往而征之. 民以爲將拯己於水火之中也, 簞食壺漿, 以迎王師.《孟子》〈梁惠王下〉). 맹자는 처벌과 살상 등 완력을 기반으로 한 통치를 패도(霸道)라 하고, 패도를 행하면 천하(天下)를 잃게 될 것이라고 했다. 이와 달리 왕도 정치를 행하면 제국을 이루고 유지할 수 있다. 천하를 얻으려면 먼저 백성을 얻어야 하고, 백성을 얻으려면 먼저 그 마음을 얻어야 한다.[40]

왕도 정치의 성스러움을 강조하기 위하여 유교에서는 왕(王)에다 성스러움을 의미하는 성(聖)을 덧붙여 "성왕(聖王)"이라고 하는 새로운 어휘를 만들어냈다. 유교 경전 가운데 이 어휘가 처음 등장하는 책은 《맹자》였다. 맹자가 "요순 이후 성인의 도가 쇠하여지고 폭군이 대를 이었다"라고 슬퍼하는 대목이었다.[41] 공자가 존경한 고대 문화의 영웅들을 맹

---

38 *Mengzi,* in *Mencius,* trans. Lau, 1B:14, p. 71. (若夫成功, 則天也.《孟子》〈滕文公〉)
39 *Mengzi,* in *Mencius,* 5A:5, p.144. (天視自我民視, 天聽自我民聽.《孟子》〈萬章上〉) 이 내용은 원래 《서경》에서 인용한 것이다. 天聰明, 自我民聰明, 天明畏自我民明威. 達于上下, 敬哉有土.《書經》〈虞書: 皐陶謨〉 *The Chinese Classics*, p. 74.
40 *Mengzi,* in *Mencius,* 4A.9, p. 121.(得天下有道, 得其民. 斯得天下矣. 得其民有道, 得其心. 斯得民矣.《孟子》〈離婁上〉)
41 *Menzgi,* in *Mencius,* 3B.9, pp. 113-14.《춘추좌씨전》에서도 "성왕(聖王)"이라는 표현이 자주 등장한다. 예를 들면 "그래서 성왕께서는 먼저 백성을 풍족하게 한 뒤에 신에게 나아가 제사를 드렸습니다(是以聖王先成民而後致力於神)" 같은 문장이다(《春秋左氏傳》〈魯桓公〉). *The Ch'un Tsew, with The Tso Chuen,* trans. James Legge (London: Trubner &

자가 성왕으로 일컬은 데 비해, 순자는 국가의 책임을 다한 수많은 과거의 왕(先王)으로부터 "성왕의 업적(聖王之跡)"을 발견했다. 그것은 곧 도덕성과 능력에 따라 인재를 등용하는 것이었다. 나아가 순자는 "성(聖)이란 인륜을 지극히 하는 일이요, 왕(王)이란 제도를 극진히 하는 일이요, 두 가지를 모두 극진히 하는 사람은 천하의 기준(極)이 되기에 충분하다"라고 말했다.[42]

성왕의 이념은 유교 정치학의 핵심이었으며, 전체 국가 행정 체제의 밑바탕이 되었다. 동중서는 중국 한자에서 왕(王)이란 글자를 분석하면서, 왕은 종교와 도덕과 정치의 중심이라고 설명했다. 그의 이론에 따르면, 가로획 세 개를 중심에서 연결하는 세로획 하나가 바로 왕을 의미했다. "세 개의 가로획은 곧 하늘과 땅과 사람을 뜻하고, 가운데를 꿰뚫어 이를 연결하는 세로획은 도를 뜻한다. … 왕이란 하늘의 대리인일 뿐이다."[43]

공자는 전해 내려오는 하늘과 성왕의 개념을 단지 물려받는 데 그치지 않고, 이를 발전시키고 확장하여 윤리-종교-정치적 이론 체계로 만들어냈다. 하늘이 그에게, 인간의 마음속에 미덕을 만들어내고 고대의 문화를 전하는 사명을 주었다는 강한 신념이 있었다.[44] 공자는 통치 체

Co., 1872), p. 48. (堯舜既沒, 聖人之道衰, 暴君代作.《孟子》〈滕文公下〉)
42 *Xunzi*, 5.10, p. 107; 11.13, p. 339; and 21.15, p. 701. (聖也者, 盡倫者也. 王也者, 盡制者也. 兩盡者, 足以爲天下極矣.《荀子》〈解蔽〉)
43 de Bary and Bloom (eds.), *Sources of Chinese Traditions*, p. 301. (古之造文者, 三畫而連其中, 謂之王. 三畫者, 天地與人也, 而連其中者, 通其道也. … 是故王者唯天之施 …《春秋繁露》〈王道通三〉)
44 *Lunyu*, in *Confucius: The Analects (Lun yu)*, trans, Lau, 7.23, p. 89, and 9.5, p. 96.

제를 윤리적 미덕의 실천으로 바꾸어놓았다. 오직 도덕성만이 효과적 통치로 이어질 수 있다는 믿음을 가지고 있었다. 공자는 덕에 의한 통치를 북극성에 비유했다. 북극성은 언제나 제자리에 있지만 다른 수많은 별이 그 주변을 맴돈다.[45] 공자에게 통치란 사람들이 따를 수 있는 모범을 제시하는 것이었다. 높은 지위에 있는 사람들이 노력한다면 도덕이 사람들의 마음속에서 신뢰를 만들어낼 수 있기 때문이다. 교화를 통하여 모든 사람이 덕을 갖추기를 원했던 공자는 특히 정치·사회적 엘리트 계층이 덕을 계발하는 것이 중요하다고 믿었다. 왜냐하면 하위 계층에 있는 사람들의 행동과 삶이 그들을 따르기 때문이었다.[46]

인간의 통치가 하늘의 도덕과 일치해야 함을 강조한 공자는 정치를 교육과 교화의 핵심으로 간주했다. 사실 대부분의 유학자는 교육 우선주의자였다. 그들은 주변에 크고 작은 학생 집단을 모아 경전을 연구하고 스승의 해석을 가르쳤다. 학생들은 이를 다시 후세에게 전해주었다. 유교의 교육은 오늘날 우리가 아는 교육과 달랐다. 오히려 정신 수양에 가까웠으며, 수양의 결과로 어떻게 다른 사람을 감화시켜 가족과 국가를 변화시킬 수 있을지 배웠다. 따라서 어떻게 말을 바르게 할지, 그리고 어떻게 행동을 바르게 할지, 그것이 《시경》과 《예기》에 나오는 내용과 어떻게 조화를 이룰지 하는 것이 교육의 핵심 내용에 포함되어 있었다.[47] 타인에 대한 행동과 관련하여, 다음 답변에서 우리는 공자의 생각

---

45 *Lunyu*, in *Confucius: The Analects (Lun yu)*, 2.1, p. 61. (子曰, 爲政以德, 譬如北辰, 居其所而衆星共之. 《論語》〈爲政〉)
46 *Lunyu*, in *Confucius: The Analects (Lun yu)*, 2.19, pp. 115-6. (哀公問曰, 何爲則民服? 孔子對曰, 擧直錯諸枉, 則民服. 擧枉錯諸直, 則民不服. 《論語》〈爲政〉)

을 엿볼 수 있다. "계강자가 묻기를, 어떻게 하면 사람들이 군주를 공경하고 충성하며 스스로 열심히 노력을 하겠습니까? 공자께서 답하시길, 군주가 위엄을 갖추어 대하면 백성은 공경할 것입니다. 군주 스스로 효자인 동시에 자애로운 아버지가 되면 백성도 군주에게 충성할 것입니다. 능력 있는 사람을 위에 두고 능력이 부족한 사람을 가르치게 한다면, 백성도 열심히 노력할 것입니다."[48] 유교에서는 교육이나 의례 거행 혹은 음악 연주의 목적이 단지 지식을 늘리거나 정해진 규칙을 익히는 데 머물지 않았다. 그보다는 개인적 차원에서나 사회적 차원에서의 인격 수양이 핵심이었다. 그래서 유교의 교육은 다음과 같은 과정을 거친다. "시로써 배우고자 하는 마음을 일으키고, 예로써 배움을 굳건히 하며, 음악으로써 배움을 완성한다."[49]

맹자의 이론에 따르면 악(惡)은 자기 수양을 게을리 한 결과였다. 그리고 교육은 원래 타고난 선한 본성을 회복하는 수단이었다. 맹자는 애초에 교육이 어떻게 시작되었고, 무엇을 하기 위한 것이었는지를 다음과 같이 설명했다. (즉 교육과 학습을 하지 못하여) 인간이 동물의 수준으로 퇴보하는 것을 방지하기 위해 고대의 성현은 교육 담당 장관(司徒)을

---

47 *Lunyu*, in *Confucius: The Analects (Lun yu)*, 6.30, p. 85, and 16.13, p. 141. (陳亢問於伯魚曰, 子亦有異聞乎? 對曰, 未也. 嘗獨立, 鯉趨而過庭. 曰, 學詩乎? 對曰, 未也. 不學詩, 無以言. 鯉退而學詩. 他日又獨立, 鯉趨而過庭. 曰, 學禮乎? 對曰, 未也. 不學禮, 無以立. 鯉退而學禮. 聞斯二者. 陳亢退而喜曰, 問一得三. 聞詩, 聞禮, 又聞君子之遠其子也.《論語》〈季氏〉)
48 *Lunyu*, in *The Analects of Confucius*, trans. Leys, 2.20, p. 8. (季康子問, 使民敬, 忠以勸, 如之何? 子曰, 臨之以莊則敬, 孝慈則忠, 舉善而教不能, 則勸.《論語》〈爲政〉)
49 *Lunyu*, in *A Source Book in Chinese Philosophy*, trans. Wing-tsit Chan (Princeton University Press, 1963), 8.8, p. 33. (興於詩, 立於禮, 成於樂.《論語》〈泰伯〉)

임명했다. "이를 걱정하신 성인께서 설(契)을 사도(司徒)에 임명하시어 사람들 사이의 관계를 다음과 같이 가르치도록 하셨다. 아버지와 아들은 친밀해야 하고, 임금과 신하는 의리가 있어야 하고, 부부 사이에는 차별이 있어야 하고, 어른과 아이는 우선순위가 있어야 하고, 친구 사이에는 신뢰가 있어야 한다."[50] 맹자가 보기에 훌륭한 정치가는 무엇보다 훌륭한 교육자가 되어야 했다. 양자를 비교해보면 정치보다 교육이 더 효율적이기 때문이었다. "정치를 아무리 잘 한다 하더라도, 그것은 교육을 잘 해서 백성의 마음을 얻는 것보다 못하다. 정치를 잘 하면 백성은 정부를 두려워하게 되고, 교육을 잘 하면 백성은 정부를 사랑하게 된다. 정치를 잘 하면 백성의 재물을 얻을 수 있고, 교육을 잘 하면 백성의 마음을 얻을 수 있다."[51] 제국은 국가에 기반을 두고, 국가는 가정에 기반을 두며, 가정은 개인에 기반을 둔다. 따라서 개인의 마음을 얻으면 통치자는 더 이상 힘이나 권력을 사용할 필요가 없게 된다. 통치자 스스로 몸과 마음을 바르게 하면 온 천하가 자연스레 왕에게 귀속될 것이다. "만약 모든 사람이 어버이를 친밀하게 섬기고, 나이 많은 사람을 그에 맞게끔 대우한다면, 천하는 평화로울 것이다."[52] 이런 의미에서 맹자는 이 세상에서 인자한 통치자에게 감히 대적할 자가 없다고 했다.

순자는 하늘을 현실 정치의 근원으로 간주하지 않았다. 순자에게 정

---

50 *Mengzi*, in *Mencius*, 3A.4, p. 102. (聖人有憂之, 使契爲司徒, 敎以人倫. 父子有親, 君臣有義, 夫婦有別, 長幼有序, 朋友有信.《孟子》〈滕文公上〉)
51 *Mengzi*, in *Mencius*, 7A.14, p. 184. (善政, 不如善敎之得民也. 善政民畏之, 善敎民愛之. 善政得民財, 善敎得民心.《孟子》〈盡心上〉)
52 *Mengzi*, in *Mencius*, 4A.11, p. 123. (人人親其親, 長其長而天下平.《孟子》〈離婁上〉)

치 및 도덕적 질서의 근원은 고대의 성현과 이전 시대의 왕들이었다. 공자나 맹자처럼 순자 또한 도덕이 정치를 펼치는 중심에 놓여 있다고 생각했다. 통치자는 사람들에게 흘러가는 물의 원천인 샘물 같은 존재였다. 샘물이 맑으면 흘러가는 물도 맑을 것이고, 샘물이 탁하면 흘러가는 물도 탁할 것이다.[53] 이전 시대의 유학자들과 달리 순자는 성왕의 도를 하늘의 영적인 힘으로 정당화하려 하지 않았다. 그보다는 인간의 본성과 도덕적 현실로부터 권위가 나온다고 생각했고, 도덕적으로 우월한 인물(군자君子)이 도덕적·정치적 법령을 집행해야 할 책임이 있다고 보았다.[54] 이와 같은 정치에 관한 현실적 관점에서 순자는 배움(學)과 가르침(敎)과 변화(化)를 국가 통치와 왕도 정치 실현의 가장 효율적인 수단으로 간주했다.

유교와 국가 통치

초기 단계에서 유학자들의 정치 참여는 직접적 참여보다 이상과 영감을 주는 정도였다. 왜 현실 정치에 참여하지 않느냐고 누군가가 공자에게 묻자, 공자는 《서경(書經)》의 문구를 인용하며 "단지 부모에게 효도하고 형제간에 우애 있게 지내는 것만으로도 정치를 시작한 것과 다름없다"라고 말했다.[55] 공자는 노(魯)나라에서 잠시 관직을 맡은 뒤로는 주로 정치적 자문을 하러 다녔다. 각국의 수장들에게 조언을 해주며, 도

---

53 *Xunzi*, 12.5, p. 385. (君者, 民之原也. 原淸則流淸, 原濁則流濁. 《荀子》〈君道〉)
54 *Xunzi*, 9.18, p. 235. (天地者, 生之始也. 禮義者, 治之始也. 君子者, 禮義之始也. 《荀子》〈王制〉)
55 *Lunyu*, in *Confucius: The Analects*, 2.21, p. 66. (書云, 孝乎惟孝, 友于兄弟, 施於有政. 《論語》〈爲政〉)

덕을 기반으로 한 통치 방법을 역설했다. 통치자들 가운데 누구라도 만약 그에게 국가 운영을 맡겨준다면 공자는 가장 먼저 정명(正名), 즉 이름(호칭)을 바로잡는 일을 해보고 싶다고 말했다. 이름(호칭)이 올바르지 않으면 사람들이 맡은 바 역할을 제대로 하지 못할 것이고, 그러면 의례 체계가 바로 서지 못할 것이며, 결국 국가의 통치 체제가 잘못될 것이기 때문이라는 이유였다.[56]

정치와 경제 및 사회 문제에 대한 유학자들의 대안은 현실적이라기보다 이상적이었기 때문에 유교의 정책은 심도 있게 받아들여지지 않았다. 춘추전국 시대에 정부에서 고위직에 임명된 유학자는 거의 없었다. 그들은 작은 규모의 나라에서 의례나 행정 관리 혹은 가끔 정책 생산에 자문 역할을 하는 정도로 만족해야 했다.

유학자들에게 그들의 이론을 현실 정치에서 구현해볼 수 있는 무대가 처음으로 만들어진 시기가 바로 한(漢)나라 때였다. 과거 진(秦)나라의 실패가 법가(法家) 사상을 채택했기 때문이라고 여긴 유학자들은 유가 사상을 그 대안으로 제시했고, 한나라 통치자들의 동의와 지원을 이끌어내는 데 성공했다. 이전 왕조와 같은 재앙이 다시 반복되지 않고 지속 가능한 제국 체제를 구축하기 위해서라면 유교 정치를 확립해야 한다는 주장이었다. 이러한 입장을 명확히 제시한 인물이 동중서였다. 그는 이전의 공자, 맹자, 순자의 사상을 종합하여 세 가지 핵심 요소로 구성된 정치 전략을 만들어냈다. 즉 하늘의 명을 따르고, 백성을 교화하며,

---

56 *Lunyu*, in *Confucius: The Analects*, 13.3, p. 118. (子曰 必也正名乎! … 名不正, 則言不順. 言不順, 則事不成. 事不成, 則禮樂不興. 禮樂不興, 則刑罰不中. 刑罰不中, 則民無所措手足.《論語》〈子路〉)

올바른 법을 실현하는 것이었다. 구체적으로 하늘 혹은 천명을 따른다는 것은 통치의 정통성을 확보하는 것이며, 교육은 통치의 가장 효율적이며 효과적인 수단이고, 법을 올바르게 실현하는 것은 국가의 질서를 유지하는 구체적인 방법이다. "따라서 왕께서는 위로 하늘의 뜻을 겸허히 받들고 천명을 따라야 합니다. 아래로는 백성을 교화시켜 그 본성을 회복하도록 해야 합니다. 그리고 법을 바로잡아 사회 질서를 유지하고 욕망을 통제해야 합니다. 이 세 가지를 지킨다면 제국의 기반을 닦을 수 있을 것입니다."[57]

교육은 유학자들이 정부에 들어가는 주요 경로였다. 유교 교육은 정부 관리 후보를 양성하는 기능을 했다. 《한서》의 기록에 따르면 "일정한 교육을 마친 후 시험을 거쳐 성적이 우수한 자는 관리로 임명했고, 성적이 그 아래인 자는 명예직을 수여했다."[58] 또한 유학자들의 건의에 따라 기원전 136년 한 무제는 유교의 5개 주요 경전을 강의할 수 있는 전문 교수직(博士)을 신설했고, 기원전 124년에는 수도에 최고 교육 기관인 태학(太學)을 건립했다고 기록되어 있다. 처음에는 태학에 50명의 학생을 수용해서 박사(博士)의 지도 아래 경전을 교육하도록 했는데, 이후 인원이 빠르게 늘어나 기원전 8년경 학생 수가 3000명에 이르렀다. 이는 공자의 제자가 3000명이라고 한, 전해오는 이론에 부합하는 인원수

---

57 Shryock, *The Origin and Development of the State Cult of Confucius*, p. 57. (是故王者上謹於承天意, 以順命也. 下務明教化民, 以成性也. 正法度之宜, 別上下之序, 以防欲也. 脩此三者, 而大本擧矣. 《漢書》〈董仲舒傳〉)

58 Quoted in Shryock, *The Origin and Development of the State Cult of Confucius*, p. 68. (高者以補郡縣吏, 次為孝弟力田. 《漢書》〈循吏傳〉)

였다.[59]

　유교가 하나의 학파에서 국가 이데올로기로 변하는 과정에서 유교 교육의 본질과 기능 또한 바뀌었다. 애초 개인의 도덕적 수양을 목적으로 했던 것이, 이제는 정부에 진출할 수 있는 자격의 수단이 되었다. 관리의 자리에 어떻게 능력 있고 덕망이 높은 인재를 선발할 것인가 하는 문제는, 초기 유교에서 훌륭한 통치란 무엇인가를 고민할 때 이미 핵심 주제 중 하나였다. 그러나 서한(西漢) 시대 이전까지는 유교가 관리의 선발 기준이 되거나 그 과정에 개입하는 경우가 없었다. 기존에는 여러 가지 추천 제도(察擧, 徵辟, 孝廉, 賢良)를 통해서 관리를 선발했었다.

　한나라가 멸망한 뒤 오래도록 분열의 시기가 이어졌다(317~518). 남중국과 북중국이 갈라졌고, 여러 왕국 사이에 끊임없이 전쟁이 이어졌다. 그 과정에서 유학의 실력에 따른 관료 선발 제도는 쇠퇴하거나 의미를 잃어갔다. 그 대신 과거의 귀족 천거 시스템이 다시 자리를 잡게 되었다. 정부의 관료 자리에는 귀족 가문의 자제들이 임명되었고, 일반 백성에게는 낮은 직급이나 군대의 하위 계급 자리가 주어졌다. 수(隋)나라(581~618)의 제2대 황제(양제煬帝, 재위 604~618)의 칙명에 따라 불완전하나마 과거 시험 제도가 회복되었다. 이후 수나라를 계승한 당(唐)나라(618~906)의 제2대 황제(태종太宗 이세민李世民, 재위 626~649)는 교육을 장려하여 학자 양성 체계를 정비했고, 과거 시험을 강화하여 널리 인재를 모집했다.[60] 당나라의 과거 시험이 오직 유교 경전만을 바탕

59　Shryock, *The Origin and Development of the State Cult of Confucius*, pp. 70-71.
60　Cotterell, *China: A History*, p. 151.

으로 하지는 않았지만, 관료로 진출하여 일상적 국가 행정에 접근할 수 있었던 유학자들에게 힘을 실어주었다.

당나라는 중국 문명의 최고 정점으로 일컬어진다. 당나라의 수도에서는 세계 온 사방으로부터 외국인이 몰려들어 무역을 하거나 외교 사절의 임무를 수행했고, 문화와 학문의 교류가 이루어졌다. 당시 찾아온 외국인 중에는 한국인과 일본인도 매우 많았다. 이들은 당나라의 문화에 열광했으며, 당나라에서 공부한 내용을 가지고 고국으로 돌아갔다. 그들은 행정 관리 체제와 불교뿐만 아니라 "중국 문화의 가능한 모든 것"을 배우고자 했다.[61]

당시 한반도의 왕국 신라(365~935)에서는 무열왕(武烈王, 재위 654~661)이 국왕의 자리에 오르기 전인 648년에 당나라의 국자감(國子監)을 다녀간 적이 있었다. 나중에 신라의 왕이 된 그는 수많은 학생을 당나라의 수도로 유학 보내서 유교 경전을 공부하도록 했다.[62] 신라에는 종교적 색채가 강한 군사 조직으로 화랑(花郞) 제도가 있었는데, 이는 유교와 불교의 교리에 기반을 두고 있었다. 유교 경전과 개인적 수양을 통해 화랑을 교육했고, 669년 한반도의 통일 왕국을 건설할 때 그들이 중요한 임무를 맡았다.[63] 이후로 유교는 한국 문화 깊숙이 파고 들

---

61 Wolfram Eberhard, *A History of China* (Berkeley: University of California Press, 1969), p. 178.
62 Bak, Ki-yong, 'Historical Review of Korean Confucianism', in Yunesŭk'o Han'guk Wiwŏnhoe, *Main Currents of Korean Thought* (Arch Cape: Pace International Research, 1983), p. 256.
63 Edward Y. J. Chung, *The Korean Neo-Confucianism of Yi Toegye and Yi Yulgok* (New York: SUNY Press, 1995), p. 1.

어갔다. 그래서 신라의 대유학자 최치원(崔致遠, 858~951)은 한국의 종교가 유불선(儒佛仙) 3교를 바탕으로 한다고 말했다.64 이후 세대에서도 유교의 확고한 토대는 변함이 없었다. 신라를 계승한 고려(高麗) 왕조(918~1392)에서는 신유학의 영향을 받아 과거 제도를 실시했고, 유교 교육 기관인 국자감(國子監, 국립대학교)을 설치했다. 고려의 왕 문종(文宗, 재위 1047~1082) 때부터는 사립 유교 교육 기관인 서원(書院)이 번성했다.

유교의 학문과 교육은 일본에도 강한 영향을 미쳤다. 일본에서 국가 행정 체제가 형성될 때 유교 윤리와 정치가 최소한 부분적으로 영향을 미쳤던 것은 분명한 사실이다. 일본 최초의 헌법인 17조헌법(十七條憲法)은 일본의 쇼토쿠 태자(聖德太子, 573~621)가 기원후 604년에 제정했다고 알려져 있는데, 유교식 종교-윤리-정치관의 영향이 뚜렷하게 나타난다. 핵심 내용은 최고 주권자와 국가, 황제와 백성의 관계를 설정하는 것이었다.65 쇼토쿠 태자는 중국의 유교 개념을 받아들여 황제를 "천자(天子, 하늘의 아들)"라고 했고, 천자가 관료들의 도움을 받아 국가를 다스린다고 규정했다.66 덴지 천황(天智天皇, 재위 662~671)은 교육 체계를 만들어 중앙과 지방에 다이가쿠(大學)를 설치했고, 지방에 사립 학교도 설립했다. 여기서 주로 교육한 교재는 유교 경전이었다. 이후 일본

---

64 Jong-ho Bae, 'The "Four-Seven" Controversy in Korean Confucianism', in Chun Sinyong (ed.), *Korean Thought* (Seoul: Si-sa-yong-o-sa publishers, 1982), p. 37.
65 Charles A. Moore (ed.), *The Japanese Mind: Essentials of Japanese Philosophy and Culture* (Honolulu: East-West Centre Press, 1967), pp. 4-9.
66 Joseph M. Kitagawa, *Religion in Japanese History* (New York: Columbia University Press, 1966), p. 25.

천황의 여러 대를 거치는 동안 유교가 일본에 뿌리내렸고, "한나라 때에 만들어진 절충주의적 유교 이론이 일본에서 처음으로 인간관계의 합리적 표준을 제공해주었다."[67] 일본에 밀어닥친 유교의 바람은 이내 불교에 밀렸지만, 유교를 통해 도입된 유산은 그대로 남아 이후 시대에도 유교의 영향은 계속되었다. 결국 유교는 일본 문화와 국가 행정 체제에 커다란 변화를 초래했던 것이다.

초기에는 한국과 일본에서 중국의 유교를 받아들이기 위해 애썼지만, 기원후 900년 이후로는 모두 유교를 독자적인 문화로 적용하려는 움직임이 뚜렷해졌다. 또한 국가 행정 체제에서 유교식 체제에 그들만의 독특한 특성을 가미했다. 동아시아에서 자리 잡은 유교는 13~16세기에 원숙 단계에 접어들었다. 신유학은 한국과 일본에 확고히 뿌리를 내렸다. 윤리적 관습과 정치적 기본 틀, 과거 제도 등을 포함한 유교 시스템 전반이 현지에 뿌리내렸고 또한 현지 상황에 맞게 변화를 거듭했다. 그것이 독특한 문화와 국가 행정 체제를 빚어냈고, 이를 통해 마침내 동아시아 유교 문화권이 형성되었다.

---

67 Kitagawa, *Religion in Japanese History*, p. 28.

더 읽어보기

The Analects of Confucius, trans. Simon Leys, New York: W. W. Norton and Company, 1997.

Bak, Ki-yong, 'Historical Review of Korean Confucianism', in Yunesŭk'o Han'guk Wiwŏnhoe, *Main Currents of Korean Thought*, Arch Cape: Pace International Research, 1983.

Berthrong, John H., *Transformations of the Confucian Way*, Boulder, CO: Westview Press, 1998.

Bilsky, Lester James, *The State Religion of Ancient China*, Taipei: The Chinese Association for Folklore, 1975.

Brooks, E. Bruce, and A. Taeko Brooks, *The Original Analects: Sayings of Confucius and His Successors – A New Translation and Commentary*, New York: Columbia University Press, 1998.

Bu Gong 卜工, *Wenming qiyuan de zhongguo moshi* 文明起源的中国模式, Beijing: Kexue chubanshe, 2007.

Ching, Julia, *Mysticism and Kingship in China: The Sage-King Paradigm*, New York: Cambridge University Press, 1997.

Chung, Edward Y. J., *The Korean Neo-Confucianism of Yi Toegye and Yi Yulgok*, New York: SUNY Press, 1995.

Creel, H. G., *Confucius: Man and Myth*, London: Routledge & Kegan Paul, 1951.

_____, *The Origins of Statecraft in China*, University of Chicago Press, 1970.

de Bary, William Theodore, and Irene Bloom (eds.), *Sources of Chinese Tradition*, New York: Columbia University Press, 1999, vol. I.

Deuchler, Martina, *The Confucian Transformation of Korea: A Study in Society and Ideology*, Cambridge, MA: Harvard University Press, 1992.

Fingarette, Herbert, *Confucius: The Secular as Sacred*, New York: Harper & Row, 1972.

Han Fei Tzu, *Basic Writings*, trans. Burton Watson, New York: Columbia University Press, 1970.

Henderson, Gregory, and P. Key Yang, 'An Outline History of Korean Confucianism', *Journal of Asian Studies* 18 (1958): 81–101.

Hsiao, Kung-chuan, *A History of Chinese Political Thought*, trans. Frederick W. Mote, Princeton University Press, 1979, vol. I.

Jensen, Lionel M., *Manufacturing Confucianism: Chinese Traditions & Universal Civilization*, Durham, NC: Duke University Press, 1997.

Lee, Peter H. (ed.), *Sourcebook of Korean Civilization*, New York: Columbia University Press, 1993, vol. I.

Lee, Thomas H. C., *Education in Traditional China*, Leiden: Brill, 2000.

Lin, Yu-tang (ed. and trans.), *The Wisdom of Confucius*, Mumbai: Wilco Publishing House, 2005.

Loewe, Michael (ed.), *Early Chinese Texts: A Bibliographical Guide*, Berkeley: The Society for the Study of Early China and The Institute of East Asian Studies, University of California, Berkeley, 1993.

McDermott, Joseph P. (ed.), *State and Court Ritual in China*, Cambridge University Press, 1999.

Mencius, trans. D. D. Lau, New York: Penguin Books, 1970.

Roetz, Heiner, *Confucian Ethics of the Axial Age: A Reconstruction under the Aspect of the Breakthrough toward Postconventional Thinking*, Albany: State University of New York Press, 1993.

Rule, Paul A., *K'ung-tzu or Confucius: The Jesuit Interpretation of Confucianism*, London: Allen & Unwin, 1986.

Schwartz, Benjamin I., *The World of Thought in Ancient China*, Cambridge, MA: Harvard University Press, 1985.

Shryock, John K., *The Origin and Development of the State Cult of Confucius*, New York: Paragon Book Reprint Corp, 1966.

Tsunoda, Ryusaku, William Theodore de Bary, and Donald Keene (eds.), *Sources of Japanese Civilization*, New York: Columbia University Press, 1958.

Tucker, John Allen, *Moral and Spiritual Cultivation in Japanese Confucianism: The Life and Thought of Kaibara Ekken (1630-1714)*, Albany: State University of New York Press, 1989.

Xunzi, trans. John Knoblock, Beijing: Foreign Languages Press, 1999.

Yao, Xinzhong, *An Introduction to Confucianism*, Cambridge University Press, 2000.

CHAPTER 17

지역 연구:
실크로드와 세계 교환 체제

유흔여
劉欣如, Xinru Liu

기원전 1200년경 유라시아 대륙은 크게 두 종류의 생태 지역으로 나뉘어 있었다. 하나는 농업 지역으로, 중국에서 지중해까지 정착지들이 뻗어 있었고, 또 하나는 유목 지역으로, 대부분 북방 스텝 지역이었다. 서로 분리되어 있던 이들 두 생태 지역은 마침내 서로 관계를 맺게 되었는데, 상호 의존적 관계였지만 자주 분쟁이 일어나기도 했다. 남-북 관계의 여파로 동-서 이주가 발생하는 경우가 많았고, 교역과 문화 교류도 일어났다. 그 결과 교류의 동맥이 형성되었는데, 후대의 역사가들은 그것을 실크로드(Silk Roads)라 일컬었다.

기원전 1세기 중엽부터 공통의 문화를 기반으로 국가와 정치 공동체 들이 성립하기 시작해서 결국 제국 체제로까지 진화했다. 예컨대 농업 지역에서는 그리스, 페르시아의 아케메네스 왕조, 남아시아의 여러 영토 국가, 전국 시대 중국 중부의 각국이 있었다. 한편 스텝 지역의 유목 기마 민족들도 목축 자원을 확보하기 위해 서로 동맹을 맺고 거대 연맹체를 건설하기 시작했다. 새로운 기술로 무장한 유목민은 때로 정주민을 놀라게 했다. 말이 끄는 전차(戰車)나 기마 전술 등이 그들의 독특한 기술이었다. 유목민은 정주민의 왕국 혹은 제국을 공격할 때 이러한 기술을 사용했다. 하지만 정주 지역의 전사들도 금세 기술을 습득했고, 스텝에서 넘어온 적들을 상대할 때 같은 기술을 구사했다. 양측이 언제나 전쟁 상태였던 것은 아니다. 가장 큰 이유는 양쪽 생태 지역 사이에 거대한 산맥이나 사막이 놓여 있어서 쉽게 건널 수 없었기 때문이다. 몽골 지역의 고비 사막, 스텝을 가로지르는 천산산맥과 알타이산맥, 타클라마칸 사막을 포함하는 타림 분지, 아랄해와 카스피해 사이의 카라쿰 사막, 카스피해와 지중해 사이에 놓여 있는 캅카스산맥 등은 모두 유목민의 이동을 제한하는 지리적 조건이었다. 그러나 남쪽으로 밀고 내려오는 유목민의 침략을 지리적 조건만으로 다 막을 수는 없었다.

한편 거대 사막의 변두리에서 오아시스 정착지들이 형성되고 있었다. 산에서 빙하 녹은 물이 내려와 일시적으로 강줄기가 만들어지기도 하고, 지하수로 저장되기도 했다. 그런 곳에서는 물 공급이 워낙 희귀하고 안정적이지도 못했다. 그래서 오아시스가 농업 정착지로 번성하기는 어려웠다. 그러나 우물이나 지하 수로 같은 고도의 관개 시설이 건설된 이후에는 사정이 달라졌다. 관개 시설을 건설하려면 고된 노동과 막대한 투자가 필요했다. 오아시스 지역 자체 내에서 이를 조달하기는 어려웠다. 중국의 한(漢)나라(206 BCE~220 CE)는 서역(西域)에 관개 시설을 도입하고 노동력을 투입했는데, 이는 만리장성을 수비할 군사 주둔지를 건설하기 위해서였다. 원래는 유목민 흉노족의 침략을 막아내기 위한 방편이었지만 동시에 서역의 무역로를 보호하는 기능도 했다. 한나라의 시도는 타클라마칸 사막을 둘러싼 여러 오아시스 지역에 생기를 불어넣었다. 또한 시르다리야와 아무다리야 사이의 오아시스 정착지에도 발전을 자극하는 계기가 되었다. 타클라마칸 사막 주변의 오아시스와 오아시스 사이에는 거대한 사막이 가로놓여 있었다. 그래서 유목 기마 민족들이 오아시스를 침략하기가 쉽지 않았다. 지역 자원인 낙타에 의존하지 않고는 한 오아시스에서 이웃 오아시스로 건너갈 수 없었다. 훗날 소그디아나(Sogdiana)라는 이름을 얻게 되는 아랄해 주변의 평원은 말과 낙타를 기르는 매우 중요한 지역이었다. 그곳에서 농업 기반의 도시국가들이 여러 차례 성립했다. 그러나 목축도 언제나 상당한 비중으로 유지되었다. 기후가 변하여 농작물 재배가 원활하지 않을 때면 곧바로 목축이 생활 경제의 중심이 되었다. 오아시스를 거쳐 가는 교통로는 실크로드의 주요 도로망이 되었지만, 유라시아 지도 위에 그것을 그려보면 몇 가닥의 가로선으로 표현될 뿐이다(지도 17-1). 실크로드가 더욱 의미심장한 이유는, 동아시아와 지중해를 잇는, 그리고 유라시아 스텝과 아라비아해를 잇는 교류와 교통 시스템의 핵심에 놓여 있었기 때문이다.

흉노, 한, 월지

몽골 스텝 지역의 흉노(匈奴)와 중국의 한(漢) 제국이 서로 충돌하는 사이, 실크로드에서는 최초의 무역 네트워크가 형성되었다. 시작은 유목 연맹체 흉노의 부상이었다. 기원전 3세기 말 흉노는 몽골 스텝 지역에서 최고 권력으로 떠올랐다. 같은 시기 중국에서는 진(秦)나라가 최초의 제국을 건설했다. 그때가 기원전 221년이었다. 진 제국의 북방 경계를 어지럽히는 흉노를 막아내기 위하여 진시황은 제국 전역에서 노동력을 징발하여 북쪽 경계를 따라 만리장성(萬里長城)을 건설했다. 더 정확히 말하자면, 진 제국이 중국을 통일하기 전에 북방의 여러 나라가 만들어둔 성벽을 진 제국 당시에 하나로 이어서 만리장성을 만든 것이었다. 결과적으로 동쪽의 황해로부터 북쪽의 황하 만곡에 이르는 거대한 장성(長城)이 완성되었다.

[지도 17-1] 실크로드

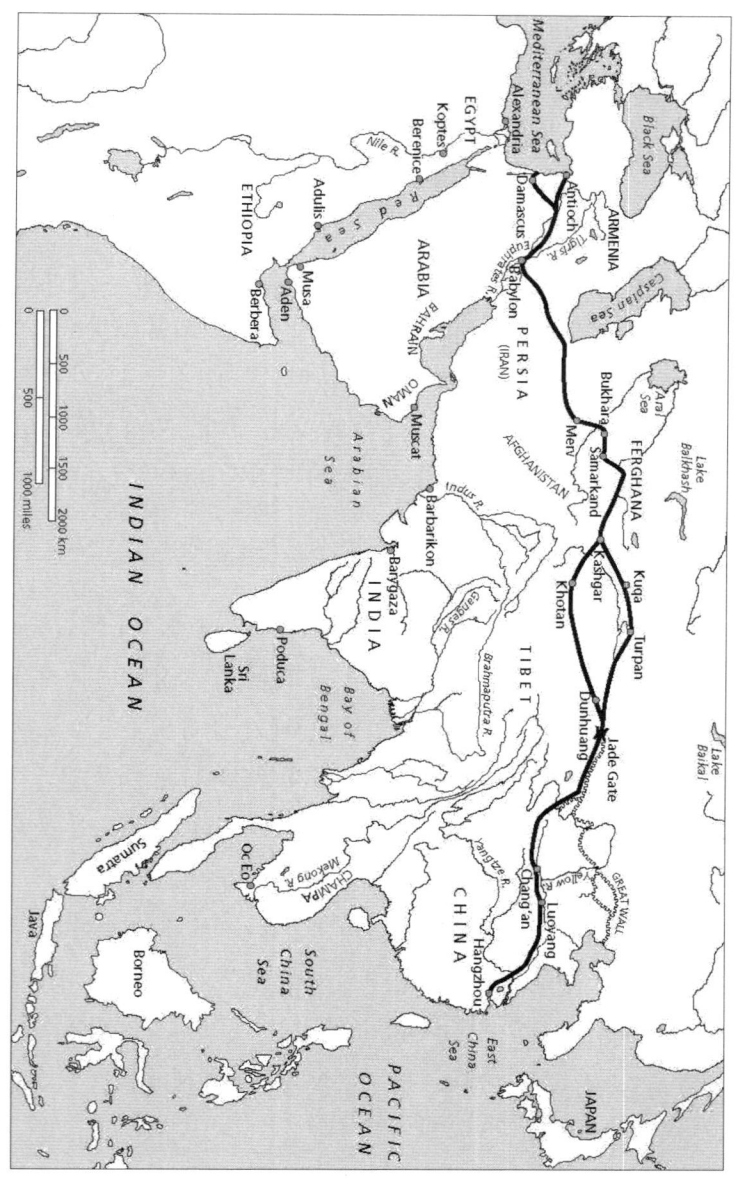

동시에 중국의 황제는 스텝 지역에서 동맹을 맺을 세력을 구했다. 중국의 비단을 대가로 주고 중국에 필요한 말을 사 오기 위해서였다. 중국의 황제로서는 북방 유목민 흉노족에게서 자국을 방어하기 위해서 말을 공급해줄 동맹이 반드시 필요했다. 거래를 통해 진 제국은 국경 방어에 필요한 충분한 말을 확보할 수 있었다. 월지(月氏)는 흉노의 서쪽에 거주한 유목 부족으로 그 부족장의 이름은 라(倮)였는데, 그가 중국산 비단을 얻는 대가로 진 제국에 말을 공급했다.[1] 그러나 기원전 210년 진시황이 사망한 직후 진 제국은 분열되었고, 짧은 기간 동안 중국은 내전의 혼란에 빠져들었다. 그러는 동안 북방 경계의 수비가 소홀해졌다. 장성은 산 능선을 따라 하늘 높이 솟아 있었으나 소용이 없었다. 이후 한(漢)나라(206 BCE~220 CE)가 성립되었지만, 초기 수십 년 동안 중국은 북방 경계를 제대로 방어하지 못했다.

만리장성이 굳건하게 서 있는 국경 지역으로 흉노의 침략은 계속되었다. 한 제국의 황제는 수동적 전략을 구사하며 충분한 방어력을 기를 때까지 인내하는 수밖에 없었다. 어쨌든 만리장성은 그 자리에 그대로 서 있었다. 이제 만리장성은 중국 농업 지대를 방어하기 위한 방벽이라기보다 중국과 이방을 나누는 경계의 의미 정도만을 지니게 되었다. 만리장성을 기준으로 국경 지대에서는 양측의 평화로운 교역과 문화 교류가 이루어졌다. 서로 전쟁하지 않을 때면 북방의 유목민은 가축이나 털을 가지고 와서 정기적으로 열리는 시장에 내다 팔았다. 시장은 주로 만리장성의 성문 근처에서 열렸다. 농민도 그곳에서 밀, 기장, 비단 등을

---

1 Sima Qian, *Shi Ji* [History] (Beijing: Zhonghua Shuju, 1959), 129/3260.

팔았다. 기원전 140년 한나라의 무제(武帝, 재위 140~87 BCE, "전쟁의 황제")가 즉위한 뒤 얼마 지나지 않아서 흉노에 대한 정책은 보다 공격적으로 바뀌었다. 한 무제는 스텝 지대의 핵심 지역으로 군대를 파견하여 흉노의 영역에서 흉노와 싸우도록 했다. 그러나 여러 차례의 군사 작전에도 불구하고 흉노를 제거하지 못했으며 굴복시키지도 못했다. 다만 그들의 위협을 만리장성에서 훨씬 더 멀리 밀어낼 수는 있었다.

한 무제는 흉노와 싸우기 위해 월지와 동맹을 맺고자 했다. 월지는 과거 진시황 때부터 오래도록 중국과 전략적 관계를 맺은 적이 있었기 때문이다. 동맹 관계를 회복하기 위하여 한 무제는 기원전 139년에 장건(張騫)을 사신으로 파견했다. 당시 월지는 흉노의 공격에 밀려 멀리 중앙아시아로 이주한 뒤였다. 장건의 임무는 월지의 왕을 찾는 것이었다. 장건은 수많은 어려움을 겪었다. 도중에 흉노에게 붙잡혀 10년간 억류되기도 했고, 함께 출발한 부하들도 모두 잃었다. 그러나 스텝 유목민 출신의 하인 감보(甘父)의 도움으로 장건은 마침내 흉노를 탈출하여 월지의 왕을 만날 수 있었다. 당시 월지의 왕은 아무다리야, 즉 그리스 문헌에서 옥소스(Oxos)강으로 등장하는 강가에 위치해 있었다. 월지가 아무다리야 근처에 도착했을 때 그들에게는 아직 많은 가축이 남아 있었다. 그러나 그들은 스텝 지역에서의 생활 방식을 포기하고 푸르른 농지를 개척하여 그 주인이 되고자 했다. 그들은 아무다리야를 건너 헬레니즘 문화권의 박트리아로 들어갔다. 그곳에는 월지에 앞서 사카(스키타이)라는 유목민이 먼저 들어와 있었다. 월지는 그들을 물리치고 그곳에 자리를 잡았다. 전쟁과 외교 등 여러 방편을 취하는 동안 유목 부족 월지는 쿠샤나(Kushana)를 중심으로 새로운 형태의 권력 체제를 만들었다. 아마도 쿠샤나는 월지 동맹에 속한 한 부족이었던 것 같다. 그들이 만들어낸 새로운 권력 체계란, 스텝 지역 특유의 연맹체에 페르시아 제국의 사트라피(satrapy, 총독부) 체제를 결합한 방식이었다.

월지와 다시 연락이 닿은 뒤, 한 무제는 월지와의 군사 동맹보다 오히려 "서역(西域)"의 이국적 상품 무역에 더 관심을 기울였다. 그러나 스텝 지역을 통과하는 길이 무역로로 사용하기에는 너무 위험했다. 한 무제는 새로운 무역로를 따라 군사 주둔지를 건설할 계획을 세웠다. 고비 사막과 기련산맥(祁連山脈) 사이의 오아시스를 연결하는 무역로였다. 한 무제는 우선 만리장성을 옥문관(玉門關)까지 연장했다. 옥문관이란, 타클라마칸 사막에서 귀중품인 옥(玉)이 중국으로 들어오는 관문이라는 의미였다. 한 무제는 장성을 따라 감시탑과 관문을 설치했고, 그 근처에 군사와 그 가족이 머물러 살도록 했다. 그들에게는 만리장성을 지키고 흉노의 침략을 방어할 무기뿐만 아니라 농사에 필요한 자원(씨앗, 견인 동물, 농기구)이 지급되었다. 만리장성이 건설된 지역은 생태환경적으로 농경 지역과 유목 지역이 나뉘는 경계이기도 했다. 그래서 그곳에서 농사를 짓는 일은, 군인 가족에게 상당한 모험을 감내해야 할 도전이었다. 한나라 정부는 그들에게 관개 시설을 건설할 도구를 공급하고 기술을 교육시켰다. 국경의 감시탑 유적 몇 군데에서 당시의 공문서인 목간 수천 점이 발굴되었는데, 거기에 관개 시설의 일종인 "정거(井渠, 우물과 도랑)"라는 기록이 자주 등장한다.[2] 지금까지 고고학적으로 "정거" 유적이

---

2 Chen Zhi, *Juyan Hanjian Yanjiu* [Study of Documents on Wooden Slips from Juyan Gate] (Tianjin: Gujichubanshe, 1986).

발굴된 적은 없으나, 문헌 기록으로 볼 때 분명히 그곳에 관개 시설이 건설되었다. 지하와 지상의 수로를 통해 농지에 물을 공급하는 시설이었다. 그곳의 병사들과 그 가족들은 힘겨운 노동에도 불구하고 충분한 식량을 생산할 수 없었지만, 그래도 그들이 그 지역에 농업 경제와 기술을 전파했던 것은 분명한 사실이다. 기원전 100년경 한 무제는 옥문관 너머로 군대를 보내 군사-농업 식민지를 확장하고자 했다. 타클라마칸 사막 주변으로 형성되어 있는 오아시스가 그들의 목표였다. "서역"을 대상으로 팽창하던 한나라의 종주권은 이후 약 3세기 동안 쇠퇴를 거듭했다. 그럼에도 불구하고 당시 전파된 농업 기술과 문화는 그곳에 남았고, 오아시스 도시들은 성장을 계속하여 실크로드 무역 거점으로 활발한 생명력을 이어갔다.

한나라는 서역의 종주권을 유지하기 위해 전력을 다했다. 한나라의 궁정에서, 그리고 궁정에서 일하는 사람들의 가정에서 서역의 물품이 필요했기 때문이다. 서역을 통해서라야 말이나 옥, 그리고 서역보다 더 멀리 서방에서 들여오는 산호와 유리 등의 상품을 구할 수 있었다. 같은 시기 박트리아로 들어간 쿠샨은 거대한 상업 및 농업 사회의 통치자가 되어 있었다. 기원후 1세기 중엽 쿠샨은 힌두쿠시산맥을 넘어 인도로 진출했고, 곧이어 남아시아와 중앙아시아의 최고 권력을 거머쥐었다. 그들은 중국과 지중해 사이의 실크로드 무역에서 가장 핵심적인 기획자가 되었다. 기원후 1세기에 이르러 쿠샨 제국에는 무역상뿐만 아니라 종교 지도자도 몰려들었다. 인도로부터 불교, 자이나교, 힌두교가, 이란으로부터 조로아스터교가 들어와 쿠샨 제국 전역에서 신도를 모았다. 당시 불교의 기념비적 건축물들은 특히 두드러진 풍경을 만들어냈다. 뿐만 아니라 불교는 쿠샨 제국의 헤게모니 아래 교리와 제도의 변화를 맞이했다. 당시에 형성된 대승불교(Mahayana doctrine)는 신격으로서의 붓다와 반(半)신격인 수많은 보살을 숭배했다. 이는 기원전 6~5세기를 살았던 붓다의 가르침에서 벗어나는 교리였는데, 붓다는 대개 무신론을 가르쳤다. 대승불교가 발달하기 전 불교 승려들은 구걸을 해서 일용할 양식을 구했는데, 대승불교가 등장한 뒤로는 풍성한 기부금을 받아 사원에서 거주했다. 무역상들이나 통치자들은 붓다와 보살들에게 경쟁적으로 헌금을 바쳤고, 사찰은 부유해졌으며, 탑과 붓다의 신격을 나타내는 조각상을 조성하는 데 돈을 썼다. 당시의 예술적 유산은 오늘날 "간다라 미술"이라는 장르로 알려져 있다.

중앙아시아와 인도 북부의 영토를 장악한 쿠샨 제국에서는 고도의 국제적 문화를 갖춘 도시들이 발달했다. 다양한 언어를 구사하는 상인이 온 사방에서 몰려들어 상거래에 참여할 뿐만 아니라 불교, 조로아스터교, 힌두교 사원에 기부를 하기도 했다. 인도의 서부 해안 지역에서 중국의 비단은 크게 환영받는 상품이었다. 인더스강 하구 삼각주와 캄베이만의 항구에 중국 비단이 넘쳐났다. 그곳에서 로마의 무역상은 금화와 은화를 주고 비단을 매입했다. 그들은 또한 이들 항구에서 포도주, 산호, 유향, 몰약 등을 구입했다. 이처럼 쿠샨 제국을 통해 실크로드는 아라비아해를 거쳐 지중해 시장에 연결되었다. 쿠샨 제국을 거치는 무역로는 이외에도 이란고원을 통해 서쪽의 지중해와 연결되는 육로도 있었다.

소그디아나와 페르가나

중앙아시아의 동쪽은 한나라가 장악하고 있었고, 그 반대편 박트리아와 인도는 쿠샨 제국의 영역이었다. 그리고 시르다리야강과 아무다리야강 사이에는 도시국가들이 흩어져 있었는데, 그 지역을 소그디아나(Sogdiana)라 했다. 소그디아나는 페르가나(Ferghana) 계곡과 연결되었는데, 농경지와 목초지가 풍부한 그곳은 대완(大宛)이라는 왕국이 다스리고 있었다. 대완에는 말과 낙타가 모두 많았고, 포도와 포도주도 풍성했다.

기원전 2세기에 이르러 한나라의 사신 장건이 페르가나 계곡을 지나간 적이 있었는데, 그의 보고서에 따르면 페르가나에 성벽을 두른 크고 작은 도시 70개가 있었다고 한다. 그리고 도시 주변을 둘러싼 농경지에서 밀과 쌀을 생산했고, 포도밭에서 수확한 포도를 발효시켜 최고의 와인을 만들었다고 한다. 또한 알팔파(alfalfa, 자주개자리)가 자라는 땅도 있었는데, 이것을 사료로 먹이면 말이 아름답고 빠르다고 했다.[3] 대완 왕국의 왕은 병사 6000명을 거느리고 귀족 계층에 둘러싸여 있었다. 귀족들은 정치적 상황에 따라 왕을 옹립하거나 끌어내릴 수 있었다. 한나라와 대립하는 와중에도 이런 사건이 일어났다. 한나라는 유명한 대완 왕국의 말을 구입하고자 했다. 한 무제는 대완으로 사신을 보내 말 거래를 요청했으나 대완의 왕은 이를 거절했다. 이에 이광리(李廣利) 장군이 이끄는 한나라 군대는 대완의 수도를 점령했다. 대완의 귀족들은 국가의 이익을 위해 왕을 죽이고 성문을 열었으며, 한나라의 장군에게 말을 내주었다.[4] 대완의 말이 워낙 유명했기 때문에 한나라의 침략을 불러일

---

3 Qian, *Shi Ji*, 123/3160.
4 Ban Gu, *Han Shu* [History of the Han] (Beijing: Zhonghua Shuju, 1962), 96a/3895.

으키기도 했지만, 페르가나 계곡과 중국의 거리가 워낙 멀었기에 한 제국이 그곳을 직접 통치하기는 어려웠다. 한나라 군대가 대완을 떠난 직후 대완의 귀족들은 한나라에서 임명한 왕을 죽이고 그들이 원하는 왕으로 교체했다. 한 무제는 대완의 배신이 마음에 들지 않았지만, 그렇다고 다시 군사 원정을 감행할 수도 없었다. 하는 수 없이 한나라는 대완에 선물을 보내 우호 관계를 승인함으로써 상거래를 보호하고자 했다. 이런 사건들 때문에 한 무제는 파미르고원 너머로 영향력을 확대하고자 했던 야망을 접었다. 그럼에도 불구하고 이른바 "천마(天馬)"를 비롯하여 최고의 사료인 알팔파와 포도 등 그곳의 특산품은 여전히 필요했다.

대완의 서쪽 바로 옆은 소그디아나 지역이었고, 그곳에는 여러 도시국가가 형성되어 있었다. 그들은 결코 통일된 적이 없었다. 그럼에도 동과 서, 남과 북의 무역 교차로에 위치하여 다양한 문화적 자양분을 흡수했다. 그곳의 도시국가들은 강 유역과 사막 사이의 오아시스에 형성되어 있었고, 페르가나 지역에 비해 낙타를 더 흔히 볼 수 있었다. 소그디아나는 남쪽으로 완전한 농업 지역인 인도와 북쪽으로 사막-스텝 지역의 경계에 위치하여 유목민의 약탈 목표가 되곤 했는데, 유목민도 때로는 소그디아나에 정착하여 농민이나 무역상이 되기도 했다. 성벽을 두른 도시 안에 거주하는 소그드인도 한나라 때 월지의 전사들이 그랬던 것처럼 결국 정주민 생활에 적응했다. 그들의 민족적·문화적 출신이 무엇이든 소그디아나에 정착한 사람들은 소그드어(Sogdian)라고 하는, 비교적 단일한 언어를 사용했다. 소그드어는 고대 페르시아어의 한 갈래였다. 실크로드의 요지에 위치했기 때문에 그들은 모든 종교를 환영했다. 장례 풍습으로 미루어 보아 소그드인 중에는 조로아스터교를 신봉하는 경우가 월등히 많았다. 소그디아나의 도시국가들끼리 흔히 전쟁을 벌이기도 했지만, 문화적으로 공통의 유산이나 소그드인의 정체성이 만들어진 적은 없었다.

소그드인은 주로 고향에서 농부로 일했으나, 무역상을 겸하는 사람들도 많았다. 그들은 중국, 인도, 페르시아, 스텝, 심지어 지중해 지역까지 진출했다. 그들은 무역 상대 지역의 문화와 언어를 재빨리 받아들였다. 또한 서력기원 직후 인도에서 중국으로 불교가 전파될 당시의 최초 선교사들 중에도 소그드인이 포함되어 있었다. 인도 고산 지대 불안정한 고갯길의 절벽을 따라 늘어선 바위에 소그드 상인이 새겨둔 이름과 불교 신앙의 흔적이 남아 있다. 유목민은 중국에서 비단을 구입하기는 했지만 그것을 활용하여 상업적 이문을 남길 줄 몰랐다. 그 일은 소그드인의 몫으로 넘어갔다. 번쩍거리는 화려한 비단옷을 입은 소그드 상인은 실크로드 네트워크의 구석구석을 돌아다녔다. 중국, 타클라마칸 사막의 오아시스, 그리고 남아시아와 서아시아에도 그들의 디아스포라가 있었고, 그곳을 중심으로 그들만의 무역 네트워크가 형성되었다.

페르시아 비단, 중국 비단의 경쟁자

기원전 3세기 무렵 그리스어로 아르사케스(Arsakes, 영어 Arsacids)라 불리는 사람들이 이란고원에서 제국을 건설했다. 그것이 오늘날 파르티아 제국으로 알려져 있다. 쿠샨과 마찬가지로 아르사케스 또한 스텝 지역 출신 민족이었다. 그러나 쿠샨과 달리 그들은 마침내 비단 제조 기술을 획득했으며, 동쪽으로 중앙아시아까지, 그리고 서쪽으로 동부 지중해 연안 지역까지 판로를 개척했다. 기원전 4세기 말 마케도니아의 알렉산드로스 대왕이 그곳을 정복하기 전에는 아르사케스 가운데 이미 조로아스터교 신자가 많았지만, 그리스 군대가 동방을 점령했을 때 파르티아인은 그리스의 신들을 받아들이는 편이 유리했다. 그러나 그곳에서 그리스의 권력은 오래가지 못했다. 기원전 64년경 파르티아인은 그리스 군대를 무너뜨리고 이란 지역에서 쫓아내는 데 성공했다. 이후 많은 파르티아인은 그리스 종교를 거부했고 기꺼이 조로아스터교를 복원했다.

기원후 1세기 동안 완전한 파르티아 권력이 이란 지역에서 성립했다. 그들은 로마 제국이 동쪽으로 시리아와 메소포타미아까지 팽창해가는 상황에 직면했다. 양측은 군사력을 동원하여 영토를 침략하는 데까지 나아가지는 않았고, 중개인을 거쳐 상업적 관계를 유지하려 노력했다. 중개는 대체로 그리스어를 구사하는 아랍인이 맡았다. 이처럼 로마와 파르티아 양측 세력은 서로 적대적이면서도 무역을 하고자 하는 의지가 있었기 때문에 시리아와 요르단 사막 지대에서 독자적인 카라반의 도시들이 번성할 수 있었다. 중국 비단의 명성이 부유한 로마인의 도시에도 알려져 있었기 때문에 파르티아 상인은 무역을 통해 이문을 남기기가 쉬웠다. 또한 명확히 확인되는바, 그들은 한나라와 로마 제국의 상인이 직거래하는 것을 원치 않았다. 기원후 97년 중국의 한나라에서는 로마 제국과 접촉하기 위해 공식적으로 외교관을 파견했다. 그의 이름은 감영(甘英, Gan Ying)이었다. 그는 조지(條支, Tiaozhi)라는 곳에 도착했다고 하는데, 아마도 안티오크(Antioch)의 중국어 표기인 것으로 보인다(고대 중국의 외국어 표기에서 어두의 a는 생략 가능했다. 예컨대 아라한阿羅漢을 나한羅漢으로도 표기했다. 이와 유사한 방식으로 Antiochia를 한자로 표기할 때도 첫 음절과 끝 음절을 떼고 tiochi 부분만 한자로 옮겨 條支Tiaozhi

가 되었다. – 옮긴이). 여기서 감영은 더 이상 로마를 향해 나아가지 않고 발길을 돌렸다. 그곳에서 만난 뱃사람들이 그에게 위험한 바다 이야기를 들려주며 겁을 주었을 수도 있으나, 그보다는 중국 외교관이 로마 제국에 도달하지 못하도록 파르티아 상인들이 훼방을 놓았을 가능성이 더 크다.

파르티아인은 스스로를 고대 페르시아 전통과 조로아스터교의 부활이라고 주장했지만 사실상 헬레니즘 전통과 맥이 닿는 문화적 유산을 가지고 있었고, 동시에 그들 고유의 스텝 문화도 보유하고 있었다. 이란고원은 결코 비옥한 농지가 못 되었다. 페르시아 제국과 셀레우코스 제국은 모두 메소포타미아에서 수입하는 곡물에 의존해야 했다. 그러나 목축 자원이 풍부했고, 스텝 지역과 긴밀히 교류함으로써 모직물 산업에 필요한 원자재를 풍부하게 확보할 수 있었다. 중국에서 실을 수입하여 비단을 직조하는 일은, 모직을 다룰 줄 아는 페르시아의 기술자들에게 그리 어려운 일이 아니었을 것이다. 기술적으로 말하자면, 페르시아의 직공들이 페르시아 특유의 스타일로 비단을 생산하는 방법을 개발했다. 동로마 제국이 비잔티움 제국으로 발전한 뒤로 유스티니아누스(Iustinianus, 483~565 CE) 황제의 재위 기간에 비단이 정부 독점 품목으로 지정되자, 이에 불만을 품은 많은 비단 직조 기술자가 국경을 넘어 사산 제국의 영역으로 들어갔다.[5] 이후로 페르시아에서는 지중해식 직조 기술이 더해져 비단 생산이 더욱 풍성해졌다. 한편 당시 단섬유 비단

---

5 Procopius, *The Anecdota or Secret History*, trans. H. B. Dewing (Cambridge, MA: The Loeb Classical Library, Harvard University Press, 1928), ch. xxv, 22-25.

실을 생산할 수 있는 나라는 중국밖에 없었다. 그게 있어야 질기고 곱고 반짝이는 비단 천을 만들 수 있었다. 페르시아의 직공들은 중국에서 수입한 비단실로 비단 천을 생산했는데, 그들 고유의 모직 천보다 더 아름다운 천이었다.

사산 제국(c. 224~c. 640 CE) 시기 페르시아 비단 천의 명성은 동쪽으로 중국까지, 서쪽으로 지중해까지 이르렀다. 왕실의 후원을 받은 직공들은 조로아스터교 종교 전통에서부터 페르시아 황실 관련 문양까지 다양한 모티프를 발달시켰다. 동물과 인간의 형상을 페르시아 황실 스타일로 표현했고, 그 주변으로 중국, 중앙아시아, 로마에서 유래한 장식 패턴을 둘렀다. 페르시아 직조 비단에 가장 흔히 등장하는 모티프가 바로 시무르그(Simurgh)다. 시무르그는 조로아스터교 신화에 등장하는 신비한 동물로, 네발짐승의 머리와 새의 몸통을 지녔다. 또한 은제 물병이나 접시에도 시무르그가 자주 등장한다. 말 두 마리가 서로 마주 선 장면, 혹은 두 명의 말 탄 기사가 마주 보고 있는 좀 더 복잡한 장면은 황실 이야기에서 따온 모티프로, 이란의 낙쉐 로스탐(Naqsh-e Rostam) 유적에서 발견되었다. 즉 조로아스터교의 최고신 아후라 마즈다(Ahura Mazda)가 사산 제국의 황제 아르다시르(Ardashir) 1세(재위 224~241 CE)를 승인하는 장면이다. 왕과 신은 둘 다 말을 타고 마주 서 있다. 신은 왕에게 왕관을 건네주는데, 이는 왕권의 신성을 보증한다는 의미였다. 당나라(618~907 CE) 시기에 이르러서는 중국에서도 페르시아 비단이 잘 팔렸다. 페르시아 비단 직조에 전문화된 상점이 당나라에도 들어와 있었다. 페르시아 비단은 실크로드 시스템에도 상당한 이익을 안겨주었다. 중앙아시아의 오아시스 도시에서도 페르시아 비단으로부터 영향을 받아 다양한 문양을 사용했는데, 예를 들면 시무르그, 사자, 숫양, 기타 페르시아 상징들이었다. 오아시스 도시 부하라(Bukhara)에 있는 직공들의 마을 잔단(Zandan)에서 생산되는 비단 천은 페르시아 스타일과 비슷했다. 잔단의 비단은 수 세기 동안 매우 유명해져서, 중국의 서쪽 돈황에서부터 서유럽의 여러 교회에 이르기까지 잔단 비단 유물이 흔히 발견되었다. 그러나 안타깝게도 과거 사산 제국의 영역에서는 비단 천 생산과 관련하여 어떠한 기록도 남아 있지 않고, 페르시아 비단의 샘플조차 발견되지 않았다. 다만 페르시아 스타일로 알려진 시무르그와 오리 문양이 담긴 비단은 남아 있고, 과거 페르시아에 속했던 타케 보스탄(Taq-e Bostan) 유적에서 발견된 절벽의 부조에 왕실의 옷이 표현되어 있다. 페르시아 비단, 물병, 접시 등에 나타나는 페르시아 특유의 모티프는 이처럼 실크로드 무역 상품의 미적 기준이 되었다.

지중해 비단 시장의 출현

지중해 지역은 중국산 비단의 주요 판매 시장이 되었다. 로마 제국 체제가 성립된 이후로는 실크로드 무역을 통해 동방의 사치품 수요가 크게 강화되었다. 기원전 4세기 알렉산드로스 대왕이 중앙아시아와 인도로 진출할 때만 하더라도, 그의 목표 중에 중국산 비단을 획득하는 일 같은 것은 없었다. 당시 그리스 사람들은 이 세상에 빛이 나고 반짝거리는 천이 존재한다는 사실을 알지 못했다. 당시 그리스 군대가 주둔한 박트리아와 소그디아나에도 유목민 월지족의 중개 무역으로 비단이 공급되기 이전이었다.

로마는 지중해 지역의 패권을 장악한 뒤 정치 체제를 공화국 체제에서 제국 체제로 바꿨다. 이후 통치 엘리트 계층의 사치품 수요가 폭증했다. 예컨대 로마의 원로원 의원들은 자줏빛으로 염색된 옷을 입어 스스로를 다른 사람들과 차별화했다. 자줏빛으로 염색하려면 레반트 지역 해안에서만 구할 수 있는 특정 조개껍데기에서 추출한 값비싼 염료를 사용해야 했다.[6] 로마의 엘리트 계층 여성들은 나름대로 패션을 발달시켰는데, 그들은 가벼운 반투명 비단 크레이프(crepe)를 선호했다.[7] 이런 천은 브로케이드(brocade, 색실을 짜 넣어 그림이나 문양을 표현하는 직물 – 옮긴이)나 태피스트리(tapestry, 금사와 은사로 문양을 넣은 실크 직물의 한 종류 – 옮긴이) 같은 다른 천보다 실이 적게 들었지만, 그 대신 고치 하나에서 통째로 뽑아내는 긴 가닥의 단섬유 실이 필요했다. 기원후 1~2세기 동안 로마 제국의 권력이 절정에 달하고 사치품 수요 또한 급증했을 때, 양잠과 제사(filature, 누에고치에서 긴 실을 뽑아내는 일) 기술은 중국이 보유하고 있었다. 그래서 로마인은 원하는 비단을 중국에서 수입할 수밖에 없었다. 그 무렵, 앞에서도 언급했듯이 페르시아인은 나름대로 비단 직조 기술을 발달시켰다. 기존의 모직 천 직조 기술을 응용하여 더 넓은 브로케이드나 태피스트리 천을 생산했다. 이외에도 페르시아인은 중국의 평직 비단 직조 기술의 비밀을 해독하는 데 성공했다. 티레(Tire), 가자(Gaza), 베이루트(Beirut) 같은 레반트 지역의 도시에서도 비단 직조 산업이 시작되어 중국보다 더 무거운 비단 천이 생산되었다. 기존에는 가벼운 비단이든 무거운 비단이든 모두 중국 수입품에 의존해야

6 Pliny, *Natural History*, trans. H. Rackham (Cambridge, MA: Harvard University Press, 1942), vols. III and IX, ch. lx, 125-28, p. 249.
7 Pliny, *Natural History*, vol. II . VI, ch. xx. 53, p. 379.

했다. 페르시아에서 독자적으로 비단을 생산하기는 했지만 로마 시장에서 그들은 최고의 공급자가 될 수 없었다. 왜냐하면 로마의 상인들은 쿠샨 제국의 상인들과 거래를 계속했고, 그들이 언제나 질 좋은 중국 비단을 공급했기 때문이다.

그 밖에도 그리스어를 구사하는 상인 공동체는 홍해를 출발하여 부유한 로마인이 소비할 비단과 동방의 사치품을 구하러 떠났다. 과거 헬레니즘 왕조 치하의 이집트 상인들도 홍해를 출발하여 인도 서부 해안의 항구로 진출한 적이 있었다. 기원후 1세기 중후반부터 지중해 상권이 확장되면서 그들은 매년 정기적으로 인도를 방문했다. 인도로 갈 때는 4월부터 10월까지 아라비아해 남동무역풍을 타고 갔다가, 돌아올 때는 10월부터 4월까지 북서무역풍을 타고 왔다. 이름을 남기지 않은 그리스의 항해가이자 상인이 그리스어로 남긴 기록이 있는데,《에리트레아 항해기(Periplus Maris Erythraei)》라는 제목으로 알려져 있다. 항해 관련 정보가 담긴 이 항해기에는 홍해의 항구에서부터 인더스강 입구의 항구에 이르기까지 주요 항구에서 구할 수 있는 상품이 기록되어 있다. 또한 인도 남동부까지 이르는 전체 항로에 대한 기록도 있다. 인더스강 입구의 항구 바바리콘(Barbaricon)과 캄베이만의 항구 바리가자(Barygaza, 오늘날 바루치Bharuch)에서 그리스-로마 상인들은 와인이나 산호 같은 지중해의 상품과 더불어 인도까지 오는 길에 아라비아반도 남부에서 구입한 유향이나 몰약 등 여러 가지 상품들을 팔고 중국의 비단, 히말라야의 향료, 아프가니스탄의 청금석(靑金石), 인디고(염료, 목면에 푸른색 물을 들일 때 사용) 같은 인도 토착 상품을 구입했다. 로마의 상인들은 원하는 상품 구입의 대가로 지불할 대체 상품이 충분치 않았다.

그래서 물품 대금으로 많은 양의 금화와 은화를 지급하기도 했다. 열대 지방의 향신료를 구하기 위해 로마의 선원들은 인도의 항구를 따라 여행을 계속했다. 그러던 중 포두카(Poduca)라는 이름의 항구에 들렀는데, 오늘날 인도 동부 해안의 도시 퐁디셰리(Pondicherry)에서 가까운 곳으로, 여기서 그들은 벵골만을 항해하는 수많은 배를 만날 수 있었다. 로마의 상인들은 로마의 금화나 은화로 현지 상인들에게 대금을 지불했지만, 현지인들은 그것을 다른 무역 거래에 사용하는 대신 무덤 부장품으로 묻어버렸다. 이는 곧 인도 남부 지역이 실크로드 무역 체제에 완벽하게 편입되지 않았음을 의미한다. 이와 달리 인도 서부 해안의 항구 바바리콘이나 바리가자 같은 곳에서는 동서 교역이 급속도로 발달했다.

　로마의 선박들이 인도의 항구를 드나들기 시작한 것과 거의 같은 시기, 즉 기원전 1세기 전후로 쿠샨인이 힌두쿠시산맥을 넘었고 실크로드 무역의 중개상을 자처했다. 바바리콘에 도착한 화물은 강줄기를 따라 왕의 도시까지 거슬러 올라갔다. 쿠샨 제국의 거대 도시, 즉 박트리아와 북서부 인도 지역에 산재한 과거 헬레니즘 시기의 정착지에서는 알렉산드로스 대왕이 떠난 후 자주 정권이 바뀌었음에도 불구하고 여전히 그리스어가 사용되고 있었을 뿐만 아니라 통치 계급과 지역 공동체에서 그리스 문화도 그대로 유지되고 있었다. 그래서 실크로드의 화물을 취급하는 상인들은 로마 무역상과 그리스어로 대화를 나누었다. 로마의 무역상들도 바리가자에서 그리스 동전이 아직 유통되고 있다는 사실을 눈여겨보았다. 한편 쿠샨인은 그리스어가 새겨진 동전을 직접 주조했으며, 그 무게도 로마의 표준을 따랐다. 쿠샨 제국에서는 로마 동전을 녹여서 단지 쿠샨 왕의 얼굴만 새겨 넣은 뒤 그대로 동전을 만들었다. 동전에 사용된 숫자 표기도 그리스 알파벳이었다. 그리하여 인도의 항구를 방문한 로마의 무역상들로서는 익숙한 환경에서 거래를 하게 되었다. 화폐 단위도 충분히 알아볼 수 있는 데다 화폐 가치도 신뢰할 만했다.

로마 제국이 파르티아와 자주 전쟁을 벌였음에도 불구하고 로마의 무역상들은 서아시아의 육상 무역로를 포기하지 않았다. 그곳에는 카라반을 위한 도시가 있었다. 예를 들면 요르단 바위 계곡에 위치한 페트라(Petra), 시리아의 사막에 위치한 팔미라(Palmyra) 등이었다. 여기서 로마의 상인들은 비단, 유향, 향료 등을 구입했다. 카라반 도시의 역사는 박트리아에 있는 오아시스 도시들의 역사와 비슷한 면이 있었다. 카라반 도시의 시작 또한 알렉산드로스의 정복 전쟁 이후 그리스 군대의 주둔지였다. 그러한 도시들은 모두 그리스 건축 양식을 공유했고, 도시 구조상 전형적인 그리스의 폴리스가 포함되어 있었다. 그러나 박트리아의 헬레니즘 도시들과 달리 카라반 도시에는 농업 기반이 없었다. 그래서 그들의 생존은 전적으로 무역에 의존했다. 실크로드 무역은 그들에게 큰 재산을 안겨주었다. 팔미라의 경우 워낙 돈이 많아서 도심지의 건물을 모두 대리석으로 건축했고, 사막에 있는 공동묘지도 대리석으로 지었다. 팔미라에서는 여행객을 맞이하고 카라반에게서 세금을 거두어들였으며, 또한 파르티아와 로마 양 방향으로 상인들을 파견하여 각지에 푼두크(funduq)라고 하는 팔미라 상인들의 전용 창고를 설치했다. 그러나 그들의 재산은 오히려 화가 되고 말았다. 팔미라는 로마의 종주권 아래 도시국가에서 무역 제국으로 성장한 뒤로 로마의 영토를 조금씩 파고들기 시작했다. 로마는 그들의 야망을 두고 보지 않았고, 강력한 압박을 받은 도시는 결국 274년 무너지고 말았다. 팔미라의 비극은 지역 내

카라반 무역의 쇠퇴에 그치지 않았다. 로마 제국의 운명은 그 이후 수십 년 동안 급전직하로 떨어졌고, 사치품 시장도 점차 수그러들었다. 로마 제국 치하의 카라반 도시들로서는 제대로 명맥을 유지하기가 결코 쉽지 않았다.

사원과 여행자

타클라마칸 사막의 변두리와 소그디아나 지역에 분포했던 중앙아시아의 오아시스 도시들은 중국의 한(漢), 로마, 파르티아, 쿠샨 등 거대 제국이 쇠락한 뒤에도 계속해서 번성했다. 오아시스 도시들은 사막으로 둘러싸여 있었지만, 계절에 따라 물이 흐르는 간헐천이나 지하수를 모아 농사를 지을 수 있었다. 기원전 1세기가 시작될 무렵에는 관개 시설이 개발되기 시작했다. 한나라의 정책적 지원이 있었고, 무역 거점의 이익을 위해 현지인 스스로 투자를 하기도 했을 것이다. 오아시스 정착지에 농업 기반이 갖춰지면서 독자적 생존이 가능해졌다. 그래서 도시를 후원한 제국이 쇠락한 뒤에도 오아시스 도시는 그대로 살아남을 수 있었다. 그렇지만 그들의 번영은 여전히 실크로드 무역에 의존했다. 다행히 기원후 2세기부터 새로운 후원자를 기반으로 하는 상인들이 들어오기 시작했다. 새로운 후원자는 바로 불교였다. 당시는 불교가 중앙아시아와 중국으로 처음 전파되기 시작하던 때였다. 불교 교리와 사찰은 초기 실크로드 무역 시스템에서 핵심 역할을 담당했다. 실크로드 주변의 여러 오아시스 도시에서 활동한 종교는 불교뿐만 아니었다. 조로아스터교도 있었고, 나중에는 마니교 신도들도 그곳으로 들어왔다. 하지만 전체적으로는 불교의 교세가 가장 강했다. 주요 거점 도시마다 불교 사찰이 건립되었고, 거대한 불상이 각 도시의 주요 랜드마크가 되었다.

불교가 번성한 이유는, 쿠샨 제국 치하에서 인도의 지역 종교인 불교가 세계 종교 시스템으로 변신하는 데 성공했기 때문이다. 대승불교에서는 신격화된 붓다의 이미지를 여러 가지로 창조했고, 신격을 내포하는 보살의 존재도 만들어냈다. 붓다의 섬세한 철학을 이해하기 어려운 신도들의 입장에서는 신격의 은총을 구하는 편이 훨씬 쉬운 길이기 때문이었다. 그래서 간다라 불교 미술에서는 숭배를 위한 성상(聖像)을 조성했다. 대승불교 교리는 상업적 기풍을 긍정적으로 흡수했다. 신도들을 권장하여 붓다와 보살들에게 헌금을 바치도록 했고, 그렇게 거두어들인 돈은 사찰에서 관리했다. 신도들은 헌금을 바치는 대신 종교적 이익을 얻을 수 있었다. 예를 들면 위험한 무역 여행길의 안전이라든가 사후 세계에서의 지위 보장 등이 그러한 혜택이었다. 《법화경(法華經)》이나 《아미타경(阿彌陀經)》 등 대승불교 경전의 영향으로 실크로드 무역에서 종교적 예배를 위한 상품 거래가 활발해졌다. 경전에서는 예컨대 비단 혹은 일곱 가지 보물(금, 은, 청금석, 산호, 진주 등)이 공물로 등장한다(七寶: 金, 銀, 硨磲, 瑪瑙, 瑠璃, 玫瑰, 赤珠 - 옮긴이). 이렇게 해서 불교 사찰은 무역상의 후원자가 되었고, 무역상은 이로부터 이득을 취할 수 있었다.

머지않아 불교 사찰들은 중앙아시아 무역로의 인프라 구조로서 기능하기 시작했다. 기원후 4세기에 이르면 실크로드의 무역 거점마다 불교의 기념비적 건축물이 세워졌다. 바미안(Bamiyan) 계곡의 절벽에는 두 개의 거대한 불상이 조각되었다. 힌두쿠시산맥이 남동쪽으로 뻗어 내려와 풍광이 수려한 그곳은 실크로드 무역로에서 인도로 들어가는 관문이었다. 그 길의 반대편 끝에 해당하는 북중국에서는 운강(雲岡) 지역에 거대한 불상이 조성되었다. 운강은 만리장성 기슭에 위치한 도시로, 실크로드의 동쪽 관문이었다. 불교 승려들은 산이 있는 곳이면 어디든 그 언덕 위에 동굴을 파서 사찰을 조성했다. 만약 근처에 산이 없는 지역이라면 오아시스 도시 같은 정착지를 건설하거나, 혹은 탑을 조성하고 이를 중심으로 불교 사원 엔클라베(enclave)를 건설했다. 실크로드의 동반부를 보자면, 옥문관(玉門關)과 가까운 오아시스 도시 돈황(燉煌, Dunhuang)에서 언덕에 석굴을 파고 사원이 조성되었다. 그리고 중앙아시아나 인도에서 오는 여행객이나 이민자를 불러들였다. 옥문관 바깥 지역에서는 기원후 3세기에 선선(鄯善) 왕국의 문화가 발달했다. 그들은 타림(Tarim) 분지의 동쪽 가장자리를 따라 위치한 여러 성벽 도시를 장악하여 연맹체를 결성했다. 그들의 영역 안에 수많은 불교 사찰이 점점이 분포했다. 선선 왕국 영역의 북쪽에 위치하는 투르판(Turfan) 분지 또한 불교 문화의 중심지였다. 투르판은 북쪽 알타이산맥 아래 스텝 지역의 상인들뿐만 아니라 중국 만리장성 이남의 상인들까지 찾아오는 곳이었다.

타림 분지 서쪽의 경우 타클라마칸 사막의 남쪽 끄트머리에서 오아시스 도시국가 호탄(Khotan, 于闐)이 성장했다. 호탄은 카슈미르와 인도 북부 루트를 통하면 인도로 연결되는 통로에 위치했다. 호탄 왕국은 호탄을 중심으로 하는 오아시스 도시들의 연맹체였다. 도시 호탄은 기원전 제2천년기 이래로 옥(玉) 생산지로 유명한 곳이었다. 기원후 2세기부터 호탄 왕국에서는 동전을 주조하기 시작했다. 동전 한쪽에는 한자, 다른 한쪽에는 현지어인 카로슈티 문자가 새겨졌다. 호탄 사람들은 중국으로부터 양잠을, 인도로부터 불교를 배웠다. 호탄 주변의 오아시스 도시에는 많은 불교 사찰이 건설되었는데, 지역 공공 기관으로 기능하는 경우가 많았으며, 일상적 거래나 분쟁을 해결하는 일도 사찰에서 맡았다. 타클라마칸 사막의 북쪽 끄트머리이자 천산산맥의 남쪽에 해당하는 곳에 쿠차(Kucha, 龜玆)라고 하는 도시가 있었다. 쿠차를 중심으로 좌우의 소규모 오아시스 도시들이 쿠차의 영향권 안에 있었다. 쿠차는 소그디아나의 경로를 통해 불교 문화를 받아들인 것으로 추정된다. 쿠차 근처의 동굴 사원에서 발견된 벽화는 소그디아나의 벽화와 유사한 양식이었다. 소그드 상인의 고향인 소그디아나에는 불교도보다 조로아스터교 신자가 더 많이 거주했다. 그럼에도 불구하고 불교도 여행자를 맞이하기 위해 불교 사찰이 세워졌다.

　소그드 상인과 이민자는 조로아스터교 신앙을 가지고 실크로드를 따라 퍼져 나가며 중국 내부까지 진출했다. 중국에 있는 6세기 소그드 상인의 무덤 유적을 통해 그들이 조로아스터교 교리에 충실한 신도였다는 사실이 확인되었다. 그러나 그들은 다른 사람들을 굳이 조로아스터교로 개종시키려 하지는 않았던 것 같다. 그보다는 불교 전파의 흐름에 의존하여 중국 및 인도의 상인과 거래했다. 후대의 소그드인 중에는 이란의 예언자 마니(Mani, c. 216~277)를 추종하는 마니교 신자도 있었다. 마니교는 지중해 지역에서 기독교의 이단으로 간주되었고, 중앙아시아와 중국에서는 불교의 변종으로 취급되었다. 마니교 신도도 불상을 조성하여 숭배했다. 더욱이 투르판 근처 베제클리크(Bezeklik)에서 발견된 마니교 사원 벽화는 불교 석굴 사원의 벽화와 너무 비슷해서 전문가가 아니면 구별이 힘들 정도였다. 기독교의 "이단" 중 하나로 간주된 네스토리우스교(Nestorians)도 중앙아시아의 실크로드를 거쳐 중국으로 들어왔는데, 5세기 초 비잔티움 당국이 네스토리우스(Nestorius) 주교를 탄핵하고 추방한 지 얼마 지나지 않은 때였다. 그러나 7세기 초까지는 중국에서 전혀 부각되지 않았다. 네스토리우스교 선교사들은 당(唐)나라 시기 중국에서 어느 정도 성공을 거둘 수 있었으나, 중앙아시아 무역로 부근에는 어떠한 흔적도 남기지 않았다. 외국에서 당나라로 유입된 모든 종교는 그들 나름의 문화를 가지고 왔다. 그러나 그중 어느 누구도 불교에 필적할 만한 성공을 거두지는 못했다. 불교는 중국 사람들의 정신과 재정에 큰 영향을 미쳤다.

기원후 4세기 말에 이르러 실크로드를 따라 불교 건축의 붐이 일어났는데, 스텝 지역의 유목민이 농업 지대로 밀고 내려올 때였다. 중국에서는 5세기 초에 흉노의 일족인 탁발선비(拓跋鮮卑)가 다양한 부족을 통합한 뒤 만리장성 이남으로 밀고 내려와 기존 중국의 영역에 머물면서 북위(北魏) 왕조를 건설했다. 실크로드의 반대편 끝에서는 에프탈(Hephthalites)이라고도 하고 인도에서는 후나(Huna)라고 일컬은 유목민족이 4세기 말에 소그디아나를 점령하고, 5세기 초에는 토하리스탄(Tokharistan, 과거의 박트리아)으로 밀고 들어갔다. 이후 사산 제국과 그들 사이에 소소한 분쟁이 이어졌으며, 인도를 침략하기도 했지만, 지역에 뿌리를 내린 안정적 정권을 수립하지는 못했다. 스텝 지역에서 내려온 이와 같은 유목민은, 이들보다 앞서 과거에 월지도 그랬고 스키타이도 그랬듯이, 정주민의 문화를 기꺼이 후원했다. 유목 민족이 패권을 장악한 동안 건설된 불교의 기념비적 건축물들은 그와 같은 문화의 발전을 증언하고 있다. 종교 기관은 군사적 충돌이 일어날 때 공격을 받기도 했지만 평상시에는 유목민과 정주민을 이어주는 다리 역할을 했다. 지역 종교를 후원하는 일은 곧 정복 지역의 토지와 인력을 동원하기 위한 효율적 수단이 되었다. 특히 불교 네트워크는 제국적 차원의 보호가 없는 상태가 도래했을 때 무역의 흐름을 유지 및 존속하는 데 큰 힘이 되었다.

비잔티움 제국과 당 제국

6세기부터 9세기 사이 유라시아 문화를 주도한 양대 세력은 비잔티움 제국과, 시기적으로 조금 뒤에 일어난 당(唐) 제국이었다. 이들 두 제국은 모두 실크로드 경제와 문화적 시스템에 결정적 영향을 미쳤다. 각각의 제국에서는 나름의 독특한 비단 관련 문화가 만들어졌다. 양쪽 모두에서 비단은 사회 및 정치적 위계질서와 관련된 물건이었다. 과거 로마 공화정의 잔재를 떨쳐버리기 위해 비잔티움 제국의 황제들은 자신을 중심으로 하는 통일된 기독교 교회 체제, 즉 명확하고 엄격한 교단의 위계질서를 만들고자 했다. 비잔티움 제국의 황제 유스티니아누스(Iustinianus) 1세(재위 527~565)는 권위주의 정권 수립의 핵심 인물이었다. 그는 로마법(Roman law)을 집대성한 업적으로 유명하지만, 동시에 제국 내에서 그리스 고전 학교를 철폐하기도 했다. 하기아소피아(Hagia Sophia) 대성당은 당시 가장 크고 가장 화려한 성당이었는데, 유스티니아누스 1세가 자신의 기독교 후원을 과시하기 위하여 이를 재건했다. 성당의 전실 남서쪽 입구 상단에 있는 모자이크 벽화에는 아기 예수를 품에 안은 성모 마리아가 그려져 있다. 같은 장면에서 성모 마리아를 향하여 유스티니아누스 황제는 성당의 모형을, 콘스탄티누스 황제는 도시 콘스탄티노폴리스의 모형을 바치고 있다. 인물 네 명의 얼굴에는 모두 후광이 그려져 있다. 성모 마리아는 머리에서 발끝까지 늘어뜨린 짙은 자주색 천을 걸치고 있으며, 두 명의 황제도 부분적으로 자주색 천을 걸쳤는데, 여기에 등장하는 자주색 천은 모두 자줏빛으로 염색한 비단을 표현한 것으로 추정된다. 이처럼 유스티니아누스 황제에 의해 자줏빛 비단이 황실과 기독교의 신성성을 상징하는 관습이 만들어졌던 것이다.

중국의 당 제국(618~907)은 유목 민족이 건설한 북부 왕국들뿐만 아니라 남부의 왕국들도 모두 통합했다. 남중국에는 이전 시대에 중원에서 달아난 이주민이 세운 왕국들이 있었다. 남북부를 모두 통일한 당 제국은 거대 영역과 다양한 민족을 아울러 통치하게 되었다. 남북을 통일한 당 제국은 서역으로도 영토를 확장하고자 하는 야심을 실현했다. 그 결과 실크로드에서 더 많은 상품이 들어왔고, 더욱 다양한 방문객과 이주민이 중국으로 밀려왔다. 다양한 세력의 왕공들을 통제하기 위해 당나라의 황제들은 중앙 집권화된 관료 체계를 강화하여 제국의 전 영역을 그 아래 두고자 했다. 그래서 전국 각지에서 다양한 계층의 백성을 대상으로 관리를 선출했고, 이들을 관료 체제에 맞추어 배치했다. 관료의 복장은 다양한 색깔과 다양한 디자인으로 제정했다. 관료의 위계 질서를 시각적으로 나타내기 위해서였다. 중국 역사상 유일한 여인 황제인 무측천(武則天, 또는 측천무후則天武后, 재위 650~705)은 혈통과 관계없이 오로지 업적만으로 평가하는 진일보한 관료 시스템을 구축했다. 우연의 일치인지, 최고 직급의 관료는 자주색 옷을 입도록 했다. 그러나 자줏빛이 황실의 상징은 아니었다. 당나라에는 많은 종교가 있었으나 무측천은 불교를 애호했다. 불교는 국가 종교의 지위를 얻은 적이 없었지만 자체적으로 상당히 번성했다. 당나라 통치자들은 토착 종교와 외래 종교를 막론하고 영역 안의 모든 종교를 후원했다. 고귀한 성직자와 스승에게 비단옷을 내려주는 것이 곧 황제의 후원을 의미하는 상징이었는데, 자줏빛 비단은 가장 귀한 선물로 여겨졌다.

비잔티움 제국과 당 제국에서는 모두 자줏빛 비단을 비롯하여 공적으로 사용할 여러 종류의 비단을 국가 직영 작업장에서 생산하려 했다. 이런 비단은 시장 유통이 금지되었다. 이와 같은 비단의 독점 시도는 실크로드 경제 체제에서 비단의 자유 거래를 일정 정도 제한하는 결과를 초래했다. 그러나 독점 체제는 엄격히 지켜질 수 없었다. 자줏빛 비단이 높은 지위의 상징으로 고착화된 뒤로, 공식 자격은 없으나 제작할 능력을 갖춘 사람들이 처벌의 위험을 감수하고 가능한 모든 방법을 동원하여 자줏빛 비단의 제작 및 판매를 시도했다. 관료 계급과 관련하여 금지된 스타일의 비단이 아니라, 비단 자체의 아름다움에 매료된 사람들은 다른 빛깔과 디자인의 비단을 구입하고자 했다. 실크로드 시스템에서는 매우 다양한 디자인과 기술에 의해 직조되고 또한 여러 곳에서 염색된 새로운 상품이 시장에 유통되었다. 게다가 페르시아 비단, 즉 페르시아 스타일의 비단이 사산 제국에서 생산되었고, 비잔티움 제국을 거쳐 서유럽 시장까지 팔려 나갔다.

기독교 세계의 최고 권위가 되고 싶었던 비잔티움 제국은 동서 유럽에 자줏빛 비단을 비롯하여 여러 종류의 비단을 배포했다. 유스티니아누스 1세의 시대가 지난 뒤로 비잔티움 제국의 영토는 점차 줄어들었다. 그럼에도 비잔티움 제국은 기독교 세계 전역에서 가장 고귀한 물질문화를 유지했다. 온 사방에서 시기와 질투와 공격의 대상이 되었을 때 비잔티움 제국은 비단, 특히 자줏빛 비단을 외교의 수단으로 이용했다. 하기

아소피아 대성당의 거대함과 비단 장식의 화려함에 매료된 동유럽의 여러 슬라브 왕국 외교관들은 콘스탄티노폴리스를 지상의 천국으로 인정했으며, 스스로 기독교 정교회 체제로 합류했다. 서유럽에서 비잔티움 제국은 서유럽의 교권을 사이에 두고 로마의 교황과 경쟁해야 했다. 이 경쟁에서 비잔티움 제국은 패했지만, 비잔티움 제국의 공방에서 만든 기독교 성물과 비잔티움 제국의 성소에서 거행한 기독교 전례는 서유럽의 여러 왕국에서도 표준으로 채택되었다. 그리하여 서유럽 교회에서 비잔티움 제국 비단에 대한 수요는 끊이지 않았다. 자줏빛으로 염색하고 수놓은 비단은 비잔티움 제국에서 서유럽으로 계속 흘러 들어갔다.

당 제국은 불교 승단이 사찰을 건설하고 부동산을 소유하도록 허락했고, 사찰에 보시도 넉넉히 했다. 황실에서 사찰에 내려준 공물 중에는 다양한 종류의 비단과 옷감이 포함되어 있었다. 조로아스터교, 마니교, 네스토리우스파 기독교 또한 당나라의 코즈모폴리턴적 환경에서 번성했고, 황실 관료의 후원을 받았다. 불교는 중국인의 내세관을 바꾸어 놓았다. 중국의 지배층과 피지배층은 다 같이 사후의 생이 금생과 전생의 삶에서 쌓은 공덕에 달려 있다고 믿었다. 그래서 좀 더 나은 조건에서 환생할 수 있도록 불교 사찰에 공물을 바쳤고, 이를 통해 현세의 삶도 보호받고자 했다. 황실에서도 많은 비단을 사찰에 바쳤는데, 일반적으로 유통이 금지된 비단도 포함되어 있었다. 새로 만든 옷이나, 혹은 살아 있거나 사망한 황실 구성원이 입던 옷을 불교 사찰에 바치는 것은 사후에 좀 더 나은 환생을 기원하는 의미가 있었다. 승려들은 화려한 비단옷을 입을 수 없었으나 팔아서 돈을 벌 수는 있었다. 9세기에 이르러 워낙 많은 종류의 비단이 생산되었고, 황실 전용으로 사용된 비단을 포함하여 모든 종류가 시장에서 유통되었다. 정부의 통제는 현실적으로 더 이상 의미가 없었다. 9세기 말에 이르러 당나라가 무너진 뒤 정부의 독점 체제는 완전히 사라졌다. 브로케이드, 태피스트리, 크레이프 등 모든 종류의 비단이 중국의 도시에서 화폐 같은 통화 수단으로 제한 없이 사용되었다.

이슬람이 바꾸어놓은 실크로드 시스템

콘스탄티노폴리스는 제국의 수명이 다해가는 15세기 말까지 가장 고귀한 상품인 자주색 비단 생산을 확고히 유지했다. 그러나 실크로드 시스템이 아프리카-유라시아 세계 전체에 영향을 확대해 나가면서 콘스탄티노폴리스의 독점적 지위도 위기에 직면했다. 이슬람은 상업적 기풍과 투자 구조가 강했고, 유대인 무역 공동체 또한 그에 못지않았다. 이들은 비잔티움 제국과 당 제국이 규정한 제한 조치를 따르지 않았다. 바야흐로 상거래의 새로운 시대가 열리고 있었다. 우마이야 칼리프 왕조는 이집트를 정복한 뒤 처음에는 비잔티움 제국의 동전을 모방했고, 나중에는 칼리프 압드 알말릭(Abd al-Malik, 재위 685~705) 치하에서 이슬람의 표준 화폐를 제정했다.[8] 이슬람 교리는 금융 대출을 허용하지 않았으나, 무역을 하려면 필연적으로 자본이 필요했다. 무슬림은 교리를 우회하여 전통적 투자 기법을 응용했다. 즉 아랍인 사이에 코멘다(조합) 형식의 파트너십을 개발했다. 이들은 파트너십 아래 이익과 위험을 함께

---

8 Clive Foss, *Arab-Byzantine Coins* (Washington, DC: Dumbarton Oaks Research Library and Collection, 2008), pp. 58-83.

공유했다. 예를 들어 예언자 무함마드는 자본을 제공하고 훗날 그의 아내이자 신도가 되는 과부 카디자(Khadija)의 무역 대리인으로 일한 적이 있다. 적어도 이슬람의 팽창 첫 세기에 우마이야 왕조의 칼리프들은 정복지에서 사람들을 개종시키는 일보다, 자원과 인력을 흡수하고 이를 활용하여 자신의 무역을 활성화하는 데 더 많은 관심을 기울였던 것 같다.

그러나 성공적인 정복 전쟁의 결과로 막대한 재물이 칼리프의 수중에 들어오게 되자, 종교적 가치를 지키려는 세력과 군인 사이에 알력이 생겼다. 군사 지휘관을 비롯한 병사들은 전장의 전리품과, 이집트와 이란 및 중앙아시아 통치자들의 사치품에 압도되었다. 종교적 가치를 지키며 소박한 삶을 살아갈 것인가, 아니면 정복 전쟁으로 획득한 풍성한 전리품을 즐길 것인가? 딜레마에 빠진 칼리프들은 티라즈(tiraz) 시스템을 개발했는데, 직물 생산을 통제하고 허가하는 제도였다. 티라즈란 원래 페르시아어로 장식을 의미하는 단어였다. 칼리프가 만든 티라즈 시스템은, 칼리프국에서 생산되는 모든 직물에 비단사로 줄무늬를 직조하여 생산지와 허가 관계를 표시해야 한다고 명시했다. 그리고 "알라 이외에 다른 신은 없다"라는 문구도 새겨야 했다. 하디스(Hadith, 예언자 무함마드의 어록)를 연구한 학자들에 따르면, 다른 천과 혼합하지 않은 순수 비단만으로 만든 옷은 너무 사치스러워서 하늘나라에 들어가고자 하는 무슬림에게 어울리지 않았으나, 목화 혹은 리넨 천에 비단을 섞어 장식하거나 혼합 직조한 천으로 만든 옷이라면 무슬림이 입어도 괜찮다고 했다. 한편 비단실로 짜 넣은 문양 등의 정보로 직물의 브랜드를 알 수 있으며, 그 품질과 생산지를 파악할 수 있었다. 뿐만 아니라 티라즈 밴드로 장식된 직물은 아름답고 가격도 적당했다. 그래서 그들이 제작한 새로운 직물이 실크로드 시스템을 따라 유통되었고, 특히 서유럽 기독교 세계에서 크게 환영받았다. 당시의 서유럽인은 비잔티움 제국에서 순수 자주색 비단을 수입하기가 어려운 상황에 놓여 있었다.

이슬람은 특유의 선진적 금융 기법을 통해 실크로드의 상황을 바꾸어놓았다. 이는 8세기 전반기 무슬림이 중앙아시아를 정복한 때로부터 시작되었다. 토하리스탄(Tokharistan, 과거의 박트리아)과 소그디아나를 정복한 우마이야 왕조의 장군들은 군사력과 동시에 외교 역량도 갖추고 있었다. 중앙아시아의 아랍 군대는 농업인과 상업인뿐만 아니라 또 다른 유목민, 바로 투르크어를 사용하는 투르크인의 이주에도 영향을 미쳤다. 투르크인은 당시에 이미 토하리스탄과 소그디아나에서 가까운 스텝 지대에 자리를 잡고 있었기에, 오아시스 도시국가들이 무슬림과 싸울 때 그들도 자연스레 참전하게 되었다. 그 뒤로 이 지역의 사람들(유목민, 농업인, 상업인)은 서서히 그리고 신중하게 새로운 통치자와 그들의 종교에 적응해 나갔다. 그것이 경제적 안녕에 도움이 되는 길이라고 생각했기 때문이다. 결국 이 지역의 사람들 대부분이 무슬림으로 개종했다. 모스크, 이슬람교도 무덤, 카라반세라이 등 투르크인 이슬람 통치자의 후원을 받는 시설들이 불교 사찰을 대체하기 시작했다. 동쪽으로 뻗어 나가던 아랍 군대의 행진은 탈라스강(Talas River)에서 멈추었다. 오늘날의 키르기스스탄과 카자흐스탄 사이를 흐르는 강이다. 이곳에서 751년 아랍 군대가 당 제국의 군대를 격파했다. 이슬람 군대는 중앙아시아 동부를 계속 정복 상태로 보유할 수 없었지만, 오아시스 도시와 스텝 지역에 살던 사람들은 그다음 세기에 이슬람으로 개종했다. 불교의 석굴 사원은 점차 풍경에서 사라져갔다. 그러나 그들이 남긴 문화의 잔상은 현지에서 오래도록 남아 있었다.

중앙아시아의 아랍 군대는 탈라스 전투에서 약 2만 명의 포로를 사로잡았다. 중앙아시아인과 중국인 포로였는데, 그중에는 각 분야의 학자와 전문 장인이 포함되어 있었다.[9] 그리하여 "아바스 혁명"으로 우마이야 칼리프국이 전복되고 바그다드에 새로운 수도가 건설된 후 10여 년이 채 안 된 시점에 포로들이 그곳에 도착하게 되었다. 능력이 출중했던 당시의 포로들은 새로운 칼리프국의 건설에 참여했다. 아바스 칼리프국 치하에서 당시 중앙아시아 최고의 무역상들과 우수 인재들이 이슬람을 받아들였고, 이슬람 세계의 종교와 학문 및 상업의 발달에 기여하게 되었다. 그중에서도 특히 8세기 말경의 바르마크 가문(Barmak family)이 주목할 만했다. 바르마크 가문은 발흐(Balkh, 그리스어 Bactra) 출신으로 불교를 크게 후원했지만, 바그다드로 이주한 뒤로는 칼리프국에서 반세기 동안 비지어(vizier, 즉 총리)로 일했다. 그들은 종이 제작 기술을 이슬람에 소개한 주역으로 추정되며, 이슬람 제국의 관료 체제를 설계하고 만든 주역도 그들이었다. 바르마크 가문은 도서 수집에 관심이 높았다. 그리스어, 페르시아어, 산스크리트어로 기록된 문헌을 모아서 학

---

9 이 사건은 중국의 여러 문헌에 기록되어 있다. 예를 들면 Du Huan, *Jingxing Ji* [經行記], ed. Zhang Yichun (Beijing: Zhonghua Shuju, 2000), pp. 41-43; Liu Xu, *Jiu Tang Shu* [舊唐書] (Beijing: Zhonghua Shuju, 1975), 109/3298. 아랍에 잡혀간 포로의 숫자는 당나라의 사령관 고선지 휘하 병력의 수를 근거로 추정하는데, 자료에 따라 2만에서 3만까지 다양하다. 고선지는 전투에서 대부분의 병력을 잃었다고 기록되어 있다. 또한 고선지는 도시에서 병력을 모집했던 일로 유명하다(《舊唐書》105/3216). 두환(Du Huan, 杜環)은 당나라의 재상이자 역사가인 두우(杜佑)의 조카로, 그 또한 아랍인에게 포로로 잡혀갔다 돌아온 이력이 있다. 그러므로 당시 포로들 중에는 예술가를 비롯하여 재능 있는 사람들이 많이 포함되어 있었을 것으로 추정할 수 있다.

자들에게 아랍어로 번역하는 일을 맡겼다. 중앙아시아 출신의 이 가문은 결국 바그다드 정치권에서 지위를 잃고 비극적 종말을 맞이하게 된다. 그러나 《천일야화》에서 최고의 칼리프로 일컬어지는 칼리프 하룬 알라시드(Harun al-Rashid, 재위 786~809)의 통치 시기에 바르마크 가문이 오래도록 경제와 학문의 발전에 기여했음에 틀림없다. 바그다드의 학문적 성과는 다른 중앙아시아 인물들을 끌어들였는데, 세계사에 상당한 유산을 남긴 무함마드 이븐 무사 알-콰리즈미(Muhammad Ibn Musa al-Khwarismi, fl. c. 825)도 그중 한 명이었다. 그의 출신지 콰리즘(Khwarizm, 즉 호레즘)은 소그디아나 지역에 위치한 도시국가 중 하나였다. 인도의 십진수(0 포함)를 오늘날 우리가 알고 있는 "아라비아 숫자"로 번역한 이가 바로 그였다. 이런 점에서 그는 근대 수학의 기초를 놓은 인물이라고 볼 수도 있겠다. 또한 오늘날 우리가 사용하는 "알고리즘(algorism)"이란 단어도 그의 이름 알-콰리즈미(al-Khwarismi)에서 유래한 어휘다.

실크로드는 유라시아 대륙을 가로지르는 무역로 네트워크였으나, 실크로드 개념에는 무역보다 훨씬 더 폭넓은 역사적 과정이 담겨 있다. 실크로드는 농업인과 유목민이 서로 투쟁하고 교류하는 세계 시스템이 되었다. 또한 세계 각지에서 불교, 기독교, 조로아스터교, 마니교, 이슬람교의 독실한 신자들과 일반 신도들이 실크로드로 모여들어 무역도 하고 교류했다. 이 시스템에 참여했던 다양한 참여자들은 단지 상업 네트워크뿐만 아니라 문화적 영역도 만들어 나갔다. 여기서 상품의 미적 가치가 진화 및 확산되고 또한 변화했으며, 때로는 새로운 "문화적" 상품이 만들어지기도 했다. 독실한 신자라 할지라도 세계가 변하면 종교적 신념을 바꾸었다. 이후 "해상 무역의 시대"가 찾아오자 육상 무역로의 경쟁력은 약화되었다. 실크로드 시스템도 쇠락의 길을 걷다가 결국 역사의 뒤안길로 사라져갔다.

더 읽어보기

Primary sources in English translation

Burrow, Thomas, *A Translation of the Kharoshthi Documents from Chinese Turkestan*, London: The Royal Asiatic Society, 1940.

The Geography of Strabo, trans. Horace Leonard Jones, Cambridge, MA: Harvard University Press, 1928.

Jenner, W. J. F. (ed. and trans.), *Memories of Loyang: Yang Hsuan-chih and the Lost Capital (493-534)*, Gloucestershire: Clarendon Press, 1981.

The Periplus Maris Erythraei, trans. Lionel Casson, Princeton University Press, 1989.

Pliny, *Natural History*, trans. H. Rackham, Cambridge, MA: Harvard University Press, 1942, vols. II and VI.

Ibn al-Zubayr, *Kitāb al-Dhakhā'ir wa'l-Tuhaf*, trans. Bernard Lewis, Oxford University Press, 1987.

Mas'udi (896-956 CE), *The Meadows of Gold, the Abbasids*, ed. and trans. Paul Lunde and Caroline Stone, New York: Kegan Paul, 1989.

The Questions of King Milinda (Menander), trans. Rhys David, Oxford University Press, 1890.

The Saddharma-Pundarika, trans. H. Kern, Oxford University Press, 1884.

Sima, Qian, *Records of the Grand Historian of China*, trans. Burton Watson, West Sussex: Columbia University Press, 1961.

The Smaller Sukhāvatāi-vyūha, trans. J. Takakusu, Oxford University Press, 1894, vol. XLIX.

Sulaymān al-Tājir, and Abū Zayd Ḥasan ibn Yazīd Sīrāfī, *An Account of China and India in Arabic Classical Accounts of India and China*, trans. S. Maqbul Ahmad, Shimla: Indian Institute of Advanced Study, 1989.

Secondary works

Barfield, Thomas, *The Perilous Frontier: Nomadic Empires and China, 221 BC to AD 1757*, Hoboken, NJ: Blackwell Publishers, 1989.

Barthold, W., *Turkestan down to the Mongol Invasion*, Cambridge University Press, 2007.

Benjamin, Craig G. R., The *Yuezhi: Origin, Migration and the Conquest of Northern Bactria*, Turnhout: Brepols Publishers, 2007.

Bowen, Richard LeBaron, and Frank P. Albright, *Archaeological Discoveries in South Arabia*, Baltimore, MD: Johns Hopkins University Press, 1958.

Cribb, Joe, and Georgina Hermann (eds.), *After Alexander, Central Asia before Islam*, Oxford University Press, 2007.

de la Vaissière, Étienne, *Sogdian Traders: A History*, trans. James Ward, Leiden: Brill, 2005.

Foss, Clive, *Arab-Byzantine Coins*, Washington, DC: Dumbarton Oaks Research Library and Collection, 2008.

Gordon, Stewart (ed.), *Robes and Honor: the Medieval World of Investiture*, New York: Palgrave, 2001.

Hawkes, Jason, and Akira Shimada (eds.), *Buddhist Stupas in South Asia*, Oxford University Press, 2009.

Hodgson, Marshall G. S., *The Venture of Islam*, University of Chicago Press, 1974, vols. I and II.

Juliano, Annette L., and Judith A. Lerner (eds.), *Monks and Merchants: Silk Road Treasures from Northwest China*, New York: Harry N. Abrams, 2001.

Khazanov, Anatoly, and Andre Wink (eds.), *Nomads in the Sedentary World*, London: Curzon Press, 2001.

Liu, Xinru, *Ancient India and Ancient China: Trade and Religious Exchanges AD 1-600*, Delhi: Oxford University Press, 1988.

_____, *Silk and Religion: An Exploration of Material Life and the Thought of People, AD 600-1200*, Oxford University Press, 1996.

Marshak, Boris, *Legends, Tales, and Fables in the Art of Sogdiana*, New York: Bibliotheca Persica Press, 2002.

Marshall, John, *Taxila*, Cambridge University Press, 1951.

Ray, Himanshu, *Monastery and Guild: Commerce under the Satavahanas*, Delhi: Oxford University Press, 1986.

Rostovtzeff, Michael, *Caravan Cities*, trans. D. Talbot Rice and T. Talbot Rice, Oxford: Clarendon Press, 1932.

Sen, Tansen, *Buddhism, Diplomacy, and Trade: the Realignment of Sino-Indian Relations, 600-1400*, Honolulu: University of Hawai'i Press, 2003.

Young, Gary K., *Rome's Eastern Trade, International Commerce and Imperial Policy 31 BC - AD 305*, London: Routledge, 2001.

CHAPTER 18

남아시아

쇼날리카 카울
Shonaleeka Kaul

남아시아의 지리적 범위는 대개 인도아대륙과 겹친다. 오늘날 국가 단위로 보자면 인도, 파키스탄, 네팔, 방글라데시, 부탄, 스리랑카, 몰디브 등을 포괄한다. 전체 면적은 450만 제곱킬로미터 이상으로, 지역 안에서도 지형과 기후 및 생태 환경이 굉장히 다양하고, 따라서 세부 지역 간 역사적 여정도 상당히 뚜렷한 차이가 있었다. 그 모든 혹은 대부분의 역사적 여정을 포착하기란 쉽지 않은 일이다. 기원전 1200년부터 기원후 900년 사이의 근본적 변화와 복잡한 질서를 모두 살펴보려는 야망은 (세부 지역들 간의 교류와 분기를 함께 고려하려면) 이번 장에 할애된 지면을 훨씬 넘어서는 일이다. 따라서 우리는 기존의 정통 역사학에서 남아시아 대륙 문명의 기초로 간주한 흐름을 전반적으로 살펴보되, 각 단계와 발전의 윤곽을 그려보는 정도에 그치고자 한다.

　문명의 기초 이야기는[1] 대개 남아시아의 거대한 두 강줄기를 따라 펼쳐진다. 처음에는 인더스강 유역이, 그리고 갠지스강 유역의 대부분이 그 무대였다. 이 두 강줄기의 발원지는 모두 서부 히말라야까지 이어

1　남아시아 문명의 시작은 사실 우리가 살펴보고자 하는 시대보다 적어도 1000여 년 이전이었다. 인더스강 유역의 하라파 문명이 그것이다. 그런데 고도로 발달했던 청동기 도시 문명은 기원전 1800년경 갑자기 쇠락한 것으로 추정된다. 새로운 역사적 맥락의 등장은 이른바 《베다》의 출현과 시기를 같이하는데, 그때 시작된 전통이 오늘날까지 이어지고 있다.

지며, 흘러 내려오는 도중에 광대하고 비옥한 충적 평야를 지나 동쪽으로 벵골만(Bay of Bengal)에까지 이른다. 오늘날의 펀자브 지방에는 인더스강으로 이어지는 여러 지류(삽타 신다바Sapta sindhavah, 즉 일곱 개의 강)가 있는데, 《리그베다 삼히타(Rig Veda Samhita)》에 강들이 기록되어 있다(삼히타는 모음집이란 의미 - 옮긴이). 학계에서는 산스크리트어 《리그베다 삼히타》가 기원전 1500년경에 집성된 것으로 추정하는데, 이는 시기를 매우 보수적으로 추정한 것이다.[2] 전체 네 편의 방대한 《베다 삼히타》 가운데 《리그베다》가 가장 오래된 것으로 보인다(《베다》는 네 개의 삼히타로 구성되어 있다. 집성된 시간 순서대로 정리하면 《리그베다Rig Veda》, 《사마베다Sama Veda》, 《야주르베다Yajur Veda》, 《아타르바베다Atharva Veda》 순이다. - 옮긴이). 《리그베다》 이외의 다른 《베다》들은 언어학적으로 분석해볼 때 집성된 시기도 기원전 1000~500년경으로 《리그베다》보다 늦고, 집성된 위치도 더 동쪽으로 추정된다. 그래서 역사학의 시대구분에서는 《리그베다》의 시기를 전기 베다 시대(Early Vedic period, 1500~1000 BCE), 그리고 다른 《베다》의 시기를 후기 베다 시대(Later Vedic period, 1000~600 BCE)로 나눈다. 전기 베다 시대에서 후기 베다 시대로 넘어가는 시기에는 생태 환경, 경제, 사회, 정치적 조건이 복잡성을 더해갔고, 그 결과 베다 시대 이후(post-Vedic period)에는 농업, 국가, 도시 사회로 전환되었다. 베다 시대의 역사학적 재구성은 거의 전적으

---

2 《리그베다》와 그 뒤를 이은 다른 모든 《베다》는 사실 구술로 전해진 것이었다. 내용의 구성, 암송, 전승이 세대에서 세대로, 스승으로부터 제자에게로 전해졌다. 수백 년 동안 그 방식은 조금의 변화도 없었다. 텍스트로 기록된 《리그베다 삼히타》의 가장 이른 사례는 기원후 12세기 이전은 아닐 것으로 추정된다.

로 성스러운 텍스트에 의존할 수밖에 없다. 고고학적 맥락에서 이 시기에 해당하는 회색토기(Grey Ware)와 채문회색토기(Painted Grey Ware)가 간헐적으로 발견되기는 하지만, 시기가 일정하지 않고 분명하지도 않기 때문이다.

전기 베다 시대의 사람들이 사용하던 언어는 인도아리아어(Indo-Aryan), 즉 고대의 베다 산스크리트어(archaic Sanskrit)로, 언어학적으로는 인도유럽어족으로 분류된다.[3] 주류 역사학에서는 인도아리아어 사용자들이 목축민으로서 반(半)유목 생활을 했던 것으로 추정한다. 그들의 생계 수단은 소를 기르는 일이었는데, 《리그베다 삼히타》에 "소"를 의미하는 여러 파생어가 등장하는 것도 그 근거가 된다. 그러나 그들은 아직 보리 같은 곡물과는 친숙하지 않았고, 아마도 보리뿐만 아니라 작물 경작 자체에 익숙하지 않았던 것 같다. 따라서 그들의 재산은 토지보다 주로 소였고, 그들 사이에서 흔히 일어난 분쟁의 원인도 소였다(그 밖에 말이나 여자 문제로 분쟁이 일어난 적도 있다). 인도아리아어 사용자들 사이에 일어난 분쟁들 가운데 큰 사건으로 다샤라즈니아(Dasharajnya)라는 전쟁이 있었는데, 10개 부족이 이 전쟁에 참여했다. 전기 베다 시대의 부족은 자나(jana)라 했고, 부족장은 라잔(rajan)이라 했다. 라잔이 전쟁을 지휘하는 대가로 부족민은 라잔에게 자발적으로 공물을 바쳤는데, 이를 발리(bali)라 했다. 국가 체제 및 계급이 출현하기 이전의 사회에서는 정치 조

---

[3] 인종주의 열기가 더해지는 바람에 아리아인이 남아시아 토착민인지, 외부에서 온 이주민인지를 두고 열띤 논쟁이 전개되었다. 다음을 참조. Edwin Bryant, *The Quest for the Origins of Vedic Culture: The Indo-Aryan Migration Debate* (Delhi: Oxford University Press, 2002), for an excellent overview of both sides of the debate.

직과 사회 조직을 구분하기 어려웠다. 부족 사회가 기본이었고, 기껏해야 부족 내에서 상위가문(rajanyas)과 하위가문(vish)이 나뉘는 정도였다. 다양한 종류의 종족 단위 회합이 개최된 흔적도 엿보이는데(sabha, samiti, gana, vidatha), 그러한 회합의 목적 중 하나로 전리품을 나누는 일도 있었다. 부족장에게 공물을 바치고 공동체 안에서 약탈 전리품을 공유하는 의례를 함께 고려해보면, 당시에 상호적 선물 교환 경제 같은 시스템이 작동했던 것 같다. 《리그베다 삼히타》에는 화폐에 관한 언급이 등장하지 않으며, 판매나 거래 또는 이자 같은 단어도 없다. 그러나 전기 베다 시대 사람들은 금을 다룰 줄 알았고 가치 개념도 인정하고 있었다. 구리(ayas)도 사용되었지만 화폐는 아니고 도구나 무기의 재료로 쓰였다.

후기 베다 시대에는 동쪽으로 이동 혹은 팽창한 정황이 나타난다. 그곳은 인더스강과 갠지스강이 분기하는 곳, 그리고 갠지스강 평원의 상류 지역(《베다》에서 쿠루Kuru 왕국과 판찰라Panchala 왕국으로 등장)인데, 오늘날의 펀자브, 하리아나, 우타르프라데시 서부 등에 해당하는 곳이다. 역사학자들이 이 시대에서 가장 의미심장한 변화로 보는 것은 목축에 비해 농경의 비중이 점차 성장했다는 점이다. 보리 이외에 밀, 벼, 렌틸콩 등 다른 곡물에 대한 자료도 나온다. 이전 시기에는 이 중 어떤 곡물도 등장하지 않았었다. 이 시기에 등장한 곡물은 남아시아에서 오늘날까지도 주식 작물로 재배되고 있다. 목축에서 농경 중심으로 전환되었다는 사실은 소가 끄는 쟁기, 농경과 풍년을 기원하는 의례 등 후기 베다 텍스트에 명확하게 기록된 근거뿐만 아니라 고고학적 성과로도 뒷받침된다. 채문회색토기(PGW) 유적에서 곡물이 발견되었는데, 해당 시기 유적 지층의 두께가 3~4미터 정도 되는 것으로 보아 그들이 같은 장소에서 지속적으로 거주했음을 알 수 있다. 이는 곧 정주 생활의 시작을 의미한다.

　농경 중심의 변화는 굉장히 중요한 사회적 전환이었다. 또한 후기 베다 시대 사람들이 정주 생활을 시작하면서 잉여 생산의 능력도 증대되었는데, 대개 상당히 비옥한 충적토의 토질과 갠지스강 평원 지역에서 늘어난 강우량 덕분이었다. 일부 저명한 학자들은, 그들이 해당 지역에서 물을 더 많이 확보하고 생산성이 높은 환경을 개척할 수 있었던 배경으로 제철 기술을 지적한다. 철제 도구로 밀림을 제거하고 영양분이 많은 점토질 토양을 개간할 수 있었다는 가설이다. 더욱이 후기 베다 시대는 인도 북부 지역에서 처음으로 철기를 사용한 시기와 겹친다. 후기 베다 경전에도 농업에 사용되는 "검은 쇳덩이(krishnayas)"라는 표현이 분명하게 등장한다. 그러나 당시 철기가 주식작물을 재배하는 데 사용되었다는 고고학적 근거는 밝혀진 것이 없고, 최근 연구에 따르면, 철제 유물이 빈번하고 밀도 높게 발굴되는 시기는 기원전 6세기 이후부터였다(다만 가장 오래된 철제 유물 그 자체, 즉 못과 화살촉 등은 갠지스강 유역에서 기원전 1100~900년부터 발견되며, 흑적색토기Black and Red Ware나 채문회색토기Painted Grey Ware와 동반 출토되었다). 이를 근거로 다른 역사학자들은 철제 도구와 잉여 생산물이 당시 역사적 전환의 핵심 요인은 아니었다는 반론을 제기하며, 그보다는 사회-정치적 변화의 비중이 더 컸다고 주장한다.[4]

4　철기 관련 다양한 논의는 다음을 참조. B. P. Sahu (ed.), *Iron and Social Change in Early India* (Delhi: Oxford University Press, 2006).

당시의 발전으로 두 가지 직접적 결과가 나타났다. 첫째, 자나(부족)가 자나파다(janapada, 문자 그대로의 의미는 "자나의 발자취")로 바뀌었다. 이는 부족들이 정체성의 근거로 일정한 지리적 영역을 내세웠다는 의미로 해석된다. 그 영역을 보호하는 일을 맡은 특정 지배 계층이 존재했는데, 그들을 라자니아(rajanya)라 했고, 나중에는 점차 크샤트리아(kshatriya)라 했으니, 곧 전사 계급이었다. 자나파다는 본격적인 국가가 아니었고 족장을 중심으로 하는 족장 사회(chiefdom)의 성격이 강했다. 그러나 지배 엘리트 계층의 출현이 뚜렷하게 발견되며, 엘리트 계층은 생산물과 자원의 더 많은 몫을 차지하고자 했다. 그리하여 부족민이 부족장에게 자발적으로 바치는 공물인 발리(bali)의 관행은 중단되고 공물의 상납이 점차 의무화되어갔다. 이는 아마도 강제적 납세의 가장 오래된 사례에 속할 것이다. 더욱이 라잔과 그의 부족은 화려한 대중적 희생 의례(shrauta yajnas)를 조직했다. 예를 들면 말을 희생 제물로 바치는 의례(ashvamedha)나 전차(戰車) 경주 시합(vajapeya) 같은 행사였다. 다양한 경로를 통해 크샤트리아가 일반인보다 우월하다는 점을 강조했고, 일반인은 이제 크샤트리아의 백성(praja)이 되었다. 특권 경제가 가속화되는 과정에서 성직자(purohitas, 나중에 브라만brahmana 계급으로 통합)들이 전문적으로 희생 의례를 주도하는 역할을 맡았고, 그 대가도 점차 높아졌다. 예컨대 라잔은 브라만에게 금, 소, 말뿐만 아니라 토지를 선물로 주기도 했다(당시 이미 정주 사회였으므로 토지가 가치의 대상이 되어 있었다).

잉여 생산력이 초래한 사회적 변화는 또 있었다. 바로 직업의 다양화 및 계급화였다. 예를 들면 후기 베다 시대에 4중 계급 체제(varna)가 처음으로 확인된다. 이후 훨씬 복잡한 단계를 거치기는 하지만, 그때 형성된 계급 구분의 특징은 이후 계속해서 남아시아 사회 조직의 특징으로 남았다. 브라만, 크샤트리아, 바이샤(vaishya, 상업인과 농업인), 그리고 수드라(shudra, 천한 일을 하는 노동자)가 바로 그 네 가지 계급이었다. 과거의 부족 단위가 그대로 위계질서 체계로 들어간 것이다. 이러한 계급 구분에 직업적 전문화 개념이 확고히 결합되었고, 더불어 의례의 순결 및 위계 개념도 강하게 덧붙여졌다. 후기 베다 시대의 문헌에서는 이러한 계급 구분의 기원을 신성시했다.[5] 그러나 역사학자들의 연구에 따르면, 바르나(varna) 시스템(카스트 제도)은 의도적으로 만들어진 구조였을 뿐이다. 베다 시대 사람들이 지리적으로 확산되는 과정에서 서로 만나고 적응한 집단들 중에는 오래된 관계도 있었고 새로운 관계도 있었다. 이처럼 다양한 사회 집단의 자원 접근성과 권력 관계를 규정하고 또한 제한하는 것이 바르나 시스템의 목적이었다.[6]

기원전 500~300년은 남아시아의 초기 역사 시대가 시작되는 시점으로, 우리에게는 이 시대와 관련된 문헌 자료와 고고학적 근거가 풍부하게 남아 있다. 후기 베다 시대에 시작된 몇몇 이행 과정이 이 시기에 실현되었고, 그러한 전통이 축적되어 갠지스강 평원 상류·중류·하류 지역뿐만 아니라 인도의 북서부와 중부 지역에서 16개의 거대 국가

---

[5] 4중 계급 체제(four varnas)가 최초로 확인되는 문헌은 〈푸루샤 수크타(Purusha Sukta)〉라는 찬가다. 푸루샤(purusha)라고 하는 원시 거인의 육체로부터 우주가 탄생하는 내용이 담겨 있는데, 그중에 바르나(varna)도 포함되어 있다. 《리그베다 삼히타》의 10번째 책이며, 성립 시기는 다소 늦은 시기로 추정된다. *Rig Veda* X.90, in *The Rig Veda: An Anthology*, trans. Wendy Doniger O'Flaherty (Middlesex: Penguin, 1986).
[6] See Vidura Jaiswal, *Caste: Origin, Function, and Dimensions of Change* (Delhi: Manohar, 1998).

들(mahajanapadas)이 성립했다. 당시 국가 형성의 과정도 뚜렷하게 드러났다(지도 18-1).[7] 16개국을 열거하자면, 캄보자(Kamboja), 간다라(Gandhara), 쿠루(Kuru), 판찰라(Panchala), 슈라세나(Shurasena), 코살라(Kosala), 카시(Kashi), 브리지(Vrijji), 마가다(Magadha), 앙가(Anga), 말라(Malla), 마트시야(Matsya), 바트사(Vatsa), 체디(Chedi), 아반티(Avanti), 그리고 아슈마카(Ashmaka)였다. 이들 16개국의 정부 형태는 군주정(rajya)과 과두정(gana-sangha), 두 가지로 나뉘었다. 이들 서로 간의 공격은 끝이 없었다. 강한 자는 약한 자를 흡수하며 점차 성장해갔다. 결국 오랜 투쟁을 거쳐 4개 왕국이 최종 경쟁자로 남았다. 코살라 왕국의 수도는 슈라바스티(Shravasti), 바트사 왕국의 수도는 카우샴비(Kaushambi), 마가다 왕국의 수도는 라자그리하(Rajagriha)였다가 나중에는 파탈리푸트라(Pataliputra)였다. 이들 세 나라는 모두 갠지스강 중류 평원에 자리 잡고 있었다. 네 번째 아반티 왕국의 수도는 우자이니(Ujjayini)였는데, 인도의 중서부에 위치했다. 이들은 전쟁과 정복, 외교와 연맹 등 온갖 방법을 동원하여 서로 경쟁했다. 결국 기원전 4세기에 이르러 그들 중 마가다 왕국이 최고 권력으로 부상했다. 마가다 왕국은 천연자원과 인적 자원에서 여러 가지로 유리한 점이 있었다. 이 문제에 관해서는 제19장에서 좀 더 상세히 논의하도록 하겠다. 마가다 왕국에는 왕국의 성장과 안정을 주도한 일련의 세습 왕조가 있었다. 예를 들면 바르하드라타 왕조(Barhadrathas), 하리얀카 왕조(Haryankas), 샤이슈나가 왕조

---

7 See Hemachandra Raychaudhuri, *Political History of Ancient India: From the Accession of Parikshit to the Extinction of the Gupta Dynasty* (Delhi: Oxford University Press, [1923] 2000).

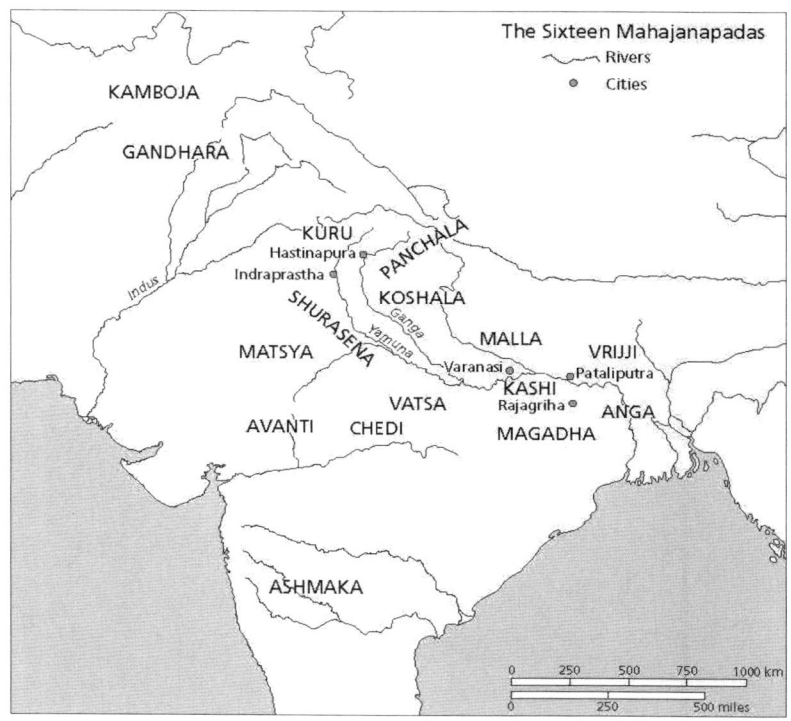

[지도 18-1] 기원전 600년경의 인도

(Shaishunagas), 난다 왕조(Nandas) 등이었다. 난다 왕조는 스스로를 에카라트(ekarat), 즉 "유일한 최고 주권자"라 일컬었다. 기원전 326년경 알렉산드로스 대왕의 군대가 쳐들어왔을 때, 그리스인도 인도의 최고 권력자를 난다 왕조로 알고 있었다. 전설에 따르면 알렉산드로스 대왕의 군대가 인더스강의 어느 지류 앞에서 진군을 멈추었는데, 그 이유는 여러 가지였지만 그중 하나가 강력한 난다 왕조 군대의 명성을 두려워했기

때문이라고 한다. 덕분에 그리스의 남아시아 침략은 최소화되었고, 기본적으로는 북서부 지역에 국한되었다. 이 문제에 대해서는 뒤에서 다시 논의하도록 하겠다.

사회-경제적 구조의 고도화는 국가 체제의 형성 및 확장과 긴밀하게 연결된 문제다. 사회 및 경제의 성숙은 이 시기에 이르러 열매를 맺었다. 대표적인 예로 쟁기를 이용한 농업의 확산, 인구의 성장과 거주지 규모의 확대, 수공업의 전문화와 전문적 제품 생산의 급성장, 금속 화폐 유통의 시작, 원거리 무역의 폭발적 증가, 문자의 발달 등을 들 수 있겠다. 인도아대륙에서 의미가 해독된 가장 오래된 문자 기록은 기원전 4세기 말의 유물로, 브라흐미(Brahmi) 문자가 바로 그것이다. 같은 문자가 수 세기를 거치면서 지역별로 다양화되었고, 결국 남아시아 지역 고유의 여러 문자가 탄생했다. 그리하여 오늘날 우리가 알고 있는 남아시아 문명은, 그 오랜 연원과 연속성을 모두 고려하자면, 바야흐로 이 시대에 시작되었던 것이다.

종합적으로 볼 때 이러한 과정은 이른바 "제2차 도시화(Second Urbanization)"의 증거였다. 특히 갠지스강 유역 평원을 비롯하여 북인도 지역 곳곳에서 새로운 마을과 도시의 출현이 분명하게 확인되었다. 팔리(Pali)어로 기록된 초기 불교 경전 《트리피타카(Tripitaka, 세 개의 바구니, 三藏)》에서 이런 내용이 생생하게 등장하는데, 특히 경전 모음집의 뒷부분 〈자타카(Jatakas, 이야기)〉 편에 많이 나온다.[8] 그러한 도

---

8 *The Jataka*, ed. Edward B. Cowell, trans. Robert Chalmers et al. (London: Pali Text Society, 1957).

시의 예를 들자면, 지리적 위치에 따라 북서에서 남동 방향으로 탁샤실라(Takshashila), 하스티나푸라(Hastinapura), 마투라(Mathura), 아요디아(Ayodhya), 슈라바스티(Shravasti), 바라나시(Varanasi), 바이샬리(Vaishali), 카우샴비(Kaushambi), 라자그리하(Rajagriha), 파탈리푸트라(Pataliputra), 참파(Champa), 탐랄립티(Tamralipti) 등이 있었다. 남서부의 여러 도시 중에서는 우자이니(Ujjayini), 프라티슈타나(Pratishthana), 마히슈마티(Mahishmati) 등이 대표적으로 불교 경전에 등장하는 그 시대의 도시들이다. 이러한 도시들의 유적은 고고학적 성과로도 확인되었다. 그중 일부는 거대 도시(mahanagara)였고, 그 외 작은 규모의 도시도 많았다. 발굴 성과로 보자면 대부분의 도시가 거대한 성벽을 두르고 있었다. 성채의 크기와 정교한 출입문, 해자 등으로 보아 성벽 도시는 사회·정치·경제적으로 매우 중요한 의미를 지닌 정착지였다.

상당수 도시가 시장 혹은 생산물의 교환 체계상 중심지에서 출발하여 발달했다. 대부분의 도시는 수공업 생산 중심지였고, 규모가 특히 큰 도시는 대개 왕국의 수도였다. 당시의 문헌 자료에는 그러한 도시에서 행해진 다양한 종류의 수공업이 기록되어 있다. 대표적인 예를 들자면 방직, 목재 가공, 가죽 공예, 제철, 상아 조각, 바구니 짜기, 토기 제작, 금 제련, 향수 제조 등이었다. 또한 시민의 다양한 직업도 알 수 있는데, 농업, 가축 사육, 무역, 왕을 섬기는 봉사 등의 직업이 있었다. 물론 수공업 물품 생산은 도시와 시골 양측 모두에서 이루어졌지만, 어디에서나 현지의 특성이 반영되었다. 다시 말해서 마을 전체가 예컨대 토기 같은 특정 물품의 생산 과정에 연관되어 있었고, 혹은 금 제련 같은 하나의 과정에 도시민의 4분의 1이 연관되기도 했다. 도시의 시장은 복잡한 육로와 수로 교통의 교차로에 위치했다. 당시 남아시아 곳곳을 관통하는 교통 네트워크가 형성되어 있었다. 예를 들면 "북방대로(Uttarapatha)"는 북서부의 탁샤실라부터 동부 해안의 항구 탐랄립티까지 연결되었다. 이 교통로는 중간에 주요 도시들(nagaras)을 모두 경유했는데, 예를 들면 마투라, 카우샴비, 슈라바스티, 라자그리하를 거쳐 갔다. 이 교통로를 통하여 원재료가 공급 및 소비되었을 뿐만 아니라 최종 생산품도 판매되었다. 이와 비슷한 "남방대로(Dakshinapatha)"가 또 있었다. 남방대로는 북방대로와 직접 연결되어 있었으며, 카우샴비를 거쳐 데칸 지역에 있는 우자이니와 프라티슈타나에 연결되었고, 서부 해안까지 계속 이어져 항구 도시 브리구칵차(Bhrigukaccha, 혹은 Barygaza)에 이르렀다. 나중에는 이곳 해안 지역으로부터 바닷길이 연결되어 육로와는 별도의 무역로가 만들어졌는데, 이를 통해 서아시아와 지중해가 연결되었고, 또한 동아시아와 동남아시아도 연결되었다. 무역 네트워크에 발맞추어 거대 상인과 은행가(setthi-gahapati)가 등장했다. 이들은 막대한 부를 축적했고, 왕에게 접근하여 특권을 얻었으며, 신흥 권력층으로 부상했다.[9]

이렇게 지역 간 거대 무역 네트워크와 문화 교류는 곳곳의 대도시들을 거점으로 남아시아 대륙 전역을 연결했다. 이는 고고학적으로도 분명하게 확인되었는데, 특히 북방흑색연마토기(Northern Black Polished

---

9 기원전 6세기의 활발했던 사회경제적 상황과 관련해서는 다음을 참조. Narendra Wagle, *Society at the Time of the Buddha* (Bombay: Popular Prakashan, 1966); Romila Thapar, *From Lineage to State: Social Formations in the Mid First Millennium BC in the Ganga Valley* (Delhi: Oxford University Press, 1990); and Uma Chakravarti, *The Social Dimensions of Early Buddhism* (Delhi: Oxford University Press, 1987).

Ware, NBPW)가 당시의 대표적 유물이다. NBPW는 매끄럽고 우아하게 만들어진 토기로, 해당 시기인 기원전 7~2세기에 "제2차 도시화"가 진행된 유적에서 흔히 발견된다. NBPW 유물층에서는 전형적으로 구리 동전과 펀치마크(punch-mark) 은화가 함께 출토되는데, 역사적으로 남아시아 최초의 금속 화폐였다(문헌 자료에 karshapanas로 기록되었다). 이외에도 불에 구운 진흙 벽돌과 배수로, 둥근 형태의 우물, 철제 도구, 악기, 준보석, 테라코타 인형과 인장 등이 당시의 전형적인 유물이다.

기원전 6~5세기의 도시 문화로부터[10] 지적 풍토가 만들어졌던 것 같다. 당시의 대표적인 두 가지 기념비적 신앙과 교단 조직이 바로 불교와 자이나교였다. 대체로 비슷한 시기에 형성된 두 종교는 각각 고타마 붓다(Gautama Buddha)와 티르탕카르 마하비라(Tirthankar Mahavira)의 가르침을 따랐다. 이들은 《베다》경전의 신성성과 브라만이 집전하는 의례의 권위를 거부했다. 불교는 예컨대 마가다 왕국 같은 주도적 왕국에서 대대적인 인기를 얻었다. 불교는 네 가지 고귀한 진리(aryachatvarisatyani, 사성제)를 가르쳤다. 인간이 겪는 고통의 원인이 욕망이라고 설파했으며, 열반(구원)에 이르는 길은 욕망을 제거하는 것이라고 주장했다. 그것은 끊임없이 되풀이되는 환생과 그로부터 비롯되는 불행의 고리를 끊는 방법이었다. 자이나교에서도 마찬가지로 더욱 엄격한 금욕주의를 가르쳤고, 독신과 욕망의 절제를 강조했다. 불교와 자이나교는 다 같이 살아있는 생명체에 대한 비폭력을 옹호했는데, 이를 아힘사(ahimsa)라 한다.

10 이보다 조금 후대에 성립된 산스크리트어 시문학과 드라마를 통해 당시의 활발했던 도시 문화를 연구한 성과로 다음을 참조. Shonaleeka Kaul, *Imagining the Urban: Sanskrit and the City in Early India* (Delhi: Permanent Black, 2010).

불교와 자이나교 교단(sangha, matha)은 많은 평신도를 모았고, 여러 사회 계층이 교단을 후원했다. 그중에는 특히 상인 같은 부유한 계층의 사람들도 포함되어 있었다. 자이나교의 교세는 남서부 인도 지역에 국한되어 있었지만, 불교는 더 널리 전파되어 남아시아 전역은 물론 그 너머로까지 확산되었다. 그리하여 기원후 초기에 티베트, 한국, 일본으로, 그리고 아프가니스탄을 비롯한 중앙아시아 곳곳으로 불교가 전해졌다.[11]

흥미롭게도 이들 특이한 종교를 전폭적으로 지원하고 선전한 왕조는 마가다 왕국의 마우리아(Maurya) 왕조였다. 마우리아 왕조 시기(321~181 BCE)에 남아시아 역사상 최초로 거대 제국이 출현했다. 마우리아 제국의 설립자는 찬드라굽타 마우리아(Chandragupta Maurya)였다. 그는 남아시아 북서부 간다라 지역에서 알렉산드로스가 임명한 총독 셀레우코스 니카토르(Seleucos Nikator)에 맞서 승리했고, 나중에는 그와 혼인 동맹을 맺었다고 전한다. 전설에 따르면 찬드라굽타의 태생은 출중하지 못했는데, 계략이 풍부했던, 그러나 도덕적이었던 스승에게 영감을 얻고 또한 도움을 받아 제국을 건설할 수 있었다고 한다. 그의 스승이자 수상이었던 인물이 바로 카우틸리아 차나키아(Kautilya Chanakya)였다. 그는 찬드라굽타의 세력을 남아시아의 북서부까지 확장할 계획을 세웠

---

11 불교와 자이나교의 사상 및 역사에 관해서는 워낙 방대한 저술이 나와 있다. 처음 시작하는 독자라면 다음 책을 추천한다. A. K. Warder, *Indian Buddhism* (Delhi: Motilal Banarsidass, 1970); 보다 최근의 연구 성과로는 다음을 참조. Richard F. Gombrich, *Theravada Buddhism: A Social History from Ancient Benaras to Modern Colombo* (New York: Routledge, 2006). 자이나교에 대해서는 다음을 참조. Padmanabh S. Jaini, *The Jaina Path of Purification* (Berkeley: University of California Press, [1979] 2001), and Paul Dundas, *The Jainas* (New York: Routledge, 1992).

다. 당시는 북서부가 남아시아 전체의 중심지였다. 그의 계획에 따라 찬드라굽타는 북서부의 마가다 왕국까지 진출했으며, 마가다 왕국 최후의 왕조였던 난다(Nanda) 왕조를 무너뜨렸다. 그러므로 산스크리트어로 기록된 유명한 국가 운영 지침서 《아르타샤스트라(Arthashastra)》의 저자가 차나키아로 전해지는 것은 우연이 아니었다. 이 책에서는 제국 개념이 등장하며, 야망에서 출발하여 왕 중의 왕 비지기슈(vijigishu)의 자리에 오른 영웅의 관점에서 국가를 어떻게 운영해야 하는지를 기술했다. 비지기슈는 전 세계를 정복하고자 하는 욕망을 가진 정복자였다.[12] 역사적으로 보면 찬드라굽타가 바로 그러한 비지기슈가 되었다.

찬드라굽타(재위 321~297 BCE)는 마가다 왕국을 제국의 최고 정점에 올려놓았다. 마가다 왕국을 중심으로 그의 통치 아래 모인 지역은 북서부로 간다라(Gandhara, 오늘날 아프가니스탄)까지, 서부로 기르나르(Girnar, 오늘날 구자라트)까지, 동부로 앙가(Anga, 오늘날 벵골)까지, 남부로 카르나타카(Karnataka, 오늘날 데칸)까지였다. 남아시아 대륙을 횡으로 가로지르는 빈디아산맥(Vindhyan mountains) 위아래가 모두 그의 통치 아래 놓였다. 그의 명성은 후대 로마의 연대기 작가 플루타르코스에게까지 전해졌다. 플루타르코스는 "산드로코투스(Sandrocottus)"(찬드라굽타의 로마식 이름)가 "인디아(India)" 전역을 장악했고, 그의 군대가 60만 명이라고 기록했다.

찬드라굽타의 왕위를 계승한 그의 아들 빈두사라(Bindusara, 재위

---

12 R. P. Kangle (ed. and trans.), *The Kautiliya Arthasastra*, 3 vols. (University of Bombay, 1960-65).

297~273 BCE)에 관해서는 별로 알려진 것이 없다. 다만 빈두사라의 재위 기간에 남아시아를 벗어난 다른 지역의 황제들과 외교 관계를 처음 시작했다고 전한다. 이런 흐름은 그의 아들 아소카(Ashoka) 대왕의 시대에 더욱 강화되었다. 그리스의 지리학자 스트라본(Strabon)의 기록에 따르면, 빈두사라는 안티오코스(Antiochos, 셀레우코스 제국의 황제)에게 와인과 말린 무화과, 그리고 궁정에 있는 현인을 보내달라고 요청한 적이 있었다고 한다. 플리니우스(Plinius) 또한 빈두사라 관련 기록을 남겼는데, 이집트의 통치자 프톨레마이오스 2세 필라델포스(Ptolemaios Ⅱ Philadelphos)가 빈두사라에게 사신을 보낸 적이 있다고 한다.

아소카(찬드라굽타의 손자이자 마우리아 제국 역사상 최고의 황제)의 재위 시기(272~232 BCE)는 남아시아 역사의 획기적 분기점으로 알려져 있다. 각종 자료에 따르면, 그는 왕위에 오르기까지 아버지 및 형제들과 8년에 걸쳐 분쟁을 겪었다. 아소카는 왕위에 오른 뒤 동부 해안의 칼링가(Kalinga) 지역을 원정했는데, 그때까지도 마우리아 왕조에 저항하던 곳이었다. 칼링가는 피로 물들었고, 결국 마우리아 왕조에 복속되었다. 이로써 (남쪽 끄트머리 일부 지역을 제외한) 남아시아 대륙 전체의 통일이 완성되었다. 아소카는 제국의 경계 지역 곳곳에 수많은 바위 글귀를 새기고 돌기둥을 세웠다. 발견된 유적은 20여 곳에 달한다. 아소카 대왕의 칙령이 새겨진 돌기둥은 자못 충격적이었다. 돌로 만든 높은 기둥의 표면은 매끄럽게 다듬었고, 대개는 기둥의 꼭대기 원형 바닥에 동물 머리 모양의 화려한 조각상을 얹어두었다(불교 전통에서 그것은 왕권의 상징이었다). 그리고 돌기둥에는 왕의 칙령이 새겨져 있었다. 우뚝 솟은 돌기둥은 주변 경관을 압도했다(그림 18-1). 이렇게 칙령을 새기는 것은 페르시아 아케메네스 왕조의 관행에서 영감을 얻은 것으로 추정되는데, 왕의 백성과 관리를 대상으로 왕의 권력과 신념을 전하는 독특한 내용을 담고 있었다. 프라크리트(Prakrit)어로 기록된 칙령의 내용은 비폭력, 금욕, 화합 같은 사회-윤리적 원칙을 천명하고, 왕이 스스로 원칙을 지키면서 백성에게도 권유하는 내용이었다. 왕은 백성을 자신이 돌보는 어린아이에 비유했다. 이러한 원칙이 비문에서는 담마(dhamma)라고 표현되어 있는데, 연구에 따르면 이러한 원칙은 아소카가 개인적으로 신봉한 불교의 영향을 받은 것으로 해석된다. 아소카는 한창 폭력적으로 야망을 실현하다가 불교로 개종하게 되는 계기가 있었다. 이 모든 정황을 종합해볼 때 아소카는 불교를 더할 수 없을 만큼 적극적으로 후원했던 것 같다. 승단(sangha)에 수많은 재물을 기부하여 기념비적 건축물과 사찰을 지었으며, 스리랑카 같은 외국에 대한 선교 활동도 지원했다.[13]

그러나 담마는 또한 개인적 차원이 아니라 제국의 차원에서 중요한 전략이었다. 날로 확대되어가는 제국의 다양한 영토를 이념적으로 통일하여 평화를 유지하기 위한 수단이었던 것이다. 역사학적으로 합의된 바에 따르자면 마우리아 제국은, 비록 그 규모나 권위에 있어서 전례가 없을 만큼 거대했지만, 중앙 집권적 단일 중심의 권력 구조가 아니었다. 더욱이 의사소통 기술의 발달 과정상 당시에는 그러한 권력 구조가 불가능했다. 마우리아 제국의 황제는 파탈리푸트라(Pataliputra)에 기반을 두고 있었는데, 그곳은 남아시아 대륙의 동부 구석이었다. 그곳으로부터

---

13 아소카 비문의 명쾌한 해석은 다음을 참조. The appendix in Romila Thapar, *Asoka and the Decline of the Mauryas* (Delhi: Oxford University Press, [1963] 1987).

[그림 18-1] 돌기둥 위의 사자상
인도 북부 사르나트에 위치.

제국의 종횡을 통틀어 단일한 권력을 집행할 수가 없었다. 제국의 통치는 최소한 세 단계의 구역으로 나뉘었다. 핵심부는 거대 도시, 즉 마가다 구역이었다. 그다음은 고도로 발달한 구역으로, 갠지스강 유역과 그에 연결된 아반티(Avanti) 지역이었다. 마지막은 주변부 구역으로, 인도 중남부의 산악 지대와 밀림 지대가 모두 해당되었는데, 이곳은 마우리아 제국의 직접적 행정 체계가 미치지 않고 단지 천연자원을 조달하는 지역이었을 뿐이다. 이처럼 마우리아 제국의 행정은 남아시아 대륙의 세로축보다 가로축을 위주로 했고, 관료 체제의 점진적 확산을 통해 통일성을 유지했다. 지역별로 총독(kumara)과 장관(amatya)을 임명했으며, 막대한 군대를 유지했고, 아마도 황제의 온정적 은혜를 베풀기도 했을 것이다.

아소카의 후예 중에는 별로 뚜렷한 인물이 없었고, 마우리아 제국은 점차 쇠락해갔다. 기원전 200년에서 기원후 300년 사이 과거 마우리아 제국의 영역 곳곳에서 수많은 권력 집단이 출현했다. 예컨대 갠지스강 유역에서는 푸샤미트라(Pushyamitra)가 세운 슝가(Shunga) 왕국이 마우리아 제국을 계승했다. 푸샤미트라는 마우리아 제국의 장군이었는데, 기원전 180년에 마우리아 제국 최후의 황제를 죽이고 스스로 왕위에 올랐다고 한다. 슝가 왕국이 이후 약 100년 동안 존속된 뒤에 칸바(Kanva) 왕국으로 이어졌고, 칸바 왕국은 얼마 지나지 않아 다시 미트라(Mitra) 왕국에게 자리를 내주었다. 왕국의 주인이 바뀌는 동안 왕국의 크기는 점점 더 줄어들었다.

기원전 1세기 사타바하나(Satavahana) 왕국의 등장은 이 시대에 국가 체제와 사회가 새로운 영역으로 접어들었음을 나타내는 사건이었다.

사타바하나 왕국의 수도는 프라티슈타나(Pratishthana, 오늘날 고다바리 강 유역의 파이탄Paithan)에 있었다. 이곳을 중심으로 하는 사타바하나 왕국은 마우리아 제국 이후(post-Mauryan period) 가장 중요한 세력이 되었고, 기원전 1세기부터 기원후 3세기 초까지 데칸 지역의 대부분을 장악했다. 사타바하나 왕국을 설립한 사람들이 누구였고 어디서 왔는지는 불분명하다. 그들이 남긴 비석의 비문에 따르면, 그들은 스스로 브라만(brahmana, 즉 ekabahmana)이라는 자부심을 가지고 있었다. 마우리아 제국 이후 시대에 집성된 백과전서 텍스트로 《푸라나(Purana)》라는 문헌이 남아 있는데, 이 문헌에는 사타바하나 왕국을 설립한 세력이 안드라(Andhra)로 기록되어 있으며, 사회적으로 낮은 계층이었다고 한다. 어찌되었든 사타바하나 왕실은 닥시나파타(Dakshinapatha)의 군주, 즉 남부의 군주라는 칭호를 얻었다. 로마의 연대기 작가 플리니우스 또한 약간의 과장을 곁들여 이들에 대한 기록을 남겼다. 즉 안드라는 수많은 마을과 성벽을 두른 도시 30곳, 그리고 대규모 보병과 기병 및 코끼리 부대를 보유하고 있다고 했다.[14]

사타바하나 왕국의 영토는 수많은 행정 단위로 나뉘어 있었는데, 각각의 단위를 아하라(ahara)라고 했다. 또한 다양한 종류의 관리들이 그곳에 파견되었다고 전한다. 그러나 기본적으로는 봉건 제국 체제였으며, 사타바하나 왕국 안에 수많은 지역 통치자 혹은 부족장이 존재했다. 이들은 마하라티(maharathi)와 마하보자(mahabhoja)였다. 그들을 포괄하

---

14 See A. M. Shastri (ed.), *The Age of the Satavahanas*, 2 vols. (Delhi: Aryan Books International, 1999).

는 최고 권력이 사타바하나 왕국이었던 것이다. 사타바하나 왕국의 주요 왕들 가운데 가우타미푸트라 사타카르니(Gautamiputra Satakarni, 재위 c. 106~130 CE)가 있었는데, 그의 재위 기간에 왕국의 영토는 최대 규모에 이르렀다. 그의 후계는 아들 바시슈티푸트라 풀루마비(Vashishthiputra Pulumavi, 130~154 CE)와 야즈나슈리 사타카르니(Yajnashri Satakarni, 165~194 CE)가 이었다. 사타바하나 왕들의 이름은 모계성씨(metronym)를 사용했다. 이와 관련하여 왕비의 이름으로 불교 동굴 사원에 시주한 내용이 기록되어 있는 점은 자못 흥미를 자아낸다. 사타바하나 왕국의 또 한 가지 주목할 점은 화폐다. 그들은 납과 포틴(potin, 납 합금)을 재료로 동전을 주조했다.

거의 같은 시기 사타바하나 왕국의 남쪽은 부족장 혹은 초기 국가 시기였다. 우라이유르(Uraiyur, 오늘날 타밀나두의 도시 – 옮긴이)는 체라(Chera) 가문, 반치(Vanchi)는 촐라(Chola) 가문, 마두라이(Madurai)는 판디아(Pandya) 가문이 다스리고 있었다. 이들은 부족장 가문(muventar)이었던 것으로 추정되는데, 주로 인도아대륙의 남부 극단 지역 근처에 분포했다. 그 지역을 타밀라캄(Tamilakam)이라 했다. 부족장 가문은 저마다 엠블럼을 가지고 있었다. 체라 가문은 활, 촐라 가문은 호랑이, 판디아 가문은 쌍둥이 물고기 문양이었다. 이들 지역에도 소규모 부족장들이 존재했다. 그중에서 규모가 큰 부족들만이 수많은 분쟁의 과정에서 이름을 남기게 되었다.

우리가 알고 있는 이 지역 정치 구조의 형성 과정은 주로 고대 타밀어(early Tamil)로[15] 기록된 (구전) 시편의 내용에 의존하고 있다. 이 장르의 문학을 상감 문학(Sangam literature)이라 한다.[16] 뿐만 아니라 아소카 대왕이 세운 석주에도 마우리아 제국과 그들의 교류가 언급되어 있다. 교류의 목적은 아마도 남부 지역에서 생산되는 진주, 상아, 백단(목재) 등 천연자원을 획득하기 위해서였을 것이다. 일부 학자들은 마우리아 제국과의 접촉이 촉매가 되어 타밀라캄 지역에 고대 국가가 형성되었다고 주장하기도 한다. 고고학적으로는 이 지역에서 기원전 1000년경부터 기원후 300년경까지를 거석문화(Megalithic culture) 시대로 본다. 문화의 명칭은 무덤에 거대한 고인돌을 사용한 사실에서 비롯되었다. 거석문화는 제철, 농경, 목축과 관련이 있었다. 거석문화 시대 후기(300 BCE~500 CE)에 이르러 남부 지역도 초기 역사 시대로 접어들었다. 앞에서 언급한 이른바 상감 문학의 시편들이 묘사하는 내용이 이 시대의 상황과 맞아떨어진다.

시편들 가운데 관련된 내용들은 《에투토카이(Ettutokai, 8편의 모음집)》편에 대거 등장한다. 그에 따르면 타밀라캄 지역에는 다양한 생활 경제가 존재했고, 이는 생태 환경의 지리적 차이(tinai)에 따라 만들어진 다양성이었다. 예를 들어 쿠린지(kurinji, 언덕)에서는 수렵과 채집, 물라이(mullai, 목초지)에서는 소 사육, 팔라이(palai, 사막)에서는 약탈과 소 도둑질, 네이탈(neytal, 해안)에서는 고기잡이와 소금 생산, 마루탐(marutam,

---

15 타밀어는 남아시아 드라비다어족 가운데 가장 오래된 언어에 속한다(이외에도 칸나다어, 말라얄람어, 텔루구어 등이 있다). 타밀어는 인도 남단 일부 지역에서만 사용되고 있다. 지리적 분포로는 산스크리트어에서 파생된 인도아리아어가 남아시아에서 가장 광범위한 범위를 차지하고 있다.
16 A. K. Ramanujan, *Poems of Love and War: From the Eight Anthologies and the Ten Long Poems* (Delhi: Oxford University Press, 1985). See also K. Kailasapathy, *Tamil Heroic Poetry* (Oxford: Clarendon Press, 1968).

강가)에서는 농경과 관련된 생업을 영위했고, 권력자의 근거지도 마루탐에 있었다. 초기 역사 시대는 남부 지역에 결정적 변화가 찾아온 시기로, 타밀-브라흐미 문자도 이때 출현했고, 카베리파티남(Kaveripattinam)과 무치리(Muchiri) 같은 곳에 도시 시장과 항구가 형성되었으며, 동전의 사용, 목걸이 제작과 천 짜기를 포함한 수공업, 무역(인도-로마의 무역은 이후 다시 논의)이 발달했고, 앞에서 언급한 것과 같은 정치 조직들이 등장했다.

마우리아 제국 이후 시대(post-Mauryan period)에 남아시아 대륙의 북-서부와 중-서부를 오가는 길목의 주요 지역에는 동시에 여러 개의 왕조가 성립했다. 이들은 대체로 중앙아시아 민족들이 남아시아로 들어오면서 생겨난 왕국이었다. 최초로 들어온 민족은 인도-그리스계 혹은 인도-박트리아계로서 힌두쿠시산맥의 북서부 지역, 대체로 오늘날 아프가니스탄 북부에 해당하는 지역 출신이었다. 그들은 인더스강 유역과 펀자브 지역으로 팽창하여 자신들의 왕국을 설립했고, 갠지스강-야무나강 강줄기를 따라 가끔 내륙 깊숙이 진출하기도 했다. 그때가 기원전 2세기에서 기원후 1세기 사이였다. 그들의 존재는 오직 그들이 발행한 동전을 통해서 알려졌다. 이는 남아시아 최초의 금화였을 뿐만 아니라, 표면에 글자와 왕의 얼굴이 새겨져 있어서 그들이 누구인지 쉽게 파악할 수 있었다. 이 왕국의 인도-그리스계 민족 때문에 헬레니즘 문화가 성장했다. 즉 도시 계획이나 조각상 제작 같은 것이 그들 문화의 영향이었다. 그중에서 가장 유명한 인도-그리스계 왕은 메난드로스(Menandros, 재위 165~145 BCE)였는데, 아마도 그는 불교를 받아들였던 것 같다.

그들 다음으로 인도 지역으로 들어와 알려진 중앙아시아계 민족은 스키타이(Scythians) 혹은 사카인(Shakas)이었다. 사카의 여러 지파는 남아시아 북부와 중부 지역에 흩어져 각각의 왕국을 설립했다. 예를 들면 탁실라(Taxila, 파키스탄)나 마투라(Mathura, 갠지스강-야무나강 유역) 왕국 등이었다. 사카인은 부족장을 크샤트라파(kshatrapa)라 했다. 사카 왕국들 가운데 가장 강력하고 또한 가장 오래도록 지속된 왕국은 말와(Malwa) 지역에 근거지를 두었는데, 기원후 4세기까지도 존속했다. 이 왕국에서 가장 유명한 크샤트라파는 루드라다마나(Rudradamana) 1세(재위 c. 130~150 CE)였다. 그는 남아시아로 들어와 사타바하나 왕국과 오래고도 격렬한 투쟁을 벌였다. 이 사건은 사타바하나 왕국의 나시크(Nasik) 비문에 기록되어 있고, 동시에 주나가드(Junagadh)에 있는 루드라다마나 1세의 비문(최초의 순수 산스크리트어 비문)에도 남아 있다.

사카인의 발뒤꿈치를 붙잡고 인도-파르티아계 민족, 즉 팔라바인(Pahlavas)이 남아시아로 진출했다. 이들은 이란 지역 출신으로, 남아시아의 북서부 지역에서 비교적 소규모 공국을 설립했는데, 그중에서 가장 유명한 왕은 곤도페르네스(Gondophernes, 재위 c. 20~46 CE)였다. 마우리아 제국 이후 시대(post-Mauryan period)에 남아시아로 진출한 주요 중앙아시아 세력 가운데 최후의 민족은 쿠샨인(Kushans, 혹은 Kushanas)이었다. 쿠샨인은 중국 변경 지역 출신으로, 월지(月氏, 月支)라고 알려진 민족이었다. 이들은 다른 민족(흉노 – 옮긴이)의 압박에 밀려 고향에서 이동하여 다른 곳으로 진출했다. 그들 중 일파로 소월지(小月氏)라고 알려진 사람들이 티베트 북부 지역으로 들어가 정착했고, 대월지(大月氏)라는 사람들은 아무다리야(옥소스)강 유역에서 5개 공국을 설립했다. 기원후 1세기 동안 그들의 부족장 가운데 쿠줄라 카드피세스(Kujula Kadphises)와 그의 아들 비마 탁토(Vima Takto)와 비마 카드피세스(Vima Kadphises)가 5개 공국을 모두 차지했고, 이로써 쿠샨 제국의 토대를 닦았다. 기원후 2세기 초엽 그들은 북으로 아무다리야강과 남으로 인더스강까지, 서로 호라산(Khorasan)에서 동으로 펀자브에 이르는 지역을 모두 장악했다.

쿠샨 제국의 세력이 최고조에 달한 시기 왕의 이름은 카니슈카(Kanishka)였다. 그의 재위 기간은 기원후 127년부터 시작되었다(예전에는 카니슈카의 재위 기간이 기원후 78년부터 시작된다고 보았는데, 이는 오류였다. 힌두교 역법 중 사카역법Saka Samvat의 시작 연도가 그때이기 때문에 그렇게 추정했던 것뿐이다).[17] 이 시기에 쿠샨 제국은 동쪽으로 더 멀리 갠지스강 유역까지 나아가 바라나시(Varanasi)에 이르렀으며, 남쪽으로는 말와(Malwa) 지역까지 진출했다. 방대한 영역을 장악하는 과정에서 다양한 문화권(인도계, 그리스계, 서아시아계, 중앙아시아계)이 하나의 우산 아래 포섭되었고, 다양한 사람들과 그들의 관습이 서로 융합했다.

카니슈카 대왕과 그의 후계자들은 기원후 230년경까지 통치를 이어 갔다. 남아시아에서 그들의 수도는 두 곳, 즉 푸루샤푸라(Purushapura, 오늘날 페샤와르)와 마투라(Mathura)에 있었다. 쿠샨의 왕은 여러 가지 칭호로 불렀다. 데바푸트라(devaputra, 신의 아들), 카이제르(kaiser, 황제), 샤하누샤히(shahanushahi, 왕 중의 왕) 등이었다. 그러나 그들은 방대한 제국을 직접적으로 다스리는 절대 왕권의 소유자가 아니었다. 대부분의

---

17 오늘날 인도 정부도 공식적으로 사카역법을 따르고 있다.

지역에는 (사카인의 왕 같은) 종속 군주가 있었고, 그들은 크샤트라파(kshatrapa) 혹은 마하크샤트라파(mahakshatrapa)라고 일컬어졌다. 쿠샨 제국에서 주목할 만한 사실은, 예를 들면 그들이 고삐나 안장을 사용하는 향상된 기마술이나 바지-튜닉-코트 스타일의 복식 등 새로운 문화를 남아시아에 소개하기도 했지만, 동시에 현지 토착 문화를 적극 수용했다는 점이다. 이는 그들이 불교나 시바 숭배 같은 대중 종교 전통을 받아들이고 후원한다든가, 혹은 산스크리트어 문학의 진작을 위해 적극 노력한 데서도 잘 드러나고 있다.[18]

더욱이 마우리아 제국 이후 시대(post-Mauryan period)는 문화적으로 매우 의미심장한 시기였다. 몇 가지 새로운 문화적 흐름의 기반이 이 시대에 형성되었다. 즉 종교, 철학, 예술, 건축, 문학 등의 분야에서 남아시아적 전형이 이때 만들어졌다. 예를 들어 오늘날 힌두교(Hinduism)라 일컬어지는 대중적 종교의 신앙과 의례가 이 시대에 출현했다.[19] 대표적 의례가 바로 바크티(bhakti)와 푸자(puja)였다. 바크티란 개인적으로 섬기는 신을 숭배하는 의례를 말하는데, 개인적이라는 측면에서 베다의 희생 의례와 달랐다. 바크티 의례에서는 주로 세 가지 신격, 곧 시바(Shiva), 비슈누(Vishnu), 샤크티(Shakti)를 숭배했는데, 이들을 둘러싸

---

18 See Baij Nath Puri, 'The Kushanas', in Janos Harmatta (ed.), *History of the Civilizations of Central Asia* (Paris: UNESCO, 1994), vol. II, pp. 240ff.
19 힌두교의 역사에 관한 자료는 무수히 많다. 처음 시작하는 독자라면 이 책을 추천한다. Gavin D. Flood, *An Introduction to Hinduism* (Cambridge University Press, 1996). 또한 힌두교 문화의 다양한 측면을 폭넓게 보여주는 책은 다음과 같다. *The Blackwell Companion to Hinduism* (Oxford: Blackwell, 2003). 힌두교 의례에 관한 뛰어난 연구 성과는 다음을 추천한다. C. J. Fuller, *The Camphor Flame: Popular Hinduism and Society in India* (Princeton University Press, 2004).

고 복잡한 신화가 만들어졌다.《푸라나(Purana)》,《라마야나(Ramayana)》, 《마하바라타(Mahabharata)》 같은 문헌에 그러한 신화들이 기록되어 있고, 그에 따라 정교한 의례가 거행되었다. 신화 속에서는 수많은 신이 공존했고, 각각의 신격은 개별적으로 숭배 대상이 될 수 있지만, 동시에 모든 신격은 하나의 판테온(pantheon)에 속했다. 이러한 종교적 양태를 일신 숭배(一神崇拜, monolatry)라 하는데, 최고신을 인정하지만 동시에 다른 신들의 존재도 함께 인정하는 교리를 의미한다(유일신 숭배 monotheism와 다르다. - 옮긴이). 또한 주목해야 할 점은, 푸라나의 힌두교가 싱크리티즘(syncretism), 즉 혼합주의(混合主義) 경향에서 발달했다는 사실이다. 세 가지 주요 신격의 숭배를 앞세우고 그 아래로 수많은 민속 종교가 포섭되었다. 예를 들어 다샤바타라(Dashavatara) 개념의 맹아가 비슈누 숭배와 결합하여 비슈누가 10명의 화신(avatara)으로 환생한다는 신화가 생겨났다. 그들 중 일부는 곰이나 물고기 같은 토템(totem)에서 기원한 것으로 보인다. 그중에서도 당시에 이미 많은 추종자를 확보했던 가장 유명한 화신은 바슈데바-크리슈나(Vasudeva-Krishna)였다. 그는 힌두교의 가장 성스러운 경전《바가바드 기타(Bhagavad Gita)》의 저자로 알려져 있다. 학계에서는 이 문헌이 기원후 시대가 막 시작될 무렵 집성된 것으로 보고 있으며,《마하바라타》의 일부로 들어가 있기도 하다.[20]

---

20 *The Mahabharata*, 3 vols., trans. A. B. van Buitenen (University of Chicago Press, 1980-83), and vol. VII, trans. James L. Fitzgerald, 2003. Also edited and translated by J. A. B. van Buitenen, *The Bhagavadgita in the Mahabharata*, bilingual edition (University of Chicago Press, 1981).

마우리아 왕조 이후 시대에 가장 중요한 의례는 푸자(puja)였다. 푸자 의례에서는 신을 목욕시키거나 신에게 기름 붓는 관습을 신성시했으며, 신에게 꽃, 과일, 캠퍼(camphor, 樟腦)를 바쳤다. 새로운 의례에 자연스럽게 수반된 관행이 도상(image) 경배와 사원에서 거행되는 예배였다. 이는 남아시아의 전형적인 종교적 관습이 되었고, 그 기원이 바로 우리가 논의하는 마우리아 제국 이후 시대였다. 시바와 비슈누를 비롯한 여신들의 도상을 숭배한 최초의 사례가 기원후 100~300년의 유적에서 확인되었다(힌두교 성지 마투라 소재). 또한 석재로 건축한 최초의 사원 유적은 기원전 200년부터 확인된다(비디샤Vidisha와 나가리Nagari에 위치).

흥미롭게도 광신(devotionalism)의 경향이 시대를 압도했고, 불교도 이 시기에 변화되었다. 이 시대의 불교에서는 보살(菩薩, bodhisattva)이 중심이 되었는데, 숭고한 자비심이 가득한 구세주의 모습이었다. 이를 대승불교(大乘佛敎, Mahayana)라 한다. 이러한 경향성의 직접적 결과로 붓다와 보살을 신격화하기 시작했는데, 그와 함께 불교의 판테온과 신화가 발달했고, 불교 사찰에서는 그러한 신격들을 숭배하기 시작했다. 이는 내용상 초기 불교와 상당히 달랐다. 초기 불교에서는 오직 상징물을 통해서만 붓다를 경배했으며, 심지어 붓다를 신으로 인정하지도 않았다. 대승불교는 쿠샨 제국의 카니슈카 대왕으로부터 막대한 지원을 받았다. 카슈미르에서 불교의 제4차 결집을 조직한 인물이 바로 카니슈카 대왕이었다. 기원전 200년부터 기원후 300년 사이 남아시아 곳곳의 불교 성지에 거대 규모의 스투파(stupa, 무덤), 차이티아(chaitya, 기도실), 비하라(vihara, 승원)가 수없이 건설되었다. 예를 들면 탁실라

(Taxila)의 다르마라지카(Dharmarajika) 스투파, 산치(Sanchi)의 거대 스투파(산치대탑), 그리고 바르후트(Bharhut), 사르나트(Sarnath), 아마라바티(Amaravati)의 스투파 등이 있다.[21]

불교적 주제로부터 영향을 받아 두 가지 중요한 조각 미술의 양식이 발달했다. 하나는 간다라(Gandhara) 양식으로, 쿠샨 제국의 후원으로 시작되어 기원후 1~5세기 남아시아 북서부 지역에서 번성했다. 석재는 편암(片巖, blueschist)을 사용했고 나중에는 회반죽(lime plaster)도 사용했다. 주로 붓다의 입상과 좌상을 제작했는데, 그리스-로마 조각의 독특한 경향이 뚜렷하게 나타났다. 자연스러운 신체의 형태, 육중하고 입체적인 복식의 표현, 날카로운 얼굴상, 부드럽게 물결치는 곱슬머리 표현 등이 그러한 요소들이다(그림 18-2). 또 하나는 마투라(Mathura) 양식인데, 이 또한 쿠샨 제국 시대에 번성했다. 현지에서 조달한 사암(沙巖, sandstone)을 사용한 점이 마투라 양식의 특징이라, 얼룩덜룩한 붉은 반점이 보인다. 마투라 양식의 불상과 보살상은 인도적 특징이 뚜렷했다. 육중하고 살집이 있는 신체 형태, 얇고 달라붙는 복식 표현, 어색한 미소, 삭발한 두상이 그러한 요소였다.

종교와 예술의 발전 이외에도 남아시아 철학의 여섯 가지 유파가 마우리아 제국 이후 시대에 시작되었다. 미맘사(Mimamsa), 베단타(Vedanta), 니야야(Nyaya), 바이셰시카(Vaisheshika), 삼키아(Samkhya), 요가(Yoga)가 그것이었다. 또한 여러 학문 분야의 초기 저술들이 이 시기

---

21 고대 인도 예술과 건축에 관한 개관으로 다음을 참조. Susan L. Huntington, *The Art of Ancient India* (New York : Weatherhill, 1985).

[그림 18-2] 사자상에 앉은 부처
간다라, 타흐티 바히(Takht-i-Bahi), 기원후 2/3세기.

에 출현했다. 예를 들면 법학(《Dharmasutra》), 문법학(《Mahabhashya》), 운율학(《Chhandasutra》), 작시법(《Natyashastra》), 의약학(《Charaka》, 《Sushruta Samhita》), 성애학(《Kamasutra》) 등이 있었다. 마지막으로 언급해야 할 전통은 카비아(kavya) 장르의 가장 오래된 작품이다. 카비아 장르는 특정 운율을 가진 시와 드라마의 일종으로, 산스크리트어로 기술된 높은 미학적 수준의 작품들이었다. 아슈바고샤(Asvaghosha)는 기원후 1세기 쿠샨 제국의 궁정에서 《붓다차리타(Buddhacaritam, 佛所行讚)》와 《사운다라난담(Saundaranandam, 孫陀羅難陀詩)》을 저술했다. 극작가 바사(Bhasa)의 작품은 《아비마라카(Avimaraka)》, 스바프나바사바다타(Svapnavasavadatta)》, 《카르나바람(Karnabharam)》 등을 포함해 13편이 전하는데, 모두 기원후 1~3세기의 작품으로 추정된다.[22]

이상과 같은 문화적 성취가 쏟아져 나온 이유는, 한편으로는 중앙 정권의 후원 및 원거리 무역의 발달 때문이고, 또 한편으로는 도시 경제가 번성하여 그 결실로 사회적 지위 상승을 꾀하는 사람들이 활발하게 예술을 후원했기 때문이다. 더욱이 마우리아 제국 이후 시대는 도시 역사의 원점이기도 하다. 이미 기원전 6세기부터 주로 갠지스강 유역과 말와 지역에 도시들이 번성했지만, 이 시대에 이르러 다른 지역에서도 새로운 도시와 도시적 생활 경제가 출현했다. 여기에는 카슈미르(Kashmir), 신드(Sindh), 라자스탄(Rajasthan), 구자라트(Gujarat), 오리사(Orissa), 안드라(Andhra), 카르나타카(Karnataka), 그리고 남부로 멀리 내

---

22 Mauriz Winternitz, *History of Indian Literature*, 3 vols. (Delhi: Motilal Banarsidass, 1985-93).

려가 있는 지역들까지 포함되었다. 이 시대의 도시들은 활발한 건축이 특징이었다. 불에 구운 진흙 벽돌로 복합적 건축물을 지었고, 잘 정비된 도로와 배수로, 성벽 등이 건설되었을 뿐만 아니라 바닥과 지붕에 타일을 까는 등 새로운 건축 양식도 도입되었다.

이와 같은 도시의 번영 저변에는 물론 확고한 농업 기반이 자리 잡고 있었다. 뿐만 아니라 수공업의 괄목할 만한 성장도 이를 뒷받침했다. 이 시대의 불교 문헌《마하바스투(Mahavastu)》에 따르면, 과거 마가다 왕국의 수도이기도 했던 도시 라자그리하(Rajagriha) 한 곳에서만 36개 종류의 상품이 생산되었고,《밀린다-판호(Milinda-panho, 彌蘭陀王問經)》에도 75개의 생산품이 등장한다. 여기서 언급된 기술자들의 예를 들면 대장장이, 금 세공사, 보석 세공사, 석공, 목수, 가죽 공예인, 기름 압착자, 향료 제작자, 화환 제작자 등의 전문가가 있었고, 또한 방직공, 도공(陶工), 상아 세공사, 설탕 제조 전문가, 곡물이나 과일 전문 상인, 술 제조 전문가 등이 있었다. 수공업자나 상인은 조합(shreni, nigama)을 조직했고, 마우리아 제국 이후 시대에는 그 인원수와 활동 범위가 크게 확장되었다. 조합의 수장은 제타카(jetthaka) 혹은 프라무카(pramukha)라 했으며, 이들에게는 왕을 가까이서 알현할 기회가 주어졌다. 조합에서는 자체적으로 동전과 인장을 발행했는데, 그 유물이 탁실라(Taxila), 카우샴비(Kaushambi), 바라나시(Varanasi), 아히카트라(Ahicchatra) 등지에서 발견된 바 있다. 조합은 또한 은행 기능도 담당했는데, 사람들은 승단(sangha)에 기부하고자 할 때 일정한 돈을 조합에 맡겼다. 그 금액에 대한 이자가 발생한 만큼 조합에서는 기부자가 요청한 승단에 정기적으로 곡물이나 직물을 제공했다.

다양한 동전도 대규모로 유통되었다. 왕국에서, 조합에서, 도시 행정 기관에서 각기 발행한 동전이었다. 동전의 재료로는 금(dinara), 은(purana), 동(karshapana, 쿠샨 왕조에서 막대한 양의 구리 동전을 발행했다), 납, 납 합금, 니켈 등이 있었다. 동전 액면가의 범위를 보건대 (높은 가치에서 소규모까지) 다양한 수준의 거래가 현금으로 이루어졌던 것 같다. 그렇다면 화폐 경제가 생활 깊숙이 침투해 있었을 것이다.

마지막으로 무역에 대해서 설명하자면, 기원전 6세기는 무역이 막 "이륙하는" 시기였다면, 마우리아 왕조 이후 시대는 내부와 외부, 육로와 해상 무역이 활발히 이루어져 전면적으로 시행된 시기였다. 문헌 자료에 따르면 남아시아 무역 품목은 매우 다양했다. 동부와 서부 및 남부 원거리 지역에서는 목화, 서부 지역에서는 철제 무기, 북서부 지역에서는 말과 낙타, 동부와 남부 지역에서는 코끼리 등이 주요 품목이었다. 특정 상품으로 유명한 도시들도 생겨났다. 비단, 모슬린, 백단(sandalwood)은 바라나시가 유명했고, 면화는 카시, 마두라이, 칸치(Kanchi)가 유명했다. 상품은 위아래로 이동했고, 원거리 시장들이 육로와 강줄기의 수로를 통해 서로 연결되었다. 무역로는 남아시아를 종횡으로 가로질렀다. 무역로 우타라파타(Uttarapatha)와 닥시나파타(Dakshinapatha)에 대해서는 앞에서 설명한 바와 같다. 이외에도 한편으로는 마투라(Mathura)에서 우자이니(Ujjayini)까지, 또한 마히슈마티(Mahishmati)까지 이어지는 길과, 다른 한편으로는 브리구칵차(Bhrigukaccha, 오늘날 바루치)와 소파라(Sopara) 같은 항구로 연결되는 길이 있었다. 또한 남쪽으로 이어지는 더 많은 길들이 있었다.

남아시아의 내부 무역 네트워크는 유라시아 대륙 전체를 관통하는 무역 네트워크와 완전히 통합되어 있었다(유라시아 네트워크는 중앙아시아, 서아시아, 동남아시아, 중국, 지중해까지 연결되어 있었다). 외부 무역 네트워크는 두 종류가 있었다. 하나는 인도를 종착지로 하는 네트워크로, 두 가지 방향이 있었다. 인도에서 생산된 상품을 모아서 외부로 수출하는 방향과, 외부의 상품을 수입하는 방향이었다. 어느 방향이든 종착지는 인도였다. 한편 중개무역 네트워크가 있었다. 인도에서 생산되거나 인도로 들어온 상품이 인도에서 다시 다른 지역으로 건너갔고, 이 경우 인도는 중개무역에서 물류가 거쳐 가는 중개지 역할을 담당했다.

중개무역의 가장 큰 원동력은 서양의 중국 비단 수요였다. 유명한 실크로드를 통해 중국에서 지중해까지 육상 무역로가 이어졌다. 이 길은 쿠샨 제국의 북부 경계 지역(카슈미르와 북부 아프가니스탄)을 통과했고, 푸루샤푸라(Purushapura), 푸쉬칼라바티(Pushkalavati), 탁실라(Taxila)를 거쳐 지나갔다. 나중에는 중앙아시아의 정세가 불안해지면서 무역로가 남쪽으로 더 내려와 인도로 깊숙이 들어왔고, 인도 서부 해안의 브리구칵차, 칼리아나(Kalyana), 소파라 같은 항구에서 페르시아만을 거쳐 로마 제국으로 이어졌다. 이 해상 무역로는 남서부 몬순 무역풍을 이용했다. (인도는 또한 독자적으로 중국과 교역을 계속했다. 진주, 유리, 향료 등을 수출하고 비단을 수입했다.)[23]

인도-로마 무역 품목이 중국산 비단에 국한된 것은 아니었다. 《에리트레아 항해기(Periplus Maris Erythraei)》와[24] 상감 문학 자료들(Sangam

---

23 See Xinriu Liu, *Ancient India and Ancient China: Trade and Religious Exchanges* (Delhi: Oxford University Press, 1988).

texts)을 보면, 기원전 1세기에서 기원후 2세기 사이 활발한 상업 활동이 이루어졌음을 알 수 있다. 향신료, 모슬린, 진주 등이 인도에서 로마로 수출되었다. 그 대가로, (상감 문학에서) 야바나(yavana, 이방인)로 묘사된 로마인은 인도로 와인, 암포라 양식의 물병, 아레티움(Arretium) 지역에서 생산한 도자기 등을 수출했다. 무엇보다도 로마의 금화와 은화가 남아시아 대륙에서 대거 발굴되었는데, 인도와의 무역 균형을 맞추기 위해 로마에서 지불한 화폐였다. 기원후 1세기 로마의 역사학자 플리니우스는 금이 모두 인도로 빠져나간다고 한탄하기도 했다. 인도에서 발굴된 로마 동전 저장고에는 특히 로마 황제 아우구스투스와 티베리우스 시기에 주조된 동전이 많았는데, 마하라슈트라(Maharashtra), 안드라프라데시(Andhra Pradesh), 타밀나두(Tamil Nadu) 등지에서 발견된 사례가 있었다. 기존 역사학에서는 야바나 무역상이 남아시아의 아리카메두(Arikamedu) 같은 곳에 무역 거점 식민지, 즉 "엠포리아(emporia)"를 건설했다고 믿었다. 그러나 최근 연구에 따르면, 인도인이나 로마인이 아니라 페르시아만의 아랍인 혹은 이집트에 거주하는 그리스인이 인도-로마 무역의 중개상으로 활발히 활동한 사실이 밝혀졌다. 이를 감안하자면 로마인이 직접 엠포리아를 건설했을 가능성은 거의 없는 것 같다.[25]

남아시아 대륙의 상업 네트워크는 동남아시아로도 연결되었다. 마우리아 왕조 이후 시대에는 남아시아-동남아 무역도 뚜렷이 확장되었다.

---

24 Lionel Casson, *The Periplus Maris Erythraei: Text with Introduction, Translation, and Commentary* (Princeton University Press, 1989).
25 Vimala Begley and Richard Daniel De Puma (eds.), *Rome and India: The Ancient Sea Trade* (Delhi: Oxford University Press, 1992).

불교 설화집 〈자타카(Jatakas)〉나 《밀린다판호(Milindapanho, 彌蘭陀王問經)》에도 무역상 이야기가 등장한다. 당시의 무역상은 힘겨운 항해 끝에 수바르나드비파(Suvarnadvipa, 오늘날 말레이시아와 인도네시아)나 수바르나부미(Suvarnabhumi, 오늘날 미얀마) 지역에 도착했다. 해당 지역의 고고학 발굴 성과는 이야기의 내용을 다시금 확신시켜주었다. 인도에서 수입한 물품 중에는 금, 주석, 계피(桂皮, cinnamon)나 정향(丁香, clove) 같은 향신료, 백단(sandalwood), 캠퍼(camphor, 樟腦) 등이 있었다. 인도에서 수출한 품목으로는 면직물, 설탕, 귀중품 구슬, 도기 등이 있었다.[26]

문화적 교류가 상업적 교류와 동시에 진행되었다는 사실에 특히 주목할 필요가 있다. 앞에서 언급했듯 남아시아 대륙의 북서부는 문화의 교차로여서 그리스인과 페르시아인과 몽골인이 뒤섞였고, 여기에 인도의 전통이 더해졌다. 중국의 경우 상호 교류는 주로 불교 전파를 통해 이루어졌다. 불교의 교리, 경전, 유물, 승려, 순례자가 수 세기에 걸쳐 남아시아와 중국 사이를 오갔다. 그리고 중국에서 다시 더 멀리 동쪽으로 한국과 일본으로까지 불교가 전해졌다. 이후 이들 지역에 상당히 심도 있는 변화가 찾아왔다. 기존 역사학에서는 오래도록, 초기 동남아시아의 역사가 인도에서 건너간 사람들이 정착하면서 시작되었다고 믿고 있었다. 혹은 동남아시아의 역사를 "인도화(Indianization)" 과정으로 이해했다. 자와나 수마트라 지역에 성립된 왕국에서 이름, 관습, 종교, 의례 등이 모두 산스크리트 문화와 브라만교를 받아들였기 때문이다. 또한 이

---

26 Himanshu Prabha Ray and Jean-François Salles (eds.), *Tradition and Archaeology: Early Maritime Contacts in the Indian Ocean* (New Delhi: Manohar Publishers, 1996).

들 왕국에서는 힌두교와 불교 조각 및 건축물이 두드러졌다. 그러나 오늘날의 연구 성과에 따르면, 이는 당시 지배 계층이 권위를 내세우기 위하여 문화를 차용한 것일 뿐, 남아시아에서 직접 건너온 사람들이 어떤 역할을 했다기보다 현지 토착 왕국에 의해 성립했던 것으로 해석된다.[27]

최근 남아시아 역사 연구에서는 기원후 300~900년을 초기 중세로 설정하고 있다.[28] 이 시대의 처음 3세기, 즉 기원후 300~600년은 굽타 시대(Gupta period)였다. 굽타 왕국은 마우리아 제국 이후 최대 규모의 제국이었다. 이후 300년, 즉 기원후 600~900년은 모두 합해서 굽타 제국 이후 시대(post-Gupta period)라 한다. 그러나 일부 학파에서는 두 시대를 묶어 몇 가지 근본적 변화가 시작되고 또한 성숙된 하나의 시대로 보기도 한다. 즉 남아시아 대륙의 사회-경제적 구조로 볼 때 초기 역사 시대가 마감되고 새로운 시대적 틀이 형성되기 시작한 시기로 보는 것이다. 이 가설에서 거론하는 변화에는 원거리 무역의 쇠락과, 이와 연관되는 화폐 경제의 몰락이 포함되어 있다. 또한 도시 중심지들의 점차적 쇠퇴와 방치도 거론되는데, 이는 농업 경제의 변화와 도시 지역의 시골화 때문에 일어난 일이었다. 이러한 경향은 왕실에서 토지를 브라만 계층과 사원 및 관리에게 나누어 준 관행과 관련이 있는데, 그 결과로 재

---

27 이 문제에 관한 연구 자료는 다음을 참조. Monica L. Smith, "'Indianization' from the Indian Point of View: Trade and Cultural Contacts with Southeast Asia in the Early First Millennium C.E.', *Journal of the Economic and Social History of the Orient* 42 (1999): 1-26.

28 초기 중세 인도를 설명하는 학술 용어는 수많은 학자들에 의해 변화 및 발전해왔다. 요약은 다음을 참조. Brajadulal Chattopadhyaya, *The Making of Early Medieval India* (Delhi: Oxford University Press, 1994, 2012), Introduction.

정적 특권을 누리는 계층이 워낙 많아졌던 것이다. 이러한 현상들을 모두 합쳐서 "인도식 봉건주의(Indian feudalism)"라고 한다. 정치 및 경제적 권력이 탈중심화된 현상이 중세 유럽의 경향과 비슷한 패턴을 보인다는 의미에서 붙여진 이름이다.[29]

그러나 최근에는 인도식 봉건주의 이론에 심각한 결함이 있다는 의견이 제시되었다. 당시의 도시 경제와 국가 권력을 지나친 위기 상황으로 해석하는 것 자체가 오류였다는 주장이다.[30] 남아시아 대륙에서 무역 네트워크와 화폐 경제가 사라지기는 했지만, 같은 시기 몇몇 도시에서는 "제2차 도시화" 과정이 진행되고 있었다. 심지어 탁실라, 바라나시, 파탈리푸트라 같은 기존의 도시들도 쇠락을 면치 못했지만, 예를 들면 아힉차트라(Ahicchatra), 참파(Champa), 마하스탄(Mahasthan), 카니아쿠브자(Kanyakubja) 등의 도시들은 계속해서 번성했다. 어떤 경우에도 농업의 팽창은 초기 중세에 아주 뚜렷이 확인되었고, 남아시아 역사에서 그것이 도시화와 상충된 적은 없었다. 상충은커녕 오히려 도시는 강력한 농업 기반 위에 형성되는 경우가 많았다. 더욱이 기원후 8~9세기에는 새로운 도시들이 성장한 사실이 확인되었다. 그곳은 남아시아 대륙 곳곳을 상업 및 정치적으로 연결하는 중심지였다. 예를 들면 인도 서부

---

29 이 이론을 구축했던 대표적인 인물은 Ram Sharan Sharma였다. Ram Sharan Sharma, *Indian Feudalism* (University of Calcutta,1965). 그 이전에도 이 이론을 지지하는 사람들이 있었지만, 특히 Ram Sharan Sharma 이후에 추종자가 많이 늘었다.
30 비판은 다양한 분야에서 제기되어왔다. 핵심 논지는 다음을 참조. Brajadulal Chattopadhyaya, 'State and Economy in North India: Fourth Century to Twelfth Century', in Brajadulal Chattopadhyaya, *Studying Early India: Archaeology, Texts, and Historical Issues* (Delhi: Permanent Black, 2003), pp. 233-62. See also Harbans Mukhia (ed.), *The Feudalism Debate* (Delhi: Manohar Publishers, 1999).

에서는 타타난다푸라(Tattanandapura)와 프르투다카(Prthudaka), 인도 남부에서는 칸치(Kanchi)와 탄자부르(Thanjavur) 같은 곳이었다. 일부 학자들은 이를 사실상의 "제3차 도시화" 과정으로 일컫기도 하는데, 초기 중세의 발전과 같은 패턴이 확인되기 때문이다.[31] 이들의 견해에 따르면, 초기 역사 시대와 이후 시대, 특히 굽타 제국 이후 시대의 차이점은 국가뿐만 아니라 도시와 상업 네트워크의 형성에서도 그대로 나타났다. 즉 과거에는 갠지스강 유역의 중심지에서 주로 나타난 도시화 현상들이 이후 시대에는 남아시아 전역으로 보다 확대된 지역에서 뿌리내렸던 것이다. 또한 이 시기에 통합 국가가 형성되었다는 이론도 제기되었는데, 이는 당시를 봉건주의적 형태로 이해한 과거의 해석과 전혀 다른 관점이었다. 그들의 주장에 따르면, 종교와 토지 기부가 중요한 원동력이 되어서 기존 미개척지도 농지로 개척되었고, 그 과정에서 새로운 집단의 사람들이 브라만 계층을 비롯한 신분 사회로 편입되었다. 왕은 이를 기반으로 사원과 의례 전문가들에게 기부할 수 있었고, 이를 통해 다양하고 또한 확장된 영역에 대하여 종주권을 주장할 수 있게 되었다.[32] 이를 통해 국가 통치 체제의 강화 과정을 거치면서 초기 중세 시대의 사회 구조는 훨씬 더 복잡해졌다. 한편으로는 계급 제도가 더욱 세분화되었다. 기존의 카스트를 더욱 세분화한 자티(Jati) 범주가 만들어졌던 것이다(바르나 체제에서는 4개의 카스트, 즉 브라만-크샤트리아-바이샤-수드라를 구

---

31 이러한 관점의 대표적 성과로 다음을 참조. Chattopadhyaya, *Making of Early Medieval India*.
32 See Herman Kulke, 'Fragmentation and Segmentation Versus Integration? Reflections on the Concepts of Indian Feudalism and the Segmentary State in Indian History', *Studies in History* 4 (1982): 237-63.

분했는데, 각각의 카스트 안에서 다시 지역이나 직업 등 여러 가지 범주로 세분화한 집단을 자티라 한다. – 옮긴이). 직업의 세습 및 족내혼(endogamy)이 자티의 특징이었다. 당시 법률 문헌에서는 카스트 관련 법령이 훨씬 더 체계적으로 성문화되었다. 다른 한편으로 새로운 중간 지주 계층(토지 기부를 받은 사람들, 특히 아그라하라 브라만agrahara brahmana)이 등장했다. 종교적 이유로 그들에게 마을을 기부했고, 이후로는 그 마을에서 세금을 거두는 권한이 그들에게 넘어갔다.

이와 같은 맥락에서 굽타 시대와 굽타 제국 이후 시대의 발전과 성과를 해석해야 한다. 굽타 왕국의 통치는 기원후 319/320년 찬드라굽타(Chandragupta) 1세에 의해 갠지스강 중하류 지역(마가다 및 아요디아)에서 시작되었다. 그의 아들이자 후계자인 위대한 장군 사무드라굽타(재위 335~375 CE)는 왕국을 급격히 확장하여 남아시아 대륙의 북부와 중부 전역을 장악했고, 남쪽으로도 깊숙이 진출하자, "닥시나파타(Dakshinapatha)의 왕들"과 심할라(Simhala, 스리랑카)의 왕들, 타밀 지역 해안에 있는 섬나라의 왕들이 이빨을 드러내었다(그러나 사무드라굽타는 이들을 용서하고 신속히 병합하는 데 성공했다). 그의 정복 과정은 자세히 전해지고 있으며, 또한 그가 어떤 사람이었는지도 여러 가지 측면에서 잘 알려져 있다(그는 전투용 도끼를 잘 휘둘렀지만 동시에 리라 연주에도 능했다). 그의 궁중 시인들이 공식적 찬사를 기록해두었고, 알라하바드(Allahabad)의 돌기둥에도 그러한 내용이 남아 있기 때문이다.[33] 굽타 제국의 팽창은 찬드라굽타(Chandragupta) 2세 시기(375~415

---

33 John Faithful Fleet, *Inscriptions of the Early Gupta Kings and Their Successors*

CE) 최고조에 달했다. 그는 인도 서부 지역을 정복했고, 수도를 우자이니(Ujjayini)에 건설하기도 했던 것 같다. 전설 속의 왕 비크라마디티야(Vikramaditya)가 바로 그였다고도 하는데, 비크라마디티야의 궁정에는 학식 높은 인재들이 넘쳐났다고 한다. 쿠마라굽타(Kumaragupta, 재위 415~455 CE)와 스칸다굽타(Skandagupta, 재위 455~467 CE)는 이후 반세기 동안 제국의 세력을 성공적으로 유지했다(그림 18-3).

굽타 제국의 황제는 다양한 칭호를 사용했다. 파라마바타라카(paramabhattaraka, 최고의 군주)와 마하라자디라자(maharajadhiraja, 위대한 왕 중의 왕) 등이었다. 그러나 그들이 실제로 제국의 영토 전체를 직접 통치한 것은 아니었으며, 수많은 전쟁과 정복을 통해 종주권을 인정하는 네트워크를 구축하는 방식이었던 것 같다. 비슷한 방식으로 이웃한 제국인 바카타카(Vakataka) 제국에도 영향력을 행사했는데, 왕자들을 바카타카 제국의 공주들과 결혼시켜 왕자들로 하여금 대리 통치를 하게 했던 것이다. 굽타 제국의 영토는 부크티(bhukti)라고 불리는 여러 지역으로 나뉘었고, 부크티는 다시 비샤야(vishaya)라고 불리는 여러 지방으로 나뉘었으며, 비샤야 아래 여러 도시와 마을이 소속되어 있었다. 굽타 제국에서는 많은 비문을 남겼고, 문자를 새긴 구리 동전도 남아 있다. 그들의 통치 시기에 상당한 번영을 누린 사실은 의심의 여지가 없다. 그들은 고대 남아시아 역사상 가장 가치가 높고 가장 많은 금화를 발행했다. 또한 그들은 힌두교의 강력한 후원자였다. 특히 비슈누 숭배를 강조했다. 벽돌과 돌로 쌓은 최초의 사원 구조물은 아직도 그대로 남아 있다.

(Calcutta: Superintendent of Government Printing, India, 1888), pp. 1-17.

[그림 18-3] 쿠마라굽타 1세와 찬드라굽타 1세의 금화(dinar)

데오가르(Deogarh), 비타르가온(Bhitargaon), 에란(Eran) 등지에 있는 이들 사원은 모두 굽타 제국 시대에 건설되었다. 사원은 규모가 작고 비교적 단순하며, 건물의 엔타블러처에 힌두교 신화를 내용으로 하는 부조가 새겨져 있다. 이 시기에 형성된 이와 같은 독특한 건축 양식을 나가라(nagara) 양식이라 한다(십자형의 테라스와 뾰족탑이 특징). 중세 시기에는 이와 같은 양식의 사원 건축이 거대해지고, 더욱 높이 치솟고, 더욱 광대한 면적을 차지하는 복합 건물로 발달했다. 코나르크(Konark), 카주라호(Khajuraho), 솜나트(Somnath) 등지에 유적이 남아 있다. 또한 굽타 시대에는 우다야기리(Udayagiri)에서 바위 절벽을 깎은 석굴 사원이 조성되기도 했다(그림 18-4).[34]

굽타 시대에도 불교는 계속해서 번성했다. 특히 날란다(Nalanda)는 불교의 중심지로서, 거대한 사원과 대학교가 건설되었다. 날란다와, 조금 후대에 이를 모방한 비크라마실라(Vikramashila)에는 중국, 티베트, 한국, 스리랑카 등 불교 문화권 전역에서 수많은 학자가 몰려들어 문화 교류의 장이 만들어졌다. 그곳에서 교육한 과목에는 문법, 논리학, 형이상학, 천문학, 신학 등이 있었다. 법현(法顯, Faxian)은 인도를 여행한 최초의 중국인 승려-여행가였다. 그는 기원후 405~411년 남아시아 대륙 여러 곳을 돌며 불교 성지를 순례했다. 그때 머물렀던 기록이 《고승법현전(高僧法顯傳)》이라는 책으로 남아 있다.

굽타 시대의 성취 가운데 언급하지 않을 수 없는 분야라 하면, 한편으로는 과학과 수학이고, 다른 한편으로는 미술과 문학이다. 과거 역사학자들은 이 시대의 성취를 일컬어 황금시대라 했다. 아리야바타(Aryabhata)는 위대한 수학자이자 천문학자로, 아마도 5세기의 인물로 추정된다. 그는 일식을 과학적으로 정확하게 밝혀낸 최초의 인물이었고, 지구가 자전축을 중심으로 돈다는 사실을 알아냈으며, 자전축의 기울기와 1년의 정확한 길이(365.2586805일)를 계산했다. 그의 업적 중에는 기본적인 수학 이론도 있었다. 제곱근과 세제곱근을 계산하여(여기서 이미 십진법 체제가 확인된다)[35] 원주율(π)을 정확히 파악했고, 사인 함수(오늘날 삼각법)를 계산했으며, 복잡한 연립방정식(대수학) 문제를 풀

---

34 사원 건축의 진화 및 다양한 양식과 관련한 상세한 논의는 다음을 참조. Michael W. Meister and Madhusudan A. Dhaky (eds.), *Encyclopaedia of Indian Temple Architecture*, 2 vols. (Delhi: American Institute of Indian Studies, 1983-88).

35 기원후 3세기 문헌에서 이미 10진법이 논의된 사례가 있다. David Pringee, *The Yavanajataka of Sphujidhvaja: An Astrological Classic*, 2 vols. (Cambridge, MA: Harvard University Press, 1978).

[그림 18-4] 바라하(비슈누의 화신)를 묘사한 부조

었다. 그보다 후대의 인물로 바라하미히라(Varahamihira, 6세기)가 있었는데, 그는 숫자 0을 최초로 언급한 사람으로 알려져 있다.[36] 또한 그는 계절의 변화와 구름, 바람, 강우량 같은 기상 현상을 설명했다. 이외에

---

36 기호 영(0)이 숫자가 아니라 상징 기호로 사용된 사례는 마우리아 왕조 이후 텍스트에서 이미 확인된다.

도 미적분 등을 포함하여 바스카라(Bhaskara) 1세(7세기 초)나 바스카라 2세(12세기) 같은 인물들의 학문적 기여가 더 있었다. 이들의 업적 가운데 상당 부분이 아랍어로 번역되었고, 그 내용이 아랍을 거쳐 전 세계로 확산되었다. 그리하여 오늘날 전 세계적으로 사용하고 있는 숫자 체계(1, 2, 3, 4…)가, 그것을 개발한 사람들이 아니라 아랍인의 이름을 따서 아라비아 숫자라 일컬어지게 되었다. 제철 기술의 기적적 성장도 굽타 시대에 이루어졌다. 그 결과물이 바로 델리에 서 있는 철기둥이다. 철기둥의 화학적 성분은 현대 과학으로도 다 풀어내지 못하여 미스터리로 남아 있다. 무려 1500년 넘게 외부에 노출되어 있었음에도 불구하고 녹슬거나 훼손되지 않았다.

유명한 불교 회화들도 굽타 시대의 작품들이다. 아잔타(Ajanta), 바다미(Badami), 바그(Bagh), 칸헤리(Kanheri) 등지의 석굴 사원에 벽화가 남아 있다. 또한 엘로라(Ellora)와 아우랑가바드(Aurangabad) 석굴 사원의 조각상들도 마찬가지다(그림 18-6). 이들 중 일부 회화 작품과 조각상은 유네스코 세계유산으로 지정되었다(그림 18-5).[37] 산스크리트어 문학(시와 산문) 작품은 4~9세기 최전성기를 구가했다. 대표적 작가들로는 칼리다사(Kalidasa), 수드라카(Sudraka), 단딘(Dandin), 바나(Bana), 마가(Magha), 바라비(Bharavi), 바바부티(Bhavabhuti) 등이 있었다. 수많은 남아시아의 종교 경전, 《푸라나》 혹은 《마하바라타(Mahabharata)》와 《라마야나(Ramayana)》 또한 이 시대에 최종 형태로 완성되었다. 한편 사회 법

---

37 See *World Heritage Sites: A Complete Guide to 936 UNESCO World Heritage Sites* (Richmond Hill, Ontario: Firefly Books, 2012).

〔그림 18-5〕 아잔타 석굴의 보살상 프레스코화(파드마파니 보디사트바)

률 서적, 예컨대 《마나바 스므리티(Manava Smriti)》와 《나라다 스므리티(Narada Smriti)》 또한 굽타 시대의 저술들이다.[38]

 6세기 중엽 즈음, 굽타 제국의 영광에 균열이 가기 시작했다. 제국이 직면한 도전은 한두 가지가 아니었다. 곳곳에서 사트라프(satrap, 총독)가 독자적으로 지역을 장악했고, 북서부에서는 훈족의 침략이 반복되었는데, 굽타 제국은 결국 그들을 막아내지 못했다. 굽타 제국과 대체로 같은 시기를 지내온 왕국 중 일부는 굽타 제국 이후에도 계속 유지되었다. 예를 들면 카슈미르 지역의 고난디아(Gonandiya) 왕국과 카르코타(Karkota) 왕국(6~8세기), 칼링가(Kalinga) 지역의 강가(Ganga) 왕국(5세기, 동쪽의 강가), 카르나타카 바나바시(Banavasi) 지역의 카담바(Kadamba) 왕국(4~6세기), 카르나타카 바다미(Badami) 지역의 찰루키아(Chalukya) 왕국(6~7세기) 등이었다. 최남단 지역 최초의 왕국은 팔라바(Pallava)였다. 팔라바 왕국은 4세기에서 9세기까지 지속되었다. 6세기까지 그들은 안드라(Andhra)에 중심을 두고 프라크리트어와 산스크리트어 문자를 새긴 수많은 비석을 세웠다. 또한 문자를 새긴 동판도 있었다. 대부분은 브라만(아그라하라)과 사원에 토지를 기부한 내용이었다. 6세기 이후에는 칸치푸람(Kanchipuram) 근처까지 영역을 확장해 그 지역을 톤다이만달람(Tondaimandalam)이라 했으며, 산스크리트어와 타밀어로 기록된 최초의 토지 문서를 발행했다.

 토지를 기부받은 측에서는 미개간 토지를 농지로 개간했다. 의례를

---

38 고대 남아시아의 다양한 공동체와 그에서 비롯된 다양한 문학 작품이 가지는 의미와 기능에 관한 연구 논문 모음집으로 다음을 참조. Shonaleeka Kaul (ed.), *Cultural History of Early South Asia: A Reader* (Delhi: Orient BlackSwan, 2014).

[그림 18-6] 엘로라 석굴 사원 16번 카일라사나타(Kailasanatha) 사원의 다와자 스탐바(Dhawaja sthambha, 깃발을 거는 지지대)
인도 마하라슈트라주 아우랑가바드(Aurangabad) 소재.

대표하는 사람이나 종교 기관에 토지를 기부하는 관행은 팔라바 왕국의 뒤를 이은 촐라(Chola) 제국 시기에 엄청나게 증가했다. 9세기에 팔라바 왕국에서 반란이 일어났고, 촐라 제국이 들어섰다. 남부 지역에서 브라만교에 근거한 통치의 정당성 확보, 농업 기반 왕국의 통치 관행은 모두 팔라바 왕국 시기에 시작되었다. 팔라바 왕조의 오랜 역사에서 가장 위대한 왕은 7세기의 마헨드라바르만(Mahendravarman) 1세와 나르심하바르만 맘말라(Narsimhavarman Mammalla), 그리고 9세기의 단티바르만(Dantivarman)이었다. 왕국의 수도는 칸치푸람이었다. 팔라바 왕국은 바다미 지역의 찰루키아 왕국, 특히 그들의 왕 풀라케신(Pulakeshin) 2세와, 바나바시 지역에 있었던 카담바 왕국과의 오랜 분쟁에 발목이 잡혀 있었다. 팔라비 왕조의 가장 기념비적인 유산은 아마도 남부의 뛰어난 사원 건축 양식일 것이다. 이를 드라비다(Dravida) 양식이라 한다(탑처럼 높이 솟은 출입문과 피라미드 형식으로 쌓아올린 성스러운 장소가 특징이다). 칸치(Kanchi)에 건축 유적이 남아 있다. 또한 단일암석을 깎아 만든 독특한 양식의 사원도 있는데, 마말라푸람(Mamallapuram)에 그 유적이 남아 있다. 거대한 드라비다 양식 건축의 결정판은 그러나 팔라바 왕국이 아니라 촐라 제국 시기에 조성된 것이다.

다시 북쪽으로 돌아가, 기원후 6세기 말경 푸샤부티(Pushyabhuti) 왕국이 지역 통치자들 사이에서 성장하여 권력을 장악했다. 그들의 근거지는 타네슈와르(Thaneshwar, 펀자브주)였다. 가장 유명한 왕은 하르샤바르다나(Harshavardhana, 재위 606~647 CE)로, 동쪽으로 밀고 들어가 갠지스강 중류 지역의 카니아쿠브자(Kanyakubja) 혹은 카나우지(Kannauj)에 왕국의 수도를 건설했다. 이곳은 이후 3세기 동안 제국의 수도로 부상했다. 마가다 왕국은 하르샤(Harsha)의 세력권으로 편입되었다. 하르샤는 한편으로는 오리사(Orissa)까지, 또 한편으로는 발라비(Valabhi)까지 세력을 확장했다. 하르샤의 통치에 관한 기록은 현장(玄奘) 법사가 쓴 《대당서역기(大唐西域記)》에 남아 있다. 현장 법사는 중국인 불교 순례자로, 남아시아 대륙을 폭넓게 여행했으며, 하르샤의 궁정에서 몇 년 동안 머물기도 했다.[39] 현장 법사는 아마도 열렬한 불교 후원자인 하르샤를 가까이 알현할 수 있었던 것 같다. 하르샤는 날란다 마하비하라(mahavihara)의 유지를 위해 200개 마을을 기부했다. 또한 하르샤의 통치 기간에는 중국 당나라에서 여섯 차례에 걸친 외교 사절 파견이 있었다고 한다. 하르샤는 문학적 재능을 갖춘 왕이었다. 유명한 산스크리트어 드라마 세 편이 그의 저작으로 알려져 있다. 또한 그는 남아시아 최초 전기 문학의 주인공이기도 하다. 제목은 〈하르샤차리타(Harshacharita)〉로, 그의 궁정에 머물던 계관시인 바나바타(Banabhatta)의 저술이다.[40]

하르샤 사망 이후 정치적 불안정 시기가 이어졌다. 카나우지는 전략적 요충지에 위치했기 때문에 후계를 둘러싼 싸움의 전장이 되었다. 더욱이 그곳에서 삼각 투쟁이 벌어졌으니, 말와(Malwa) 지역의 구르자라-프라티하라(Gurjara-Pratihara) 왕국(7~11세기)과 데칸 지역의

---

39 *Si-Yu-Ki, Buddhist Records of the Western World*, trans. Samuel Beal, 2 vols. (Delhi: Motilal Banarsidass, [1884] 2004).
40 For more details see Damodar Devahuti, *Harsha: A Political Study* (Delhi: Oxford University Press, [1970] 1983).

라슈트라쿠타(Rashtrakuta) 왕국(7~10세기), 벵골 지역의 팔라(Pala) 왕국(8~12세기)이 그곳을 두고 서로 다투었다. 8~9세기에는 위의 세 왕국이 서로 맞섰고, 각자가 큰 뜻을 품고서 갠지스강 유역과 제국 전역을 장악하고자 했다. 데칸 서부 지역 전체는 라슈트라쿠타 왕국이 통치했고, 수도는 마니아케타(Manyakheta)였다. 왕국의 최남단은 인도양까지, 최북단은 갠지스강 유역까지 이르렀다. 가장 중요한 왕은 단티두르가(Dantidurga, 팔라바 왕가의 일원), 드루바 다라바르샤(Dhruva Dharavarsha)와 그의 아들 고빈다(Govinda) 3세(8세기), 그리고 아모가바르샤(Amoghavarsha) 1세(9세기)였다. 아모가바르샤는 남부의 아소카 대왕이라는 별명을 얻었는데, 평화주의와 종교(자이나교) 및 예술 후원 덕분이었다. 라슈트라쿠타 왕국에서도 수많은 비문을 남겼다. 산스크리트어와 당시의 새로운 세속어인 칸나다(Kannada)어로 기록되었다. 세속어로 기록된 최초의 문학 작품도 그의 보호 아래 완성되었다. 엘로라(Ellora)에 있는 빼어난 석굴 사원 카일라사나타(Kailasanatha) 또한 라슈트라쿠타 왕국 치하에서 건설되었다(그림 18-6).

팔라 왕국의 가장 강력했던 왕은 데바팔라(Devapala)와 다르마팔라(Dharmapala)였다(8~9세기). 수도는 문게르(Munger)에 있었고, 나중에는 파탈리푸트라(Pataliputra)에도 있었다. 그들은 중세 초기 동부 인도 지역에서 대적할 자 없는 군주였다. 그들의 영토는 한때 동쪽으로 카마루파(Kamarupa, 오늘날 Assam)와 우트칼(Utkal, 오늘날 Odisha)까지 이르렀다. 또한 최전성기에는 남아시아 대륙 북서부의 일부까지 장악했다(지도 18-2 참조). 팔라 왕국은 불교 미술과 건축의 강력한 후원자였고, 특히 밀교(Vajrayana)와 관련이 깊었다. 그들의 후원에 힘입어 밀교가 티베트,

부탄, 미얀마 등지로 확산되었다. 팔라 왕국은 동남아시아와 교역 및 문화 교류 관계가 밀접했다. 자와섬의 샤일렌드라(Shailendra) 제국에서 팔라 미술 양식의 영향이 뚜렷했다.

구르자라-프라티하라(Gurjara Pratihara) 왕국의 중요한 왕으로는 8세기에 바트사라자(Vatsaraja), 그리고 9세기에 나가바타(Nagabhata) 2세와 전설적인 왕 미히르 보자(Mihir Bhoja)가 있었다. 왕국의 수도는 우자이니(Ujjayini)로, 서부에서 왕국을 설립했다. 그러나 곧이어 "북부의 왕중 왕(maharajadhiraja aryavarta)"이라는 칭호를 얻었다. 최전성기에는 동쪽으로 훨씬 더 멀리 진출하여 벵골까지 장악했다. 라슈트라쿠타 왕국과 팔라 왕국은 카나우지를 차지하기 위해 서로 힘겨운 싸움을 이어갔고, 2세기에 걸쳐 분쟁이 지속되었지만, 결국 카나우지를 병합하여 제국의 수도로 삼은 주인공은 프라티하라 왕국이었다. 이들은 예술을 후원했고, 오시안(Osian) 유적에서 보듯이 회랑이 개방된 양식의 사원 건물을 건축했으며, 구자라트(Gujarat)에 있던 상징적인 솜나트 사원을 재건했다. 프라티하라 왕국은 8~9세기 서쪽의 신드(Sindh) 지역에서 아랍 무슬림의 침략을 막아내고 또한 격파한 것으로 유명하며, 10세기 이후 투르크가 침략했을 때도 저항의 중심 세력이었다. 그러나 1017년 투르크의 정복자 가즈나 왕조의 마흐무드(Mahmud of Ghazni)는 마침내 제국의 수도 카나우지를 약탈하는 데 성공했다. 당시 프라티하라 왕국은, 이미 팔라 왕국뿐만 아니라 지방의 도전자들에 맞서 싸우느라 힘을 소진한 상태여서, 투르크의 카나우지 약탈 이후 국력이 급속히 쇠락했다. 투르크의 침략은 더욱 거세게 몰아쳤고, 마침내 1206년 투르크 노예 왕조

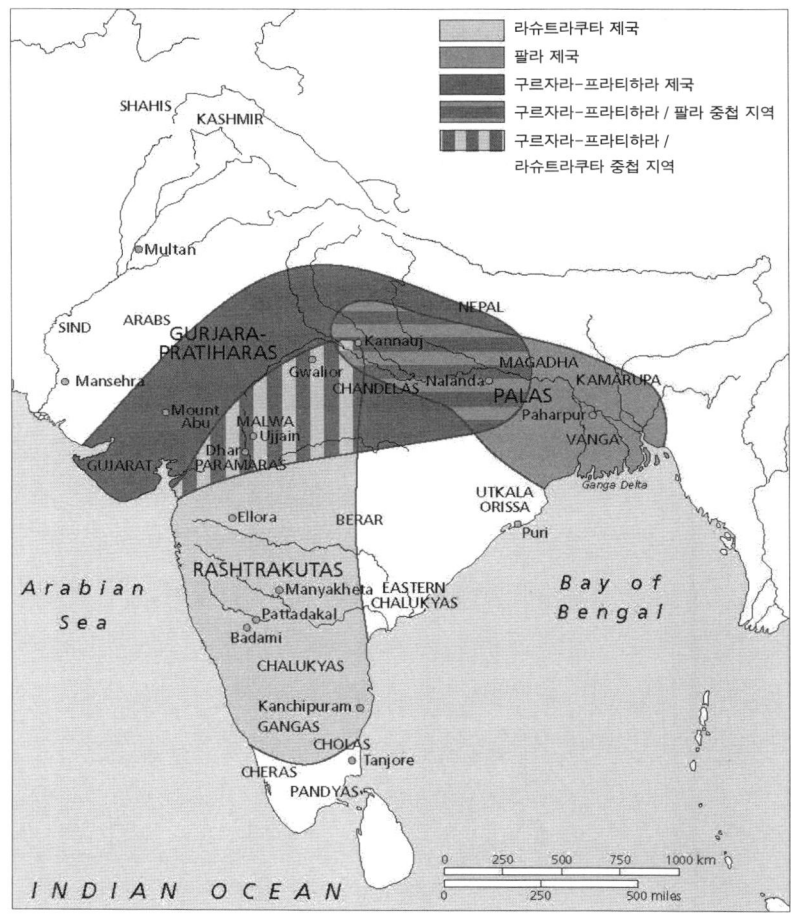

〔지도 18-2〕 카나우지를 둘러싼 삼각 분쟁

인 맘루크(Mamluk) 왕조에 의해 델리 술탄국(Delhi Sultanate)이 성립했다. 역사적으로 이 사건은 남아시아 대부분 지역이 중세로 접어드는 시작이었다.

더 읽어보기

Primary sources in translation

The Bhagavadgita in the Mahabharata, bilingual edition, ed. and trans. J. A. B. van Buitenen, University of Chicago Press, 1981.

The Jataka, 7 vols., ed. Edward B. Cowell, trans. Robert Chalmers et al., London: Pali Text Society, 1957.

The Mahabharata, 3 vols., trans. J. A. B. van Buitenen, University of Chicago Press, 1980-83, and vol. VII, trans. James L. Fitzgerald, 2003.

Pringee, David, *The Yavanajataka of Sphujidhvaja: An Astrological Classic*, 2 vols., Cambridge, MA: Harvard University Press, 1978.

Ramanujan, A. K., *Poems of Love and War: From the Eight Anthologies and the Ten Long Poems*, Delhi: Oxford University Press, 1985.

The Rig Veda: An Anthology, trans. Wendy Doniger O'Flaherty, Middlesex: Penguin, 1986.

Secondary works

Begley, Vimala, and Richard Daniel De Puma (eds.), *Rome and India: The Ancient Sea Trade*, Delhi: Oxford University Press, 1992.

Bryant, Edwin, *The Quest for the Origins of Vedic Culture: The Indo-Aryan Migration Debate*, Delhi: Oxford University Press, 2002.

Casson, Lionel, *The Periplus Maris Erythraei: Text with Introduction, Translation, and Commentary*, Princeton University Press, 1989.

Chakravarti, Uma, *The Social Dimensions of Early Buddhism*, Delhi: Oxford University Press, 1987.

Chattopadhyaya, Brajadulal, *Studying Early India: Archaeology, Texts, and Historical Issues*, Delhi: Permanent Black, 2003.

_____, *The Making of Early Medieval India*, Delhi: Oxford University Press, [1994] 2012.

Devahuti, Damodar, *Harsha: A Political Study*, Delhi: Oxford University Press, [1970] 1983.

Dundas, Paul, *The Jainas*, New York: Routledge, 1992.

Flood, Gavin D., *An Introduction to Hinduism*, Cambridge University Press, 1996.

_____ (ed.), *The Blackwell Companion to Hinduism*, Oxford: Blackwell, 2003.

Fuller, C. J., *The Camphor Flame: Popular Hinduism and Society in India*, Princeton University Press, 2004.

Gombrich, Richard F., *Theravada Buddhism: A Social History from Ancient Benaras to Modern Colombo*, New York: Routledge, 2006.
Huntington, Susan L., *The Art of Ancient India*, New York: Weatherhill, 1985.
Jaini, Padmanabh S., *The Jaina Path of Purification*, Berkeley: University of California Press, [1979] 2001.
Jaiswal, Vidura, *Caste: Origin, Function, and Dimensions of Change*, Delhi: Manohar, 1998.
Kaul, Shonaleeka, *Imagining the Urban: Sanskrit and the City in Early India*, Delhi: Permanent Black, 2010.
_____ (ed.), *Cultural History of Early South Asia: A Reader*, Delhi: Orient BlackSwan, 2014.
Liu, Xinriu, *Ancient India and Ancient China: Trade and Religious Exchanges*, Delhi: Oxford University Press, 1988.
Meister, Michael W., and Madhusudan A. Dhaky (eds.), *Encyclopaedia of Indian Temple Architecture*, 2 vols., Delhi: American Institute of Indian Studies, 1983-88.
Ray, Himanshu Prabha, and Jean-François Salles (eds.), *Tradition and Archaeology: Early Maritime Contacts in the Indian Ocean*, New Delhi: Manohar Publishers, 1996.
Raychaudhuri, Hemachandra, *Political History of Ancient India: From the Accession of Parikshit to the Extinction of the Gupta Dynasty*, Delhi: Oxford University Press, [1923] 2000.
Sahu, B. P. (ed.), *Iron and Social Change in Early India*, Delhi: Oxford University Press, 2006.
Shastri, A. M. (ed.), *The Age of the Satavahanas*, 2 vols., Delhi: Aryan Books International, 1999.
Smith, Monica L., "'Indianization' from the Indian Point of View: Trade and Cultural Contacts with Southeast Asia in the Early First Millennium C.E.', *Journal of the Economic and Social History of the Orient* 42 (1999): 1-26.
Thapar, Romila, *Asoka and the Decline of the Mauryas*, Delhi: Oxford University Press, [1963] 1987.
_____, *From Lineage to State: Social Formations in the Mid First Millennium BC in the Ganga Valley*, Delhi: Oxford University Press, 1990.
Wagle, Narendra, *Society at the Time of the Buddha*, Bombay: Popular Prakashan, 1966.
Warder, A. K., *Indian Buddhism*, Delhi: Motilal Banarsidass, 1970.
Winternitz, Mauriz, *History of Indian Literature*, 3 vols., Delhi: Motilal Banarsidass, 1985-93.

CHAPTER 19

지역 연구 : 파탈리푸트라

쇼날리카 카울
Shonaleeka Kaul

파탈리푸트라(Pataliputra)는 고대 남아시아 거의 전역을 주도한 세력의 거점이었다. 그런 점에 비추어 볼 때 직접적 문헌 자료가 희박한 현실은 놀라운 일이 아닐 수 없다. 인도 역사 시대 초기의 거대 왕국을 이끈 난다(Nanda) 왕조와, 제국을 수립한 마우리아(Maurya) 왕조의 수도가 파탈리푸트라였다. 도시는 전통의 상징으로 여겨진 갠지스강 연안에 위치했는데, 오늘날 인도 비하르(Bihar)주의 도시 파트나(Patna)에 해당한다. 파탈리푸트라에 관한 아마도 가장 이른 시기의 기록은 불교 경전 《트리피타카(Tripitaka, 三藏)》일 것이다. 《트리피타카》가 집성된 시기는 기원전 제1천년기 후반이었다. 여기서 지나가는 길목의 마을로 파탈리푸트라가 언급되었다. 즉 파탈리푸트라가 도시로 성장하기 이전, 파탈리(Patali)라는 이름의 마을(grama)로 등장한다. 그 뒤 본격적으로 도시(nagara)가 성립한 시기는 기원전 5세기경이었다고 한다. 마가다 왕국 하리얀카(Haryanka) 왕조의 제2대 왕 아자타샤트루(Ajatashatru)가 그 마을에 군사 거점을 설치한 것이 도시화의 시작이었다. 아자타샤트루는 그곳을 기반으로 주변의 민족들을 정복해 나갔다. 강력했던 이웃의 브리지(Vrijji, 혹은 밧지Vajji) 공화국도 그의 수중에 들어갔다. 도시화 과정 초기에 성벽을 건설한 이유도 당시의 상황에 비추어 이해할 수 있다. 성벽을 두른 거점 도시로서의 소박한 시작은 장차 다가올 거대한 사건의 전조에 불과했다. 도시 파탈리푸트라의 운명은 왕조의 정치적 운명과 떼려야 뗄 수 없는 관계로 맺어졌다. 도시는 왕조에 속해 있었고, 왕조를 위해 봉사했다. 브리지 공화국을 정복한 뒤 한 세대가 채 지나지 않아 아자타샤트루의 손자이자 후계자인 우다인(Udayin)은 역사적 결정을 내렸다. 수도 자체를 언덕 위 요새 라자그리하(Rajagriha)에서 강줄기가 둘러싸고 있는 도시 파탈리푸트라로 이전하기로 했던 것이다. 이때부터 도시는 갈수록 힘을 더해갔다. 기원전 4세기 이후, 마가다 왕국을 통치하던 난다 왕조는 대대적인 팽창을 지속해 나갔고, 파탈리푸트라는 그 중심지가 되었다. 기원전 3세기 마우리아 왕조 통치 시기에는 제국 체제가 출현했다. 그리하여 파탈리푸트라에서는 남아시아 최초의 제국 도시로서의 면모가 갖추어졌는데, 본격적 논의에 앞서 먼저 정치적 역사 관계를 알아보는 것이 좋을 것 같다.[1]

기원전 6~5세기에 형성된 여러 정치 단위를 마하자나파다(mahajanapada)라 했는데, 즉 "큰 나라"라는 의미였다. 당시 인도의 북부, 북서부, 중부 지역 전역에 이와 같은 형태의 국가들이 분포했다. 그중에는 분명하게 군주정(rajya) 체제인 나라도 있었고, 군주정이 아닌 과두정(gana-sangha) 체제의 나라도 있었다. 불교 경전에는 16개의 대국(mahajanapada)이 기록되어 있다. 그들은 서로가 끊임없는 전쟁 상태에 놓여 있었던 것으로 추정된다. 그 과정을 거쳐 점차 강자가 약자를 병합해 나갔다.

---

[1] 이번 장의 논의는 다음 저서에 기초를 두었다. Hemachandra Raychaudhuri, *Political History of Ancient India: From the Accession of Parikshit to the Extinction of the Gupta Dynasty* (Delhi: Oxford University Press, [1923] 2000).

마침내 네 개의 강력한 왕국이 살아남아 각자 최고의 주권을 주장했다. 슈라바스티(Shravasti)에 수도를 둔 코살라(Kosala) 왕국, 카우샴비(Kaushambi)에 수도를 둔 밧사(Vatsa) 왕국, 갠지스강 중류 지역을 거점으로 하는 마가다(Magadha) 왕국, 중서부 인도 지역에서 우자이니(Ujjayini)에 중심을 둔 아반티(Avanti) 왕국이었다. 기원전 6~4세기를 거치는 동안 이들 네 왕국 중 마가다 왕국이 최강 세력으로 부상했다. 때로는 전쟁과 병합 같은 물리적 방법을 동원했고, 때로는 외교나 혼인 동맹 같은 간접적 경로를 선택했다. 마가다 왕국은 수많은 이점을 보유하고 있었다. 무엇보다도 비옥한 갠지스강 유역에 자리 잡고 있었기 때문에 풍부한 농업 생산물을 확보할 수 있었다. 뿐만 아니라 초타 나그푸르(Chota nagpur) 고원 지대에는 광물도 풍부했다. 역사학자들은 마가다 왕국이 지리적 이점 덕분에 철광석과 석탄을 쉽게 구할 수 있었을 것으로 추정한다. 그래서 무기 생산에 특히 유리했다. 마가다 왕국의 전사들은 쇠뇌(catapult)라든가 전차 위에 매다는 철퇴(swinging mace) 같은 무기를 사용했다. 또한 마가다 왕국의 숲에는 전투에 동원할 코끼리가 많았다. 코끼리는 고대 인도의 전쟁에서 결정적 무기로 활용되었다. 게다가 마가다 왕국을 가로질러 갠지스강과 갠지스강의 두 지류인 참파(Champa)강 및 손(Son)강이 흐르고 있었기 때문에 군대의 이동뿐만 아니라 상업의 통로로도 유용했다.

유리한 자연환경을 바탕으로 진취적이고 원기 왕성한 왕국이 성장했다. 수도는 처음에 라자그리하에 정했다가 나중에 파탈리푸트라로 옮겼다. 기원후 제1천년기 전반기에 집성된 문헌 《푸라나(Purana)》에는 마가다 왕국을 다스린 최초의 왕조가 바르하드라타(Barhadratha)라고 기록되어 있다. 그러나 바르하드라타 왕조에 대해서 우리가 알고 있는 정보는 별로 없다. 이후 하리얀카(Haryanka) 가문이 마가다 왕국 최초의 통치 가문으로 부상했던 것으로 추정된다. 빔비사라(Bimbisara)왕 또한 하리얀카 가문이었는데, 붓다와 같은 시대를 살았던 인물이다. 빔비사라왕과, 아버지를 살해하고 왕위에 오른 그의 아들 아자타샤트루(Ajatashatru)의 치하에서 마가다 왕국은 초기 성공의 기반을 다졌다.

빔비사라왕은 여러 왕국과 혼인 동맹을 맺었다. 코살라(Kosala) 왕국, 비데하(Videha) 왕국, 마드라(Madra) 왕국, 브리지(Vrijji) 공화국의 공주들이 모두 빔비사라왕과 결혼했다. 마가다 왕국의 세력이 강해지면서 영토도 늘어났다. 코살라 왕국의 왕 프라세나지트(Prasenajit)는 공주의 지참금으로 카시(Kashi) 왕국의 일부를 떼어주었다. 카시 지방은 그가 과거에 병합한 땅이었다. 또한 빔비사라는 아반티(Avanti) 왕국의 왕 프라디오타(Pradyota)와 친밀한 관계를 유지했는데, 프라디오타가 병에 걸렸을 때 빔비사라가 왕실의 의사를 보내주었다는 기록이 있다. 이렇게 해서 주요 경쟁자들을 무마시키는 데 성공한 빔비사라는 홀가분한 상황에서 과감한 군사 행동에 나설 수 있게 되었다. 예컨대 동쪽의 참파 왕국도 이제는 마가다 왕국에 복속되었다. 세니야(Seniya, 용맹한 자)라는 그의 호칭은 헛된 말이 아니었다. 그러나 자이나교 경전에 흥미로운 이야기가 전한다. 《우타라디야야나 수트라(Uttaradhyayana Sutra)》라고 하는 경전에 따르면, 빔비사라왕과 그의 왕비들이 함께 자이나교에 귀의했으며 확고한 평화주의자였다고 한다. 빔비사라왕은 마하비라(Mahavira)를 직접 만났는데, 마하비라는 자이나교의 가장 유명한 티르탄카라(tirthankara, 스승)였고, 빔비사라와 혼인 관계가 있었던 브리지 공화국의 지배 가문 출신이었다. 한편《수타 니파타(Sutta Nipata)》같은 불교 경전에서는 빔비사라왕이 독실한 불교 신자였다고 전한다. 불교 경전에서 빔비사라왕은 고타마 붓다를 자주 접견했던 인물로 등장한다. 붓다는 왕국의 수도 라자그리하를 방문했으며, 왕은 붓다에게 베누바나(Venuvana)라고 하는 공원(竹林精舍)을 선물했고, 그곳에 붓다와 그의 제자들(sangha, 僧伽)이 머물도록 배려해주었다.

빔비사라는 대략 기원전 545년에서 기원전 493년까지 통치했다. 그의 후계는 아들에게 이어졌는데, 사실은 강제로 자리를 빼앗긴 것이었다. 그 아들이 아자타샤트루(Ajatashatru, 재위 493~462 BCE)였다. 아자타샤트루 또한 생애 후반기에 자이나교와 불교를 다 같이 신봉했고, 아힘사(ahimsa, 비폭력주의)의 가르침을 받아들였다. 붓다가 사망한 뒤 그의 가르침을 집성하기 위해 라자그리하에서 개최된 불교 결집을 조직한 사람도 바로 아자타샤트루였다. 아힘사 교리를 받아들였음에도 불구하고 아자타샤트루는 재위 기간 동안 마가다 왕국의 팽창을 위한 공격적 정복 전쟁을 수행했다. 코살라 왕국과 브리지 공화국뿐만 아니라 아반티 왕국과도 전쟁을 벌였고, 수년에 걸쳐 어려웠지만 확고한 승리를 거두었다.

앞에서 언급했듯이 파탈리푸트라에 성벽을 건설한 왕도 아자타샤트루였다.《푸라나》텍스트에 따르면, 그의 손자이자 후계자인 우다인(Udayin)이 도시의 기반을 닦았다고 한다. 수도를 파탈리푸트라로 이전한 왕은 아마도 우다인이었을 것이다. 그렇다면 도시를 계획하고 건설한 왕도 우다인으로 보아야 한다. 이때 여러 행정 기관, 수공업 작업장, 상업 집단 등이 새로운 수도에 들어섰을 것이다. 마가다 왕국의 세력이 갈수록 강해지고 갠지스강을 따라 무역과 상업이 발달하는 상황에서, 갠지스강과 손강이 합류하는 지점에 위치한 파탈리푸트라를 새로운 수도로 선택한 일은 적절한 판단이었던 것으로 보인다. 수도 이전 이후 도시의 발전은 가속화되었다. 기원전 430년경 하리얀카 왕조의 뒤를 이어 샤이슈나가(Shaishunaga) 왕조가 들어섰다. 왕조의 명칭은 창업자인 샤이슈나가의 이름을 딴 것으로, 원래 그는 하리얀카 왕조의 궁정 장관(amatya)이었는데 사람들의 신망을 얻어 왕위에 오르게 되었다. 샤이슈나가는 밧사 왕국과 코살라 왕국도 통치했다. 이들 두 왕국은 당시 마가다 왕국에 병합된 상태였던 것 같다. 불교의 제2차 결집은 바이샬리(Vaishali)에서 개최되었다.

샤이슈나가 왕조는 피의 결말로 막을 내렸다. 기원전 364년경 마하파드마(Mahapadma)라는 인물이 왕조의 마지막 왕과 왕자들을 살해했다. 이것이 마가다 왕국 난다 왕조의 시작이었다. 그의 출신에 관한 설명은 어느 문헌을 보더라도 애매모호하다. 로마의 역사가 쿠르티우스(Curtius)에 따르면, 궁정 이발사인 그가 왕비와 사랑에 빠져 왕을 몰아냈다고 한다. 자이나교 경전에서도 그가 귀족을 상대하는 창녀의 아들이며 이발사였다고 전한다. 불교 문헌에서는 난다 가문이 미지의 계급(annatakula)이라 했고, 《푸라나》에서는 아드하르미카(adharmika)라 했다. 아드하르미카란 대략 계급 체제의 예외를 뜻하는데, 당시 사회의 종교-윤리적 관습에는 부합되지 않는다는 의미였다.

정통적이지 못한 출신임에도 불구하고, 혹은 바로 그랬기 때문에, 마하파드마는 전례 없는 최고의 권력을 거머쥐었다. 마하파드마는 《푸라나》에서 에카라트(ekarat)라 일컬어지는데, 이는 "유일한 최고 권력자"를 의미했다. 그는 남아시아 역사상 에카라트 호칭에 걸맞은 최초의 위인이었다. 또한 사르바크사트란타카(sarvaksatrantaka)라고도 했는데, 이는 "모든 전사를 파괴하는 자"라는 의미였다. 그가 건설한 제국과 군대는 9대 후손이자 난다 왕조의 마지막 왕인 다나난다(Dhanananda)까지 이어졌다. 그동안 난다 왕조는 그 이름만으로도 적들에게 공포를 불어넣었고, 적들은 도전을 단념했다. 기원전 326년 알렉산드로스 대왕의 군대가 더 이상 동쪽으로 진군하지 않고 멈춘 이유 중 하나는, 다른 많은 이유가 있었겠지만, 난다 왕조의 군대와 마주치지 않기 위해서였다. 로마의 역사학자 쿠르티우스에 따르면, 난다 왕조의 군대는 전차 2000대, 전투용 코끼리 3000마리, 기마병 2만 명, 보병 20만 명을 보유했다고 한다. 또한 난다 왕조 최후의 왕 다나난다의 궁정이 극도로 사치스러웠음을 알 수 있는 자료들도 남아 있다. 난다 왕조 치하에서 마가다 왕국은, 국가 차원의 자원 개발과 활용 및 뛰어난 군사력의 결합을 바탕으로 세력을 키워 나갔을 것이다. 그러나 우리는 당시 파탈리푸트라의 행정 체제, 국가의 수입, 군사 조직 등에 관한 세부 사항을 알지 못한다. 마가다 왕국 초기 통치자들에 관해서 우리가 알고 있는 정보의 대부분은 문학 작품으로 남아 있는 전설에 근거를 두고 있다.

파탈리푸트라에서 통치한 난다 왕조 최후의 왕은 폭압적이고 잔인했던 것 같다. 이는 그가 왕위를 잃게 된 많은 이유 중 하나였을 것이다. 전통적으로는 왕이 탁실라(Taxila)의 브라만 비슈누굽타(Vishnugupta)에게 잔악무도한 짓을 저질러 그가 왕의 퇴위를 기도했다고 전한다. 비슈누굽타는 카우틸리아 차나키아(Kautilya Chanakya)와 같은 인물로, 《아르타샤스트라(Arthashastra)》의 저자로 유명하다. 이 책은 국가 운영과 제국 건설에 관한 세계 최초이자 가장 위대한 저술로 알려져 있다. 또한 그는 찬드라굽타 마우리아의 휘하에서 수상으로 봉직했으며, 책략이 풍부하면서도 윤리적인 인물이었다고 전한다. 그는 난다 왕조 최후의 왕 다나난다를 무너뜨리고 위대한 마우리아 제국을 건설했다. 이 이야기는 산스크리트어로 기록되어 있는데, 《무드라락샤사(Mudrarakshasa)》라고 하는 역사극으로, 기원후 5세기 비샤하다타(Vishakhadatta)의 작품이다. 이 작품의 내용은 기원전 321년경의 파탈리푸트라를 회고한 것이다. 차나키아로부터 영감과 가르침을 받은 찬드라굽타는, 알렉산드로스 대왕이 남아시아 대륙의 북서부를 정복한 뒤 그곳 총독으로 임명한 셀레우코스 니카토르를 상대로 승리를 거두고 안정적 관계를 만들어냈다. 이후 찬드라굽타는 난다 왕조의 마지막 왕을 몰아내고 당당히 파탈리푸트라로 진출했다. 역사극에서는 과거의 사건들을 빠른 속도로 간단명료하게 재구성했다. 그에 따르면 차나키아는 계략을 써서 난다 왕조의 잔존 세력을 외통수에 몰아넣어 한꺼번에 제압했고, 반란의 시도를 잠재웠으며, 신생 정권의 안정적 기반을 조성했다고 한다. 역사극의 하이라이트는 수많은 스파이와 작전 요원이다. 이들은 파탈리푸트라 곳곳에서 활동했으며, 서로가 서로의 존재를 알지 못할 정도였다. 그럼에도 그들의 움직임은 모두 서로 연관되어 있었고, 차나키아의 거대한 계략 가운데 일부였다. 또한 이러한 내용은 국가 운영 지침서 《아르타샤스트라》에서 규정된바, 첩자의 중요성과도 일치하는 면이 있었다.

《아르타샤스트라》의 내용은 순전히 이론적이다. 파탈리푸트라나 마가다 왕국 혹은 마우리아 왕조에 관해서는 언급 자체가 없다. 그래서 도시 파탈리푸트라의 역사적 현실을 탐구하려는 이번 장의 논의에서 《아르타샤스트라》가 직접적 도움은 되지 않는다. 다만 그 내용 가운데 일부가 마우리아 왕조 시기에 저술된 것으로, 당시는 제국의 이상과 야망이 싹튼 시기였다. 또한 왕 중의 왕을 의미하는 비지기슈(vijigishu)의 관점에서 국가를 어떻게 운영할 것인가 하는 내용이 나온다. 비지기슈는 온 세상 전부를 정복하고자 하는 정복자다. 그렇다면 역사적으로는 찬드라굽타 같은 통치자가 비지기슈에 해당하는 셈이다.

찬드라굽타 재위 시기(321~297 BCE)에 마가다 왕국은 팽창을 거듭하며 제국의 길로 나아갔다. 그의 제국은 북서쪽으로 간다라(Gandhara, 오늘날 아프가니스탄) 지역까지, 서쪽으로 기르나르(Girnar, 구자라트)까지, 동쪽으로 안가(Anga, 벵골)까지, 남쪽으로 카르나타카(Karnataka, 데칸)까지 팽창했다. 카르나타카는 남아시아 대륙을 횡단하는 빈디아산맥(Vindhyan mountains) 너머에 있는 곳이었다(지도 19-1). 로마의 연대기 작가 플루타르코스(Plutarchos)에 따르면, 산드로코투스(Sandrocottus, 찬드라굽타의 로마식 이름)가 60만 대군을 이끌고 "인디아(India)" 전역을 병합했다고 한다. 찬드라굽타는 남쪽의 카르나타카까지 진출했으며, 말년에 자이나교 신앙을 받아들였다.

그의 아들이자 후계자인 빈두사라(Bindusara)의 재위 기간(297~273 BCE)에 마우리아 제국의 외교는 최전성기에 달했다고 알려져 있다. 스트라본(Strabon)에 따르면, 셀레우코스 제국(시리아 지역)의 황제 안티오코스(Antiochos)가 파견한 대사가 파탈리푸트라에 있는 빈두사라의 궁정을 방문했다. 아마도 빈두사라는 안티오코스에게 와인 및 말린 무화과와 함께 현명한 지식인을 보내달라고 요구했던 것 같다. 플리니우스(Plinius)도 비슷한 언급을 한 적이 있다. 그에 따르면 이집트에서 성립한

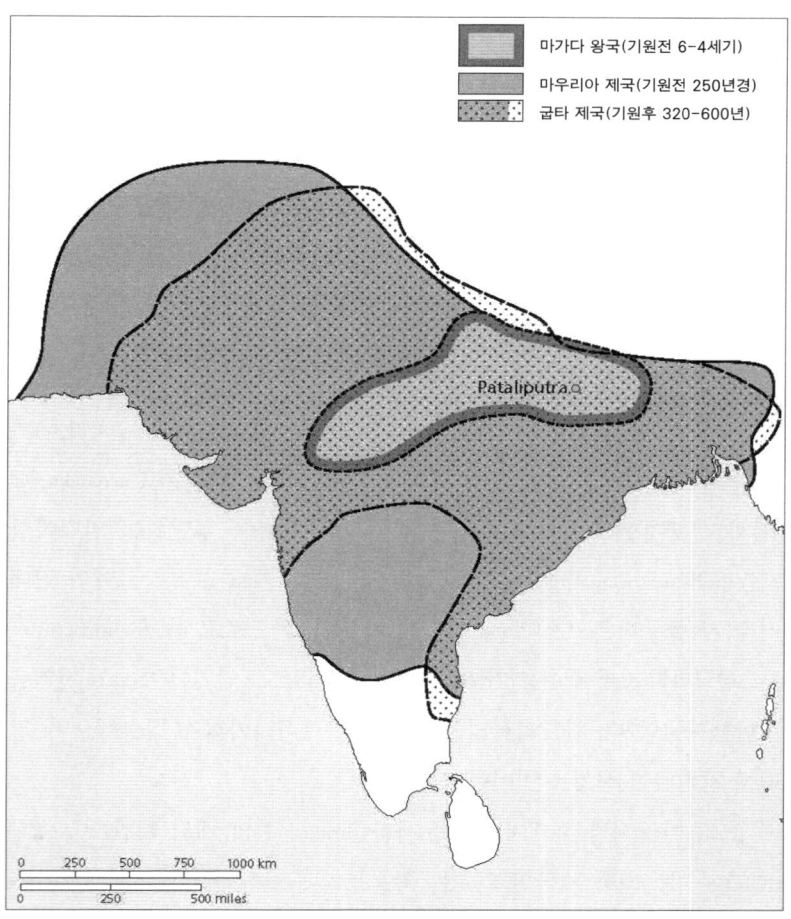

[지도 19-1] 마가다 왕국, 마우리아 제국, 굽타 제국

프톨레마이오스 왕조의 제2대왕 필라델포스(Philadelphos)도 빈두사라 황제에게 사신을 보냈다고 한다.

찬드라굽타의 손자이자 마우리아 제국 최고의 군주인 아소카 대왕(재위 272~232 BCE)은 즉위할 때 심각한 형제간 분쟁을 겪었다. 파탈리푸트라의 권좌를 두고 피비린내 나는 전투가 벌어졌다. 그는 권력을 잡은 뒤 곧이어 칼링가(Kalinga) 지역(오리사주의 해안 지역)을 병합했다. 칼링가는 그때까지도 마우리아 왕조에 저항 중이었다. 이후 마우리아 제국은 남아시아 대륙의 남쪽 극단 지역을 제외한 대륙 전체를 장악하게 되었다. 아소카 대왕은 자신이 장악한 영토의 경계 지점 20여 곳에 비석을 세우고 황제의 칙령을 새겨두었다. 그의 칙령은 백성과 관리에게 전하는 말이었는데, 황제의 권력과 동정심을 내용으로 하는 독특한 메시지를 전하고 있다. 그들은 예컨대 비폭력과 화합 등 일련의 윤리적 원칙을 신봉했고, 황제는 스스로 솔선수범하며, 황제가 어린아이들처럼 여기는 그의 백성에게도 이를 따르도록 권고했다. 비문에서는 그러한 원칙을 담마(dhamma)라고 표현했는데, 학자들의 연구에 따르면 이는 아소카 대왕의 불교 신앙에서 비롯된 용어라 한다. 그는 강력한 불교 후원자였다. 승단(sangha)에 수많은 기부를 했으며, 불교 스투파와 사원 건축을 지원했고, 스리랑카 같은 외국에 대한 선교 활동도 후원했다. 그러나 담마는 그 자체로 제국을 운영하는 하나의 전략이었다. 팽창하는 그의 제국에 새로 포함된 다양한 성격의 집단을 하나의 이데올로기 아래 묶어 평화를 유지하려는 의도였다.

어찌 되었든 역사학계에서 공감하는바, 남아시아 대륙의 동쪽 구석인 파탈리푸트라에 근거지를 둔 마우리아 왕조가 제국 전역에 걸쳐 단일한 권력을 행사하지는 못했을 것이다. 최소한 세 단계로 지역이 나뉘었는데, 중심에는 거대 도시를 중심으로 하는 마가다 구역이 있었고, 그 주변의 핵심 지역이 갠지스강 유역이었으며, 마지막으로 주변부에 해당하는, 마우리아 왕조의 직접적 행정이 미치지 않는 남쪽의 산악 및 밀림 지대가 있었다.

아소카 대왕 이후로는 몇 대에 걸쳐 "유약한" 황제들이 대를 잇다가, 기원전 185년에 마지막 황제 브리하드라타(Brihadratha)가 죽임을 당했다. 반란의 주역은 푸샤미트라(Pushyamitra)였는데, 그는 군 사령관이자 브라만이었다. 마우리아 왕조의 마지막 왕을 살해한 뒤 푸샤미트라는 파탈리푸트라에서 슝가(Shunga) 왕조를 설립했다. 슝가 왕조 치하에서 제국의 영역은 급격히 줄어들었다. 슝가 왕조가 지배한 지역은 마가다(Magadha)에서 아요디아(Ayodhya)와 비디샤(Vidisha)까지였던 것 같다. 슝가 왕조는 약 100년을 통치했고, 이후 곧바로 칸바(Kanva) 왕조와 미트라(Mitra) 왕조가 그 뒤를 이었지만 그 수명이 오래가지 못했다. 이후 마가다에 기반을 둔 주요 정치 세력은 기원후 4세기 굽타 제국에 이르러서야 재등장하게 된다.

역사적으로 도시 파탈리푸트라와 가장 밀접한 왕조는 마우리아 왕조였다. 당시 파탈리푸트라가 왕조의 수도가 된 이후부터였다. 양적 측면에서 보더라도 마우리아 왕조 시기의 자료가 훨씬 방대하다. 이를 통해 우리는 위대한 마우리아 왕조의 수도의 특성과 규모를 어느 정도 파악할 수 있다. 그러므로 이 분기점에서 정치적 흐름에 관한 이야기를 잠시 접어두고, 보다 폭넓은 물질문화적 배경 아래에서 도시 파탈리푸트라를 논의할 필요가 있겠다. 그래야 지금까지의 논의보다 훨씬 더 풍부하고 구체적인 도시의 면모가 드러나게 될 것이다.

국가의 성립과 팽창에 발맞추어 도시가 발달하고 왕조와 밀접한 관계를 맺기 시작한 시기는 기원전 6세기부터였다. 도시는 사회-경제적으로 복잡한 단계로 발달하여 기원전 6~3세기에 활짝 꽃피었다. 대표적 예를 들자면 농지의 확장, 인구의 성장, 수공업의 전문화 및 제품 생산의 확대, 화폐 교환 체계의 발달, 원거래 교역의 번성, 문자 사용의 확산 등이었다. 고대로부터 단절 없이 이어져오는, 오늘날 우리가 알고 있는 남아시아 문명의 전통은 바로 이 시기에 형성되었다. 이 모든 과정을 통틀어 학계에서는 "제2차 도시화"라고 하는데, 당시 수많은 크고 작은 도시가, 특히 갠지스강 유역을 비롯하여 여러 곳에서 출현했기 때문이다. 당시 성립한 도시들의 예를 들자면, 대략 북서쪽에서 남동쪽 방향으로 탁샤실라(Takshashila, 탁실라), 하스티나푸라(Hastinapura), 마투라(Mathura), 아요디아(Ayodhya), 슈라바스티(Shravasti), 바라나시(Varanasi), 바이샬리(Vaishali), 카우샴비(Kaushambi), 라자그리하(Rajagriha), 파탈리푸트라(Pataliputra), 참파(Champa), 탐랄립티(Tamralipti) 등이 있었고, 남서쪽으로는 우자이니(Ujjayini), 프라티슈타나(Pratishthana), 마히슈마티(Mahishmati)를 비롯하여 여러 도시가 불교 경전에 기록되어 있고 고고학적으로도 확인되었다. 이들 중 일부 도시는 거대 도시(mahanagara)였고, 나머지는 그보다 규모가 작은 도시였다. 발굴 성과를 통해 보건대, 대부분의 도시에는 주변을 둘러 성벽이 건설되어 있었다. "거대한 규모, 정교한 건축 기술, 신중하게 배치된 출입문, 요새, 해자의 위치 등으로 보건대 이러한 시설들은 정착지를 방어하고 보호하는 목적이 있었다. 그곳 정착지는 사회적, 정치적, 경제적 측면에서 다른 여느 마을들보다 훨씬 더 중요한 곳이었을 것이다."[2] 더욱이 고대 인도 문헌에서 "도시"를 의미하는 두 개의 어휘가 등장하는데, 두르가(durga)와 푸라(pura)였다.

그 의미는 모두 요새 혹은 성채였다. 성벽을 두른 도시 안에는 대개 주요 도로와 부속 도로로 나뉘어 있었고, 다양한 구역도 구분이 되었다(개별 유적지 하나를 보더라도 그 안에는 세부적으로 상당히 폭넓은 다양성이 존재했다).

이와 같은 도심지는 정치적 수도가 아니더라도 대개 시장 혹은 교역로가 교차하는 곳과 수공업 생산의 중심지에 형성되었다. 육로와 수로를 따라 교역로의 네트워크가 복잡하게 얽히는 곳에 위치했으며, 그곳에 연결된 교통로는 남아시아 대륙 전역으로 연결되었다. 예를 들어 우타라파타(Uttarapatha, 북방대로)는 북서부의 도시 탁샤실라에서 남동부 해안의 도시 탐랄립티까지 연결되었고, 그 사이에 모든 주요 도시 (nagara), 즉 마투라, 카우샴비, 슈라바스티, 라자그리하를 거쳤다. 이들 도시는 교통로를 따라 유통되는 원자재의 공급처인 동시에 상품의 소비처였다. 닥시나파타(Dakshinapatha, 남방대로) 또한 마찬가지로 북방대로와 직접 연결되었으며, 카우샴비를 거쳐 데칸 지역의 우자이니와 프라티슈타나로 이어졌고, 다시 서부 해안의 도시 브리구캇차(Bhrigukaccha)까지 연결되었다. 그곳 해안으로부터 해상 무역로가 한편으로는 서아시아와 다른 한편으로는 동남아시아로 연결되었다.

남아시아 대륙의 교통로에 놓인 여러 도시는 결과적으로 상업과 문화 양 측면에서 거대한 지역 간 교류의 네트워크를 형성했다(지도 19-2). 그 흔적들을 고고학에서는 대표적 유물의 이름을 따서 북방흑색연마

2　Shonaleeka Kaul, *Imagining the Urban: Sanskrit and the City in Early India* (Delhi: Permanent Black, 2010), p. 52.

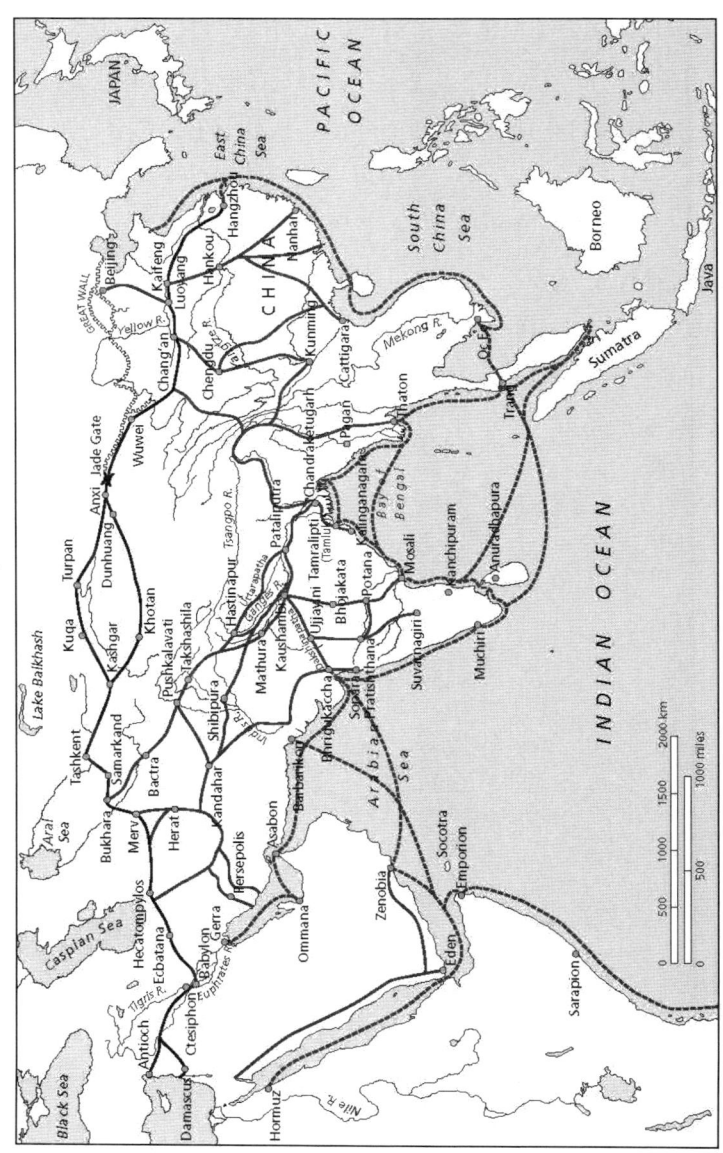

[지도 19-2] 아시아의 무역로, 기원전 3세기경

CHAPTER 19 - 지역 연구: 파탈리푸트라

토기(Northern Black Polished Ware, NBPW) 문화라고 하는데, 이는 표면이 매끄러운 토기의 일종이다. 기원전 7~2세기 "제2차 도시화" 유적에서 이런 양식의 토기가 대량으로 발견되었다. 또한 동전도 있었는데, 펀치마크(punch-mark) 은화와 주조식 구리 동전이 있었다. 이는 남아시아 최초의 금속 화폐였다. 이외에도 구운 흙벽돌로 지은 건물에 배수로, 둥근 우물, 철제 도구, 준보석, 테라코타 인형, 인장을 비롯한 여러 유물들이 NBPW 문화 유적지에서 발견되었다.

파탈리푸트라는 "제2차 도시화" 유적 가운데 최고의 도시라 할 수 있다. 중요한 두 강줄기, 즉 갠지스강과 손강이 합류하는 지점에 위치했고, 여기서부터 세 개의 주요 도로가 마우리아 제국의 변경까지 연결되었다. 남서쪽 도로는 카우샴비와 우자이니를 거쳐 브리구칵차까지, 북쪽 도로는 바이샬리와 슈라바스티를 경유하여 네팔(Nepal)까지, 셋 중 가장 긴 북서쪽 도로는 마투라와 탁샤실라를 거쳐 박트리아(Bactriana)까지 이어졌다. 파탈리푸트라에서 강줄기를 타고 하류로 내려가면 탐랄립티가 연결되었고, 아마도 거기서 미얀마와 동남아시아로 이어졌을 것이다. 불교 경전에서는 미얀마와 동남아시아를 수바르나부미(Suvarnabhumi, 황금의 땅)라 부르며, 그곳으로 향하는 용감한 상인들의 험난한 항해를 묘사했다.

이 길을 따라 상품뿐만 아니라 사람과 사상도 이동했다. 이러한 흐름은 제국의 수도 파탈리푸트라로 모여들었다. 예를 들어 기원전 5~4세기경 탁실라 출신의 위대한 산스크리트어 문법학자 파니니(Panini)는 파탈리푸트라에 있었던 난다 왕조의 왕궁으로 들어가 문헌 자료의 전통 하나를 더했다. 또한 그리스인 메가스테네스(Megasthenes)도 외교 사절로 파견되어, 오늘날 아프가니스탄 지역에 있었던 아라코시아(Arachosia, 당시 셀레우코스 제국의 속주)에서 파탈리푸트라로 여행했다. 마우리아 왕조 찬드라굽타 황제의 궁정을 방문하기 위해서였다. 메가스테네스는 당시의 경험을 《인디카(Indica)》라는 저서에 남겼는데, 1인칭 시점에서 도시 파탈리푸트라의 인상을 기록한 것이었다. 오늘날 《인디카》 원본은 남아 있지 않지만, 내용 중 일부가 후대 그리스의 연대기 작가 스트라본(Strabon)과 아리아노스(Arrianos)의 글에 포함되어 전해지고 있다. 다른 글에 인용된 메가스테네스의 이야기를 옮기자면 이렇다.

메가스테네스에 따르면 (갠지스강의) 평균 너비는 100스타디아(stadia, 길이의 단위 - 옮긴이), 깊이는 최소한 20파톰(fathom, 깊이의 단위 - 옮긴이)이었다. 이 강과 다른 강이 만나는 곳에 파탈리푸트라가 있었다. 도시는 길이가 80스타디아, 너비가 15스타디아였다. 도시의 형태는 평행사변형에 가까웠으며, 도시를 둘러 목책이 설치되어 있었고, 사이사이로 화살을 발사하기 위한 작은 창들이 뚫려 있었다. 도시의 앞쪽에는 큰 도랑을 파두었는데, 방어용 목적과 도시의 하수를 모아내는 기능이 있었다. 이 도시가 위치한 나라의 사람들은 인디아 전체에서도 가장 돋보이는 사람들이며, 프라시(Prasii)라 불렸다. 왕은 가문의 성씨 이외에 팔리보트로스(Palibothros)를 성으로 사용해야 했다. 예를 들면 메가스테네스가 외교관으로 파견될 당시 황제였던 산드라코토스(Sandrakottos)도 마찬가지로 팔리보트로스라는 성을 사용했다.[스트라본](여기서 인용된 Sandrakottos는 물론 찬드라굽타로, 《플루타르코스 영웅전》에서 등장하는 Sandrocottus와 같은 인물이다. - 옮긴이)

그는 또한 다음과 같은 이야기를 전해주었다. 인디아의 사람들은 죽은 자를 위한 기념비를 세우지 않으며, 다만 그가 생전에 보여주었던 미덕이 무엇인지를 생각해보고, 그것을 칭송하는 노래를 만들어 부르는 것으로 충분히 망자의 기억을 보존할 수 있다고 믿었다. 그들의 도시에 관해서는, 그 수가 워낙 많아서 수치를 명확하게 말할 수 없다고 했다. 다만 그런 도시들은 강변이나 해변에 위치했으며, 벽돌이 아니라 목재로 건설되었고, 그래서 그리 오래 존속되지 못한다(큰비가 쏟아지면 쉽게 부서지고, 강물이 범람하여 들판에 홍수가 나기도 한다). 더 좋은 환경이나 높은 언덕에 위치한 도시들은 벽돌과 진흙으로 건설되어 있다. 인디아에서 가장 위대한 도시는 팔림보트라(Palimbothra)라고 불리는데, 페르시아의 종주권을 따르고 있고, 에란노보아스강(Erannoboas, 갠지스강의 지류)과 갠지스강이 합류하는 지점에 위치해 있다. (갠지스강이 인디아에서 가장 큰 강이며, 에란노보아스강은 다른 지역의 그 어느 강보다도 크지만, 인디아에서는 아마도 세 번째로 큰 강일 것이다. 그러나 갠지스강과 에란노보아스강이 만나는 지점에서 보면 갠지스강이 더 크다.) 메가스테네스가 전해준 이야기에 따르면, 팔림보트라의 주거 구역 길이가 80스타디아, 너비가 15스타디아에 달했고, 사방을 둘러 해자를 파두었으며, 해자의 너비는 600피트(feet), 깊이는 30큐빗(cubit)이었다. 성벽에는 570개의 감시탑이 세워져 있었고, 64개의 성문이 설치되어 있었다고 한다. [아리아노스][3]

---

3 John W. McCrindle (ed. and trans.), *Ancient India as Described by Megasthenes and Arrian* (Calcutta: Thacker and Spink, 1877), pp. 30-174.

위에서 제시된 수치를 근거로 팔림보트라 혹은 마우리아 왕조 시기의 파탈리푸트라의 크기를 계산해보았더니 길이는 9마일(약 14.5킬로미터)이 조금 넘고, 너비는 거의 2마일(약 3.2킬로미터)이며, 둘레는 모두 21마일(약 33.8킬로미터)이었다.[4] 당시로는 "인디아 최대 도시"였다. 애석하게도 실제 고대 유적 발굴 결과로는 오늘날의 도시 파트나(Patna) 정도의 규모에 불과할 뿐, 과거 거대했던 도시의 면모를 확인할 수 없었다. 유적지들이 오늘날의 주거지 사이 곳곳에 흩어져 있고, 인구가 밀집되어 있는 데다, 유적 위에 다시 건축이 되어 있고, 아래로는 물이 흐르기 때문에 대대적인 고고학 발굴을 진행할 수가 없었다. 결과적으로 파탈리푸트라는 고대 세계의 가장 중요한 도시였음에도 불구하고 오늘날 발굴이 최소한으로밖에 이루어지지 못한 사례로 남게 되었다.

그러나 두 곳의 유적지에서 발굴된 유적 및 유물은 의미가 깊다. 불란디바그(Bulandibagh) 유적에서는 목책이 발견되었다. 수직으로 세워진 목책이 평행으로 배치되어 있었고, 높이 24피트(약 7.3미터)에 목책 간 거리 12피트(약 3.6미터)였고, 바닥은 자갈이었다. 이와 같은 목책으로 성벽을 구축하려면 분명 바닥에 자갈, 진흙, 돌을 채워 넣었을 것이다. 간헐적으로 발견된 흔적들을 연결해보면 약 350피트(약 106.7미터)가 이어져 있다. 처음에는 동서 방향으로 건설되었고, 뒤이어 남북 방향으로도 건설되었는데, 남북 방향에는 만곡이 있었을 것이다. 목재로 만

---

4 이 수치는 다음 연구 성과를 기반으로 한 것이다. Dilip K. Chakrabarti, *The Archaeology of Ancient Indian Cities* (Delhi: Oxford University Press, 1995), p. 210, and F. Raymond Allchin, *The Archaeology of Early Historic South Asia: The Emergence of Cities and States* (Cambridge University Press, 1995), p. 202.

든 배수로도 발견되었다. 대개는 목책을 따라 만들어져 있었다. 목책의 전체적 면모나 층서(層序)는 아직 불분명하지만, 주변 정황으로 미루어 보건대 이 목책 유적이 바로 메가스테네스가 말한, 도시 파탈리푸트라를 둘러싸고 있었던 성벽의 실체일 것이다.

목책으로 둘러싸인 내부 면적은 한 연구에서 1200헥타르로, 다른 연구에서는 2200헥타르로 추산했다. 실제 면적은 이 범위 사이 어디쯤이었을 것이다. 해자 안쪽 도심 구역의 면적은 이보다 더 좁았던 텐데, 이를 340헥타르로 계산한 연구가 있었다. 이 수치를 두고, 같은 연구에서 추산한 마우리아 제국 당시의 다른 거대 도시(mahanagara)를 비교해보면, 마가다 왕국의 옛 수도 라자그리하는 240헥타르를 넘지 않았고, 마우리아 제국 동부의 중심지 토샬리(Toshali, 시슈팔라가르Shishupalagarh 유적)는 180헥타르 미만이었다. 제국 서부의 핵심 우자이니는 120헥타르, 북서부의 중심 도시 탁실라는 60헥타르였다. 이와 같은 추정치가 옳다면 파탈리푸트라는 당시 남아시아 도시들과 비교해서 월등히 거대한 도시였음이 명백하다. 여기서 확인되는 수치만으로도 파탈리푸트라가 메트로폴리스였다는 사실을 충분히 인정할 수 있다.[5] 고대 인구의 추정은 이보다 훨씬 더 어려운 일이지만 위험을 무릅쓰고 계산을 해보자면, 마우리아 왕조 시기 파탈리푸트라의 규모에 비추어 인구는 4만 명 정도였을 것으로 추정되는데, 이는 어디까지나 보수적으로 계산한 결과일 뿐이다.[6]

---

5 Allchin, *Archaeology of Early Historic South Asia*, p. 202.
6 4만이라는 수치는 Robert McC Adams가 제시한 인구밀도 헥타르당 120명 기준을 적용하

쿰라하르(Kumrahar)라고 하는 또 다른 유적에서는 기둥을 세운 건물의 흔적과 그 근처에 나무로 만든 플랫폼의 흔적이 발견되었다. 건물 내부는 사방이 뚫려 있었는데, 추정컨대 아래에 목재로 만든 구조물 위에 놓여 있었으며, 약 32피트(약 9.8미터) 높이의 매끈하게 다듬은 사암 기둥을 세웠다. 기존 연구에 따르면, 마우리아 왕조 초기에는 건물을 올릴 때 기둥을 열 줄로 설치하고 한 줄에 기둥 여덟 개를 세웠다고 한다. 이 유적의 건물은 마우리아 왕조의 뒤를 이은 슝가 왕조 치하였던 기원전 150년경에 불탄 것으로 추정된다. 이 거대한 건물의 성격과 기능을 두고 수많은 추측이 이어졌다. 건물의 구조가 페르세폴리스에 있는 아케메네스 왕조의 건물 유적과 닮았다고 해서 흔히 이를 왕궁의 일부로 추정하는 이야기가 거론되기도 하고, 또한 그렇게 믿는 사람들도 없지 않다. 그러나 혹자는 이를 종교 건축물, 특히 불교 법당으로 보기도 하며, 또 어떤 학자는 그곳을 왕의 야외 휴식 공간으로, 그리고 근처에서 발견된 목재 플랫폼은 특별한 손님을 접대하기 위한 계단식 공간으로 추정했다.[7]

그러나 파탈리푸트라에서는 이에 비견할 만한 석조 유적이 아직은 발견된 것이 없다. 아마도 발굴 조사가 너무 간헐적으로 이루어진 탓일 것이다. 그러나 연마한 석재 조각상의 파편이나 건축 자재 등은 상당수 발견되었다. 이로 보아 파탈리푸트라에도 이런 건물이 존재했을 가능성

여 Georg Erdosy가 계산한 결과를 따랐다. 다음을 참조. Allchin, *Archaeology of Early Historic South Asia*, p. 109.
7 Details gleaned from Chakrabarti, *Archaeology of Ancient Indian Cities*, pp. 210-11, and Allchin, *Archaeology of Early Historic South Asia*, pp. 202-204.

은 충분하다. 이런 유물을 아소카의 석주(石柱)와 함께 고려해보아야 한다. 아소카의 석주 또한 연마된 석재를 사용했는데, 높이는 40피트(약 12.2미터)가 넘고, 꼭대기에 동물의 머리 조각상이 올라앉아 있으며, 황제의 칙령이 새겨져 있다. 마우리아 왕조의 왕들은 갠지스강 유역 5~6곳에 석주를 세웠다(파탈리푸트라에서는 이 또한 아직 발견된 것이 없다). 석재로 기념비적 건축물과 조각상을 제작하는 건축 양식이 남아시아 지역에서 최초로 등장한 때는, 의심할 여지 없이 마우리아 왕조 시기였다.

디다르간즈 약시(Didarganj yakshi) 또한 이와 같은 맥락에서 살펴보아야 할 것이다. 사암(砂岩)으로 만든, 표면이 매끈하고 완벽한 형태를 갖춘 조각상으로, 관능적 자태의 둥그스름한 여인이 파리채(chauri)를 들고 서 있는 모습이다. 발견된 장소는 파트나(Patna) 근처의 어느 마을이었는데, 대략 마우리아 왕조 시기의 유물로 평가되고 있다(그림 19-1). 이는 마우리아 왕조 당시의 예술과 미적 수준이 상당히 높았다는 사실을 알려주는 증거다. 뿐만 아니라 당시의 기술력, 제작 상황, 정부 기관을 포함한 후원 관계 등을 간접적으로 이해할 수 있는 매개가 되기도 한다. 파탈리푸트라에서는 같은 시기의 테라코타 인형도 많이 발굴되었다. 대개는 손으로 형태를 만든 작품들로, 다양한 짐승과 새를 표현했다. 가장 놀라운 부류는 머리쓰개를 쓴 여인상들인데, 주로 춤을 추는 형태를 표현했다. 흙으로 만든 인형임에도 불구하고 매우 섬세하게 표현되어 있는데, 이로 보아 아마도 도시 안에 전문 집단이 존재했을 것으로 추정되며, 파탈리푸트라에서 번성했던 대중적 도시 문화를 짐작케 한다.

문학 작품들을 보면 왕의 도시 파탈리푸트라의 도시 문화와 분위기를 훨씬 더 구체적으로 느낄 수 있다. 고고학 발굴 성과는 워낙 수량이

[그림 19-1] 디다르간지 약시
파트나 박물관, 인도.

적지만 문헌 자료에서는 도시들, 특히 파탈리푸트라를 찬양하는 내용을 발견할 수 있다. 이런 점에서 가장 중요한 자료는 산스크리트어 문학의

한 장르인 바나(bhana)다. 바나는 독백극의 대본으로, 내용은 에로틱한 희극이며, 기원후 4~5세기의 작품들로 추정된다. 파탈리푸트라에서 공연된 작품으로 분명하게 확인된 것은 최소 두 작품인데,《우바야비사리카(Ubhayabhisarika)》와 《두르타비타삼바다(Dhurtavitasamvada)》다. 작품 속에서는 파탈리푸트라를 쿠수마푸라(Kusumapura), 즉 "꽃들의 도시"라고 했다. 독백극 공연을 하는 배우는 도시 곳곳을 돌아다니며 이렇게 경관을 찬양했다.

> 세상에서 가장 아름답구나, 쿠수마푸라(Kusumapura)여! 이곳 길거리, 물도 잘 나오고 청소도 잘 된 깨끗한 집들이 늘어선 위로, 공양한 꽃잎이 흩날리는구나, … 마치 사람이 사는 집의 방 안에 들어온 듯! 그 사이사이로 들어선 가게의 앞이 재미있구나, 이것저것 상품을 사고파는 사람들. 궁전에서 울려 퍼지는《베다》낭송하는 소리, 현악기 퉁기는 소리는 너나없이 사람들을 불러 모은다, 마치 입이 열 개 달린 라바나(Ravana, 인도 서사시의 주인공 - 옮긴이)처럼. 때로는 번개처럼 아름다운 여인네들이 길거리가 궁금하여 살짝 내다보려 구름 같은 궁전의 창문을 열어본다. 지체 높은 왕의 관리들은 말을 타고 코끼리를 타고 전차를 타고 등장하여 경관에 아름다움을 더한다. 젊은 시녀들은 화려한 옷을 입고 우아한 동작으로 걸어간다. 총각들은 그녀들에게 시선을 빼앗긴 채 아름다운 자태를 마음속에 간직한다. … 높은 관리를 상대하는 기생집 딸들의 연꽃 같은 아름다운 얼굴은 뭇사람의 시선에 취한 채 마치 은총을 베풀기라도 하는 듯 길거리를 오르내린다.
> 사람들 사이에 아무 거리낌이 없으므로, 언제나 즐거움 가득한 얼굴로 축

제에 참여한다. 우아한 보석을 몸에 두르고, 화관과 향수와 예쁜 옷으로 한 껏 치장한 이들이 여러 가지 스포츠에 관심을 보인다. 그 밖에도 도시의 아름다움은 말로 다 할 수 없다. 그래서 파탈리푸트라는 이 땅의 이마에 찍은 틸라크(tilak, 붉은 점)와도 같아, 마치 천국에 온 것 같다.[8]

부족할 것 하나 없이 모두 갖춘 도시 쿠수마푸라는 다른 어떤 도시와도 달라서, 이 세상에서 더할 나위 없는 명성을 누린다. 도시에는 수많은 건물이 높이 솟아 있다. 사람도 아주 많고, 상품도 많다. 도시가 어찌나 부유한지 방문객은 누구나 놀라게 된다. 그런데 보고 놀랄 도시가 또 있을까?! 다른 도시들이 또 있다. 다른 도시에서 볼 수 없는 놀라운 것이 무엇인가?

여기는 기부자가 아주 많다. 예술을 높이 산다. 여인들의 사교는 예의가 바르다. 부자들은 으스대지 않고 질투심도 없다. 학식이 없는 남자가 없다. 모두 친절하게 말한다. 서로의 장점을 높이 평가하고, (서로의 호의에) 감사한다. (한마디로) 신이라도 하늘나라를 떠나 이 도시에 온다면 행복을 느낄 것이다.

쿠수마푸라의 왕령 도로를 지나면, 사람들로 붐비고, 바다의 파도 위로 솟구치는 것처럼 두렵기도 하지만 기분은 좋다.

여기서는 누구를 만나도, 얘기를 하다가 급하게 가버리는 일은 없다. 아무리 바쁘더라도 마찬가지다. 사람들이 그렇게 많지만 내가 이사할 방은 언제나 마련되어 있다. 모두가 즐겁고, 내 일에 방해가 될까봐 아무도 나를 붙잡고 늘어지지 않는다. 분명 이 위대한 도시의 명성은 세상의 도를 잘

---

8 Manomohan Ghosh (ed. and trans.), *Glimpses of Sexual Life in Nanda-Maurya India: The Caturbhani* (Calcutta: Manisha Granthalaya, 1975), *Ubhayabhisarika*, pp. 5-6.

아는 사람들이 만들어냈고, 또한 그들이 유지하고 있는 것이다. …[9]

문학적 수사와 과장을 감안하더라도, 두 편의 바나(bhana) 글에서 주목해야 할 부분은, 파탈리푸트라가 다른 도시와는 분명하게 차이 나는 장소였다는 사실을 저자도 충분히 인식하고 있었다는 점이다. 파탈리푸트라는 고도로 복잡한 도시였고, 자유와 에티켓이 넘쳐흘렀다. 시민의 참여 문화가 존재했으며, 예술과 스포츠가 발달하고 칭송을 받는 곳이었다. 도시 파탈리푸트라가 그러했다면, 그곳은 부유하고 국제적이며 문화가 발달했던 곳으로 보는 것이 합리적이다. 《카마수트라(Kamasutra)》에는 이와 같은 도시적 감수성의 이상형이 잘 나타나고 있다. 이 책은 바츠야야나(Vatsyayana)가 기원후 3세기에 산스크리트어로 저술한, 성적 쾌락에 관한 글이다. 주인공 나가라카(nagaraka, 문자 그대로는 "도시인"이라는 뜻)는 도심에 사는 남성으로, "일반적인 훌륭한 삶과 특히 쾌락과 더더욱 성교에 대하여 안목이 있는" 사람이었다.[10] 《카마수트라》에서는 하루의 일상을 이렇게 묘사했다.

그는 아침에 일어나 배변을 하고, 이를 닦고, 향유를 조금 바른 뒤, 향수를 뿌리고, 밀랍과 연지를 입술에 바르고, 얼굴을 거울에 비추어 보고, 입안을 헹구고 향기가 감돌게 한 뒤, 해야 할 업무에 임한다. 매일 목욕을 하고, 이틀에 한 번 팔과 다리에 오일 마사지를 하고, 사흘에 한 번 거품 목욕을 하

---

9 Ghosh (ed. and trans.), *Glimpses of Sexual Life*, pp. 30, 33-34.
10 *Vatsyayana Mallanaga Kama Sutra*, trans. Wendy Doniger and Sudhir Kakar (Oxford University Press, 2002), p. 187.

고, 나흘에 한 번 면도를 하고, 닷새 혹은 열흘에 한 번 이발을 한다. 이 모든 일을 실수 없이 해야 한다. 그리고 상시적으로 겨드랑이의 땀을 닦아야 한다.

아침과 점심에는 식사를 한다. … 식사를 한 뒤 자신이 기르는 앵무새나 구관조에게 사람의 말을 가르친다. 메추라기싸움, 닭싸움, 양싸움을 구경하러 간다. 여러 가지 다양한 예술이나 게임에 참여한다. 난봉꾼, 뚜쟁이, 익살꾼과 어울려 시간을 보낸다. 그리고 잠시 낮잠을 잔다.

오후 늦게 옷을 차려입고 연회에 간다. 저녁이면 그곳에서 음악과 노래 소리가 울려 퍼진다. 연회가 끝난 뒤, 정교하게 장식된 침실로 들어간다. 침실에서는 달콤한 향내가 난다. 그는 친구들과 함께 여인들을 기다린다. 연회가 끝나고 따로 만나기로 했던 여인들이다. … 여인들이 도착하면 친구들과 함께 부드러운 말로 환영 인사를 건네고 호의를 베풀어 매력을 느끼게 한다. 만약 그날 비가 와서 여인들의 옷이 흠뻑 젖었다면, 자기 옷을 내주거나 혹은 친구들 옷을 몇 가지 거두어서 갈아입을 옷을 마련해준다. 이것이 그의 낮과 밤 생활이다.

그는 즐기기 위해 축제, 연회, 술자리, 소풍, 단체 게임 등에 참가한다. … 연회는 지식, 지성, 성향, 재산, 나이 등이 비슷한 사람들끼리 사교의 장 혹은 특별한 모임 장소 혹은 어떤 사람의 집에서 모여 개최하는 것이다. 연회에서는 접대하는 여성들과 적절한 대화를 나눈다. 여기서 사람들은 시와 예술에 대한 생각을 서로 나누고, 그러는 과정에서 모두가 좋아하는 총명한 여인을 칭찬한다. 이 사람들은 서로의 집에서 돌아가며 술자리를 벌인다.

소풍도 같은 방식으로 묘사될 수 있다. 아침 일찍 남자들은 매끈하게 차려입고 말을 타고 나간다. 시중드는 하인들과 여흥을 도울 접대 여성들을 함께 데리고 간다. 소풍을 가서 낮에 펼쳐지는 행사들, 닭싸움, 노름, 연극을 구경하며 시간을 보내고, 오후에는 소풍의 즐거운 추억을 간직한 채 갔던 길을 되돌아온다. 여름에도 사람들은 같은 방식으로 수영장에서 하는 스포츠를 즐긴다. 수영장은 악어가 들어올 수 없도록 따로 만들어둔 것이다.[11]

도시인의 행동 양식은 신체, 정신, 영혼, 감각, 예의범절 등 인성의 모든 측면을 개발하고 고양하는 것이었다. 더욱이 위 내용은 나가라카 한 개인의 사례를 서술한 것이 아니었다. 그는 어떤 사회 집단("지식, 지성, 성향, 재산, 나이 등이 비슷한 사람들")에 속하는 인물이며, 그 안에서 활동하고 교류하는 사람이었다. 도시의 남성들이 머무르는 곳이라는 의미에서 도시는 이상적인 공동체의 장소였다. 《카마수트라》의 관점에서 도시의 이상적인 사람들뿐만 아니라 신분 상승을 꾀하는 평범한 사람들도 추구해야 할 두 가지 핵심적인 문제가 있었다. 그것은 바로 성생활에 대한 일가견과 문화적 성취였다.

이것이 도시 문화의 대표적 측면이었다고 볼 수 있다. 기원후 1세기의 또 다른 산스크리트어 문헌에도 비슷한 내용이 등장한다. 카비아(kavya)라는 산스크리트어 문학 장르는 높은 미학적 수준의 시, 드라마, 이야기, 전기문을 담아놓은 문헌이다. 카비아 문학의 주제와 이야기는 도시 생활의 실용적 측면에 초점이 맞추어져 있다. "제2차 도시화" 과정에서 성립된 도시들, 예를 들면 파탈리푸트라, 바라나시, 우자이니, 슈라바스티 같은 도시들이다. 작품의 성립 시기도 대부분 비슷하여, 본격 도

---

11 *Kamasutra*, p. 14.

시 문학 출현의 직전 단계로 간주된다. 따라서 그 내용이 대체로 엘리트 계층을 옹호하는 데 편중되어 있기는 하지만, 도시 문화의 자각 혹은 감각을 대표하는 작품들이다.

문학 장르에서 도시를 묘사하는 부분을 연구해보면 고대 인도에서 도시의 본질은 욕망, 즉 도덕적 쾌락의 품위를 추구하는 장소였다.[12] 이는 문학 작품에서 쾌락주의의 무한 긍정뿐만 아니라 주로 에로틱한 행위의 추구와 개발로 이어졌다. 그리하여 도시에는 언제나 사랑의 신 카마(Kama) 같은 모습의 아름다운 여자들과 남자들이 가득했다. 여자들은 언제나 사랑을 속삭이거나 혹은 사랑하는 이를 만나기 위해 몸단장을 하느라 바빴고, 남자들은 시중드는 여성들이 있는 곳에 방문하거나, 아니면 길거리에서 혹은 쾌락의 장소에서 하녀들과 시시덕거렸다. 음주나 도박, 음악과 춤은 문학 작품에서 긍정적 활동으로 묘사되었다. 모든 예술의 산실(sakalakalah dadhanah)로서 도시는 언제나 축제였다. (섹스는 축제를 자축하는 행위들 가운데 하나일 뿐이었다. 가장 대중적인 축제는 카마데바Kamadeva, 즉 사랑의 신을 숭배하는 행사였다.) 쾌락의 숲은 사람들이 자주 드나드는 도시 내 추억의 장소였다. 도시는 아수라(악마)의 수도 보가바티(Bhogavati)와 같았고, 동시에 하늘의 도시 아마라바티(Amaravati)와도 같았다. 어느 쪽이든 쾌락이 만연한 곳이었다(금욕조차 쾌락의 일종이었다). 심지어 남녀 승려들은 도시 안에서 정해진 경로를 오가며 사랑의 메신저 역할을 했다.

---

12 문학 연구를 기반으로 한 초기 도시 문화에 대한 자세한 내용은 다음을 참조. Kaul, *Imagining the Urban*.

따라서 카비아 문학 작품에 등장하는 고대 인도의 도시들은 기본적으로 쾌락을 추구하는 곳이었다. 이런 작품의 내용을 있는 그대로 이해해야 할까, 아니면 이를 통해 표현하고자 하는 무언가 다른 의미가 있는 것일까? 예를 들면 《카마수트라》뿐만 아니라 카비아 문학 작품 속에서도 에로(erotics)는 본능이라기보다 예술의 형태로 이해된다. 즉 교양 있는 사람이 성실하게 개발해야 할 대상이었다. 그렇다면 도시는 "본능"을 길들여 "문화"로 끌어올리는 문명의 장소인 셈이다. 더욱이 카비아 문학은 카마(쾌락)에 주목하는 동시에, 카마와 다르마(도덕) 사이의 긴장을 표현하는 내용이 포함되어 있다. 다르마를 통해 카마를 관조하거나, 혹은 조화를 추구하는 것이다. 그러므로 도시의 속성을 순수한 쾌락의 개념으로 이해해서는 안 된다. 도시에는 모종의 사회-도덕적 제한이 존재했을 것이다. 카비아 문학은 카마-중심적 도시 문화를 묘사함으로써 도시를 사회적으로 개방된 공간으로 그려 보이려고 했다. 이는 비도덕 혹은 부도덕한 세상이 아니라, 굳이 반란을 일으키지 않더라도 억압적 종교 및 사회적 굴레에서 벗어나 해방감을 만끽할 수 있는 공간이다.

카비아 문학에서 브라만교 혹은 카스트 시스템 같은 종교적 내지 사회적 문제에 별로 관심을 두지 않는 것도 이와 같은 특성으로 이해할 수 있다. 도시 안에서 사회-종교적 목소리가 줄어들 수밖에 없었던 것은, 그래서 사회적 행동이 힘을 모으지 못했던 것은 도시가 왕의 거처로 만들어진 곳이었기 때문이다. 현실적으로 윤리보다는 왕의 권력이 훨씬 더 큰 힘을 가졌다. 또한 파탈리푸트라 같은 도시에는 지위가 높은 상인들이 있었다. 《무드라락샤사(Mudrarakshasa)》 같은 작품에서는 그들을 나가라무키아(nagaramukhyah) 혹은 프라다나푸루사(pradhanapurusah)라 했다. 이런 상인들은 사회-정치적 구조에 큰 영향을 미치는 인물이었다. 왕을 직접 알현할 권한을 가졌던 그들은 왕과 힘을 합쳐서 혹은 독자적으로도 막강한 영향력을 행사했다. 상인의 권력은 곧 부의 권력이었고, 상업의 특성상 전문성을 허용하며 개방적인 속성을 가졌다. 다시 말해서 상업은 브라만교에 기반을 둔 전통 도시 사회 규범을 대체할 수 있는 중요한 세속적 요소였다. 이런 맥락에서 파탈리푸트라가 언급된 최초의 기록, 즉 기원전 6세기 팔리어 불교 문헌을 다시 들여다볼 필요가 있다. 거기에는 가하파티(gahapati)라거나 세티(setthi)라고 하는 거상(巨商)들이 자주 등장한다. 이들은 불교 같은 이질적 신앙을 수용했는데, 당시 불교는 전통적 브라만교의 질서에 도전하는 입장이었다. 이후 마가다 왕국의 권좌를 이은 여러 왕조에서 앞다투어 불교와 자이나교를 신봉하는 경향을 보였던 사실 또한 주목할 만한 일이다.

대개 역사학적으로 도시적 사회 질서의 형성을 평가할 때 그 핵심으로 거론되는 문제는 다양성이다. 활발한 사회 집단이 등장하고, 임의적이며 복잡한, 다양한 계층, 직업, 인종, 종교 사이의 갈등이 불거진다면, 그것은 전형적인 도시적 양상이다. 그런 도시라면 상당히 이단적인, 이질적인 요소들도 그 내부에 반드시 포함되어 있을 것이다. 파탈리푸트라의 경우가 특히 그러했다. 고도로 세분화된 제국의 각 요소들이 모여 있는 거대 도시였기 때문이다. 이질적 요소들이 가득 모여 서로 뒤섞였고, 그만큼 이념과 행위의 논리도 굉장히 복잡했다. 아마도 그렇기 때문에 우리는 고대 제국의 도시에서 문명의 핵심을 확인하게 되는 것이다.

파탈리푸트라 같은 코즈모폴리턴 도시가 도달한 고대 인도 도시 문화의 정점은 마우리아 왕조 이후 시대, 즉 기원전 2세기에서 기원후 3세기 사이로 알려져 있었다. 당시 마가다 왕국은 굽타 왕조가 지배하고 있었다. 《비슈누 푸라나(Vishnu Purana)》에 굽타 왕조의 영역이 기록되어 있는데, 사케타(Saketa, 아요디아), 프라야그(Prayag, 알라하바드), 마가다를 포함하여 갠지스강 유역 전부가 굽타 왕조의 지배 아래 놓여 있었다. 역사학의 연구 성과에 따르면, 이는 굽타 왕조 초기 찬드라굽타(Chandragupta) 1세(재위 319~335 CE)의 업적이었다. 그의 영토 확보 전략에는 혼인 동맹도 포함되어 있었다. 예컨대 굽타 왕조에서 발행한 동전을 연구한 결과, 당시 히말라야 산록을 지배하던 유력한 가문으로 리차비족(Licchavis)이 있었는데, 찬드라굽타는 이들과 혼인 동맹을 맺었던 것으로 추정된다. 파탈리푸트라가 굽타 왕조의 수도였는지는 알 수 없다. 알라하바드(Allahabad)의 기둥에 새겨진 기록에 따르면, 굽타 왕조의 영역이 인도의 북부 및 중부로 크게 확장된 시기는 위대한 장군이자 찬드라굽타의 후계자인 사무드라굽타(Samudragupta)의 시대(335~370 CE)였다. 그의 수도 또한 어디였는지 명확히 확인되지 않는다. 굽타 왕조의 제3대 황제 찬드라굽타 2세 재위 시기(375~415 CE)에 제국의 영역은 서쪽으로 크게 확장되었다. 이때는 말와(Malwa) 지역의 우자이니(Ujjayini)가 굽타 제국 황실의 근거지였던 것 같다. 우자이니에 궁궐을 건설한 왕으로 알려진 비크라마디티아(Vikramaditya)와 찬드라굽타 2세를 연결하는 수많은 전설이 전해 내려오고 있으며, 학계의 유명 인사들도 이를 인정하고 있다.

굽타 왕조의 왕들은 황제의 칭호를 사용했다. 예를 들면 파라마바타라카(paramabhattaraka, 최고의 군주)나 마하라자디라자(maharajadhiraja,

위대한 왕 중의 왕) 등이었다. 그러나 역사학자들의 연구에 따르면, 황제가 제국 전역을 직접 통치하지는 않았다. 그보다는 수많은 전쟁과 정복을 통해 종주권의 네트워크를 만들어 나갔다. 그들은 문화와 종교(브라만교)의 거대한 후원자였으며, 특히 비슈누 숭배를 지원했다. 마우리아 왕조 이후 시대에는 비슈누 숭배가 떠오르는 종교였다. 토지 등록 자료를 보면, 왕들은 사원과 브라만 앞으로 토지를 기부했던 사실이 확인된다. 불교 또한 계속해서 번성했다. 당시는 대승불교(Mahayana)나 밀교(Vajrayana)가 불교의 대세였다.

굽타 왕조 시기에 중국에서 최초로 남아시아 대륙을 방문한 여행객이 있었는데, 바로 불교 승려이자 여행가인 법현(法顯)이었다. 기원후 405~411년에 남아시아에 도착한 그는 여러 불교 중심지를 순례했다. 당시의 여행기《고승법현전高僧法顯傳》가 남아 있는데, 파탈리푸트라(巴連弗邑)가 간략히 언급되었고, 뒤이어 인도의 "중국(Middle Kingdom)"(당시 중국의 지리 관념으로, 북인도 지역을 중국이라 일컬었다. - 옮긴이) 지역 도시들 가운데 파탈리푸트라가 가장 컸다는 기록이 나온다. 그곳 사람들은 모두 부유했고, 도시의 사람들과 불교도들이 앞다투어 인의(仁義)를 수행했다고 한다.[13] 또한 파탈리푸트라에서 거행된 연례 행사가 기록되어 있는데, 불상을 앞세우고 도시를 행진하며 음악을 연주했다고 한다. 특히 부유한 상인들뿐만 아니라 브라만(婆羅門)도 행렬에 참여했다

---

13 James Legge (ed.), *The Travels of Fa Hien: A Record of Buddhistic Kingdoms, Being an Account by the Chinese Monk Fa-hien of His Travels in India and Ceylon (AD 399-414) in Search of the Buddhist Books of Discipline* (New Delhi: Master Publishers, 1981), p. 79.

는 기록이 자못 흥미롭다. (이상 《고승법현전》 관련 내용은 존경하는 이재창 선생님의 번역문을 참조했다. – 옮긴이)

파탈리푸트라에서 약 55마일(약 88.5킬로미터) 떨어진, 날란다에 있던 불교 사찰은 굽타 시대 후기 교육 기관으로 뛰어난 명성을 얻었다. 스투파(탑)와 비하라(수도원, 精舍) 등으로 구성된 거대한 복합 유적이 발견되었고, 유네스코 세계문화유산으로 지정되었다. 그곳은 명성에 걸맞은 기숙형 대학이었다. (12세기 투르크의 침략 당시 불타버리긴 했지만) 여러 층의 도서관 건물이 있었으며, 중국(특히 티베트), 한국, 스리랑카 등 불교 문화권에서 학자들이 몰려들어 문화 교류의 현장이 되었다. 그곳에서 가르친 과목으로는 문법, 논리학, 형이상학, 천문학, 신학 등이 있었다. 고대 남아시아 철학에서 대가로 일컬어지는 인물들, 예컨대 나가르주나(Nagarjuna), 바수반두(Vasubandhu), 딘나가(Dinnaga), 다르마키르티(Dharmakirti), 파드마삼바바(Padmasambhava) 등이 모두 날란다학파와 관련이 있었다.

천문학과 수학 분야에서는 아리아바타(Aryabhata)를 언급하지 않을 수 없다. 그는 5세기에 데칸 지역에서 파탈리푸트라로 이주해 온 인물로, 숫자 0, 십진수, 원주율(π) 등의 개념을 만들어낸 장본인이다. 또한 그는 지구가 지축을 중심으로 회전한다는 사실을 알아냈으며, 1년을 365.25일로 거의 정확하게 계산해냈고, 일식의 원인도 밝혔다.

6세기 중엽부터 굽타 제국이 쇠락하기 시작했다. 여러 지역의 군주들이 반란을 일으켰고, 북서부로부터 훈족이 침입했기 때문이다. 6세기 말경에는 푸샤부티(Pushyabhuti) 왕국이 권력을 장악했고, 그 중심지는 펀자브 지방의 타네슈와르(Thaneshwar)였다. 왕조의 가장 유명한 왕은 하르샤바르다나(Harshavardhana, 재위 606~647 CE)였는데, 그는 동쪽으로 팽창을 시도하여 수도를 갠지스강 중류의 카니아쿠브자(Kanyakubja) 혹은 카나우지에 설치했다. 이후 그곳은 3세기 동안 제국의 수도로 기능했다. 마가다 왕국도 하르샤바르다나의 통치 아래 놓여 있었고, 동쪽 끄트머리는 가우다(Gauda, 오늘날 벵골) 지역 어느 한 곳까지 뻗어 있었다. 하르샤바르다나의 통치 시기와 관련하여 중요한 자료는 《서역기(西域記)》로, 중국의 승려이자 순례자 현장(玄奘) 법사의 여정을 기록한 책이었다. 현장 법사는 남아시아 대륙의 방대한 지역을 여행했으며, 하르샤바르다나의 궁정에서도 수년간 머물렀다. 아마도 하르샤바르다나와 가깝게 지냈던 것 같은데, 그는 불교의 대단한 후원자였다. 왕은 날란다의 마하비하라를 지원하기 위하여 200개 마을의 세금을 기부했다.

이후 팔라(Pala) 왕조 시기에도 날란다에 대한 지원은 계속되었다. 팔라 왕조는 8세기에 상당히 거대한 지역을 통치했다. 다르마팔라(Dharmapala, 재위 770~810 CE)와 데바팔라(Devapala, 재위 810~850 CE)가 다스리던 시기에 그 영역은 북부 인도에서 북동부 인도까지 연결되었다. 그러나 핵심 지역은 비하르(Bihar)와 벵골(Bengal)이었다. 수도는 왕에 따라 바뀌었다. 추정컨대 한때는 무드가기리(Mudgagiri, 오늘날 Munger)도 수도였는데, 파탈리푸트라에서 약 180마일(약 290킬로미터) 떨어진 곳이었다. 팔라 왕조는 거대 사원(마하비하라)의 네트워크를 구축했다. 비하르 지역에 있었던 비크라마실라(Vikramashila)와 오단타푸리(Odantapuri)도 그 일환이었으며, 날란다와 함께 불교 연구 및 교육 기관으로 명성을 얻었다. 팔라 왕조의 세력은 9세기 말경에 이르러 쇠락하기 시작했다. 다른 지역 세력과의 끊임없는 패권 다툼에 지친 탓이었다. 그러나 당시의 유산으로 비하르에 활발한 예술 유파를 남겼다. 금속과 석재로 만든 수많은 조각상, 특히 붓다와 보디사트바(bodhisattva, 보살)를 비롯하여 타라(Tara) 같은 여러 불교 신격들의 신상(神像)이 비하르에서 발견되었다.

평화로운 전성기를 지난 뒤 도시 파탈리푸트라는 어떻게 되었을까? 고고학적으로 초기 중세의 실상을 알려주는 자료는 거의 없다. 굽타 시대 이후로도 문헌 자료에서 파탈리푸트라는 계속해서 의미 있고 고귀한 도시로 기록되었을까? 알비루니(al-Biruni)가 방문했을 때에도 도시는 분명 존재했다. 알비루니는 페르시아의 여행가로, 11세기에 남아시아 대륙을 방문한 적이 있었다. 그의 저서 《키탑알힌드(Kitab-al-Hind)》에 "인디아(India)"의 다른 여러 도시와 함께 파탈리푸트라도 언급되어 있다.[14] 그러나 이미 7세기에 파탈리푸트라를 방문한 또 다른 여행가가 있었으니, 바로 중국인 승려이자 여행가 현장(玄奘)이었다. 그가 방문했을 때 이미 파탈리푸트라는 쇠락의 시기로 접어들어 있었다. 현장이 남긴 여행기 《서역기(西域記)》에는 이런 기록이 있다. "갠지스강 남쪽으로 둘레가 70리에 달하는 오래된 도시가 있다. 버려진 지 오래되었지만 성벽의 기초는 아직도 남아 있다. 예전에 … 그곳을 쿠수마푸라(Kusumapura)라고 했다. 그 이유는, 그곳에 있던 왕의 궁전에 꽃이 많았기 때문이다. 나중에 … 그곳의 이름은 파탈리푸트라로 바뀌었다."[15]

14 Qeyamuddin Ahmad (ed.), *India by Al-Biruni, Abridged Edition of Dr. Edward C. Sachau's English Translation* (Delhi: National Book Trust, 1983), p. 96.
15 *Si Yu Ki Buddhist Records of the Western World, Translated from the Chinese*

도시 파탈리푸트라의 운명이 뒤집힌 이유 중 하나는, 더 이상 왕국의 수도가 아니었기 때문이다. 혹은 기껏해야 때에 따라 굽타 왕조나 팔라 왕조의 여러 수도 중 하나인 정도였다. 그러나 역사학자들의 연구 성과에 따르면, 남아시아 대륙 전반적으로 기원후 4세기 이후 도시가 쇠퇴했다. 고대 시기의 상업 및 화폐 경제가 위축된 결과였다. 그에 따라 파탈리푸트라 같은 "제2차 도시화"의 과정에서 생겨난 중심지들의 자연환경과 도시 구성에 변화가 찾아왔다. 도시 내에 거주하는 상인과 수공업자의 수가 줄어들었고, 행정 관료나 군인의 수는 더 줄어들었다. 도시는 생산의 현장이라기보다 순례 장소로 바뀌어갔다.[16]

이와 같은 어찌할 수 없는 변화의 물결은 여러 측면에서 의문을 자아냈다. 역사가들은 전반적인 도시의 쇠락을 설명할 수 있는 여러 가지 가설을 시도해보았다. 일부 역사학자들은 갠지스강의 중상류 지역에서 도시 인구의 증가에 따른 지속적이고 과도한 자원 이용으로 자원 고갈의 상황이 발생했을 것으로 추정했다. 또 다른 가설도 제시되었다. 즉 단순히 도시의 중심지가 이동한 결과로 보는 것이다. 갠지스강 유역에서 다른 지역, 벵골이나 말와 같은 몇몇 국한된 지역에서 초기 중세의 중심지가 확립되었는데, 이는 새로운 정치 세력과 (남아시아 대륙 전체를 향

of Hieun Tsiang (AD 629), trans. Samuel Beal, 2 vols. (Delhi: Motilal Banarsidass [1884] 2004), Book VIII.
16 For details see Ram Sharan Sharma, *Urban Decay in India c. 300-1000 AD* (New Delhi: Munshiram Manoharlal, 1987), and R. N. Nandi, 'Client, Ritual and Conflict in Early Brahmanical Order', *The Indian Historical Review* 6 (1979-80): 64-118.

하는 것이 아니라 반대로) 지역화된 경제 패턴이 형성된 결과였다.[17] 그리하여 파탈리푸트라는 상품이 몰려드는 중심 도시의 지위를 잃어버렸다. 기원전 6세기 이래로 그러했고, 적어도 기원후 5세기까지는 현실에서나 대중의 의식 가운데 중심 도시의 이미지를 유지했지만, 그 이후는 아니었다. 그러다가 14세기에 이르러 아프간(파슈툰)인과 무굴 제국의 통치 아래 지역 중심지로 재탄생했고, 이후 문명의 연속성을 보여주는 유적지로서의 지위를 꿋꿋이 지켜오다 비로소 오늘날의 명성을 얻게 되었다. 파트나(Patna)는 현재 인도 동부 지역 최대의 도시들 중 하나이며, 인도 독립 이후 비하르(Bihar)주의 주도가 되었다.

---

17 For details see V. K. Thakur, 'Decline or Diffusion: Constructing the Urban Tradition of North India during the Gupta Period', *The Indian Historical Review* 24 (1997-98): 20-69, and Brajadulal Chattopadhyaya, 'Urban Centres in Early Medieval India: An Overview', in Sabyasachi Bhattacharya and Romila Thapar (eds.), *Situating Indian History for Sarvapalli Gopal* (Delhi: Oxford University Press, 1986), pp. 10-33.

더 읽어보기

Primary texts in translation

Ahmad, Qeyamuddin (ed.), *India by Al-Biruni, Abridged edition of Dr. Edward C. Sachau's English Translation*, Delhi: National Book Trust, 1983.

Ghosh, Manomohan (ed. and trans.), *Glimpses of Sexual Life in Nanda-Maurya India: The Caturbhani*, Calcutta: Manisha Granthalaya, 1975.

Kangle, R. P. (ed. and trans.), *The Kautiliya Arthasastra*, 3 vols., University of Bombay, 1960-65.

Legge, James, *The Travels of Fa Hien: A Record of Buddhistic Kingdoms, Being an Account by the Chinese Monk Fa-hien of His Travels in India and Ceylon (AD 399-414) in Search of the Buddhist Books of Discipline*, New Delhi: Master Publishers, 1981.

Majumdar, Ramesh Chandra (ed.), *The Classical Accounts of India*, Calcutta: Firma KLM, [1960] 1981.

McCrindle, John W. (ed. and trans.), *Ancient India as Described by Megasthenes and Arrian*, Calcutta: Thacker and Spink, 1877.

Si Yu Ki Buddhist Records of the Western World, Translated from the Chinese of Hieun Tsiang (AD 629), trans. Samuel Beal, 2 vols., Delhi: Motilal Banarsidass, [1884] 2004.

Vatsyayana Mallanaga Kama Sutra, trans. Wendy Doniger and Sudhir Kakar, Oxford University Press, 2002.

Secondary works

Allchin, F. Raymond, *The Archaeology of Early Historic South Asia: The Emergence of Cities and States*, Cambridge University Press, 1995.

Chakrabarti, Dilip K., *The Archaeology of Ancient Indian Cities*, Delhi: Oxford University Press, 1995.

Chattopadhyaya, Brajadulal, 'Urban Centres in Early Medieval India: An Overview', in Sabyasachi Bhattacharya and Romila Thapar (eds.), *Situating Indian History for Sarvapalli Gopal*, Delhi: Oxford University Press, 1986, pp. 10-33.

Kaul, Shonaleeka, *Imagining the Urban: Sanskrit and the City in Early India*, Delhi: Permanent Black, 2010.

Nandi, R. N., 'Client, Ritual and Conflict in Early Brahmanical Order', *The Indian Historical Review* 6 (1979-80): 64-118.

Raychaudhuri, Hemachandra, *Political History of Ancient India: From the Accession* of Parikshit to the Extinction of the Gupta Dynasty, Delhi: Oxford University Press, [1923] 2000.

Sarao, Karam Teg S., *Urban Centres and Urbanisation as Reflected in the Pali Vinaya and Sutta Pitaka*, Delhi: Department of Buddhist Studies, University of Delhi, 1990.

Sharma, Ram Sharan, *Urban Decay in India c. 300-1000 AD*, New Delhi: Munshiram Manoharlal, 1987.

Sinha, Bindeshwari Prasad, *The Decline of the Kingdom of Magadha 455-1000 AD*, Patna: Motilal Banarsidass, 1953.

Thakur, V. K., 'Decline or Diffusion: Constructing the Urban Tradition of North India during the Gupta period', *The Indian Historical Review* 24 (1997-98): 20-69.

Thapar, Romila, *Asoka and the Decline of the Mauryas*, Delhi: Oxford University Press, [1963] 1987.

_____, *The Mauryas Revisited*, Calcutta: K. P. Bagchi and Co., 1984.

CHAPTER 20

아메리카

에리카 비건 Erica Begun
자넷 브래슐러 Janet Brashler

기원전 1200년부터 기원후 900년 사이 아메리카 대륙에서 등장한 복합 구조의 거대 정치 체제 및 교환 네트워크를 탐구하는 것이 우리의 과제다. 이는 결코 쉬운 문제가 아닌데, 당시의 과정을 알려줄 기록 자료가 남아 있지 않기 때문이다. 마야(Maya)와 사포텍(Zapotec) 문명의 기록 유산이 남아 있기는 하지만 이는 극히 예외적인 경우에 속한다. 그러다 보니 당시 복합 구조의 정치 체제나 교환 체계의 등장과 관련하여 우리가 알고 있는 내용은 이론과 방법론을 포함해서 거의 전부가 고고학적 시각을 통해 발달할 수밖에 없었다. 정형화된 시대구분에 입각한 역사 연구, 혹은 역사 연구와 고고학 자료 간의 전형적 상호 작용 같을 것을 아메리카 고고학에서는 기대하기가 어렵게 되었다. 거대 규모 정치 단위에 관한 논의는 상황이 더욱 심각하다. 이와 관련해서는 워낙 다양한 연구와 입장이 제출되었다. "국가", "문명", 특히 "복합 구조(complexity)"가 과연 무엇을 의미하는지, 기본적 개념들에 대해서도 마찬가지다. 세계의 다른 지역에서도 그렇겠지만, 특히 아메리카 고고학에서는 복합 구조의 등장과 관련하여 "최고의" 이론적 접근이 무엇인가를 두고 여전히 논쟁이 진행 중이다.[1]

1 Robert W. Preucel and Stephen A. Mrozowski, *Contemporary Archaeology in*

북동부 아메리카		메소아메리카			남아메리카	
미시시피 문화 / 포트 에인션트 문화	950 CE-variable (Contact)	후고전기	후고전기 후기	1430-1520 CE	후기 층위	1476-1532 CE
					후기 매개 층위	1000-1476 CE
			후고전기 중기	1200-1430 CE		
			후고전기 초기	1000-1200 CE		
		고전기	고전기 말기	800-1000 CE	중기 층위	600-1000 CE
우드랜드 문화 후기	400-950 CE		고전기 후기	600-800 CE		
			고전기 초기	300-600 CE	초기 매개 층위	1-600 CE
우드랜드 문화 중기 (호프웰 문화)	200 BCE-400 CE	전고전기/ 형성기	형성기 말기	1-300 CE		
			형성기 후기	300 BCE-1 CE	초기 층위	900/600-1 CE
우드랜드 문화 초기	1000-200 BCE		형성기 중기	900/800-300 BCE	도기출현 시기	1800-900/600 BCE
			형성기 초기	1200-900/800 BCE		
			형성기 시초	2000-1200 BCE		
아르카익기	8000-1000 BCE	아르카익기		8000-2000 BCE	도기이전 시기 후기	3200-2000 BCE

〔표 20-1〕 남북 아메리카 시대구분 비교표

이와 같은 상황에서 우리의 연구는 다소 보수적인 태도를 견지하기 위해, 문화사(culture history) 내지 과정주의 모델(processual model)을 방법론으로 선택하려 한다. 이는 19세기에 처음 등장한 방법론으로, 단선적이지 않은 복합 구조(complexity, 혹은 복합적 체제)의 등장에 주목하는 이론이다. 이와 관련해 콜린 렌프루(Colin Renfrew)를 비롯한 여러 연구자에 의해 다양한 모델이 제기되었다.[2] 우리가 검토할 것은 기원전 1200년에서 기원후 900년 사이 아메리카 고고학 자료들인데, 특히 핵심적 자료는 기념비적 건축물/예술품, 중앙 집권화 리더십, 수공업의 전문화, 기록 시스템, 엘리트 계층에 의한 식량 및 노동력 통제, 사회 계층/위계질서의 출현, 인구 밀도, 원거리 교역, 수학, 종교/상징 체제, 천문 관련 자료 등이다. 우리는 이들 자료에서 복합 구조의 단계로 평가할 수 있는 지식 혹은 조직 체계의 증거를 찾아보려 한다.[3]

우리 논의의 방법론과 근거는 고고학에 바탕을 두고 있다. 또한 인접 분야로서 방사성탄소 연대측정법을 비롯한 다양한 분석 기술도 포함된다. 마야의 경우 제한적으로 언어 기록이 남아 있는데, 기록 매체는 진흙이나 종이 혹은 양피지가 아니라 돌이었다. 대체로 마야의 기록물은 수

    Theory: The New Pragmatism (Hoboken, N J: John Wiley and Sons, 2010), and Jerry Sabloff, "Universal Patterns in the Emergence of Complex Societies," Santa Fe Institute, Accessed February 24, 2014, www.santafe.edu/templeton/complex-societies/detail/ (2013).
2 A. C. Renfrew, *The Emergence of Civilisation: The Cyclades and the Aegean in The Third Millennium BC* (London: Methuen and Co., 1972).
3 Vere Gordon Childe, *Man Makes Himself* (London: Watts, 1936), and Vere Gordon Childe, *What Happened in History* (Harmondsworth: Penguin Books, 1942).

량이 극히 적었고, 후대에 멕시코에서 생산된 관련 기록물도 대부분 소실되었다. 거의 사라질 뻔했던 희미한 글자들의 의미를, 고고학 및 금석학에서 해석하는 데 성공한 시기는 불과 최근 수십 년 전이었다. 남아메리카의 모체(Moche) 문화에서는 도기가 기록 매체로 사용된 적이 있었다. 또한 후기-과정주의 고고학(post-processual theory)을 비롯하여 "신실용주의(new pragmatism)" 등 여러 방법론이 개발된 뒤로는 전통 기록 시스템과 민속학도 점차 기본적인 연구 주제에 포함되었다. 이를 통해 아메리카 기록 문화 연구가 더욱 풍성해졌다. 우리 논의에서는 먼저 북아메리카의 복합 구조 사회 및 교환 체계와 관련된 근거들을 살펴보고, 뒤이어 남아메리카에 관한 논의를 이어가도록 하겠다.

북아메리카의 식생활과 환경 적응

기원전 1200년경 북아메리카 지역에서 대부분의 사람들은 "원시적이고 소박한(archaic)" 생활을 했다. 그중 일부 집단은 원경(園耕, horticulture) 방식으로 작물을 재배했다. 그레이트플레인스(Great Plains) 동부 지역에서는 재배 수준이 다양했지만 토종 식물들을 재배했다. 오늘날 이 문화를 동부 농업문화 복합체(Eastern Agricultural Complex)라 한다. 여기에 포함되는 작물들은 체노포디움(goosefoot, *Chenopodium berlandieri*), 해바라기(sunflower, *Helianthus annuus*), 호박(squash/pumpkin, *Cucurbita pepo*), 호리병박(bottle gourd, *Lagenaria siceraria*), 좀보리(little barley, *Hordeum pusillum*), 마디풀(erect knotweed, *Polygonum erectum*), 마쉬엘더(marsh elder, *Iva annua*) 등이었다. 미시시피강 지역과 오하이오(Ohio)를 중심으로 하는 이 지역은 오늘날 전 세계에서 독립적으로 재배

종이 출현한 10대 지역 가운데 하나로 평가되고 있다. 기원전 2100년경에 이르러 북아메리카 남서부 지역에서 옥수수 재배가 시작되었고, 기원전 1200년경에는 남아메리카의 다른 재배종 작물들, 예컨대 목화나 담배 등이 이 지역에 소개되었다. 북아메리카 남서부 지역이나 동부 지역 모두 처음에는 수렵-채집 경제에 부속되는 방식으로 작물 재배가 시작되었다. 그러나 두 지역의 복합 체제(complexity) 성장은 경로를 달리했고, 그에 따라 생활 경제 또한 달라졌다. 이 문제는 뒤에서 다시 논의하도록 하겠다. 북아메리카의 다른 지역(즉 극지방, 아극지방, 그레이트플레인스의 일부, 캘리포니아, 북동부 우드랜드 지방 등)에서는 수렵-채집을 통한 환경 적응 방식을 유지했고, 가끔 지역별로 독특한 방식이 나타나기도 했다. 북아메리카의 북서부 해안 지역이나 플로리다의 남서부 지역은 뚜렷한 예외였을 뿐, 유럽인과 접촉하기 전까지 나머지 대부분의 지역에서는 평등한 관계의 다양한 수렵-채집 집단들이 생활을 이어갔다.[4]

북아메리카 동부 지역의 기념비적 유적, 교환 체계, 조직 사회
돌이나 조개껍데기, 흙 등을 모아서 건설한 마운드(mound, 인공 언덕)나 어스워크(earthwork, 토목 공사 구조물)가 조성되기 시작한 때는 아르카익기(Archaic period)로, 대략 기원전 5000년경이었다. 마운드나 어스워크를 건설하려면 위계질서를 갖춘 조직까지는 아니더라도 최소한 협동 과정이 필수적이었다. 기원전 1200년에 이르러 일부 어스워크

---

4 Douglas Price and Gary Feinman, *Images of the Past*, 7th edn. (New York: McGraw Hill, 2012).

는 규모가 거대해져서 훨씬 후대의 북아메리카 공동체에서 발견되는 유적들과 비슷한 정도가 되었다. 캐나다 래브라도에 있는 랑스 아무르(L'Anse Amour) 같은 초기의 유적은 아마도 장례 의식과 연관된 것으로 보이는데, 평등한 관계의 포레이저(forager, 수렵채집인)가 협력하여 기념비적 유적을 조성했을 것이다. 기원전 6000~3100년에 건설 속도가 빨라졌다. 수많은 쉘링(shell ring, 일정한 지역 범위를 둘러싸고 조개무지 여러 개가 점점이 원형을 이루어 발견되는 유적 - 옮긴이)과 마운드가 오하이오강, 그린강, 테네시강 유역의 북아메리카 대륙 중부 지역, 그리고 사우스캐롤라이나, 조지아, 플로리다, 루이지애나의 대서양 및 멕시코만을 따라 조성되었기 때문이다. 생활 쓰레기와 똥이 쌓인 더미들은 정주 생활이 증가한 증거로 평가되었다. 적어도 그중 일부는 의도적으로 조성된 것으로 확인되었다. 당시 친족 중심의 협력 집단이 발달했을 것이며, 그러한 집단들이 지위를 획득하기 위해, 혹은 주변의 다른 공동체들에게 인정받기 위해 이와 같은 유적 조성을 주도했던 것으로 추정된다.[5]

의도적으로 마운드를 건설했다는 사실이 분명하게 확인되는 유적은 기원전 4500년경부터 조성되기 시작했다. 루이지애나 북동부에 있는 두 유적지, 왓슨브레이크(Watson Brake, c. 4000 BCE)와 포버티포인

---

[5] George R. Milner, "Mound-Building Societies of the Southern Midwest and Southeast," in Timothy R. Pauketat (ed.), *The Oxford Handbook of North American Archaeology* (Oxford University Press, 2012), pp. 437-47; Michael Russo, *Archaic Shell Rings of the Southeast U.S. National Historic Landmarks Historic Context* (Tallahassee, FL: Southeast Archeological Center, National Park Service, 2006); and Victor D. Thompson and C. Fred T. Andrus, "Evaluating Mobility, Monumentality, and Feasting at the Sapelo Island Shell Ring Complex," *American Antiquity* 76 (2011): 315-43.

트(Poverty Point, 3600 BCE)에서는 의도적 설계에 따라 유적이 건설된 흔적들이 나타났다. 포버티포인트의 경우 상당량의 흙을 의도적으로 옮긴 사실이 확인되었다. 왓슨브레이크에서는 11개의 마운드와 둥그스름한 등성이(ridge oval)가 조성되었는데, 그곳에서 수백 년 동안 주기적으로 사람들이 거주한 흔적이 발견되었다. 현지에서 발굴된 원재료(raw material, 석기 등 도구를 제작하기 위한 원석 - 옮긴이), 식량 자원, 인공 유물 등으로 보아 그들은 아마도 평등한 관계의 현지인이었던 것으로 추정된다.[6] 이와 비교해 포버티포인트는 유적의 규모가 거대했고, 다른 유적들과는 다른 매우 뚜렷한 특징이 있었다. 의도적으로 옮긴 흙의 양이 상당했고, 평면의 높낮이가 계획에 따라 건설되었으며, 발굴된 원재료를 토대로 원거리 교역의 존재가 확인되었다.

포버티포인트 유적의 면적은 7.5제곱킬로미터에 달하는데, 5개의 마운드와 이를 연결하는 6개의 언덕능선(ridge)이 중심 지역을 둘러싸고 있다. 그중 마운드 A는 높이가 22미터이며, 이를 건설하는 데 들어간 흙의 양은 대략 24만 세제곱미터였다. 이는 북아메리카에서 두 번째로 큰 규모의 어스워크 유적이며, 이보다 규모가 큰 유적은 카호키아(Cahokia)에 있는 몽크스 마운드(Monks Mound)뿐이다. 포버티포인트 유적은 거대한 규모 이외에도 놀라운 점이 또 있었는데, 바로 돌이다. 여기서 발견

---

6 Joe W. Saunders, RolfeD. Mandel, C.Garth Sampson, CharlesM. Allen, E. Thurman Allen, Daniel A. Bush, James K. Feathers, Kristen J.Gremillion, C. T.Hallmark,H. Edwin Jackson, Jay K. Johnson, Reca Jones, Roger T. Saucier, Gary L. Stringer, and Malcom F. Vidrine, "Watson Brake, a Middle Archaic Mound Complex in Northeast Louisiana," *American Antiquity* 70 (2005): 631-68.

된 돌은 모두 50킬로미터 이상 1000킬로미터 이내 지역에서 가져온 것이었다. 이외에도 수만 점에 달하는 클레이(clay) 유물(점토를 불에 구워 만든 다양한 형태의 인형 혹은 모형 – 옮긴이)이 발견되었다. 클레이 유물은 포버티포인트가 포함되는 "문화권(culture area)"을 벗어나면 전혀 발견되지 않았다. 포버티포인트의 중심부를 둘러싼 언덕능선에서는 타지에서 유입된 약 70톤의 돌을 포함하여 많은 돌이 발견되었는데, 품질이 우수한 각암(角岩, chert)은 일리노이와 오하이오강 유역에서, 동석(凍石, steatite)은 애팔래치아(Appalachia) 남부 지역에서 가져온 것이었다. 더욱 놀라운 사실은, 그 많은 돌 가운데 포버티포인트 지역에서 나는 돌은 전혀 발견되지 않았다는 점이다. 유적지의 규모나 포함된 재료의 양이 방대했음에도 불구하고 "사회적 불평등이나 정치적 신분 질서를 나타내는 분명한 흔적"은 전혀 찾아볼 수 없었다. 이 문제를 두고 학계에서 격렬한 논쟁이 벌어지기도 했지만, 오늘날에는 포버티포인트의 주민 및 그와 관계된 사람들의 사회 구조가 기본적으로 평등한 관계의 수렵채집인이었으며, 그들이 수백 년에 걸쳐 이 유적을 건설했다는 결론에 대체로 동의한다. 더욱이 이 유적은 멀리 떨어져 있는 공동체들 간에 형성된 거대한 통합 교환 체계(integrated exchange system)의 중심지는 아니었던 것으로 추정된다. 더 정확히 말하자면, "네트워크가 쇠락하던 시기의 중심지"였다. 이를 감안할 때 포버티포인트의 규모나 거기서 발견된 유물들은, 우리가 흔히 이해하듯 사회적 복합 구조(complexity)라고 하는 것을 비단 식생활이나 사회-정치적 조직으로만 평가해서는 안 된다는 사실을 말해주고 있다. 복합성은 이보다 훨씬 더 이해하기 어려운 문제로, 예컨대 의례를 위한 순례, 우주론, 강력한 카리스마의 지도자 등이 개입되

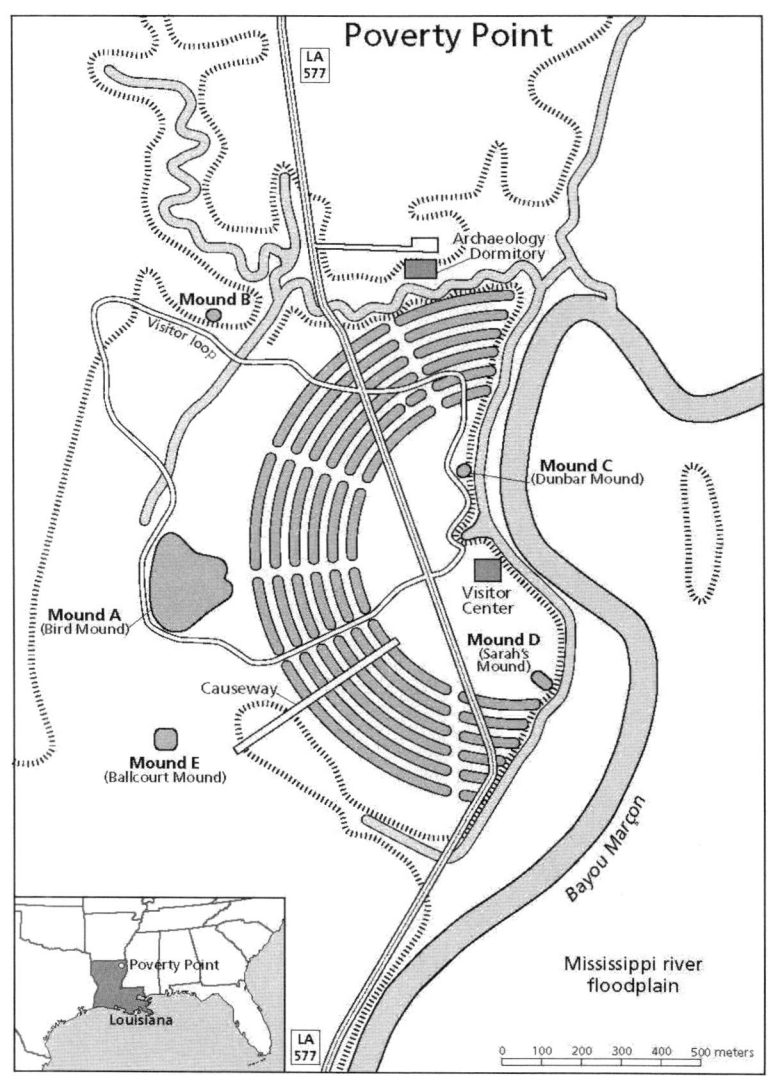

[지도 20-1] 포버티포인트

CHAPTER 20 - 아메리카

는 문제였을 수도 있는 것이다(지도 20-1).[7]

　기원전 1200년경 북아메리카 동부 지역 포버티포인트의 사례를 통해 보자면, 아르카익기 후기 교환 시스템은 선물 공여(gift giving) 기능을 통해 작동했고, 당시 이런 시스템이 북아메리카 동부에 확고히 자리 잡고 있었다. 이 교환 체계를 통해 그레이트레이크스(Great Lakes) 지역의 구리부터 대서양과 플로리다 해안 지역의 조개껍데기까지 다양한 재료가 교환되었다. 즉 바닷조개 껍데기가 교환 체계를 거쳐 북쪽으로 이동했던 것이다. 이외에도 당시에 거래된 다양한 원재료가 있었다. 특히 높이 평가된 암석 재료 가운데 각암(角岩, cherts)이 있는데, 지역 내 혹은 지역 간 교환 체계를 거쳐 수백 킬로미터를 이동했다. 대부분의 고고학자들은 이와 같은 교환의 패턴이 이후 1200년 동안 강화되었고, 그 결과가 축적되어 우드랜드(Woodland) 문화 중기의 호프웰 문화(Hopewellian exchange system)가 만들어졌다고 본다. 그러나 최근 연구에서는 이와 같은 점진적 발전 모델에 의문이 제기되기도 했다. 우드랜드 문화 중기의 호프웰(Hopewell) 문화가 우드랜드 문화 초기의 아데나(Adena) 문화와 시기적으로 겹치기 때문이다. 연구 결과 호프웰 문화 공동체는 과거에 방치되었던 것으로 추정되는 충적 평야 지대로 이주해 들어온 사람들이었고, 그 뒤로 원재료가 거래되는 방대한 교역망의 일원으로 참여하게 되었다. 당시 교역망은 서쪽으로 와이오밍(Wyoming, 특산물은 흑요석obsidian)과 노스다코타(North Dakota, 특산물은 나이프Knife강의 옥수chalcedony)에서 동부 중심 지역까지 연결되어 있었다. 이

7　Tristram Kidder, "Poverty Point," in Pauketat (ed.), *Oxford Handbook*, pp. 464-69.

외에도 당시 교역망을 통해 유통된 원재료로는 구리, 바닷조개 껍데기와 민물조개 껍데기, 민물진주, 운모(mica), 파이프스톤(Catlinite), 은(銀), 품질이 우수한 다양한 종류의 각암(角岩), 플린트(flint, 燧石), **방연석**(方鉛石, galena), 운철(隕鐵, meteoric iron) 등이 있었다. 이와 같은 원재료의 교역망은 더 큰 맥락 속에 포함되는 일부, 즉 크고 작은 지역 내 사회·정치·종교의 집약화 내지 고도화의 일환이었다. 이러한 맥락의 가장 드라마틱한 표현은 오하이오에서 확인된다. 오하이오 지역의 예컨대 뉴어크(Newark), 호프웰(Hopewell), 세입(Seip) 등지에 거대한 어스워크 유적이 남아 있다. 유적에는 방대한 양의 원재료와 가공된 유물이 포함되어 있는데, 장례 혹은 기타 의례 행사의 일환이었던 것으로 추정된다. 최근 뉴어크 지역 유적의 구조 분석과 매장된 인골의 미토콘드리아 DNA 분석 결과에 따라, 적어도 유적지 가운데 일부 지역은 순례지였을 가능성이 제기되었다. 즉 오하이오 호프웰 핵심 지역 외부의 다른 지역에서 사람들이 찾아오는 곳이었다. 다른 연구에 따르면, 일리노이 지역 사람들과 오하이오주 호프웰 지역 사람들이 서로 통혼 관계를 맺었을 가능성도 제기되었다.[8]

---

8 Douglas K. Charles, "Origins of the Hopewell Phenomenon," in Pauketat (ed.), *Oxford Handbook*, pp. 471-82; Kidder, "Poverty Point," pp. 464-69; Bradley T. Lepper, "The Newark Earthworks: Monumental Geometry and Astronomy at a Hopewellian Pilgrimage Center," in Richard F. Townsend (eds.), *Hero, Hawk, and Open Hand: Ancient Indian Art of the Woodlands* (New Haven, CT: Yale University Press, 2004), pp. 72-81; Lisa Mills, "Mitochondrial DNA Analysis of the Ohio Hopewell of the Hopewell Mound Group," Ph.D dissertation, Department of Anthropology, Ohio State University, Columbus (2003); Deborah A. Bolnick, "The Genetic Prehistory of Eastern North America: Evidence From Ancient and Modern DNA," Ph.D dissertation, University of California-Davis (2005); and

그곳의 거대한 유적이 신중한 설계에 따라 건설되었다는 증거도 풍부하게 발견되었다. 분석 결과, 당시에 표준 도량형과 천문학 지식도 있었다. 오하이오의 호프웰 핵심 지역 유적들은 신중한 계획과 치밀한 공법에 따라 건설되었다. 건설에 사용된 흙도 다양했으며, 의도적으로 선택되었다. 그러한 행위를 통하여 그들만의 성스러운 공간과 장례를 위한 공간을 조성하기 위한 목적이 있었다. 그중에서도 가장 거대한 규모의 유적은 뉴어크 어스워크(Newark Earthworks)로, 아마도 전 세계의 어스워크 유적 가운데 가장 큰 규모일 것이다. 뉴어크 유적은 그레이트 서클(Great Circle), 옥타곤 어스워크(Octagon Earthworks), 라이트 어스워크(Wright Earthworks)로 구성된다. 그레이트 서클은 지름이 약 400미터이고, 옥타곤 어스워크와 그에 연결된 원형 어스워크를 모두 합하면 면적이 약 28헥타르에 달한다. 뉴어크 유적의 일부와 남쪽의 호프웰 유적을 연결하는 둑길들도 남아 있다(지도 20-2).[9]

호프웰 지역 혹은 호프웰 사람들과 관련된 지역에서 출토된 유물은 여러 가지 재료로 만들어진 것들이었으며, 분명 다양한(사회적, 종교적, 정치적) 의미가 부여되어 있었다. 어스워크 건설과 이러한 유물들을 통합해 볼 때 이는 우주론을 반영하는 것으로, 역사적 연원이 깊은 신앙과 신화, 예컨대 알곤킨어(Algonkian) 사용자들 사이에서 전해오는 어스다이

Edwin R. Hajic, *Koster Site Archaeology I: Stratigraphy and Landscape Evolution* (Kampsville, IL: Center for American Archaeology, 1990).

[9] Ray Hively and Robert Horn, "Geometry and Astronomy in Prehistoric Ohio," *Archaeoastronomy* 4 (1982): S1-S20, and Lepper, "The Newark Earthworks," pp. 72-81.

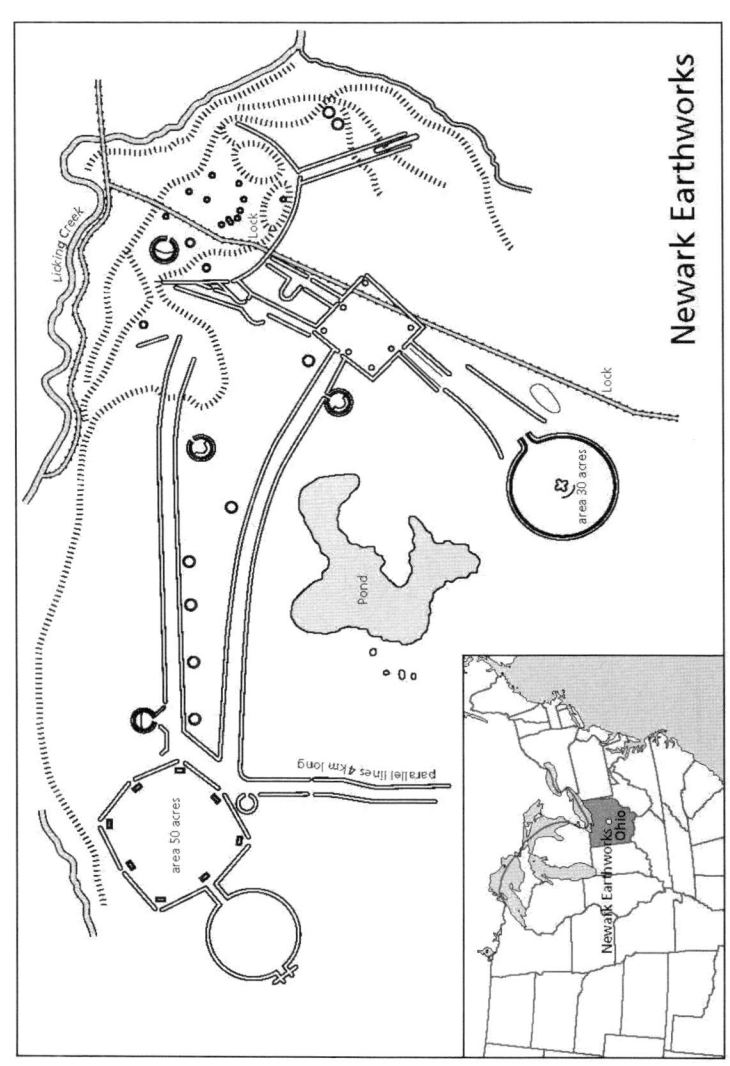

〔지도 20-2〕 어스워크 연결망

CHAPTER 20 - 아메리카

버(earth diver, 혹은 잠수 신화) 창조설 등과 관련이 있었다(어스다이버 신화는 세계 여러 지역에서 발견되는 대표적 창조 신화 중 하나로, 최고신이 깊은 물속으로 동물을 내려보내 특정 흙을 찾아오도록 하고, 그 흙을 이용하여 사람들이 살 수 있는 육지를 건설한다는 줄거리다. - 옮긴이). 호프웰 문화권에 속하는 다른 지역(일리노이, 그레이트레이크스, 미시시피강 하류 유역 등)에서는 대부분의 유적에서 어스워크가 발견되지 않는다. 다만 마운드는 발견되는데, 이는 원칙적으로 호프웰 문화의 세계관과 관련이 있다. 마운드에 매장된 유물들은 원재료의 유형과 인공 유물의 양식 및 형태 등을 통해 호프웰 문화 세계관과의 연관성이 더욱 분명하게 확인된다.[10]

거대한 교환 체계가 존재했고, 그 중심지에 복잡한 구성의 대규모 어스워크를 건설했음에도 불구하고, 호프웰의 사회-정치적 구조는 서로 평등한 관계의 무리 혹은 부족 공동체였을 가능성이 매우 크다. 이들이 장례 시설과 연관된 캠프나 마을을 구성하고 있었으며, 전체적으로 씨족 네트워크와 경제적 교환 체계에 소속되어 있었다. 이들을 포괄하는 더 큰 범위의 공동체는 훨씬 더 큰 지역을 아울렀고, 공통된 우주론에 기반을 둔 상징적 공동체의 일원으로 소속되어 있었다. 그들이 공통적으로 사용한 아이콘이 도기나 원재료, 인공 유물 등에 새겨져 남아 있다. 경우에 따라서는 장례 풍습도 공유했을 것이다. 오하이오에서 가장 규

---

10 Robert L. Hall, *An Archaeology of the Soul* (Champaign: University of Illinois Press, 1997), and Douglas K. Charles, Julieann Van Nest, and Jane E. Buikstra, "From the Earth: Minerals and Meaning in the Hopewellian World," in Nicole Boivin and Mary Ann Owoc (eds.), *Soils, Stones, and Symbols: Cultural Perceptions of the Mineral World* (London: UCL Press, 2004), pp. 43-70.

모가 크고 장대한 유적들은 수많은 공동체 통합의 최고 정점으로 이해되었다. 현지의 공동체는 물론 멀리 떨어진 지역의 공동체들도 이를 지원했다. 이들 공동체는 우주론에 관한 공통된 믿음에 기반을 두고 있었고, 공통의 의례를 거행하거나 원자재를 교환하거나 혼인 관계를 맺는 등의 다양한 방식으로 서로 교류했다.[11]

오늘날 보다 세밀한 연표를 재구성하기가 어렵기 때문에, 기원후 400년경 호프웰 지역 혹은 그 사람들의 공동체가 사라진 것을 두고 예전에는 일시적 붕괴의 결과로 보았지만, 오늘날에는 점진적 쇠락의 과정으로 이해하고 있다. 의례, 어스워크 건설, 교환 체계 등이 서서히 약화되었다고 보는 것이다. 호프웰 지역 혹은 그 사람들의 공동체가 변화하기 시작했을 때 새로운 친족 관계의 패턴이 형성되었고, 의례적·사회적·경제적 관계도 재편되었다. 옥수수를 비롯한 새로운 재배종이 소개되자 몇몇 지역에서 식량 수급의 관행이 새롭게 강화되었고, 지역적으로 마운드 건설의 편차도 심화되었다. 특정 원재료나 인공 물품의 교환 체계는 비록 예전에 비해 크게 축소되고 방식 또한 바뀌었지만, 미국 동부 전역에 걸쳐 우드랜드 문화 후기까지도 지속되었다.[12]

우드랜드 문화 후기(c. 400~950 CE) 북아메리카 중남부 및 남동부

---

11 Brett Ruby, Christopher Carr, and Douglas K. Charles, "Community Organizations in the Scioto, Mann and Havana Hopewellian Regions: A Comparative Perspective," in Christopher Carr and D. Troy Case (eds.), *Gathering Hopewell: Society Ritual and Ritual Interaction* (New York: Kluwer Academic/Plenum, 2005), pp. 119-76.
12 Charles et al., "From the Earth," pp. 43-70, and Charles, "Origins of the Hopewell Phenomenon," pp. 471-82.

지역은, 한때 호프웰과 미시시피강을 축으로 "회색 지대 문화권"이라고 해서 미지의 문화로 알려져 있었다. 그러나 오늘날 연구에 따르면 그 시기는 미시시피 문화의 발생과 관련이 있었고, 당시에 정치적 복합 구조, 위계질서, 도시 사회가 출현했다. 또한 옥수수 농업이 본격화되었고, 마운드 건설이 계속되었으며, 마침내 통합 플랫폼 형태의 마운드가 정형화되었다. 플랫폼 형태의 마운드는 기원후 800년 이전 우드랜드 문화 후기의 중엽(대표적으로 테네시주의 핀슨Pinson 마운드)과 초엽에 가끔씩 나타나기 시작했었다. 기원후 800년 이후로는 플랫폼 마운드가 보편화되었고, 사회 및 정치 조직의 복합 구조가 발달하기 시작했다는 증거가 여러 측면에서 관측되었다. 이와 같은 변화가 나타나는 유적으로는 루이지애나의 트로이빌(Troyville) 유적, 아칸소의 톨텍(Toltec) 유적 등이 있다. 미시시피강 중하류 지역에서는 이와 같이 우드랜드 문화 후기에 사회 조직과 기념비적 유적이 재편된 흔적이 분명하게 나타났다. 그곳의 공동체들은 이제 친족 단위나 공통의 상징 혹은 교환 체계가 아니라 다른 방식으로 결속되었다. 기원후 900년경의 북아메리카 지역에서는 기념비적 유적들의 건설 풍경이 상당히 바뀌었는데, 이는 곧 공동체가 위계질서에 바탕을 둔 조직체로 변화하는 단계로 접어들었음을 의미한다. 이와 함께 정치적 연대, 전쟁, 도시화의 증거들이 나타나는데, 이것이 곧 미시시피 문화 시기(Mississippian period)의 특징이었다. 기원후 950년경부터 아메리칸 바텀(American Bottom) 지역에서 시작된 문화였다.[13]

---

13 Robert C. Mainfort, "Middle Woodland Ceremonialism at Pinson Mounds, Tennessee," *American Antiquity* 53 (1998): 158-73; Mark A. Rees, "Monumental

북아메리카 남서부 지역의 복합 구조 사회와 교환 체계 등장

기원전 1200년경 북아메리카 남서부 지역에는 비교적 규모가 작은 "원시적이고 소박한(archaic)" 사회들이 자리 잡고 있었다. 이는 당시 북아메리카의 다른 지역들과 다를 바가 없었지만 차이점도 있었다. 그것은 바로 남서부 지역 대다수 사람들이 옥수수와 호박 재배에 익숙했다는 점이다. 옥수수와 호박은 메소아메리카에서 전래된 작물로, 아마도 기원전 2100년 이전에 이 지역으로 전파되었던 것 같다. 옥수수의 전래는 시작에 불과했다. 이후 오래도록 북아메리카 남서부 지역과 메소아메리카 지역의 교류 및 거래 관계가 지속되었다.

옥수수와 호박은 처음에 식량 수급 전략에서 부수적 지위를 차지했다. 주로는 식물을 채집하는 가운데 사냥이 이를 보조하는 정도였다. 옥수수와 호박을 이용한 사람들은 원래 평등한 관계의 집단이었는데, 재배종 작물이 전래된 이후로는 점차 인구가 성장하고 이동성이 줄어들기 시작했다. 아르카익기 말엽에 해당하는 기원전 200년경 전후 무렵 사람들은 여전히 이동식 생활을 했지만 이동하는 빈도수가 현저히 줄어들었다. 중동부 지역과 달리 남서부 지역에서는 먼저 작물 재배가 시작된 뒤

Landscape and Community in the Southern Lower Mississippi Valley during the Late Woodland and Mississippi Periods," in Pauketat (ed.), *Oxford Handbook*, pp. 483-96; Stephen Williams and Jeffrey P. Brain (eds.), *Philip Phillips, Lower Mississippi Survey, 1940-1970* (Cambridge, MA: Harvard University Press, 1970), p. 404; Owen Lindauer and John H. Blitz, "Higher Ground: The Archaeology of North American Platform Mounds," *Journal of Archaeological Research* 5 (1997): 169-207; George R. Milner, *The Moundbuilders: Ancient Peoples of Eastern North America* (London: Thames and Hudson Ltd., 2004); and Thomas E. Emerson, "Cahokia Interaction and Ethnogenesis in the Northern Midcontinent," in Pauketat (ed.), *Oxford Handbook*, pp. 398-409.

에 정착 생활이 뒤따랐다. 북아메리카 남서부 지역 최초의 농업인은 이동식 주거 생활 방식을 유지했다. 남아 있는 유물이나 주거지의 흔적으로 보건대 대략 기원후 2세기가 되어서야 1년 내내 한곳에서 정착하는 마을 생활이 시작되었다. 반지하 움집이 당시 마을의 특징이었다. 기원후 200~500년에 최초의 의례용 건축 구조물인 키바(kiva, 북미 인디언의 지하 예배당 - 옮긴이)가 등장했다. 이는 대규모 집단 활동을 전제로 하는 것이었다. 기원후 500년에 이르러 인구 증가의 흔적은 남서부 지역 전체적으로 나타났지만 특히 두 곳이 두드러졌다. 애리조나 남부의 소노라(Sonora) 사막 지역과, 포코너스(Four Corners) 지역(콜로라도 남서부, 유타 남동부, 애리조나 북동부, 뉴멕시코 북서부가 만나는 지역)이었다.[14]

기원후 500년경에 이르러 애리조나의 투손(Tucson)과 피닉스(Phoenix) 지역에서 움집 구조물이 광장을 둘러싸고 조직적으로 배치된 흔적이 나타났으며, 가까운 곳에 의례용 구조물의 흔적도 존재했다. 이러한 유적들은 고고학적으로 호호캄(Hohokam) 문화와 관련이 있었다. 이들은 기원후 500년경 관개 시설을 건설했다. 기원후 1100~1450년 이 관개 시설은 2만~4만 헥타르의 농지에 물을 공급했고, 운하의 길이는 600킬로미터 이상 800킬로미터에 달했으며, 이를 통해 생계를 유지하는 인구는 대략 2만에서 10만 명 사이였다. 기원후 700~1150년

---

14 Stephen Plog, *Ancient Peoples of the American Southwest* (New York: Thames and Hudson Ltd., 1997); Barbara J. Mills, "The Archaeology of the Greater Southwest: Migration, Inequality and Religious Transformations," in Pauketat (ed.), *Oxford Handbook*, pp. 547- 60; and Lisa Young, "Diversity in First-Millennium AD Southwestern Farming Communities," in Pauketat (ed.), *Oxford Handbook*, pp. 561-70.

호호캄 문화에서는 이전과 다른 흔적들이 나타났다. 예컨대 중앙 광장 주변으로 공동체가 자리 잡은 흔적과 메소아메리카와 같은 방식의 축구장 유적이 발견되었으며, 의례용 및 기타 물품과 독특한 도상(圖象, iconography)이 등장했다. 호호캄 문화에서 가장 유명한 유적을 들라면 스네이크타운(Snaketown)일 것이다. 위치상 솔트(Salt)강과 힐라(Gila)강이 만나는 지점에 가까운 곳으로, 두 개의 주요 강줄기를 따라 남서부 지역의 교환 체계를 원활히 통제할 수 있는 지역이었다. 호호캄 지역 내 교환 체계에는 뉴멕시코 남부의 밈브러스(Mimbres) 지역이 포함되어 있었고, 멕시코 서부 지역과 바닷조개 껍데기나 구리 등의 거래가 증가함에 따라 지역 내 교환 체계 또한 성장했다. 그러나 기원후 1150년까지도 위계질서에 입각한 사회적 계층이 존재했다는 근거는 거의 나타나지 않았다. 이런 점에서 호호캄 문화의 사회 및 정치적 구조를 이해하기가 쉽지 않다. 호호캄 문화는 복합 구조 사회(social complexity)의 단계로 나아간 적이 없었다. 즉 남부 지역에서와 같은 국가 비슷한 단계의 사회가 형성된 적이 없었고, "중간 계층의 관개 시설 사회(middle range irrigation society)"라고 하는 독특한 사례로 남게 되었다.[15]

기원후 500년경부터는 콜로라도고원 포코너스 지역에서 몇몇 움집으로 구성된 정착 공동체와 함께 상당한 규모의 원형 구조물 흔적이 나타나기 시작했다. 고고학자들은 이를 키바(kiva)의 흔적으로 해석했다. 그러나 이 시기에 그와 같은 구조물의 정확한 용도는 아직 명확히 밝혀

---

15 Suzanna K. Fish and Paul R. Fish, "Hohokam Society and Water Management," in Pauketat (ed.), *Oxford Handbook*, p. 570; Plog, *Ancient Peoples*, p. 113; and Mills, "The Archaeology of the Greater Southwest," pp. 547-60.

지지 않았다. 기원후 8세기 말에 이르러 반(半)정주적 움집 공동체가 더 큰 규모로 밀집된 마을로 발달하여 푸에블로(Pueblo) 문화의 선조가 되었다. 이 시기의 마을에서 주택은 지상에 건축되었지만 주민의 이동성은 강하게 남아 있었다. 그리하여 마을이나 계곡에 버려진 주거지들의 흔적이 많이 나타났으며, 기원후 900년까지도 고원 지역 곳곳에 그러한 흔적들이 산재했다. 이와 뚜렷하게 차이 나는 유적은 뉴멕시코 북서부 산후안(San Juan) 평원의 차코 캐니언(Chaco Canyon) 유적이다. 여기서는 기원후 850년경 이른바 "그레이트 하우스(great houses, 거대 주택)"라고 하는 유적이 잇달아 출현했다. 그레이트 하우스는 수많은 방과 키바로 구성된, 당시 푸에블로 문화 공동체의 특징적인 건축물이었고, "그레이트 키바(great kiva)"도 존재했다. 이러한 구조물들이 푸에블로 보니토(Pueblo Bonito), 우나 비다(Una Vida), 페냐스코 블랑코(Peñasco Blanco) 등지에서 건축되었다. 천문학적으로 동서남북 정방위 체제가 이들 공동체의 구성에 적용되었다. 이들은 대지를 가로질러 도로 체계를 갖추었고, 이를 통해 여러 공동체를 연결했다. 도로에 의해 대지 또한 정방위 혹은 천문학적 방위로 구획되었다. 마침내 차코(Chaco) 지역에서 주변 지역을 통제하는 강력한 엘리트 계층이 출현했다. 이들이 운영한 터키옥(turquoise) 교역은 2000킬로미터 이상의 거리를 뛰어넘어 메소아메리카와도 이어져 있었다. 메소아메리카에서 수입되는 상품, 예컨대 바닷조개 껍데기, 금강앵무새 깃털, 구리 등을 북아메리카 남서부의 다른 지역으로 유통하는 경로도 이들의 통제 아래 놓여 있었다. 차코에서 권력과 통제 체제가 등장한 증거로는 매장자가 포함된 고도의 매장 시설이나 그레이트 하우스 등을 들 수 있겠다. 기원후 900년 이후 주변 지역을

통제한 세력의 중심은 여전히 차코에 있었다.[16]

고고학자들이 북아메리카 남서부 지역을 조사한 뒤 엘리트 계층의 출현과 위계질서 조직화를 학문적으로 진지하게 검토한 것은 최근 15년 남짓에 불과하다. 대상 지역은 호호캄, 차코, 카사스 그란데스(Casas Grandes) 등을 포함하여 여러 곳이었다. 여기서 발견된 흔적들은 권력, 권위, 복합 구조의 사회 등을 이해하는 데 중요한 근거가 되었다. 이제는 이들 지역이 평등 사회가 아니었다는 사실이 밝혀졌다. 엘리트 계층이 채택했던 다양한 사회-정치적, 종교적, 경제적 전략에서 권력 구조가 파생되었을 것이다. 이러한 측면들을 보다 구체적으로 살펴보고, 북아메리카 남서부 전체적으로 사회적 복합 구조, 권력, 교환 체계의 출현을 모두 논의하려면 이 글에서 우리가 담당하는 시간 범위를 넘어서야 할 것이다.[17]

이제 다시 논의의 초점을 아메리카 대륙의 나머지 절반으로 돌려, 복합적 사회-정치 구조 및 교환 체계의 등장을 살펴보기로 하자. 북아메리카의 경우 복합 구조의 사회가 공식적 "국가" 차원의 문명으로 나아가는 문제에 관해서는 상당한 정도의 불확실성이 여전히 남아 있지만, 고대 메소아메리카 지역에서 국가와 복합 구조 사회와 문명의 출현 과정은 북아메리카보다 훨씬 더 분명한 편이다. 형성기/전고전기(Formative/Preclassic period) 올멕(Olmec)과 인근 사포텍(Zapotec) 지역 국가들을 시작으로 이후 이 지역에서는 15세기 유럽인이 도착할 때까지 국가의 등

---

16 Young, "Diversity in First-Millennium AD Southwestern Farming Communities," pp. 561-70, and Chapter 21 by Lekson, in this volume.
17 Mills, "The Archaeology of the Greater Southwest," p. 554.

장과 몰락이 꾸준히 이어졌다. 과거 그곳에서 수많은 복합 구조 사회와 문명이 출현했고, 일부는 독자적으로, 또 일부는 복잡한 영향 관계 속에서 성립했다. 결국에는 멕시코와 중앙아메리카 북부 거의 모든 지역에 걸쳐 이와 같은 문명이 성립하게 되었다.

메소아메리카

국가 체제의 형성 과정을 구체적으로 살펴보는 것은 이 글의 범위를 벗어나는 일이므로, 여기서는 다만 메소아메리카 민족 형성의 주요 과정에 대해 간략히 살펴보기로 한다. 시간 범위는 전고전기/형성기 복합 구조 사회가 등장했을 때(3500~100 BCE)부터 고전기 문명의 붕괴(650~900 CE)까지다. 이 지역에서 가장 흥미로운 변화와 발전이 이루어진 시기가 바로 이 때였다. 이후 복합 체제의 제국들, 치아파스 하이랜드 지역의 멕시카(Mexica) 제국이나 미초아칸(Michoacán)주의 타라스칸(Tarascan) 제국 등이 등장할 수 있는 토대가 바로 이 시기에 만들어졌다.

메소아메리카 사회는 세 가지 주요 작물의 재배와 소비를 바탕으로 형성되었다. 그것은 바로 옥수수(*Zea mays*), 콩(예컨대 *Phaseolus vulgaris*), 호박(*Cucurbit sp.*)이다. 이들 셋은 서로가 성장에 도움이 되는 작물이었으며, 가까이에서 재배해도 문제가 없었다. 뿐만 아니라 인간의 생존에 필수적인 비타민과 영양소를 모두 공급해주었다. 특히 옥수수는 메소아메리카 문명의 발전과 확산에 결정적 역할을 했다.

메소아메리카의 전고전기: 지역 간 교역과 복합 사회의 출현

메소아메리카 연구에서 전고전기(Preclassic period)라 하면 복합 구조의 사회가 등장했던 시기를 가리키는데, 항구적 정착 주거지와 농업 관행이 출현했지만 아직 고전기(Classic period)와 같은 대규모 국가 단위는 등장하기 이전이었다. 국가와 비슷한 형태의 초기 복합 구조 사회가 처음 확인되는 시기도 이때였다. 과거에는 멕시코만 연안의 올멕(Olmec) 문화가 메소아메리카에서 복합 구조 사회와 농업 발전의 선조였다고 알려져 있었다. 그러나 최근 연구에서는 오악사카 계곡(Valley of Oaxaca)에서 발견된 증거들을 근거로, 훨씬 더 넓은 지역 범위에서 복합 구조 사회가 발달했던 것으로 추정한다. 당시 그와 같은 현상은 올멕 지역과 오악사카 사포텍(Zapotecs) 지역 모두가 성장하는 데 박차를 가한 지역 간 교역망과 문화 교류의 결과였을 것이다.

올멕 문화: 메소아메리카 문화의 기원

올멕 문화라 하면 거대한 석조 두상이 가장 유명할 것이다. 멕시코만 유역 올멕 문화권의 의례 중심지에서는 거의 언제나 그와 같은 석상이 발견되었다. 이러한 기념비적 조각상은 굉장히 먼 거리를 운반하여 가져온, 거대한 현무암 단일암석으로 제작되었다. 중요한 인물의 얼굴을 표현한 것으로 보이는데, 유적지 주변 지역을 다스린 부족장이나 지도자의 얼굴일 수도 있다. 이는 엘리트 계층의 존재를 보여주는 명백한 증거였다. 거대한 석재를 먼 거리까지 운반한 것을 보면, 분명 조직을 통제할 능력이 있는 엘리트 계층이 존재했을 것이다.

메소아메리카 연구에 따르면, 올멕 문화는 이 지역에서 출현한 문화 가운데 정체성을 확인할 수 있는 최초의 사례였다. 그들이 과연 완전한 형태의 국가 단계까지 충분히 발달했는지는 논란의 여지가 있지만, 이후 주변 지역에서 등장한 사회 혹은 문명에 미친 올멕 문화의 지속적 영향력만큼은 아무도 부정할 수 없다. 이와 같은 영향은 메소아메리카 전반의 생활 양식과 문화 곳곳에서 확인된다. 따라서 많은 사람들이 올멕 문화를 이 지역에서 "어머니 문화(Mother Culture)"로 간주하게 되었다. 그러나 반대로 올멕 문화가 메소아메리카에 미친 영향은 부차적인 것일 뿐, 메소아메리카 전고전기(형성기) 다른 문화의 영향을 받은 "자매 문화(Sister Culture)"에 불과하다는 견해도 있다.[18]

이와 같은 논란의 주제는 주로 올멕 예술 양식의 출현 및 확산을 염두에 둔 것이지만, 예술 이외에도 다른 몇 가지 핵심 지점에서 올멕 문화가 전고전기 메소아메리카 문화에 미친 영향력을 거론할 수 있다. 예를 들면 최초의 지역 간 교역망 형성, 메소아메리카식 달력 시스템의 첫 출현, 메소아메리카 전역에 걸쳐 공통되는 신격/신상과 피를 흘리는 의

---

18 David Grove, "Olmec Archaeology: A Half Century of Research and Its Accomplishments," *Journal of World Prehistory* 11 (1997): 51-101; Michael D. Coe, "The Olmec Style and Its Distribution," in Robert Wauchope (ed.), *Handbook of the Middle American Indians* (Austin: University of Texas Press, 1965), pp. 739-75; Michael D. Coe and Richard A. Diehl, "Olmec Archaeology," in Michael Coe, *The Olmec World: Ritual and Rulership* (Princeton University, 1995), pp. 11-25; Michael D. Coe and Rex Koontz, *Mexico: From the Olmecs to the Aztecs* (New York: Thames and Hudson, 2008); Arthur A. Demarest, "The Olmec and the Rise of Civilization in Eastern Mesoamerica," in Robert J. Sharer and David C. Grove (eds.), *Regional Perspectives on the Olmec* (Cambridge University Press, 1989), pp. 303-44; Kent V. Flannery and JoyceMarcus, *Early Formative Pottery of the Valley of Oaxaca, Mexico* (Ann Arbor: University of Michigan, 1994), pp. 385-90; Kent V. Flannery and Joyce Marcus, *Zapotec Civilization* (New York: Thames and Hudson, 1996), p. 120; David Grove, "Olmec: What's in a Name?" in Sharer and Grove (eds.), *Regional Perspectives*, pp. 8-14; and Norman Hammond, "Cultura Hermana: Reappraising the Olmec," *Quarterly Review of Archaeology* 9 (1989): 1-4.

례의 이른 사례, 메소아메리카식 축구의 기원 등이다. 이 모든 지점은 메소아메리카 지역에서 사회적 복합 구조가 발달했다는 증거가 되는데, 이는 올멕 문화가 메소아메리카의 다른 많은 지역에서도 복합 구조가 발달하도록 촉진하는 계기가 되었거나, 혹은 올멕 문화와 다른 지역 간 교류의 결과로 이러한 현상이 나타났다고 볼 수도 있겠다.

올멕 문화의 초기 흔적이 나타나는 시기는 기원전 1200년 이전으로, 멀리는 기원전 1500년까지도 거슬러 올라간다. 올멕 문화의 전성기는 기원전 1400~400년이었다. 이 시기에 여러 강력했던 의례 중심지가 형성되었고, 그중에서 베라크루스(Veracruz) 지역으로 권력이 이동하여 주변 지역을 충분히 주도했던 것 같다. 그 이전, 이 지역 최초의 권력 중심지는 산로렌소(San Lorenzo)였다.

산로렌소의 리오치키토(Rio Chiquito) 유적은 전성기가 기원전 1200~900년이었다. 이는 고고학적으로 이 지역에서 최초로 확인되는 올멕 문화 층위에 해당한다. 언덕 위에 건설된 산로렌소 유적은 멕시코 지역 최초의 유의미한 행정 중심지였을 것으로 추정된다. 최소한 10개의 올멕식 거대 두상이 발견되었고, 이외에도 특히 의례 행사와 행정 관리의 목적으로 건설된 듯한 몇 가지 기념비적 건축물의 흔적이 발견되었다. 거대 두상이나 거대 건축물은 모두 계층 사회를 증언하는 흔적들이다. 산로렌소가 쇠락했던 이유는 불분명하다. 그러나 기원전 900년경에 이르러 이곳의 권력과 인구 또한 다른 곳으로 이동했다.[19]

---

19 Coe and Koontz, *Mexico*, and Richard E. W. Adams, *Prehistoric Mesoamerica* (Norman: University of Oklahoma Press, 2005).

라벤타(La Venta) 유적은 올멕 중심지에서 남동부 방향에 해당하는 토날라(Tonala)강 유역에 위치한다(이는 올멕 문화의 영향이 가장 직접적으로, 또한 강력하게 나타나는 유적이다). 라벤타는 산로렌소가 쇠락한 이후에 주도권을 잡았던 곳으로 추정된다. 라벤타 지역이 주변을 주도한 시기는 기원전 900~400년경이었다. 올멕 문화인이 어떤 의례 생활을 했는지를 보여주는 흥미로운 흔적들이 이곳에서 발견되었다.

오악사카 계곡: 교역망과 군사력

방대한 교역 체계가 존재했고, 그것이 메소아메리카에서 초기 국가가 발달하는 데 중요한 역할을 했다는 최초의 증거는 전고전기 시대에 나타났다. 멕시코만 연안의 올멕 문화 핵심 지역과 오악사카 계곡에서 형성된 신생 국가 사포텍 사이의 지역 간 교역이었다. 전고전기 당시의 사회가 과연 진정한 국가 단계로 발전했는가 하는 문제는 논란이 있지만, 멕시코만과 오악사카 사이를 연결하는 원거리 무역 네트워크를 통제하는 주체가 존재했다는 사실만큼은 이론의 여지가 없다. 전고전기 메소아메리카에서는 이들 두 지역이 중심 역할을 담당했다.

당시 지역 간 거래 품목을 보자면, 올멕 지역에서 오악사카 계곡으로 이동한 물품은 조개껍데기나 깃털 같은 원자재였고, 반대 방향으로 이동한 물품은 가공 물품과 일부 원자재였다. 올멕 문화 중심지에서 귀하게 여긴 물품은 조그만 철광석 "거울"이었다. 이는 고고학적으로 올멕 문화 유적에서 흔히 발견되는 유물인데, 생산 기원지는 오악사카 계곡이었다. 이와 같은 무역 네트워크를 통해 올멕의 엘리트 계층은 오악사카에서 들여온 귀중품에 접근할 수 있었고, 오악사카의 엘리트 계층은

올멕과 교역한다는 사실 자체만으로도 명성을 얻을 수 있었다.[20]

　오악사카 계곡에서는 전고전기/형성기에 복합 구조 문화가 심화하는 분명한 증거가 확인되었다. 예전에는 오악사카 사람들이 올멕 문화와 교역하면서 그로부터 영향을 받아 복합 구조 사회가 발달한 것으로 해석했지만, 오늘날에는 양쪽 문화가 독자적으로 발달했으며 상호 영향을 미친 것으로 이해되고 있다.

　산호세 모고테(San Jose Mogote) 유적에서는 강한 군사력의 존재를 알 수 있는 확실한 증거들이 발견되었다. 오악사카 계곡의 북쪽 지류에 위치한 산호세 모고테는 전고전기에 가장 강력한 지역 중 하나였다. 여기서 발견된 증거란 바로 현무암 바위에 새겨진 형상인데, 이러한 유물들을 단산테스(Danzantes, 춤추는 인물상 – 옮긴이)라 한다. 그림의 내용을 보면 당시 분쟁과 군사력이 강화되었음을 알 수 있다. 한때 이 그림은 의례 행사에 참여한 무용수의 모습을 표현한 것으로 이해되었지만, 연구 결과 전쟁 포로의 팔다리를 잘라 불구로 만든 모습을 그린 것으로 밝혀졌다. 단산테스 중에는 피를 의미하는 사포텍 문자(Zapotec blood glyph)가 포함된 경우가 많은데, 이 또한 새로운 해석을 뒷받침하는 근거가 된다. 더불어 이는 당시 올멕 문화 이외에도 문자 체계가 존재했음을 확증하는 증거이기도 하다.

---

20 Susan Toby Evans, *Ancient Mexico and Central America* (New York: Thames and Hudson, 2004), p. 149.

멕시코 중부: 테오티우아칸의 기원

형성기/전고전기 후기(400 BCE~100 CE)에 멕시코 평원에서는 두 개의 주요 세력이 등장하여 지역 패권을 두고 서로 다투었다. 이 시기 테오티우아칸(Teotihuacan)은 멕시코 평원의 북쪽을 장악하고, 핵심적 흑요석 생산지들(Sierra de las Navajas/Pachuca, Otumba)을 통제하고 있었다. 한편 쿠이쿠일코(Cuicuilco)는 멕시코 평원의 남쪽에 위치하여, 남부 지역을 오가는 무역로를 장악하며 세력을 키워갔다. 남부 무역로 장악은 차쿠알리 단계(Tzacualli phase, 100~200 CE)까지 지속되었으나 이후 쿠이쿠일코는 쇠락하기 시작했는데, 적어도 부분적으로는 테오티우아칸의 경제력 성장 때문이었다. 쇠락해가던 쿠이쿠일코는 마침내 화산 폭발 사건으로 붕괴되고 말았으며, 멕시코 평원의 인구 중심지는 북방의 테오티우아칸 계곡으로 이동했다. 기원후 250~300년경 테오티우아칸은 멕시코 평원 전역을 장악했고, 멕시코 평원에서 외부 메소아메리카 지역으로 연결되는 흑요석 교역을 통제했다. 당시 교역망은 멀게는 과테말라 고지대까지도 이어져 있었다.[21]

전고전기 말엽에 이르러 테오티우아칸 지역에서 인구가 도심지로 몰리고 조직화되었다는 증거가 발견되었다. 도시를 통치한 세력은 (그 정체성은 아직 파악되지 않았지만) 기존에 존재하던 건물들을 파괴했고,

---

21 George Cowgill, "A Speculative History of Teotihuacan," paper presented at the Fifth Round Table on Teotihuacan at the Mexican National Institute of Anthropology and History, October 23-28, 2011; Evans, *Ancient Mexico and Central America*; Ester Pasztory, *Teotihuacan: An Experiment in Living* (Norman: University of Oklahoma Press, 1997), p. 43; and Michael Spence, "Obsidian Production and the State in Teotihuacan," *American Antiquity* 46 (1981): 769-88.

새로운 방향을 기준으로 도시를 다시 건설했다. 도시 중심지에서 발견된 수많은 주요 건물도 마찬가지였다. 카우길(Cowgill)의 주장에 따르면, 당시의 도시 건설 프로젝트를 보건대 확실하지는 않지만 "강력하고, 매우 기술적이며, 야망에 가득 찬, 아마 연설도 잘 하는 카리스마 넘치는 인물"이 존재했을 것 같은 느낌을 준다고 했다. 만약 그런 인물이 존재했다면 그가 도시의 정치 체제를 관장했을 것이다. 몇몇 증거로 보건대 그러한 지도자가 존재했을 것 같지만 확실한 결론을 내리기는 어렵다. 세르히오 고메스(Sergio Gómez)는 현재 도시의 시우다델라(Ciudadela) 구역 안에 있는 케찰코아틀(Quetzalcoatl) 사원 아래에서 초기 지도자들의 무덤을 발견하고자 연구를 계속하고 있다. 도시의 재구조화에 뒤이어 도시 인구의 대부분은 아파트형 구조물로 이주했다. 이 구조물 또한 도시의 기본 틀에 따라 건설된 건물이었다. 이와 같은 거주 패턴은 기원후 650년 테오티우아칸이 멸망하여 도시가 붕괴되고 인구가 흩어지기 전까지 그대로 유지되었다.[22]

고전기: 도심의 형성과 원거리 교역망

메소아메리카의 역사에서 고전기(Classic period, 100~900 CE)는 복합 구조의 사회가 곳곳에서 증가하던 때였다. 매우 다양한 여러 집단 사이의 문화 교류도 확산되었다. 메소아메리카 전역에 걸쳐 교역망이 형성되었고, 원거리 교역망이 권력 및 성공의 원천으로 전면에 대두된 것도

---

22 Cowgill, "A Speculative History of Teotihuacan," pp. 3-4, and Evans, *Ancient Mexico and Central America*.

이 시기였다. 이 무렵 멕시코 평원 최초의 도시가 등장했다. 바로 테오티우아칸이었다. 테오티우아칸은 당시 아메리카 대륙을 통틀어 최초이자 최대 규모의 도시였다. 당시 이 지역에서 우리는 다른 여러 경제적 변화와 함께 복잡한 구조를 갖춘 거대 규모의 국가 출현을 목도하게 된다.

고전기의 문화 및 정치적 배경에는 복잡한 상호 교류가 놓여 있었고, 그 범위는 굉장히 먼 거리까지 뻗어 있었다. 대형 가축을 운송 수단이나 노동력 대신 사용하지 않았는데도 이런 결과가 나왔다. 당시 주요 문명 간의 교역은 다른 많은 지역의 발전을 촉진했고, 그곳에서도 국가 차원의 발전이 이루어졌다. 대표적 사례는 테오티우아칸(멕시코 평원), 고전기 마야 정치 단위들(벨리즈, 온두라스, 과테말라, 멕시코 페텐Peten 지역), 사포텍 도시(멕시코 오악사카의 몬테알반Monte Alban 지역) 등이 있었다.

멕시코 중부: 테오티우아칸

테오티우아칸이 주변 지역에 미친 영향력이 어느 정도였는지는 아직 충분히 파악되었다고 보기 어렵다. 그러나 오늘날 밝혀진 것보다 훨씬 더 폭넓은 영향을 미쳤던 것만은 분명한 사실이다. 당시 메소아메리카에서 테오티우아칸의 영향력이 광범위했다고는 하지만, 그것은 어디까지나 경제적 측면에서 그러했을 뿐 정복 전쟁을 통한 결과가 아니었다. 실제로 도시 테오티우아칸이 가진 권력의 상당 부분은 녹색 흑요석에 대한 지속적 통제에서 비롯되었다. 흑요석은 시에라 데 나바하스(Sierra de Navajas)에서 생산되었는데, 도시 파추카(Pachuca) 지역에 위치해 있었다(멕시코 이달고Hidalgo주 소재). 흑요석은 이외에도 메소아메리카 여러 지역에서 생산되지만 파추카 광산에서 생산되는 흑요석이 가장 품질도 좋고 빛깔도 녹색-금색을 띠어 최고급으로 친다. 여기서 생산된 특유의 흑요석 유물이 멀게는 남쪽으로 과테말라까지, 북쪽으로 오클라호마까지 발견되었다. 이처럼 흑요석은 고전기 원거리 교역의 기반이 되는 물품이었고, 테오티우아칸은 그러한 흑요석 교역망의 중심지였다.[23]

전성기의 테오티우아칸은 멕시코 평원 지역 거래를 능동적으로 장악했고, 그보다 더 넓은 범위의 메소아메리카 원거리 교역망으로 확장시켜 나갔다. 이와 같은 교역망을 통해 오악사카, 멕시코만 연안, 마야 지역에 테오티우아칸의 영향력이 미쳤으며, 또한 반대로 다른 많은 지역의 영향이 테오티우아칸으로 전해졌다. 사포텍 문화(오악사카)와 마야 문화(멕시코만 연안 및 마야 고산 지대)의 교류는 양상이 복잡했으므로, 오늘날 모든 것이 다 밝혀졌다고 보기는 어렵다. 또 다른 교류의 증거들도 발견되었는데, 그 대상지는 멕시코 서부의 미초아칸(Michoacán)과 북쪽의 치와와(Chihuahua) 지역으로, 이 또한 교역을 통한 접촉으로 추정된다.

최전성기 테오티우아칸 주민의 수는 12만 5000명에서 15만 명 사이였고, 면적은 약 20제곱킬로미터였다. 도시에는 아파트형 구조의 주거용 건물 이외에도 의례용 건물 수백 동이 존재했다. 공공 건물과 기념비적 건축물은 도시의 남북을 가로지르는 축을 중심으로 밀집되어 있었다. 오늘날 그 도로는 죽은 자들의 길(Street of the Dead/Avenue of the Dead)로 알려져 있다. 남북 방향으로 뻗은 그 도로를 중심축으로 도시

---

23 Alex W. Barker, Craig E. Skinner, M. Steven Shackley, Michael D. Glascock, and J. Daniel Rogers, "Mesoamerican Origin for an Obsidian Scraper from the Precolumbian Southeastern United States," *American Antiquity* 67 (2002): 103-108, and Spence, "Obsidian Production and the State in Teotihuacan."

[그림 20-1] 태양의 사원, 테오티우아칸
높이 70미터가 넘는 세계 최대 규모의 피라미드로, 기원후 100년경 건설된 아즈텍 사원.

테오티우아칸의 주요 구조물들이 건축되었다. 초기 의례의 중심 공간 시우다델라(Ciudadela, 죽은 자들의 길 남쪽 끝에서 2.2킬로미터), 태양의 피라미드, 달의 피라미드를 비롯하여 부속 사원과 궁전 복합 건물들도 마찬가지였다. 태양의 피라미드는 테오티우아칸에서도 가장 공력이 많이 들어간 건축물이었다. 사용된 흙의 양이 176만 세제곱미터로 추정되고, 거친 잡석들을 섞어 건축한 구조물로, 전근대 아메리카 대륙 최대의 토목 공사였다(그림 20-1).[24]

24 René Millon, *Urbanization at Teotihuacan, Mexico* (Austin: University of Texas

아쉽게도 테오티우아칸에서 정치의 중심지 역할을 했던 건물을 특정하기가 쉽지 않다. 도시 안에 왕의 무덤이 존재하지 않는 것도 그 이유 중 하나다. 최근 멕시코 고고학자 세르히오 고메스(Sergio Gómez)는 왕의 무덤 위치를 찾아보려 조사를 진행 중이며, 시우다델라 복합 건물 안의 주요 사원 아래를 잠정적 위치로 주목하고 있다. 그러나 조사 작업이 아직 진행 중이라 결론을 내리지는 못했다. 이제껏 왕의 무덤은 사례가 보고된 바 없지만 엘리트 계층의 존재는 분명하게 확인되었다. 그들의 공간이 도시 중심지 가까이에 있었기 때문에, 그 자체로 도시 안에서의 사회적·경제적 지위를 짐작케 한다. 테오티우아칸 유적의 주거지에서 복잡하고 엄격한 틀이 발견되었다. 격자의 중심축은 정북 방향에서 동쪽으로 15.5도 기울어 있다. 이로 보아 도시를 통치한 세력은 최소한 부분적으로라도 주거 방식을 통제했던 것으로 추정된다. 도시 중심부 가까이에 위치한 아파트형 구조물에는 수준 높은 내부 장식 벽화가 그려져 있었고, 매장 부장품으로 사용한 귀중품도 동반 출토되었다. 엘리트 계층이 소유한 부의 원천은 원거리 교역과 도시 내 물품 생산의 통제 과정에 있었다.

Press, 1973), vol. I, part 1; René Millon, "Teotihuacan Studies: From 1950 to 1990 and Beyond," in Janet C. Berlo (ed.), *Art, Ideology, and the City of Teotihuacan* (Washington, DC: Dumbarton Oaks, 1992), p. 344; Spence, "Obsidian Production and the State in Teotihuacan," 769; George Cowgill, "State and Society at Teotihuacan, Mexico," *Annual Review of Anthropology* 26 (1997): 133; Evans, *Ancient Mexico and Central America*; and Emily McClung de Tapia and Luis Barba Pingarrón, "Ciencias aplicadas al studio de estructuras monumentales en Teotihuacan, Mexico," accessed February 25, 2014, www.saa.org/Portals/0/SAA/Publications/amantiq/articleMcLung.pdf (2011).

테오티우아칸에서 축구장의 증거는 아직 발견된 것이 없지만, 메소아메리카 방식의 1년 260일 구성 달력을 사용한 흔적이 일부 나타나고 있다. 또한 제한적이나마 문자 시스템도 존재했는데, 아직 전체적으로 해독되지 못했다. 몬테알반(Monte Alban) 유적이나 일부 마야 지역에서 발견된 사례로 볼 때, 테오티우아칸 사람들이 사용한 아이콘을 다른 지역에서도 모방했던 것 같다. 상상의 나비라든가 아틀라틀처럼 생긴 창 모양 등의 도상이었다. 이처럼 굉장히 멀리 떨어진 지역에서 같은 종류의 그림이 나타난 점을 근거로, 테오티우아칸이 메소아메리카 지역에 미친 영향력을 분명하게 확인할 수 있다. 기존 연구 성과에 따르면, 테오티우아칸 사람들과 몬테알반(사포텍)이나 코판(Copan, 마야) 사람들 사이에 혼인 관계도 있었던 것으로 추정된다.[25]

마야 고산 지대: 메소아메리카의 도시국가

고전기 마야 문명은 기원후 300~900년에 세력을 얻었다. 위치는 멕시코 고산 지대 남부의 페텐(Peten) 지역, 벨리즈, 온두라스, 과테말라 등지였다. 테오티우아칸은 중앙 집권식 도시국가였지만 단일한 통치자가 존재했다는 근거가 별로 없으나, 고전기 마야 문명은 테오티우아칸과 달랐다. 많은 도시국가가 각자 주권을 가지고 산재했으며(또한 각자 배후

---

25 Cowgill, "State and Society," 143; Titiana Proskouriakoff, *Maya History* (Austin: University of Texas Press, 1993); Clemency Coggins, "The Age of Teotihuacan and Its Mission Abroad," in Kathleen Berrin and Ester Pasztory (eds.), *Teotihuacan: City of the Gods* (New York: Thames and Hudson, 1995), pp. 140-55; and Evans, *Ancient Mexico and Central America*.

지를 거느리고 있었다), 여러 도시국가가 성스러운 왕의 지도 아래 정치적 정복이나 연맹의 과정을 거쳐 복잡한 네트워크를 형성하고 있었다. 고전기 마야에서 엘리트 계층의 최상부에 해당하는 초엘리트 계층의 권력과 삶은 기념비에 새겨져 명확히 기록되어 있다. 이러한 기념비는 통치 엘리트의 명령에 따라 전문 석공이 제작했다. 통치 엘리트가 홍보 전략의 일환으로 정복, 연맹, 결혼 등 그들 삶의 세부 사항을 석재에 새겼던 것이다. 석재가 단단했기 때문에 기념비의 내용은 오래도록 전해졌다. 그러나 16~17세기 스페인 선교사들이 그중 텍스트 부분을 제거하기도 했다. 어찌 되었든 이들 기념비를 통해 우리는 고전기 마야 문명의 실상을 엿볼 수 있는 풍부한 텍스트 자료를 얻을 수 있었다.

한때 고전기 마야 문명은 학자, 철학자, 수학자 등의 지식인 계층이 주도한 평화로운 사회로 알려져 있었으나, 오늘날 우리가 알고 있는 당시 마야의 풍경은 그와 사뭇 다르다. 마야 문명에서는 정치 단위들 간 복잡한 교류 관계가 만연해 있었다. 다양한 도시국가가 존재했으며, 그곳의 왕실은 정치적 동맹, 전쟁, 의례, 죽음 등 복잡한 정치 행위에 개입되었다. 의례 중심지가 발달했고, 그 주변으로 도시국가가 구성되었으며, 도시화의 정도는 그리 높지 않았다. 중심지에 거주하는 사람들은 대개 통치 엘리트 계층이었고, 그 외에는 그들을 직접적으로 보좌하는 하인과 지원 네트워크에 국한되었다. 마야 인구의 절대다수는 조그만 규모의 시골 마을에서 살았으며, 그곳에서 지역 엘리트를 섬기며 지원해야 했다. 수많은 대중이 의례 중심지를 다녀갔다. 의례용 건축물로는 사원, 피라미드, 궁전 등이 있었다. 통치 계층의 엘리트가 그곳에 거주하며 업무를 보았다. 도시국가의 통치자들은 스스로를 신성한 존재로 포장했다. 즉 마야 우주론에서 말하는 복잡한 세계와 떼놓을 수 없는 존재를 자처했다. 이를 입증하기 위하여 복잡한 달력 체계에 맞추어 주기적으로 피를 흘리는 희생 제의와 복잡한 의례를 거행했다.

메소아메리카 달력 시스템

메소아메리카의 달력 시스템은 올멕 문화에서 그 최초의 흔적이 발견된다. 오늘날 널리 알려져 있는 메소아메리카의 달력 시스템은 후대에 변용된 것이다. 메소아메리카 사람들은 상세하면서도 복잡한 달력 체제를 가지고 있었다. 이는 서로 연결되는 두 개의 달력으로 구성되었다. 그중 첫 번째 달력을 마야에서는 하아브(Ha'ab)라 했다. 하아브는 1년을 365일로 계산하는 태양력 달력이었다. 한 달은 20일이고 1년은 총 18개월이었으며(20×18=360), 나머지 5일은 "불행한" 날로, 마야에서는 이를 와예브(Wayeb)라 했다. 두 번째 달력은 촐킨(Tzolk'in)이라 했는데, 1년을 260일로 계산했다. 여기서 1년은 20개월이며, 1개월은 13일로 구성되었다. 이 두 달력을 함께 놓고 보면 독특한 마야식 날짜가 나오는데, 52년마다 하아브와 촐킨의 끝이 일치하게 된다. 52년을 합해서 캘린더 라운드(Calendar Round)라 한다.

멕시코의 고대 문명은 대부분 52년을 주기로 알고 있었는데, 마야에서는 이를 더 확장하고자 했다. 그래서 장기력(Long Count Calendar)을 따로 만들었다(표 20-2 참조). 장기력은 캘린더 라운드를 바탕으로 한 것이라서 52년을 하나의 단위로 설정하고, 그게 넘어가면 다시 새로운 단위를 만들었다. 마야 산수의 20진법에 기초하여 날짜는 20개를 하나의 묶음으로 간주하고, 여기에 자릿수 개념을 더하여 시간을 무한대로

날짜 수	단위	장기력 단위
1	1킨	1킨
20	20킨	1위날
360	18위날	1툰
7,200	20툰	1카툰
144,000	20카툰	1박툰

〔표 20-2〕 마야 장기력 시스템

기록할 수 있게 되었다. 이는 "영(null)"의 개념 덕분에 가능했는데, 오늘날 사용하는 제로(zero)와 같은 그것이 마야의 장기력 날짜 체계에서 기준점이 되었다.

고전기의 붕괴

기원후 600~650년경 멕시코 평원 지역에서 여러 문제가 불거지고 불안정한 상황이 초래되었다. 당시의 불안정은 테오티우아칸에서 파추카 흑요석을 독점한 데 따른 결과로 추정된다. 교역망이 확장되면서 테오티우아칸에서 녹색-금색 흑요석을 조달하는 비용이 올라가자, 사람들은 가격이 더 저렴한 다른 공급처를 찾게 되었다. 결국 마야와 미초아칸 지역을 비롯한 여러 공급처가 대두되면서 테오티우아칸의 흑요석 무역 독점이 깨졌다. 테오티우아칸 중심의 무역 시스템이 붕괴되자 테오티우아칸의 도시 체제 자체가 불안정해졌다.

기원후 650년경 테오티우아칸이 붕괴되었다. 교역망이 움츠러들자 도시의 하위 엘리트 계층은 수입을 잃었으나, 상류 엘리트 계층에서는 그 문제를 그다지 심각하게 느끼지 못했다. 그리하여 엘리트 계층 내부에서 상하 지위의 불안정이 심화되었고, 하위 엘리트 계층이 반기를 들고 일어나 죽은 자들의 길에 있던 사원과 주요 궁전에 선택적으로 불을 지르는 등 도시 핵심부의 상당 부분을 파괴해버렸다. 결과적으로 도시의 핵심부는 더 이상 사람이 살 수 없는 공간이 되어버렸고, 이후 다시는 회복되지 못했다. 다만 도시 변두리에서는 계속해서 사람들이 살았다.

최근까지도 마야 문명 붕괴의 복잡성은 충분히 파악되지 못한 상황이었다. 오늘날에는 고전기 마야 문명의 "붕괴"가 일회적 사건이 아니었다는 데 연구자들이 대체로 공감하고 있다. 지역별로 소규모 재난이 잇따랐고, 그것이 도미노 현상을 일으켜 지역 전체가 불안정한 상황으로 내몰렸으며, 문명 자체가 붕괴되어 더 이상 국가 차원의 기능이 작동하지 못하는 지경에 이르렀다는 해석이다. 그와 같은 붕괴의 주요 원인은 기근이었다. 가뭄, 환경 파괴, 도시국가들 사이의 전쟁 격화로 정치 불안정이 초래된 데다 테오티우아칸이 붕괴된 이후로 그곳에서 몰려온 사람들 때문에 인구 압박(population pressures)도 있었을 것이다. 이러한 요인들이 합해져서 고전기 마야 문명이 결국 무릎을 꿇게 되었다.

최근 연구에 따르면 기원후 790~830년 마야의 도시들은 급속도로 무너지고 있었다. 같은 연구에 따르면 기원후 869년, 즉 마야 장기력으로 10.2.0.0.0 이후의 날짜 기록이 있는 유적은 다섯 개로 줄어들었다고 한다(마야 장기력은 다섯 개의 숫자를 나열하여 날짜를 표기하는데, 10.2.0.0.0은 그레고리력으로 869년 8월 11일이다. - 옮긴이). 고전기 마야 유적 가운데 가장 늦은 날짜가 기록된 유적은 이트심테(Itzimte)의 비석으로, 그 날짜는 910년 1월 15일이다. 마야 지역의 인구와 세력이 북쪽의 유카탄 지역으로 이동한 뒤로 마야 문명은 고전기 고원 지대 국가들 만큼의 사회적, 정치적, 혹은 혁신의 수준을 결코 회복하지 못했다.[26]

고전기 말엽 지역별 붕괴는 결국 더 넓은 메소아메리카 범위에서 강력한 국가들이 잇달아 성립되고 또한 몰락하는 과정의 시발점이 되었다. 툴라(Tula) 지역에서는 테오티우아칸 근처에 톨텍인(Toltecs)의 국가가 성립되었다. 이들은 과거 도시의 영광을 되찾고자 노력했다. 기원후 1200년경 톨텍이 무너지자 기원후 14세기에 마침내 악명 높은 아즈텍 제국이 일어서는 길이 열리게 되었다.[27]

남아메리카

남아메리카 대륙 전체를 하나의 지역 단위로 묶어서 설명하기는 쉽지 않다. 북아메리카가 유럽인과의 접촉이 있기 전까지 그러했듯이, 남아메리카 또한 다양한 문화와 민족이 넓게 분포하고 있었다. 그들 가운데 국가 단계로 발달한 문화는 극히 드물었다. 남아메리카에서 가장 잘 알려진 문명은 잉카 제국으로, 그 시기는 후기 층위 시대(Late Horizon period, 1476~1532 CE)였다.[28] (남아메리카 역사의 시대구분에는 "층위 horizon"라고 하는 독특한 표현이 사용된다. 층위는 원래 지질학 용어로서 구분되는 하나의 지층을 의미했는데, 이를 고고학에서 받아들여 발굴층위를 지칭하는 용어로 사용했다. 남아메리카 역사 자료는 문헌 기록이 드물고 대체로

---

26 Michael D. Coe, *The Maya* (New York: Thames and Hudson, 2005), p. 162.
27 Evans, *Ancient Mexico and Central America*.
28 Robert J. Wenke and Deborah I. Olszewski, *The Past in Perspective* (Oxford University Press, 2007).

고고학 발굴 성과에 의존해야 하기 때문에 발굴층위를 나타내는 용어가 곧 시대구분을 의미하는 용어가 되었다. 발굴층위의 시기적 선후 관계에 따라 초기 층위-초기매개 층위-중기 층위-후기매개 층위-후기 층위로 나눈다. – 옮긴이) 그러나 잉카 제국은 안데스 지역에서 등장한 복합 구조 사회의 최종적 발현일 따름이었다. 초기의 발달 과정은 그리 잘 알려지지 않았다. 초기 복합 구조 사회는 기원전 3000년경부터 등장한 것으로 추정된다. 당시의 고산 지대 유적인 코토슈(Kotosh) 같은 곳에서 신분 계층이 출현한 증거가 나타났다. 해안 지역에서도 특히 카랄(Caral)과 엘파라이소(El Paraíso) 유적에서 그와 같은 흔적이 발견되었다. 이들은 복합 구조 사회가 본격적으로 등장하기 이전의 유적이었다. 이러한 흐름이 발달하여 티와나쿠(Tiwaunaku)와 우아리(Huari) 같은 국가가 성립했고, 이들이 중기 층위 시대(Middle Horizon period, 600~1000 CE) 말엽에 몰락한 뒤 잉카 제국이 성립하게 된 것이다.

형성기

남아메리카에서 사회-정치적 복합 구조 출현의 근거가 처음으로 명확하게 확인된 곳은 에콰도르와 페루 해안 지역이었다. 이 지역의 사람들은 식량으로 해양 자원을 폭넓게 이용했을 것으로 추정되는데, 기원전 5000~1500년 어느 즈음에 옥수수 재배가 도입되면서 보조 식량 전략으로 농업을 활용하는 변화가 찾아왔다. 해안 지역 사람들이 정주 공동체로 전환하고 이들이 활용할 수 있는 식량 자원이 늘어나게 되면서, 결국 형성기(Formative period, 3200~900/600 BCE)에 이르러서는 기념비적 건축물을 건축하는 단계로까지 나아갔다. 남아메리카 역사학에서는 이 시기(형성기)를 대개는 도기이전 시기(Preceramic period, 3200~2000 BCE)와 도기출현 시기(Initial period, 1800~900/600 BCE)로 나누어 본다.[29] (Initial period는 고고학자 John Howland Rowe가 제시했던 시대구분 명칭이다. 표현 그대로는 "최초의 시기" 혹은 "첫 단계"를 의미하는데, 고고학적 맥락에서는 "도기"가 처음 등장하는 시기를 의미한다. 이전 시기를 "도기이전 시기"라 하므로, 한국어 번역에서는 이 맥락을 살려서 Initial period를 "도기출현 시기"로 번역한다. – 옮긴이)

도기이전 시기의 발전

도기이전 시기의 경우, 복합 구조의 발달과 관련된 논의에서는 주로 공공 건축물과 기념비적 건축물의 존재 여부가 논점이 되고 있다. 이러한 건축물들은 이 지역에 도기 제작 기술이 도입되기 이전에 건축된 것들이다. 안데스 지역에서 특히 흥미로운 점은, 도기 제작 이전에 어떻게 그토록 거대한 기념비적 건축물이 건설되었는가 하는 의문이다. 기원전 3000년경 해안 지역 안데스 유적 상당수가 공공 건축물로 확인되었다. 그 형태로 보아 마운드(피라미드)와 "사원" 구조물이었다. 이와 같은 건축물에는 대개 계단식 플랫폼이 설치되어 그곳에서 공동체의 의례가 거행되었음을 알 수 있다. 또한 이를 건설하기 위해서는 고도의 사회

---

29 Danièle Lavallée, *The First South Americans*, trans. Paul Bahn (Salt Lake City: University of Utah Press, 2000); Michael Moseley, *The Maritime Foundations of Andean Civilizations* (Menlo Park, CA: Cummings, 1975); Deborah Pearsall and Dolores Piperno, "Antiquity of Maize Cultivation in Ecuador: Summary and Re-evaluation of the Evidence," *American Antiquity* 55 (1990): 324-61; and Wenke and Olszewski, *Past in Perspective*, p. 541.

조직에 따른 노동력 투입이 필요했을 것이다. 이와 같은 초기 건축물 유적 가운데 하나가 페루의 카랄(Caral) 문명 유적인데, 그 연대는 기원전 2627~2020년이었다.[30]

이외에도 주거지와 매장 의례에 있어서 사회적 계층의 증거가 발견되었는데, 이 또한 시기는 도기이전 시기였다. 이 지역에서 핵심적인 두 개의 유적이 해안의 엘파라이소(El Paraíso) 유적과 고산 지대에 있는 코토슈(Kotosh) 유적이다. 엘파라이소는, 최근 공사로 여러 피라미드형 마운드 가운데 하나가 파손되기는 했지만, 이와 같은 계열의 건축물 유적으로는 지역 내 최초의 사례로 확인되었다. 이들 두 지역은 광범위한 문화복합체(culture complex)의 비밀을 풀 수 있는 열쇠와 같아서 이를 토대로 같은 유형의 건축물, 방위, 의례 행위(특히 고산 지대의 코토슈 유적) 등과 관련된 희박한 증거들을 해석할 수 있었다. 도기이전 시기 말엽에 건축된 기념비적 건축물들의 주요 기능은 공동체의 의례를 거행하는 장소였던 것으로 추정된다. 이러한 건축물의 대부분은 광장처럼 열린 공간으로 설치되어 공동체의 모임이나 행사를 하기에 좋은 구조였다.[31]

---

30 Tom Dillehay, Duccio Bonavia, and Peter Kaulicke, "The First Settlers," in Helaine Silverman (ed.), *Andean Archaeology* (Malden, MA: Blackwell Publishing, 2004), pp. 16-34; Winifred Creamer and Jonathan Haas, "The Late Archaic in Andean Prehistory: 3000-1800 BC," in Silverman, (ed.), *Andean Archaeology*, pp. 35-50; Jonathan Haas and Winifred Creamer, "Crucible of Andean Civilization: The Peruvian Coast from 3000 to 1800 BC," *Current Anthropology* 47 (2006): 745-75; Ruth Shady Solis, Jonathan Haas, and Winifred Creamer, "Dating Caral, a Preceramic Site in the Supe Valley on the Central Coast of Peru," *Science* 292 (2001): 723-26; and Richard Burger, *Chavín and the Origin of Andean Culture* (New York: Thames and Hudson, 1995).
31 Dillehay et al., "The First Settlers," pp. 16-34; Creamer and Haas, "The Late

원거리 교역은 도기이전 시기의 여러 사회 집단에서 중요한 의미를 지녔다. 교역 네트워크는 페루와 에콰도르 해안을 따라 위아래로 뻗어 있었고, 해안 지역과 고산 지대를 잇는 교역로도 있었다. 흑요석과 기타 중요한 원재료는 고산 지대에서 해안 지역으로 이동했으며, 더불어 감자 같은 고산 지대 농작물도 전파되었다. 그 대가로 해안 지역에서는 조개, 물고기 등 해산물을 고산 지대로 보냈다. 관련 연구에 따르면 해안 지역 사람들로서는 소금도 중요한 교역 품목이었던 것 같은데, 도기이전 시기 말엽에 소금을 생산한 증거가 발견되었다고 한다.[32]

또한 같은 연구에서 밝힌 것처럼, 도기이전 시기 후기(Late Preceramic period)에는 물품이 전문적으로 제조된 흔적이 극히 드물다. 게다가 사회적 지위를 나타내는 분명한 지표 유물도 별로 없는 편이다(비교하자면 이후 시대에는 남성의 사회적 지위를 나타내는 귀마개 같은 지표 유물이 있었다). 그러나 직물 생산만은 상당히 발달했다는 근거가 있다. 대개는 목화솜을 가지고 실을 자아 만들었는데, 더 구체적으로 말하자면 씨실과 날실을 교차하는 직조(weaving) 방식보다는 두 가닥을 꼬아서 만드는 트위닝(twining) 방식이 일반적이었다. 이러한 직물에는 여러 가지 모티프와 그림이 사용되었는데, 이는 후대 차빈 문화(Chavín culture)에서 사용된 모티프의 선조 격이었다. 이로 보아 이 지역에서 장기 지속적인 문화의 연속성이 존재했다고 말할 수 있다.[33]

    Archaic in Andean Prehistory: 3000-1800 BC," pp. 35-50; James B. Richardson III, *People of the Andes* (Washington, DC: Smithsonian Books, 1994); and Burger, *Chavín*.
32 Burger, *Chavín*, p. 32.
33 Richardson III, *People of the Andes*, and Burger, *Chavín*, p. 34.

노르테 치코 문화

수페 계곡(Supe valley)의 노르테 치코(Norte Chico) 지역은 사회·문화적 복합 구조와 관련하여 극적인 변화를 보여주는 유적이다. 아르카익기 후기(Late Archaic period, 3100~2900 BCE) 이 지역에서는 사회적 패턴에 심대한 변화가 있었고, 마침내 최초의 공공 건축물 사례가 등장했다.[34]

엘파라이소(El Paraíso)는 안데스 지역 기념비적 공공 건축물의 최초 사례에 해당한다. 그곳의 건축물 중 사각형 피라미드 마운드가 있는데, 정북 방향에서 25도 동쪽으로 기울어진 축에 맞춰져 있다. 이와 같은 마운드 건축물은 이후 차빈 문화(도기출현 시기)에서 나타나는 U자형 사원 건축의 선조 격이다. 더욱이 차빈 데 우안타르(Chavín de Huantar) 유적에는 이와 동일한 초기 형태의 마운드가 포함되어 있다. 따라서 초기 정착지들로부터 후대의 사회·문화적 복합 구조 주거지가 출현하기까지, 다른 문화 요소들과 마찬가지로 건축 자체에서도 상당히 높은 정도의 연속성이 유지되었던 것으로 보인다.[35]

에콰도르와 페루의 해안 지역은 태평양에서 풍성한 자원의 혜택을 받았고, 나중에는 보조적으로 농작물 재배까지 더해졌다. 그러나 고산 지대에서는 해안 지대와 달리 이미 기원전 5000년경부터 농작물 재배를 시작했다. 기원전 3000년경에 이르면, 고산 지대 사람들은 주요 작물

---

34 Hass and Creamer, "Crucible of Andean Civilization," 745-75.
35 Creamer and Haas, "The Late Archaic in Andean Prehistory," pp. 35-50; Burger, *Chavín*; and Jeffery Quilter, "Architecture and Chronology at El Paraíso, Peru," *Journal of Field Archaeology* 12 (1985): 279-97.

의 대다수를 이미 재배하고 있었다. 이를테면 (계곡의 바닥 근처가 재배에 적합한) 옥수수뿐 아니라 감자, 오카(oca), 울류쿠(ullucu), 퀴노아 등의 농작물을 재배했으며, 기니피그나 낙타과 동물 같은 가축도 키웠다.[36]

고산 지대에서 건축물의 발달과 관련하여 명백한 증거는 코토슈 유적에서 처음으로 나타났다. 뒤이어 고산 지대의 다른 유적지들도 잇달아 발견되었다. 이러한 유적지에서 발견된 건물은 대개 구조가 비슷했다. 기본적으로는 "기둥이 자력으로 서 있는 건물로, 가운데 돌을 둘러 불을 피우는 자리를 만들었다." 바닥은 사각형인데, 모서리를 둥글게 만든 건물과 바닥 자체를 둥글게 만든 건물, 두 가지가 있었다. 공동체 의례를 거행하는 용도로 사용되었고, 의례 도중에 희생 제물을 건물 안방에서 불태웠다. 이러한 관행은 성스러운 건축물과 종교 의례를 결합한 것이었으며, 연구자들은 이를 코토슈 종교 전통이라 한다. 관련 전문가의 연구에 따르면, 이곳의 의례용 건물과 북아메리카 남서부의 키바(Kiva, 사원) 복합 건물은 서로 다르지만 연결되어 있다고 볼 수도 있다. 구체적으로 건물의 규모나 자재, 평면 구조 등은 유적지별로 다르지만, 의례에 사용된 용도와 사회적 의미 측면에서는 다를 바가 없었기 때문이다.[37]

도기출현 시기

기원전 2000년경 페루의 해안과 고산 지대에서 토기 및 도기 기술

---

36 Burger, *Chavín*, p. 32.
37 Creamer and Haas, "The Late Archaic in Andean Prehistory," pp. 35-50, and Burger, *Chavín*, pp. 45-46.

이 출현했다. 고고학 발굴 성과로 보자면, 페루와 달리 에콰도르 일부 지역에서 그때는 도기 기술이 등장한 지 이미 1000여 년이 지난 뒤였다. 그런데 왜 페루 지역에서 도기 기술 도입이 그렇게 늦어졌는지는 알 수 없다. 도기이전 시기 페루에서도 다른 지역과 교역 네트워크 및 교류가 존재한 증거도 발견되었다. 당시에 도기 기술이 도입된 이유는 발굴 장소로 보아 짐작할 수 있다. 그곳은 바로 페루의 해안 지역이었다. 원래 해양 자원에 의존하던 그 지역의 식생활이 이 무렵에 이르러 농작물에 의존하는 쪽으로 크게 변화되었다.[38]

당시 해안 지역에서는 복합 구조의 공공 건축물 건설이 급격한 증가세를 보였다. 관련 연구에 따르면, 상당수 유적에서 U자형 피라미드 마운드가 확인되었다. 즉 광장을 중심으로 삼면에 하나씩 피라미드가 위치하여 (항공 촬영을 해보면 알파벳 U자형 지형이 만들어지는데 - 옮긴이) 각각의 피라미드는 계단식 구조에다 꼭대기에 플랫폼이 조성되어 있었다. 대체로 중간에 위치한 피라미드형 마운드가 특히 거대하다는 특징은 있었지만, 좌우 마운드의 크기는 일관되지 않았고, 유적지들 간에도 저마다 구성이 달랐다. 다만 일관되었던 것은 중간에 위치한 마운드와 마주 보는 광장의 네 번째 면이 개방되어 있다는 점이다. 그리고 중앙의 마운드와 양 측면 마운드 사이에 적어도 한 군데는 열린 공간이 있었다. 이와 같은 마운드 복합 구조 건축물의 방향은 대체로 "정북 방향을 기준으로 동쪽으로 13도에서 64도 사이였다."[39]

38 Burger, *Chavín*.
39 Leon C. Williams, "Complejos pirámides con plaza en U, patrón arquitectónica de la

차빈 문화는 안데스 최초의 국가였을까?

안데스 지역에서 국가 단위들이 널리 확산된 증거는 차빈 데 우안타르(Chavín de Huantar)에서 발견되었다. 도기이전 시대(Preceramic period)부터 지속되어온 이 유적은 기원전 800~500년경 전성기를 맞이했다.[40] 고고학 발굴 성과로 보건대 차빈 데 우안타르는 의례 중심지로 출발해서 도기출현 시기(Initial period)에 토착 국가의 중심지로 부상했다. 차빈 문화가 널리 확산되었음을 확인할 수 있는 가장 분명한 근거는 예술품들이다. 그중에는 복잡한 도상들도 있는데, 당시 널리 퍼져 있는 신앙 체계를 반영한 도상으로 해석되었다. 특징적 도상으로 재규어-인간 형상이 있다. 이 도상은 지역 내 어디서나 발견되는데, 돌에도 새겨져 있고 직물이나 금 같은 귀중품에도 섬세하게 그려져 있다.[41]

유적지 중심에는 U자 모양의 광장이 있고, 거기에 종교적 건축물이 연결되어 있다. 위가 평평한 피라미드 형태의 건축물이다. 피라미드 형태로 보아 차빈 데 우안타르의 문화와 도기이전 시기의 문화가 연속된다는 사실을 알 수 있다. 도기이전 시기에 속하는 초기 종교 건축물들의 사례가 적지 않게 확인된 바 있다. 차빈 데 우안타르의 중요성이 갈수록 커지면서 건물도 늘어나고 의례 공간의 핵심 부위도 확장되었다. 그래서 그곳은 원래 의례를 위한 공간이었으나 점차 더 많은 사람들이 상주하게 되었다.

    costa central," *Revista del Museo Nacional* 41 (1980): 98, and Burger, *Chavín*, p. 61.
40 Danièle Lavallée, *The First South Americans*, trans. Paul Bahn, Salt Lake City: University of Utah Press, 2000.
41 Burger, *Chavín*.

유적지 발굴 성과로 보건대, 기원전 400~200년 초기 층위 시대에 불안정한 상황이 있었고, 그 뒤 차빈 데 우안타르를 비롯하여 광범위한 차빈 문화 지역이 쇠락했다.

초기 층위 시대: 모체 문화

안데스 지역에서 차빈 문화 층위의 중심이 소실된 뒤(c. 250 BCE) 소규모의 여러 지방 단위 정치체들이 등장했다. 이들 중 많은 수가 조그만 강 유역이나 해안에 점점이 위치했다. 모체(Moche) 문화와 나스카(Nazca) 문화도 그러한 사례들에 포함되어 있었다. 나스카 문화는 사막에 남긴 거대한 동물 형상의 선형 예술로 유명하다. 발굴 성과로 보아 이 시대에는 분명 상당한 수준의 사회-정치적 복합 구조가 존재했다. 특히 모체 문화에서 그러한 측면들이 확인되었다. 그럼에도 불구하고 모체 문화가 공격적 팽창 위주의 족장 사회(chiefdom) 단위였는지 혹은 진정한 국가 체제였는지에 대해서는 논란이 남아 있다.[42]

초기 층위 시대(First Horizon period, 200 BCE~600 CE)의 모체 문화는, 문자 기록이 없음에도 불구하고, 지역 내에서 비교적 이른 시기에 국가 차원의 문화로 발달한 대표적 사례로 손꼽힌다. 이러한 해석의 근거는 대부분 모체 문화의 도기에 나타나는 상세한 생활 장면이다. 모체 문화의 도기는 상세한 생활 장면이 그려져 있는 것으로 유명한데(그래서 악명이 높기도 하지만) 사냥, 전쟁, 직물, 성 풍속 등의 내용을 담고 있다.

---

42 Anthony Aveni, "The Nazca Lines: Patterns in the Desert," *Archaeology* 39 (1986): 32-39.

이와 같은 그림 자료가 기록을 대신하고 있기 때문에, 비슷한 시기의 다른 문화에 비해 모체 문화의 생활상은 상당히 구체적으로 알려진 편이다. 고고학에서 모체 문화의 중요한 의례 요소들을 해석할 수 있었던 것도 바로 그 그림 자료 덕분이다. 예를 들면 "희생 의례" 같은 것이 있었다. 의례 장면에서 주요 인물이 보조 인물로부터 술잔을 받고 있으며, 대개는 인신 공양을 나타내는 모습이 함께 그려져 있다.[43]

해안 지역의 다른 공동체들과 마찬가지로 모체 문화 또한 태평양이 제공하는 자연 해산물 자원에 크게 의존했다. 여기에 농업 혁신이 더해져 모체 문화인은 작지만 경작 가능한 땅을 일구어 농사를 지었다. 이는 다시 인구 증가로 이어졌다.

1987년 시판(Sipán) 유적이 발견되자 모체 문화의 성격을 어떻게 분류할 것인가 하는 문제를 두고 논쟁이 벌어졌다. 그 이전에는 모체 문화를 복합 구조의 족장 사회(chiefdom)로 보았으며, 굉장히 공격적인 팽창 정책을 사용한 것으로 알려져 있었다. 시판에서 왕들의 무덤을 통해 모체의 통치자들이 기존에 알려진 것보다 훨씬 높은 수준의 권력을 가지고 있었다는 사실이 밝혀졌다. 무덤 안에 있는 (금 같은 귀금속이 포함된) 방대한 양의 부장품과 사람을 희생시켜 함께 묻는 순장을 통해 입증되었다.[44]

---

43 Douglas Price and Gary Feinman, *Images of the Past*, 6th edn. (New York: McGraw Hill, 2010).
44 Price and Feinman, *Images of the Past*, 6th edn.

안데스 이외 지역의 복합 구조 사회

남아메리카에서 복합 구조 사회와 관련된 논의는 주로 안데스 지역 국가 체제의 발달 문제에 집중되어 있다. 초기 국가 형태가 안데스 지역에서 등장한 것은 사실이지만, 그렇다고 해서 복합 구조 사회가 안데스 지역에서만 출현했던 것은 아니다. 남아메리카에서 고대 국가 체제는 안데스 지역 이외에는 찾아볼 수 없다고 하지만, 아마존강 유역 발굴 결과 복합 구조를 가진 족장 사회의 사례들이 드러났다. 마운드 건설 사례는 여러 곳에서 확인되었다. 예를 들면 "볼리비아의 아마존강 유역 야노스 데 모호스(Llanos de Mojos) 유적, 에콰도르의 아마존강 상류 고원 지역, 아마존강 어귀의 마라조섬(Marajo Island) 유적, 기아나(Guiana)의 해안 평야, 오리노코(Orinoco)강 중류 지역" 등이다. 이들 지역에서 발견된 마운드는 높이가 대개 3~10미터였다. 또한 유적지 안에서 사람들이 주거한 흔적도 분명히 확인되었고, 전문적으로 수공업이 행해진 증거도 나타났다.[45]

예전에는 아마존강 유역의 사회 발달이 안데스 지역과의 교류 혹은 침략 관계에 따른 것으로 해석되었지만, 최근 연구에서는 외부의 영향과 상관없는 자생적 현상일 가능성도 제기되었다.[46]

---

45 Anna Roosevelt, "The Rise and Fall of the Amazon Chiefdoms," *L'Homme* 33 (1993): 259 and 273.
46 Anna Roosevelt, "The Rise and Fall of the Amazon Chiefdoms," *L'Homme* 33 (1993): 255-83.

결론

이번 장에서 포괄하는 시간 범위에는 기원후 900~1500년이 포함되지 않았으나, 이 시기에도 우리가 논의한 지역 범위의 사람들은 계속해서 삶의 변화를 일구어갔다. 그리고 그중 일부, 즉 톨텍, 아즈텍, 잉카 같은 경우는 거대 규모의 도시 국가(urban state)와 제국으로 발달했다. 다른 지역, 예컨대 북아메리카 남동부라든가 남서부 지역에서는 복합 구조 사회나 교환 체계의 등장이 확인되었다. 이는 기후 변화를 포함하여 다양한 요인으로부터 영향을 받은 결과였다. 문명의 발달 문제를 두고 아메리카 대륙과 아프리카-유라시아 대륙을 연결해보려는 유혹이 제기되곤 하지만, 그러한 관점에서 아메리카 왕국의 영광을 찾으려는 시도는 대개 실패로 귀결되었다. 고고학 발굴 성과로 보자면, 국가 체제는 아메리카 대륙의 주요 지역 세 곳에서 모두 성립했다.

더욱이 아메리카 대륙에서도 확인된 국가 수준의 문명 발달은 토착 문화 발달의 결과였다. 이런 점에서는 아프리카, 유럽, 아시아에서의 고대 문화 발달과 비슷한 면이 있었다. 그러나 중요한 차이는 발달의 결과가 확연히 달랐다는 점이다. 결국 유럽인이 우월한 기술력과 병원균으로 아메리카 대륙을 정복했고, 토착 문화의 발달은 단절되었다. 다만 주어진 토대 위에서 얼마나 다양하고 독특한 문화의 형태들이 피어날 수 있었는지 그 사례를 돌이켜볼 기회가 남아 있을 뿐이다. 우리가 이번 글에서 밝히고자 시도했던 바가 바로 그것이다.

더 읽어보기

Adams, Richard E. W., *Prehistoric Mesoamerica*, Norman: University of Oklahoma Press, 2005.

Aveni, Anthony, "The Nazca Lines: Patterns in the Desert," *Archaeology* 39 (1986): 32-39.

Barker, Alex W., Craig E. Skinner, M. Steven Shackley, Michael D. Glascock, and J. Daniel Rogers, "Mesoamerican Origin for an Obsidian Scraper from the Precolumbian Southeastern United States," *American Antiquity* 67 (2002): 103-108.

Bolnick, Deborah A., "The Genetic Prehistory of Eastern North America: Evidence From Ancient andModern DNA," Ph.D dissertation, University of California-Davis, 2005.

Burger, Richard, *Chavín and the Origin of Andean Culture*, London: Thames and Hudson, 1995.

Carr, Christopher, and D. Troy Case, *Gathering Hopewell: Society, Ritual and Ritual Interaction*, New York: Kluwer Academic/Plenum, 2005.

Charles, Douglas K., "Origins of the Hopewell Phenomenon," in Timothy R. Pauketat (ed.), *The Oxford Handbook of North American Archaeology*, Oxford University Press, 2012, pp. 471-82.

Charles, Douglas K., Julieann Van Nest, and Jane E. Buikstra, "From the Earth: Minerals and Meaning in the Hopewellian World," in Nicole Boivin and Mary Ann Owoc (eds.), *Soils, Stones, and Symbols: Cultural Perceptions of the Mineral World*, London: UCL Press, 2004, pp. 43-70.

Childe, Vere Gordon, *Man Makes Himself*, London: Watts, 1936.

_____, *What Happened in History*, Harmondsworth: Penguin Books, 1942.

Coe, Michael D., *The Maya*, New York: Thames and Hudson, 2005.

Coe, Michael D., and Rex Koontz, *Mexico: From the Olmecs to the Aztecs*, New York: Thames and Hudson, 2008.

Coe Michael D., and Richard A Diehl, "Olmec Archaeology," in Michael D. Coe, *The Olmec World: Ritual and Rulership*, Princeton University, 1995, pp. 11-25.

_____, "The Olmec Style and Its Distribution," in Robert Wauchope (ed.), *Handbook of the Middle American Indians*, Austin: University of Texas Press, 1965, pp. 739-75.

Coggins, Clemency, "The Age of Teotihuacan and Its Mission Abroad," in Kathleen Berrin and Ester Pasztory (eds.), *Teotihuacan: City of the Gods*, New York:

Thames and Hudson, 1995, pp. 140-55.

Cowgill, George, "A Speculative History of Teotihuacan," paper presented at the Fifth Round Table on Teotihuacan at the Mexican National Institute of Anthropology and History, October 23-28, 2011.

_____, "State and Society at Teotihuacan, Mexico," *Annual Review of Anthropology* 26 (1997): 129-61.

Creamer, Winifred, and Jonathan Haas, "The Late Archaic in Andean Prehistory: 3000-1800 BC," in Helaine Silverman (ed.), *Andean Archaeology*, Malden, MA: Blackwell Publishing, 2004, pp. 35-50.

Demarest, Arthur A., "The Olmec and the Rise of Civilization in Eastern Mesoamerica," in Robert J. Sharer and David C. Grove (eds.), *Regional Perspectives on the Olmec*, Cambridge University Press, 1989, pp. 303-44.

Dillehay, Tom, Duccio Bonavia, and Peter Kaulicke, "The First Settlers," in Helaine Silverman (ed.), *Andean Archaeology*, Malden, MA: Blackwell Publishing, 2004, pp. 16-34.

Emerson, Thomas E., "Cahokia Interaction and Ethnogenesis in the Northern Midcontinent," in Timothy R. Pauketat (ed.), *The Oxford Handbook of North American Archaeology*, Oxford University Press, 2012, pp. 398-409.

Evans, Susan Toby, *Ancient Mexico and Central America*, London: Thames and Hudson, 2004.

Fish, Suzanna K., and Paul R. Fish, "Hohokam Society and Water Management," in Timothy R. Pauketat (ed.), *The Oxford Handbook of North American Archaeology*, Oxford University Press, 2012, pp. 571-84.

Flannery, Kent V., and Joyce Marcus, *Early Formative Pottery of the Valley of Oaxaca, Mexico*, Ann Arbor: University of Michigan, 1994.

Flannery, Kent V., and Joyce Marcus, *Zapotec Civilization*, New York: Thames and Hudson, 1996.

Grove, David, "Olmec Archaeology: A Half Century of Research and Its Accomplishments," *Journal of World Prehistory* 11 (1997): 51-101.

_____, "Olmec: What's in a Name?" in David C. Grove and Robert J. Sharer (eds.), *Regional Perspectives on the Olmec*, Cambridge University Press, 1989, pp. 8-14.

Haas, Jonathan, and Winifred Creamer, "Crucible of Andean Civilization: The Peruvian Coast from 3000 to 1800 BC," *Current Anthropology* 47 (2006): 745-75.

Hall, Robert L., *An Archaeology of the Soul*, Champaign: University of Illinois Press, 1997.

Hammond, Norman, "Cultura Hermana: Reappraising the Olmec," *Quarterly Review of Archaeology* 9 (1989): 1-4.

Hively, Ray, and Robert Horn, "Geometry and Astronomy in Prehistoric Ohio," *Archaeoastronomy* 4 (1982): S1-S20.

Kidder, Tristram, "Poverty Point," in Timothy R. Pauketat (ed.), *The Oxford Handbook of North American Archaeology*, Oxford University Press, 2012, pp. 460-70.

Lavallée, Danièle, *The First South Americans*, trans. Paul Bahn, Salt Lake City: University of Utah Press, 2000.

Lepper, Bradley T., "The Newark Earthworks: Monumental Geometry and Astronomy at a Hopewellian Pilgrimage Center," in Richard F. Townsend (ed.), *Hero, Hawk, and Open Hand: Ancient Indian Art of the Woodlands*, New Haven, CT: Yale University Press, 2004, pp. 72-81.

Lindauer, Owen, and John H. Blitz, "Higher Ground: The Archaeology of North American Platform Mounds," *Journal of Archaeological Research* 5 (1997): 169-207.

Mainfort, Robert C. "Middle Woodland Ceremonialism at Pinson Mounds, Tennessee," *American Antiquity* 53 (1998): 158-73.

McClung de Tapia, Emily, and Luis Barba Pingarrón, "Ciencias aplicadas al studio de estructuras monumentales en Teotihuacan, Mexico," Accessed February 25, 2014, www.saa.org/Portals/0/SAA/Publications/amantiq/articleMcLung.pdf (2011).

Millon, René, "Teotihuacan Studies: From 1950 to 1990 and Beyond," in Janet C. Berlo (ed.), *Art, Ideology, and the City of Teotihuacan*, Washington, DC: Dumbarton Oaks, 1992, pp. 339-419.

_____, *Urbanization at Teotihuacan, Mexico*, Austin: University of Texas Press, 1973, vol. I, part 1.

Mills, Barbara J., "The Archaeology of the Greater Southwest: Migration, Inequality and Religious Transformations," in Timothy R. Pauketat (ed.), *The Oxford Handbook of North American Archaeology*, Oxford University Press, 2012, pp. 547-60.

Mills, Lisa, "Mitochondrial DNA Analysis of the Ohio Hopewell of the Hopewell Mound Group," Ph.D dissertation, Department of Anthropology, Ohio State University, Columbus, 2003.

Milner, George R., *The Moundbuilders: Ancient Peoples of Eastern North America*, London: Thames and Hudson, 2004.

_____, "Mound-Building Societies of the Southern Midwest and Southeast," in Timothy R. Pauketat (ed.), *The Oxford Handbook of North American Archaeology*, Oxford University Press, 2012, pp. 437-47.

Moseley, Michael, *The Maritime Foundations of Andean Civilizations*, Menlo Park, CA: Cummings, 1975.

Neusius, Sarah W., and G. Timothy Gross, *Seeking Our Past: An Introduction To North American Archaeology*, Oxford University Press, 2014.

Pasztory, Ester, *Teotihuacan: An Experiment in Living*, Norman: University of Oklahoma Press, 1997.

Pearsall, Deborah, and Dolores Piperno, "Antiquity of Maize Cultivation in Ecuador: Summary, and Re-evaluation of the Evidence," *American Antiquity* 55 (1990): 324-61.

Plog, Stephen, *Ancient Peoples of the American Southwest*, New York: Thames and Hudson, 1997.

Preucel, Robert W., and Stephen A. Mrozowski, *Contemporary Archaeology in Theory: The New Pragmatism*, Hoboken, NJ: John Wiley and Sons, 2010.

Price, Douglas, and Gary Feinman, *Images of the Past*, 6th edn., New York: McGraw Hill, 2010.

_____, *Images of the Past*, 7th edn., New York: McGraw Hill, 2012.

Proskouriakoff, Titiana, *Maya History*, Austin: University of Texas Press, 1993.

Quilter, Jeffery, "Architecture and Chronology at El Paraíso, Peru," *Journal of Field Archaeology* 12 (1985): 279-97.

Quilter, Jeffery, and Terry Stocker, "Subsistence Economics and the Origins of Andean Complex Societies," *American Anthropologist* 85 (1983), 545-62.

Rees, Mark A., "Monumental Landscape and Community in the Southern Lower Mississippi Valley during the Late Woodland and Mississippi Periods," in Timothy R. Pauketat (ed.), *The Oxford Handbook of North American Archaeology*, Oxford University Press, 2012, pp. 483-96.

Renfrew, A. C., *The Emergence of Civilisation: The Cyclades and the Aegean in The Third Millennium BC*, London: Methuen and Co., 1972.

Richardson III, James B., *People of the Andes*, Washington, DC: Smithsonian Books, 1994.

Ruby, Brett, Christopher Carr, and Douglas K. Charles, "Community Organizations in the Scioto, Mann and Havana Hopewellian Regions: A Comparative Perspective," in Christopher Carr and D. Troy Case (eds.), *Gathering Hopewell: Society Ritual and Ritual Interaction*, New York: Kluwer Academic/Plenum, 2005, pp. 119-76.

Russo, Michael, *Archaic Shell Rings of the Southeast U.S. National Historic*

Landmarks Historic Context, Tallahassee, FL: Southeast Archeological Center, National Park Service, 2006.

Roosevelt, Anna, "The Rise and Fall of the Amazon Chiefdoms," *L'Homme* 33 (1993): 255-83.

Sabloff, Jerry, "Universal Patterns in the Emergence of Complex Societies. Santa Fe Institute," Accessed February 24, 2014, www.santafe.edu/templeton/complex-socie ties/detail/ (2013).

Saunders, Joe W., Rolfe D. Mandel, C. Garth Sampson, Charles M. Allen, E. Thurman Allen, Daniel A. Bush, et al., "Watson Brake, a Middle Archaic Mound Complex in Northeast Louisiana," *American Antiquity* 70 (2005): 631-68.

Solis, Ruth Shady, Jonathan Haas, and Winifred Creamer, "Dating Caral, a Preceramic Site in the Supe Valley on the Central Coast of Peru," *Science* 292 (2001): 723-76.

Spence, Michael, "Obsidian Production and the State in Teotihuacan," *American Antiquity* 46 (1981): 769-88.

Thompson, Victor D., and C. Fred T. Andrus, "Evaluating Mobility, Monumentality, and Feasting at the Sapelo Island Shell Ring Complex," *American Antiquity* 76 (2011): 315-43.

Wenke, Robert J., and Deborah I. Olszewski, *The Past in Perspective*, Oxford University Press, 2007.

Williams, Leon C., "Complejos pirámides con plaza en U, patrón arquitectónica de la costa central," *Revista del Museo Nacional* 41 (1980): 95-110.

Young, Lisa, "Diversity in First-Millennium AD Southwestern Farming Communities," in Timothy R. Pauketat (ed.), *The Oxford Handbook of North American Archaeology*, Oxford University Press, 2012, pp. 561-70.

CHAPTER 21

지역 연구: 차코 캐니언과 미국 사우스웨스트

스티븐 렉슨
Stephen H. Lekson

미국의 뉴멕시코 북서부에 위치한 차코 캐니언(Chaco Canyon)에는 기원후 11~12세기에 건축된 거대한 "그레이트 하우스(Great Houses)" 유적이 남아 있다. 이는 미국 사우스웨스트 지역에서 가장 유명한 고고 유적 가운데 하나다. 미국 사우스웨스트 지역에서는 세 곳이 유네스코 세계문화유산으로 지정되었는데, 차코 캐니언도 그중 하나다. 다른 하나는 콜로라도에 있는 메사베르데(Mesa Verde)로, 절벽에 동굴을 파고 만든 13세기의 주거 유적이다. 나머지 하나는 뉴멕시코 북부의 마을 타오스(Taos)에 있는 푸에블로 인디언 마을(Indian Pueblo)이다. (멕시코 치와와Chihuahua주에 있는 파키메Paquimé가 말하자면 네 번째가 될 텐데, 이 부분은 추후에 다시 논의하기로 한다.)

미국 사우스웨스트 지역에서 고대 유적과 민속 마을은 서로 혼재되어 경계를 명확히 구분하기 어렵다. 아돌프 반델리어(Adolph Bandelier)는 19세기 말에 선구적으로 고고 탐사를 시작한 인물로, 대략적인 사우스웨스트 지역 고고학(Southwestern archaeology)의 틀을 만들었다. 그를 지도한 스승은 루이스 모건(Lewis Henry Morgan, 이른바 "아메리카 고고학의 아버지")이었다. 모건은 "아메리카 고고학은 민족지 연구(ethnography), 즉 현존하는 인디언 부족들의 사회 제도, 관습, 생활 양식 등을 기반으로 해야 한다"라는 입장을 견지했다.[1] 다시 말해서 오늘날 현존하는 푸에블로 인디언 사회를 참고해야 고대의 현실을 이해할 수 있다는 의미였다. 이와 같은 방법론이 한 세기 이상 사우스웨스트 지역 고고학의 저변에 놓여 있었고, 오늘날 연구자들의 입장도 상당 부분 여기에 바탕을 두고 있다.

이처럼 과거의 유적과 현재의 푸에블로(Pueblo, 인디언 마을)를 연결시켜 이해하는 입장은 오늘날 푸에블로 인디언 관련 유산을 통해 더욱 강화되었다. 그 결과 거의 모든 푸에블로 해설에 연속성과 무변화 개념이 등장하게 되었다. 즉 그곳에서 사회 제도, 관습, 생활 양식이 태곳적부터 그대로 전해 내려왔다는 전제가 깔려 있었다. 그러나 푸에블로 인디언 내부적으로 전해오는 이야기는 이와 달랐다. 대부분 이동, 이주, 변화와 관련된 내용을 담고 있다. 그러나 지난 5세기 동안 푸에블로 인디언은 소규모 마을(또는 "pueblo")에서 매우 전통적인 공동체를 유지했다. 스페인, 멕시코, 미국의 여러 주와 제국 안에 원주민 엔클라베(enclave)를 형성한 것이다. 고고학적으로 볼 때 (또한 푸에블로 인디언의 전통적 이야기에 따르면) 현대 푸에블로 인디언 사회는 다양한 경로를 통하여 발달했고, 그 시기는 차코와 메사베르데의 시대가 마감될 때, 그러니까 기원후 1300년 이후부터였다.

오늘날 푸에블로 인디언 마을은 (서쪽으로 애리조나의 호피Hopi에서부터, 동쪽으로 뉴멕시코의 타오스Taos까지) 40곳 정도 존재하며, (아마도

---

1 Lewis Henry Morgan, "A Study of the Houses of the American Aborigines," in Don D. Fowler, *A Laboratory for Anthropology: Science and Romanticism in the American Southwest, 1846-1930* (Albuquerque: University of New Mexico Press, 2000), p. 177.

전부는 아니지만) 대부분 절벽 거주지와 차코를 건설한 사람들의 후손이다. 아마도 차코를 건설한 모든 사람이 오늘날의 푸에블로 인디언 마을로 이어지지는 않았을 것이다. 특히 더 중요한 문제는 사회 및 정치 제도, 관습, 생활 양식인데, 이런 요소들이 오늘날 푸에블로 인디언 마을에 그대로 전해지고 있다고 보기는 어렵다. 사우스웨스트 지역의 고대사에서는 연속성만큼 변화도 중요했다. 차코는 푸에블로 인디언의 선사 시대 역사에서 아마도 가장 중요한 유적일 것이다. 차코는 그들의 사회 및 정치 조직이 아직은 "푸에블로"가 아닌 단계에서부터 푸에블로 단계로 변화되던 시기의 유적이다. 오늘날 푸에블로 인디언 사회의 기원을 거슬러 올라가면 거기까지 연결된다. 당시 푸에블로 인디언은 메소아메리카식 위계질서와 차코를 통치할 정부를 의도적으로 거부했다. 대신 평등하고 공동체적이며 의례를 기반으로 한 사회를 만들었는데, 이는 오늘날 타오스와 호피를 비롯한 여러 푸에블로 마을에서 확인되는 모습과 같다.

　차코 유적은 실제 연대가 우리 책에서 포괄하는 시간 범위를 살짝 앞서지만, 고대 북아메리카에서 펼쳐진 세계사 연구에는 알맞은 주제다. 북아메리카 고대 사회는 서로 긴밀히 연결되어 역사를 만들어왔다. 그야말로 "새로운 세계사(New World history)"의 주제라 하겠다. 그러나 북아메리카 고고학의 기본 아이디어는 그와 좀 달랐다. 고고학에서 멕시코 이북의 원주민 사회는 단순 사회이며, 고립 사회이고, 기본적으로 역사가 없는(history-less) 사회로 평가되었다. 이러한 개념은 18~19세기 식민주의와 인종주의 편견을 반영하는 것으로, 북아메리카 원주민은 "야만인"이고 (자신들의 출신지인) 구대륙과 비교하면 가치가 없는 곳이라 여겼던 것이다. 오늘날 미국 고고학은 식민주의나 인종주의에 입각해 있지 않다. 결코 아니다. 그러나 그 유산이 기본적 개념 틀로서 고고학 현장에서 학문적 "공간"을 점유하고 있다. 심지어 가장 고도로 발달했던 북아메리카 사회조차 복합 사회 출현 이전의 "중간(intermediate) 단계" 사회로 보는 선입관이 존재한다. 즉 구조적이고 제도적인 "국가(states)" 체제와는 거리가 멀다고 생각하는 것이다.[2]

차코와 고대 사우스웨스트 지역을 같은 시기의 다른 지역, 특히 메소아메리카와 연결시켜서 본다면, 차코 또한 국가나 제국이 넘쳐나던 대륙의 일부로 자리매김된다. 차코는 그와 같은 새로운 범주에서 연구해야 할 가장 대표적 사례 중 하나다. 사우스웨스트 지역에서 마찬가지로 명백한 사례는 또 있다. 바로 호호캄(Hohokam)과 파키메(Paquimé)다. 호호캄은 애리조나 남부에 있는, 푸에블로와는 다른 문명이며, 차코와 같은 시기에 다른 방식으로 인상적인 면을 많이 지녔던 유적이다.[3] 호호캄에서는 멕시코 서부 문명의 영향이 분명하게 나타난다. 멕시코 서부 지역 사람들이 직접 호호캄으로 건너와 호호캄 문화의 성립에 자극이 되었다고 보는 고고학자들도 많다. 기원후 700년경 호호캄 문화가 폭발적으로 성장하자, 이는 다시 차코 문화의 성장에 자극제가 되었다. (호호캄 문화는 석재가 없이 건축되었기 때문에 지금은 그 흔적이 완전히 사라져 눈에 잘 띄지 않는다. 그래서 그들의 역사는 대개 국립공원이나 커피테이블 북이나

---

2 Stephen H. Lekson, "The Good Gray Intermediate: Why Native Societies North of Mexico Can't Be States," in Susan Alt (ed.), *Ancient Complexities* (Salt Lake City: University of Utah Press, 2010), pp. 177-82.
3 Suzanne K. Fish and Paul R. Fish (eds.), *The Hohokam Millennium* (Santa Fe, NM: School for Advanced Research Press, 2007).

학교 교재에 잘 등장하지 않는 편이다.) 14세기의 파키메는 사우스웨스트 지역에서 최대 규모이자 최후의 도시로, 메소아메리카와 같은 "I"자형 축구장과 소규모 피라미드가 있었고, 메소아메리카의 영향 및 연관 관계의 흔적이 대량으로 발견되었다. 파키메는 차코의 후손으로 추정되기 때문에, 이 유적에 대해서는 뒤에서 다시 살펴보기로 하겠다.

미국 사우스웨스트 지역과 멕시코

사우스웨스트 지역은 미국에서도 문화유산으로 유명한 곳이다. 뉴멕시코, 애리조나, 콜로라도와 유타의 남부 등지가 지역 범위에 포함된다. 사우스웨스트 지역이 문화유산과 고고 유적으로 유명해진 계기는 역사적 우연과 식민주의 기획이 겹쳤기 때문이다(물론 실제 역사 유적의 의미도 없지는 않다). 먼저 역사적 계기를 살펴보자. 미국 대통령 제임스 포크(James Polk, 재임 1845~1849)는 야심가로서 미국의 영토를 태평양 연안까지 확장하려는 계획을 가지고 멕시코 전쟁(1846~1848)을 일으켰다. 미국이 이겼고, 멕시코의 노로에스테(Noroeste) 지방이 미국의 사우스웨스트(Southwest)로 편입되었다. 이후 그곳에는 미국인이 대거 유입되어 새 영토에 식민지를 건설했다. 19세기 말 미국인은 관광 산업의 잠재력에 눈을 떴다. 사우스웨스트 지역의 히스패닉 사회 및 원주민 사회가 좋은 관광 상품이 될 것 같았다. 자연 경관이 장관인 데다 옛날식 히스패닉 마을과, 그보다 더 오래된 인디언 푸에블로 마을에서 미국인은 안전하게 국내에 머물면서도 "외국"에 온 것 같은 이국적 정취를 만끽할 수 있었다. 1900년대 초 공동체의 지도자, 고고학자, 저널리스트, 예술가로 구성된 작은 조직이 결성되었다. 대개 산타페(Santa Fe)와 타오스(Taos)

지역에서 이들은 낭만적 정취의 사우스웨스트 관광 자원을 만들고 홍보하기 시작했다. 결과는 성공이었다. 관광은 지역 경제에서 강력한 자원이 되었다.

고고 유적은 패키지 관광에서 중요한 부분이었다. 미국 군인은 멕시코 전쟁의 와중에 유적지의 존재를 알게 되었다. 그들은 현지 주민에게서 전해오는 전설을 전해 듣고 그 유적과 아즈텍 문명을 연결시켰다. 아즈텍 사람들이 북쪽의 고향 아즈틀란(Aztlan)에서 출발하여 남쪽으로 내려와 제국을 건설했다는 이야기였다. 신문 지상에서 새로운 영토 사우스웨스트 지역이 처음 등장할 때도 이런 해석이 등장했다. 사우스웨스트 지역의 유적은 곧 아즈텍 문명이었다. 19세기 말에 메사베르데(Mesa Verde)의 신비로운 동굴 주거 유적이 발견되었다. 이 또한 잊힌 민족 아즈텍이라는 주제에 불을 댕겼다. 새로 건설되는 도시나 읍내의 명칭으로 아즈텍(Aztec), 톨텍(Toltec), 몬테주마(Montezuma) 등이 채택되었다.

아돌프 반델리어(Adolph Bandelier, 앞에서 잠시 언급한 사우스웨스트 지역 최초의 고고학자)는 아즈텍 문제를 직접적으로 거론하면서, 사우스웨스트 유적이 시기적으로 푸에블로 인디언의 사우스웨스트 진출보다 앞선다고 결론 내렸다. 즉 사우스웨스트 유적은 멕시코 고대 문명의 영광과 아무런 관련이 없다고 본 것이다.[4] 사우스웨스트의 선사 시대는 기본적으로 지역 차원에서 천천히, 느리게(반델리어의 표현으로는 "지루하게 tedious") 진행되었다. 수렵-채집인의 단계에서 많은 이동이 있었고, 서

---

4 Adolph F. Bandelier, *Final Report of Investigations Among the Indians of the Southwestern United States, Carried on Mainly in the Years from 1880 to 1885, Part I-II* (Cambridge, MA: J. Wilson and Son, 1890-92).

서히 남쪽에서 옥수수 농사와 (아마도) 토기 제작 기술을 받아들였으며, 토착민의 문화가 발달하여 단순 사회, 고립 사회, 농업 사회가 성립한 것이 오늘날의 푸에블로 인디언 공동체라는 줄거리였다. 이와 같은 역사의 흐름은 1927년 뉴멕시코 페코스(Pecos)에서 개최된 푸에블로 유적 현장 학술 대회에서 확정되었다. 여기서 확정된 연표를 "페코스 시스템(Pecos System)"이라 한다. 페코스 시스템에 따르면 사우스웨스트 지역 푸에블로 문화의 흐름은 토기이전 바스켓메이커(Basketmaker) Ⅰ, Ⅱ, Ⅲ 단계를 거쳐 푸에블로 Ⅰ, Ⅱ, Ⅲ, Ⅳ, Ⅴ단계로 이어졌다. 푸에블로 Ⅴ단계는 현대 푸에블로 인디언이다. 이는 오늘날 푸에블로 인디언 문화의 여러 요소(옥수수, 토기, 푸에블로, 키바, 카치나kachina 등)가 기원후 1450년에 이르기까지 역사의 각 단계마다 하나씩 더해져서 완성되었다고 보는 것이다. 스페인 정복자들과 아메리카 인류학자들이 직접 맞닥뜨린 사람들은 푸에블로 인디언이었다. 당시 그 지역의 주식 작물이자 생활 경제의 기반은 옥수수, 콩, 호박이었다. 이런 작물들은 의심의 여지가 없이 멕시코 지역에서 전래된 것이었다. 그러나 이런 요소들이 의미 있는 문화적 패키지와 함께 들어오지는 않았다고 보았던 것이다. 결과적으로 사우스웨스트 고대사는 정복 전쟁, 식민지 상업화, 초기 고고학 연구를 거치면서 성공적으로 국가유산에 편입되었다.

그리하여 정서적으로는 고대 사우스웨스트 지역이 미국이라는 국가의 관할에 속하는 한 지방으로 남아 있어야 할 것처럼 느껴지게 되었다. 그러나 발굴이 계속될수록 사우스웨스트 유적에서는 남쪽 메소아메리카와 교류하고 영향을 받은 흔적이 더 많이 드러나게 되었다. 그럼에도 그 의미는 최소한으로 축소되었다. 칼 사우어(Carl Sauer)는 위대한 UC

버클리의 문화지리학자로서 이 문제에 대해 다음과 같이 의문을 표했다.

> 내가 보기에는 인류학자들이 멕시코를 중심으로 거기서부터 북아메리카로 연구를 확장해왔더라면 애초에 사우스웨스트 문화의 독립성 내지 고립성 개념이 제기되지 않았을 것 같다. 학자들은 북쪽에서부터 사우스웨스트 지역으로 접근했다. 그래서 무언가 굉장히 이질적인 느낌을 받았던 것이다. 그들의 호기심은 국경까지 내려가서 멈출 수밖에 없었다. 그래서 메소아메리카 지역에서 사우스웨스트로, 심지어 고대에도 얼마나 많은 복합적 요소가 이동해 왔는지 밝혀낼 수가 없었다. 게다가 사우스웨스트 문화라는 개념이 처음 생겨날 즈음에는, 문화 연구의 경향이 주로 지역 특성을 밝히는 방향으로 나아가고 있었다. 그래서 현지에서의 발전 과정을 최대한 적극적으로 해석하고, 확산과 혼합의 의미는 되도록 축소하려는 경향을 보였다. "페코스 시스템(Pecos System)"이 그 대표적 사례로, 푸에블로 인디언의 발전 단계를 바스켓메이커 I 단계에서 푸에블로 V단계까지로 설정했다. 이 시스템 자체가 자생적 "진화"라는 개념의 산물이었다.[5]

그의 말이 옳았다. 사우스웨스트는 역사적으로 메소아메리카 문화의 북서부 경계 지역이었다. 아래에서 다시 자세히 논하겠지만, 사우스웨스트는 지리적으로 어느 정도 분명하게 구분되는 지역이었다. 메소아메리카의 남쪽 경계 지역에 있는 중간 지대(Intermediate Zone)에서도 우

---

5 Carl Sauer, "Comments on Paul Kirschoff's Gatherers and Farmers in the Greater Southwest," *American Anthropologist* 56 (1964): 553-56.

리는 이와 비슷한 경우를 확인할 수 있다. 그래서 스페인 식민주의자들이 사우스웨스트 지역을 탐험했을 때, 그들은 그곳을 문화적 모태인 메소아메리카에서 공간적으로 멀리 떨어진, 고립된 신석기 문명으로 이해했던 것이다. 사우스웨스트의 최후이자 최대 도시는 치와와의 파키메(Paquimé)였다(이에 대해서는 아래에서 다시 논의한다). 파키메는 메소아메리카 북단의 도시 시날로아(Sinaloa)의 쿨리아칸(Culiacán)에서 600킬로미터나 떨어져 있었다. 스페인 사람들이 처음 도착했을 때 도시와 도시 사이 600킬로미터 지역에는 유목민 혹은 "야만인"(즉 도시민이 아닌 사람들) 부족이 살고 있었다. 사우스웨스트에서 스페인 사람들의 눈에 띈 사람들은 "푸에블로 인디언"이었다. 이들은 농업 기반의 소도시에서 정착 생활을 하고 있었다. 그러므로 메소아메리카와 사우스웨스트를 지리적으로 구분한 이유가 없지는 않았다(사우스웨스트는 실제로 고립된 경계 바깥의 지역인 측면도 있었다).

여러모로 지방색이 강조되던 현실은 인류학의 저변에 깔린 선입견을 더욱 강화하는 역할을 했다. 즉 사우스웨스트 지역의 푸에블로 인디언을 포함하여 모든 북아메리카 원주민 사회가 언제나 단순 사회였다는, 혹은 복합 사회 전단계인 "중간 단계" 사회였다는 가정이었다. 저명한 고고학자들도 사우스웨스트 지역 고대 푸에블로 유적을 살펴본 뒤 "그들이 과연 국가 차원의 사회로 나아간 적이 있었는지조차 의심스럽다"라고 결론 내렸다.[6] 수십 년이 지나도록 사우스웨스트 지역의 유적들

---

6 Norman Yoffee, Suzanne K. Fish, and George R. Milner, "Communidades, Ritualities, Chiefdoms: Social Evolution in the American Southwest and

(절벽 주거지, 차코 캐니언, 기타 수백 곳의 보존 지역 국립 및 주립 공원)이 오늘날 푸에블로 인디언 사회의 초기 버전, 즉 단순 사회에 평등한 공동체로 해석되었다.

그러나 차코는 그러하지 않았다. 차코는 하나의 "국가"였다. 더 구체적으로 말하자면 메소아메리카 정치 단위의 지역 버전인 "2차 국가(secondary state)"였다(2차 국가란 Morton H. Fried의 개념이다. 주변의 영향을 받지 않고 자체 발전에 의해 성립된 국가를 1차 국가, 1차 국가로부터 영향을 받아 그 주변에 성립된 국가를 2차 국가라 한다. – 옮긴이). 그러나 그 나라는 멸망했다. 기원후 1300년경, 푸에블로 인디언은 차코의 정치 구조를 거부했다. 그들은 의도적으로 역사적 결정을 내려 단순 사회, 평등 사회, 공동체 사회로 돌아가기로 했던 것이다. 푸에블로 인디언은 이후 두 번 다시 차코 비슷한 것을 건설하지 않았고, 다른 누군가가 건설하는 것도 용납하지 않았다.

차코 캐니언 고고 발굴 조사

"아나사지(Anasazi)"는 예전에 뉴멕시코, 콜로라도, 유타, 애리조나의 경계가 맞닿는 포코너스 지역에 살던 사람들을 일컫는 고고학 용어로, 나바호어의 어떤 표현(Navajo phrase)을 영어식으로 표기한 것이다. 수십 년 동안 전문 학술지나 대중적인 글에서 "아나사지"라는 용어가 사용되었다. 우리 글에서는 고고학적 의미로 한정해서 사용하기로 한다. 오

Southeast," in Jill Neitzel (ed.), *Great Towns and Regional Polities* (Albuquerque: University of New Mexico Press, 1999), p. 262

늘날 많은 고고학자와 원주민은 이 용어 대신 "푸에블로의 조상"이라는 표현을 선호한다. 오늘날 푸에블로 인디언과의 문화적 연관성을 함축하는 의미에서다. 오늘날 푸에블로 인디언이 차코 사회의 후손이라는 점에 대해서는 이견의 여지가 없다. 그러나 문제는 그리 간단하지 않다. (푸에블로 인디언과 상관없는) 나바호 인디언도 차코에 대하여 많은 것을 알고 있으며, (앞에서 언급한 바와 같이) 차코 문화의 핵심 요소들이 오늘날 푸에블로 인디언에게서는 나타나지 않는다(전통이나 역사 이야기는 예외다).

차코의 전성기는 기원후 850~1150년경 "보니토 단계(Bonito phase)"였다. 시대 명칭(보니토 단계)은 차코 캐니언에서 가장 거대한 유적인 푸에블로 보니토(Pueblo Bonito, 뒤에서 다시 논의한다)에서 비롯되었다. 푸에블로 보니토에는 "그레이트 하우스" 전통의 원형이라 할 수 있는 건물 유적이 남아 있다. 4~5층 높이에 100여 개 방이 있는 거대한 석조 건물이다. 차코에서 가장 관심을 끄는 유적이 바로 이곳이다. 그레이트 하우스는 당시 일반 가정집과 대비되는 정반대의 양상을 보인다. 작은 규모의 "유닛-푸에블로(unit pueblo)"는 반지하 구조 움집에, 지상에는 조그만 방이 몇 개 포함되어 있다. (차코 시대의 가정집은 특히 조립식의 특징을 가져서 "유닛unit"이라 한다.)

그레이트 하우스가 없었다면 차코문화국립공원도 없었을 것이고, "차코 현상(Chaco Phenomenon)"도 없었을 것이며, 대개 숭배주의에 가까운 차코 캐니언의 고고학적 관심도 생기지 못했을 것이다. 우리가 말하는 "차코"는 차코 캐니언에서 시행된 고고학적 실재뿐만 아니라 지리적으로 차코 캐니언을 훨씬 넘어서는 "지역 시스템"을 의미한다.

고고학자들은 한 세기 넘게 차코 캐니언을 발굴했다. 리처드 웨더

릴(Richard Wetherill)은 카우보이-고고학자로서, 메사베르데 유적을 발굴한 인물이다. 그가 차코에서 처음 발굴 조사를 시작한 때가 1896년이었다. 현장은 푸에블로 보니토였다. 여러 기관에서 후원을 받은 주요 발굴 프로젝트 가운데 그의 발굴이 최초 사례였다. 후원 기관(발굴 현장, 발굴 시기)은 다음과 같다. 미국자연사박물관(푸에블로 보니토, 1896~1900), 스미소니언박물관과 내셔널지오그래픽협회 공동(푸에블로 보니토 및 푸에블로 델 아로요, 1921~1927), 뉴멕시코박물관과 뉴멕시코대학교 공동(체트로 케틀, 1920~1934), 미국국립공원관리청(NPS)(킨 클레초, 1950~1951). 마지막 주요 발굴 프로젝트는 NPS의 차코 프로젝트로, 1971~1982년에 진행되었다. 오늘날 차코 고고학은 처음으로 되돌아가 다시 시작되고 있다. 2005~2006년에 뉴멕시코대학 발굴팀은 과거 내셔널지오그래픽협회에서 추진한 "차코 층서학 프로젝트(Chaco Stratigraphy Project)" 당시 푸에블로 보니토 정면에 파두었던 트렌치를 다시 열어서 조사하고 있다(이 자료를 다시 분석하여 이미 상당히 의미 있는 결과를 도출해내고 있다).

차코에서 많은 고고 발굴이 진행되었다. 시간, 돈, 열정, 두뇌의 투자를 통해 주목할 만한 성과들이 도출되었다. 이러한 성공에 도움을 준 여러 요인이 있었다. 건조 기후로 보존성이 우수했고, 가시성이 높았으며(지표면에 식물이 거의 없고 과거의 유적 위에 후대의 흔적이 덧씌워지지 않았다), 연륜연대학 근거 자료도 풍부했다(차코에는 수만 개의 명확한 연륜연대 데이터가 남아 있어, 세계적으로도 선사 시대 유적 가운데 가장 연대가 분명한 곳으로 손꼽힌다). 또한 현장이 비교적 간단하고 단순했다(트로이 혹은 테노치티틀란과 비교하면 차코가 훨씬 단순하다). 차코의 발굴 현장은 작업이 비교적 수월한 편이었다. 많은 뛰어난 고고학자들이 오래도록 그곳에서 발굴 작업을 진행했다. 여건이 좋은 발굴 현장에서 우수한 작업이 진행되면서 차코에 관해 많은 것이 밝혀질 것으로 기대되었다. 결과는 기대와 크게 다르지 않았다.

차코 캐니언

차코 캐니언은 뉴멕시코 북서부 북위 36도, 서경 108도 지점에 위치한다. 푸에블로 보니토의 해발고도는 약 1865미터(6125피트)다. 차코 캐니언의 중심지는 12킬로미터 길이로 뻗어 있다. 강줄기는 간헐적으로 동-남동에서 서-북서 방향으로 흐른다. 계곡의 북쪽 면은 높은 사암(砂岩, sandstone) 절벽이며, 꼭대기에는 "매끈한 바위"로 이루어진 테라스가 넓게 펼쳐져 있다. 남쪽 면은 그렇게 극적인 장면이 아니다. 차코 캐니언은 산후안 평원(San Juan Basin)의 중심지 가까이에 위치하는데, 산후안 평원은 지리적 분지로 뉴멕시코 북서부의 대부분과 인접한 콜로라도 지방의 일부를 포괄하고 있다. 고고학에서는 지질학으로부터 용어를 빌려, 차코를 중심으로 반경 100킬로미터 이내 지역을 차코 문화 지역(Chaco Culture Area)이라 한다. 차코강(Chaco River)의 물줄기와 근처 산후안강(San Juan River) 일부가 여기에 포함된다. 차코강에 물이 흐를 때는 강물이 산후안강으로 흘러 들어간다(지도 21-1).

가장 큰 그레이트 하우스는 차코 캐니언 중심부 중에서도 지름 2킬로미터 안 "도심" 구역에 몰려 있다. 그중에는 푸에블로 보니토(Pueblo Bonito, 뒤에서 다시 논의한다), 푸에블로 알토(Pueblo Alto), 체트로 케틀(Chetro Ketl), 푸에블로 델 아로요(Pueblo del Arroyo), 킨 클레초(Kin

〔지도 21-1〕 차코 캐니언 지도

Kletso) 등이 포함되어 있다. 이외에도 수많은 기념비적 건물과 소규모 구조물이 있다. 건축물들은 중심 구역 너머 "차코 할로(Chaco Halo)"라고 하는 곳까지 이어져 있는데, 차코 할로는 푸에블로 보니토에서 최대 반경 8.5 내지 10킬로미터 지역으로 차코 캐니언의 경계를 넘어선다. 차코 할로를 넘어가면 산후안 평원의 경계를 만나게 되는데, 차코 문화권의 핵심 지역이 바로 이곳으로, 푸에블로 보니토에서 반경 70킬로미터 정도 된다. 차코 문화권의 규모는 이보다도 훨씬 더 크다. 포코너스(Four Corners) 지역 대부분이 여기에 속하며, 차코 캐니언에서 150킬로미터까지도 포함된다.

차코 캐니언의 환경은 매우 거칠다. 사우스웨스트 지역 고고학에서는 언제나 이를 언급해왔지만 여기만큼 그 표현이 잘 어울리는 곳도 없다. 여름은 지독히 덥고, 겨울은 끔찍하게 춥다. 식물 생장 시기는 짧고, 우기는 불규칙하다. 더욱이 기본 생활에 필요한 물도 예나 지금이나 충분치 않다. 건축이나 땔감으로 사용할 나무도 별로 없다. 사암과 저급 석탄(실제 사용되지 않았다)을 제외하면 뚜렷한 광물 자원도 없다. 농사를 짓기에도 적합한 땅이 못 된다. 주변을 둘러싼 사막에 비하면 그래도 조금 낫다는 정도일 뿐이다. 생계에 필요한 옥수수(콩, 호박과 함께 주식 작물)는 대부분 산후안 평원 안에서 물이 조금 더 풍부한 지역으로부터 수입해 왔다.[7] 보니토 단계 시기에는 이와 같은 사막 가운데 계곡에서 어떻게, 그리고 왜 차코 문화의 장관을 연출했던 것일까? 당시에는 비교적 물이 좀 있다고 하는 계곡의 남쪽과 북쪽, 산과 숲 가까운 곳도 말라 있었다. 이에 대한 해답은 분명 차코 캐니언의 바깥, 그러니까 차코를 중심으로 하는 보다 큰 지역 범위에서 찾아보지 않으면 안 될 것 같다.

---

7 Larry Benson, Linda Cordell, Kirk Vincent, Howard Taylor, John Stein, G. Lang Farmer, and Kiyoto Futa, "Ancient Maize from Chacoan Great Houses: Where Was It Grown?" *Proceedings of the National Academy of Sciences* 100 (2003): 13111-15.

보니토 단계, 차코 캐니언의 안과 밖

차코 캐니언은 하나의 "유적지"가 아니다. 실제로 국립공원 안에는 수백 곳의 선사 시대 유적이 남아 있다. 차코의 불모지를 처음 발굴한 고고학자들은 드문드문 서 있는 나무들을 보았을 뿐, 숲은 존재하지 않았다. 발굴 초기에는 푸에블로 보니토(Pueblo Bonito, 그림 21-1)와 체트로 케틀(Chetro Ketl)이 별개의 유적으로 간주되었다. 그러나 그곳에 남아 있는 그레이트 하우스(Great Houses)를 비롯한 여러 유적은 하나의 도시 혹은 도시 비슷한 마을의 일부였다. 다양한 종류의 건물과 기념비적 건축물이 차코의 "도시 경관"을 만들어내고 있었다. 건물은 거대한 "그레이트 하우스"부터 소박한 가정집(고고학 용어로 "유닛-푸에블로unit pueblo")까지 다양했다. 또한 "도로"와 그레이트 키바(Great Kiva), 마운드(피라미드형), 플랫폼, 관개 수로 등 다양한 양식의 건축물이 도시를 구성하고 있었다. 이번 장에서는 이들의 형태를 간략하게 살펴보고, 차코와 이를 포함하는 더 큰 지역 범위에서 도시의 중심 무대를 검토해보려 한다.

고고학적으로 차코 캐니언 연구는 "그레이트 하우스"라고 하는 10여 개의 주목할 만한 건축물에 초점을 맞추고 있다. 차코의 그레이트 하우스는 9세기 말경부터 건축되기 시작했다. 기존 주거용 건물의 크기를 확대한 기념비적 규모의 대형 건물이었다. 기존 주거용 건물이란 "유닛-푸에블로", 즉 규모가 작은, 핵가족 구성원의 주택을 말하며, 혹은 더 구체적으로 말하자면 "조그만 주거지 유적들"이었다. 초기의 그레이트 하우스는 의심의 여지가 없는 주거용 건물, 즉 말 그대로 "거대한 집"이었다. 그레이트 하우스가 주거용 건물로 시작되었고 이후에도 계속 그

[그림 21-1] 푸에블로 보니토와 사암 절벽
차코문화국립역사공원, 미국 뉴멕시코주.

러했다는 사실은 매우 중요하다(이후 3세기에 걸쳐 그레이트 하우스가 발달하는 과정에서 비주거용 건물이 그레이트 하우스에 부가되었기 때문에, 애초 주거용이었던 건물의 용도에 의문이 제기되었던 것이다).

차코 지역에서는 그레이트 하우스가 있는 곳마다 유닛-푸에블로가 많이 딸려 있다. 유닛-푸에블로와 그레이트 하우스는 결코 혼동될 수가 없다. 유닛-푸에블로 전체 바닥 면적이 그레이트 하우스의 방 하나에 다 들어갈 정도밖에 안 되기 때문이다. 유닛-푸에블로는 평민을 위한 주거지, 그레이트 하우스는 엘리트 계층을 위한 주거지였다. 이는 고고학에서 사회적 계층의 차별을 의미하는 명백한 사례로 간주된다. 미노아 문명에서도 이와 같은 사례가 분명하게 나타났었다. 메소아메리카 고고학에서 그레이트 하우스는 귀족 가문의 궁전이었고, 유닛-푸에블로는 평민의 농가였다. 이런 구분이 북아메리카 고고학에서는 적용되지 못했다. 왜냐하면 북아메리카는 언제나 계층 구분이 불분명한 단순 사회이자 복합 사회 출현 이전의 "중간 단계" 사회로 간주되었기 때문이다. 그러나 차코에서는 궁전, 귀족 계층, 평민 계층 등의 용어를 충분히 적용할 수 있다.

기원후 1000년 직후 그레이트 하우스의 전형적인 구조와 기능에 변화가 있었다. 기존 엘리트 주거 공간에 기념비적 요소의 건축물들이 부가되었다. 과거 유기적이며 곡선이었던 평면 구조가 간명한 기하학적 구조로 바뀌었다. 그레이트 하우스의 평면은 문자 형태로 설명되는 경우가 많았다. 예를 들면 D자형, E자형 등이었다. 창고 공간이 크게 차지했는데, 소수 주거 공간에 비해 불균형할 정도로 창고 공간이 덧붙여졌기 때문이다. 마찬가지로 거대한 공적 사무 공간도 추가되었다. 차코의

〔그림 21-2〕 **푸에블로 보니토 유적 항공 촬영**
차코문화국립역사공원, 뉴멕시코주.

그레이트 하우스는 대부분 계곡의 북사면을 따라 기원후 1020년에서 대략 1125년 사이의 100년 남짓 기간 동안 건축되었다. 각각의 그레이트 하우스는 나름대로 독특한 건축 이력을 지니고 있었고, 그중 몇몇은 훨씬 더 일찍 건축이 시작되었다. 푸에블로 보니토는 건축 시기가 가장 이른 사례 중 하나이며, 차코 캐니언의 전형적인 (아마도 원형에 가까운) 그레이트 하우스였다(그림 21-2).

푸에블로 보니토는 거의 3세기(850~1125년)에 걸쳐 건설되었다. 매 건축 단계마다 장대한 기념비적 건축물의 면모가 있었다. 고대 차코의

"도로"(아래에서 상세히 논의한다)를 따라가는 방문객은 차코의 사암 절벽에 도달하고, 푸에블로 보니토의 D자형 건물 평면을 한눈에 내려다보게 된다. 첫 단계의 푸에블로 보니토는 유닛-푸에블로를 "규모만 확장"하는 방식으로 만들어졌다. 높이는 3층이었다(유닛-푸에블로는 낮은 단층집이었다). 아나사지 유적에 있는 기원후 850년경의 석조 건물은 복층이 불가능한 구조였다. 11세기 초 푸에블로 보니토의 뒷벽이 무너지기 시작했을 때, 석공들은 뛰어난 석조 기술을 바탕으로 건물의 외벽을 덧대어 기존 건물을 지지하는 방식을 선택했다(차코 유적은 우수한 석공 기술을 보여주는 최초 사례로도 유명하다). 또 다른 경우에는 기존에 있던 그레이트 하우스의 일부를 잘라내고 새로 쌓아 올린 사례도 있다(푸에블로 보니토에도 이런 사례가 있다). 이와 같은 수리 과정이 있었음에도 불구하고 푸에블로 보니토의 핵심 부위는 오랜 역사를 거치는 동안 변함없이 유지되었다.

기원후 1020년부터 푸에블로 보니토에는 6개의 주요 부가 건축물이 추가되기 시작했다. 각각의 건축물 하나만 하더라도 기존에 푸에블로에 건설된 그 어떤 건물보다 거대했다. 이와 같은 과정이 누적되어서 1125년경에는 방이 약 700개인 건물이 4층 이상, 아마도 5층 높이로 0.8헥타르(2에이커)의 면적을 차지하게 되었다. 건물의 가장 바깥쪽에 위치한 방에만 직접 햇볕이 들었다. 가장 안쪽의 방은 어둡고 접근도 제한적이어서, 추정컨대 창고로 사용했던 것 같다. 오직 수십 명의 가족만이 이 거대한 건물에 거주했다.[8] 이들은 창고로 추정되는 방대한 공간을

8 Wesley Bernardini, "Reassessing the Scale of Social Action at Pueblo Bonito,

비롯하여 비주거용 공간을 통제하거나 최소한 접근할 수 있는 권한을 가진 가문이었다.

다른 그레이트 하우스들과 마찬가지로 푸에블로 보니토 또한 건설하는 데 막대한 노동력이 투입되었다. 바닥 면적이나 지붕 면적의 한 구역만 작업하려 해도 일반적인 유닛-푸에블로를 건설하는 것보다 훨씬 더 힘든 일이었다. 유닛-푸에블로는 거주자 가족들이 짓고 관리하는 건물에 불과했다. 기념비적 건축물을 건설하는 데 참여한 노동자들은 조직적 질서에 따라 건설 현장을 준비하고(높낮이 조절과 테라스 조성), 넓은 면적에 기초 공사를 하고, 거대하고도 섬세한 석조 작업을 거쳐 벽을 쌓아 올리고, 그 위에 목재로 지붕을 올린 뒤 천장을 만들었다(멀리 떨어진 곳에서 가져온 목재용 소나무가 수십만 그루에 달했다). 이를 위하여 목재를 다듬는 전문적 기술이 필요했다. 오늘날 당시의 목조 기술을 엿볼 수 있는 유물은 정교하게 제작된 계단, 발코니, 포르티코(기둥과 지붕만 있는 현관) 등이다. 그 외에도 이와 같은 독특한 건물에서만 볼 수 있는 건축 양식과 가구 등에도 당시 기술의 흔적이 남아 있다. 콜로네이드(colonnade, 주랑, 메소아메리카 양식으로 체트로 케틀 유적에서만 발견된다)나 대부분의 그레이트 하우스에서 발견되는 방 안의 다락 구조(저장과 잠자리 용도) 등이 그러한 사례에 속한다. 사암으로 만든 거대한 원반(대략 지름 1미터, 두께 30센티미터)을 팬케이크처럼 쌓아서 건물 기초로 사용하거나, 혹은 그레이트 키바(뒤에서 다시 논의한다)의 지붕을 떠받치는

Chaco Canyon, New Mexico," *Kiva* 64 (1999): 447-70, and Thomas C. Windes (ed.), *Investigations at the Pueblo Alto Complex, Chaco Canyon, New Mexico, 1975-79* (Santa Fe, NM: National Park Service, 1987), pp. 383-92.

주요 기둥 아래에 설치했는데, 이 또한 당시의 석조 기술을 엿볼 수 있는 유물이다.

그레이트 하우스는 살아 있는 사람들뿐만 아니라 죽은 사람을 위한 용도로도 사용되었다. 푸에블로 보니토 유적에서 가장 오래된 부분은 건물 중앙부에 있는 방들인데, 그곳은 그 자체로 엘리트 계층을 위한 웅장한 무덤이 되었다. 지위가 높았던 것으로 추정되는 중년 남성(아마도 건물을 처음 건축한 주인) 두 명의 시신이 850년경 건물 아래 목조 지하실에 방대한 부장품과 함께 안치되었다.[9] 존경의 의미를 담은 이들의 무덤은 그레이트 하우스가 기념비적 건축물로 사용되었음을 의미하는 중요한 근거다. 이후 건물이 증축되는 과정에서도 무덤이 있는 초기 건물의 핵심 구역은 그대로 보존되었다. 더 좋은 기술로 만든 새로운 방들이 과거의 석조 건물을 에워싸는 구조였다. 후대로 내려가면서 훨씬 더 많은 유골이 건물의 가장 오래된 구역에 매장되었을 것이다.

이와 달리 유닛-푸에블로에서는 대개 집 앞 쓰레기 더미에 시신을 묻었는데, 그릇 한두 개를 같이 묻어주었다. 차코 캐니언의 남쪽 사면을 따라 유닛-푸에블로들이 개별적으로 혹은 몇몇이 모여서 줄지어 늘어서 있었다. 이는 평민들의 농가로, 차코 지역이나 그 바깥 어디에서나 거의 비슷했다. 핵가족(혹은 확대가족)이 거주하는 집이었고, 대개는 자족적 생활을 했으며, 구역별로 몇십 가구 정도가 흩어져 마을 공동체를 이루었다. 마을 중심에는 그레이트 키바가 위치했다. 마을의 인구는 대략

---

9 Stephen Plog and Carrie Heitman, "Hierarchy and Social Inequality in the American Southwest, A.D. 800-1200," *Proceedings of the National Academy of Sciences* 107 (2010): 19619-26.

60명에서 655명 사이였다.[10] 차코보다 시기가 앞서는 아나사지의 주거 유적에서도 사회적 규모는 이와 비슷했다.

그레이트 하우스에서의 생활은 거의 모든 면에서 유닛-푸에블로에서의 생활과 달랐다. 유닛-푸에블로는 그곳에 거주하는 가족이 집을 짓고 유지했는데, 물론 가까운 친척들의 도움 정도는 받았을 것이다. (차코 문화 시기에 농가는 교역으로 토기와 식량을 수급하는 규모가 점차 커졌다.) 푸에블로 보니토에 거주하는 몇몇 엘리트 계층의 가족들은 스스로 건물을 지을 수 없었고, 그렇게 하지도 않았다. 거대 구조물을 건축하려면 어마어마한 양의 노동력이 필요했다. 필요한 노동력은 차코 캐니언을 벗어나는 먼 지역에서 구해 왔다. 차코의 유닛-푸에블로에 거주하는 사람들은 푸에블로 보니토를 유지하는 데 필요한 집안일을 담당했는데, 그것만 하더라도 업무량이 많았다. 푸에블로 보니토를 비롯한 여러 그레이트 하우스에는 옥수수를 가는 돌절구(metate)가 늘어서 있고 중앙에는 거대한 오븐이 설치된 방들이 여러 개 있는데, 아마도 여기서 많은 인원을 위한 식사를 준비했던 것 같다. 물론 축제도 열었다. 엘리트 계층과 그 추종자들, 혹은 대중이 참여하는 행사를 통해 사회 속에서 엘리트 계층의 지위를 공고히 했을 것이다.

차코의 그레이트 하우스는 당시 사우스웨스트 지역 최대의 건축 구조물이었고, 그중에서도 푸에블로 보니토가 가장 큰 그레이트 하우스였다. 그러나 역사적으로 보자면 푸에블로 스타일 그레이트 하우스 가운

---

10 Nancy M. Mahoney, "Redefining the Scale of Chacoan Communities," in John Kantner and Nancy M. Mahoney (eds.), *Great House Communities across the Chacoan Landscape* (Tucson: University of Arizona Press, 2000), pp. 19-27.

데 가장 큰 유적은 따로 있었다. 다만 차코 이후 4세기가 지나 건설된 리오그란데 빌리지(Rio Grande villages)였다. 리오그란데 빌리지는 푸에블로 보니토보다 훨씬 더 컸다(오늘날 타오스 푸에블로 광장만 한 크기다). 이와 같은 그레이트 하우스들은 평범한 건물이 아니었다. 그 정도 규모의 건축물들이 이전에는 없었고, 동시대에도 흔치 않았다. 그리고 그레이트 하우스 하나만이 독자적인 유적도 아니었다. 차코의 여러 그레이트 하우스는, 개별적으로 규모가 아무리 거대하다 하더라도, 더 큰 유적(차코 캐니언)의 일부일 뿐이다. 타오스도 하나의 도시였고, 차코 캐니언 또한 여러 그레이트 하우스가 포함된 더 큰 도시였다.

푸에블로 보니토는 차코에 있는 대여섯 개의 주요 그레이트 하우스 중 하나였다. 그보다 규모가 작은 여러 그레이트 하우스는 대개 차코 캐니언의 북사면을 따라 위치했다. 그레이트 하우스는 거대하고 복잡한 구조의 정착지, 즉 실질적으로는 하나의 도시(뒤에서 다시 논의한다)에 속하는 구성 요소였다. "도심지" 차코는 인공적으로 건설된 도시 구조로, 그레이트 하우스 이외에도 다른 많은 요소를 포함하고 있었다. 예들 들면 도로, 마운드, 그레이트 키바, 관개 수로 등이 있었고, 차코 캐니언의 남쪽 사면을 따라 수백 채의 유닛-푸에블로가 있었다. 차코의 구성 요소들에 대해서 간략히 살펴보도록 하겠다.

도로 자체에도 여러 다양한 요소가 포함되어 있었다. 길고 넓은(전형적으로 폭 9미터) 직선 도로들이 건설되었다. 높낮이와 측면 경사를 조절하는 토목 공사가 이루어졌고, 지역과 지역, 지역과 다른 자연적 장소를 연결했다. 차코의 도로는 메소아메리카의 도로보다 단순한 구조였지만 메소아메리카 중심지의 북단에 위치하는 라케마다(La Quemada, 시기적으로 차코보다 조금 앞선 유적)의 포장도로나, 혹은 그보다 더 멀리 떨어진 마야의 사크베(sacbe)와 근본적으로 다를 바가 없었다.[11] 차코의 도로는 도보 운행을 염두에 두고 건설된 것이었다(운송 수단으로 사용할 견인 동물이나 바퀴 달린 도구는 없었다). 따라서 지역 전체에 거미줄처럼 퍼져 있는 좁은 오솔길보다는 훨씬 넉넉한 길이었다. 도로와 절벽이 만나게 되면 실제 바위에다 정교하게 넓은 경사면을 만들거나, 혹은 넓은 디딤판과 높은 수직면 구조의 계단을 만들었다. 일반적인 오솔길과 절벽이 만났을 때는 손잡이나 디딤판을 비스듬하게 늘어놓는 정도가 전부였다. 이와 같은 도로가 있었다는 것은 집단적 의례(순례) 참여자나 행정 관리의 존재를 의미할 수도 있고, 나아가 군대의 존재까지 예상해볼 수 있다. 도로의 상징적 혹은 기념비적 의미는 실용적 목적보다 더 중요할 수도 있다. 예를 들어 도심지 차코에는 도로 네트워크가 집중되어 있어서 필요 이상으로 도로가 많은 편인데, 이는 도보 이용자의 수를 고려하면 분명 필요치 않은 측면이 있었다. 도로는 장소와 장소 사이의 기념비적·정치적·역사적 연결 관계를 상징하는 것이었다. 따라서 단순한 운송의 목적을 넘어서는 의미를 내포했다.

차코를 중심으로 수많은 도로가 바퀴살처럼 뻗어 나갔다. 그중 어떤 도로는 멀리 떨어진 곳에 있는 다른 그레이트 하우스들과 연결되었고, 또 어떤 도로는 중요한 자연 요소들과 연결되었다. 이러한 도로 체계는 차코 캐니언으로 수렴되었다. 도로에 따라 차코의 배후지는 "파이 조각"

---

11 Ben A. Nelson, "Complexity, Hierarchy, and Scale: A Controlled Comparison between Chaco Canyon, New Mexico and La Quemada, Zacatecas," *American Antiquity* 60 (1995): 597-618.

처럼 나뉠 수 있고, 이를 고려해보면 "도심지" 차코를 둘러싸고 위치한 여러 그레이트 하우스의 의미도 파악될 수 있을 것이다. 중심지와 배후지를 잇는 많은 도로는 명확하게 목적지가 있었는데, 그 종착지는 그레이트 하우스였다. "외부에 떨어져 있는" 그레이트 하우스에서 출발하여 도로를 따라가면 차코로 되돌아올 수 있었다. 중간에 도로가 유실된 부분이 있더라도 이를 연결하면 애초의 도로를 예측할 수 있다. 광대한 지역에 걸쳐 도로 체계를 따라 지대가 높은 곳에 불을 피워 신호를 할 수 있는 커뮤니케이션 시스템이 정교하게 구축되어 있었다. 이를 통해 주변부에서 차코로 정보가 전달될 수 있었고, "중계 지점"을 거쳐 그 반대 방향의 의사소통도 비교적 신속하게 이루어질 수 있었다. 당시의 커뮤니케이션 시스템이 얼마나 복잡했는지 오늘날 우리는 잘 알지 못한다. 아마도 단순한 예/아니오, 혹은 더하기/빼기 정도의 의미를 주고받았을 것이다. 그러나 후대의 북아메리카에 존재했던, 불을 이용한 신호 체계가 상당히 복잡한 의미를 전달했다는 사실을 참고해보자면, 차코에서도 복잡한 의미 전달 체계가 존재했을지 모른다.

흙을 쌓아 만든 마운드와 석재를 다듬어 만든 플랫폼은 (추정컨대) 다양한 목적을 가진 구조물의 일부였을 것이다. 대부분의 마운드는 타원형이며 흙, 잡동사니, 건축 부산물을 모아 쌓은 것이었다. 매우 정교한 기하학적 형태를 가진 마운드도 몇 개가 있었다. 푸에블로 보니토의 정면에 있는 두 개의 마운드는 규모가 크고 높은 사각 형태로, 석재를 다듬어 만든 플랫폼이 설치되어 있다. 각각의 마운드는 농구 경기장보다 조금 큰 정도다. 마운드의 측면은 매우 거칠며, 꼭대기까지 통하는 계단이 설치되어 있다. 그 꼭대기에 혹시 무언가 구조물이 있었을지도 모르지만, 그게 무엇이었는지 우리는 알지 못한다. 이외에도 도로 주변으로 설치된 거대한 경사면과, 일부 그레이트 하우스에 부속된 쓰레기 더미 등이 있었다(모든 그레이트 하우스는 아니라는 점이 중요하다). 이 두 가지 요소는 무의식적으로 형성되었다기보다 의도를 가지고 만든 것으로 보인다.

차코 캐니언의 북사면을 따라 소규모 물길이 조성되어 있다. 절벽 위 바위 면에 떨어진 귀한 빗물이 흘러내릴 때 이를 모아 조그만 농지로 연결되도록 만들어둔 것이었다. 이와 같은 시스템이 식량 생산을 위한 인프라 시설로 해석되지는 않는다. 그러나 농업 환경이 지극히 불리하고 명백하게 기념비적 의미를 지녔던 당시 차코 캐니언의 상황을 고려할 때, 이러한 물길은 여러 그레이트 하우스 사이에 정원을 조성함으로써 도시 경관을 연출하려는 의도에서 만들어진 구조물이었을 가능성도 있다. 방문객의 입장에서 생각해보자면, 산후안 평원의 불모지를 50킬로미터 내지 그 이상 여행한 뒤 마침내 차코의 물길을 만나게 된다. 그렇다면 정원은 곧 차코의 권력을 과시하는 요소일 수 있는 것이다. 차코의 정원에는 무엇을 길렀을까? 오늘날 우리로서는 추측을 통해 짐작해볼 수밖에 없다. 아마 옥수수를 길렀겠지만, 식용 목적이 아니라 상징적 가치가 있었을 것이다. 그 외에도 갈대와 꽃을 비롯한 여러 수생식물을 관상용으로 심었을 것이다.

그레이트 키바(Great Kiva)는 크고 둥근 거대 건축 구조물로, 지붕이 있는 반지하 방으로 구성되어 있다. 지름은 20미터 남짓이며, 둥글게 벤치가 배치되어 있다. 아마도 의례나 기타 공연을 관람하는 관객이 앉았던 의자로 추정된다. 벤치는 최대 150명을 수용할 수 있는 규모다. 그레

[그림 21-3] 체트로 케틀의 그레이트 키바
차코문화국립역사공원, 뉴멕시코주.

이트 키바 구조물은 차코 이전 아나사지 시기부터 오랜 역사적 연원을 가지고 있으며, 차코 이후 시기까지도 이어진 공동체의 중심지였다. 차코 캐니언에서 그레이트 키바를 건축한 기술은 그레이트 하우스 건축 기술과 다르지 않았다. 그리하여 차코의 그레이트 키바는 매우 독보적인 수준을 보여준다. 차코의 그레이트 키바는 애초에 그레이트 키바의 기본 목적이었던 공동체 기능을 가장 잘 포착한 사례로 간주된다. 그러므로 차코의 그레이트 키바 유적은 차코 정치 문화의 일부로 이해되어야 한다(그림 21-3).[12]

12 Ruth M. Van Dyke, "Great Kivas in Time, Space and Society," in Stephen H.

차코 캐니언의 보니토 단계 유물은, 몇 가지 매우 주목할 만한 예외가 있기는 하지만, 대개는 같은 시기 아나사지 토기 및 석공 기술의 결과물이었다. 차코 유물이 결코 특별할 것은 없지만 유물의 기원지는 특이한 점이 있다. 유물의 대부분은 차코가 아닌 아나사지 지역에서 제작된 것이었다. 예를 들어 차코의 여러 그레이트 하우스에서 발견된 토기는 대부분 50~60킬로미터 떨어진 마을에서 만들어진 것이었다. 반경 약 150킬로미터 이내에서 엄청난 양의 물품(목재, 토기, 아마도 옥수수와 고기 등)이 제작되어 차코 캐니언으로 이동했다(또한 이곳을 거쳐 다른 곳으로 이동하기도 했을 것이다).[13]

그레이트 하우스에는 이국적이며 특이한, 나아가 독보적인 물품도 많았다. 예를 들어 흥미로운 도기 제품은 차코 외에서는 거의 발견된 적이 없었다. 푸에블로 보니토의 방 두 곳에서 실린더 모양 물병 약 200개가 발견되었는데, 대부분 메소아메리카 양식을 닮은 것이었다. 차코 캐니언, 특히 푸에블로 보니토에서는 굉장히 먼 원거리 수입품이 눈에 띄었다. 구리로 만든 종이 약 35개 있었고, 금강앵무새 깃털 또한 비슷한 수량이 발견되었다. 이 모두는 멕시코 서부 지역에서 생산된 것으로 추정된다. 푸에블로 보니토에서 발견된 금강앵무새 깃털이 250킬로미터나 떨어진 곳(유타주의 남동부)에서 발굴된 의례용 복장에서 확인되기도

Lekson (ed.), *The Architecture of Chaco Canyon, New Mexico* (Salt Lake City: University of Utah Press, 2007), pp. 93-126.
13 Nancy J. Malville, "Long-Distance Transport of Bulk Goods in the Pre-Hispanic American Southwest," *Journal of Anthropological Anthropology* 20 (2001): 230-43.

했다. 그곳은 차코 문화권으로 확인된 곳 중에서 가장 먼 곳이었다. 카카오(메소아메리카 엘리트 계층이 음료로 사용한 열대작물) 성분이 최근 푸에블로 보니토에서 발견된 실린더 모양 물병에서 확인되었다.[14] 차코는 11세기의 다른 어느 유적보다 "이국적" 풍취가 강한 곳이었고, 실제로 차코 시기의 유적으로 확인된 다른 곳들도 서로 연결되어 있었다.

차코 캐니언에서 발굴된 유물 가운데 주목할 만한 또 한 가지 물품은 바로 터키옥(turquoise)이었다. 특히 푸에블로 보니토에서 터키옥이 많이 발견되었다. 일부 발굴지에서는 10만 개 이상의 터키옥이 발견되기도 했는데, 대개는 엘리트 계층의 무덤 부장품으로 사용된 조그만 원반 형태로 만들어진 것이었다. 차코 캐니언의 크고 작은 여러 발굴지에서 터키옥 구슬을 만들던 작업장이 확인되었다. 그러나 원석은 차코 캐니언에서 캐낸 것이 아니었다. 차코 캐니언에는 터키옥 광산이 없었다. 거대한 터키옥 광산이 있었던 세리요스(Cerrillos)는 차코에서 남동쪽으로 190킬로미터 떨어진 뉴멕시코 산타페 근처였다. 여기서 생산된 원석이 분명 차코에서 발굴된 터키옥 중에 포함되어 있었다. 이외에도 미국 서부의 여러 광산에서 채굴된 원석이 차코로 유입되었다. 사우스웨스트 지역에서 생산된 터키옥은, 아마도 틀림없이 대부분 차코의 작업장에서 가공된 것으로, 메소아메리카로 수출하는 대표 품목이었다. 테세라(tesserae, 네모형 조각판) 형태로 제작되어 수출되었는데, 메소아메리카에서는 물건에 모자이크 조각을 붙일 때 이것을 사용했다.[15]

---

14 Patricia L. Crown and W. Jeffrey Hurst, "Evidence of Cacao Use in the Prehispanic American Southwest," *National Academy of Sciences* 106 (2009), 2110-13.

이처럼 푸에블로 보니토 단계의 교류 관계는 차코 캐니언의 범위에 국한되지 않았다. 차코 문화권은 차코를 중심으로 반경 150킬로미터 범위까지 퍼져 있었고, 250킬로미터 거리까지 외부 교류의 흔적이 남아 있었다. 메소아메리카는 차코의 원거리 교역 상대였다. 차코는 거대한 "지역 시스템"의 중심지로, 약 8만 제곱킬로미터(3만 제곱마일, 아일랜드 정도의 크기)의 지역을 포괄했다. 문화권의 범위에는 약 150개의 소규모 "지방 거점" 그레이트 하우스가 있었고, 이를 연결하는 도로 네트워크와 신호를 주고받는 커뮤니케이션 시스템이 구축되어 있었다. 이와 같은 지역 시스템에 관해서 수많은 논쟁이 있었다.

소규모 "지방 거점" 그레이트 하우스는 차코 캐니언의 그레이트 하우스와 동일한 기술 및 디자인을 적용했으나, 그 규모는 푸에블로 보니토나 체트로 케틀에 비하면 20분의 1에 불과했다(마치 중심지 큰 건물의 일부를 뚝 잘라다가 지방 거점에 가져다 둔 것 같은 모양새였다). 유닛-푸에블로의 공동체가 있는 곳이면 거의 언제나 그 가운데에 그레이트 하우스가 위치했다. 지방 거점 그레이트 하우스는 차코의 형태를 똑같이 차용했고, 아마도 차코의 사람들도 그곳에 가 있었을 것이다. 혹은 차코의

---

15 John M. D. Pohl, "Chichimecatlalli: Strategies for Cultural and Commercial Exchange between Mexico and the American Southwest, 1100-1521," in Virginia M. Fields and Victor Zamudio-Taylor (eds.), *The Road to Aztlan* (Albuquerque: University of New Mexico Press, 2001), pp. 86-101; Phil G. Weigand and Garman Harbottle, "The Role of Turquoises in the Ancient Mesoamerican Trade Structure," in Jonathon E. Ericson and Timothy G. Baugh (eds.), *The American Southwest and Mesoamerica: Systems of Prehistoric Exchange* (New York: Plenum Press, 1993); and Colin McEwan, Andrew Middleton, Caroline Cartwright, and Rebecca Stacey, *Turquoise Mosaics from Mexico* (Durham, NC: Duke University Press, 2006).

양식을 지방에서 모방하여 비슷한 수준을 갖추고자 노력한 것일 수도 있다. 어느 경우든 그레이트 하우스에 거주한 사람들은 차코의 지원을 받았거나, 혹은 그들이 차코를 지원했을 것이다.

차코는 거대한 문화권의 중심에 놓여 있었다. (동쪽으로 조금 치우쳐 있기는 해도) 지리적으로 중심이었을 뿐만 아니라 정치·경제·의례의 중심지였다. 그들의 정치 단위에는 수만 명의 인구가 포함되어 있었다. 인구는 얼마나 되었을까? 북부 일부 지역의 인구 데이터와 "지방 거점" 공동체의 크기를 고려하면(150개 지방을 곱함), 차코 문화권의 인구는 3~4만 명으로 추산된다. 그들 중에서 그레이트 하우스에 거주한 인구는 모두 합해도 수천 명에 불과했다. 그레이트 하우스 거주자의 절반 정도가 차코에 거주했던 것으로 추정된다.

차코는 하나의 도시였다. 지역 중심지로서 지역 전체를 아우르는 사업을 펼쳤고 지역을 주도했다. 나아가 차코는 권력의 중심지였고 한 국가의 수도였다. 차코는 정치 혹은 의례 행위의 무대였으며, 인상 깊은 경외의 대상이었다. 인구는 약 2700명으로, 당시 메소아메리카의 2~3단계 지방 거점 인구 규모와 비슷했다.[16] 차코는 도시 전반을 아우르는 설계에 입각하여 건설되었다. 이를 처음으로 주목한 사람은 존 프리츠(John Fritz)였다. 그는 그레이트 하우스를 비롯한 도시의 여러 구성 요소

---

16 Stephen H. Lekson (ed.), *Great Pueblo Architecture of Chaco Canyon, New Mexico* (Albuquerque: University of New Mexico Press, 1986), p. 266; Michael E. Smith, "City Size in Late Postclassic Mesoamerica," *Journal of Urban History* 31 (2005): 403-34; and Michael E. Smith, *Aztec City-State Capitals* (Gainsville: University Press of Florida, 2008).

가 중심축과의 관계에서 배치되었다는 사실을 확인했다. 중심축은 남북을 잇는 선으로, 필자는 다른 글에서 이를 "차코 자오선(Chaco Meridian)"이라 이름 붙인 적이 있었다.[17] 이러한 축을 이루는 핵심은 차코 캐니언의 위쪽 높은 절벽 위에 있는 그레이트 하우스, 즉 북쪽의 푸에블로 알토(Pueblo Alto)에서 남쪽의 친 클레친(Tsin Kletzin)으로 이어지는 축이었다. 최근 두 그룹의 연구를 통해 차코의 도시 디자인이 훨씬 더 풍부하게 이해될 수 있었다. 하나는 차코 보호 유적(Chaco Protection Sites) 그룹이고, 또 하나는 천문지리 프로젝트(Solstice Project) 그룹이었다.[18] 이들 두 그룹의 연구 결과 차코에서는 천문에 근거한 지리 관념이 존재했던 것으로 밝혀졌다. 차코의 도시 구조는 그러한 관념에 따라 남북 방향 축선과 태양 혹은 달의 관측 지점에 맞추어 건설되었다. 도시 전체적으로 그레이트 하우스, 마운드, 도로, 관개 수로, 평민 주택 등의 구조를 보면, 뒤에서 자세히 논하겠지만, 같은 시기 메소아메리카 수도의 도시 설계 원칙을 차코 지역의 실정에 맞게 응용한 것이었다.

---

17 John Fritz, "Paleopsychology Today: Ideational Systems and Human Adaptation in Prehistory," in Charles L. Redman, Mary Jane Berman, Edward V. Curtin, William T. Langhorne, Nina M. Versaggi, and Jeffery C. Wanser (eds.), *Social Archaeology: Beyond Subsistence and Dating* (New York: Academic Press, 1978), pp. 37-59.
18 John Stein, Richard Friedman, Taft Blackhorse, and Richard Loose, "Revisiting Downtown Chaco," in Lekson (ed.), *Architecture of Chaco Canyon*, and Anna Sofaer, "The Primary Architecture of the Chacoan Culture: A Cosmological Expression," in Lekson (ed.), *Architecture of Chaco Canyon*, pp. 225-54.

보니토 단계란 무엇인가?

차코 유적에 대한 해석은 최근 한 세기 동안 큰 변화를 거쳐왔다. 처음에는 루이스 모건(Lewis Henry Morgan)의 해석을 따랐다. 고고학자들은 차코 캐니언 안에서 자신이 발굴하는 유적이 독립적인 농촌 마을일 것으로 짐작했다. 그래서 푸에블로 보니토나 체트로 케틀 또한 별도의 도시라 생각했다. 그러나 20세기 중엽에 이르러 차코가 단지 각 부분의 종합을 뛰어넘는, 복잡한 구조의 사회였다는 사실이 명확해졌다. 차코는 복합 구조의 다민족 주거지였다. "차코에서 역사의 흐름은 단순하지 않았다. … 푸에블로 인디언은 역사 시기가 시작되던 시점에 처음 눈에 띈 사람들일 뿐이다."[19] 고대 푸에블로 인디언에 관한 예상(이른바 개념적 "푸에블로 스페이스", 뒤에서 다시 논의한다)을 완전히 벗어나는 선견지명이 있었지만, 그런 견해는 인기가 너무 없었다.

차코의 그레이트 하우스들은 11~12세기의 역사적 맥락에서 너무 특이한 현상이었다. 그래서 1950~1960년대 고고학자들은 보니토 단계를 아나사지 문화의 일환으로 보는 데 의문을 제기하게 되었다. 혹시 보니토 단계가 멕시코 지역 고도 문명의 영향을 받아 나타난 결과는 아니었을까? 일부 고고학자들은 보니토 단계를 메소아메리카 문화의 영향으로 결론 내리기도 했다.[20] 학계의 의견은 극명하게 갈렸다. 나중에 제

---

19 Gordon Vivian and Tom W. Mathews, *Kin Kletso: A Pueblo III Community in Chaco Canyon, New Mexico* (Tucson, AZ: Southwest Parks and Monuments Association, 1965), p. 115.
20 For example, Alden C. Hayes, "A Survey of Chaco Canyon Archaeology," in Alden C. Hayes, David M. Brugge, and W. James Judge (eds.), *Archaeological Surveys of Chaco Canyon, New Mexico, Publications in Archaeology* 18A

임스 저지(James Judge)가 학계의 당시 차코 관련 의견을 회고한 바에 따르면, 당시의 학자들은 "멕시코주의자(Mexicanist)" 아니면 "토착주의자(indigenist)"로 나뉘었다.[21]

1970년대와 1980년대 초 신고고학(New Archaeology)이 유행하면서 확산, 이주, 지역 간 영향보다는 현지의 발달을 중시하게 되었다. 이러한 학계의 분위기 속에서 연구자들은 메소아메리카 위주의 설명을 거부했다. 그 대신 보니토 단계를 "복잡한 문화적 생태 환경(complex cultural ecosystem)"이 진화한 결과로 보는 견해를 선호했다.[22] (역사에서 결과보다 과정을 중시한다는 점에서 과정주의 고고학processual archaeology이라고도 하는) 신고고학에서는 복합적 정치 구조와 지역 내 발전 가능성을 제기했지만, 전체적으로는 여전히 고대 아나사지 문화로부터 현대 푸에블로 인디언 문화에 이르기까지 점진적 문화사 속에서 차코를 이해했다. 여기서 말하는 행정 관료 엘리트 계층, 부족장, 기타 정치 구조는 기존의 푸에블로 모델과 전혀 달랐다. 전통적 푸에블로 모델은 차코 문화를 기본적으로 평등 사회로 해석했다. 의견이 갈렸고, 때로 논쟁이 격렬했다. 가장 뜨거웠던 논점은 애리조나 유적에 대한 해석이었다. 차코는

(Washington, DC: National Park Service, 1981).
21 W. James Judge, "Chaco Canyon-San Juan Basin," in Linda S. Cordell and George J. Gumerman (eds.), *Dynamics of Southwest Prehistory* (Washington, DC: Smithsonian Institution Press, 1989), p. 233.
22 W. James Judge, "The Development of a Complex Cultural Ecosystem in the Chaco Basin, New Mexico," in R. M. Linn (ed.), *Proceedings of the First Conference on Scientific Research in the National Parks*, National Park Service Transactions and Proceedings Series 5 (Washington, DC: Dept. of the Interior, 1979), vol. II, pp. 901–906.

(전부 다 그런 것은 아니지만 대체로) 낮은 단계의 "복합 구조 사회(complex society)"로 이해되었다. 즉 당시의 학계 용어로는 "족장 사회(chiefdom)"에 해당했다.

기존의 사우스웨스트 고고학은 오래도록 과학적 연구 방식 내지 "과정(process)"을 중시해왔다. 그러나 1990~2000년대의 후기과정주의(postprocessual) 고고학은 포스트모더니즘의 취향에 맞게끔 차코를 재해석했다. 유럽에서 신석기 족장 사회를 재해석한 영향을 받아들여 차코에 대한 해석에서도 의례를 강조했고, 정치나 경제보다 의례 행위를 중심에 놓고 보았다. 후기과정주의 고고학에서는 역사와 우연성의 관계를 재정립했다. 역사에서 우연을, 신고고학이 내세웠던 진화 모델 못지않게, 혹은 그보다 더 중요한 요소로 강조했던 것이다. 문화적 연고권(culture affiliation)을 규정한 미국의 법령(원주민 고분 보호 및 반환에 관한 법률, NAGPRA)은 이러한 역사적 관심을 더욱 강화시켰다. 후기과정주의가 말하는 역사성과 법적 상속권에 대한 필요성은 서로 일치하는 면이 있었다. 여기에 동원된 고고학은 1940~1950년대의 문화사와는 다른 방향으로 이끌려 갔다. 즉 문화적 혈연관계를 근거로 푸에블로 인디언을 차코까지 연결시켰고, 다시 차코를 오늘날 현대 부족과 연결시켰다. 이 과정에서 차코는 푸에블로 인디언과 깊은 관계가 있다는 점이 재확인되었으며, 동시에 전반적으로는 특이 현상이라는 해석도 계속되었다.

차코의 재해석은 여전히 오락가락하고 있으며, 다소 곤란한 면도 없지 않다. 오늘날 선도적 학자들의 의견에 따르면 차코는 캐니언(계곡) 안에 있는 농업 마을이었고, 그런 점에서 오늘날의 푸에블로 인디언 사회와 크게 다를 바가 없었다거나, 혹은 순례의 중심지였다거나, 혹은 군사적 패권을 가진 지역의 중심지 수도였다는 등 다양한 의견이 제시되었다.[23] 이와 같은 해석들은 서로 연관성이 별로 없으며, 고고학적으로도 각각의 논점을 별도로 논의할 수 있을 것이다. 그러나 현실은 그렇지 않다. 하나의 해석이 다른 어느 해석보다 더 가능성이 크다는 학계의 공감대나 명확한 학문적 동의가 모아진 적이 없기 때문이다. 학문적 동의가 없는 이상, 고고학적으로 차코를 설명할 수 있는 민속 조사나 역사학 혹은 이론적 도구를 사용하기 어렵다(푸에블로 인디언 민속 조사 또한 지역 범위를 충분히 포괄하지는 못한다). 우리가 반복해서 들어온 이야기는, 차코에서 민속 모델 혹은 역사 모델이 발견되지 않는다는 말이었다. 그래서 차코의 독특한 측면을 연구한 결과물에서는 그것을 "코무니타스(communitas), 즉 구조화되지 않은 공동체"라거나, "의례적 특성"이라거나, "고도의 신앙심을 표현한 장소"라거나, "정체불명의 족장 사회"라거나, "의례와 이국적 정보를 근거로 권위를 확보했던" 이중적 근원의 사제들의 리더십이라거나, "수천 가지 개별적 의사 결정이 시간과 에너지를 할당하는" 지도자 없는 문화라는 식으로 해석했다.[24] 그렇다면 과연

---

23 e.g John A Ware, "Chaco Social Organization: A Peripheral View," in Linda S. Cordell, W. James Judge, and June-el Piper (eds.), *Chaco Society and Polity: Papers from the 1999 Conference* (Albuquerque: New Mexico Archaeological Council, 2001), pp. 79-93; John A. Ware, "Descent Group and Sodality: Alternative Pueblo Social Histories," in Sarah H. Schlanger (ed.), *Traditions, Transitions, and Technologies: Themes in Southwestern Archaeology* (Boulder: University Press of Colorado, 2002), pp. 94-112; J. McKim Malville and Nancy J. Malville, "Pilgrimage and Periodic Festivals as Processes of Social Integration", *Kiva* 66 (2001): 327-44; and David R. Wilcox, "The Evolution of the Chacoan Polity," in J. McKim Malville and Gary Matlock (eds.), *The Chimney Rock Archaeological Symposium: October 20-21, 1990: Durango, Colorado* (Fort Collins, CO: Rocky Mountain Forest and Range Experiment Station, US Dept. of Agriculture, 1993).

해 아래 새것이 있다고 보아야 할 셈이다. 기존 연구에서 차코의 독특함으로 그 무엇을 내세우더라도, 대부분은 차코를 국가 수준보다 한참 아래에 두었다는 점만큼은 변함이 없다. 이는 북아메리카에서는 감히 국가가 출현한 적이 없었다는 전제 아래에 놓여 있는 주장이었다.

결국 차코는 굉장한 미스터리로 남았다. "차코의 신비"는 산타페(Santa Fe, 뉴멕시코주의 주도로 17세기 이후의 스페인 유적이 많다. – 옮긴이)로 대표되는 사우스웨스트 지역의 특성에도 걸맞았다. 그리하여 많은 관광객에게 포스트 밀레니엄 시대의 영적 분위기를 호소했다. 이는 만족스러운 해명이라 할 수 없었다. 지난 한 세기 동안 차코의 자료를 연구하는 데 과도한 지출을 해왔으니, 이제는 그 미스터리가 무엇인지 밝혀야 할 것이다. 그러나 사우스웨스트 고고학에 별로 희망이 있어 보이지는 않는다.

과연 타협의 중간 지점이 존재할 수 있을까? 1970년대처럼 멕시코주의와 토착주의의 이원론으로 완전히 갈라질 것이 아니라면, 보니토

---

24 Norman Yoffee, "The Chaco 'Rituality' Revisited," in Cordell et al. (eds.), *Chaco Society and Polity*; W. H. Wills, "Political Leadership and the Construction of Chaco Great Houses," in Barbara J. Mills (ed.), *Alternative Leadership Strategies in the Prehispanic Southwest* (Tucson: University of Arizona Press, 2000), pp. 19-44; W. H. Wills, "Ritual and Mound Formation during the Bonito Phase in Chaco Canyon," *American Antiquity* 66 (2001): 433-35; Timothy K. Earle, "Economic Support of Chaco Canyon Society," *American Antiquity* 66 (2001): 26-35; Colin Renfrew, "Production and Consumption in a Sacred Economy: The Material Correlates of High Devotional Expression at Chaco Canyon," *American Antiquity* 66 (2001): 14-25; Linda S. Cordell and W. James Judge, "Society and Polity," in Lekson (ed.), *Archaeology of Chaco Canyon*; and Michael E. Smith, "What It Takes to Get Complex," in Michael E. Smith (ed.), *The Comparative Archaeology of Complex Societies* (Cambridge University Press, 2012), p. 55.

단계를 이해하기 위해서는 의례와 정치가 모두 중요하다고 보아야 할 것이다. 어느 한쪽만을 근거로 다른 한쪽을 완전히 배제해야 한다고 주장하는 연구자는 거의 없다. 문제는 정도의 차이에 불과한 것이다. 차코의 자료를 동시에 의례와 정치 양쪽 관점에서 보는 것이 오히려 정당하고 또한 적절할 것이다. 자료 자체는 양쪽 자료가 다 있기 때문이다. 그러나 차코에서는 언제나 의례가 정치보다 더 중요한 문제였다. 의례를 강조하는 것이 "진부한 민속 조사"로 간주될 수도 있다. 푸에블로 인디언의 전통을 설명할 때 인류학의 영향은 (루이스 모건의 지도에 따라) 여전히 강한 편이다. 더욱이 푸에블로 인디언과 문화유산의 관계는 이를 더욱 강조하고 있다. 푸에블로 인디언 사회는 오늘날에도 의례를 거행하고 있다. 따라서 차코 또한 그 구조와 운영에서 기본적으로 의례가 중심이었으리라고 해석하는 것이다.

푸에블로는 강력한 매력이 있다. 성급하고 과학적인 체하며 반역사적이었던 신고고학이 유행할 때도 고고학은 언제나 인류학이었고, 그게 아니면 아무 의미도 없었다. 인류학적 색채의 신고고학은 오늘날의 푸에블로 친족 시스템을 (즉 민속 조사 자료를) 14세기 모골론(Mogollon) 유적에 투영했다(Broken K and Carter Ranch). 루이스 모건 이래로(그의 학문적 우회를 전후하여) 고대의 사우스웨스트를 생각할 때는, 적어도 북부 절반 지역에 대해서는 기본적으로 푸에블로 인디언 사회를 참고해야 했다. 심지어 차코의 경우 (궁전 같은 대규모 건축물과 도심지가 존재했음에도 불구하고) 그 의미를 축소하여 오늘날 푸에블로 인디언의 사회 관습(학문적으로 푸에블로 스페이스Pueblo Space)에 부합하도록 해석을 펴나갔다. 순례의 중심지 혹은 의례의 장소 혹은 고도의 신앙심을 표현하는 장소 혹은 정체불명의 족장 사회 등의 해석들은 모두 고대 차코에 어긋나지 않는다. 다만 오늘날 푸에블로 인디언 사회는 이러한 해석 중 어느 것과도 맞지 않을 뿐이다.

차코는 푸에블로 스페이스(Pueblo Space)에 잘 들어맞지 않았다. 가장 큰 문제는 시기의 불일치였다. 오늘날 민속 조사 자료를 과거에 투영하는 것은 시간을 거꾸로 돌리는 일이다. 사실은 그렇지 않으며, 과거는 현재와 다르다. 기원후 1300년(분기점)을 전후로 물질문화와 사회 관습의 극적인 변화가 있었고, 여기서 극명한 차이가 나타났다. 당시의 변화는 가볍지 않았다. 오늘날 푸에블로 인디언 민속 조사로는 고대 사회를 충분히 해명할 수 없다. 고대 사회를 해명하는 데 어쩌면 그런 조사는 필요 없을지도 모른다. 주제에 따라서는 민속 조사가 도움이 되기보다 방해가 되기도 한다. 잘못된 참조의 준거가 되는 수도 있기 때문이다.

위에서 언급했듯 푸에블로 인디언 사회는 기원후 1300년 이후 차코에 대한 반작용 내지 거부의 과정을 통해 발달했다. 어떤 면에서 오늘날 푸에블로 인디언 사회는 차코의 마지막 단계를 이해하는 데 도움이 될 수도 있겠다. 우리가 필요로 하는 자료는 독립적인, 푸에블로 인디언 사회가 아닌, 제3의 "삼각 측량 기준점"이다. 그래야 차코의 과거를 규정하고 이해할 수 있기 때문이다. 19세기의 민속학과 20세기의 신화적 허구가 만들어낸 푸에블로 스페이스 대신에, 11세기 당시 북아메리카의 다른 곳에서는 무슨 일이 일어났는지를 파악해야 할 것이다. 그래야 고대 사우스웨스트 지역의 실질적 맥락을 파악할 수 있을 것이다. 차코는 같은 시대 상황 속에서 그 맥락을 파악해야 한다. 특히 9~13세기 메소아메리카의 맥락이 중요하다(후고전기Postclassic period의 초기 및 중기에 해

당).²⁵

　민속학과 지리학의 개념적 이론을 포함하는 이른바 "푸에블로 스페이스"에는 차코를 이해할 수 있는 민속학 모델 내지 역사학 모델이 존재하지 않는다. 푸에블로 스페이스의 해석 틀을 넘어서 메소아메리카로 넘어가야 차코에 거의 완벽하게 들어맞는 모델을 발견할 수 있다. 그리고 그를 통해서만 차코의 비밀을 "풀어낼" 수 있을 것이다. 메소아메리카 모델은 다른 어떤 모델보다 효과적으로 고대 차코 사회에 정확히 들어맞는다. 차코는 하나의 알테페틀(altepetl)이었다.

　후고전기 메소아메리카 어디에서나 존재했던 소규모 지방 정치 단위를 나와어(Nahua)로 알테페틀(복수는 알테페메altepeme)이라 했다. 이러한 정치 조직은 나와어 사용 지역이 아닌 곳에서도 일반적으로 나타났다. 알테페틀은 아마도 고전기부터 등장한 것 같은데, 그 이전부터 존재했을 수도 있다. 정치 구조로서의 알테페틀은 메소아메리카에 널리 퍼져 있었고, 차코와 비교하자면 그 기원이 시기적으로 앞서지만 같은 시대에도 존재했다. 분명 차코에도 알테페틀이 알려졌을 것이며, 사우스웨스트 지역의 다른 사회에도 마찬가지였을 것이다.

　알테페틀은 무슨 거대한 제국이 결코 아니었다. 그런 점에서 아즈텍이나 타라스칸(Tarascan)과는 달랐다. 이들 제국은 수백 개의 알테페메를 포괄했다.²⁶ 대부분의 알테페틀은 규모가 작았다. 인구는 평균 1만

25　Michael E. Smith and Francis F. Berdan (eds.), *The Postclassic Mesoamerican World* (Salt Lake City: University of Utah Press, 2003).
26　주요 참고문헌은 다음과 같다. María Elena Bernal García, and Angel Julían García Zambrano, "El Altepetl Colonial y sus Antecendentes Prehispanicos: Contexto

2000명 정도였고, 적은 경우는 2000명, 많은 경우는 4만 명까지도 있었다. 차코도 이와 비슷한 규모였다. 알테페틀이 차지하는 영토 또한 소규모였는데, 보통 약 7.5제곱킬로미터 정도였다. 차코는 이보다 1000배는 더 컸다. (이 문제는 뒤에서 다시 논의한다.)

알테페틀은 여러(예컨대 8개) 귀족 가문의 연합으로 구성된다. 각각의 가문은 평민과 결합되어 있고, 농지를 보유하고 있다. 이는 일종의 공물을 바치는 체제로서, 평민은 귀족에게, 낮은 귀족은 높은 귀족에게 물품이나 노동력을 빌리고 그 대가를 지불한다. 이러한 체제는 강제적이지 않다. 공물의 내용은 옥수수 몇 자루, 몇 주 동안의 노동력, 이따금 군

Teórico-Historiográfico," in Fernández Christlieb Federico and Angel Julían García Zambrano (eds.), *Territorialidad y Paisaje en el Atlepetl del Siglo XVI* (México D.F.: Fondo de Cultura Económica and Instituto de Geografía de la Universidad Nacional Autónoma de México, 2006), pp. 31-133; Gerardo Gutiérrez, "Territorial Structure and Urbanism in Mesoamérica: The Huaxtec and Mixtec-Tlpanec-Nahua Cases," in William T. Sanders, Alba Guadalupe Mastache, and Robert H. Cobean (eds.), *Urbanism in Mesoamerica* (University Park: Pennsylvania State University 2003), vol. I, pp. 85-115; Kenneth G. Hirth, "The Altelpetl and Urban Structure in Prehispanic Mesoamerica," in Sanderset al. (eds.), *Urbanism in Mesoamerica,* pp. 57-84; Kenneth G. Hirth, "Incidental Urbanism: The Structure of the Prehispanic City in Central Mexico," in Joyce Marcus and Jeremy A. Sabloff (eds.), *The Ancient City* (Santa Fe, NM: School of Advanced Research Press, 2008), pp. 273-97; Mary G. Hodge, "When Is a City- State? Archaeological Measure of Aztec City-States and Aztec City-State Systems," in Deborah L. Nichols and Thomas H. Charlton (eds.), *The Archaeology of City-States: Cross Cultural Approaches* (Washington, DC: Smithsonian Institution Press, 1997), pp. 209-27; James Lockhart, *The Nahuas after the Conquest: A Social and Cultural History of the Indians of Central Mexico, Sixteenth through Eighteenth Centuries* (Stanford, CA: Stanford University Press, 1992); Michael E. Smith, "Aztec City States," in Mogens Herman Hansen (ed.), *A Comparative Study of Thirty City-State Cultures* (Copenhagen: The Royal Danish Academy of Sciences and Letters, 2000), pp. 581-95; and Smith, *Aztec City-State Capitals*.

대 소집 등이다. 귀족 가문은 자신에게 소속된 평민만 통제할 뿐이다. 평민은 알테페틀에서 할당한 공간적 범위 안에서만 활동해야 한다. 알테페틀의 통치는 주도적 귀족 가문들이 돌아가면서 맡는다. 왕이 있었고, 높은 지위의 귀족 가문들 중에서도 가장 우선적인 가문이 왕으로 선출되었다. 그러나 관리는 그 권한이 그리 강하지 않았고, 왕의 가문 출신자들도 아니었다. 문헌 자료가 기록될 당시 이상적인 알테페틀의 구조는 점성술과 우주론에 의해 규정되었다. 이론적으로 8개의 귀족 가문이 하나의 알테페틀을 구성하는 것이 이상적이었으나, 현실에서는 경우에 따라 달랐다. 점성술 기록이 기존에 전해 내려오던 전통적 현실을 기록한 것이라면, 8이라는 숫자는 주요 귀족 가문 수의 "중간 값"을 고려한 것일 수도 있다. 보니토 단계의 전성기는 기원후 1075년경이었다. 당시 차코에는 7개의 주요 그레이트 하우스가 있었고, 이보다 작은 규모의 그레이트 하우스도 많았다.

귀족 가문의 확연한 차별 요소는 (생활 면에서나 고고학 자료에서나) 궁전이었다. 그곳이 귀족의 저택이자 엘리트 계층의 주거지였다. 그레이트 하우스가 바로 궁전이었다.[27] 그레이트 하우스(궁전)는 평민의 농가가 산재하는 중간에 위치하는 경우도 있었지만, 주요 귀족 가문의 궁전은 도심지에 밀집해 있었는데, 그곳은 대개 알테페틀의 역사상 중요한 장소였다. (귀족 가문은 시골에 다른 궁전을 추가로 소유했을 수도 있다.) 이

---

27 Stephen H. Lekson, "Lords of the Great House: Pueblo Bonito as a Palace," in Jessica Joyce Christie and Patricia Joan Sarro (eds.), *Palaces and Power in the Americas, from Peru to the Northwest Coast* (Austin: University of Texas Press, 2006), pp. 99–114.

와 같은 "중심 구역"을 도심지로 이해할 수 있다. 일부 고고학자들은 이곳을 도시국가라 칭한다. 그러나 이를 거부하고 중심 구역을 다만 도시로 보는 입장도 있다. 중심 구역은 (대개 여러 귀족의 저택 또는 궁전이 비좁게 자리 잡고 있어서) 분명 도시적 측면을 내포했으나, 일반적으로 그 규모는 그리 크지 않았다. 중심 구역 인구의 중간 값은 약 4750명이었다(적으면 600명부터 많으면 2만 3000명까지 있었다). 예컨대 아즈텍 알테페메의 3분의 1은 도심 구역의 인구가 3000명 미만이었다. 차코의 규모는 약 3000명이었다. 지위가 낮은 귀족이나 관리는 중심 구역에서 규모가 작은 궁전에 거주하기도 했고, 알테페틀 영역 안 여러 곳에 흩어져 있기도 했다.

차코 캐니언에서 주요 그레이트 하우스(엘리트 계층의 주택 혹은 귀족의 궁전)가 몰려 있는 구역은 알테페메의 중심 구역과 놀라울 정도로 비슷했다. 차코의 주요 그레이트 하우스 일곱 개는 일반적인 알테페틀의 주요 귀족 가문 수 및 궁전의 수와 비슷했다. 주요 귀족 가문에서 분가한 경우나 지위가 낮은 귀족, 성직자 등의 거주지도 중심 구역에 있었는데, 이 또한 차코의 소규모 그레이트 하우스와 비슷했다. 차코에서 도심지의 의미는 여전히 모호하고 논란의 여지가 있지만, 아즈텍 중심 구역에 대해서도 이와 비슷한 논쟁이 있었다.

알테페메에서와 마찬가지로 차코에서도 중심 구역 내지 도시가 존재했던 것 같다. 왜냐하면 차코 캐니언 지역은 역사적으로 중요한 의미를 지녔기 때문이다. 최초의 그레이트 하우스가 건설되기 수 세기 이전, 차코 캐니언에서는 바스켓메이커(Basketmaker) III단계 시기에 획기적 발전이 있었다. 이는 알테페틀의 건국 신화와 관련된 장소, 혹은 의미 깊은 장소에 중심 구역이 건설되었던 것과 비슷했다.

차코 지역은 방사형 구조로 구분되어 있는데, 이는 중심지로부터 방사형 구조로 뻗어 있는 수많은 작은 도로들로 구분되며, 그 도로들은 "지방 거점" 그레이트 하우스로 연결된다. 이는 알테페틀이 하위 구역을 (이상적으로는) 방사형으로 나누었던 것과 일치한다. 각각의 귀족 가문은 파이의 한 조각처럼 나뉜 지역을 관리했다. 알테페틀과 마찬가지로 평민의 주거지는 중심 구역 안과 밖에 고루 건설되었다. 두 번째 등급의 "지방 거점" 그레이트 하우스에서는 시골의 업무를 처리했다. 알테페틀과 마찬가지로 중심 구역과 시골을 나누는 실용적 구분이 존재했다. 차코는 자족적 도시가 아니었고, 주변 지역의 자원에 의존했다. 또한 반대로 주변 지역은 차코 캐니언의 중심지에 초점이 맞추어져 있었다. 중심 구역과 주변 지역을 합쳐서 하나의 정치 단위가 만들어졌는데, 이 점에 있어서도 차코와 알테페틀이 다르지 않다.

물론 차이점도 있었다. 차코는 메소아메리카 양식을 지역 특유의 건축 관습, 이데올로기, 우주론으로 재해석했다. 대부분의 알테페틀에서는 중심 구역에 피라미드와 사원을 설치했다. 푸에블로 보니토의 정면에 있는 플랫폼은 차코의 "피라미드" 비슷한 시설을 의미하는 것일 수도 있다. 존 스타인(John Stein) 연구팀은 차코에 실제로 피라미드가 있다고 주장했지만, 심사위원들은 이를 부정했다.[28] (전부 다는 아니지만) 많은 알테페메에 시장이 존재했다. 아마 차코에도 시장이 있었을 것이다. 분

---

28 John Stein, Richard Friedman, Taft Blackhorse, and Richard Loose, "Revisiting Downtown Chaco," in Stephen H. Lekson (ed.), *The Architecture of Chaco Canyon* (Salt Lake City: University of Utah Press, 2007), pp. 199-223.

명 차코 지역에서는 원거리 교역을 통해 방대한 양의 상품이 굉장히 먼 거리를 이동했다. 목재와 토기, 그리고 아마 옥수수도 교역 상품이었을 것이다. 아즈텍 알테페메의 중심 구역에서 시장이 설치되지 않은 곳이 절반가량이었다는 사실에 주목할 필요가 있다. 시장은 중심 구역의 필수 시설이 아니었다.

차코에는 물론 알테페메에서 보이지 않는 양상과 건물 양식이 존재했다. 차코의 궁전은 메소아메리카의 궁전과 그 모습이 달랐다. 즉 차코의 궁전이 훨씬 더 거대했다! 그레이트 키바는 사우스웨스트 지역에서만 확인된다. (그레이트 키바는 때때로 알테페틀 중심 구역에서 발견되는 "학교"와 비슷한 구실을 했을 수도 있다.) 앞에서 언급한 바와 같이 주택 건축 양식에서 엄청난 차이가 있었다. 메소아메리카 북부와 서부의 주택들은 대개 좁은 마당을 둘러싸고 3~4개의 독립 건물로 구성되어 있다. 차코의 주민들은 잘 지은 움집에서 생활했다(이 움집을 키바라고 잘못 지칭하는 경우가 자주 있는데, 오늘날 푸에블로 인디언의 주택에 기도실이 있는 것을 보고 오해한 것이다). 움집 뒤쪽으로는 지상에 방을 갖춘 건물이 배치되었다.

차코와 메소아메리카 사회의 물질문화, 사회 시스템, 그리고 (아마도) 이데올로기("사회 제도, 관습, 생활 양식")를 비교하면 물론 차이가 있다. 그러나 알테페틀과 차코의 정치 구조는 놀라울 정도로 비슷하다. 사회 제도와 관습 및 생활 양식에는 지역의 특성에서 비롯되는 측면들이 포함되어 있다. 그 지역의 관습과 전통이 스며드는 것이다. 그러나 정치 구조는 차코의 엘리트 계층에 의해 톱다운 방식으로 강제될 수 있다. 혹은 차코의 정치 구조가 알테페틀의 전통과 같은 경로로 발달했을 수도 있다. 혹은 예컨대 주랑, 활과 화살, 기타 중요한 문화적 요소로 보건대, 그와 같은 기본적 정치 구조가 메소아메리카 지역보다 먼저 메소아메리카 북부 또는 북아메리카 지역에서 발달했을 수도 있다.

차코와 알테페틀 정치 구조의 가장 큰 차이는 규모에 있었다. 알테페틀 인구 규모를 가장 큰 경우에서 가장 작은 경우까지 늘어놓고 보면, 차코의 인구 규모도 그 범위에 들어가는 것은 맞다. 그러나 포괄하는 지역 범위는 차코(8만 제곱킬로미터)가 알테페틀 평균(75제곱킬로미터)보다 1000배는 더 컸다. 이와 같은 놀라운 차이는 차코와 메소아메리카의 기본적인 생산력 차이에서 비롯되었을 것이다. 메소아메리카의 알테페메는 옥수수 생장에 유리한 환경이었다. 높은 생산성 덕분에 비교적 좁은 지역의 높은 인구 밀도를 지탱할 수 있었다. 이와 반대로 차코 지역은 황무지에 가까웠다. 농사가 가능한 땅은 극히 드물었고, 생산성도 매우 낮았으며, 농지들 사이의 거리도 멀리 떨어져 있었다. 전반적인 인구 밀도는 굉장히 낮을 수밖에 없었다. 정착지들 사이에는 거대한 사막이 자리 잡고 있었다. 차코는 아마도 알테페틀의 정치 구조를 받아들이되, 전혀 다른 지역의 한계를 반영하여 융통성 있게 변용했을 것이다. 차코는 지나치게 큰 공간의 문제를 다른 기술과 이데올로기로 극복하고자 했을 것이다. 즉 도로 시스템과 시각 신호 전달 체계가 광대한 지역을, 적어도 1~2세기 동안은 하나로 묶어주었다.

결국에는 차코도 무너졌다. 차코의 신규 건축은 1125년경부터 중단되었다. 그로부터 40여 년 전, 차코의 북쪽 60킬로미터 거리에 위치한 아즈텍에 새로운 수도가 건설되기 시작했으나, 결국 성공하지 못했다. 짧은 기간 동안 유지된 아즈텍의 유적은 1130~1180년 가뭄 때문에 심각한 손상을 입었다. 그러다가 1275/1300년에 이르러 전쟁과 기근으로 도시가 붕괴했고, 주민은 대거 이탈했다.[29] 아마도 알테페틀의 정치 구조는 차코의 불리한 자연환경 및 거대한 지역 범위에 잘 들어맞지 않았을 것이다. 혹은 차코의 알테페틀이 자립적 생존에 실패했을 수도 있다. 메소아메리카 중부 지역에는 알테페메와 같은 정치 구조(도시국가)가 굉장히 많았다. 알테페메는 경쟁을 통하여 서로 번성했다. 알테페틀 고유의 맥락은 바로 그것이었다. 그와 같은 사회 및 정치적 환경에서 알테페틀은 발달하고 또한 확고히 자리를 잡았다. 알페테틀의 정치 구조를 모방할 수도 있고, 다른 지역에 이식할 수도 있으며, 사우스웨스트에서 같은 경로를 거쳐 발전할 수도 있었다. 그러나 알테페틀을 둘러싼 맥락, 즉 고도의 농업 생산성과 수많은 경쟁 알테페틀의 공존을 그대로 옮길 수는 없었다.

차코도 하나의 알테페틀이었거나, 혹은 그 비슷한 무엇이었다. 그렇게 말하면 너무 터무니없는 주장처럼 들릴지도 모른다. 차코를 사우스웨스트 지역 원주민에 국한시켜서 보는 것은 더 큰 세계의 맥락에서 차코를 떼어내는 것과 같다. 만약 이른바 "푸에블로 스페이스"를 벗어나서 생각해보면 차코가 하나의 알테페틀이었다는 사실이 전혀 놀랍지 않다. 더욱이 다른 해석에 비해 알테페틀의 구조로 설명하면 차코에서 많

---

29 Stephen H. Lekson, *The Chaco Meridian* (Walnut Creek, CA: Altamira Press, 1999); Gary M. Brown, Thomas C. Windes, and Peter J. McKenna, "Animas Anamnesis: Aztec Ruins or Anasazi Capital?" in Paul F. Reed (ed.), *Chaco's Northern Prodigies: Salmon, Aztec, and the Ascendancy of the Middle San Juan Region after A.D. 1100* (Salt Lake City: University of Utah Press, 2008), pp. 231-50.

은 점이 해명될 수 있다. 알테페틀은 연대의 사회도 아니고, 치유의 사회도 아니며, 조상신 숭배 문화도 아니다. 이런 해석은 푸에블로 인디언 민속 조사 결과를 먼 과거에 갖다 붙인 것에 불과하다. 더욱이 우리가 새로 만든 이론도 아니다. (의례, 순례의 중심지 등) 무언가 이론을 만들어서 푸에블로 인디언과 상관없는 고대의 정치 현실을 억지로 이해하고자 할 필요도 없다. 또한 알테페틀은 인류학 이론(족장 사회라거나 협력적 위계 질서 등)도 아니며, 서로 멀리 떨어진 시공간의 사례를 인류학적으로 연구한 케이스 스터디(예를 들면 사하라 이남의 족장이 없는 족장 사회)도 아니다. 알테페틀은 차코의 시대와 공간(즉 북아메리카) 어디에서나 실재한 현실적 구조였다. 차코와 알테페틀 사이에는 역사적으로 직접적 연관 관계가 있었다. 이는 양방향으로 오고 갔던 수많은 유물을 통해 확인이 가능하다. 알테페틀의 구조가 사우스웨스트 지역 북부에 소개되었다는 사실은 의심의 여지가 없다. 사우스웨스트 지역 엘리트 계층은 알테페틀에 관해 잘 알고 있었을 것이다. 그게 그들의 직업이었다. 차코에서 하나의 (제2차) 국가를 만들거나 혹은 그 단계로 진화하고자 했다면, 당시 선택할 수 있는 모델은 알테페틀 말고 없었다. 너무 크지도 않고 너무 작지도 않은, 딱 맞는 모델이었다. 알테페틀 구조는 차코에게 안성맞춤이었다.

미국 사우스웨스트 지역과 멕시코 다시 보기

차코는 세계사적 맥락에서 볼 때만 이해가 가능하다. 차코는 메소아메리카 문화권의 변방이었음에도 불구하고 중심지와 중요하게 연결되었으며, 메소아메리카 문명사를 반영했다. 메소아메리카와 미국의 사우스웨스트 지역을 나누어 보는 것은, 특히 차코를 이해하는 데 별로 이로울 것이 없다. 차코의 귀족은 스스로를 메소아메리카인으로, 특히 메소아메리카의 귀족으로 인식하고 있었을 것이다.

파키메(Paquimé)의 통치자도 물론 그와 같은 생각을 가지고 있었다. 파키메는 당시 사우스웨스트 지역 최대 도시로, 14세기 무렵 멕시코 치와와주의 북쪽 변경에 건설되었다.[30] 파키메에서는 메소아메리카 물품과 동물의 흔적이 놀라울 정도로 많이 발견되었다. 최고 기량으로 제작된 순동(純銅) 유물이 650점, 금강앵무새 300마리(상당수는 현지에서 사육), 반데라스만(Bay of Banderas)에서 나는 조개껍데기 1.5톤 등이었다. "I"자형 축구장이 최소 세 개, 소규모 "피라미드" 혹은 플랫폼 몇 개, 도시의 중심 구역을 둘러싼 주랑 등도 발견되었다. 중심 구역의 모습은 메소아메리카가 아니라 사우스웨스트 지역의 전통을 따른 것이었다. 파키메는 차코와 비교할 만한 지방 중심 도시였다. 필자는 다른 글에서 파키메의 귀족 가문이 차코의 후손일 가능성이 있다고 주장한 바 있다.[31] 도시 자체는 1300년부터 1450년경까지 건설되었다(그곳의 사회 집단이 확립된 시기는 그 이전인 1250년경이었다). 파키메에서 북쪽으로 한참 더 올라가서 오늘날 푸에블로 인디언 거주 지역 근처에서는 당시 새로운 생활양식이 정착했다. 여러 농경 마을이 공동체 간 교류와 의례를 함께하면

---

30 Charles C. Di Peso, *Casas Grandes: A Fallen Trading Center of the Gran Chichimeca* (Dragoon, AZ: Amerind Foundation, 1974), vols. I-III ; contra Michael E. Whalen and Paul E. Minnis, "The Local and the Distant in the Origin of Casas Grandes, Chihuahua, Mexico," *American Antiquity* 68 (2003): 314-32.
31 Lekson, *Chaco Meridian*.

서 마침내 오늘날 푸에블로 인디언 사회와 같은 독특한 구조가 형성되었다. 그러나 파키메의 경우 메소아메리카에서 파생된 이후 메소아메리카와 발맞추어 함께 진화를 거듭해온 과거의 정치적 구조가 유지되었다.

벤 넬슨(Ben Nelson)은 설득력 있는 가설을 제시했다. 550년경 테오티우아칸이 멸망한 뒤 귀족 가문이 도망쳤고, 그 여파로 새로운 정치 구조가 만들어졌다는 것이다. 귀족은 평민을 모아 그들을 지휘하는 것을 업으로 삼았기 때문이다.[32] 이처럼 새로운 정치 구조가 북쪽에서 퍼져 나가다가 마침내 사우스웨스트 지역까지 전파되었으며, 차코(그리고 아즈텍 유적)에서 먼저 성립했고, 나중에 파키메까지 이르렀다는 주장이다. 차코와 파키메는 다 같이 제2국가의 수도였으며, 지역 자체적으로 발달한 정치 조직이었지만, 정치 구조는 남쪽의 모델에서 영향을 받았다. 이처럼 북아메리카 원주민 사회는 결코 단순하지 않았다.

교류는 양방향으로 이루어졌다. 기원후 1300년 이후 고대 사우스웨스트 지역 사람들은 "발로 하는 투표(vote with feet)"(이주가 곧 의사 표시의 반영이었음을 의미하는 역사학의 관용적 표현 - 옮긴이)를 한 셈이다. 귀족 가문은 남쪽으로 메소아메리카를 향해 이동했다. 평민은 이동하지 않는 쪽을 선택했고, 남겨진 이들의 후손이 오늘날 푸에블로 인디언이 되었다. 사우스웨스트 지역 정치 세력의 중심지도 남쪽으로 이동했다. 그것이 아마도 치치메카인(Chichimeca)의 남쪽 이주와 관련이 있었을 것

---

32 Ben A. Nelson, "Aggregation, Warfare, and the Spread of the Mesoamerican Tradition," in Michelle Hegmon (ed.), *The Archaeology of Regional Interaction: Religion, Warfare, and Exchange across the American Southwest and Beyond* (Boulder: University Press of Colorado, 2000), pp. 317-37.

이다. 그 결과 역사는 후고전기로 넘어갔고, 그 흐름이 이어져 아즈텍 제국의 부상까지 나아가게 되었다.

기존의 여러 도로망을 통해 사우스웨스트 지역과 메소아메리카 중부 및 서부 지역의 교류는 계속해서 이어졌다. 동쪽에서 옛날부터 사용된 도로는 나중에 "카미노 레알 데 티에라 아덴트로(Camino Real de Tierra Adentro)"라는 이름을 얻었는데, 멕시코시티와 뉴멕시코 북부 지역을 연결하는 도로였다(스페인 지배 시기 멕시코시티와 연결된 4개의 주요 "왕령 도로" 가운데 하나로, 유네스코 세계문화유산으로 지정되었다. – 옮긴이). 서쪽으로는 태평양 해안 평야를 따라 교통이 빈번했던 원주민의 길이 있었는데, 멕시코 시날로아(Sinaloa)주의 아스타틀란(Aztatlan) 지역 도시에서 출발하여 푸에블로까지 연결되었다.[33] 험준한 시에라마드레(Sierra Madre)산맥을 넘어 차코 자오선은 남-북 도로를 따라 뻗어 나갔고, 아마도 도로변에 있는 다른 여러 도시의 성공에도 영향을 미쳤을 것이다. 11~12세기 차코는 13세기 아즈텍 유적의 임시 수도를 거쳐 14세기에는 파키메, 16~17세기에는 쿨리아칸으로 넘어갔다. 쿨리아칸은 아스타틀란 지역 북쪽 끄트머리에 위치한, 당시 최대 규모의 도시였다. 바닷길도 있었다. 사우스웨스트 지역 최대의 수출품이었던 터키옥

---

33 J. Charles Kelley, "The Aztatlan Mercantile System: Mobile Traders and the Northwestward Expansion of Mesoamerican Civilization," in Michael S. Foster and Shirley Gorenstein (eds.), *Greater Mesoamerica: The Archaeology of West and Northwest Mexico* (Salt Lake City: University of Utah Press, 2000), pp. 137-54; Carl Sauer and Donald Brand, *Aztatlán: Prehistoric Mexican Frontier on the Pacific Coast* (Berkeley: University of California Press, 1932); and Carl Sauer, *Road to Cibola* (Berkeley: University of California Press, 1932).

은 해안을 따라 운송되어 오악사카에 있는 후고전기 최대 도시 투투테펙(Tututepec)으로 전해졌다. 후고전기 북아메리카 문화가 몰락한 이후, 식민지 시대 탐험가들은 이 길에 상당한 위험이 도사리고 있다는 사실을 알게 되었다. 차코 전성기에는 이 길이 상업과 문화와 역사의 길이었다. 역사는 대륙적 규모로 전개되었다. 칼 사우어(Carl Sauer)는 45년 전에 이 점을 분명하게 지적했다.

유럽인의 아메리카 탐험은 어디를 가든 원주민의 정보와 안내에 따라 이루어졌다. … 탐험 루트는 인디언이 의사소통을 하던 길이었다. 스페인 사람들이 미국 사우스웨스트 지역으로 들어간 길이 대표적 사례였다. 누뇨 데 구스만(Nuño de Guzmán)이 1525년 멕시코만의 파누코(Pánuco)에 도착하여 인디언 상인을 만났다. 1000여 마일이나 멀리 떨어진 사우스웨스트 지역의 푸에블로 인디언과 교역하던 상인이었다. 누뇨 데 구스만은 멕시코, 즉 멕시코 계곡과 같은 다른 지방이 있다는 이야기를 들었다. 그래서 뉴멕시코라는 이름이 비롯되었다. 아마도 당시 사람들은 뉴멕시코를 도시와 부가 넘치는 땅으로 짐작했을 것이다. 이야기를 처음 들었을 때 누뇨 데 구스만은 그 말을 믿지 않았다. 그러나 나중에 서쪽으로 500마일이나 더 가서 태평양 연안의 시날로아 지방을 방문했을 때부터 그는 북쪽의 다른 땅을 찾아보기로 마음먹었다. 그곳까지 가려면 아직 한참 멀었고, 전혀 다른 길을 거쳐야 했다. 그는 인디언 가이드의 안내를 받아 가장 가까운 지름길을 따라 출발했다. 결국 그는 뉴멕시코에 도달하지 못했지만, 길이 불분명했기 때문이 아니다. 동부 지역 원주민이 동부 해안 루트를 잘 알고 있었듯이, 서부 지역 원주민은 그 길을 잘 알고 있었을 것이다. 인디언의 교역 루트는 제대로 연구된 바 없지만, 고차원적 문화가 아니더라도 그들의 지리적 지평이 드넓었다는 사실을 알려준다.[34]

그렇다. "고차원적 문화"만의 문제가 아니라 북아메리카 전역이 마찬가지였다. 사우스웨스트 지역에 메소아메리카와 대륙의 영향이 미친 시기는 차코보다 훨씬 이전까지 거슬러 올라간다. 사우스웨스트 지역 최초의 기념비적 건축물(세로 후앙케냐Cerro Juanqueña 같은 언덕에 건축된 거대한 테라스)은 메소아메리카의 올멕 문명이나 미시시피강 유역 포버티포인트(Poverty Point)의 이른 시기 유적과 시기가 근접해 있다.[35] 호호캄 문화의 등장은 테오티우아칸의 멸망 및 미시시피강 상류 호프웰 문화의 특이한 번성과 긴밀히 연관되어 있었다. 차코와 같은 시기 거대 도시의 사례를 두 개 더 들 수 있는데, 멕시코 중부의 툴라(Tula)와 미시시피강 중류의 카호키아(Cahokia)였다. 이것이 우연이었을 가능성은 일단 배제하고 보자면, 차코와 파키메는 대륙적 범위에서 나타난 현상이었다. 그러므로 북아메리카 선사 시대는 대륙적 범위에서 살펴보아야 한다. 그것이 바로 새로운 세계사(New World history)다.

---

34 Carl Sauer, "On the Background of Geography in the United States," originally in, "Festschrift fur Gottfired Pfeifer," *Heidelberger Goeg. Arteiten* 15 (1967): 59-71, repr. in Bob Callahan (ed.), *Selected Essays 1963-1975* (Berkeley, CA: Netzahaulcoyotl Historical Society, Turtle Island Press, 1988), p. 243.
35 Robert J. Hard and John R. Roney, "Late Archaic Period Hilltop Settlements in Northwestern Chihuahua, Mexico," in Barbara J. Mills (ed.), *Identity, Feasting, and the Archaeology of theGreater Southwest* (Boulder: University Press of Colorado 2004), pp. 276-94.

더 읽어보기

Cameron, Catherine M. (ed.), *Chaco and after in the Northern San Juan: Excavations at the Bluff Great House*, Tucson: University of Arizona Press, 2008.

_____ (ed.), "Organization of Production at Chaco Canyon" (special issue), *American Antiquity* 66/1 (2001): 5-140.

Cordell, Linda S., W. James Judge, and June-el Piper (eds.), *Chaco Society and Polity: Papers from the 1999 Conference*, Albuquerque: New Mexico Archaeological Council, 2001.

Doyel, David E. (ed.), *Anasazi Regional Organization and the Chaco System*, Anthropological Papers 5, Albuquerque: Maxwell Museum of Anthropology, University of New Mexico, 1992.

Frazier, Kendrick, *People of Chaco: A Canyon and Its Culture*, New York: W. W. Norton & Company, 2005.

Hayes, Alden C., David M. Brugge, and W. James Judge (eds.), *Archaeological Surveys of Chaco Canyon, New Mexico*, Publications in Archaeology 18A, Washington, DC: National Park Service, 1981.

Judd, Neil M., *The Architecture of Pueblo Bonito*, Smithsonian Miscellaneous Collections 147, Washington, DC: Smithsonian Institution, 1964.

_____, *The Material Culture of Pueblo Bonito*, Smithsonian Miscellaneous Collections 124, Washington, DC: Smithsonian Institution, 1954.

_____, *Pueblo del Arroyo, Chaco Canyon, New Mexico*, Smithsonian Miscellaneous Collections 138, Washington, DC: Smithsonian Institution, 1959.

Kantner, John W. (ed.), "The Chaco World," *Kiva* 69 (2003).

Kantner, John W., and Nancy M. Mahoney (eds.), *Great House Communities across the Chacoan Landscape*, Tucson: University of Arizona Press, 2000, pp. 19-27.

Lekson, Stephen H., *The Chaco Meridian: Centers of Political Power in the Ancient Southwest*, Walnut Creek, CA: AltaMira Press, 1999.

_____, *A History of the Ancient Southwest*, Santa Fe, NM: School of Advanced Press, 2009.

_____ (ed.), *The Archaeology of Chaco Canyon: An Eleventh-Century Pueblo Regional Center*, Santa Fe, NM: School of Advanced Press, 2006.

_____ (ed.), *The Architecture of Chaco Canyon, New Mexico*, Salt Lake City: University of Utah Press, 2007.

Lister, Robert H., and Florence C. Lister, *Chaco Canyon: Archaeology and Archaeologists*, Albuquerque: University of New Mexico Press, 1981.

Mathien, Frances Joan, *Culture and Ecology of Chaco Canyon and the San Juan Basin*, Santa Fe, NM: National Park Service, 2005.

Mills, Barbara J., "Recent Research on Chaco: Changing Views on Economy, Ritual and Society," *Journal of Archaeological Research* 10 (2002): 65-117.

Neitzel, Jill E. (ed.), *Pueblo Bonito: Center of the Chacoan World*, Washington, DC: Smithsonian Books, 2003.

Noble, David Grant, *In Search of Chaco: New Approaches to an Archaeological Enigma*, Santa Fe, NM: School of Advanced Research Press, 2004.

Pepper, George H., *Pueblo Bonito*, Anthropological Papers of the American Museum of Natural History 27, New York: American Museum of Natural History, 1920.

Plog, Stephen, and Carrie Heitman, "Hierarchy and Social Inequality in the American Southwest, AD 800-1200," *Proceedings of the National Academy of Sciences* 107 (2010): 19619-26.

Reed, Paul F. (ed.), *Chaco's Northern Prodigies: Salmon, Aztec, and the Ascendancy of the Middle San Juan Region after AD 1100*, Salt Lake City: University of Utah Press, 2008.

Sofaer, Anna (ed.), *Chaco Astronomy: An Ancient American Cosmology*, Santa Fe, NM: Ocean Tree Books, 2008.

Van Dyke, Ruth M., *The Chaco Experience: Landscape and Ideology at the Center Place*, Santa Fe, NM: School of Advanced Research Press, 2007.

Vivian, Gordon, and Tom W. Mathews, *Kin Kletso: A Pueblo III Community in Chaco Canyon, New Mexico*, Technical Series 6, Tucson, AZ: Southwest Parks and Monuments Association, 1965.

Vivian, R. Gwinn, *The Chacoan Prehistory of the San Juan Basin*, San Diego, CA: Academic Press, 1990.

Wills, W. H., "Political Leadership and the Construction of Chaco Great Houses," in Barbara J. Mills (ed.), *Alternative Leadership Strategies in the Prehispanic Southwest*, Tucson: University of Arizona Press, 2000, pp. 19-44.

_____, "Ritual and Mound Formation during the Bonito Phase in Chaco Canyon," *American Antiquity* 66 (2001): 433-51.

Windes, Thomas C. (ed.), *Investigations at the Pueblo Alto Complex, Chaco Canyon, New Mexico, 1975-79*, Santa Fe, NM: National Park Service, 1987.

CHAPTER 22

오스트랄라시아와 태평양

이안 맥니븐
Ian J. McNiven

* 이 글의 이전 버전에 대하여 Jeremy Ash, Geoff Clark, Joe Crouch, Ian Lilley, Lynette Russell and Glenn Summerhayes 등이 조언을 해주셨다. 또한 도판 자료를 협조해주신 Michael Morrison, Glenn Summerhayes에게도 감사드린다.

구글 어스 프로그램에서 초점을 이용하여 지구본의 방향을 돌려보면 거대한 태평양과 오스트랄라시아(Australasia, 오스트레일리아+뉴기니)를 한꺼번에 볼 수 있다. 오스트랄라시아와 태평양을 합친 오세아니아(Oceania)는 1억 9000만 제곱킬로미터의 면적으로, 화면 속 지구본의 약 3분의 1을 차지한다. 여기서 과거 5만 년 동안 인간의 역사가 다채롭게 펼쳐졌다. 역사적으로 이곳에서 사용된 언어는 거의 1300개에 달했다. 약 5만 년 전 동남아시아에서 출발한 소규모 인류 집단(호모 사피엔스)이 바다를 건너 빙하기의 사훌(Sahul) 대륙(오스트레일리아와 뉴기니)으로 들어오면서 이곳에서도 역사가 시작되었다. 이들의 이주 사건이 일어나기 전, 인류의 역사는 이미 100~200만 년이 흘렀고, 호모 에렉투스와 호모 플로레시엔시스("호빗") 및 현생인류가 모두 출현한 뒤였다. 그 기나긴 시간 동안 리모트오세아니아(Remote Oceania)의 광대한 지역(동서로 팔라우에서 라파누이, 즉 이스터섬까지 1만 2600킬로미터, 남북으로 하와이에서 뉴질랜드까지 8100킬로미터)에는 사람이 살지 않았다. 3500년 전에야 비로소 해양 항해 기술을 가진 선구자들이 모험을 감행하여 뉴기니의 북동부 섬에서부터 동쪽으로 항해를 떠났다. 이들은 니어오세아니아(Near Oceania) 지역의 멜라네시아(Melanesia)를 거쳐 마침내 리모트오세아니아에 도달했다(멜라네시아 남부와 동부, 폴리네시아와 미크로네시아의 섬들을 이들이 차지했다). 폴리네시아의 항해자들은 700년 전 비로소 뉴질랜드(New Zealand, Aotearoa)에 도달했다. 그곳 남극해에서 마오리족의 조상들은 지구상 인류 확산의 마지막 여정을 감행하여 태즈메이니아로부터 1400킬로미터 떨어진 곳에 상륙했다. 태즈메이니아는 4만 년 전까지 빙하가 있었던 곳이다. 시간의 심연은 동남아시아와 오스트랄라시아 및 태평양의 역사를 갈라놓았고, 이 광대한 지리적 및 문화적 영역으로 들어오거나 자체 내에서 출현한 사회가 얼마나 다양한지를 보여주었다. 이러한 사회들은 서로 다른 사회 구조로 발달했다. 수렵 및 채집을 기반으로 하는 오스트레일리아 원주민 사회에서부터 농업 기반 뉴기니의 "빅맨" 소사이어티("Big Man" societies), 농업 기반 폴리네시아의 세습적 추장 사회까지 다양했다.[1] 이러한 공동체들이 광대한 거리를 두고 서로 떨어져 존재했음에도 불구하고 과거 3000년 동안은 교류의 역사였다. 수백 킬로미터, 경우에 따라서는 수천 킬로미터 떨어진 공동체들 간에도 교류가 있었다. 이 지역 사회 및 정치사를 연구할 때는 이와 같은 교류가 핵심 주제다. 무수히 많은 공동체가 서로 복잡한 동맹 관계를 맺고 공동 의례 행사에 참여했다. 이를 통해 공동체 간의 문화적 활력과 적응 전략을 파악할 수 있으며, 또한 공동체 간 네트워크를 통해 상호 이익을 도모하고자 하는 욕구를 엿볼 수 있다.

광대한 오세아니아의 역사를 일목요연하게 정리하는 일은 쉽지 않은 과제다. 일단 우리가 알고 있는 사실과 알지 못하는 사실부터 정리

---

[1] Douglas L. Oliver, *Oceania: The Native Cultures of Australia and the Pacific Islands* (Honolulu: University of Hawai'i Press, 1989), vols. I and II.

할 필요가 있다. 이번 장에서는 감히 오세아니아의 역사를 요약하는 과제를 감당해보고자 하며, 이를 위하여 과거 3000년 동안의 사회 교류와 사회 구조의 시간적 변화에 초점을 맞추고자 한다. 오스트랄라시아와 태평양 섬 지역 사회들의 풍미를 엿보기 위해 사례 연구도 선택적으로 인용할 것이다. 지역별로 오스트레일리아, 멜라네시아, 폴리네시아, 미크로네시아의 역사를 구분해서 살펴볼 텐데, 이러한 구분이 식민지 시절의 구도이며, 이와 같은 분류가 현실적으로 필요했던 시기가 이미 지났다는 문제를 충분히 인식하고 있다.[2] 핵심 문제는 경계가 모호하며 정태적이지 않고, 구분되는 지역 사이의 역사와 문화가 서로 겹친다는 점이다. 특히 멜라네시아와 폴리네시아의 구분에서 그런 문제들이 노출될 것이다. 나아가 더 큰 문제는, 유럽 학문 전통에 특권을 부여하고 원주민의 생각과 그들의 역사 인식을 도외시한다는 점이다. 원주민 사회에서는 정보와 지식의 저장이 기록이라는 상징 체계를 거치지 않았다. 그래서 정교한 구술사와 복잡한 형태의 물질문화가 문자의 역사를 대신하고 있다. 오세아니아에 관한 문헌 기록은 16~17세기에 유럽인이 도착한 이후에 시작되었다. 근대 서구 역사학은 역사학 고유의 한계를 넘어서기 위해 오세아니아 원주민의 이야기를 반영하려는 노력을 기울이고 있다. 학제 간 협력 연구를 통해 고대 물질문화의 섬세한 차이와 문화적

---

2 Nicholas Thomas, 'The Forces of Ethnology: Origins and Significance of the Melanesia/ Polynesia Division', *Current Anthropology* 30 (1989): 27-41; John E. Terrell, Kevin M. Kelly and Paul Rainbird, 'Foregone Conclusions? In Search of "Papuans" and "Austronesians"', *Current Anthropology* 42 (2001): 97-124; and Geoff R. Clark (ed.), 'Dumont d'Urville's Divisions of Oceania: Fundamental Precincts or Arbitrary Constructs?', *Journal of Pacific History* 38 (2003): 197-215.

의미를 들여다보고자 하며, 이를 위하여 고고학 기법에다 구술사와 최근의 민속 조사 자료를 보강하고 있다.[3] 이와 같은 연구 방법론으로 기존에 감춰져 있던 오세아니아의 역사가 서서히 드러나고 있으며, 이를 통해 인류 공통의 과거를 서술하는 폭넓은 서사에서 오세아니아의 역사를 살펴보고자 한다.

오스트레일리아

18세기 말에서 19세기까지 영국 식민주의자들이 오스트레일리아를 지속적으로 침략할 당시, 오스트레일리아에는 최대 100만 명의 원주민이 살고 있었다. 그들은 최소한 250개 이상의 서로 다른 언어를 사용하는 수백 개의 "부족(tribe)" 집단으로 나뉘어 있었다. 더욱이 오스트레일리아 대륙과 뉴기니섬 사이에는 150킬로미터 너비의 토러스 해협(Torres Strait)이 가로놓여 있었다. 그곳에 흩어져 있는 여러 섬에는 3000~4000명의 해양 민족이 살았는데, 그들은 최소 15개 이상의 공동체를 구성하고 있었고, 그들이 사용하는 언어는 크게 두 부류였다. 원주민 사회의 구조는 매우 다양하고 복잡했으며 규모도 천차만별이었고, 각각의 공동체마다 고유의 영토가 있었다. 오늘날 그들의 공동체를 인류학 용어로 "부족"이라 표현하지만, 이는 복잡한 현실을 표현하기에 지나치게 단순하고 제한적인 의미일 뿐이다. 원주민의 식량 수급 전략을

---

3 Ian Lilley (ed.), *Archaeology of Oceania: Australia and the Pacific Islands* (Carlton, Victoria: Blackwell, 2006); and Ian J. McNiven and Lynette Russell, *Appropriated Pasts: Indigenous Peoples and the Colonial Culture of Archaeology* (Walnut Creek, CA: AltaMira Press, 2005).

기존에는 수렵과 채집으로 알고 있었다. 그러나 오늘날 연구에 따라 대부분의 공동체가 저마다 자원의 집중 발굴 및 환경 조작 등 다양한 정도로 식량 생산 활동을 했다는 사실이 점차 명확하게 드러나고 있다.[4] 예를 들어 모든 집단은 들판에 불을 놓아 식생 환경을 바꾸려 했고, 특정 동식물 종의 성장을 촉진했다. 오스트레일리아 빅토리아주 남서부에 있는 군디츠마라(Gunditjmara)에서는 더욱 분명한 사례가 확인된다. 즉 물길과 습지를 조성하여 뱀장어(eel)의 생장 환경을 강화하는 일종의 수상 양식 활동이 있었다. 심지어 토러스 해협의 섬 지역에서도 식량 생산 과정이 존재했다. 토러스 해협의 여러 섬에서는 이웃한 뉴기니와 마찬가지로 농업을 비롯한 여러 가지 식량 생산 활동을 했다. 그 수준은 제방과 수로를 조성하여 거대 농지를 체계적으로 이용하는 정도에서부터 불을 이용하여 수렵-채집 환경을 조정하는 정도까지 다양했다. 어느 경우든 일정한 이동성을 포함하고 있었다. 원주민은 자연 경관 속에 모자이크처럼 전략적으로 배치된 공간과 주거지를 적절하게 오가며 생활했다. 계절에 따른 자원의 변동에 대응하기 위하여 자연적 혹은 문화적 공간을 마련해두었던 것이다. 사회 및 정치 조직 구조 또한 지역마다 현격히 달랐다. 부족 내의 리더십이나 여러 부족을 아우르는 리더십도 마찬가지였다. 노력해서 지도자가 되는 경우도 있었고, 드물지만 지위가 세습되는 경우도 있었다. 전반적으로 통치가 제도화되지는 않았다. 집단 내 남성 연장자가 지도자 역할을 맡았다. 그는 경험을 통해 사회, 정치, 종

---

4 Lesley Head, Jennifer Atchison and Richard Fullagar, 'Country and Garden: Ethnobotany, Archaeobotany and Aboriginal Landscapes near the Keep River, Northwestern Australia', *Journal of Social Archaeology* 2 (2002): 173-96.

교(세속 의례와 신격)에 관한 지식을 가진 사람이었다. 지도자의 임무는 지역 내 부족의 사안에 국한되지 않았다. 그들은 이웃한 여러 집단과의 복잡한 사회-정치적 관계, 의례 관계와 교환 체계를 유지 및 통제하는 일에도 관여했다. 원주민 사회에서 교환 체계가 중요했던 이유는, 그를 통해 여러 민족 및 공동체 사이의 사회 관계가 유지되었기 때문이다. 그렇기 때문에 시공간에 따른 거래 물품의 변화를 살펴보면 사회적·정치적·종교적 네트워크 및 관계가 역사적으로 어떻게 변해왔는지를 알 수 있다.[5]

고고학 연구를 통해 원주민 사회와 문화의 뿌리가 아주 먼 옛날부터 형성되어왔다는 사실이 밝혀졌다. 그 기원은 플라이스토세(빙하기)로 1만~5만 년 전이었다. 동남아시아에서 해양 민족이 해상 운송 수단을 이용하여 오스트레일리아 대륙으로 건너온 시기는 최소 5만 년 전으로 알려져 있다. 당시는 해수면이 오늘날보다 약 50미터 이상 낮았고, 오스트레일리아 대륙은 남쪽의 태즈메이니아 및 북쪽의 뉴기니와 붙어 있었다. 그렇게 연결된 과거의 거대한 대륙을 오늘날 사훌(Sahul)이라 일컫는다.[6] 사훌 대륙의 주요 지점에서 인류 공동체가 거주하기 시작한 시기는 4만~4만 5000년 전이었다. 그들은 새로운 환경에서 놀라운 적응력을 보여주었다. 플라이스토세에 인류 개체 수는 상당히 적었고, 역사 시대에 비하자면 당시 사람들이 이용한 지역은 극히 적었다. 그러나 당시

---

5 Norman B. Tindale, *Aboriginal Tribes of Australia* (Berkeley: University of California Press, 1974); and Ian Keen, *Aboriginal Economy & Society: Australia at the Threshold of Colonisation* (South Melbourne: Oxford University Press, 2004).
6 Peter Hiscock, *Archaeology of Ancient Australia* (London: Routledge, 2008).

유물들로 보건대 원거리 이동과 대규모의 사회적 네트워크 및 정보 교류의 범위는 사훌 대륙 내에서도 수백 킬로미터 범위에 달했다. 예를 들어 오스트레일리아의 뉴사우스웨일스주 서부 멍고 호수(Lake Mungo) 지역에서 발견된 4만~4만 5000년 전 무덤에서 붉은색 오커(ochre)가 사용된 것이 확인되었는데, 당시 그로부터 가장 가까운 오커 산지는 최소 200킬로미터 이상 떨어져 있었다. 약 3만 년 전 웨스턴오스트레일리아주 북부 리위 바위은신처(Riwi rockshelter) 유적 하위 층위에서 바닷조개류가 확인되었는데, 상징적 의미로 사용되었을 그 조개껍데기는 해안 지역에서 최소 500킬로미터 이상 이동했던 것으로 추정된다.[7] 사훌 대륙의 북동부에 해당하는 파푸아뉴기니의 뉴아일랜드(New Ireland)섬에서 흑요석 인공 유물이 발견되었는데, 마텐베크(Matenbek) 바위은신처 유적 하위 층위로, 시기는 약 1만 8000~2만 년 전으로 추정된다. 여기서 가장 가까운 흑요석 광산은 오늘날 뉴브리튼(New Britain)섬에 있는데, 거리가 350킬로미터 떨어져 있었다.[8]

기원은 그렇다 하더라도, 오늘날 민족학에서 이른바 "오스트레일리아 원주민 사회(Australian Indigenous societies)"라고 일컫는 복합적 차원의 사회 구조는 대개 3000~4000년 이내에 형성된 것이다. 복합적 차원이라 하면, 정형화된 석기 유형이 발달하여 대륙 전역에 걸쳐 확산된 일,

---

[7] Jane Balme and Kate Morse, 'Shell Beads and Social Behaviour in Pleistocene Australia', *Antiquity* 80 (2006): 799-811.

[8] Glenn R. Summerhayes, 'Obsidian Network Patterns in Melanesia: Sources, Characterisation and Distribution', *Bulletin of the Indo-Pacific Prehistory Association* 29 (2009): 110-24.

지역별 바위그림 스타일의 형성, 수백 명의 인원이 모이는 대규모 의례 행사의 발달, 사치품의 대규모 교환 체계 형성, 정교한 의례 복합 구역 출현 등이 포함된다. 석기 가운데 밀개의 일종인 툴라 스크레이퍼(tula scraper)가 새로 개발되어 오스트레일리아의 대부분 지역으로 확산된 것은 4000년도 더 된 일이었다. 툴라 스크레이퍼는 플레이크(flake, 박편)의 끝 부분을 직선 혹은 곡선으로 날카롭게 하는 식으로 만들었다. 그리고 나무로 만든 손잡이를 스피니펙스(spinifex)라고 하는 풀의 진액으로 스크레이퍼에 부착했다. 같은 방식으로 투창기(spear-throwers)의 손잡이도 만들었다. 툴라 스크레이퍼는 매우 튼튼해서 건조 지대의 단단한 나무를 자르는 데 쓸 수 있었고, 굉장히 오래 사용할 수 있었다. 날이 손상되면 다시 다듬어가면서 계속 사용하는 식으로 유지 및 관리가 어렵지 않았고, 그래서 한번 만들면 수명이 오래가는 도구였다. 이런 도구는 이동성이 매우 높은 생활 양식에 알맞게 발달한 것으로, 이동성은 건조 지대 인류 사회의 특징이었다. 툴라 스크레이퍼는 건조 지대 전역에서 공통적으로 사용되었고, 따라서 사회적 관계와 네트워크 형성에도 도움이 되었다. 즉 거친 건조 지대의 환경을 개척하느라 이동성이 높은 여러 집단이 일정한 구역을 점유하며 공존하는 상황에서, 공통적으로 사용하는 물품을 두고 집단 사이에 거래가 가능했을 것이다. 툴라의 사용은 "안전망(safety nets)" 구축을 목적으로 하는 다양한 기술적 및 사회적 발전 과정의 일환이었다. 안전망 구축이란 불확실한 환경의 재앙이나 예상치 못한 자원 고갈의 위험을 막아보려는 시도로, 그 기원은 홀로세 말기의 기후 불안정이나 특히 남방진동(El Niño Southern Oscillation, 인도양과 태평양 사이의 기압 진동 – 옮긴이)과 관련이 깊었다.[9] 툴라 스크레이퍼 같은 특수한 유형의 도구 발달을 통해 우리는 당시 이웃한 여러 공동체를 포괄하는 사회적 욕망을 엿볼 수 있다. 이는 서로가 인식을 공유하는 물적 재료를 공동 소유하려는 의도였다. 사막 지대 원주민 사회가 공유했던 지식과 젠더 관계를 알 수 있는 또 한 가지 사례는 풀씨로 만든 빵이다. 빵을 만들려면 여성들의 힘겨운 노동 과정을 거쳐야 했다. 풀의 씨앗을 거대한 갈돌에 갈아 빵을 만들기 위한 가루를 얻어야 했기 때문이다. 민족학 연구 성과에 따르면, 거대 갈돌은 상속 재산으로 귀하게 여겼으며, 애초에 원거리 교역의 과정을 통하여 구입해야 하는 것이었다. 사막 지대에서 발굴되는 갈돌의 연대는 대략 3000년 이내에 속한다.[10]

툴라 스크레이퍼 같은 도구의 확산과 함께 정형화된 교환 체계가 발달했는데, 그 범위가 수백에서 수천 킬로미터에 달했다.[11] 정교한 교환 체계를 통해 귀중품과 상징성이 높은 물품이 거래되었다. 예를 들면 바닷조개, 킴벌리 포인트(Kimberley points, 킴벌리 지역에서 발굴되는 특이

---

9 Peter Veth, Peter Hiscock and Alan Williams, 'Are Tulas and ENSO Linked?', *Australian Archaeology* 72 (2011): 7-14; Robert Whallon, 'Social Networks and Information: Non-"Utilitarian" Mobility Among Hunter-Gatherers', *Journal of Anthropological Archaeology* 25 (2006): 259-70; Glenn R. Summerhayes, 'Island Melanesian Pasts: A View from Archaeology', in Jonathan S. Friedlaender (ed.), *Population Genetics, Linguistics, and Culture History in the Southwest Pacific* (Oxford University Press, 2007); Esa Hertell and Miikka Tallavaara, 'High Mobility or Gift Exchange: Early Mesolithic Exotic Chipped Lithics in Southern Finland', in Tuija Rankama (ed.), *Mesolithic Interfaces: Variability in Lithic Technologies in Eastern Fennoscandia* (Helsinki: The Archaeological Society of Finland, 2011); and Peter White, 'Backed Artefacts: Useful Socially and Operationally', *Australian Archaeology* 72 (2011): 67-75.
10 Bruno David, *Landscapes, Rock-Art and the Dreaming: An Archaeology of Preunderstanding* (London: Leicester University Press, 2002).
11 Oliver, *Oceania*, chapter 12.

한 유형의 찌르개 – 옮긴이), 간돌도끼(ground-edge axes, 한쪽 부분을 갈아서 날을 세운 돌도끼 – 옮긴이) 등이 과거 3000년 이내에 유통되었다. 이러한 유통 범위는 새롭게 발달한 사회 관계와 동맹 관계의 범위를 의미한다. 즉 이를 통해 지역 간 집단적 사회·정치·의례·종교 활동이 강화되었음을 알 수 있다. 오스트레일리아 대륙에서 이러한 네트워크의 규모를 알 수 있는 유물은 바다 달팽이(baler shell, *Melo sp.*)와 진주조개(pearl shell, *Pinctada sp.*)다. 바다 달팽이는 남쪽으로 이동했고, 진주조개는 북쪽 열대 지역 해안으로 이동하여 장신구로 사용되었다. 대륙 전역에서 이와 같은 교역 네트워크가 형성된 시기는 2000년이 넘었다.[12] 더욱이 북부 해안에서 남부 해안에 이르기까지 이와 같은 조개류의 교환, 교역, 혹은 이동 루트는 약 2000킬로미터에 달했다. 노던준주(Northern Territory) 포트키츠(Port Keats) 지역의 1950년도 사례를 통해 그와 같은 교환 네트워크가 얼마나 복잡한 구조였는지 짐작할 수 있는데, 특정 물품이 공식적으로 134명의 개인을 거쳐 300킬로미터를 이동했다.[13] 대부분의 경우 이와 같은 교환 체계는 조상(창조주)의 지리적 경로(노래의 길)를 반영하거나 기념하는 의미를 지니고 있다(오스트레일리아 원주민

---

12 D. John Mulvaney, '"The Chain of Connection": The Material Evidence', in Nicholas Peterson (ed.), *Tribes and Boundaries in Australia* (Canberra: Australian Institute of Aboriginal Studies, 1976); Kim Akerman and John Stanton, *Riji and Jakuli: Kimberley Pearl Shell in Aboriginal Australia*, Monograph Series 4 (Darwin: Northern Territory Museum of Arts and Sciences, 1994); and Mike A. Smith and Peter Veth, 'Radiocarbon Dates for Baler Shell in the Great Sandy Desert', *Australian Archaeology* 58 (2004): 37-38.

13 Johannes Falkenberg, *Kin and Totem: Group Relations of Australian Aborigines in the Port Keats District* (Oslo University Press, 1962).

의 창조 설화로, 처음 오스트레일리아에 도착한 조상들이 이곳저곳을 다니며 이름을 부르자 동물과 식물, 바위와 웅덩이가 생겨났다는 이야기가 있다. 송라인songline, 즉 노래의 길은 그 여정을 노래로 표현한 것이다. – 옮긴이). 그들의 이야기(우주론)가 지역별로 특별한 능력을 지닌 자(창조자)의 꿈을 통해 전해지면, 그는 꿈속에 등장한 자연에 영혼과 기운을 불어넣고 종교-의례-사회의 연쇄적 관계를 만들어낸다.[14]

웨스턴오스트레일리아 북부의 킴벌리 지역에서는 정교하게 만들어진 양날찌르개(bifacial point)를 만들었다. 눌러떼기(pressure-flaking) 방식으로 가장자리를 다듬어 톱니 모양을 만드는 방식이었다. 여기다 손잡이를 붙여서 창촉으로 쓰거나 고기를 해체하는 칼로 사용했으며, 손잡이를 부착하지 않고 그대로 의례용이나 실용 목적의 칼로 사용하기도 했다.[15] 교환(거래)을 목적으로 만들어진 킴벌리 포인트는 귀한 소재로 제조된 귀중품이었다(예를 들면 벽옥이나 마노로 만들었고, 유럽인이 들어온 뒤로는 유리로도 만들었다). 또한 미적 측면이나 상징적 의미를 강조하기 위해 약하지만 얇게 만들기도 했다. 거래 네트워크의 범위는 주로 킴벌리를 포함한 인근 지역이었지만, 멀게는 남동쪽으로 1000킬로미터

---

14 Bruce Chatwin, Songlines (London: Johathan Cape Ltd, 1987); Debra B. Rose, *The Dingo Makes Us Human* (Cambridge University Press, 1992); and Donald F. Thomson, *Economic Structure and the Ceremonial Exchange Cycle in Arnhem Land* (Melbourne: Macmillan & Co., 1949).

15 Kim Akerman, Richard Fullagar and Annelou van Gijn, 'Weapons and Wunan: Production, Function and Exchange of Kimberley Points', *Australian Aboriginal Studies* 1 (2002): 13-42; and Rodney Harrison, 'An Artefact of Colonial Desire? Kimberley Points and the Technologies of Enchantment', *Current Anthropology* 47 (2006): 63-88.

이상 떨어진 오스트레일리아 중부 사막 지대까지 팔려 나간 사례도 있다. 여기서도 킴벌리 포인트는 의례용 칼로 사용되었다. 거래 경로는 단순하지 않아서, 복잡한 친족 네트워크를 거쳐 밖으로 확산되었다. 이는 곧 관계의 사회적·정치적·의례적·종교적 관습과 의무, 권리와 책임을 재확인하는 과정이었다.

오스트레일리아 동부에는 간돌도끼(ground-edge stone-axe)를 거래하는 거대한 네트워크가 존재했다. 이를 통해 광대한 지역 범위에 걸쳐 수백 개의 공동체로 이루어진 연결망이 드러났다. 아넘랜드(Arnhem Land) 지역에서 발견된 간돌도끼는 세계에서 가장 오래된 사례(3만 5000년 전)로 알려졌다. 그러나 정교한 도끼 유통망은 대개 과거 3000년 이내에 발달했던 것으로 추정된다.[16] 예를 들어 문다라 호수(Lake Moondarra) 지역에서 각섬암(角閃岩, metabasalt) 제조 작업장이 발견되었는데, 퀸즐랜드(Queensland) 북서쪽 마운트아이자(Mt. Isa) 가까운 곳으로, 면적은 약 2.4제곱킬로미터였다. 그곳에 원자재 암석을 캐내던 구덩이가 있고, 30세제곱미터 분량의 암석을 깨어낸 흔적이 남아 있었다. 돌도끼를 제작하던 곳에는 몇 미터 높이로 돌조각 파편이 쌓여 있었다. 원석의 무게는 100킬로그램까지 나갔는데, 이것을 쪼개서 도끼 모양으로 반듯하게 다듬으면 판매 준비가 완료되었다.[17] 채석장에서는 제작 중

---

16 Jean-Michel Geneste, Bruno David, Hugues Plisson, Jean-Jacques Delannoy and Fiona Petchey, 'The Origins of Ground-Edge Axes: New Findings from Nawarla Gabarnmang, Arnhem Land (Australia) and Global Implications for the Evolution of Fully Modern Humans', *Cambridge Archaeological Journal* 22 (2012): 1-17.

인 도끼도 8만 개가 발견되었고, 1000년 이상 굉장히 많은 수량의 도끼가 생산되었던 것으로 추정된다. 칼카둔족(Kalkadoon people)은 도끼를 가까운 이웃 지역에만 팔았고, 이웃 지역에서 다시 그 주변 지역으로 재판매가 이루어졌다. 그래서 남쪽에 있는 퀸즐랜드 서부 지역까지 도끼가 판매되었는데, 멀게는 1000킬로미터 이상 떨어진 사우스오스트레일리아까지 도끼가 전달되었다.[18] 오스트레일리아 남부와 동부 지역에서는 쿨린족(Kulin peoples)이 과거 1000년 이상 녹암(greenstone)으로 도끼를 제조했다. 채석장은 멜버른(Melbourne) 북쪽의 윌리엄산(Mt. William)에 있었고, 멀게는 600~700킬로미터 거리까지 판매되었다.[19] 유명한 귀중품 도끼를 수입하는 지역 중에는 채석장으로 적당한 암석 산지가 존재하는 곳도 있었다. 지역 자체 내에서도 충분히 도끼를 생산할 조건이 되었던 것이다. 그럼에도 불구하고 도끼를 수입했다는 것은, 자원의 존재 유무가 교환 체계의 핵심이 아니었음을 의미한다. 윌리엄산에서 제

---

17 Peter Hiscock, 'Standardised Axe Manufacture at Mount Isa', in Ingrid Macfarlane, Mary-Jane Mountain, and Robert Paton (eds.), *Many Exchanges: Archaeology, History, Community and the Work of Isabel McBryde* (Canberra: Aboriginal History Inc., 2005).
18 Isabel McBryde, 'Goods from Another Country: Exchange Networks and the People of the Lake Eyre Basin', in D. John Mulvaney and J. Peter White (eds.), *Australians to 1788* (Broadway, NSW: Fairfax, Syme & Weldon Associates, 1987); and Iain Davidson, Nick Cook, Matthew Fischer, Malcolm Ridges, June Ross and Stephen Sutton, 'Archaeology in Another Country: Exchange and Symbols in North-West Central Queensland', in Macfarlane et al. (eds.), *Many Exchanges*.
19 Isabel McBryde, 'Kulin Greenstone Quarries: The Social Contexts of Production and Distribution for the Mt. William Site', *World Archaeology* 16 (1984): 267-85; and Adam Brumm, '"The Falling Sky": Symbolic and Cosmological Associations of the Mt. William Greenstone Axe Quarry, Central Victoria, Australia', *Cambridge Archaeological Journal* 20 (2010): 179-96.

작된 도끼의 이동 경로는 대체로 사회적 네트워크의 범위를 나타낸다. 또한 사회적 관계가 어떻게 유지되었는지도 드러낸다. 예를 들어 동쪽의 구나이족(Gunai/Kurnai peoples)은 그 도끼를 거래하지 않았는데, 이는 그들이 적대적 관계였기 때문이다.

과거 3000년 동안 사회적 네트워크와 교환 체계가 점차 강화되어왔다. 이는 인구가 증가하고 동시에 더 많은 사회적 집단이 출현하는 가운데 공동체의 지도자들이 사회 및 정치적 충돌 가능성을 미리 예방하고자 했던 전략적 활동으로 볼 수 있다.[20] 이러한 흐름의 보다 적극적인 표현을 우리는 바위그림 스타일, 인공 언덕의 건설, 정교한 무덤 건축, 특히 풍성했던 특정 음식 자원과 관련된 지역 간 공동 회합 확대 등의 다양화 및 지역화에서 찾아볼 수 있다. 오스트레일리아 바위그림의 기원은 플라이스토세까지 거슬러 올라가지만 그 스타일의 다양성은 과거 3000년 동안 특히 활발해졌다. 이는 지역별로 협력 집단이 발달했던 것과 관련이 있다. 즉 종교 의례의 과정에서 목적의식적으로 어떤 장소를 특정하고 또한 그곳의 환경을 조성했다. 지리적으로 공간을 특정함으로써 사회적 차이와 동질성을 나타내기 위한 전략이었다.[21] 오스트레일리아에서 가장 독특한 바위그림 양식이 나타나는 몇몇 지역들, 예컨대 케이프요크 반도(Cape York Peninsula) 남부의 로라(Laura) 지역에 있는 퀸칸(Quinkan) 암벽화, 퀸즐랜드 중부 고산 지대의 스텐실 미술, 킴벌리 지방의 완지나

20 Harry Lourandos, *Continent of Hunter-Gatherers: New Perspectives in Australian Prehistory* (Cambridge University Press, 1997).
21 Bruno David and Meredith Wilson (eds.), *Inscribed Landscapes: Marking and Making Place* (Honolulu: University of Hawai'i Press, 2002).

(Wandjina) 미술 등은 모두 과거 2000~3000년 이내에 등장했다.[22] 이외에도 일부 지역, 특히 오스트레일리아 남부 머리강(Murray River) 유역에서는 장례 풍습에 지역성이 점차 강화되었다. 망자의 시신을 정형화된 무덤에 안치했는데, 수백 구의 조상 시신이 함께 묻혀 있는 곳이었다.[23] 또 다른 공동체의 예를 들자면, 기념비적 건축물을 통해 장소를 특정하는 경우도 있었다. 인공 언덕을 조성함으로써 경관에 변화를 주는 방식이었다. 이러한 관습의 가장 극명한 사례는 케이프요크반도의 서쪽 해안을 따라 형성되었다. 수백만 번의 식사량에 해당할 정도로 많은 조개껍데기를 쌓아 올려 거대한 인공 언덕을 만들었는데, 높이가 최대 13미터에 이르며, 시기는 약 2700년 전으로 추정된다. 빅토리아 서부에서는 흙을 쌓아 봉분을 조성하는 전통이 약 2500년 전에 시작되었다. 그 주변에서 야영지의 흔적, 특히 땅을 파고 불을 피운 증거가 발견되었다. 봉분의 크기는 1~2미터 높이였다.[24] 일부 망자들의 시신이 여기에 묻힌 경우도 확인되었는데, 머리강 유역의 정형화된 무덤과 마찬가지로 이곳의 봉분 또한 조상들과 당시 그 땅에서 살아간 사람들의 상징적 연결 고리를 복

---

22 Michael J. Morwood, *Visions from the Past: The Archaeology of Australian Aboriginal Art* (St Leonards, NSW: Allen & Unwin, 2002); and David, *Landscapes, Rock-Art and the Dreaming*.
23 Colin Pardoe, 'The Cemetery as Symbol: The Distribution of Prehistoric Aboriginal Burial Grounds in Southeastern Australia', *Archaeology in Oceania* 16 (1988): 173-78; and Harry Allen and Judith Littleton, 'Hunter-Gatherer Burials and the Creation of Persistent Places in Southeastern Australia', *Journal of Anthropological Archaeology* 26 (2007): 283-98.
24 Michael Morrison, 'Old Boundaries and New Horizons: The Weipa Shell Mounds Reconsidered', *Archaeology in Oceania* 38 (2003): 1-8; and Elizabeth Williams, 'Complex Hunter-Gatherers: A View from Australia', *Antiquity* 61 (1987): 310-21.

〔그림 22-1〕 조개무지
임부어(Imbuorr), 웨이파 지역, 3000년 전.

합적으로 표현하고 인정하는 것이었다(그림 22-1).

    민속 조사 결과 수많은 원주민 집단이 대규모 회합과 축제를 개최한 사실이 확인되었다. 수백 명의 인원이 사회적·정치적·종교적 이유로 회합을 가지는 경우도 있었고, 성인식이나 선물 교환 혹은 결혼식 등의 의례와 관련된 행사도 있었다.[25] 이와 같은 회합이 고고학적 사례로 확인되는 경우는 거의 없었다. 다만 대개는 과거 3000년 이내에 인구 증가와 관련하여 만들어진 관습으로 이해되었다. 예를 들어 건조 지대의 여러 지역에서 연중 여러 차례에 걸쳐 수많은 공동체에 소속된 수백 명의 사람들이 모여 의례 행사를 개최했는데, 풀씨를 갈아 만든 빵이 그 행사를 지탱하는 매개였다. 자원이 풍성한 동부 해안 지역에서는 거의 매년 다양한 공동체에 소속된 수백 명의 원주민이 모였다. 뉴사우스웨일스 지역 북동부와 퀸즐랜드 남동부에서 퀸즐랜드 남부에 있는 번야마운

---

25 Lourandos, *Continent of Hunter-Gatherers*.

틴스(Bunya Mountains)와 블랙올레인지(Blackall Range)로 가서 번야 축제(Bunya festivals)에 참가했다. 축제의 일정은 번야파인(Bunya Pine)이라고 하는 식물의 씨앗을 풍성하게 수확할 수 있는 시기와 일치했다.[26] 오스트레일리아알프스(Australian Alps) 지역 남동부에서도 비슷한 사례가 있었다. 여름에 눈이 녹고 거주 가능한 공간이 넓게 열리면, 빅토리아 동부 먼 지역과 뉴사우스웨일스 남동부 지역 공동체의 원주민 수백 명이 수백 킬로미터를 걸어서 고산 지대로 올라가 거대한 회합에 참여했는데, 이를 뒷받침하는 것은 영양가가 풍부한 보공나방(Bogong moth)이었다.[27] 매년 여름마다 수백만 마리의 나방이 여름을 나려고 수백 킬로미터를 날아 알프스 지역으로 모여든다. 극심한 여름의 열기를 피하기 위해 수면 기간(여름잠)을 갖는 것이다. 10월에서 3월까지 화강암 바위틈 시원하고 건조하며 어두운 곳에서 여름잠을 자는데, 지역 범위가 최대 1만 7000제곱킬로미터에 달한다.

빅토리아 서부에서는 수많은 공동체로부터 많게는 1000명에 이르는 인원이 볼락 호수(Lake Bolac) 근처에 모여 뱀장어 철에 거대 규모의 축제를 열었다. 1840년대의 역사 기록에 따르면, 원주민 남성들이 물길을 따라 돌을 설치하여 거대한 덫을 만들고 여성들은 기다란 바구니를 짜서 덫에 갇힌 뱀장어를 잡았다고 한다. 또한 같은 기록에서, 원주민

---

26 Michael J. Morwood, 'The Archaeology of Social Complexity in South-East Queensland', *Proceedings of the Prehistoric Society* 53 (1987): 337-50.
27 Josephine Flood, *The Moth Hunters: Aboriginal Prehistory of the Australian Alps* (Canberra: Australian Institute of Aboriginal Studies, 1980); and Josephine Flood, Bruno David, John Magee and Bruce English, 'Birrigai: A Pleistocene Site in the South-Eastern Highlands', *Archaeology in Oceania* 22 (1987): 9-26.

은 뱀장어 서식지를 늘리기 위해 습지에 방대한 면적의 도랑을 팠다고 했다. 그와 같은 물길 공사의 흔적이 고고학적으로 확인되었는데, 길이가 3킬로미터에 달했다. 이 물길을 통해 과거에 뱀장어가 서식하지 않던 호수 지역에도 뱀장어가 서식하게 되었다. 그렇다면 원주민이 대규모 회합을 가진 이유는 뱀장어 때문이었고, 자연과 인공 건설의 도움으로 풍성한 뱀장어 수확이 가능했던 것이다.[28] 같은 지역에 있는 콘다 호수(Lake Condah)의 고생태학 자료들을 보면, 원주민은 4600년 전에 호수의 물이 흘러 나가는 곳에 댐을 만들어 호수 수위를 인위적으로 조절하고 뱀장어 양식장을 만들었다. 이는 건기가 찾아왔을 때 불리한 생존 조건을 극복하기 위한 방편이었다. 콘다 호수에서도 돌로 만든 350미터 길이의 거대한 물고기 덫이 발견되었는데, 수로를 건설하여 물을 조절하려 했던 시도는 이미 6600년 전에 실시되었음을 알 수 있다. 다만 잡석을 쌓아 조성한 주요 벽면이 추가된 시기는 과거 800년 전이었다(그림 22-2).[29] 이와 같이 거대한 관개 시설을 건설하려면 그 이전 시기와 다른 새로운 사회 조직과 복합 구조가 필요했다. 추장과 비슷한 세습 지위가 빅토리아 서부 지역에서 등장했다는 사실도 주목할 만한 일이다.[30]

28 Harry Lourandos, 'Change or Stability? Hydraulics, Hunter-Gatherers and Population in Temperate Australia', *World Archaeology* 11 (1980): 245-66.
29 Heather Builth, Peter Kershaw, Chris White, Anna Roach, Lee Hartney, Merna McKenzie, Tara Lewis and Geraldine Jacobsen, 'Environmental and Cultural Change on the Mt Eccles Lava-Flow Landscapes of Southwest Victoria, Australia', *The Holocene* 18 (2008): 413-24; and Ian J. McNiven, Joe Crouch, Thomas Richards, Gunditj Mirring Traditional Owners Aboriginal Corporation, Nic Dolby and Geraldine Jacobsen, 'Dating Aboriginal Stone-Walled Fishtraps at Lake Condah, Southeast Australia', *Journal of Archaeological Science* 39 (2012): 268-86.

[그림 22-2] 군디츠마라의 물고기 덫, 콘다 호수
과거 6600년 이상 수리 과정을 거치며 사용되었다.

오스트레일리아에서 북동쪽으로 멀리 떨어져 있는 토러스 해협의 여러 섬에서도 과거 1000년 동안 인구가 증가했고, 사회 및 정치적 관계가 확대되었으며, 의례 행사의 횟수도 많아졌다. 마을에 있는 쓰레기 더미의 수나 규모가 증가한 것은 인구 증가를 의미하는 지표이며,

---

30 Heather Builth, 'Gunditjmara Environmental Management: The Development of a Fisher-Gatherer-Hunter Society in Temperate Australia', in Colin Grier, Jangsuk Kim and Junzo Uchiyama (eds.), *Beyond Affluent Foragers* (Oxford: Oxbow Books, 2006).

과거 800년 동안 그 섬에서 사람들이 상주했다는 증거로 해석된다. 약 400~500년 전부터 이러한 공동체들 가운데 상당수가 의례 시설을 건설했다. 커다란 소라고둥 껍데기를 줄지어 늘어놓거나 듀공의 뼈를 거대한 더미로 쌓아두는 방식이었다. 소라고둥의 경우 약 200여 개를 줄지어 늘어놓은 사례가 있었고, 듀공 뼈 더미는 크기가 다양했는데, 작게는 약 2세제곱미터 규모(듀공 약 100마리 이하)에서부터 크게는 42세제곱미터 규모(듀공 1만~1만 1000마리)의 마부야그(Mabuyag)섬 다방가이 뼈 무더기(Dabangai Bone Mound)까지 다양했다.[31] 이처럼 조개껍데기나 뼈를 모아둔 흔적은 의례용 복합 유적(kod)과 관련이 있었고, 또한 다양한 부족 토템과 결부되어 있었다. 코드(kod)란 성인식, 장례식, 사람사냥(headhunting) 의례, 거북과 두공 사냥 의례 등을 거행하던 시설로 알려져 있다. 코드 유적을 발굴한 결과, 약 400년 전부터 그곳에서 공동 의례가 발달하기 시작했으며, 그러한 의례는 민속학적으로 알려진 섬 공동체의 부족 토템을 표현하고 유지하려는 목적이 있었다(그림 22-3).[32]

멜라네시아

멜라네시아 권역은 뉴기니와 그 남쪽에서부터 동쪽으로 태평양 서

---

31 Ian J. McNiven and Alice Bedingfield, 'Past and Present Marine Mammal Hunting Rates and Abundances: Dugong (*Dugong dugon*) Evidence from Dabangai Bone Mound, Torres Strait', *Journal of Archaeological Science* 35 (2008): 505-15.

32 Ian J. McNiven, Bruno David, Goemulgau Kod and Judith Fitzpatrick, 'The Great *Kod* of Pulu: Mutual Historical Emergence of Ceremonial Sites and Social Groups in Torres Strait, NE Australia', *Cambridge Archaeological Journal* 19 (2009): 291-317.

[그림 22-3] 토템 의례 공간(kod)의 재구성, 귀상어와 악어의 모형
토러스 해협 야마(Yama)섬, 19세기 말, 왼쪽은 상어와 악어 모형을 덮어 가렸고 오른쪽은 노출시켰다.

부까지 뻗어 있고, 그 사이에 섬이자 독립국인 솔로몬 제도, 바누아투, 누벨칼레도니, 피지 등이 분포하고 있다. 달리 표현하면 사훌(Sahul) 대륙의 북동쪽과 니어오세아니아(Near Oceania)를 포함하며, 리모트오세아니아(Remote Oceania)의 중서부 구역을 가로지른다. 이 지역은 다양한 문화와 언어의 고향으로, (전 세계 사용 언어의 약 20퍼센트에 해당하는) 1000개 이상의 서로 다른 언어가 사용되며, 그중 900개 언어가 뉴기니에 분포하고 있다.

멜라네시아에서 가장 오래된 인류의 흔적은 파푸아뉴기니 고산 지대(Highlands)의 이바네 계곡(Ivane Valley) 유적에서 발견되었다. 오늘날 남부 해안 도시 포트모르즈비(Port Moresby)에서 내륙으로 70킬로미터 가량 떨어진 곳이다. 방사성탄소 연대측정 결과 시기는 4만 9000년 전으로 확인되었고, 숯과 함께 여러 석기가 동반 출토되었다.[33] 발굴 유적에서는 얌 전분과 판다누스(pandanus) 나무 열매가 특히 잘 보존되어 있었는데, 이를 통해 해발 2000미터 높이에 있는 고산 지대에서 빙하기 식용 식물을 어떻게 섭취했는지 엿볼 수 있었다. 뉴아일랜드에 있는 마텐쿠프쿰(Matenkupkum) 석회암 바위은신처 유적에서는 플라이스토세 말기 뉴기니 사람들이 조개나 물고기 같은 해양 생물을 식량으로 이용한 흔적도 발견되었다. 사냥-채집에 기반을 둔 뉴기니 빙하기 사람들은 소규모 친족 공동체를 이루고 살았을 가능성이 높다. 그들은 기본적으로 식량 자원을 구할 수 있는 장소를 알고 있었고, 계절에 따라 이곳저곳을 옮겨 다니며 생활했다. 그들의 의례, 종교, 사회 및 정치적 생활에 관해서는 알려진 바가 거의 없다.

약 1만 년 전 파푸아뉴기니 고산 지대 사람들은 부분적으로 화전을 일구어 얌, 바나나, 타로를 심기 시작했다. 야생 식물을 채집하고 숲속 동물을 사냥하는 가운데, 재배 활동으로 식량을 보조했다. 약 7000년 전에 이르러 식물 재배는 더욱 강화되었다. 인공적으로 둑과 배수로를 건설한 유적이 발견되었고, 생태 환경 변화를 추적한 결과 대규모로 숲을 제거한 흔적과 화전 농업을 위해 불을 일으킨 흔적 및 이후 초지가 발달한 흔적도 확인되었다.[34] 이와 같은 대규모 관개 시설 건설에는 사회 조

---

33 Glenn R. Summerhayes, Matthew Leavesley, Andrew Fairbairn, Herman Mandui, Judith Field, Anne Ford and Richard Fullagar, 'Human Adaptation and Plant Use in Highland New Guinea 49,000 to 44,000 Years Ago', *Science* 330 (2010): 78-81.

직의 변화가 동반되기 마련이다. 리더십에 따른 새로운 위계질서가 발달하여 농업 생산에 필요한 일들을 수행하고, 작물을 돌보거나 관개 수로를 유지하기 위해 장기적 관리 및 투자를 지휘했을 것이다. 민속 조사 결과 핵심 농작물은 타로, 바나나, 얌, 사탕수수, 고구마 등이었다. 저지대의 많은 지역에서는 사고야자가 주요 전분 공급원으로 이용되었다.

식량 자원 식물 생산의 중요한 기여 중 하나는 더 많은 정주 인구를 지원했다는 점이다. 그 결과 인구 밀도가 높아졌고 지역 기반(territoriality)이 강화되었다. 4000년 전 고산 지대 계곡에서 집약적 토지 이용의 흔적이 발견되었다. 바위은신처를 대신하여 항구적 마을이 생겨났던 것이다. 여기서 농업이 마을 인구를 부양했고, 그들의 지역 기반이 더욱 강화되었다.[35] 사회 변화의 속도는 과거 2000년 동안 점차 빨라졌다. 그사이 돼지 사육이 도입되었고, 약 500년 전에는 남아메리카에서 고구마가 전파되었다. 처음에는 돼지 사료를 충당하기 위해 고구마를 재배했다. 돼지는 연합 의례와 축제에 사용될 귀한 가축이었다.[36] 의례 행사는 경쟁적으로 강화되어왔다. 민속 조사 결과 이러한 의례 행사는, 지역 기반이 강하고 전쟁이 치열했던 고산 지대 부족들 사이에서 사회

---

34 Tim Denham and Simon Haberle, 'Agricultural Emergence and Transformation in the Upper Waghi Valley, Papua New Guinea, during the Holocene: Theory, Method and Practice', *The Holocene* 18 (2008): 481-96.
35 Paula Brown, *Highland Peoples of New Guinea* (Cambridge University Press, 1978); Denham and Haberle, 'Agricultural Emergence'; and Virginia D. Watson and J. David Cole, *Prehistory of the Eastern Highlands of New Guinea* (Seattle: University of Washington Press, 1977).
36 Jack Golson and D. S. Gardner, 'Agriculture and Socio-Political Organisation in New Guinea Highlands Prehistory', *Annual Review of Anthropology* 19 (1990): 395-417.

적 교류 강화 및 빅맨 소사이어티(Big Man societies) 발달에 핵심 역할을 했다. 뉴기니 고산 지대와 외부 세계가 처음 접촉한 시기는 1930년대였다. 당시 그곳에는 약 100만 명의 인구가 거주했고, 인구 밀도는 제곱킬로미터당 300명 정도였다. 여러 가지 귀중품 또한 고산 지대 공동체들이 참여하는 의례 및 교환 네트워크의 경쟁에서 중요한 요소였다. 귀중품이라면 귀한 조개류(해안 지역에서 수입), 거대한 돌도끼, 극락조 깃털, 소금 등이 있었다. 고산 지대 서부에서 돌도끼를 생산했다는 기록이 민속 조사 자료에 남아 있다. 채석장의 기원은 1000~2500년 전까지 거슬러 올라간다. 채석장에서 생산되는 돌도끼의 수량은 연간 1000개가량이었으며, 깊이 15미터까지 파 내려간 곳에서 200명의 남성이 전업으로 4개월간 일했다. 이렇게 생산된 도끼는 의례 및 교환 네트워크에서 귀중품(예컨대 신붓값을 치를 때 사용되는 등)으로 유통되었고, 저지대의 무역로를 따라 멀게는 350킬로미터까지 이동했다.[37]

파푸아뉴기니 북동쪽 해안 저지대에서 교환 체계가 상당한 수준으로 강화된 시기는 약 3500년 전 라피타(Lapita) 해양 문화가 유입된 때였다. 고고학적으로 확인되는 라피타 문화인의 유적이라 하면 토기가 있는데, 섬세한 기법으로 제작되고 표면에 톱니 문양을 찍어 만든 디자인과 모티프가 특징이었다. 라피타 문화 복합체(Lapita Cultural Complex)는 파푸아뉴기니의 북동쪽 비스마르크 제도(Bismarck Archipelago)에서 발달했고, 오스트로네시아어 사용자들이 동남아 섬 지역으로 확산된 사

---

37 John Burton, 'Repeng and the Salt-Makers: "Ecological Trade" and Stone Axe Production in the Papua New Guinea Highlands', *Man* 24 (1989): 255-72.

건과 관련이 있었다. 라피타 해양 민족이 기존에 사람이 살지 않았던 리모트오세아니아로 진출한 시기는, 솔로몬 제도의 동부에서 약 3200년 전이었다. 이후 약 3000년 전에 바누아투와 누벨칼레도니, 그리고 피지 섬으로 진출했다. 그 뒤 2900년 전에는 폴리네시아 서부와 태평양 중부에 있는 통가까지, 2700년 전에는 사모아섬까지 진출했다. 또한 약 2900년 전, 라피타 문화인은 남쪽으로도 이동하여 파푸아뉴기니의 남부 해안으로 진출하여 원래 그곳에 거주하던 사람들과 섞여 살게 되었다. 니어오세아니아에서는 약 2200년 전부터 라피타 토기가 지속적으로 사용되었지만, 리모트오세아니아에서는 불과 200~300년 동안만 사용되었다. 독특한 양식의 토기 이외에도 라피타 문화 복합체의 특징적 유물들은 또 있다. 예를 들면 흑요석 파편으로 만든 석기, 큰 조개껍데기로 만든 자귀, 조개껍데기로 만든 낚싯바늘, 청자고둥으로 만든 팔찌 등이다. 식량 수급은 농업에 중점을 두었으며, 해안 지역에서는 다양한 해산물(물고기, 상어, 거북, 조개 등)을 이용했다. 주거는 수상 가옥 혹은 해안 모래톱 위에 지은 오두막으로 작은 마을을 이루고 살았다. 라피타 문화인은 오세아니아 지역에 돼지, 개, 닭, 폴리네시아쥐(Pacific rat)에 더하여 최소 15가지 식물(재배종 타로, 얌, 바나나 포함)을 전해준 장본인으로 추정된다. 또한 아우트리거 카누도 그들의 기술이었던 것 같다.[38]

38 Patrick V. Kirch, *The Lapita Peoples: Ancestors of the Oceanic World* (Oxford: Blackwell, 1997); Roger C. Green, 'The Lapita Horizon and Traditions: Signatures for One Set of Oceanic Migrations', in Christophe Sand (ed.), *Pacific Archaeology: Assessments and Prospects* (Nouméa: Département Archéologie, Services des Musées et du Patrimoine de Nouvelle-Calédonie, 2003); and

태평양 서부 약 4500킬로미터 구간에서 라피타 문화 복합체가 비슷한 양상으로 드러난다는 사실은, 수많은 지역별 공동체 사이에 상당한 정도의 정보 교류와 네트워크가 작동했음을 의미한다. 여러 측면에서 이러한 네트워크는 기존에 있었던 비스마르크 제도의 교환 체계를 토대로 형성되었던 것으로 추정된다. 라피타 문화가 전파되기 전에 이미 흑요석과 살아 있는 동물의 교환이 수백 킬로미터 거리까지 이루어졌고, 그 시기는 플라이스토세와 2만 년 전까지 거슬러 올라간다. 여기다가 8000년 전에서 3000년 전 사이에, 아마도 의례 용구로 의미가 있었던 듯한 돌절구와 절굿공이가 뉴기니에서 사용되었는데, 그 범위가 최소 1000킬로미터 이상이었다. 이와 같은 관습의 공통성은 대규모 사회적 네트워크와 문화 교류가 존재했음을 의미한다.[39] 이들 교환 체계가 라피타 문화 시기에 변용되고 더욱 정교화 및 확장되었으며, 새롭게 발견되는 무인도에 사람이 거주할 수 있는 공동체를 건설하는 데에도 결정적 기여를 했을 것이다. 예를 들어 리프/산타크루즈 제도(솔로몬 제도)에서 발굴된 라피타 유적에서는 여러 층위에 걸쳐 흑요석이 발견되었는데, 이는 그들이 흑요석 채석장이 있는 곳 혹은 그들의 기원지에 해당하는 "고향"과 지속적 관계를 맺어왔음을 의미한다. 비스마르크 제도에 속하는 그들의 고향은 북서쪽으로 약 2000킬로미터 떨어진 곳에 있었다.

Christophe Sand and Stuart Bedford, 'Lapita, Archaeological Signature of the First Austronesian Settlement of Southwest Pacific', in Christophe Sand and Stuart Bedford (eds.), *Lapita: Oceanic Ancestors* (Paris: Musée du Quai Branley, 2010).

39 Robin Torrence and Pamela Swadling, 'Social Networks and the Spread of Lapita', *Antiquity* 82 (2008): 600-16.

이와 유사한, 엄청난 거리를 뛰어넘는 흑요석 거래가 바누아투(2400킬로미터), 누벨칼레도니(2900킬로미터), 피지(3300킬로미터) 등에서도 확인되었다.[40] 비스마르크 제도의 흑요석은 서쪽으로 3500킬로미터나 떨어진 보르네오섬에서도 발견되었다. 그렇다면 라피타 문화 시기의 교역 네트워크는 거의 7000킬로미터에 달했다고 볼 수 있다.[41] 그러므로 라피타 문화 공동체의 사회 조직은 마을 단위를 훨씬 넘어서는 정도였고, 대양을 수백 킬로미터나 가로지르는 규모였다. 이와 같은 방대한 사회-정치적 교류에 참여하고 멀리 떨어져 있는 공동체들 사이에 친족 관계를 유지하려면, 의례와 교환 시스템에 능동적으로 대응할 수 있는 유능한 지도자가 필요했을 것이다. 인간관계의 기술은 분명 라피타 공동체에서 사회적 지위, 권위, 계급의 기본이 되었을 것이다. 라피타 문화인의 의례 행사는 장례 풍습으로까지 확장되어, 바누아투의 에파테(Efate)섬에 있는 테오우마 묘지(Teouma cemetery)에서 그 사례가 확인된다. 이곳에는 여러 시신이 정교한 라피타 양식의 토기와 함께 매장되어 있는데, 일부 토기에는 해골이 들어 있었다.

과거 1000여 년 동안 멜라네시아 대부분 지역에서의 사회 조직 발달 과정은 극히 일부만 알려져 있다. 다만 분명한 것은 라피타 문화 시대의 동질성이 시간이 지남에 따라 점차 변했고, 갈수록 이질적인 문화 관습이 형성되었다는 사실이다. 양식적으로 뚜렷이 구별되었던 라피타

---

40 Summerhayes, 'Obsidian Network Patterns'.
41 Peter Bellwood and Peter Koon, 'Lapita Colonists Leave Boats Unburned! The Questions of Lapita Links with Island South East Asia', *Antiquity* 63 (1989): 613-22.

문화의 토기도 갈수록 단순화되었다. 멜라네시아의 수많은 섬에서, 라피타 문화 이후의 공동체들은 내륙으로 확산되어 들어갔고, 사회적 네트워크 또한 갈수록 지역성이 강화되었다. 한 지역을 오래도록 점유하면서 조상과 계보의 지역 연고를 점차 강조했고, 그에 따라 의례 풍습도 강화되었다. 이런 관점에서 민속 조사를 통해 알려진 풍습이 역사적으로 언제 출현했는지를 고고학적으로 확인하는 연구가 진행되었다. 가장 대표적인 사례가 파푸아뉴기니 남부 해안 지역 파푸아만(Gulf of Papua)에서 볼 수 있는 "히리 무역 체계(hiri trade system)"였다. 19세기 말에서 20세기 기록에 따르면, 포트모르즈비(Port Moresby) 지역에 살던 웨스턴 모투인(Western Motu peoples)은 매년 2중선체 카누(lagatoi)를 타고 대규모 교역 항해를 실시했는데, 파푸아만을 따라 서쪽으로 항해하며 해안의 마을들을 거쳐 500킬로미터까지 나아갔다. 각 지역에서는 조개로 만든 귀중품과 돌도끼 등을 사들였고, 그 대가로 모투인(Motu people, 히리 시스템을 운영한 핵심 부족)이 내놓은 상품은 요리용 토기였다. 모투인의 마을에서는 여인들이 매년 판매용 토기를 많게는 3만 개까지 제작했고, 이를 운반하는 2중선체 카누는 약 20대가 출항했으며, 카누 한 대에는 선원 약 20명이 탑승했다(그림 22-4). 모투인은 토기를 판 대가로, 여자들이 갈아 만든 사고야자 전분(최대 600톤)과 남자들이 만든 카누 선체를 얻었다. 모투인의 구술사에 따르면, 히리 시스템의 시작은 300~500년 전이었다고 한다(족보를 기준으로 시기를 추산). 파푸아만을 따라 수많은 마을을 방문하는 경로에서 수천 점에 달하는 히리 토기 파편이 발견되었는데, 이를 분석하여 확인한 시기도 과거 400~500년 전이었다.[42]

솔로몬 제도의 뉴조지아(New Georgia)섬 남부 해안에 있는 로비아

[그림 22-4] 교역용 2중선체 카누와 토기를 싣는 소형 카누
바닷가 마을, 포트모르즈비 지역.

나 라군(Roviana Lagoon) 지역에서는 과거 1000여 년 사이에 발달한 복합적 사회-정치 및 의례 구조의 또 한 가지 사례를 확인할 수 있다. 민속 조사 결과 석호(lagoon)를 둘러싼 환초 위에 점점이 흩어져 있는 수많은 마을에 사는 사람들은 주식으로 해양 생물 자원을 이용하면서 타로, 얌, 바나나, 사고야자 등을 함께 재배했다. 공동체는 추장을 중심으로 하는 족장 사회(chiefdom)였고, 추장은 공동체 간의 사회-정치적 활동을

---

42 David Frankel and Jim Rhoads (eds.), *Archaeology of a Coastal Exchange System: Sites and Ceramics of the Papuan Gulf* (Canberra: Division of Archaeology and Natural History, Research School of Pacific and Asian Studies, The Australian National University, 1994).

지휘했다. 핵심 사업은 사람사냥을 위한 침략(최대 500명의 인원이 200킬로미터 이상의 거리를 오가는 작전)과, 조개로 만든 귀중품이 포함된 복잡한 체계의 교역이었다. 세습되는 추장의 권력과 권위는 조상들에 의해 정당화되었다. 그래서 조상의 해골은 사당(hope)에 모셔다 두고 귀중한 조개껍데기 화폐(poata)로 공물을 올렸다. 권위의 가장 핵심적인 근거는 전리품으로 가져온 해골이었다. 사람사냥을 위한 침략 당시에 사용된 거대한 전투용 카누(tomoko)를 가지고 집을 만들어서 그 안에 해골을 보관했다. 석호를 둘러싸고 수백 곳의 카누 사당이 확인되었다. 이와 같은 로비아나 족장 사회 및 그들의 정치 체제는 과거 700년 이내에 발달했던 것으로 추정된다.[43] 약 400년 전 사당 건축이 활발해졌는데, 그 형태가 부두에 건설한 창고형, 카누로 만든 집, 요새, 산호 잡석을 쌓아 올린 더미 등으로 다양해졌다. 그 안에는 인간의 유골(조상의 해골과 사람사냥 침략으로 가져온 해골을 함께 안치)과 조개껍데기로 만든 귀중품이 부장되어 있었다.

살아 있는 사람들 가운데 죽은 자의 존재와 권력이 지속된 현실은 바누아투의 에레토카(Eretoka, 혹은 Retoka)섬에 있는 로이 마타(Roi Mata)의 매장지에서 분명하게 확인된다. 구술사에 따르면 로이 마타는 약 400년 전에 사망한 전설적 추장이었다. 그와 함께 50명가량의 남녀

---

43 Richard Walter and Peter Sheppard, 'Archaeology in Melanesia: A Case Study from the Western Province of the Solomon Islands', in Ian Lilley (ed.), *Archaeology of Oceania: Australia and the Pacific Islands* (Carlton, Vic.: Blackwell, 2006); and Richard Walter and Peter Sheppard, 'Nusa Roviana: The Archaeology of a Melanesian Chiefdom', *Journal of Field Archaeology* 27 (2000): 295-318.

가 순장되었고, 조개껍데기와 치아로 정교하게 장식된 귀중품이 부장되어 있었다. 함께 부장된 유물의 대부분은 로이 마타의 지배 아래 있던 수많은 부족을 상징하는 물품으로 추정된다. 희생된 남성들은 카바(kava)라는 식물로 만든 약물을 섭취했으나, 여성들은 생매장되었던 것 같다.[44]

폴리네시아

폴리네시아는 대부분의 리모트오세아니아(Remote Oceania) 지역을 포함한다. 최초로 그곳을 항해한 사람들은 인류의 지구 정복 과정상 대미를 장식한 주역이었다. 고고학적으로 밝혀진바, 최소 1500년 전에 통가와 사모아에 인류가 정착한 뒤 라피타 문화인의 후손들이 북쪽, 서쪽, 남쪽으로 거대한 대양을 가로질러 이주했다. 서로 밀접하게 연결된 30개 이상의 폴리네시아 언어와 사회를 건설한 이들이 그들이었다. 오늘날 많은 폴리네시아인에게 전해지는 구술사(oral history), 즉 전설과 전통 노래의 내용을 보면, 조상들의 고향을 하와이키(Hawaiki)라고 한다. 그들이 말하는 하와이키란 사모아와 통가, 그리고 서부 폴리네시아 주변 지역이다. 하와이키를 기원으로 하는 폴리네시아 사회들은 대개 역사가 그리 오래되지 않았고(1000년 이내), 그만큼 서로 비슷한 점이 많다.[45] 추장을 중심으로 하는 족장 사회라는 점도 그러한 공통점 중 하나다. 추장의 거처를 중심으로 공동체 구조가 만들어지는데, 추장의 거처

---

44 Matthew Spriggs, *The Island Melanesians* (Oxford: Blackwell, 1997), pp. 207-12.
45 Patrick V. Kirch and Roger C. Green, *Ancestral Polynesia: An Essay in Historical Anthropology* (Cambridge University Press, 2001).

에 종교 시설이 연결되고 다시 평민의 집이 이어지며, 여기에 농사를 위한 정원이 딸려 있다. 몇몇 폴리네시아 공동체는 다시 서쪽으로 이주하여 멜라네시아로 되돌아간 경우도 있다(예를 들면 솔로몬 제도의 티코피아Tikopia). 이러한 과정 때문에 멜라네시아와 폴리네시아의 문화가 서로 중첩되고 경계가 더욱 모호해졌다.[46]

거대한 2중선체 카누는 폴리네시아의 독특한 민속이라 할 수 있는데, 그들이 목적의식적으로 대양 항해에 성공하여 폴리네시아에 정착할 수 있었던 비결이 바로 그것이다.[47] 폴리네시아 사회의 토대는 서부 폴리네시아(하와이키)에서 등장했다. 그곳에 최초로 정착한 이들은 약 2900년 전의 라피타 문화인이었다. 약 1500년 전에 이르러 이곳의 토기 기술이 지역 전통과 거의 단절되었기 때문에 나중에 폴리네시아로 진출한 후손들은 기본적으로 토기 기술을 보유하지 못했다. 이들의 확산 시기와 관련해서는 고고학계에서 논쟁이 치열한 상황이다. 더욱이 최초 정착지를 확인할 수 있는 유물 자료의 연대와, 자연환경에 인간이 영향을 미친 것으로 추정되는 시기를 비교해보면, 유물의 연대가 대체로 늦게 나온다. 최근에 이러한 연구 상황을 종합한 바에 따르면, 동부 폴리네시아에서 인류가 정착한 최초의 시기는 다음과 같다. 1000~900년 전 소시에테(Société) 제도에서 출발하여 800~700년 전 거의 비슷한 시기에 마르케사스(Marquesas), 하와이, 라파누이에 정착했고, 700년 전

---

46 Spriggs, *The Island Melanesians*, chapter 7.
47 Geoff Irwin, *The Prehistoric Exploration and Colonisation of the Pacific* (Cambridge University Press, 1992); and Kerry R. Howe (ed.), *Vaka Moana: Voyages of the Ancestors* (Auckland: David Bateman Ltd. and Auckland Museum, 2006).

마지막으로 태평양 남부의 뉴질랜드까지 진출했다.[48] 아열대와 아남극에 위치한 수백 개의 섬에는 이후 몇 세기가 안 돼 비교적 빠른 시일 내에 사람들이 정착했다. 최소 25개 섬에는 잠시 사람들이 살다가 명맥이 끊어졌고, 18~19세기 유럽인이 진출할 때까지 무인도로 남아 있었다.[49] 콜럼버스 이전에 고구마가 동부 폴리네시아에 전해지고 또한 폴리네시아의 닭이 칠레에 전파된 점으로 보아, 폴리네시아인이 라파누이에서 동쪽으로 3000킬로미터를 항해하여 남아메리카까지 진출했을 수도 있다.[50] 또한 멜라네시아와 폴리네시아의 항해가들이 오스트레일리아 동부 해안에 도달했다는 가설이 오래도록 지지를 받아왔지만 고고학적 증거로 확인된 바가 없기 때문에, 실제로 오스트레일리아 원주민과 폴리

---

48 Janet M. Wilmshurst, Atholl J. Anderson, Thomas F. G. Higham and Trevor H. Worthy, 'Dating the Late Prehistoric Dispersal of Polynesians to New Zealand Using the Commensal Pacific Rat', *Proceedings of the National Academy of Sciences of the United States of America* 105 (2008): 7676-80; and Janet M. Wilmshurst, Terry L. Hunt, Carl P. Lipo and Atholl J. Anderson, 'High-Precision Radiocarbon Dating Shows Recent and Rapid Initial Human Colonization of East Polynesia', *Proceedings of the National Academy of Sciences of the United States of America* 108 (2011): 1815-20.
49 Atholl Anderson, 'Faunal Collapse, Landscape Change and Settlement History in Remote Oceania', *World Archaeology* 33 (2002): 375-90.
50 Chris Ballard, Paula Brown, R. Michael Bourke and Tracy Harwood (eds.), *The Sweet Potato in Oceania: A Reappraisal*, Oceania Monographs 56 (University of Sydney, 2005); Alice A. Storey, Jóse M. Ramírez, Daniel Quiroz, David V. Burley, David J. Addison, Richard Walter, Atholl J. Anderson, Terry L. Hunt, J. Stephen Athens, Leon Huynen and Elizabeth A. Matisoo-Smith, 'Radiocarbon and DNA Evidence for a Pre-Columbian Introduction of Polynesian Chickens to Chile', *Proceedings of the National Academy of Sciences of the United States of America* 104 (2007): 10335-39; and Terry L. Jones, Alice A. Storey, Elizabeth A. Matisoo-Smith and Jóse M. Ramírez-Aliaga, *Polynesians in America: Pre-Columbian contacts with the New World* (Lanham, MD: AltaMira Press, 2011).

네시아 혹은 멜라네시아인의 사회적 교류 관계는 없었다고 보아야 한다.[51] 다만 퀸즐랜드 해안에서 가까운 리저드섬(Lizard Island)에서 멜라네시아 양식이 분명한 토기가 발견되었는데, 이는 멜라네시아와 오스트레일리아의 접촉 가능성을 확인해주는 최초의 직접 증거였다.[52]

서부 폴리네시아의 라피타 문화인이 그랬던 것처럼, 그들의 후손인 폴리네시아인도 새로 진출하는 섬으로 다양한 동식물을 가지고 들어갔고, 영구 정착에 편리하도록 인공적으로 자연환경에 변화를 꾀했다. 돼지, 개, 닭 등의 동물이 태평양 전역의 주민에게 선택적으로 도입되었고, 고구마, 바나나, 타로 같은 농업 생산물도 마찬가지였다. 일부 동물들, 예컨대 폴리네시아쥐(*Rattus exulans*)는 섬의 생태계에 의도치 않은 결과를 초래했다. 폴리네시아쥐는 새알을 워낙 좋아해서 약 2000종의 새가 멸종하고 말았는데, 종수로 따지면 지구상 새의 약 20퍼센트에 해당한다.[53] 폴리네시아인이 생태 환경에 미친 가장 극적인 사례는 뉴질랜드에 있었다. 사람들이 뉴질랜드에 진출한 뒤 300년이 채 못 되어 마오리족의 조상들은 날지 못하는 새의 모든 종을 멸종시켰다. 그중에는 키가 4미터에 달하는 디노르니스 기간테우스(Dinornis giganteus, 자이언트 모

---

51 Irwin, *The Prehistoric Exploration*, p. 100.
52 Clare Tochilin, William R. Dickinson, Matthew W. Felgate, Mark Pecha, Peter Sheppard, Frederick H. Damon, Simon Bickler and George E. Gehrels, 'Sourcing Temper Sands in Ancient Ceramics with U-Pb Ages of Detrital Zircons: A Southwest Pacific Test Case', *Journal of Archaeological Science* 39 (2012): 2583-91.
53 Richard P. Duncan, Alison G. Boyer and Tim M. Blackburn, 'Magnitude and Variation of Prehistoric Bird Extinctions in the Pacific', *Proceedings of the National Academy of Sciences of the United States of America* 110 (2013): 6436-41; and David W. Steadman, 'Prehistoric Extinctions of Pacific Island Birds: Biodiversity Meets Zooarchaeology', *Science* 267 (1995): 1123-31.

아)도 포함되었다. 초기 뉴질랜드 유적에 모아(moa)의 뼈가 가득했으므로, 그들이 모아를 식량 자원으로 이용했던 것은 분명하다. 뿐만 아니라 원경 농법이나 그와 관련하여 들판에 불을 지르는 행위가 모아의 멸종에 기여한 것 또한 분명한 사실이다. 더욱이 마오리족이 불을 지르는 바람에 뉴질랜드 숲의 거의 절반이 초원, 양치류(고사리) 초지, 잡목 숲으로 변했다.[54] 화전 농법 이외에도 불을 지르는 이유는 양치류(중요한 전분 공급원) 초지의 확장을 의도했기 때문이다. 이에 못지않은 생태 환경의 극적인 변화가 라파누이에서도 보고되었다. 유럽인이 17세기에 라파누이에 진출했을 때는 폴리네시아인에 의해 이미 약 20종의 나무가 멸종한 뒤였다. 이와 같은 숲의 소멸은 주민과 생태 환경의 관계가 새롭게 바뀌었기 때문이다. 그러나 그것을 사회의 붕괴 원인으로까지 보는 것은 과도한 해석이며, 그보다 더 심각했던 유럽인과의 접촉 이후의 문제를 지나치게 축소하는 견해라 하겠다.[55]

민속 조사 보고에 따르면, 폴리네시아인은 최근 원거리 교역과 연맹 네트워크에 더 이상 참여하지 않았고, 그런 점에서 오스트레일리아나 멜라네시아에서 보고된 원주민의 사례와는 달랐다.[56] 폴리네시아 사

---

54 David B. McWethy, Cathy Whitlock, Janet M. Wilmshurst, Matt S. McGlone and Xun Li, 'Rapid Deforestation of South Island, New Zealand, by Early Polynesian Fires', *The Holocene* 19 (2009): 883-97; and Matt S. McGlone, 'Polynesian Deforestation of New Zealand: A Preliminary Synthesis', *Archaeology in Oceania* 18 (1983): 23.
55 Terry L. Hunt and Carl P. Lipo, 'Revisiting Rapa Nui (Easter Island) "Ecocide"', *Pacific Science* 63 (2009): 601-16.
56 Marshall I. Weisler, 'Hard Evidence for Prehistoric Interaction in Polynesia', *Current Anthropology* 39 (1998): 521-32.

회의 구조상 물품의 이동은 대개 결혼 선물이나 추장에게 바치는 조공과 관련이 있었다.[57] 뉴질랜드에서는 거래(특히 선물의 상호 교환) 관계가 더욱 발달해 있었고, 생태 환경의 차이에 따라 거래 구조가 형성되었으며, 공동체들 사이에 주로 거래되는 품목은 식량 자원과 도구(예를 들면 돌자귀)였다. 특히 해안 지역과 내륙 지역의 공동체들 간 거래가 많았다. 경우에 따라서는 예컨대 녹옥(greenstone)으로 만든 물품 같은 귀중품이 거래되기도 했다. 고고학 발굴로 드러난 바로는 자귀를 만드는 원자재 및 채석장이 한정되어 있었는데, 현무암(basalt), 규질점토암(argillite), 연옥(nephrite) 등이 사용되었다. 이들 품목은 과거 700년 이전부터 뉴질랜드의 광범위한 지역에서 거래되었다.[58] 비슷한 정도로 체계화된 거래 시스템이 역사적으로 사모아, 통가, 피지 사이에서 운영되었다.[59] 또한 고고학 연구를 통해 폴리네시아의 다른 지역에서도 고대인이 대양을 가로질러 굉장히 멀리 떨어진 공동체들 사이에 석기와 토기를 거래한 것으로 확인되었다. 예를 들어 12~15세기에 현무암으로 만든 자귀가 마르케사스섬에서 제작되어 남서쪽으로 1425킬로미터 떨어진 소시에테(Société) 제도까지, 남동쪽으로 1750킬로미터 떨어진 프랑스령 폴리네시아의 망가레바(Mangareva)까지 이동했다. 하와이섬에도 이와 비슷한

57 Oliver, *Oceania*.
58 Peter J. Sheppard, 'Moving Stones: Comments on the Archaeology of Spatial Interaction in New Zealand', in Louise Furey and Simon Holdaway (eds.), *Change Through Time: 50 Years of New Zealand Archaeology* (Auckland: New Zealand Archaeological Association, 2004).
59 Adrienne L. Kaeppler, 'Exchange Patterns in Goods and Spouses: Fiji, Tonga and Samoa', *Mankind* 11 (1978): 246-52.

경우가 있다. 하와이 사람들이 타히티(Tahiti)섬까지 여행을 했다는 이야기가 전설로 전해오고 있는데, 실제로 프랑스령 폴리네시아에 속하는 투아모투 열도(Tuamotu Archipelago)의 환초 나푸카(Napuka)의 현무암으로 만든 자귀가 그로부터 북쪽으로 4000킬로미터, 즉 32일간 항해해야 도달할 수 있는 하와이의 카호올라웨(Kahoʻolawe)섬에서 발견되었다. 600~700년 전의 것으로 추정되는 현무암 자귀와 토기가 쿡 제도(Cook Islands)에서도 발견되었는데, 자귀와 토기의 원산지는 각각 사모아섬과 통가섬으로 확인되었다. 두 곳 모두 서쪽으로 1700킬로미터 떨어진 곳이다.[60] 이는 곧 여러 섬 사이에 상호 교류의 권역이 존재했음을 의미하는데, 폴리네시아 중부 지역에서는 그 역사가 500년 전까지 거슬러 올라간다. 이후 섬의 공동체들은 점차 독립성과 자급자족을 강화하는 방향으로 나아갔다.[61]

폴리네시아의 여러 사회는 최고 권위의 추장과 성직자를 포함하여 위계질서에 입각한 계층 구조를 가지고 있었다. 정착 생활을 시작한 이후로는 기념비적 석조 건축물과 관개 시설도 건설했다. 사회-정치적 계층화의 정도나 인구 규모 및 밀도는 폴리네시아의 여러 사회들이 저마다 달랐다.[62] 대부분의 의례 행위(대규모 조공 행사 포함)는 주로 추장, 특

---

60 Richard Walter and William R. Dickinson, 'A Ceramic Sherd from Maʻuke in the Southern Cook Islands', *The Journal of the Polynesian Society* 98 (1989): 465-70; and Richard Walter and Peter J. Sheppard, 'The Ngati Tiare Adze Cache: Further Evidence of Prehistoric Contact between West Polynesia and the Southern Cook Islands', *Archaeology in Oceania* 31 (1996): 33-39.
61 Weisler, 'Hard Evidence'; and Kenneth D. Collerson and Marshall I. Weisler, 'Stone Adze Compositions and the Extent of Ancient Polynesian Voyaging and Trade', *Science* 317 (2007): 1907-11.

히 최고 추장과 관련이 있었다. 최고 추장은 신으로부터 직접 내려온 영적 권능(mana)을 지닌 존재로 간주되었다. 소규모 족장 사회는 환초를 따라 형성된 수백 명 규모의 공동체들을 거느렸지만, 복합 구조의 계층화된 서열을 갖춘 최고 추장의 족장 사회는 통가, 사모아, 하와이, 소시에테 제도에서 각각 수만 명의 인구를 거느렸다. 이와 같은 제국들은 영토 및 군사 기반이 강했으며, 오세아니아 지역에서 가장 구조적이고 계층화된 정치 단위이자 계급화된 사회로 발달했다. 역사적으로 알려진 통가의 해양 제국은 인구 3~4만 명을 거느렸으며, 통가타푸(Tongatapu)섬의 추장들을 중심으로 해양 면적으로 800제곱킬로미터에 달하는 지역 내 수많은 섬 공동체들로부터 조공을 거두었다. 통가타푸섬에 있는 기념비적 구조물로는 정교하게 건축된 추장의 무덤과 카누-선창 복합시설이 포함된다. 추장의 무덤은 최대 50톤에 달하는 돌을 블록 형태로 깎아 사용했으며, 카누-선창 복합 시설은 10만 세제곱미터 이상의 흙을 성토하여 조성했다. 이 모든 일은 500~600년 전에 일어났다.[63] 하와이의 인구는 약 20만 명이었는데, 네 개의 족장 사회로 나뉘어 있다가 19세기 초에 신성왕 카메하메하(Kamehameha) 1세에 의해 하나의 제국으로 통합되었다. 왕국의 기반이 된 여러 섬들은, 그 안에서 다시 구역(moku)이 나뉘어 있었고, 여러 족장 사회가 경계를 맞대고 있었는데, 이를 포괄하여 최고 추장이 다스리는 사회였다. 이러한 왕국의 체제가 출

---

62 Patrick V. Kirch, *The Evolution of the Polynesian Chiefdoms* (Cambridge University Press, 1984), pp. 98-99.
63 Geoff Clark, David Burley and Tim Murray, 'Monumentality and the Development of the Tongan Maritime Chiefdom', *Antiquity* 82 (2008): 994-1008.

현한 시기는 약 600~350년 전이었다.[64] 테라스형 농지와 관개 수로, 수상 생물 사육을 위한 연못, 사원 복합 구조(heiau)와 관련된 정교한 석조 구조물이 많이 있는 점으로 보아, 하와이의 족장 사회는 강력한 추장 권력에 집중되었으며 추장이 자원과 노동력 및 의례를 주관했다. 라파누이에서는 800~500년 전에 족장이 등장하여 해안에 있던 수백 개의 작은 지역 단위들(kainga)을 거느렸다. 하나의 마을은 평민의 집과 추장 및 성직자의 집, 거대한 석조 광장(ahu)으로 구성되었으며, 광장에는 인물 석조상(moai)이 세워졌는데 그 무게가 최대 80톤에 달했다. 확인된 모아이 석상은 500개가 넘고, 라노 라라쿠(Rano Raraku)의 현무암 채석장에는 200개의 미완성 모아이 석상이 남아 있었다. 유럽인이 뉴질랜드에 도착했을 때 그곳의 인구는 약 10만 명이었다. 당시 뉴질랜드 사회에서 추장의 권력과 군사력, 그리고 그 규모를 짐작할 수 있는 유적으로 거대한 인공 언덕(pa)이 있다. 정교한 테라스와 요새를 갖춘 인공 언덕이 약 6000개 있었는데, 특히 과거 400년 사이에 집중적으로 건설된 것들이었다.

미크로네시아

멜라네시아의 북쪽으로 미크로네시아 섬들이 분포하고 있다. 미크로네시아에는 오스트로네시아어 사용자들의 다양한 문화가 펼쳐져 있는데, 서부(마리아나, 팔라우)는 섬동남아(island South-East Asia)에 속하

---

64 Patrick V. Kirch, *How Chiefs Became Kings: Divine Kingship and the Rise of Archaic States in Ancient Hawai'i* (Berkeley: University of California Press, 2010).

고, 중동부(야프, 캐롤라인, 마셜, 키리바시)는 태평양에 속한다. 태평양에 떠 있는 다른 많은 섬과 마찬가지로 미크로네시아 사람들 또한 단백질 식량 자원은 주로 해양 생물을 이용했으며(보조적으로 돼지, 개, 닭을 기른 곳도 있었다), 더불어 타로, 얌, 빵나무 등의 작물도 재배했다(서부 지역에서는 쌀을 재배했을 가능성도 있다). 폴리네시아인과 마찬가지로 미크로네시아인도 항해 전문가였다. 정교하게 만든 아우트리거 카누에 복잡한 돛과 삭구 장치를 달았고, 그들만의 항해술로 대양을 가로질러 섬과 섬 사이를 오갔다. 마을의 정치 형태는 확대 가족 구조에 초점이 맞추어졌고, 여기에다 다양한 사회적 지위가 부가되었으며, 세습 추장이 존재했다.

미크로네시아에 사람이 살기 시작한 시기는 그리 오래되지 않았다 (4000년 이내). 이후 부분적으로 동남아시아, 멜라네시아, 폴리네시아의 문화적 발전에 영향을 받았다.[65] 가장 이른 시기의 문화적 흔적은 서부 지역의 섬들로부터 확인되는데, 그곳에서 발견된 토기는 시기적으로 3500년 전까지 거슬러 올라간다. 토기를 분석한 결과 무려 1800킬로미터나 떨어진 동남아시아 지역 및 그곳 사람들과의 관련성이 드러났다. 비슷한 시기 파푸아뉴기니 동북부에서 라피타 문화 복합체를 형성한 사람들의 조상도 동남아시아인이었다. 이와 달리 중동부 지역의 섬들에 사람이 살기 시작한 시기는 훨씬 나중이었다(약 2000년 전). 이는 남쪽에 있는 멜라네시아의 사람들이 건너온 것이었다. 초기 유적은 대체로 조간대 환초 위에 건설된 수상 가옥 마을의 흔적이었다.

---

65 Paul Rainbird, *The Archaeology of Micronesia* (Cambridge University Press, 2004).

과거 1500년 동안 미크로네시아에서는 특히 지역 문화의 다양성이 강화되었다. 이와 함께 복합 구조의 사회들이 등장했다. 유럽인이 이들과 접촉한 18~19세기의 기록에도 그러한 사회의 모습이 남아 있다. 이러한 지역적 발전의 가장 분명한 것은 폴리네시아 거의 전 지역에서 볼 수 있는 것과 유사한 기념비적 건축물의 출현과 관련이 있다. 유명한 사례로는 마리아나 제도의 돌기둥(latte) 구조물, 팔라우섬의 거대한 테라스 구조, 그리고 폰페이(Pohnpei), 코스라에(Kosrae)섬, 캐롤라인 제도 동부에 있는 현무암 기둥 구조물 등이 있다. 라테(latte) 돌기둥 구조물은 화강암, 사암, 현무암 등으로 제작되었다. 기둥 꼭대기에는 반구형의 뚜껑돌이 얹혀 있으며, 높이는 대체로 2.5미터 이하다. 쌍을 이루어 두 줄로 6~14개의 기둥이 서 있다. 조성된 시기는 1000년 전에서 400년 전 사이다. 스페인어 기록에 따르면, 원래는 그 기둥 위에 목조 건물이 있어서 사람들이 살았고, 심지어 거대한 카누를 수납하기도 했다고 한다. 해안 지역에서 라테 돌기둥이 많은 경우 남녀의 무덤과 관련이 있는데, 이는 조상의 권력 및 지역 연고를 주장하는 의미를 담고 있다. 석조 유물의 기원지를 추적해보면, 라테 돌기둥 유적을 보유한 공동체들끼리 섬과 섬 사이의 거래 관계 및 사회적 관계를 맺고 있었음을 알 수 있다. 거대한 규모로 유명한 폰페이섬의 난마돌(Nan Madol) 석조 유적은 추장 권력의 확장, 그리고 조상에 의해 정당화되는 정치적 중앙 집권과 관련이 있다(그림 22-5). 이 복합 유적은 환초(環礁) 위에 설치된 93개의 작은 인공 섬들로 구성되어 있는데, 건축 시기는 1500년 전에서 800년 전 사이였고, 주된 기능을 상실한 시기는 약 400년 전이었다. 현무암을 쌓아 만든 건축 구조물에는 높이가 9미터에 달하는 벽면, 엘리트 계층의

〔그림 22-5〕 난마돌 유적의 석조 구조물
폰페이섬, 2004년 촬영.

무덤, 추장과 측근들의 주거지도 포함되어 있다.[66]

미크로네시아의 많은 섬은 동맹 관계를 맺고 상거래 네트워크도 형성되어 있었다. 대표적 사례가 이른바 야프 제국(Yapese Empire)이었다. 야프(Yap)섬 가길(Gagil) 지역의 최고 추장이 사웨이(sawei)라고 하는 상거래 네트워크를 통제했는데, 15개의 산호섬 공동체와 캐롤라인 제도까지 사웨이에 포함되어 있었고, 대양을 가로지르는 사웨이의 거리는

---

66 J. Stephen Athens, 'The Rise of the Saudeleur: Dating the Nan Madol Chiefdom, Pohnpei', in Atholl Anderson, Kaye Green and Foss Leach (eds.), *Vastly Ingenious: The Archaeology of Pacific Material Culture in Honour of Janet M. Davidson* (Dunedin, New Zealand: Otago University Press, 2007); and Rainbird, *The Archaeology of Micronesia*.

1300킬로미터에 달했다.[67] 사웨이는 미크로네시아 역사상 알려진 바로는 최대 규모의 상거래 시스템이었다. 야프섬으로 수입되는 품목은 조개로 만든 귀중품, 식물 섬유로 만든 옷, 밧줄, 거북의 껍데기로 만든 벨트 등이었다. 야프섬에서 수출하는 품목은 토기, 안료, 조개, 의례 행사에 사용되는 심황, 다양한 식량 자원 등이었다. 이와 같은 상거래 시스템을 통해 상당히 멀리 떨어진 공동체들 사이에 사회적 동맹 관계가 맺어졌다. 무엇보다도 이웃 공동체가 식량 위기에 처했을 때 이러한 동맹 관계가 위력을 발휘할 수 있었다. 팔라우를 비롯한 서쪽의 섬들과 야프섬을 연결하는 또 다른 상거래 네트워크에서는 석회석이 크고 작은 원반 모양으로 제작되어 유통되었다. "석화(石貨)", 즉 돌로 만든 화폐는 카누에 실려 300킬로미터를 이동하여 야프섬까지 거래되기도 했다. 캐롤라인 제도로 이동하는 야프섬의 토기가 약 600년 전부터 급증했는데, 이때가 사웨이 상거래 네트워크가 시작된 시기로 추정된다.[68]

결론

오세아니아에서 인류의 역사는 지역에 따라 편차가 컸다. 시작 시기는 오스트레일리아와 뉴기니의 경우 5만 년 전이었고, 뉴질랜드의 경우 불과 700년 전이었다. 오세아니아 지역에서 발달한 사회는 매우 다양했

---

67 William A. Lessa, 'Ulithi and the Outer Native World', *American Anthropologist* 52 (1950), 27-52.
68 Patrick V. Kirch, *On the Road of the Winds: An Archaeological History of the Pacific Islands before European Contact* (Berkeley: University of California Press, 2000), pp. 192-93; and Rainbird, *The Archaeology of Micronesia*, p. 160.

다. 그럼에도 불구하고 공통적으로 가깝거나 먼 지역과 다양한 방식의 교류 관계를 맺었다. 상거래 및 그와 결부된 사회적 교류 네트워크의 역사를 통해 우리는 오세아니아 지역 공동체들의 내부 혹은 공동체들 사이의 중요한 역사적 발전 과정을 엿볼 수 있으며, 또한 사람과 사람, 사람과 환경의 관계도 파악할 수 있다. 플라이스토세에는 한편으로 인구 증가 등의 영향으로 원거리 교역 시스템이 형성되었고, 공동체들이 굉장히 먼 거리를 두고 흩어져 있었지만, 홀로세의 상거래 네트워크 발달은 높은 인구 밀도와 근접한 여러 공동체 간의 교류 문제가 더 컸다. 많은 경우 이러한 상거래 네트워크와 동맹 관계는 전략적 단계로 발전하여, 자연환경의 변화나 자원 부족 등으로 빚어지는 위험을 회피하기 위한 수단으로 이용되었다. 높은 수준의 현실적 요구와 종교 및 의례 지식, 복잡한 사회 관계를 조율하고 관리 및 통제하기 위해 필요한 에너지 등을 얻으려면 전문적 리더십과 권위가 필요했다. 그래서 오스트레일리아 원주민의 경우, 과거 3000년 동안 인구 증가와 사회적 교류의 증대, 이에 수반되는 복합적 사회 구조 및 위계질서의 강화가 상거래 및 의례와 관련된 유물이나 사회적 회합, 의례 행사, 축제 등을 위해 모인 장소 등에서 드러났다. 같은 시기 멜라네시아, 폴리네시아, 미크로네시아의 농업 기반 사회에서도 이와 비슷한 정도의 발전 양상이 나타났다. 다만 이곳에서는 오스트레일리아에 비해 더욱 엄밀하고 형식적인 위계 구조가 발달했고, 더욱 집약적인 노동력 투입이 필요한 의례 공간이 조성되었다. 이는 엘리트 계층을 지원하고, 오스트레일리아에 비해 더욱 밀집한 인구를 관리하는 데 도움이 되었다. 이에 비하여 오스트레일리아 원주민 사회의 통치는 협상력에 의해 획득된 지위와 리더십에 바탕을 두고 있었다. 이를 위하여 현실과 종교적 지식 및 자원을 전략적으로 이용 및 통제했다. 리모트오세아니아의 경우 전문적이고 제도화된 위계질서는 대개 세습 추장이 중심이었다. 영국의 탐험가들과 항해 전문가 제임스 쿡 대령(Lt. James Cook)이 18세기 말 태평양을 항해할 때 마주친 사람들은 바로 그들이었다.

더 읽어보기

Akerman, Kim, and John Stanton, *Riji and Jakuli: Kimberley Pearl Shell in Aboriginal Australia*, Monograph Series 4, Darwin: Northern Territory Museum of Arts and Sciences, 1994.
Bahn, Paul G., and John Flenley, *Easter Island, Earth Island*, London: Thames and Hudson, 1992.
Ballard, Chris, Paula Brown, R. Michael Bourke and Tracy Harwood (eds.), *The Sweet Potato in Oceania: A Reappraisal*, Oceania Monographs 56, University of Sydney, 2005.
Brown, Paula, *Highland Peoples of New Guinea*, Cambridge University Press, 1978.
David, Bruno, *Landscapes, Rock-Art and the Dreaming: An Archaeology of Preunderstanding*, London and New York: Leicester University Press, 2002.
Frankel, David, and Jim Rhoads (eds.), *Archaeology of a Coastal Exchange System: Sites and Ceramics of the Papuan Gulf*, Research Papers in Archaeology and Natural History 25. Canberra: Division of Archaeology and Natural History, Research School of Pacific and Asian Studies, The Australian National University, 1994.
Hiscock, Peter, *Archaeology of Ancient Australia*, London and New York: Routledge, 2008.
Howe, Kerry R. (ed.), *Vaka Moana: Voyages of the Ancestors*, Auckland: David Bateman Ltd and Auckland Museum, 2006.
Hughes, Ian, *New Guinea Stone Age Trade*, Terra Australis 3, Canberra: Department of Prehistory, Research School of Pacific Studies, The Australian National University, 1977.
Irwin, Geoff, *The Prehistoric Exploration and Colonisation of the Pacific*, Cambridge University Press, 1992.
Jones, Terry L., Alice A. Storey, Elizabeth A. Matisoo-Smith and Jóse M. Ramírez-Aliaga, *Polynesians in America: Pre-Columbian Contacts with the New World*, Lanham, MD: AltaMira Press, 2011.
Keen, Ian, *Aboriginal Economy & Society: Australia at the Threshold of Colonisation*, South Melbourne: Oxford University Press, 2004.
Kirch, Patrick V., *The Lapita Peoples: Ancestors of the Oceanic World*, Oxford: Blackwell, 1997.
_____, *On the Road of the Winds: An Archaeological History of the Pacific Islands before European Contact*, Berkeley: University of California Press, 2000.

Lilley, Ian (ed.), *Archaeology of Oceania: Australia and the Pacific Islands*, Carlton, Vic.: Blackwell, 2006.

Lourandos, Harry, *Continent of Hunter-Gatherers: New Perspectives in Australian Prehistory*, Cambridge University Press, 1997.

Macfarlane, Ingrid, Mary-Jane Mountain and Robert Paton (eds.), *Many Exchanges: Archaeology, History, Community and the Work of Isabel McBryde*, Aboriginal History Monograph 11. Canberra: Aboriginal History Inc., 2005.

McNiven, Ian J., and Lynette Russell, *Appropriated Pasts: Indigenous Peoples and the Colonial Culture of Archaeology*, Walnut Creek, CA: AltaMira Press, 2005.

Morwood, Michael J., *Visions from the Past: The Archaeology of Australian Aboriginal Art*, St Leonards, NSW: Allen & Unwin, 2002.

Oliver, Douglas L., *Oceania: The Native Cultures of Australia and the Pacific Islands*, vols. I and II, Honolulu: University of Hawai'i Press, 1989.

Peterson, Nicholas (ed.), *Tribes and Boundaries in Australia*, Canberra: Australian Institute of Aboriginal Studies, 1976.

Rainbird, Paul, *The Archaeology of Micronesia*, Cambridge University Press, 2004.

Sand, Christophe and Stuart Bedford (eds.), *Lapita: Oceanic Ancestors*, Paris: Musée Du Quai Branley, 2010.

Smith, Mike, *The Archaeology of Australia's Deserts*, Cambridge University Press, 2013.

Spriggs, Matthew, *The Island Melanesians*, Oxford: Blackwell, 1997.

Summerhayes, Glenn, *Lapita Interaction*. Terra Australis 15, Canberra: Archaeology and Natural History Publications, 2000.

Thomson, Donald F., *Economic Structure and the Ceremonial Exchange Cycle in Arnhem Land*, Melbourne: Macmillan & Co., 1949.

Tindale, Norman B., *Aboriginal Tribes of Australia*, Berkeley: University of California Press, 1974.

Van Tilburg, Jo Anne, *Easter Island: Archaeology, Ecology and Culture*. London, British Museum Press, 1994.

Weisler, Marshall (ed.), *Prehistoric Long-Distance Interaction in Oceania: An Interdisciplinary Approach*, Monograph 21, Auckland: New Zealand Archaeological Association, 1997.

CHAPTER 23

아프리카: 국가, 제국, 교류

스탠리 버스타인
Stanley Burstein

세계사에서 아프리카 역사 서술은 다소 특이한 점이 있다. 주로 인류의 진화와 (아프리카에서 유라시아 및 아메리카로의) 호모 사피엔스 사피엔스의 확산을 이야기할 때만 사하라 이남 아프리카가 언급될 뿐, 이후로는 기원후 제1천년기 후기 혹은 더 이후까지도 (이집트나 누비아 혹은 악숨 같은) 몇몇 특수 지역 말고는 사실상 아프리카 대륙이 거의 언급되지 않는다. 널리 인기를 모은 세계사 책의 저자는[1] 이러한 상황을 다음과 같이 설명했다. "블랙 아프리카(black Africa)나 콜럼버스 이전 아메리카(pre-Columbian America)의 고대사는, 비록 지역 범위가 거대하지만 우리 책에서는 간략히 언급하고 넘어갈 것이다. 왜냐하면 아득히 먼 과거로부터 유럽인이 세계를 주도하기 전까지의 그곳에서는 별다른 일이 일어나지 않았기 때문이다."

반쪽짜리 진실이 언제나 그러하듯이, 이 또한 사실을 밝히는 동시에 오해를 낳기도 한다. 사하라 이남 아프리카는 유라시아 대륙으로부터 고립되었지만, 사람들이 상식적으로 알고 있는 것만큼 그렇게 완벽히 단절되지는 않았다.[2] 고고학적 성과에 따르면, 아프리카와 이웃 유라

---

[1] John Morris Roberts, *The New Penguin History of the World*, 4th edn. (London: Penguin Books, 2004), p. xiii.

시아 지역 사이에는 대부분의 홀로세 기간에 실제로 유의미한 교류가 존재했다. 구체적 사례를 확인하는 일은 어렵지 않다. 원시-아프리카아시아어의 한 갈래로 셈어파(Semitic languages)가 발생하여 아프리카에서 서남아시아로 확산되었고, 사육종 당나귀도 같은 경로로 전파되었다. 더욱 주목할 만한 사실로, 수수(sorghum)를 비롯하여 사하라 이남 지역 재배종 작물 몇 가지가 기원전 2000년경 이미 남아시아에 도달해 있었다.

물론 이러한 전파는 양방향으로 이루어졌다. 일찍이 인도 혹소가 아프리카에 도달한 때는 기원전 제2천년기 초엽이었다. 또한 서아시아의 재배종 작물과 사육종 동물도 아프리카로 전파되었다. 밀과 보리는 이집트와 누비아로, 양과 염소는 나일강 유역과 북아프리카, 심지어 사하라 사막을 건너 서아프리카까지 전해졌고, 결국 아프리카 농업의 보편적 품목으로 자리 잡았다. 아프리카와 서아시아의 문화 교류 또한 거의 확실시된다. 이는 다만 몇몇 작물이나 사육종 동물에 국한된 일이 아니었다. 그러나 불행히도 그 증거는 매우 빈약해서, 이집트 초기 왕조와 사하라 및 누비아 지역 선사 문화의 일부 유적 말고는 흔적을 찾아보기 어렵다.[3]

비록 그렇다 할지라도, 사하라 이남 및 이북 아프리카와 서아시아의

---

2 고대 아프리카와 유라시아의 관계를 알 수 있는 근거는 다음 연구 성과에 요약되어 있다. Peter Mitchell, *African Connections: Archaeological Perspectives on Africa and the Wider World* (Walnut Creek, CA: AltaMira Press, 2005).
3 Christopher Ehret, "The African Sources of Egyptian Language and Culture," in Joseph Cervelló Autuori (ed.), *Africa Antigua: El Antiguo Egipto, Una Civilizacion Africana* (Barcelona: Editorial Ausa, 2001), pp. 121-28; Toby Wilkinson, *Genesis of the Pharaohs: Dramatic New Discoveries Rewrite the Origins of Ancient Egypt* (London: Thames and Hudson, 2005).

관계가 기원전 제3천년기 이래로 극적 변화를 거쳐온 사실은 부정할 수 없다. 그 원인은 기원전 3000년경 홀로세 습윤기(Holocene wet phase)가 막을 내렸기 때문이다. 기원전 2000년경에 이르러 사하라 지역 전체적으로 물이 말라서 오늘날과 비슷한 정도의 건조 지대가 형성되었고, 남아 있는 몇몇 오아시스 지역을 제외하고는 사람들이 살 수 없는 곳으로 바뀌었으며, 이후 북아프리카와 사하라 이남 아프리카의 교류는 2000년 이상 불가능했다.

그러나 고립이 퇴보를 의미하는 것은 아니었다. 사하라 이북과 이남의 경제 및 사회적 발전은 그런대로 빠르게 진행되었다. 기원전 제1천년기 후기로부터 기원후 제1천년기에 이르러 양쪽 지역에서 사회-문화적 진화의 조건이 형성되었고, 그 양상은 놀라울 정도로 비슷했다. 아프리카 거의 전역에 걸쳐 농업과 목축이 혼합된 생활 경제와 이를 뒷받침하는 제철 기술이 보편화되었다. 기원전 제1천년기 전반기에 북아프리카에서는 여러 도시가 형성되었는데, 사하라 이남 아프리카에서도 기원전 제1천년기에 도시가 등장하기 시작해 기원후 제1천년기에는 상당한 정도로 늘어났다. 거대 국가 체제 또한 마찬가지였다. 거대 국가 체제가 북아프리카 고대사를 주도했듯이, 기원전 제1천년기 말엽에 이르러 사헬 지대 및 서아프리카 역사에서도 비슷한 양상이 나타났다(지도 23-1). 이는 매우 흥미로운 이야기지만, 막상 구체적으로 말하기는 쉽지 않다. 이야기의 규모가 크고 복잡할 뿐만 아니라, 활용할 수 있는 자료나 아프리카 고대사 나름의 특수성이 있기 때문이다.

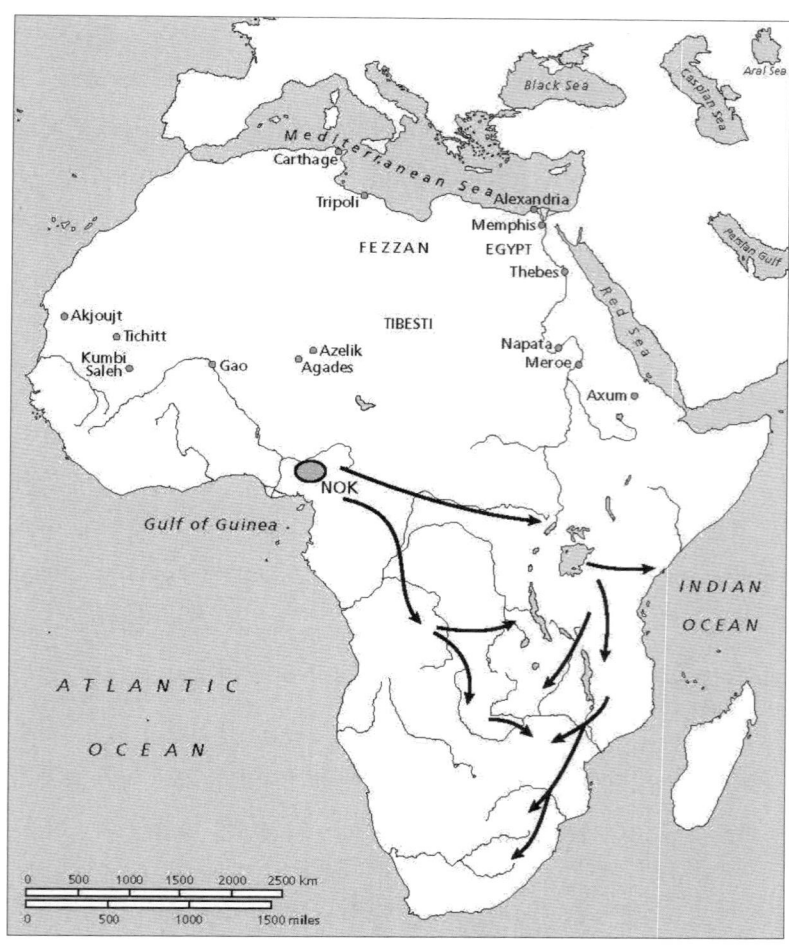

[지도 23-1] 고대 아프리카(화살표는 반투어의 확산)

자료와 역사 서술

아프리카 중세사 전공의 위대한 프랑스 역사학자 레이몽 모니(Raymond Mauny)는 고대 아프리카의 역사를 서술한 저서에 《아프리카의 암흑기(Les siècles obscurs de l'Afrique)》라는 제목을 붙였다.[4] 그가 암흑이라 표현한 이유는, 중요한 일이 일어나지 않아서가 아니라 자료의 부족 때문이었다. 기원후 제1천년기 이전까지 아프리카 고대사 문헌 자료는 이집트어, 라틴어, 그리스어, 히브리어, 페니키아어, 베르베르어, 메로에어(Meroitic), 그으즈어(Ge'ez), 아랍어 등 여러 언어로 남아 있지만, 포괄하는 지역 범위는 북아프리카, 나일강 유역, 홍해 인근으로 한정되어 있는 편이다. 못지않게 중요한 점은, 나일강 유역 및 홍해 인근 지역을 벗어나면 사실상 모든 자료가 아프리카인이 아니라 외부인의 시선으로 기록된 문헌이라는 사실이다.

고대 문헌 자료의 부족 때문에 역사 서술이 아프리카 전체를 포괄하지 못했다. 다만 지역별로 역사 서술이 이루어지면서 나름의 독특한 주제와 방법론에 집중했다. 북동부 아프리카 역사학은 고대 이집트, 누비아, 악숨 연구 전통과 분리되어 있는데, 이는 가장 극단적인 사례이기는 하지만, 북동부 아프리카 역사학만 그런 것은 아니다. 북아프리카 역사학도 마찬가지다. 1960년대까지 북아프리카 역사학은 지역사 중에서도 지중해 관련 문제에 집중했다. 이는 프랑스와 이탈리아 지식인의 경향성을 반영하는 것으로, 그들은 로마의 아프리카 지배에 초점을 맞추어 북아프리카 역사를 보기 때문이다. 유럽 제국이 관여했던 곳이라면

---

4 Raymond Mauny, *Les siècles obscurs de l'Afrique* (Paris: Fayard, 1970).

어디서든지 아프리카 원주민은 창조성이 없다는 인종주의적 연구 경향이 나타났다. 이에 대립하는 새로운 아프리카 역사학이 20세기 후반기에 등장했다. 이들은 사하라 이남 아프리카에 주목하고 그 역사를 재구성하려 했으며, 구체적으로 아랍 문헌이 등장한 기원후 제1천년기는 몰라도, 그 이전의 북아프리카 및 북동부 아프리카와 사하라 이남 아프리카의 교류 가능성은 오히려 낮게 보려는 경향을 나타냈다.[5]

결과적으로 문헌 자료를 중시하는 역사학의 전통과, 기존에 이미 형성되어 있는 외부자의 편견이 결합되면서 고대 아프리카 역사학은 두 가지 방향으로 왜곡되는 경향을 보였다. 첫째, 아프리카 내부의 발전 시기를 이야기할 때, 실제 시기와 문헌에 처음 기록된 시기를 혼동하는 경향이 있었다. 둘째, 무엇이든 외부, 즉 이집트나 카르타고나 그리스나 로마나 혹은 아랍의 영향으로 설명하고자 했다. 고고학과[6] 언어학이[7] 문헌의 부족을 메워주고 있지만, 그 잠재력은 이제 막 인정받기 시작했을 뿐이다. 따라서 지금 말하는 고대 아프리카의 역사는, 현재 진행되고 있는

---

5 고대 아프리카 연구 초기 성과의 종합적 개관은 다음을 참조. J. D. Fage (ed.), *The Cambridge History of Africa* (Cambridge University Press, 1978), vol. II , and Gamal Mokhtar (ed.), *General History of Africa* (Berkeley: University of California Press, 1981), vol. II.
6 David W. Phillipson, *African Archaeology*, 2nd edn. (Cambridge University Press, 2003); Graham Connah, *African Civilizations: An Archaeological Perspective*, 2nd edn. (Cambridge University Press, 2001); Ann Brower Stahl (ed.), *African Archaeology* (Oxford: Blackwell Publishing, 2005); and Barbara E. Barich, *Antica Africa: Alle Origini delle Società* (Rome: L'Erma di Bretschneider, 2010).
7 Christopher Ehret, *An African Classical Age: Eastern and Southern Africa in World History, 1000 BC to AD 400* (Charlottesville: University of Virginia Press, 1998), and Christopher Ehret, *History and the Testimony of Language* (Berkeley: University of California Press, 2011).

연구의 임시적인 중간 보고 성격임을 감안하고 보아야 할 것이다.

북아프리카, 기원전 제1천년기

이집트와 누비아

기원전 12세기는 서아시아와 북아프리카에서 "구체제의 위기"가 찾아왔던 시대다. 두 개의 거대 제국, 즉 히타이트와 이집트 신왕국은 과거 거의 3세기 동안 방대한 지역의 질서를 주도했지만, 이때에 이르러 힘겨운 도전에 직면했다. 먼저 히타이트가 역사의 무대에서 사라졌고, 그 유산으로 고만고만한 왕국들과 도시국가들이 확산되었다. 이집트 신왕국은 팔레스타인 지역을 차지하고, 또한 나일강을 따라 남쪽으로 확장하여 제4급류지대(여울목)까지 뻗어 있었으며, 서쪽으로는 시르테스(Syrtes, 오늘날 시드라만Gulf of Sidra 해안 지역)까지 포괄하고 있었다. 기원전 12세기 초 이집트 신왕국은 세 차례의 공격을 받았다. 동쪽으로부터 바다 민족(Sea Peoples)이 한 차례, 리비아인과 여러 해양 세력의 연합군이 두 차례 침입한 사건이었다.

세 차례의 공격을 모두 물리친 신왕국은 이후 한 세기를 더 지속할 수 있었다. 그러나 기원전 1069년 왕조는 막을 내렸고, 역사의 무대 뒤로 사라져갔다. 히타이트와 달리 이집트는 스스로의 내분으로 무너졌다. 누비아의 총독 파네헤시(Panehesy)가 상이집트(Upper Egypt)를 차지하기 위해 반란을 일으켰기 때문이다. 결국 파네헤시는 이집트 바깥으로 쫓겨났지만 이집트는 방대한 누비아 지역을 상실했고, 그 결과 아프리카 내륙의 상품과, 특히 기원전 제2천년기 이래로 전설적인 이집트의 부를 나타내던 금에 더 이상 접근할 수 없게 되었다.

파네헤시와의 내전 때문에 이집트는 가난해지고 분열되었으며, 과거 500년 역사상 처음으로 이방인의 지배 아래 놓였다. 신왕국 후기의 파라오들은 리비아인의 이집트 정착을 권장하고 리비아인을 용병으로 채용했다. 기원전 10세기에 이르러 리비아인은 이집트 군대에서 다수를 차지하게 되었고, 정부 내에서도 고위직에 올라 있었다. 그들 가운데 쇼솅크(Shoshenq)라는 인물이 기원전 945년 권좌를 차지하고 이집트의 제22왕조를 창건했다. 이때부터 이집트는 200년 이상 리비아의 지배 아래 놓였다.[8]

리비아인 통치자들도 파라오로 인정받기는 했지만, 그들은 리비아의 전통을 상당 부분 그대로 유지하고자 했다. 이름이나 부족 명칭도 이집트 방식과는 달랐고, 중요한 결정을 내릴 때 신탁에 의존하는 방법도 리비아식이었다. 무엇보다 중요한 전통은 관료 임명 방식이었다. 리비아 전통에 따르면 관료의 지위도 부족 차원에서 세습되었다. 그 결과 기원전 8세기 말에 이르기까지 갈수록 심화하는 정치적 분열을 피할 길이 없었다. 이집트는 최소 10개 이상의 정치 단위로 쪼개졌고, 그중에 네 명이 "왕"을 자처했다. 분열되고 약화된 이집트는 북아프리카 전역에 기회를 만들었다. 그 기회를 최초로 챙긴 사람들이 바로 누비아인이었다.[9]

---

8 Kenneth A. Kitchen, *The Third Intermediate Period in Egypt (1100-650 BC)*, 2nd edn. (Warminster: Aris and Phillips Ltd., 1986); Anthony Leahy (ed.), *Libya and Egypt c. 1300-750 BC* (London: SOAS Centre of Near and Middle Eastern Studies, 1990).

9 쿠시 왕국 연구 성과는 양이 적지 않다. 기본적인 나파탄(Napatan) 시대 관련 연구는 다음을 참조. László Török, *The Kingdom of Kush: Handbook of the Napatan-Meroitic Civilization* (Leiden: Brill, 1997), vol. XXXI; and Robert G. Morkot, *The Black Pharaohs: Egypt's Nubian Rulers* (London: The Rubicon Press, 2000).

신왕국 시대 누비아인 치하의 이집트 정부는 상당히 복잡했다. 하지만 누비아인이 성공한 결정적 요인은 신왕국 체제 내로 편입된 수단 중부 지역의 지방 토호들이었다. 이후 이집트 중앙의 통치 세력이 막을 내리자 이들은 자유를 얻었다. 당시의 자세한 흔적은 남아 있지 않지만, 미국 발굴팀이 나일강 제4급류지대 근처 엘-쿠루(el-Kurru) 지역에서 왕실 무덤을 조사한 결과, 지방의 족장 사회가 왕국으로 전환된 흔적을 발견했다. 그들은 이집트의 방식으로 나일강 상류 전 지역을 통치했다. 전환의 시기는 기원전 9세기 초부터 기원전 8세기 말까지였다. 처음 시작은 누비아 양식의 분구묘(tumulus tombs, 흙을 돋우어 거대한 봉분을 조성한 무덤 - 옮긴이)였다가 나중에는 이집트 양식의 피라미드로 바뀌었다.

그들의 왕국은 영역도 광대하고 구조도 복잡했다. 왕국의 영역은 나일강 제1급류지대에서 제5급류지대의 약간 남쪽까지 이어졌다. 인구의 대부분은 농민이었고, 나일강 유역의 마을에서 살았다. 나일강과 홍해 사이 사막 지대에서 이목(移牧)을 하는 부족도 있었다. 이들은 쿠시 왕조의 종주권에 속해 있었다. 쿠시 왕국의 경제적 기반은 농업 생산물이었고, 더불어 아프리카 내륙 지역에서 생산되는 다양한 상품들, 예컨대 상아, 흑단(목재), 동물과 가죽, 노예, 그리고 동부 사막 지대에서 생산되는 금도 있었다. 나일강 제3급류지대에서 제5급류지대 사이 이집트 양식으로 건축된 여러 사원을 둘러싸고 도시가 형성되었고, 그곳에 행정 관청이 있었다. 그중에서 가장 중요한 도시는 나파타(Napata)였다. 나파타는 전통적으로 테베의 신 아문(Amun)이 남쪽에 마련해둔 거처로 알려져 있었고, 왕의 대관식도 이곳에서 열렸다. 왕국 체제의 최고 정점에는 왕이 있었다. 왕의 누이들로 불리는 궁중 내 특권 계층의 여성들이 있었고, 이들이 생산한 아들들이 잠재적 왕위 계승자 집단을 형성했으며, 그중에서 한 명이 왕으로 선출되었다.

쿠시 왕국의 이집트화를 보더라도 쿠시 왕조의 왕들과 테베에 있던 아문 사원의 성직자들이 서로 밀접한 관계였음을 짐작할 수 있다. 성직자들은 하이집트(Lower Egypt)의 리비아인 왕들에 대항하기 위해 쿠시 왕조의 지원에 기대고 있었다. 기원전 8세기 말에 이르러 연합 세력이 정복전에 뛰어들었고, 누비아의 왕 샤바코(Shabako)가 멤피스에서 이집트의 왕위에 올랐다. 그는 제25왕조의 첫 번째 왕이었으며, 이후 반세기가량 왕조가 이어졌다.

제25왕조는 리비아인 통치 시기에 약화되었던 이집트의 정치 및 문화가 되살아난 시대였다. 지방에서 형성된 군소 왕조들이 중앙 정부의 권위를 인정했고, 군사력도 강화되었다. 사원 건축 및 왕실의 예술도 되살아났다. 장례 풍습과 신학적 문헌들도 마찬가지였다. 이 모든 것이 고대 이집트 양식에 필적할 만한 수준으로 회복되었다.

이집트와 누비아의 연합으로 과거 위대했던 이집트 신왕국이 재탄생했다. 그러나 제25왕조의 왕들이 과거 신왕국 시대의 선조들을 본받아 다시금 시리아-팔레스타인 지역에 이집트의 영향력을 행사하고자 했을 때, 아시리아인과 충돌하게 되었다. 그들 또한 그 지역으로 세력을 확장하는 중이었다. 결과는 재앙에 가까웠다. 이스라엘 왕국을 비롯하여 그 주변에서 이집트를 따르던 왕국들과 아시리아의 전쟁이 30여 년 동안 이어졌다. 이후 아시리아는 마침내 이집트로 진군했다. 최초의 공격은 기원전 671년이었고, 이후 기원전 667년에 다시 침공이 시작되었다. 멤피스와 테베가 약탈당하고, 쿠시 왕조의 왕실 가족들도 포로가 되었다. 쿠시 왕조의 왕 타르하르코(Tarharqo)는 누비아로 달아났다가 기원전 664년 그곳에서 죽었다. 그로부터 10여 년이 흐른 뒤 타르하르코의 후계자 탐웨타마니(Tamwetamani)는 프삼티크(Psamtik) 1세에 의해 완전히 무너졌다. 프삼티크는 아시리아가 이집트에 세운 꼭두각시 왕이자 제26왕조의 창건자였다. 누비아와 이집트의 연합도 막을 내렸다.

아시리아의 이집트 지배 기간은 (겨우 10년 남짓으로) 길지 않았으나, 북동 아프리카의 변화에 미친 그 여파는 결정적이었다. 이후 이집트는 한 세기 넘게 독립적으로 번영의 시대를 누렸다. 쿠시 왕조는 지중해로 나갈 수 있는 출구를 잃어버렸다. 그 결과 쿠시 왕조는 여전히 상하 이집트의 종주권을 주장했지만 실질적으로는 아프리카 내륙 왕조로 전락했다. 이에 못지않게 중요했던 현실은 쿠시 왕조와 이집트의 적대 관계였다(제26왕조의 왕들은 이집트에서 과거 누비아 왕들의 흔적을 모조리 제거하고자 했다). 이집트의 왕들은 국경을 넘보는 쿠시인의 움직임이 감지될 때마다 과격하게 반응했다. 때로는 이러한 긴장 관계로 전쟁이 벌어지기도 했다. 기원전 593년의 사례도 마찬가지였다. 이집트가 누비아로 쳐들어가 왕조의 곳곳을 파괴했는데, 심지어 쿠시 왕조의 수도 나파타도 화를 면치 못했다. 침략으로 파괴된 왕실의 조각상 파편들을 비롯하여 당시의 흔적이 나파타와 제3급류지대 지역의 케르마(Kerma) 근처에서도 발견되었다.[10]

두 왕국 사이의 긴장은 기원전 525년 페르시아가 이집트를 정복한

---

10 Charles Bonnet and Dominique Valbelle, *Des Pharaons Venus d'Afrique: La cachette de Kerma* (Paris: Citadelles & Mazenod, 2005).

뒤에야 끝났다. 그러나 각 왕국의 운명은 같지 않았다. 페르시아 정복 뒤에 이집트는 페르시아 제국에 속하는 하나의 속주(satrapy)로 전락하여 총독(satrap)의 통치를 받았다. 쿠시 왕국의 상황은 이보다 더 복잡했다.[11] 쿠시 또한 페르시아 정복의 영향이 없지 않았지만, 이집트와 달리 페르시아의 직접 지배를 받는 속주로 편입되지는 않았다. 쿠시의 왕은 계속해서 왕국을 지배했으며, 그 대신 일정한 조공을 페르시아에 바쳐야 했다. 조공으로는 지역의 특산물(금, 노예, 흑단, 동물 관련)을 바쳤다. 페르시아의 수도 페르세폴리스에 있는 건축물 아파다나(apadana)의 기단에 이와 같은 물품이 기록되어 있다. 또한 페르시아의 요청이 있는 경우 군대를 파견해야 했다. 쿠시 왕조의 지위는 기원전 5세기 말까지 이 상태로 유지되었다. 이때부터 페르시아는 이집트에 대한 영향력을 상실했다. 이후 기원전 330년대 말부터 기원전 320년대 초까지 알렉산드로스 대왕이 페르시아를 정복한 이후, 페르시아는 다시 이집트를 넘보지 못했다.

알렉산드로스 대왕의 페르시아 제국 정복의 영향 또한 이집트와 쿠시 왕국에서 각기 달랐다. 이집트는 다시 한 번 강력한 제국 세력으로 부상하여 에게해와 동부 지중해 평원 등 해외의 상당 지역을 차지했다. 그러나 당시 이집트 제국의 통치자는 마케도니아에 소속된 프톨레마이오스였고, 새롭게 도래한 통치 계급은 그리스 이민자로 구성되어 있었다. 쿠시 왕국 역시 이집트와 마찬가지로 페르시아 제국이 무너진 뒤 독

---

11 For details see Stanley M. Burstein, "Herodotus and the Emergence of Meroe," in Stanley M. Burstein, *Graeco-Africana: Studies in the History of Greek Relations with Egypt and Nubia* (New Rochelle, NY: Caratzas, 1995), pp. 155-64.

〔그림 23-1〕 쿠시 왕국의 피라미드와 사원
메로에 고분군(유네스코 세계문화유산, 2011), 수단, 메로에 문명.

립했으나, 이집트와 달리 지배 계급의 민족적 구성에는 변화가 없었다. 다만 기원전 9세기 쿠시 왕국이 성립된 이래로 왕국을 주도해온 엘리트 계층이 이집트 문화에 경도되어 있었던 반면, 이제는 나일강 제5급류지대의 남쪽에 있는 새로운 수도 메로에(Meroe) 주변 지역의 토착 세력이 새로운 지배 계급을 형성했다. 이와 같은 변화는 정부의 인적 구성에 국한된 문제가 아니라 문화적 차원까지 확장되었다. 기존 이집트 문화는 메로에 문화로 바뀌었다. 정부의 공식 문자는 알파벳과 유사한 새로운 문자로 바뀌었고, 신전에서는 누비아의 신격들, 예컨대 왕실의 전쟁신 아페데막(Apedemak)이 중심이 되었으며, 고대의 장례 풍습이 되살아나 왕이 죽은 뒤 궁정에서 일하던 사람들을 함께 순장했다(그림 23-1).[12]

북아프리카

기원전 12세기 이집트가 영향력을 상실한 뒤, 이집트와 쿠시 왕국을 제외한 나머지 북아프리카의 상황은 불행히도 분명하지 않다. 언제나 그렇듯이 문제는 자료의 부족이다. 확인된 바에 따르면, 북아프리카에서 이집트 서부 국경으로부터 대서양에 이르는 지역에는 다양한 언어의 다양한 민족이 살았고, 이들의 언어는 아프리카아시아어족 중에서 베르베르어족에 속해 있었다. 이 언어로 기록된 문헌 자료는 사실상 존재하지 않는다. 대신 외부의 문헌 자료가 남아 있는데, 이집트어, 그리고 기원전 5세기 이후에는 그리스어와 로마어 기록이 남아 있다. 이러한 자료들은 역사보다 민속 문제에 초점이 맞추어져 있다. 그러나 이를 통해 기원전 제1천년기 초 북아프리카의 사회-정치적 구조를 재구성하는 것이 불가능하지는 않다.[13]

기원전 5세기의 그리스 역사학자 헤로도토스에 따르면,[14] 북아프리카 원주민은 두 부류로 나뉘어 있었다. 이집트와 시르테스(Syrtes, Gulf of Sidra) 사이에 거주하는 유목민과, 시르테스 너머에 사는 농민이었다. 이집트의 기록에도 리비아에 대규모 소 떼가 있다는 기록이 등장한다. 따

---

12 For details see Peter Shinnie, *Meroe: A Civilization of the Sudan* (London: Thames and Hudson, 1967), and Stanley M. Burstein, "The Hellenistic Fringe: The Case of Meroe," in Burstein, *Graeco-Africana*, pp. 105-23.
13 David O'Connor, "The Nature of Tjemhu (Libyan) Society in the Later New Kingdom," in Leahy (ed.), *Libya and Egypt*, pp. 29-113.
14 헤로도토스가 서술한 북아프리카 민족에 대한 종합적 분석으로 다음을 참조. Stéphane Gesell, *Hérodote* (Algiers: Adolphe Jourdan, 1916); and updated by Aldo Corcella in David Asheri, Alan B. Lloyd, and Aldo Corcella, *A Commentary on Herodotus Books I-IV* (Oxford University Press, 2007), pp. 669-721.

라서 이집트 국경 지역에 대규모 목축이 존재했던 것은 사실로 인정된다. 이 지역의 사람들은 대부분 마을에서 거주했을 것이다. 그러나 이집트의 기록에 도시와 성벽을 두른 주거지 관련 내용이 이르면 기원전 3000년경부터 등장하므로, 북아프리카에서도 기원전 제2천년기 말경에는 제한적이나마 도시가 존재했을 것으로 추정할 수 있다. 그러나 중앙 집권화된 정치 세력은 존재하지 않았다. 문헌 기록에 따르면, 북아프리카는 몇몇 대규모 부족 단위로 나뉘어 있었다. 예를 들면 기원전 제2천년기에 리부(Libu)나 메스웨시(Meswhesh) 같은 부족이 있었고, 기원전 제1천년기에 무술라미(Musulami) 같은 부족이 있었다. 이러한 부족들은 통일되지 않은 상태였다. 다만 지도력이 뛰어난 자들을 중심으로 연맹을 맺거나, 산하 부족들이 결합되기도 했다. 문헌 자료에는 이들이 왕으로 기록되어 있으며, 그 가족에 관한 내용도 있다. 이와 같은 부족 연맹의 지도자는 세습적 지위는 불안정했지만 상당한 정도의 군사적 잠재력을 가지고 있었다. 기원전 제2천년기 후기에는 엘리트 계층의 전차(戰車) 기병대를, 기원전 제1천년기에는 기마대를 갖추었다. 이들이 기원전 12세기 초에 이집트를 공격했을 때, 그리고 기원전 제1천년기에 카르타고와 로마의 팽창에 저항할 당시의 자료에 이와 같은 내용이 등장한다.

북아프리카의 그리스인과 페니키아인

지리가 운명이라 할 수는 없지만, 지리에 따라 교류의 방향이 어느 정도 정해지는 것은 어쩔 수 없는 사실이다. 고대 이집트의 경우 남쪽으로 누비아, 북동쪽으로 시리아–팔레스타인, 동쪽으로 홍해와 교류가 있었다. 페르시아와 마케도니아의 이집트 정복은 이와 같은 경향성에 따른 활동의 결과였다. 북아프리카의 경우 주된 교류의 방향은 남쪽으로 사하라와 궁극적으로 사헬 지대를, 북쪽으로 지중해 지역, 특히 지중해의 섬들과 이베리아반도를 향했다. 페르시아의 힘이 이집트 서부까지 미치지 못한 것은, 부분적으로는 북아프리카에 다른 두 민족(그리스인과 페니키아인)이 먼저 자리를 잡고 있었기 때문이기도 하다. 이들 두 민족은 기원전 9세기 말에 지중해 평원 지역을 거쳐 서쪽으로 팽창해 나갔고, 기원전 제1천년기에 북아프리카의 남북 방향 활동 축을 강화하는 역할을 했다.

북아프리카에 그리스인이 정착하기 시작한 시기는 기원전 630년경이었다. 그리스인은 오늘날 리비아의 시드라만에 해당하는 시르테스(Syrtes)의 동쪽 제벨 아크다르(Gebel Akhdar)에서 키레네(Cyrene)라는 도시를 건설했다. 이들은 에게해 중앙에 있는 테라(Thera)섬에서 온 사람들이었다.[15] 도시 건설 이후 키레네는 즉시 번영을 구가했다. 곡물의 주요 수출항이 되었고, 지금은 멸종된 북아프리카의 실피움(Silphium)이라는 식물도 수출했다. 에게해 지역에서는 이 식물이 특별한 약효가 있다고 알려져 있었다. 결국 도시 키레네는 급성장했고, 다시 네 개의 도시가 더 건설되었다. 오늘날의 도시 벵가지(Benghazi)에 있었던 바르카(Barca)도 그러한 도시들 중 하나였다. 키레네와 주변 리비아인의 관계는 급속

---

15 John Boardman, *The Greeks Overseas: Their Early Colonies and Trade*, 4th edn. (London: Thames and Hudson, 1999), pp. 153-59; Michel Austin, "The Greeks in Libya," in Gocha R. Tsetskhladze (ed.), *Greek Colonisation: An Account of Greek Colonies and Other Settlements Overseas* (Leiden: Brill, 2008), pp. 187-217.

히 악화되었다. 이 또한 도시가 급성장한 데 따른 결과였다.

처음에 도시 키레네를 건설할 때 그리스인은 리비아인의 도움을 받았다. 그리스인과 리비아인의 결혼 사례가 도시의 역사를 통틀어 곳곳에서 확인되었다. 그러나 키레네가 급성장하고 농지가 확장되면서 더 많은 토지와 노동력이 필요해졌다. 그러다 보니 도시의 배후지에 살던 목축민에게 압력이 가해지게 되었다. 리비아인은 이집트와 연합하여 기원전 579년 그리스인을 리비아에서 쫓아내려 시도했지만 결국 실패로 돌아갔다. 리비아의 반란이 실패하자 키레네와 주변 도시들은 계속해서 농지를 확장해 나갔고, 도시의 배후지에 사는 리비아인에게도 그리스의 법을 강제했다. 당연히 도시 키레네와 리비아인은 사이가 좋지 않았다. 리비아인은 사막 지대에서 자유롭게 살고 있었는데, 농지가 확장되면서 위협을 느끼게 되었다. 도시가 개발되면서 초기 수 세기 동안 이런 일이 간헐적으로 일어났다.

도시 키레네와 그 이웃의 리비아인 사이의 긴장이 계속되었음에도 불구하고, 키레네는 지중해와 아프리카 내륙을 연결하는 핵심 고리가 되었다. 그리스인으로서는 암몬(Ammon) 신전에 가기 위해 반드시 거쳐야 할 주요 관문이 키레네였기 때문이다. 암몬은 이집트-리비아의 신으로, 그리스인 사이에서도 영험하기로 유명했다. 암몬 신전은 지중해에서 약 200마일(320킬로미터) 떨어진 시와(Siwah) 오아시스에 있었다. 그 과정에서 키레네는 지중해 평원으로 통하는 카라반 루트와 연결되었다. 카라반 루트는 이집트 서부 사막에서 니제르강까지, 여러 오아시스를 거점으로 연결되는 무역로였다. 이렇게 해서 북아프리카와 사하라 이남 아프리카가 다시 연결되기 시작했다.[16] 기원전 제1천년기 초의 카라반 루트를 입증해줄 고고학적 성과는 아직 부족한 편이지만, 그리스 역사학자 헤로도토스의 저서에 그에 대한 분명한 기록이 존재하는 만큼, 기원전 5세기에는 이미 알려진 루트였다고 볼 수 있다.

북아프리카에서 페니키아인의 영향력은 그리스인보다 먼저 시작되었다. 그러나 그 발전 속도가 느렸을 뿐이다.[17] 이유는 명백하다. 페니키아인이 북아프리카 지역에 처음 도시를 건설한 시기는 기원전 8세기 초였다(튀니지의 우티카Utica와 카르타고Carthago, 이베리아반도 남서부의 카디스Cadiz, 모로코의 대서양 연안 릭수스Lixus). 이후 이들 도시는 거의 2세기 동안 그들의 모태가 된 레바논의 도시 티레(Tyre)와 바닷길로 연결되어 서부 지중해의 금속 무역로로 기능했다. 그러다가 기원전 574년 바빌론이 티레를 차지하면서 상황은 극적 변화를 맞이했다.

카르타고는 티레의 자리를 신속히 대체했다. 즉 북아프리카에서 페니키아인의 정착지 가운데 최고의 도시는 카르타고가 되었다.[18] 기원전 5세기에 이르러 카르타고의 영향력은 튀니지를 넘어 북아프리카의 대서양 연안에까지 이르렀고, 지중해를 건너 시칠리아섬의 서부 및 사르데냐까지도 미쳤다. 카르타고는 더 이상 주변의 리비아인에게 조공을 바치지도 않았고, 영토를 남쪽과 서쪽으로 확장하여 카프봉(Cape Bon)에 이르렀다. 카르타고는 재빨리 제국 체제로 변화했고, 시르테스와 대

---

16 Mario Liverani, "The Libyan Caravan Route in Herodotus IV. 181-185," *Journal of the Economic and Social History of the Orient* 43 (2000): 496-520.
17 Maria Eugenia Aubet, *The Phoenicians and the West: Politics, Colonies, and Trade*, 2nd edn. (Cambridge University Press, 2001).
18 Serge Lancel, Carthage: *A History*, trans. Antonia Nevill (Oxford: Blackwell Publishing, 1992).

서양 사이에 있던 모든 페니키아인 정착지가 제국 체제에 편입되었다.

카르타고 제국이 형성된 뒤 페니키아의 언어와 문화 및 제도가 북아프리카 전역으로 퍼져 나갔고, 그곳에 살던 리비아인의 사회와 문화도 변화되었다. 그 결과는 카르타고 제국의 도시에서 가장 분명하게 드러났다. 그리스와 로마의 문헌 자료에 따르면, 도시를 통치하는 엘리트 계층에는 페니키아인과 페니키아의 문화에 동화된 리비아인(이른바 리비페니키아인)이 섞여 있었다. 그들의 농장에서는 리비아인이 노역을 바쳤다. 카르타고 제국의 군사적 수요는 북아프리카에서 최초의 리비아 왕국들이 출현하는 계기가 되었다.

제국 운영에 필요한 인력이 부족했기 때문에 카르타고에서는 용병과 연합군, 보병과 특히 기병에 의존했다. 그들의 군대에는 누미디아(Numidia, 오늘날 알제리)와 마우레타니아(Mauretania, 오늘날 모로코) 부족 연맹이 참여했고, 부족 연맹을 주도한 가문들, 즉 마우레타니아에서는 마우리(Mauri)족, 누미디아에서는 마실리(Massyli)족이 각각 새로운 왕국을 설립하고 왕실 가문의 지위를 얻었다. 이러한 왕국들이 문헌 자료에 처음으로 등장하는 시기는 기원전 3세기 후기였다. 그들은 페니키아 문화에 동화되었으며, 행정 체제는 카르타고 모델을 따랐고, 중심지는 리비페니키아인의 도시들이었다. 예를 들면 마우레타니아에는 볼루빌리스(Volubilis), 누미디아에는 키르타(Cirta) 같은 도시였다.[19]

카르타고가 서부 지중해 연안 평원을 주도하는 한, 누미디아와 마우

---

19 Michael Brett and Elizabeth Fentress, *The Berbers* (Oxford: Blackwell Publishing, 1996), pp. 10-49.

레타니아는 카르타고 제국에 의존하는 연맹 왕국으로 유지되었다. 그러나 기원전 3세기에 이르러 이러한 상황에 변화가 찾아왔다. 로마의 세 차례에 걸친 격렬한 전쟁은 기원전 264년부터 기원전 146년까지 한 세기 이상을 끌다가 카르타고가 완전히 파괴된 이후에야 끝났다. 그리고 북아프리카의 두 왕국은 독립했다. 마시니사(Massinissa)가 통치하던 누미디아 왕국은 로마와 동맹을 맺고 지중해의 주요 세력으로 부상했다. 헬레니즘 세계의 다른 왕들과 마찬가지로 마시니사 또한 문화의 후원자였다. 그는 그리스에서 예술가와 지식인을 초청하여 그의 수도 키르타로 데리고 왔고, 그들의 손으로 그리스 양식의 건물을 장식했다. 그의 아들은 교육을 위해 그리스로 보냈다. 그의 아들 미킵사(Micipsa)의 통치 기간에도 그리스화는 계속되었으며, 미킵사는 그리스 철학에서 중요한 학자로 명성을 얻었다. 마시니사를 비롯한 그 후계자들의 무덤은 페니키아와 그리스 양식이 결합되어 있는데, 기원전 제1천년기 후기 북아프리카에서 문화적 영향이 어떠했는지를 보여주는 분명한 증거다(그림 23-2). 그러나 엘리트 계층이 밀집해 있던 궁전을 벗어나면, 누미디아 왕국에는 페니키아 문화와 리비아 문화의 뿌리가 그대로 남아 있었다. 페니키아의 언어였던 포에니어는 여전히 정부와 종교의 공식 언어였으며, 왕국의 수도에서도 마찬가지였다. 문자는 리비아어를 표기할 수 있도록 발달한 것이었는데, 왕국의 시골 배후지에서 널리 사용되었다. 당시의 문자는 투아레그인(Tuaregs)이 사용하는 타피나그 문자(Tafinagh script)로 지금도 그 형태가 전하고 있다. 마우레타니아 왕국의 경우 비교할 만한 자료가 남아 있지 않지만, 카르타고가 멸망한 뒤 왕국의 발전 경로는 아마도 누미디아와 크게 다르지 않았을 것이다.

〔그림 23-2〕 누미디아 왕실 무덤
메드라켄(Medraqen, 누미디아) 소재, 마시니사왕의 무덤으로 추정, 기원전 2세기 중엽.

    누미디아와 마우레타니아는 로마의 동맹으로 번영을 누렸다. 왕은 로마에 예속된 신분(client)이었고, 독립 의지와 종주국 로마의 요구 사이에서 균형을 유지하기란 갈수록 어려워졌다. 누미디아의 경우가 전형적이었다. 기원전 118년 누미디아의 왕 미킵사(Micipsa)가 사망한 뒤 왕국은 두 아들과 유구르타(Jugurtha)라는 이름의 조카까지 해서 셋으로 갈라졌다. 로마는 내전을 두고 보지 않았다. 정통 왕가를 복원한다는 명분으로 로마군이 대거 몰려왔고, 결국 기원전 46년 로마의 속주로 병합되었다. 북아프리카의 다른 곳에서도 과정은 비슷했다. 키레네와 기타 리비아의 그리스계 도시들도 마찬가지로 기원전 70년대에 로마에 병합되었고, 마우레타니아 왕국은 기원후 40년에 병합되었다. 심지어 이집트조차 마케도니아 출신의 프톨레마이오스 왕조로 300년간의 독립을 유지한 뒤 결국 기원전 30년에 로마에 병합되었고, 마지막 왕인 클레오파트라(Cleopatra) 7세는 자결했다. 이처럼 북아프리카 지역에서 전반적으로 세부 내용은 달랐지만 결과는 대체로 비슷했다. 로마의 직접 지배 체제가 성립된 후 기원후 1세기 중엽에 이르러 시나이반도로부터 대서양에 이르기까지 북아프리카 전체가 거대한 지중해 제국의 남쪽 변경이 되었고, 제국의 중심지는 도시 로마였다.

로마 제국 치하의 북아프리카: 기원전 1세기에서 기원후 3세기

로마 제국은 기원후 40년경에 이르러서야 마우레타니아 왕국을 병합하고 북아프리카에 직접 지배 체제를 구축했다. 그러나 로마의 북아프리카 정책을 결정지은 사건은 이보다 반세기 앞서는 기원전 20년대의 일이었다.[20] 로마인은 기원전 30년 이집트 정복 이후 10여 년 동안 남부 사막 지대에서 폭넓은 전선을 형성하고 지배 영역을 넓히려는 시도를 거듭했다. 예멘의 사바(Saba) 왕국, 쿠시 왕국, 페잔(Fezzan, 리비아)의 가라만테스(Garamantes) 왕국 등이 원정의 목표물이 되었다. 충분히 승리를 예상했고, 심지어 가라만테스 왕국을 상대로 승전을 자축하기도 했

20 For the period under discussion in this section, see Paul MacKendrick, *The North African Stones Speak* (Chapel Hill: University of North Carolina Press, 1980); Susan Raven, *Rome in Africa*, 3rd edn. (London: Routledge, 1993); Brett and Fentress, *The Berbers*, pp. 50-80; David Cherry, *Frontier and Society in Roman North Africa* (Oxford University Press, 1998); Elizabeth Fentress, "Romanizing the Berbers," *Past&Present* 190 (2006): 3-33; and David J. Mattingly, *Imperialism, Power, and Identity: Experiencing the Roman Empire* (Princeton University Press, 2011), pp. 43-72, 146-66.

다. 그러나 결과는 모든 전선에서 실패였다. 사막에서의 보급이 문제였다. 로마인은 이집트의 남부 국경 및 북아프리카 사막 이외 지대로 후퇴했고, 사하라와 누비아 지역으로는 두 번 다시 팽창을 시도하지 않았다.

북아프리카를 장악하는 일은 쉽지 않았다. 로마 지배 첫 세기는 온통 수많은 반란으로 점철되었다. 이를 억제하기 어려웠던 이유는, 반란군의 은신처가 국경 너머 사막 지대에 들어가 있었기 때문이다. 반란군은 은신처에 있다가 로마의 영역으로 기습을 감행했고, 사막 지대의 부족들에게서 병력을 보충했다. 그중에서 가장 심각했던 세력은, 누미디아에서 로마군을 보조한 적 있는 탁파리나스(Tacfarinas)였다. 로마군은 백방으로 노력했지만 기원후 17년에서 24년까지 7년 동안 그를 잡을 수 없었다. 기원후 40년대에 마우레타니아 왕국을 병합한 뒤에도 비슷한 반란이 일어났고, 나중에 기원후 70년 가라만테스인은 고향 페잔에서 출발하여 멀리 지중해 연안까지 공격을 감행하기도 했다. 그러나 기원후 2세기에 이르러 저항은 대체로 수그러들었다. 병력 5000명의 단일 군대와 현지에서 고용한 상당수의 보조 인력만으로도 이집트의 서부 국경에서부터 대서양에 이르는 방대한 영역을 안정적으로 유지할 수 있었다.

북아프리카가 로마 제국에 편입됨과 동시에 이 지역 상품의 수요는 크게 늘어났다. 로마의 인구 규모가 워낙 컸기 때문이다. 도시 로마의 인구만 하더라도 100만은 족히 되었을 테고, 여기다 지중해 서부 지역의 인구도 있었다. 북아프리카의 상품이라 하면 건축용 석재, 준보석, 날로 증가하는 경기장 수요에 따른 야생 동물 등이 있었지만, 무엇보다 농산물 수요가 컸다. 올리브유, 와인, 특히 곡물 등이었다. 북아프리카는 로마의 주요 곡물 공급처 가운데 하나였다(다른 하나는 이집트). 늘어나는

[그림 23-3] 극장
렙티스 마그나, 리비아.

수요를 충족하려면 농경지와 그에 필요한 관개 시설을 사막 인근 지대까지 확장해야 했다. 당시 번영했던 흔적이 고고학적으로도 확인된다. 내륙 지역과 지중해에 가까운 도시의 농장 유적이 리비아의 렙티스 마그나(Leptis Magna)와 사브라타(Sabratha)에서, 알제리의 팀가드(Timgad)에서, 모로코의 볼루빌리스(Volubilis)에서 거대한 공공 건물 및 기념비적 건축물의 유지와 함께 발견되었다(그림 23-3).

로마 시기의 북아프리카는 분명 번성했지만 분배가 공평하지 않았다. 주로 혜택을 본 사람들은 기원전 1세기 말에서 기원후 1세기 사이에 건설된 카르타고와 다른 로마 식민 도시의 주민이었다. 또한 로마 이전 시기에 형성된 도시에 살던 상류 계층에게도 혜택이 돌아갔다. 로마 시기에 건설된 도시의 주민은 주로 이탈리아 출신이었고, 로마 군대에서 은퇴한 퇴역 군인이 많았다. 로마 이전 시기에 건설된 도시의 상류층은 포에니어와 리비아어 이름이 많았는데, 이들은 현지 부족 출신이면서 로마의 문화를 받아들인 사람들로, 로마 이전 시기에 도시를 통치하던 리비페니키아 상류층의 후손이었다. 내륙 지역의 농장 건물에 새겨진 이름들의 패턴도 이와 비슷한 점으로 보아, 새로 개척한 농장의 주인도 같은 계층의 사람들이었던 것 같다. 아프리카 엘리트 계층의 영향은 북아프리카에 국한되지 않았으며, 로마의 원로원으로 진출하는 사람들도 점차 늘어났다. 그들 중 하나가 셉티미우스 세베루스(Septimius Severus)로, 심지어 황제의 지위에까지 올랐다. 그가 설립한 왕조는 기원후 193년부터 235년까지 거의 반세기 동안 로마를 다스렸다.

사하라 이남 아프리카:
기원전 1200년경에서 기원후 600년경

19세기 말부터 역사학에서는 사하라 이남 아프리카의 근본적 발전이 이루어진 시기를 기원전 제1천년기로 잡았다. 반투어족의 확산, 즉 반투어 사용자들과 하위 어족인 니제르-콩고어 사용자들이 중남부 아프리카의 대부분 지역으로 확산된 시기였다. 면적으로는 유럽 전체보다 큰 지역이었다. 초기 아프리카 역사학에서는[21] 반투어족의 확산을 단지

---

21 Malcolm Guthrie, "Some Developments in the Prehistory of the Bantu Languages," *The Journal of African History* 3 (1962): 273-82, and Roland Oliver, "The Problem of the Bantu Expansion," *The Journal of African History* 7 (1966): 361-76.

언어학적 현상으로만 보지 않았다. 기술적 측면에서 중남부 아프리카에 중요한 기술 요소들이 패키지로 소개된 흔적이 있었기 때문이다. 여기에는 예컨대 복합 작물 영농, 토기, 특히 제철 기술 등이 포함되었다. 문화적으로는 이 지역 대부분을 차지하고 있던 피그미족과 코이산족의 수렵채집 문화가 정주 농업 문화로 대체된 것으로 알려져 있다.

그 시기가 언제였는지를 특정하기란 쉽지 않다. 다만 일련의 증거들로 볼 때 아마도 기원전 제1천년기 말에서 기원후 제1천년기 초였을 것 같다. 반투어족에 속하는 약 600개의 언어를 분석해보면 반투어 사용자들의 확산은 신속하게 비교적 최근에, 아마도 최근 몇천 년 사이에 이루어졌을 것이다. 원시-반투어족의 고향은 나이지리아와 카메룬의 국경 지역으로 확인되었으므로, 그 확산 방향은 동쪽으로 아프리카 대호수 지역으로 향했고 결국에는 인도양 연안에까지 이르렀으며, 이후 아프리카 대륙의 서쪽과 동쪽 해안을 따라 남쪽으로 확산되었다. 대부분의 학자들은 확산에 대해 인구 과잉에 따른 결과로 해석하고 있다. 여기에다 아마도 바나나와 얌 등 동남아시아에서 새로운 작물이 소개되면서 반투어 사용자들의 확산에 박차를 가했을 것이다. 또한 북아프리카 혹은 나일강 유역에서 전해진 제철 기술로 무장하여 확산이 더욱 용이했을 것이다. 이와 같은 두 가지 요소를 통해 볼 때 확산의 시기는 기원전 제1천년기 말에서부터 기원후 제1천년기 초로 나타나는데, 이는 언어학적 증거로 확인된 시기와 거의 일치하는 결과다.

반투어 사용자들의 확산에 대한 연구는 이와 같은 관점을 견지하다가 1990년대에 들어서 바뀌기 시작했다. (반투어족에 대한 보다 세밀한 언어학적 연구, 고고학 발굴 성과의 증대, 핵심 유적에 대한 방사성탄소 연대측정 결과 추가 산출로) 몇 가지 사실이 새롭게 밝혀지면서 기존 아프리카 중남부 문화의 몰락과 대체가 보다 세밀하고 복잡한 과정으로 확인되었다.[22] 언어학적 연구에 따르면, 원시-반투어족의 분화 및 확산은 기원전 제3천년기에 시작된 것으로 추정된다. 더불어 원시-반투어 어휘로 보아 원시-반투어 사용자들은 숲에서 거주하며 뿌리 작물을 재배했다. 아프리카 대호수 지역과 남동부 평원 지대에서 사용되는 곡물 관련 어휘들로 볼 때, 이들은 확산 과정에서 마주친 쿠시어 사용자들로부터 그러한 어휘를 입수한 것으로 추정된다. 이에 못지않게 중요한 사실은 제철 관련 유적이다. 유물의 방사성탄소 연대측정 결과에 따르면, 제련 작업은 기원전 제1천년기 초기에 아프리카 대호수 지역에서 이루어졌다. 그리고 이후 수 세기에 걸쳐 서쪽으로 서서히 전파되었다. 이와 같은 연대 측정 결과는 북아프리카 및 나일강 유역에서 제철 작업이 처음 등장했던 것보다 시기적으로 앞서기 때문에, 사하라 이남 지역의 제철 기술이 기존에 알려진 것처럼 나일강 유역 혹은 지중해 지역에서 전파된 것이 아니라, 사하라 이남 아프리카에서 독립적으로 개발되었음을 강력하게 암시한다.[23] 물론 확산 과정의 후기에는 제철 기술이 상당히 중요한 요소였

22 Jan Vansina, "New Linguistic Evidence and 'the Bantu Expansion,'" *The Journal of African History* 36 (1995): 173-95, and John H. Robertson and Rebecca Bradley, "The African Early Iron Age without Bantu Migrations," *History in Africa* 27 (2000): 287-323.
23 Duncan E. Miller and Nikolaas J. van der Merwe, "Early Metal Working in Sub-Saharan Africa: A Review of Recent Research," *The Journal of African History* 35 (1994): 1-36; Augustin F. C. Holl, "Early West African Metallurgies: New Data and Old Orthodoxy," *Journal of World Prehistory* 22 (2009): 415-38; and Étienne Zangato and Augustin F. C. Holl, "On the Iron Front: New Evidence from North-Central Africa," *Journal of African Archaeology* 8 (2010): 7-23.

다는 사실을 부정할 수 없지만, 애초에 제철 기술을 반투어 사용자들의 확산 원인으로 설명하기에는 시기적으로 너무 늦다는 문제도 있다. 이러한 사실들을 함께 고려할 때 반투어 사용자들의 확산은 수 세기에 걸친 매우 느리고 점진적인 과정이었으며, 20세기 대부분의 기간 동안 학계에서 믿어왔던 것처럼, 제철 기술을 보유한 농업인이 비교적 짧은 시기에 대거 이주한 사건은 아니었다. 마찬가지로 중요한 점은, 새로운 연구 관점에서 보자면, 반투어 사용자들의 확산 과정에서 수렵채집인과 농업인을 흡수하면서 반투어 사용 지역 또한 확장되어갔으리라는 것이다.

세상 일이 흔히 그러하듯이 진실은 양 극단 사이 어느 즈음에 있을 것이다. 반투어 사용자들의 확산을 바라보는 두 가지 관점에 대해서도 마찬가지다. 그러나 분명한 것은, 철기를 사용하는 정주민 사회의 확산이 중남부 아프리카의 생활 경제에 기반을 두었다는 사실이다. 당시 중남부 대부분 지역에서는 생활 경제가 복합 영농으로 전환되어 있었다. 그리하여 인구가 증가하고, 사회 구조가 점차 복잡해지고, 철기를 비롯한 여러 상품의 수요로 교역이 증대했다. 생태 환경이 서로 다른 지역에서 생산된 상품들이 물길을 따라 교환 및 운반될 수 있는 곳에서는 교역과 상품 제조가 이루어졌고, 여기를 기반으로 도시가 형성되었다.

결과적으로 기원후 제2천년기가 한참 지날 때까지도 중남부 아프리카에서 독립된 마을 단위가 기본이기는 했으나 대규모 사회-경제 단위가 서부 아프리카에서 출현했다.[24] 과거 이 지역에 복합 구조의 사회

---

24 Ray A. Kea, "Expansions and Contractions: World-Historical Change and The Western Sudan World-System (1200/1000 BC –1200/1250 AD)," *Journal of World*

가 존재했다는 증거는 오늘날 나이지리아에 있는 녹 문화(Nok culture)가 발견되면서 나타나기 시작했다.[25] 수십 년 동안 녹 문화의 유물은 독특한 테라코타 인형들뿐이었다. 그것은 오늘날의 주석 광산에서 발견된 인형들로, 애초 사원에 헌정하는 용도로 제작되었던 것이다. 사문 두키아(Samun Dukiya) 유적과 타루가(Taruga)의 인형 및 토기 생산 유적의 방사성탄소 연대측정 결과, 녹 문화는 약 7만 5000제곱킬로미터 면적에 걸쳐 확산되어 있었으며, 철기를 사용하던 농업인이 기원전 500년경부터 기원후 200년경까지 약 700년 동안 녹 문화를 유지한 것으로 밝혀졌다(그림 23-4).

복합 구조 사회의 출현은 분명하게 확인되었다. 그러나 좀 더 북쪽으로 올라가 마우레타니아의 남쪽 지역에서는 거대한 석조 건물 유적이 티치트 문화(Tichitt Tradition) 유물과 함께 발견되었다. 이로써 원시-도시 문화의 존재가 확인되었는데, 기원전 제2천년기 후기의 복합 영농 경제에 기반을 둔 도시 문화였다. 티치트 문화가 기원전 제1천년기에 널리 확산되었지만, 마지막 단계에 가서는 점차 방어벽을 강조하고 방어에 유리한 지역에 마을을 조성한 사실에 비추어 볼 때, 그들은 심각한 공격에 노출되어 있었으리라 짐작할 수 있다. 침략자는 아마도 사하라 사막 지대에 기반을 둔 리비아어 사용자들이었을 것이다.

기원전 300년경에 이르러 티치트 문화는 그 고향에서 소멸되었다. 티치트와 밀접하게 연결된 문화가 말리의 니제르강(Niger River) 삼각

Systems Research 10 (2004): 723-826.
25 Graham Connah, *Forgotten Africa: An Introduction to its Archaeology* (London: Routledge, 2004), pp. 118-24.

[그림 23-4] 무릎에 아래턱을 괴고 있는 인물상
녹 문화 테라코타, 기원전 6세기 이전, 나이지리아.

주 내륙에 살아남았고, 그곳에서 서아프리카 최초로 진정한 도시 구조의 원형이 등장했다. 확인된 사례들 가운데 가장 시기가 올라가는 유적은 기원전 제1천년기 초의 디아(Dia) 유적이며, 도시 형성 과정이 비교적 자세히 파악된 유적은 이보다 시기가 늦은 제니-제노(Jenne-Jeno) 유적이다.[26] (제니-제노는 아프리카 말리의 젠네Djenné 지역에 있는 고대 유적이며, 제니-제노란 "고대의 젠네"라는 의미다. 유네스코 문화유산으로 등재되면서 젠네보다 영어식 발음 제니-제노로 유명해졌다. 이 유적과 관련해서는 시리즈 06권 제17장 참조. - 옮긴이) 제니-제노는 기원전 200년경에 니제르강 유역으로 특히 비옥한 지역에 건설되었다. 이후 기원후 제1천년기 말까지 서서히 성장을 계속했다. 주변에 방벽을 두른 약 33헥타르의 도시였고, 그 주변을 둘러 여러 작은 마을이 형성되어 있었으며, 각각의 마을은 제철 등 특정 생산 기술에 특화되어 있었다. 제니-제노 번영의 비결은 바로 지리적 위치에 있었다. 그곳은 북쪽 사하라 지역에서 소금과 광물 자원을, 남쪽 숲 지대에서 동식물 자원 및 금을 수입하기에 유리한 지역이었다. 그래서 지역 내 무역의 중심지가 되었고, 그 무역망이 니제르 평원과 그 배후지 거의 전부를 포괄했다. 불행히도 제니-제노의 사회 구조나 정부 조직의 실체를 밝혀낼 고고학적 증거는 아직 발견하지 못했다. 그러나 삼각주 내륙 지역에 수많은 인공 언덕이 존재했던 것으로 보아, 제니-제노는 지역 내의 여러 중심지 중 하나였으리라고 추정할 수 있다. 제니-제노 같은 도시와 그에 연결된 교역망 관리 능력이 이

---

26 Roderick J. McIntosh, *Ancient Middle Niger: Urbanism and Self-Organizing Landscape* (Cambridge University Press, 2005).

후 가나와 말리 등 중세 수단 지역 거대 제국이 번영할 수 있었던 기반이 되었을 것이다.

사하라 이남 아프리카와 유라시아의 재연결

앞에서 이야기했듯 사하라 이남 아프리카의 발전이 이루어지면서 기원전 제3천년기부터 시작된 유라시아와의 단절이 서서히 극복되었다. 당연히 사하라 사막을 관통하기란 쉽지 않았기 때문에 최초의 시도는 바닷길을 통했다. 기원전 5세기 중엽 카르타고인은 행정관 한노(Hanno)가 이끄는 대규모 식민지 개척단을 출범했다. 그들은 오래된 페니키아의 식민지 릭수스(Lixus)를 출발하여 대서양 연안을 따라 남쪽으로 내려갔다. 한노의 보고서를 그리스어로 번역했다고 하는 문헌이 전하고 있다. 그 문헌의 진위와 지명 등에 대해서 논란이 없지 않지만, 대부분의 학자들은 당시의 탐험이 최소한 남쪽으로 세네갈강(Senegal River)까지, 혹은 아마도 카메룬산(Mt. Cameroon)까지 이르렀으리라고 믿고 있다.[27] 한노가 건설했다고 하는 식민지가 얼마나 살아남았는지는 알 수 없지만, 기원전 5~4세기 그리스의 다른 문헌 자료에 비추어 보자면, 카르타고의 목표는 대서양 연안의 금광에 접근하는 것이었다. 그리스 문헌 자료에 따르면, 카르타고가 관리했던 모든 무역로가 포에니 전

---

[27] 회의적 입장: Jehan Desanges, *Recherches sur l'Activité des Méditerranéens aux Confins de l'Afrique* (Paris: Diffusion de Boccard, 1978), pp. 39-83. 긍정적 입장: J. Blomqvist, "Reflections of Carthaginian Commercial Activity in Hanno's Periplus," *Orientalia Suecana* 33/35 (1984/86): 53-62; Duane W. Roller, *Through the Pillars of Herakles: Greco-Roman Exploration of the Atlantic* (New York: Routledge, 2006), pp. 22-43.

쟁으로 중단되었다고 한다. 즉 기원전 1세기 중반에 릭수스 이남 지역 및 모가도르(Mogador)섬에서 모든 카르타고의 활동은 중단되었고, 이후 로마는 이를 복원하기 위한 시도를 하지 않았다.

아프리카 서부 해안에서 보이는 바다는 망망대해일 뿐이지만, 동부 해안은 인도양을 마주하고 있기 때문에 이미 1000년 전통의 해상 무역이 진행되고 있었다. 그러므로 간헐적 접촉은 불가피했다. 더욱이 원산지가 동남아시아 지역인 재배종 바나나의 고고학적 흔적이 서아프리카에서 발견되었는데, 연대가 기원전 500년경이었다. 그렇다면 오스트로네시아어 사용자들이 이미 아프리카를 방문한 적이 있었다고 볼 수 있다.[28] 그러나 동아프리카 해안 지역이 인도양 무역 네트워크에 완전히 편입된 시기는, 지중해와 남아시아의 무역로가 대대적으로 확장된 기원전 1세기 이후였다. 기원전 1세기 중엽에 이미 아랍의 무역상이 온갖 종류의 금속기와 와인, 곡물 등을 팔고 상아, 코뿔소 뿔, 품질 좋은 거북 등 껍질 등을 샀다. 아마도 근동 및 인도양 지역의 다른 상품들, 예컨대 유리구슬, 개오지조개, 역청 등을 취급한 사람들도 바로 아랍 상인이었을 것이다. 이런 상품은 고고학적으로 멀게는 세네갈 평원의 서부에서까지 발견되었다. 이러한 무역의 중심지는 일종의 조약항 라프타(Rhapta)로, 예멘 힘야르(Himyar) 왕국의 종주권 아래 아랍 상인이 통치하는 특수 지

---

28 Roger Blench, "Bananas and Plantains in Africa: Re-interpreting the Linguistic Evidence," *Ethnobotany & Applications* 7 (2009): 363-80; Roger Blench, "Evidence for the Austronesian Voyages in the Indian Ocean," in Atholl Anderson, James H. Barrett, and Katherine V. Boyle (eds.), *The Global Origins and Development of Seafaring* (Cambridge University Press, 2010), pp. 239-48.

역이었다. 실제로 라프타가 어디였는지는 아직 알려진 바가 없지만, 주변 정황으로 보아 탄자니아의 루피지(Rufiji) 삼각주에 있었던 것으로 추정된다.[29]

동아프리카의 인도양 무역 네트워크 편입은 북쪽의 홍해 지역에 보다 극적인 결과를 초래했다.[30] 1000여 년 동안 나일강 계곡은 북동부 아프리카의 상품들이 이집트와 지중해로 연결되는 주요 무역로였다. 홍해와 인도양을 건너는 상선의 수가 크게 증가하면서 아프리카의 상품과 연결되는 보다 쉬운 대안 경로가 제시되었다. 지리적으로 보자면 육지로 둘러싸인 쿠시 왕국이 아니라 오늘날 에티오피아 고원 지대에 있었던 악숨 왕국이 대안 경로의 혜택을 보았던 것 같다(그림 23-5).

쿠시 왕국과 달리 악숨 왕국의 기원은 비교적 그리 오래되지 않았다.[31] 고고학적으로 볼 때 악숨 왕국의 뿌리는 기원전 제1천년기 초까지 거슬러 올라간다. 당시 아라비아 남부의 세력들이 식민지를 개척하여 오늘날 에리트레아와 에티오피아의 티그레이(Tigray) 지역에 잇달아 소규모 왕국들을 건설한 적이 있었다. 그러나 악숨 왕국이 주도권을 잡게 된 시기는 기원전 1세기 후기부터였다. 그 당시 소규모 왕국들 가운

---

29 Felix A. Chami, "The Archaeology of the Rufiji Region Since 1987 to 2000: Coast and Interior Dynamics from AD 00-500," in Felix Chami, Gilbert Pwiti, and Chantal Radimilahy (eds.), *People, Contact and the Environment in the African Past* (Dar-es-Salaam University Press, 1996), pp. 7-20.
30 Jacke Philllips, "Punt and Aksum: Egypt and the Horn of Africa," *The Journal of African History* 38 (1997): 423-57, and Stanley M. Burstein, "Kush, Axum and the Ancient Indian Ocean Trade," *Studia Aegyptiaca* 17 (2002): 127-37.
31 악숨 역사의 기본서는 다음을 참조. Stuart Munro-Hay, *Aksum: An African Civilization of Late Antiquity* (Edinburgh University Press, 1991).

[그림 23-5] 거대한 비석과 오벨리스크
기원후 3~4세기, 에티오피아 악숨.

데 하바샤(Habasha, 혹은 Abyssinia) 지역에 있던 어느 왕국의 왕이 악숨에 수도를 건설한 것이 계기가 되었다. 에티오피아 고원 지대에 위치한 도시 악숨은 서쪽으로 나일강 상류 및 그 주변 지역에 접근하기가 쉬웠고, 동쪽으로 홍해와 가까웠다. 악숨은 인도양 무역으로 새롭게 열린 홍해의 새로운 무역 환경에서 이득을 취하기에 아주 이상적인 위치에 놓여 있었다. 악숨의 왕은 이러한 기회를 놓치지 않고 로마와 협정을 맺어 아둘리스(Adulis = Massawa)에 조약항을 설치했고, 왕국 안에서 무역 거점 설치를 권장했다.

이러한 발전의 결과로, 아둘리스는[32] 기원후 1세기 중엽에 이르러 홍해와 그 주변 해안 지역의 상품뿐만 아니라 쿠시 왕국에 속하는 센나르(Sennar)에서 모아 오는 상아 무역의 중심지로 부상했다. 기원후 2~3세기에 악숨의 왕들은 이와 같은 정책을 그대로 유지하며 통치 영역을 홍해 남부 평원과 그 주변 거의 전역으로 확대했고, 이집트로 통하는 무역로를 건설 및 관리했다. 이들이 새로 건설한 무역로는 나일 회랑(Nile corridor)을 완전히 벗어났다. 이로써 악숨은 지중해에 북동부 아프리카의 상품을 공급하는 핵심 공급처가 되었다.

악숨 왕국의 발전이 쿠시 왕국에 어떤 영향을 미쳤는지 분명하게 나타나기까지는 상당한 시간이 필요했다. 쿠시 왕국의 입장에서 기원전 1세기 후기부터 기원후 1세기 초기까지는 여러 측면에서 역사상 최고 정점이었다. 로마와 쿠시 왕국의 평화로운 관계는 쿠시 왕국에 전례 없는

---

32 Stuart Munro-Hay, "The Foreign Trade of the Aksumite Port of Adulis," *Azania* 17 (1982): 107-25.

번영을 가져다주었다. 그러나 기원후 2세기 말에서 3세기 초에 상황은 급변했다. 로마의 입장에서 악숨 왕국이 아프리카 상품의 주요 공급처로 부상하면서, 쿠시 왕국과 로마 치하 이집트의 외교 관계는 점차 비중이 약화되었다. 나일강 상류 지역에서 로마 정책의 초점은 이집트의 남방 경계를 방어하는 쪽으로 변해갔다. 결과적으로 쿠시 왕국의 재정이 줄어들었고, 주변 지역에 대한 장악력도 약화되었다. 쿠시 왕국은 외부의 공격에 노출되었고, 결국 이웃 민족 내지 국가, 특히 악숨에 정복되고 말았다. 언제나 그러하듯이 그 과정을 상세히 알 수 있는 자료는 부족한 편이다. 그러나 확인된 자료만으로 알 수 있는 당시의 역사는, 쿠시 왕국이 사라지고 그 자리에 잇달아 후계국들이 들어서 전쟁을 벌였다는 사실이다. 나일 회랑은 아프리카의 상품이 이집트로 들어오는 주요 통로의 역할을 상실했고, 악숨은 아프리카에서 로마의 주요 동맹국으로 자리 잡으며 인도양 무역에서 인도와 지중해 지역을 잇는 주요 중개 무역 거점이 되었다.

동아프리카의 상황과 달리 사하라 남북 무역로가 언제 열렸는지에 대해서는 논란이 있다. 문제는 두 가지다. 정기적인 사하라 남북 무역이 중세 아랍 문헌에 등장하며 무역 상품까지도 확인되지만(사하라 이남의 금과 노예가 사하라 이북의 소금과 구리로 교환), 고고학적으로 확인된 바는 없다. 따라서 학자들은 사하라 남북 무역로가 개설된 시기를 빨라야 기원후 8세기로 본다. 그러나 사하라 서부 남북 축으로 나타나는 바위에 새겨진 말과 전차 그림,[33] 기원전 1세기 북아프리카에서 단봉낙타의

---

33 Discovered by Henri Lhote, *The Search for the Tassili Frescoes: The Story of the*

흔적,[34] 기원후 4세기 카르타고에서 예상치 못했던 금화 주조[35] 등 여러 정황으로 볼 때, 사하라 남북 무역은 기원후 시기의 초기에 시작된 것으로 추정된다(바위그림에 대해서는 이 책의 제24장 참조). 페잔 지역에 있었던 가라만테스 왕국의 영역에서 최근 20여 년 동안 이탈리아와 영국 고고학자들의 대대적인 발굴 성과는 이러한 추정의 가능성을 더욱 높여주고 있다(그림 23-6).

그리스와 로마의 텍스트에서 가라만테스 왕국이 언급된 사례는 기원전 5세기부터 후기 고대(late antiquity)까지 무수히 많다. 문헌 자료에 따르면 일찍이 기원전 5세기에 가라만테스 왕국이 국가 체제로 성립했고, 사하라 이남 아프리카의 여러 부족을 공격했으며, 기원후 1세기에 이르러서는 왕의 권위가 사하라 깊숙한 지역, 아마도 티베스티(Tibesti) 혹은 차드 호수(Lake Chad)까지 미쳤다. 더욱이 가라만테스 왕국의 핵심 지역이었던 와디 알-아잘(Wadi al-Ajal)과 그들의 수도 가라마(Garama)의 발굴 성과에 따르면,[36] 기원후 최초 3세기 동안 가라만테스 왕국은 약 25만 제곱킬로미터의 영역을 차지했으며, 리비아 문자를 사용했고, 거대한

Prehistoric Rock-Paintings of the Sahara, trans. A. H. Brodrick (New York: E. P. Dutton & Co., 1959), pp. 122-33.

34 Richard W. Bulliet, *The Camel and the Wheel* (New York: Columbia University Press, 1990), pp. 111-40.
35 Timothy F. Garrard, "Myth and Metrology: The Early Trans-Saharan Gold Trade," *The Journal of African History* 23 (1982): 443-61.
36 Mario Liverani, "The Garamantes: A Fresh Approach," *Libyan Studies* 31 (2000): 17-28; Liverani, "Rediscovering the Garamantes: Archaeology and History," *Libyan Studies* 35 (2004): 191-200; David Mattingly, "The Garamantes: the First Libyan State," in David J. Mattingly, Sue McLaren, Elizabeth Savage, Yahya al-Fasatwi, and Khaled Gadgood (eds.), *The Libyan Desert: Natural Resources and Cultural Heritage* (London: The Society for Libyan Studies, 2006), pp. 189-204.

[그림 23-6] 가라마(가라만테스 왕국의 수도)의 고고 유적
기원후 제1천년기 전반기, 리비아.

관개 시설을 기반으로 한 농업 시스템을 유지했으며, 로마 치하의 북아프리카에서 사치품을 대량 수입했다. 가라만테스 왕국의 규모와 (로마의 저술가들이 언급한 준보석 수출로 얻은 부의 정도를 월등히 초과하는 수준의) 부, 그리고 니제르강 만곡과 사헬 지대를 잇는 무역로를 따라 늘어서 있었던 가라만테스의 요새와 감시탑을 함께 고려해볼 때,[37] 사하라 남북 무역로는, 비록 나중 중세 시대의 그것과 비교하면 규모는 작았을지 몰라도, 기원후 시기의 초기에 이미 존재했을 가능성이 매우 크다. 이와 같은

---

37 Mario Liverani, "Looking for the Southern Frontier of the Garamantes," *Sahara* 12 (2000): 31-44.

가설을 뒷받침해줄 증거가 마침내 발굴되었다. 부르키나파소에 있는 키시(Kissi) 유적에서 매우 다양한 수입품이 발견되었는데, 그중에는 로마 치하의 북아프리카에서 수입한 금속 제품, 홍해 혹은 인도양 지역에서 수입한 개오지조개, 근동 지역에서 수입한 유리 등이 포함되어 있었다.[38]

아프리카-유라시아의 탄생: 기원후 400년경에서 900년경

기원후 4세기가 되면 사하라 이남 아프리카도 다시 유라시아 세계의 틀에 완전히 편입된다. 어떻게 재통합이 이루어졌는지를 이해하려면 후기 고대(late antiquity)에 정치와 문화, 그 두 가지 차원의 위기가 해소되는 과정을 살펴보아야 한다.

아프리카 지역에서는 전반적으로 1000여 년을 이어온 과거의 전통이 점차 사라져갔다. 기독교의 확산 때문이었다. 이는 로마 제국에서 지하에 숨어 있던 기독교가 공식 종교가 된 뒤부터였다. 기원후 6세기 중엽 무렵 기독교는 악숨에서 대서양에 이르기까지 주도적인 종교가 되어 있었다. 그러나 기독교의 확산 과정에서 교리가 통일되지 못했고, 도시민과 주변 시골 주민의 오랜 긴장 관계가 이제는 기독교 교리를 두고

---

38 Peter Robertshaw, Sonja Magnavita, Marilee Wood, Erik Melchiore, Rachel S. Popelka- Filcoff, and Michael D. Glascock, "Glass Beads from Kissi (Burkina Faso): Chemical Analysis and Archaeological Interpretations," in Sonja Magnavita, Lassina Koté, Peter Breunig, and Oumarou A. Idé (eds.), *Crossroads/ Carrefour Sahel: Cultural and Technological Developments in First Millennium BC/AD West Africa* (Frankfurt am Main: Africa Magna Verlag, 2009), pp. 105-18; and Thomas R. Fenn, John Chesley, David J. Killick, Sonja Magnavita, and Joaquin Ruiz, "Contact Between West Africa and Roman North Africa: Archaeometallurgical Results from Kissi, Northeastern Burkina Faso," in Magnavita et al. (eds.), *Crossroads*, pp. 119-46.

재현되었는데, 과연 어느 것이 올바른 교리이며 신앙인지를 두고 다투었다. 이집트에서는 단성론(Monophysites)이 주류를 이루었는데, 이들은 우선 현지 콥트교 신도의 지지를 받았다. 반면 알렉산드리아의 그리스 사람들 사이에서는 정교회(Orthodox)가 주류였다. 북아프리카의 서쪽에서도 비슷한 투쟁의 양상이 보였다. 도시에 기반을 두고 라틴어를 사용하는 가톨릭 신도와, 주로 리비아 시골에 널리 퍼져 있는 도나투스파(Donatists) 신도의 투쟁이었다.

종교적 긴장이 이집트에서 대서양까지 전반적으로 형성되었지만, 그 영향이 가장 혹독한 곳은 북아프리카였다. 현지 세력 간 분열 때문에 지역을 덮친 정치적 열기에 대응할 수단이 발달할 수 없었다. 결국 기원후 235년 세베루스(Severus) 왕조의 멸망 이후 기원후 429년 반달족이 침입해 들어올 때까지 2세기 동안 지역을 묶고 있던 로마 제국의 체제는 점차 와해되었다. 로마 제국도 게르만과 사산조 페르시아의 공격을 막아내느라 여력이 없는 상황이었다. 로마의 세력이 약화되자 유목민 마우리족이 힘을 얻어 과거 로마가 관할하던 영역 깊숙이 침투해 들어갔고, 국경지대의 농업과 도시들은 막대한 손상을 입었다. 결국 기원후 439년 반달족이 카르타고를 점령했다. 429년 처음 그들이 카르타고를 침공한 이후 10년 만이었다. 로마의 북아프리카 지배도 막을 내렸다. 북아프리카는 누미디아의 반달 왕국과, 로마의 문화를 받아들인 리비아인이 부분적으로 지배 계층에 참여한 마우레타니아의 몇몇 군소 왕국으로 분열되었다.

반달 왕국은 성립 이후 두 세기 동안 지역 내 안정을 가져오는 대신 오히려 불안을 가중시켰다. 지역 불안의 첫 번째 희생자는 반달 왕국 자신이었다. 기원후 553년 로마의 황제 유스티니아누스(Iustinianus) 1세가 쳐들어오자 반달 왕국은 몰락했다. 이후 흑사병이 번졌고, 발칸반도에서 슬라브족과 아바르족이 로마 제국을 공격했으며, 근동 지역에서는 사산조 페르시아의 공격이 반복되었다. 때문에 북아프리카에서 로마는 반달 왕국보다 그리 나을 것도 없었다. 마우리족 유목민의 공격은 계속되었고, 북아프리카의 안정과 번영은 회복되지 못했다.

더욱 심각한 일은, 로마 제국이 전혀 예상치 못한 아랍의 도전이었다. 기원후 632~642년 아랍의 군대는 새로운 종교 이슬람으로 무장한 채 사산조 페르시아, 시리아-팔레스타인, 이집트를 휩쓸었다. 그러나 북아프리카를 정복하는 일은 쉽지 않았다. 647년에 카르타고 근처에서 비잔티움 제국의 군대가 패배하며 크게 기운을 잃기는 했지만, 비잔티움과 리비아 연합군은 이후 반세기를 더 버텼다. 아랍인은 이들을 "바르바르(Barbar)", 즉 야만인이라고 불렀는데, 이는 "베르베르족(Berbers)"이라는 의미였다. 아랍인도 베르베르족을 용병으로 고용하여 전쟁에 나섰고, 698년에 마침내 북아프리카를 정복했다. 그로부터 10여 년이 흐른 뒤 아랍인은 북아프리카에서 스페인으로 건너가 그곳에 자리 잡은 서고트 왕국을 멸망시켰다. 아랍과 베르베르 연합군은 732년 푸아티에(Poitiers) 전투에서 진군을 멈추었다. 아랍 총독 이프리키아(Ifriqiya, 즉 아프리카)는 카르타고의 남쪽 가까이에 인접한 수도 카이라완(Qayrawan)에서 북아프리카 전체와 이베리아반도를 통치했다. 이는 1000여 년 전 카르타고 제국 이후로 북아프리카 정치 단위 중에서 가장 큰 규모였다. 그러나 어렵게 얻어낸 정치적 통일은 채 반세기를 유지하지 못했다. 8세기 중엽 베르베르족의 대대적인 반란이 일어났다. 이슬람으로 개종했음에도 불구하고 그들을 노예로 삼으려 하는 아랍인의 태도 때문이었다. 이로써 정치적 통일은 막을 내렸고, 10세기에 파티마 왕조(Fatimid dynasty)가 성립한 뒤에야 다시 통일을 회복했다. 다만 북아프리카의 정치적 분열 시기에도 문화적 통일성은 더욱 커져갔다. 베르베르인은 갈수록 아랍 계열 종교인 이슬람에 적응했고, 라틴 계열의 기독교는 점차 쇠락하여 12세기의 어느 즈음에는 기독교가 거의 사라져버렸다.

아랍 팽창이 아프리카 남부 지역에 미친 영향은 고르지 않았다. 다만 어디서나 한 가지 확실한 것이 있었다. 노동자와 특히 군사로 쓰기 위한 노예의 수요가 증가했다는 사실이다. 아랍 군대의 인원이 제한되어 있어 보충 인력이 필요했던 것이다. 그래서 이미 7세기에 아프리카 동부 해안 지역(고대에는 아자니아Azania, 중세에는 잔즈Zanj라고 부른 지역)에서 메소포타미아 지역으로 노예를 수출하기 시작했다.[39] 이곳으로부터 북쪽 지역의 정치 질서는 후기 고대에 번성했으나 이 시기에 급격한 변화를 맞이했다.

악숨 왕국의 전성기는 기원후 6세기 초였다. 당시 악숨 왕국은 서쪽으로 센나르(Sennar), 동쪽으로 예멘(Yemen)까지 장악했다. 그러나 동맹이었던 로마를 잃은 뒤 악숨 왕국도 세력을 잃었다. 기독교 국가로 명맥은 유지했지만 에티오피아 내륙 깊숙이 들어가야 했으며, 과거의 수도 악숨(Aksum)은 포기하고 새로운 수도 자르마(Jarma)를 건설했다. 그러나 자르마의 위치가 어디였는지는 아직도 밝혀지지 않았다. 거의 같은 시기 아랍은 쿠시 왕국의 뒤를 이어 성립된 여러 기독교 국가를 정복하

---

39 메소포타미아 남부에서 최초의 흑인 반란은 기원후 689년에 일어났다. Alexandre Popovic, *The Revolt of African Slaves in Iraq in the 3rd/9th Century*, trans. L. King (Princeton, N J: Markus Wiener Publishers, 1999), p. 22.

려 했으나, 652년 동골라(Dongola) 전투에서 패한 뒤 바크트(baqt)라고 하는 독특한 조약을 체결했다. 조약에 따라 누비아인의 기독교 왕국인 마쿠리아(Makuria) 왕국의 독립을 인정하고, 매년 노예를 공물으로 바치면 그 대가로 곡물을 보장해주기로 했으며, 무슬림 상인이 마쿠리아 왕국에서 자유롭게 장사할 수 있도록 보장했다.[40] 여기서 서쪽으로 가보면 아랍 군대는 보다 큰 성공을 거두었다. 그들은 페잔의 과거 가라만테스 왕국 영역을 정복했고, 이로써 남쪽으로 티베스티(Tibesti)와 차드 호수(Lake Chad), 그리고 서쪽으로 니제르 삼각주에 이르는 무역로에 접근할 수 있게 되었다.

서아프리카에서 아랍의 결과는 완전히 달랐다. 아랍의 문헌 기록에 따르면, 733/734년에 그들은 사헬 지대까지 진출했으며 많은 양의 금과 노예를 획득하여 북아프리카로 돌아왔다. 그러나 이후 두 세기 동안은 기록이 존재하지 않는다. 10세기부터 기록이 다시 등장하는데, 당시 사헬 지대는 상당히 복잡한 상황이었다. 노예 무역에 가담한 무슬림 왕국으로 보아 이슬람교가 사하라 이남까지 확산된 것은 확인할 수 있지만, 이는 통치자의 개종에 따른 것일 뿐 정복에 의한 것은 아니었다. 가장 주목할 만한 정치 세력은, 아랍 지리학자들이 가나(Ghana)라고 부른 제국이었다. "가나"란 그 나라 말로 왕을 의미했고, 백성은 와가두(Wagadu)라 했다.[41]

---

40 On the baqt see Derek A. Welsby, *The Medieval Kingdoms of Nubia: Pagans, Christians and Muslims along the Middle Nile* (London: British Museum Press, 2002), pp. 68-72.
41 Fundamental is Nehemia Levtzion, *Ancient Ghana and Mali* (London: Methuen

가나의 기원은 그 시기가 밝혀지지 않았다. 아랍의 자료에 따르면 기원후 800년경에 이미 강력한 왕국이었다고 하니, 아마도 그 기원은 기원후 제1천년기 초로 짐작된다. 더욱 중요한 점은, 10세기에 가나 왕국의 핵심 지역이 니제르강과 세네갈강 사이에 위치했지만, 그들의 권위가 핵심 지역을 넘어 다수의 제후국에까지 미쳤다는 사실이다. 가나가 부유한 것은 지리적 위치 덕분이었다. 가나는 북아프리카로 이어지는 사하라 이남 무역로의 종착지였다. 가나는 노예와 말리의 밤부크(Bambuk) 및 기니의 뷔레(Buré) 광산에서 나오는 금을 팔고, 사하라의 소금과 구리를 샀다. 아랍 지리학자들의 증언에 따르면 가나는 성스러운 군주정이었다. 가나의 왕과 백성의 관계를 규정하는 정교한 의례가 거행되었고, 왕이 죽은 뒤에는 화려하게 장식된 방 안에 왕과 궁정의 구성원이 함께 매장되었다. 가나 제국은 보병과 궁수 및 기병으로 구성된 대규모 군대를 보유하고 있었다.

가장 충격적인 사실은, 가나와 북아프리카 무슬림의 관계였다. 아랍의 자료에 따르면 가나의 수도 쿰비(Kumbi)는 2중 구조의 도시였다. 한 구역에는 무슬림 상인들과 학자들이 거주했고, 다른 한 구역에는 이교도 왕의 요새가 있었다. 이와 같은 구조로 보아, 무슬림 상인들이 가나의 영역에서 상거래를 할 때는 가나 왕으로부터 인가를 받았을 것이다. 아랍이 가나를 정복하려 했다가 실패해서 이러한 상황이 만들어졌는지는 알 수 없지만, 상황 자체로는 나일강 상류 지역에서 체결된 조약인 바크트(baqt)의 사례와 비슷했다. 다만 오늘날의 우리로서는 어떻게 된 일인

& Co.Ltd., 1973).

지 알 수가 없다.

조약의 기원을 따지는 것보다 더 중요한 일은 그 의미다. 이집트나 북아프리카의 상황과 달리 사헬 지대에서 이슬람은 정복 전쟁이 아니라 통치자들의 개종에 따라 교세를 확장했다. 그래서 무슬림 성직자를 비롯한 개종자는 무슬림이 아닌 일반 백성의 관습에 적응해야 했다. 그 결과 독특한 형태의 이슬람이 발달하게 되었다. 예컨대 14세기의 여행가 이븐 바투타(Ibn Battuta)처럼 후대에 다른 이슬람권에서 여행객이 찾아왔을 때, 이슬람이 도래하기 전의 종교와 사회적 풍습이 그대로 남아 있는 모습이 자못 충격적이었다고 한다.

결론

기원전 1200년부터 기원후 900년 사이 두 차례의 천년기가 지나는 동안, 아프리카의 생활 양상은 근본적 변화를 겪었다. 이 시대가 시작될 무렵 사하라 사막은 북아프리카와 사하라 이남 아프리카를 갈라놓았고, 나일강 유역 이외의 다른 곳에서는 거대 도시나 국가의 존재가 알려진 바 없으며, 금속의 사용도 제한적이었다. 기원후 900년경에는 사하라 남북 무역이 일반화되어 있었으며, 사하라 이북 아프리카에는 도시에 기반을 둔 왕국이 많았고, 사하라 이남 지역으로도 그러한 체제가 확산되었으며, 대륙의 대부분 지역에서 철기의 사용이 보편화되었다. 그러나 아프리카 대륙의 문화적 방향은 전혀 다른 길을 걸었다. 이슬람의 확산 덕분에 북아프리카와 사헬 지대를 포함하는 아프리카 대부분 지역과 동아프리카 해안 지역이 동쪽으로는 아프가니스탄에서 서쪽으로는 대서양에 이르는 문명권의 일부로 편입되었다.

더 읽어보기

Adams, William Y., *Nubia: Corridor to Africa*, Princeton University Press, 1977.

Aubet, Maria Eugenia, *The Phoenicians and the West: Politics, Colonies, and Trade*, 2nd edn., Cambridge University Press, 2001.

Boardman, John, *The Greeks Overseas: Their Early Colonies and Trade*, 4th edn., London: Thames and Hudson, 1999.

Brett, Michael, and Elizabeth Fentress, *The Berbers*, Oxford: Blackwell Publishing, 1996.

Burstein, Stanley M., *Graeco-Africana: Studies in the History of Greek Relations with Egypt and Nubia*, New Rochelle, NY: Caratzas, 1995.

Burstein, Stanley M. (ed.), *Ancient African Civilizations: Kush and Axum*, 2nd edn., Princeton: Markus Wiener Publishers, 2009.

Cherry, David, *Frontier and Society in Roman North Africa*, Oxford University Press, 1998.

Connah, Graham, *African Civilizations: An Archaeological Perspective*, 2nd edn., Cambridge University Press, 2001.

Desanges, Jehan, *Recherches sur l'Activité des Méditerranéens aux Confins de l'Afrique*, Paris: Diffusion de Boccard, 1978.

Ehret, Christopher, *An African Classical Age: Eastern and Southern Africa in World History, 1000 BC to AD 400*, Charlottesville: University of Virginia Press, 1998.

_____, *The Civilizations of Africa: A History to 1800*, Charlottesville: University of Virginia Press, 2002.

Fage, J. D. (ed.), *The Cambridge History of Africa*, Cambridge University Press, 1978, vol. II.

Lancel, Serge, *Carthage: A History*, trans. Antonia Nevill, Oxford: Blackwell Publishing, 1992.

Leahy, Anthony (ed.), *Libya and Egypt c. 1300-750 BCE*, London: SOAS Centre of Near and Middle Eastern Studies, 1990.

Levtzion, Nehemia, *Ancient Ghana and Mali*, London: Methuen & Co. Ltd., 1973.

Mattingly, David, *Imperialism, Power, and Identity: Experiencing the Roman Empire*, Princeton University Press, 2011.

McIntosh, Roderick J., *Ancient Middle Niger: Urbanism and Self-Organizing Landscape*, Cambridge University Press, 2005.

Mitchell, Peter, *African Connections: Archaeological Perspectives on Africa and the Wider World*, Walnut Creek, CA: AltaMira Press, 2005.

Mokhtar, Gamal (ed.), *General History of Africa*, vol. II: *Ancient Civilizations of Africa*, Berkeley: University of California Press, 1981.

Morkot, Robert, G., *The Black Pharaohs: Egypt's Nubian Rulers*, London: The Rubicon Press, 2000.

Munro-Hay, Stuart, *Aksum: An African Civilization of Late Antiquity*, Edinburgh University Press, 1991.

Phillipson, David W., *African Archaeology*, 2nd edn., Cambridge University Press, 2003.

_____, *Foundations of an African Civilisation: Aksum & the Northern Horn: 1000 BC-AD 1300*, Woodbridge: James Currey, 2012.

Raven, Susan, *Rome in Africa*, 3rd edn., London: Routledge, 1993.

Roller, Duane W., *Through the Pillars of Herakles: Greco-Roman Exploration of the Atlantic*, New York: Routledge, 2006.

Shinnie, Peter, *Meroe: A Civilization of the Sudan*, London: Thames and Hudson, 1967.

Stahl, Ann Brower (ed.), *African Archaeology*, Oxford: Blackwell Publishing, 2005.

Török, László, *The Kingdom of Kush: Handbook of the Napatan-Meroitic Civilization*, Handbook of Oriental Studies, vol. 31, Leiden: Brill, 1997.

Welsby, Derek A., *The Kingdom of Kush: The Napatan and Meroitic Empires*, London: British Museum Press, 1996.

_____, *The Medieval Kingdoms of Nubia: Pagans, Christians and Muslims along the Middle Nile*, London: British Museum Press, 2002.

CHAPTER 24

지역 연구: 사하라 남북 무역

랄프 오스틴
Ralph Austen

* 감사의 말. 여러 동료들께서 필자보다 더 전문적인 안목으로 이 글을 검토해주셨다. 특히 Walter Kaegi와 Andrew Wilson에게 감사의 말씀을 전하고자 한다.

우리 책에서 다루는 시간 범위의 후반부로 가면 열대 아프리카가 세계사의 주요 무대로 편입되는 특징을 보인다. 아프리카는 인류의 선사시대에 호모 사피엔스 최초의 고향으로 세계사적 역할이 있었다. 그러나 나중에 아시아와 유럽에서 일어난 거대 도시 문명은 아프리카 대륙의 북부 및 동부 해안 지역에서만 (그것도 시기가 아주 늦은 뒤에야) 접촉하게 되었다. 지중해 권역에서 보자면 두 개의 심대한 교통 장벽이 놓여 있었고, 새로운 기술이 발견된 뒤에야 그를 극복할 수 있었다. 첫 번째 장벽은 남대서양이었다. 이곳은 유럽인이 14~15세기에 남대서양 항해 기술을 터득한 뒤에야 세계 무역로의 노선에 포함될 수 있었다. 두 번째 장벽은 사하라 사막이었다. 이곳은 8~9세기 낙타를 이용한 이슬람의 카라반(상단)이 도입된 이후에야 주요 무역로로 편입되어 정치 및 문화적 변화의 통로가 되었다.

이러한 변화가 어떻게 찾아왔는지, 그리고 그 결과는 무엇인지 이해하려면 최소한 기원전 1200년경으로 돌아가보아야 한다. 그리고 마그레브(Maghreb, 북아프리카에서 이집트의 서쪽, 아랍어로 서쪽을 gharb라 한다)가 지중해권 세계에 어느 정도로 긴밀히 결합되었는지, 동시에 사하라 사막 남쪽의 빌라드 에스-수단(Bilad es-Sudan, 아랍어로 "검은 대륙"이라는 뜻)과 어느 정도로 분리되어 있었는지를 살펴보아야 한다(여기서 말하는 수단은 오늘날 국가의 명칭과 달리 사하라 사막 이남의 사헬 지대를 통틀어 지칭하는 지리적 개념이다. 이하 동일 – 옮긴이). 지리적으로 사하라 사막도 중요했지만, 현지인이 변화되는 상황에 어떻게 대응했는지도 중요한 요소였다.

사하라의 지리와 선사 시대

사하라는 세계 최대의 사막이다(사하라는 아랍어로 "사막"이란 뜻이다). 면적은 350만 제곱마일(906만 제곱킬로미터)이며, 모래(25퍼센트에 불과)와 함께 자갈, 바위, 고원 등이 포함되어 있다. 동쪽으로 나일강 유역에서부터 서쪽으로 대서양에까지 뻗어 있는데, 건조 지대가 이어지는 가운데 항구적으로 물이 솟아나는 오아시스, 야자나무나 생장 주기가 짧은 식물들이 있는 산, 노출 바위 등이 분포되어 있다. 사하라의 북쪽 사헬(sahel, 아랍어로 "기슭shore"이라는 뜻) 지대는 기후와 토양의 성질 및 강우 패턴이 지중해 지역과 비슷하여 농사를 지을 수 있었다(전통적으로는 밀과 올리브 재배).

사하라의 남쪽 수단 중부와 서부 지역(동수단 혹은 나일강 유역 수단과 분리되는 지역)은 사바나(초원) 지대다. 이곳은 지중해 지역보다 강우량이 적고 불규칙하며, 한 번 내릴 때 폭우가 오는 경향이 있다. 이런 조건에다 기온도 높기 때문에 유기물이 토양에 잘 보존되지 못하고 지표면에만 남아 있는 경향을 띤다. 그래서 지중해 지역의 작물은 수단 지역에서 재배하기가 불가능하다. 주요 작물은 토종 곡물로 기장류(millet)와 수수, 물 대기가 좋은 곳에서는 벼를 재배한다. 후대에 교통 장벽을 극복한 뒤에도 이와 같은 작물을 풍성하게 수확하지 못했을뿐더러 (기장류나

수수의 경우) 북아프리카의 밀이나 올리브처럼 수출품으로 가치가 높지도 않았다(지도 24-1).

    이와 같은 상황은 과거의 사하라도 마찬가지였다. 그러나 중요한 것은, 특히 인류의 역사와 관련해서 기억해야 할 것은, 환경이 언제나 그러하지는 않았다는 사실이다. 기원전 9000~3000년, 즉 홀로세 습윤기의 사하라 지역에는 비가 많이 내렸고 거대한 호수들이 있었다. 습윤기 후기와 유라시아 기준 신석기 혹은 아프리카 기준 후기 석기 시대가 시기적으로 겹치는데, 이 시기에 전 세계적으로 인류의 발전이 이루어졌다. 공동체의 생활 경제가 수렵채집에서 고정된 장소에 정착하는 방향으로 바뀌었으며, 식량 자원의 통제를 강화했다. 이 시기 사하라 지역의 인구는 이후 시기보다 더 많았고, 물고기 잡이와 목축, 그리고 일부 농업 활동을 했다. 기원전 3000년 이후로 사하라는 다시 건조해지기 시작해서 기원후 300년경에 오늘날과 같은 환경이 되었다. 이와 같은 기후 변화의 과정에서 사하라의 많은 사람들이 남쪽의 수단 사바나 지역으로 이주했고, 소수의 사람들이 사막 지대 혹은 그 가장자리에 남아, 일부 오아시스 지역을 제외하면 거의 전적으로 목축에 의지하여 생계를 유지했다.

    아랍어로 수단(sudan, aswad의 복수형)은 검은색을 의미한다. 명칭 자체가 의미하듯이 사하라 이남 지역에는 예로부터 피부색이 짙은, 지중해 지역의 사람들과는 다른 모발과 다른 얼굴 생김새에 다른 언어(니제르-콩고어)를 사용하는 사람들이 살고 있었다. 오늘날의 우리로서는 신석기 사하라 지역 공동체의 언어가 어떠했는지 전혀 알 길이 없지만, 유골이나 바위그림 유적 등으로 미루어 보아 인종이 혼합되어 있었던 것으로 추정된다. 오늘날까지도 일부 흑인이 사하라 지역에 살고 있지만,

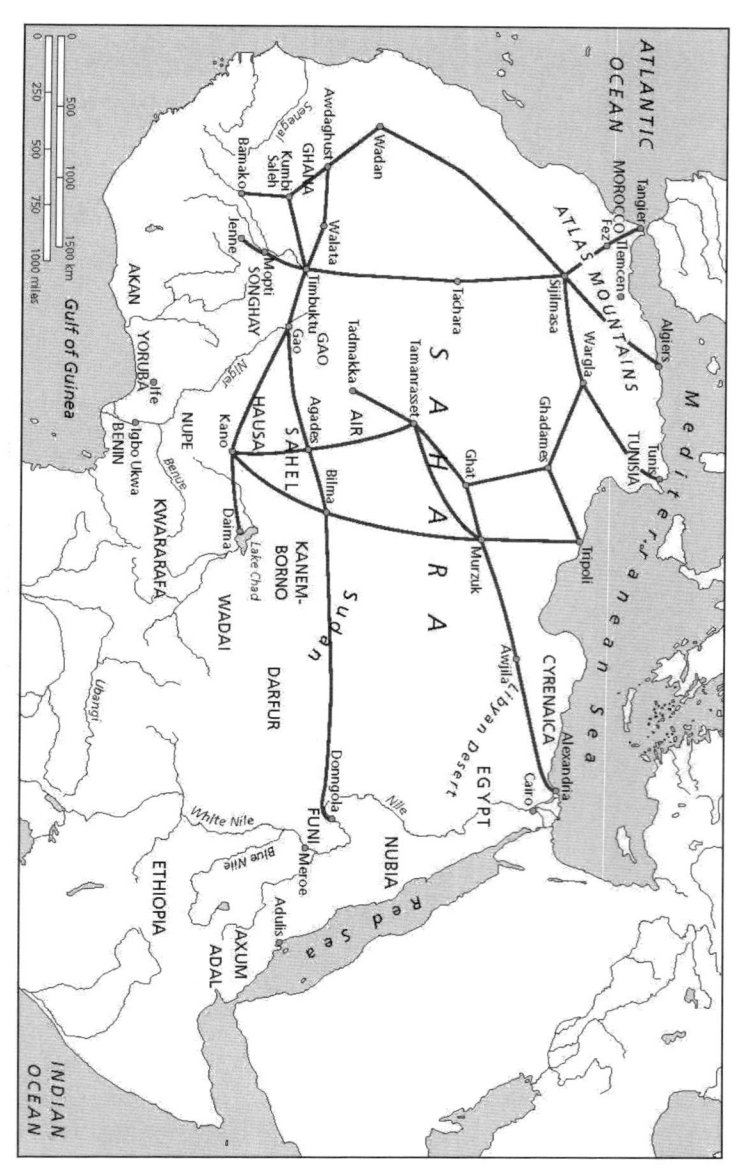

[지도 24-1] 사하라 남북 무역로

사하라를 비롯하여 북아프리카 지역 사람들은 대체로 지중해성 체형에 피부가 밝은 편이다. 그리고 베르베르어(Berber language)[1] 혹은 베르베르어족에 속하는 언어를 (과거는 물론 현재까지도) 사용하고 있다. 이는 아프리카아시아어족에 속하는 동부 셈어 계열로, 아랍어, 히브리어, 고대 이집트어와 같은 계열에 속한다. 베르베르어 사용자들이 언제, 그리고 어디에서 와서 마그레브 지역으로 진출했는지는 불분명하다(추정컨대 기원전 3000년경 이집트에서 왔을 가능성이 크기는 하다). 기원전 1200년경 그들은 기존의 초기 석기 시대인을 밀어내고 마그레브 지역에 정착했으며, 사하라 지역도 마찬가지로 그 무렵부터 이들이 주도하기 시작했다.[2]

외부 세력의 고대 북아프리카 식민지 건설

아프리카 지역에서 도시화 및 중앙 권력을 기반으로 한 국가 건설은 지중해 지역에 비해 전반적으로 상당히 늦어졌다. 실제로 마그레브 지역에서 최초의 도시로 알려진 곳도 이방인이 건설한 식민지였다. 그 시작이 카르타고(Carthago, 오늘날 튀니지 근처)였는데, 오늘날 레바논에서 온 페니키아인이 기원전 814년에 건설한 도시였다. 기원전 7세기에 이

---

1 "베르베르(Berber)"라는 명칭은 "바바리언(barbarian, 야만인)"에서 비롯되었다. 그래서 이 용어를 그대로 쓰는 것이 흔쾌하지 않다. 대안으로 "아마지그(Amazigh)"라는 명칭이 있지만, 정치적으로 그들을 전문적으로 논하는 연구서에서조차 "베르베르"라는 명칭을 대체하지는 못했다. 예를 들자면, Bruce Maddy-Weitzman, *The Berber Identity Movement and the Challenge to North African States* (Austin: University of Texas Press, 2011).
2 Michael Brett and Elizabeth Fentress, *The Berbers: The People of Africa* (Oxford: Blackwell, 1996), pp. 10-15.

르러 페니키아인과 상업상 경쟁 관계에 있던 그리스인이 리비아 동부에 그들의 식민 도시 키레나이카(Cyrenaica)를 건설했다. 기원전 2세기에는 로마인이 북아프리카를 장악하고 이집트에서 모로코에 이르기까지 북아프리카 전역에 걸쳐 무역 및 농업 거점을 건설했는데, 이 도시들은 기원후 5세기까지 유지되었다. 페니키아인은 북아프리카에 강력한 문화적 영향을 미쳤다. 그러나 그들의 경제 활동 내지 사회 질서와 관련된 기록은 거의 살아남지 못했다. 카르타고를 극도로 증오한 로마가 그 흔적을 모두 파괴했기 때문이다(기원전 218~203년 카르타고의 한니발 Hannibal이 군대를 이끌고 이탈리아 본토를 위협한 적이 있었다). 로마인의 기록조차 아프리카에 관해서라면 정치나 전쟁 관련 내용이 아니면 드문 편이다.

이방인을 아프리카로 끌어들인 매력은 대개 해안에서 가까운 비옥한 토지였다. 그곳에서는 밀, 올리브유, 와인을 상당히 많이 생산할 수 있었고 수출 또한 가능했다. 로마 치하 아프리카의 여러 도시 인구를 합하면 거의 500만에 달했다. 오늘날 남아 있는 자료만으로 당시 도시민의 출신을 명확히 규정하기는 어렵지만, 대체로 이탈리아 이민자와 로마 문화에 적응한 베르베르인이 도시에 거주했다. 도시에 인접한 시골 배후지의 인구는 대부분 베르베르인이었던 것 같다. 다만 그들이 사용한 언어는 (최소한 비문에 남겨진 기록으로만 보더라도) 라틴어, 포에니어(페니키아어의 서부 지중해 방언), 그리고 다양한 형태의 베르베르어가 있었다.[3]

이방인이 건설한 도시의 사례를 보고, 혹은 그로부터 자극을 받아 베르베르인도 북아프리카 해안 지역에서 그들만의 국가 체제를 건설하기 시작했다. 오늘날 튀니지에서 서쪽으로 거대한 영역에 걸쳐 누미디아인(Numidian)의 여러 왕국이 성립되었다. 이들은 기원전 3~2세기에 로마와 카르타고 사이에 벌어진 포에니 전쟁에서 중요한 역할을 했다. 그러나 카르타고가 무너진 뒤 내부 불안과 로마 제국의 야심에 의해 베르베르인의 왕국들은 독립적 지위를 잃어버렸다. 더 많은 로마인은 북아프리카 해안 지역을 따라 진출한 뒤 남쪽의 사하라 지역으로 향했다. 로마인은 아프리카를 통치할 때 사막 지대에서 한참 벗어난 북쪽에 (요새, 도로, 기타 방어벽 건설 등으로) 경계를 설정했다. 군사 주둔지도 경계 안에 두었고, 경계를 벗어나 넘어가는 일은 없었다. 그러나 기원후 1세기에 정찰 활동이나 간헐적 침략, 일부 상업 활동을 위해 정기적으로 사하라 북부 지역에 출입하는 사람들이 없지는 않았다.[4]

고대 사하라 및 수단 지역 도시의 출현

북아프리카의 도시 및 국가 건설이 이미 기원후 1세기에 지중해 연안과 사하라 지역을 연결하는 동력이 되었다면, 과연 같은 시기 사막과 수단 지역의 사회는 글로벌 무역망에 어느 정도로 긴밀히 결합되어 있었을까? 적어도 상업적인 면에서 보자면, 어느 정도 준비는 되어 있었

---

3 David Cherry, *Frontier and Society in Roman North Africa* (Oxford: Clarendon Press, 1998), pp. 75-100, and Paul Corbier and Marc Griesheimer, *L'Afrique romaine: 146 av. J.-C.-439 ap. J.-C.* (Paris: Ellipses, 2005), pp. 93-104. 위 연구 성과에서는 비문과 일부 로마의 지리학자 및 역사가가 남긴 설명을 인용했다.
4 René Rebuffat, "Au-delà des camps romains de l'Afrique Mineure: Renseignement, contrôle, penetration," in Hildegard Temporini (ed.), *Aufstieg und Niedergang der römischen Welt*, II (Berlin: W. de Gruyter, 1982), pp. 474-513.

다. 사하라 지역과 수단 지역은 도시화 및 시장 확장을 위한 중요한 걸음을 내딛는 중이었다. 다만 사하라 남북 무역에서 정기적 혹은 대규모 직접적 교역이 존재했는지에 대해서는 의문의 여지가 있다. 여기서 한 가지 기억해야 할 문제는, 수단 지역에서 정치 및 경제적 변화의 중심지와 사하라 지역에서의 중심지가 출현했을 때, 이들은 서로 굉장히 멀리 떨어져 있었다는 점이다.

이슬람의 시대가 도래하기 전 수단의 주요 발전 지역은 서부에 위치했다. 마우레타니아의 다르 티치트(Dar Tichitt)에서부터 니제르강 만곡 지대의 가오(Gao), 그리고 니제르강 삼각주 내륙의 제니-제노(Jenne-Jeno)가 있었다(인구 규모는 1만 명에서 2만 6000명 사이).[5] 이와 같은 인구 밀집 정착지(제니-제노와 가오는 분명히 도시였다)가 형성된 시기는 기원전 제1천년기 말에서 기원후 제1천년기 초 사이였는데, 모두가 일정 정도는 사하라 지역과 연계가 있었다. 처음에는 사막이 건조화되면서 남쪽으로 내려온 사람들이 그리로 이주했고, 나중에는 사하라의 소금과 구리 같은 상품을 거래하기 위해 사람들이 그곳을 찾았다.

수단 서부 지역의 중심지는 이 시기에 아직 성립된 것이 없었다. 위계질서에 입각하여 방대한 영역을 차지하는 국가 체제가 사하라 지역 내에서는 나타나지 않았다. 그러나 조금 동쪽으로 가면 리비아 지역

---

5 Susan Keech McIntosh, "Changing Perceptions of West Africa's Past: Archaeological Research Since 1988," *Journal of Archaeological Research* 2 (1994): 165-98; Timothy Insoll, "Iron Age Gao: An Archaeological Contribution," *Journal of African History* 38 (1997): 1-30; and Augustin Holl, "Coping with Uncertainty: Neolithic Life in the Dhar Tichitt-Walata, Mauritania (ca. 4000-2300 BP)," *Comptes Rendus Geoscience* 341 (2009): 703-12.

의 페잔(Fezzan)에서 그러한 사례를 볼 수 있는데, 그곳의 가라만테스(Garamantes) 문명이 기원전 1000년 무렵 일어나서 기원후 700년경까지 존속했다(전성기는 기원후 1~3세기).[6] 가라만테스는 카르타고 및 로마 치하 북아프리카와 전쟁도 했고 교역도 했다. 그러나 문헌 자료의 기록은 거의 전적으로 전쟁 관련 내용뿐이며, 사막 왕국의 문화 혹은 경제에 관해서는 아무것도 남아 있지 않다. 다만 고고학적 성과로 보건대 풍부한 도시 건축 유적과, 가라만테스인이 사용한 리비아어 문자 시스템(아직 미해독)이 남아 있으며, 특히 그들의 관개 시설인 포가라(foggara)는 약 25만 제곱킬로미터 면적에서 인구 5만~10만 명이 이용할 수 있는 규모였다. (가라만테스의 건축 관련해서는 제23장 [그림 23-6] 참조.)

그리스의 역사학자 헤로도토스(c. 484~425 BCE)가 당시 가라만테스에 관하여 비교적 방대하고 구체적인 기록을 남겼는데, 그 내용은 후대 사하라 남북 무역의 전조 격이었다. 가라만테스는 전차(戰車)를 이용하여 "에티오피아의 트로글로디타이(Troglodytae, 동굴 거주인)를 사냥"했으며[7] 사하라 사막 서부에 이르기까지 지리적으로 중요한 거점을 건설했다고 하는데, 이는 이집트에서 니제르 만곡 지역을 연결하는 대상 무

---

[6] 가라만테스에 관해서는 최근 많은 연구가 제출되었고, David Mattingly의 지휘 아래 고고학적 연구가 여전히 진행 중이다. 우리 논의와 관련하여 해당 주제의 연구 성과를 요약해둔 저서로 다음을 참조할 것. David Mattingly, "The Garamantes of Fazzan: An Early Libyan State with Trans-Saharan Connections," in Amelia Dowler and Elizabeth R. Galvin (eds.), *Money, Trade and Trade Routes in Pre-Islamic North Africa* (London: The British Museum, 2011), pp. 49-60; and Andrew Wilson, "Saharan Trade in the Roman Period: Short-, Medium- and Long-Distance Trade Networks," *Azania: Archaeological Research in Africa* 47 (2012): 409-49.

[7] 에티오피아인을 뜻하는 고대 그리스어 "Aithiops(불에 탄 얼굴)"는 아랍어 "Sudani"와 마찬가지로, 어떤 아프리카 공동체가 아니라 단순히 흑인을 지칭했다.

역로로 해석될 여지가 있다.[8] 헤로도토스의 기록은 이슬람 도래 이전 사하라 남북 무역과 관련하여 오랜 논쟁의 시발점이 되었다.[9] 그에 관해서는 자료가 매우 부족하기 때문에 손쉬운 결론을 내리자면 그런 무역로가 없었다고 하면 되겠지만, 최근 학계의 연구 성과는 점차 무역로가 존재했다는 쪽으로 기울고 있다. 사막을 가로질러 무역로가 존재하기 위해 필요한 최소한의 조건을 밝히는 연구가 이루어지고 있으며, 이를 통해 무역로가 언제 처음 형성되었는지를 밝혀줄 연구 결과가 나올 수도 있다.

고대 사하라 남북(?) 무역

사하라 사막 같은 광대하고도 어려운 여건을 뚫고 상품 운송이 가능하려면 다음과 같은 두 가지 조건이 충족되어야 한다. 첫째, 가치가 높은 상품이 있어야 한다. 그 상품의 가치가 그와 같은 험난한 환경을 건너는 비용과 전근대 운송 수단의 위험성을 충분히 넘어설 정도가 되어야 한다. 둘째, 효율적 운송 시스템이 존재해야 한다. 그래야 다른 대체품에 비해 그 상품의 가격 경쟁력이 보장되기 때문이다. 이슬람 시대의 사하라 남북 무역에 관한 기록은 많이 남아 있다. 직접 참여한 사람, 혹은 적어도 그들과 직접 대면한 사람들의 기록이다. 고대에는 이런 기록이 없

---

8 Herodotus, *The Histories*, trans. A. D. Godley (Cambridge, MA: Harvard University Press, 1921), vol. I I, pp. 383-89.
9 R. C. C. Law, "The Garamantes and Trans-Saharan Enterprise in Classical Times," *Journal of African History* 8 (1967): 181-200, and Mario Liverani, "The Libyan Caravan Road in Herodotus IV.181-185," *Journal of the Economic and Social History of the Orient* 43 (2000): 496-520.

다.[10] 그러나 기록이 없다고 해서 남북 간 이동이 없었다고 단정하기는 어렵다. 문헌 기록이 없기 때문에 우리는 간접적인, 주로는 고고학적 증거에 의존할 수밖에 없다.

제조 물품의 종류는, 이슬람 시대에 사하라를 건너 남쪽으로 이동한 상품(특히 직물, 도자기, 유리, 금속기)은 대부분 카르타고와 로마/비잔티움 시대의 것들이다. 그러므로 고대에 사하라 남북 무역이 존재했는지를 확인하려면, 기원후 700년 이전 지중해 연안의 상품이 사하라 및 수단 유적에서 발견되는지를 살펴보아야 한다. 이런 상품이 가라만테스 왕국의 페잔(Fezzan) 유적에서 풍부하게 발견되었다. 그중 일부는 기원후 5세기의 고분에서도 출토되었는데, 호가르(Hoggar)산맥에 있는 "틴-하난(Tin-Hanan)"이라는 인물의 무덤이었다. 그곳의 위치는 사하라 중서부 지역으로, 헤로도토스가 언급한 사막 루트의 종점에 해당하며, 수단 서부 지역과 연결되는 거점이었다.[11] 그러나 수단에서의 발굴 결과에 대하여 어느 주도적인 학자는 다음과 같은 견해를 밝혔다. "니제르강 만곡 지역 혹은 서부 사헬 지역 어느 곳에서도 로마 혹은 아랍 시대 이전의 것으로 확인되는 유물은, 어쩌다 우연히 있을 수도 있겠지만, 확인

---

10 카르타고의 문헌이라고 주장하는 책이 있다. 제목은 The Periplus of Hanno. 지중해에서 서아프리카 열대 지역 깊숙한 곳까지 이르는 길이 상세하게 기록되어 있다. 그러나 대부분의 학자들은 그 내용이 기껏해야 모로코 서부 해안의 대서양 무역과 관련된 그리스 문헌을 짜깁기한 것으로 파악하고 있다. Raymond Mauny, "La navigation sur les côtes du Sahara pendant l'Antiquité," *Revue des Etudes Anciennes* 57 (1955): 92-101, and Paul E. H. Hair, "The 'Periplus of Hanno' in the History and Historiography of Black Africa," *History in Africa* 14 (1987): 43-66.

11 Brett and Fentress, *Berbers*, pp. 206-208, and Malika Hachid, "Du nouveau sur le monument d'Abalessa (Ahaggar, Algerie)," *Sahara* 17 (2006): 95-119.

된 것이 전혀 없었다."[12] 한편 수단에서 훨씬 더 많은 고고 유적 발굴 작업이 진행되었고, 최근 구리와 유리구슬 유물을 분석해본 결과, 부르키나파소의 키시 지역에서는, 적어도 과거에 알려진 것보다는 북방으로부터 더 많은 상품을 수입한 것으로 추정되었다.[13] 또 다른 가능성으로, 수단의 물품이 사하라 지역의 상품과 거래되었을 뿐이며, 사하라 사람들이 다시 그것을 지중해 연안의 물품과 교환했기 때문에, 지중해 연안의 물품이 수단까지 도달하지는 못했으리라는 추정이 제기되었다. 가라만테스 문명의 전성기(c. 70~300 CE)에 풍부한 농산물과 수공업 생산물을 감안하면 이러한 가설이 성립할 수 있지만, 전성기를 제외하고는, 기원후 700년 이전에 그와 같은 거래가 있었다거나, 혹은 적어도 전성기 때와 같은 규모로 거래가 존재했다고 보기는 어려울 것이다.

이슬람 시대에 수단에서 수출한 가장 중요한 품목은 금과 노예였다. 고대 사하라 남북 무역과 관련된 학계의 논쟁은 금이라는 상품에 초점

12 Timothy Insoll, "Islamic Archaeology and the Sahara," in David Mattingly (ed.), *The Libyan Desert: Natural Resources and Cultural Heritage* (London: Society for Libyan Studies, 2006), p. 230.
13 Thomas R. Fenn, David John Killick, John Chelsey, Sonja Magnavita, and Joaquin Ruiz, "Contacts between West Africa and Roman North Africa: Archaeometallurgical Results from Kisii, Northeastern Burkina Faso," in Sonja Magnavita, Lassina Koté, Peter Breunig, and Oumarou A. Idé (eds.), *Crossroads/ Carrefour Sahel: Cultural and Technological Developments in First Millennium BC/AD West Africa* (Frankfurt am Main: Africa Magna Verlag, 2009), pp. 119-46; Kevin C. MacDonald, "A View from the South: Sub-Saharan Evidence for Contacts between North Africa, Mauritania and the Niger, 1000 BC - AD 700," in Dowler and Galvin, *Money, Trade and Trade Routes*, pp. 72-82. 위 논의에서는 황금 무역로가 키시 지역을 거쳐 갔을 가능성을 논하고 있다. 그러나 이어지는 우리의 논의를 참조하기 바란다.

이 맞추어져 있었는데, 중세 수단의 자료에 따르면 니제르강 만곡의 남부와 서부에서 금이 생산되었다. 그 위치는 가라만테스 왕국과 굉장히 멀리 떨어진 곳이다. 또한 금 수출이 니제르강 유역의 도시 발전과 관련이 있다면(기원후 200년 이후 어느 시점부터), 이를 헤로도토스가 언급한 기원전 5세기의 상황에 접목시키기에는 시간적 간격이 너무 크고, 가라만테스의 전성기가 지난 뒤의 일이기도 하다. 앤드루 윌슨(Andrew Wilson)과 케빈 맥도널드(Kevin McDonald)는 틴-하난 고분의 로마 유물과 그 주변의 키시를 비롯한 몇몇 철광석 생산지를 근거로, 니제르강 만곡 지역의 금이 알제리를 거쳐 거래되었을 가능성을 제기했다.[14]

고대에 수단의 금이 지중해 연안까지 도달했다는 논점에 대하여 가장 심도 있는 논의는 로마 후기 및 비잔티움 시대(c. 100~680 CE)와 관련이 있다. 이때는 이미 사하라 북부 지역에서 낙타가 이용되었고, 상당한 양의 금화가 주조되기도 했다.[15] 비잔티움 제국 시기 금과 관련된 자료, 이후 이슬람 시대 금 교역에 사용된 무게 단위 및 도량형, 그리고 특히 비잔티움 시대와 초기 이슬람 시대 북아프리카 금화 제작의 경로를 면밀히 검토한 결과, 기원후 8세기 중엽 사하라 남북 금 무역과 관련된 근거는 전혀 나타나지 않았다.[16] 그러나 9세기 중엽에는 거의 틀

---

14 Wilson, "Saharan Trade," and MacDonald, "A View from the South," pp. 72-82.
15 Timothy F. Garrard, "Myth and Metrology: The Early Trans-Saharan Gold Trade," *Journal of African History* 23 (1982): 443-61.
16 Walter Emil Kaegi, "Byzantium and the Early Trans-Saharan Gold Trade: A Cautionary Note," *Graeco-Arabica* 3 (1984): 95-100; Jean Devisse, "Or d'Afrique," *Arabica* 43 (1996): 234- 43; A. Gondonneau, C. Roux, Maria Filomena Guerra, and C.Morrisson, "La frappe de l'or à l'époque de l'expansion

림없이 금 교역이 있었으리라고 추정할 수 있다. 사하라 남부의 타드메카(Tadmekka) 유적에서 9세기 중엽의 유물로 금화 주조 틀이 발견되었기 때문이다. 당시 교역의 발달 정도를 고려하자면, 아마도 훨씬 이전부터 그러한 교역이 이어져왔을 것이다.[17] 그 이전 시기의 유일한 문헌 자료(혹은 10세기 이전 사하라 남북 금 무역 관련 자료)로 아랍의 "수스(Sous, 모로코 남서부)와 수단 지방 원정" 보고서가 있는데, 734년 이후의 어느 시점에 생산된 자료이며, "원하는 만큼 충분한 금을 얻었다"라는 내용이 포함되어 있다.[18] 그러나 보고서에 기록된 사건은 기록 시점보다 100년 이상 앞선 과거의 일이며, 그 이후에도 비슷한 방식의 원정이 있었으나 내용이 서로 상충된다.[19]

아프리카 흑인 노예는 고대 지중해 세계에서도 확인되지만 (당시 노예 노동의 수요가 상당히 높았음에도 불구하고) 그 수는 별로 많지 않았

musulmane et les mines de l'ouest de l'Afrique: L'apport analytique," in Bernd Kluge and Bernhard Weisser (eds.), *International Congress of Numismatics* (Berlin, Staatliche Museen zu Berlin, 2000), pp. 1264-74; and A. Gondonneau and Maria Filomena Guerra, "The Circulation of Precious Metals in the Arab Empire: The Case of the Near and the Middle East'," *Archaeometry* 44 (2002): 573-99.

17 Sam Nixon, Thilo Rehren, and Maria Filomena Guerra, "New Light on the Early Islamic West African Gold Trade: Coin Moulds from Tadmekka, Mali," *Antiquity* 85 (2011): 1353- 68, and Sam Nixon, "Excavating Essouk-Tadmakka (Mali): New Archaeological Investigations of Early Islamic Trans-Saharan Trade," *Azania: Archaeological Research in Africa* 44 (2009): 217-55.

18 Ibn 'Abd al-Hakam, *The History of the Conquest of Egypt, North Africa and Spain, known as the Futūḥ Miṣr*, trans. J. F. P. Hopkins, in J. F. P. Hopkins and Nehemia Levtzion, *Corpus of Early Arabic Sources for West African History* (Cambridge University Press, 1981), p. 13.

19 이후 원정을 기록한 아랍어 문헌이 세 편 더 있지만, 모두 금이 언급되지 않는다. Levtzion and Hopkins, *Corpus of Early Arabic Sources*, pp. 18, 158, and 326.

다.[20] 더욱이 흑인 노예가 확인되는 곳은 북아프리카 해안 지역이며, 그곳에서 일하던 노예나 혹은 다른 곳으로 팔려 간 노예라 할지라도, 아마도 사하라 남북 무역에서 거래된 노예는 아니었을 것이다. 기원후 4세기에 시리아의 상인이 "전 세계와 그 민족들"이라는 글을 남겼는데, 그에 따르면 "마우레타니아(Mauretania)"(대략 북아프리카 서부의 알제리와 모로코)에서 "직물과 노예를 거래했다." 그러나 거기서 남쪽 "아프리카(Africa)"(튀니지와 리비아 해안)로 내려가면 "거대한 사막의 나라"로 아무것도 없으며, 다만 "야만인들만 사는데, 그들을 마지케스(Mazices) 혹은 에티오피아인(Ethiopians)이라 한다"라고 기록했다.[21] 이 문헌 자료는 두 가지 의미로 해석이 가능하다. 즉 한편으로는 사하라 남북 노예 무역은 전혀 존재하지 않았다는 의미(노예는 마우레타니아 출신이며, 지리적으로나 별도의 문헌 자료에 근거하여 볼 때[22] 베르베르인과 리비아 사막에 거주하는 사람들은 상업적 관심이 전혀 없었다)가 있고, 다른 한편으로는 그 반대

---

20 수치를 구체적으로 뒷받침할 근거가 전문 학자들 사이에서도 제시된 적은 없고 대개는 일반론일 뿐이다. 그 근거는 고대 문헌 기록을 남긴 대부분의 저자들이 알고 있었던 아프리카 흑인들이 사실상 거의 전부 노예였다는 사실이다. 그러나 당시의 노예가 후대의 이슬람 혹은 대서양 세계에서 그랬던 것처럼 모두 흑인이었다는 보장은 없다. 다음을 참조. Walter Schiedel, "The Roman Slave Supply," in Keith Bradley and Paul Cartledge (eds.), *The Cambridge World History of Slavery* (Cambridge University Press, 2011), vol. I, pp. 287-310, and Erich S. Gruen, *Rethinking the Other in Antiquity* (Princeton University Press, 2010), pp. 197-220.
21 *Expositio totius mundi et gentium*, trans. Jean Rougé (Paris: Du Cerf, 1966), pp. 200-203; 이 연구에서는 또한 판노니아(Pannonia)에서 중부 유럽 남쪽의 로마 지역으로 대량의 노예 무역이 있었다는 사실도 언급했다. pp. 196-97. 오늘날 베르베르인은 스스로를 "이마지겐(imazighen)"이라 하는데, 당시 그것을 라틴어로 표기한 것이 마지케스(Mazices)일 수도 있다.
22 Kyle Harper, *Slavery in the Late Roman World, AD 275-425* (Cambridge University Press, 2011).

의 의미(아마도 사하라 이남 지역 출신의 노예가 마우레타니아를 거쳐 공급되었고, 페잔 혹은 그 주변 사람들을 "에티오피아인"으로 알고 있었던 것으로 보아, 그들이 지중해 지역을 정기적으로 방문했다)도 있다.

희박하나마 흑인 노예 무역과 관련된 문헌 자료는 대부분 이집트에서 발견되었다. 이집트의 건조한 기후 때문에 파피루스 보존이 용이했던 이유도 있고 해서, 고대의 다른 지역보다 이집트의 문헌 자료가 우리에게 더 많이 알려져 있다. 그런데 가라만테스인이 흑인 노예를 포로로 잡았다는 기록이 튀니지의 유적뿐만 아니라 리비아의 골라이아(Golaia, 오늘날 Bu Njem) 국경 경비소 유적에서 발견되기도 했다.[23] 유적에서 발견된 기록물은 헤로도토스의 이야기와도 일치하며, 이후 로마인이 남긴, 가라만테스가 전차를 이용하여 "에티오피아인"을 공격했다는 기록과도 일치한다. 가라만테스가 로마의 상품을 대량 수입했던 것은 분명한 사실이고, 그렇다면 그 대가로 무언가를 지급해야 했을 것이다. 기존 역사학에서는 수출 상품을 준보석의 일종인 "홍옥수(紅玉髓, carbuncles)"로 추정했는데, 페잔 북부에서 그 생산지가 발견되었다. 또한 지중해권 문헌 기록에서 등장하는 가라만테스의 유일한 물품이 홍옥수였다.[24] 그러나 문헌 기록은 가라만테스 문명의 전성기가 도래하기 훨씬 이전 시기의 자료다. 오히려 윌슨(Wilson)의 추정이 시기적으로는 훨씬 더 가능성이 큰데, 그에 따르면 (유골로 보아 아프리카 흑인 계열이었을 것으로 추

---

23 Harper, *Slavery in the Late Roman World*, pp. 86-99.
24 Law, "The Garamantes and Trans-Saharan Enterprise," 187-93, and David Mattingly, "The Garamantes: The First Libyan State," in Mattingly (ed.), *Libyan Dessert*, p. 200.

정되는) 가라만테스는 그들의 독특한 관개 시설을 유지하기 위해 많은 수의 노예를 필요로 했다. 상황이 그러했다면, 전차 공격으로 노예를 잡아 왔든 평화적 거래로 노예를 구입했든 상관없이, 가라만테스의 위치에서는 매년 수천 명의 노예를 북쪽으로 팔아넘길 수 있었고, 그 정도 규모라면 로마 제국의 노예 인구를 감안할 때 상당한 비중을 차지했을 수도 있다.[25] 페잔으로 수입된 로마의 유물 수량을 근거로 보자면, 가라만테스의 전성기 이후, 즉 기원후 300년 이후에도 이와 같은 무역이 상당 기간 지속되었다. 시리아의 상인이 기록을 남길 무렵에는 그 무역의 규모가 워낙 축소된 뒤라서 노예 무역의 존재를 미처 알아보지 못했을 수도 있다.

헤로도토스는 사하라 지역을 설명할 때 금이나 노예에 관해 거의 언급하지 않았지만, 소금에 대해서는 관심을 기울였다. 가라만테스와 그 주변의 민족들은 모두 "소금 언덕"에 거주했으며, 서부 사막 지대에는 "10일을 걸어가면 하나씩 소금 광산을 만날 수 있고", 그곳 사람들은 "소금 덩어리 벽돌"로 지은 집에 산다고 했다. 후대에 이와 같은 소금 벽돌은 수단 지역에서 매우 고귀한 물품으로 간주되었다.[26] 수단처럼 기온이 높은 지역에서는 소금 함량이 낮은 곡물을 섭취했기 때문에 보충 식품으로 소금이 절대적으로 필요했다. 수단에서는 식물을 태운 재나 대서양에서 소금을 구하기도 했지만, 이렇게 해서는 고밀도 염분을 얻기 어려웠고, 운반하기에도 사하라 소금 벽돌이 훨씬 용이했다.

25 Wilson, "Saharan Trade."
26 Herodotus, *The Histories*, pp. 387-89.

이슬람 시대가 도래하기 전에 사하라 소금 무역이 존재했다는 근거는 전혀 없다. 게다가 최초의 문헌 기록 이전에 어떤 사실이 존재했다고 하면, 역사학자들은 흔쾌히 인정하려 하지 않는 경향이 있다.[27] 그러나 헤로도토스가 언급한 집중도나 생산 수준으로 보건대 그 정도라면 상거래와 관련이 있었을 테고, 당시 수단 지역 농업 발전의 정도로 보더라도 상거래 체제가 형성되었을 가능성이 크다. 만약 그러한 무역이 존재했다면, 수단의 수출품은 농산물이나 말린 민물고기보다는 금 혹은 상당수의 노예였을 것이다. 그것이 사막의 사람들이 원한 상품이었을 것이다. 상품이 무엇이었든 그와 같은 짧은 범위의 교역 네트워크가 연결되어, 고대에 수단과 지중해 연안은 간접적으로 이어져 있었다는 것이 윌슨(Wilson)의 주장이다. 그들의 교역 네트워크는 이후 사하라 남북 무역의 토대가 되었으며, 이슬람의 시대에도 그러한 전통이 이어져 "지역 간 교역의 기본 토대를 제공했을 것이다."[28]

이슬람의 시대 이전 사하라 지역에서 의미 있는 문헌 기록이 생산된 적은 없었다. 하지만 그들이 남긴 흔적들 가운데 바위그림은 당시에 교통수단으로 사용된 동물에 관해 훌륭한 근거를 제공하고 있다.[29] 바위그

---

27 E. Ann McDougall, "Salts of the Western Sahara: Myths, Mysteries, and Historical Significance," *International Journal of African Historical Studies* 23 (1990): 231-57. 후대에 중앙 사하라 소금 생산 중심지로 알려진 곳에서 이슬람 이전 시대에는 그리 활발한 생산이 이루어지지 않았다. See Knut S. Vikør, *The Oasis of Salt: The History of Kawar, a Saharan Centre of Salt Production* (Bergen, Norway: Centre for Middle Eastern and Islamic Studies, 1999); 그러나 Wilson은 "Saharan Trade"에서 카와르(Kawar)에서 고고학 발굴 성과가 지나치게 희박하다는 점을 지적하며, 그것이 가라만테스와 연결된 문제일 수 있다고 주장했다.
28 Judith Scheele, "Traders, Saints and Irrigation: Reflections on Saharan Connectivity," *Journal of African History* 51 (2011): 282-83.

림의 편년이나 그들의 문화권을 확정적으로 말하기는 쉽지 않지만, 대체로 세 시기로 구분하는 데 학자들의 의견이 일치하고 있다. 첫 번째는 소의 시대. 신석기와 그 직후까지 이어지는 시기(c. 4000~1000 BCE)로, 이때는 주요 가축이 소였고, 제한된 경우에나마 운송 수단으로 (아마도 당나귀와 함께) 소가 사용되었다. 두 번째는 말의 시대. 지중해를 건너온 사람들이 마그레브에 식민지를 건설하고 베르베르인이 사하라 사막을 장악했던 시기(c. 1000 BCE~100 CE)다. 세 번째는 낙타의 시대. 기존에 알려진 사하라 남북 무역이 시작되기 직전 시기다(c. 100 CE 이후).

말과 전차 그림은 사하라의 여러 프레스코 벽화에서 확인될 뿐만 아니라, 헤로도토스가 언급한 가라만테스 관련 내용이나 후대의 로마 시대 문헌 자료에서도 등장한다(그림 24-1). 그러나 포로 노예와 관련된 내용은 아니라서 이 지역의 경제사를 이해하고자 할 때는 별로 도움이 되지 않는다. 이런 자료들에서 전차는 지중해 권역에서의 경우와 마찬가지로 전쟁이나 경주 혹은 영웅의 과시와 관련된 맥락에서 등장하며, 상업적 운송 수단으로 사용된 사례는 없다. 사하라 지역은 점차 건조 기후가 강화되었기 때문에 바퀴 운송 수단은 현지 사정에 전혀 맞지 않았다. 심지어 수레를 매달지 않고 말만 끌고 가더라도, 사막 지대에서 오랜 여행을 하는 동안 말이 살아남기는 어려웠다. 그리하여 마그레브와 수단을 연결하는 지중해의 카라반(상단)은 낙타가 전래되어 현지 사정에

---

29 Alfred Muzzolini, "Livestock in Saharan Rock Art," in Roger M. Blench and Kevin C. MacDonald (eds.), *The Origins and Development of African Livestock: Archaeology, Genetics, Linguistics, and Ethnography* (London: UCL Press, 2000), pp. 87-110.

〔그림 24-1〕 전사(가라만테스인으로 추정)와 말을 그린 바위그림
알제리 남부.

적응한 뒤에야 등장할 수 있었다.

야생 낙타는 북아프리카가 원산지다. 그리하여 사하라 지역에 낙타가 없었던 적이 없다는 주장도 제기되었다.[30] 그러나 낙타는 기원전 시기가 거의 끝날 때까지 바위그림에 등장한 적이 없고 사육했다는 기록도 찾을 수 없다. 그러므로 낙타는 이 시기에 동쪽에서 이 지역으로 재도입되거나, 아니면 적어도 낙타를 교통수단으로 이용하는 기술이 아라비아에서 처음 발전한 다음 이집트를 거쳐 다시 사하라로 들어왔을 것

---

30 Brent D. Shaw, "The Camel in Roman North Africa and the Sahara: History, Biology, and Human Economy," *Bulletin de l'Institut fondamental d'Afrique noire* 41 (1979): 663-721.

으로 추정된다.[31] 그러나 이와 같이 시기를 추산하더라도 사육종 낙타의 등장과, 이를 사막 같은 극히 제한된 식량과 물의 공급 조건에서 장거리 운송에 교통수단으로 사용할 수 있기까지는, 그리하여 직접적이고 지속적인 사하라 남북 무역이 시작된 시기까지는 상당한 시간 간극이 존재했다. 그 시기가 이토록 늦어진 이유는 기술적 문제라기보다 정치적이고 문화적인 문제였다.

후기 고대 북아프리카의 혼란

북아프리카에서 낙타가 널리 이용되기 시작한 때는 기원후 1세기 초부터였다. 그러나 곧이어 (물론 낙타와 관계는 없지만) 로마 제국이 쇠락하기 시작했고 북아프리카 전역에서 사회질서의 혼란기를 맞이했다. 기원후 3세기의 대부분은 로마 제국 전체가 위기를 겪은 시기다. 디오클레티아누스(Diocletianus, 재위 284~305) 황제의 과격한 개혁으로 겨우 수습 국면에 접어들었지만, 마그레브의 남쪽 경계 지역, 특히 모로코와 리비아 지역의 군사 주둔지를 축소하는 조치를 취했다. 그곳은 사하라 남북 무역의 중심 통로였다.[32] 경계선의 반대편에서는 가라만테스 왕국이 300년대 초부터 서서히 무너지기 시작했다. 관개 시설 포가라

---

31 이 주장의 출처는 다음과 같다. Richard W. Bulliet, *The Camel and the Wheel* (Cambridge, MA: Harvard University Press, 1975); 아프리카 원산지에 동의하는 입장은 다음과 같다. Michael Brett, "Libya and the Sahara in African History," in Mattingly (ed.), *Libyan Desert*, p. 273.

32 R. C. C. Law, "North Africa in the Hellenistic and Roman Periods, 323 BC to AD 305," in J. D. Fage and Roland Oliver (eds.), *The Cambridge History of Africa* (Cambridge University Press, 1978), vol. II, pp. 205-209, and David Mattingly, *Tripolitana* (Ann Arbor: University of Michigan, 1994), pp. 191-93.

(foggara)의 물 공급량 축소와,³³ 농업 정착지의 요새화가 그 징후였다. 이와 같은 상황에서 (로마의 문헌 기록에 따르면) 베르베르인이 북아프리카 해안 지역의 도시들을 침략했다. 또한 가라만테스 왕국의 수도인 도시 페잔을 공격한 사람들도 분명 그들이었다.

디오클레티아누스 황제의 뒤를 이은 콘스탄티누스 황제는 로마 제국이 단합할 수 있는 새로운 기반을 마련하고자 했고, 기독교를 공식 종교로 포용했다. 북아프리카에 미친 기독교의 영향은 혼돈이었다. 당시 북아프리카에서는 기독교 역사상 영적으로나 학문적으로 가장 걸출한 인재로 평가되는 성 아우구스티누스(Augustinus Hipponensis, 354~430 CE)가 등장했다. 그의 저서로 《고백록(Confessiones)》과 《신국론(De civitate Dei contra paganos)》이 유명하지만, 이외에도 그는 도나투스파(Donatists)라 지칭한 기독교 분파를 비판하는 긴 분량의 변증서를 발표했다. 도나투스파는 아마도 북아프리카 지역 다수파 기독교에 반대했던 이들로, 황제가 인가한 주교조차 과거 디오클레티아누스 황제 시절 기독교를 박해했던 세력에 협력한 배교자로 비판했다. 그리하여 북아프리카 기독교는 로마 제국 후기 내내 가톨릭과 도나투스파로 갈라졌고, 강도 높은 폭력에 휩싸였다. 예컨대 당시에 "키르쿰켈리온(Circumcellion)"이라는 분파가 있었는데, 이들은 노동자들로서 지방을 순회하면서 기존 교회나 부유한 지주를 상대로 자살 공격을 감행하며 순교를 자처했다.³⁴

---

33 Wilson, "Saharan Trade"; 이 책에서는 가라만테스의 수자원 위기가 기후 변화나 지하수 흐름의 변화 때문인지, 아니면 현지 인구의 과다한 수자원 이용 때문인지 결론을 내리지 않았다.
34 Brent D. Shaw, *Sacred Violence: African Christians and Sectarian Hatred in the Age of Augustine* (Cambridge University Press, 2011).

북아프리카에서 로마 정권의 취약성이 가장 극명하게 드러난 시기는 반달족(Vandals)이 해안 지역을 침략한 기원후 429년이었다. 게르만족 일파인 반달족은 100년 가까이 마그레브 지역을 통치했다.[35] 그들은 "야만인"으로 일컬어졌고 (455년 그들이 로마를 약탈한 전력 때문에) 영어식 명칭(Vandals) 자체가 그러한 의미를 담고 있지만, 실제로 그들은 북아프리카에서 의도적인 파괴를 자행하지는 않았다. 오히려 로마의 지주 엘리트 계층과 신사 협정을 맺고 주요 해안 도시에서 수출 경제를 유지 및 관리했다. 그럼에도 불구하고 반달족 또한 기독교의 일 분파(아리우스파Arianismus)를 대표했을 뿐이며, 북아프리카의 배후지를 실효적으로 통제하지 못했다(그들 이전의 로마 세력이나 이후의 비잔티움 세력도 마찬가지였다).

533년 로마는 마그레브 지역을 수복했다. 그러나 다시 찾아온 로마는 콘스탄티노폴리스에 수도를 둔 비잔티움(동로마) 제국이었다. 과거 반달족이 그랬던 것처럼 비잔티움 제국의 관리들 또한 "북아프리카 내륙 교통로를 장악하거나 여행 혹은 군사적 이동을 원활히 하지 못했다."[36] 이후 2세기 동안 종교적 분열과 베르베르인의 반란이 지속되었고, 전반적으로 경제는 쇠락했으며, 군대 내부의 불화가 심화되었다. 그

---

35 Averil Cameron, "Vandal and Byzantine Africa," in Averil Cameron, Bryan Ward-Perkins, and Michael Whitby (eds.), *The Cambridge Ancient History* (Cambridge University Press, 2000), vol. XIV, pp. 553-59, and Andrew H. Merrills (ed.), *Vandals, Romans and Berbers: New Perspectives on Late Antique North Africa* (Aldershot: Ashgate, 2004), pp. 3-24.

36 Walter E. Kaegi, *Muslim Expansion and Byzantine Collapse in North Africa* (Cambridge University Press, 2010), p. 41.

리하여 "비잔티움 제국 중앙에서 요구하는 수입을 안정적으로 충족할 수 없었다."[37] 지중해권과 수단 지역이 직접적·지속적으로 연결되기까지는 또 다른 외부 식민 세력의 도래를 기다려야 했다. 7세기에 찾아온 아랍 무슬림이 바로 그들이었다.

아랍의 북아프리카 정복

신생 무슬림 정권은 마침내 마그레브를 비롯하여 광대한 북아프리카 지역에 정치적 안정을 가져왔다. 또한 원거리 낙타 카라반 상업 체제가 열렸고, 사하라 남북에서 다 같이 종교가 분열이 아닌 통합의 도구가 되었다(그림 24-2). 이러한 상황은 아랍이 최초로 북아프리카를 공격한 뒤에도 한참이나 시간이 걸렸고, 때로는 다소 모순적인 과정을 거치기도 했다.

무슬림의 북아프리카 정복은 매우 지난했고, 때로 무질서한 일들이 겹쳐지는 가운데, 기원후 643년부터 8세기 초까지 계속되었다. 과거의 식민지 개척자들이 그러했듯이 무슬림 또한 지중해 연안 지역에 관심을 집중했다. 이슬람 군대가 이집트를 장악한 때는 642년이었다. 그리고 그 이듬해에 리비아 동부에 발판을 마련했다. 그러나 이후 28년 동안 그들이 서쪽으로 치고 나갔을 때는 정복이 목적이 아니라 비잔티움의 반격으로부터 이집트를 방어하기 위해, 그리고 북아프리카 여러 민족으로부터 조공을 거두기 위해서였다. 카이라완(Qayrawan, 즉 카라반caravan)

---

37 Kaegi, *Muslim Expansion*, p. 282, and Cameron, "Vandal and Byzantine Africa," pp. 559-69.

[그림 24-2] 아라완 마을로 소금을 운반하는 낙타
말리의 아라완(Arawan, 또는 Araouane)은 타오데니(Taodenni)와 팀북투(Timbuktu)를 오가며 소금을 거래하는 낙타 카라반(대상)의 주요 거점이다.

이라는 새로운 도시를 가까운 튀니지 지역에 건설한 시기는 670~675년이었다. 비로소 아랍 군대는 마그레브의 핵심 지역에 거점을 마련한 것이었다. 698년이 되어서야 해안 지역의 주요 도시들에서 비잔티움 제국의 세력을 완전히 몰아내었다. 이후 몇 년 안에 모로코 북부를 장악했으며, 모로코를 거점으로 711년에 가까운 유럽 지역, 즉 스페인으로 치고 들어갔다.

이와 같은 무슬림의 서방 진출 과정과 같은 시기에, 혹은 그 직후에 최소한 두 차례에 걸쳐 사하라 원정이 있었다. 734년경 모로코 남부와 (아마도) 금 교역에 관련된 원정이 있었는데, 세부 내용은 거의 알려진 것이 없다. 다만 666~667년에 우크바 이븐 나피(Uqba ibn Nafi)가 이끄는 이슬람 군대가 페잔과 그 너머로까지 진출했던 사건은 조금 더 자세한 내용이 남아 있다. 지리적으로 보자면 우크바의 공격이 과거 로마인에 비해 사막으로 더 깊숙이 들어간 것은 아니었다. 로마인도 한때 가라만테스 왕국을 정복하고자 몇 차례 사막 지대로 진군한 적이 있었다. 9세기 이집트의 연대기 작가 이븐 압드 알-하캄(Ibn ʿAbd al-Hakam)을 비롯하여 기존 역사학의 설명에 따르면, 우크바가 사하라 지역 몇몇 왕국의 통치자들을 잇달아 만났다고 하는데, 실질적 사건의 기록이라기보다는 문학적 허구로 보인다. 예를 들면 이런 내용이 있다.

> 그가 왕을 사로잡아 손가락 하나를 잘랐다. 왕이 물었다. "나에게 왜 이런 짓을 하시오?" 우크바가 대답했다. "당신에게 교훈을 주기 위해서라오. 당신이 손가락을 바라볼 때마다 아랍을 상대로 감히 전쟁을 일으켜서는 안 된다는 것을 기억하시오." 그리고 우크바는 왕에게 조공으로 노예 360명을 바치도록 했다.[38]

이와 같은 이야기의 줄거리나 등장하는 수치가 다소 황당하기는 하지만, 이는 지중해 연안의 정복자와 아프리카의 배후지 사이의 관계를 반영하고 있다. 나중에 이들은 사하라 남북을 잇는 지속적이고 폭넓은 관계를 만들어냈지만, 초기에는 마그레브 지역에 적잖은 혼란을 불러일으켰다. 양측의 조건이 새롭게 바뀌게 된 계기는, 아랍인이 과거 로

---

38 Ibn ʿAbd al-Hakam, *The History of the Conquest of Egypt*, pp. 12-13.

마의 관행을 더욱 강화한 데 있었다. 앞서 반달족이나 비잔티움 제국은 대체로 그러한 관행을 포기했었다. 그 관행이란 바로, 상당수 베르베르인을 노예로서 지역에서 이용하고 수출하기 위해 강제로 사로잡는 일이었다.[39]

아프리카 내륙의 베르베르인은 아랍인의 이와 같은 조치에 반발하여 스스로 대규모 왕국을 건설했다. 베르베르의 반격이 만만치 않은 데다 이슬람의 본국인 칼리프 왕조 또한 정치적 불안을 겪으면서 670년에서 700년 사이 우크바는 새롭게 건설한 도시 카이라완을 몇 차례 포기한 적도 있었다. 우크바는 683년경 쿠사일라(Kusayla)와의 전투 과정에서 사망했다. 쿠사일라는 베르베르의 지도자로, 튀니지에서 알제리 동부에 이르는 지역을 포괄하는 제국을 몇 년 동안 통치했던 인물이다. 688년에는 쿠사일라의 차례였다. 새로 투입된 아랍 군대가 그를 잡아 죽였다. 그러나 690년대에 침략자들은 다시 쫓겨났다. 반격을 주도한 인물은 베르베르의 여왕이었는데, 그녀의 이름은 아랍인이 부른 별명으로만 알려져 있다. 별명은 바로 (점쟁이라는 뜻의) "알-카히나(al-Kahina)"였다. 느슨한 체제였던 여왕의 왕국은 703년에 붕괴되었다.[40]

쿠사일라와 알-카히나는 북아프리카의 역사상 외부 침략자에 맞서 "저항의 횃불"을 들었던 인물들로 평가받아 마땅하다.[41] 그러나 이들의

---

39 Elizabeth Savage, *A Gateway to Hell, a Gateway To Paradise: The North African Response to the Arab Conquest* (Princeton, NJ: Darwin Press, 1997), pp. 71-78.
40 *Encyclopédie berbère* (Aix-en-Provence: EDISUD, 2008), see "Koceila," "Kahena," and Kaegi, *Muslim Expansion*, pp. 242-51.
41 *Encyclopedia of Islam*, 2nd edn., s.v. "Kuysayla," 2012, *Encyclopedia of Islam*, 2nd edn., ed. P. Bearman, Th. Bianquis, C. E. Bosworth, E. van Donzel, and W. P.

왕국은 이전의 베르베르인 왕국들이 그러했던 것처럼 정치적 기반을 해안 지역 식민지 문화에 두고 있었고, 그들의 정체성 자체가 이중적이었다. 심지어 쿠사일라는 비잔티움 제국 세력과 동맹을 맺었고, 쿠사일라 당시에 카르타고에 비잔티움 세력이 남아 있었다. 알-카히나의 왕국이 세력을 얻은 시기는 카르타고가 무슬림의 손에 넘어간 뒤였는데, 알-카히나는 기독교인이었던 것으로 추정된다. 북아프리카 내륙 지역의 미래는 쿠사일라를 상대로 승리를 거둔 군대의 손에 달려 있었다. 그들은 아랍인과 베르베르인 혼성 군대였다. 새로운 이슬람 세력이 등장한 이후로는 외부 세력에 대한 저항도 달라졌다. 뿐만 아니라 사하라를 건널 수 있는 그들의 능력 또한 이전과는 달랐다.

카와리즈파 무슬림과 사하라 남북 무역의 시작

북아프리카 정복이 완성된 이후 무슬림은 점차 마그레브 지역의 종교를 압도했다. 기독교는 이후로도 400여 년이나 살아남았지만 그 세력은 갈수록 약화되었고, 12세기 무와히드 칼리파국(Muwaḥḥidūn) 통치 시기에 박해를 받아 거의 완전히 소멸하는 지경에 이르렀다.[42] 북아프리카 기독교가 그러했던 것처럼 북아프리카의 초기 이슬람 또한 이단의 극성

Heinrichs, Leiden: Brill, 2005.
42 Mohamed Talbi, "Le Christianisme maghrébin: de la conquête musulmane á sa disparition," in Michael Gervers and Ramzi Jibran Bikhazi (eds.), *Conversion and Continuity: Indigenous Christian Communities in Islamic Lands, Eighth To Eighteenth Centuries* (Toronto: Pontifical Institute of Mediaeval Studies, 1990), pp. 313-51, and Mark A. Handley, "Disputing the End of African Christianity," in Merrill, *Vandals, Romans and Berbers*, pp. 291-310. 북아프리카 유대교에 관해서는 이후 논의 참조.

에 시달려야 했다. 마그레브 지역 이슬람은 당시 이슬람 정통파인 수니파에게 강력한 위협이 되었는데, 그렇다고 마그레브 이슬람이 시아파의 갈래도 아니었다. 수니파와 시아파는 예언자 무함마드의 후계 정통성을 놓고 서로 갈라졌지만, 마그레브 지역의 카와리즈파(Khawārij, 분리주의자)는 칼리프든 이맘이든 어떤 종류의 후계 정통성(결과적으로 아랍의 정통성)도 인정하지 않았다.

북아프리카와 함께 스페인을 처음 정복한 세력은 수니파 우마이야 칼리파국이었다. 수도는 다마스쿠스에 있었고, 본국에서 파견한 북아프리카 총독은 카이라완(Qayrawan)을 근거지로 활동했다. 8세기에 총독부 체제가 위기를 맞이한 이유는 수차례에 걸친 베르베르인의 반란 때문이었다. 칼리파국 본국 또한 불안정했는데, 750년 칼리파국의 수도를 바그다드로 옮기고 아바스 칼리파조가 성립했다(이들은 애초부터 정통성이 더욱 불분명했다). 750년 당시 우마이야 칼리파조가 세웠던 스페인 총독은 아바스 칼라파조를 인정하지 않고 스페인의 코르도바를 근거지로 스스로 칼리파국을 선포했다. 그 여파로 북아프리카의 총독부는 완전히 붕괴되었다. 마그레브는 새로운 칼리파국을 인정할지 여부를 두고 오랜 시간을 끌며 우유부단한 태도를 취했다. 그러다가 8세기 말에 이르러 독립된 무슬림 칼리파국이 잇달아 성립했다. 무와히드 칼리파국 시기 잠시 본국과 재통합하려는 시도가 없지 않았지만, 이후 북아프리카 지역의 종교적 정치 지형은 오늘날에 이르기까지도 분리된 상태로 남아 있다. 이와 같은 종교적 분리주의를 카와리즈파(Khawārij)라 하는데, 칼리파국에서 파견한 총독부와 대립하여 봉기한 베르베르인의 반란이 그들의 종교적 바탕이었고, 이후 북아프리카에서 성립한 무슬림 칼리파국

들 가운데 최소한 두 곳이 그들의 기반이 되었다.[43]

분리주의 운동은 원래 이슬람권의 중심부였던 아라비아 서부와 이라크에서 시작되었다. 그러나 이들이 정치 세력을 얻은 곳은 북아프리카 같은 주변부였다. 그들의 일파가 북아프리카에 처음 도착한 시기는 719년경이었다고 한다. 마그레브의 카와리즈파가 정치 세력으로서 처음 두각을 나타낸 때는 739~742년으로, 당시 베르베르인의 대규모 반란이 일어났었다. 모로코 북부에서 처음 등장한 그들의 세력은 뒤이어 카이라완에 근거지를 둔 아랍 총독부까지 위협하게 되었다. 750년대에 베르베르인의 두 번째 반란이 일어났을 때에도 아바스 칼리파국이 여전히 세력을 장악하고 있었지만 카와리즈파의 세력은 최고조에 달했다. 그들은 카이라완과 해안의 트리폴리를 모두 점령했다. 762년 아바스 칼리파국의 세력이 다시 북아프리카를 장악하고 서쪽으로 알제리 서부 지역까지 팽창해 나갔다. 아랍인 가문이 다시 지역을 통치하면서 아글라브 토후국(Aghlabids)이 성립했다. 명목상으로 이들은 아바스 왕조에 충성했지만 기원후 800년에 이르러 후계자의 세습 지위를 인정받았고, 909년까지 독립국으로 명맥을 이어갔다. 모로코 북부에서는 또 다른 아랍 왕조가 성립했으니, 바로 이드리스 토후국(Idrissids)이었다. 이들은 예언자 무함마드와 그의 조카 알리의 직계 후손을 자처하며 788년부터 독립 왕국으로 자리 잡았고, 959년까지 유지되었다. 알제리 서부 내륙

---

43 이후 이어진 복잡한 사건의 시점에 관해서는 다음을 참조. Jamil M. Abun-Nasr, *A History of the Maghrib in the Islamic Period* (Cambridge University Press, 1987), pp. 37-59; 카와리즈파에 관한 더욱 상세한 종교적 논의는 다음을 참조. Savage, *A Gateway to Hell*, pp. 49-61.

과 모로코 남부 지역에서는 카와리즈파에 속하는 두 개의 왕국이 성립했다. 이들 또한 사하라 남북 무역의 선구자였다.

이와 같은 북아프리카 이슬람 왕국들 가운데 가장 규모가 컸던 왕국은 루스탐 이맘국(Rustamid imamate, 778~909)이었다. 중심지는 알제리 서부의 티아레(Tiaret)였는데, 종교적으로는 카와리즈파에 속하지만 온건한 입장의 이바드파(Ibadiyya)에 속했다. 이들은 이라크 지역에 있었던 아바스 칼리파국은 물론이고, 한때 북아프리카로 다시 진출했던 아바스 칼리파국 치하의 카이라완과도 평화롭게 공존하려 했다. 루스탐 이맘국은 사실상 카와리즈파의 원칙에서 벗어났다. 압드 알-라흐만 이븐 루스탐(Abd al-Rahman ibn Rustam)의 후손을 이맘으로 인정한 것 자체가 카와리즈파의 원칙을 벗어난 것이었다. 루스탐은 페르시아 상인 집안 출신의 학자로, 이라크 바스라에 있던 이바드파 교리 학교에서 처음 지위를 얻은 인물이었다. 티아레를 중심으로 하는 루스탐 이맘국은 베르베르인의 부족 연합 성격을 띠고 있었다. "결국 이바드파-베르베르인의 융합으로 원거리 교역에 필요한 모든 요소가 갖추어진 셈이었다."[44]

이 시기에 모로코의 시질마사(Sijilmasa) 부근에서 성립된 또 하나의 카와리즈파 왕국(757~977)이 있었다. 그곳은 사하라 사막의 북쪽 언저리였고, 종교적으로는 수프르파(Ṣufriyya)에 속했다. 이바드파와 달리 수프르파는 기록을 별로 남기지 않았기 때문에 오늘날 외부자의 시선으로 기록된 문헌 자료를 통해 그들을 이해하는 수밖에 없다. 그들은 북아프리카에서 베르베르인의 제1차 저항 운동(739~761)이 일어났을 때 중요

---

44 Savage, *A Gateway to Hell*, p. 80.

한 역할을 맡았고, 모로코에서 이드리스 토후국에 반대하여 봉기가 일어날 때 지원을 하기도 했다. 비록 이바드파만큼 "온건한" 입장은 아니었지만 (나중에는 독자적 왕위 계승으로 미드라르 토후국Midrarid dynasty으로 발전한) 시질마사의 통치자들은 북아프리카의 이웃 왕국들과 평화로운 관계를 유지하려 했던 것 같다. 카와리즈파에 속하는 두 왕국이 모두 이와 같은 온건한 태도를 보였던 이유는, 사하라 남북 무역에서 그들의 비중이 갈수록 커졌기 때문일 것이다.

후대에 사하라 서부 무역로에 관한 좀 더 상세한 기록을 보면, 시질마사 지역을 거쳐 가는 무역로는 금 무역에 특화되어 있었다고 한다. 합리적으로 추론해보더라도 시질마사는 위치상 수단의 금광에서 지리적으로 가까웠다. 이 지역의 금 무역이 수프르파가 정착하기 이전부터 전해 내려오던 전통이라는 가설도 제기된 적이 있었다.[45] 9세기에 초에 시질마사를 거쳐 금 교역이 이루어졌던 것이 분명하다면, 미드라르 왕국의 수프르파가 최소한 기존의 교역을 확대했을 가능성은 매우 높다. 그러나 그 이전의 교역 상황에 대한 상세한 기록은 전혀 남아 있지 않다.[46]

---

45 734년경 일어났던 수스(Sus) 지역 침략 사건은 앞의 각주 22번 참조. 알-바크리(Al-Bakri)는 10세기 말에 기록을 남겼는데, 기록 시점보다 수십 년 이전의 문헌을 참조하여 시질마사 남쪽 경로에 우물을 판 시기가 740년대라고 비정했다. See Hopkins and Levtzion, *Corpus of Early Arabic Sources*, pp. 62 and 66; 초기 상업 활동에 관련된 보다 상세한 내용은 다음을 참조. Tadeusz Lewicki, "Les origines de l'Islam dans les tribus berbères du Sahara occidental: Mūsā ibn Nuṣayr et'Ubayd Allāh ibn al-Ḥabḥāb," *Studia Islamica*, 32 (1970): 203-14; 타드메카(Tadmekka) 발굴 자료(Nixon et al., "New Light," and Nixon, "Excavating Essouk-Tadmakka")에 따르면, 황금 무역로는 보다 동쪽에 위치했다.

46 황금 무역 관련 가장 오래된 자료는 (947~956년 기록된) 알-마수디(al-Masudi)의 저술이다. 여기에 그보다 앞선 알-파자리(al-Fazari)의 저서(c. 820)가 인용되어 있다. See

로마 시기와 마찬가지로 초기 무슬림 시대에는 사하라 무역이 금보다 노예 무역에 중점을 두었음을 증언하는 자료가 많다. 베르베르인 노예 수요가 상당히 높았고, 이슬람 군대에서 베르베르인을 마치 사유재산처럼 취급했던 것이 8세기 중엽 카와리즈파 반란의 배경이 되었다. 더욱이 아바스 왕조에서 파견한 제1대 마그레브 총독은 베르베르인 노예를 불법으로 규정했다. 왜냐하면 이제 베르베르인도 무슬림이 되었기 때문이다. 더 남쪽 사하라 지역으로 내려가면, 특히 당시까지도 인구가 어느 정도 밀집되어 있었던 페잔 지역의 경우, 새로운 노예 공급원이 될 수 있었다. 거기에는 아직 무슬림으로 개종하지 않은 베르베르인도 있었고, 그보다 훨씬 더 많은 수의 수단인이 있었기 때문이다.

루스탐 이맘국의 제2대 이맘 압드 알-와하브(Abd al-Wahab, 784~823)는 이바드파의 성공이 "나푸사(Nafusa)의 칼"과 "마자타(Mazata)의 재물"을 바탕으로 한 것이라고 주장했다. 나푸사는 리비아 북부 해안 지역 고산 지대 출신의 베르베르인 공동체로, 루스탐 이맘국에 중요한 군사 및 행정 지원을 제공했다. 그러나 사하라 남북 무역의 핵심은 마자타(베르베르인 부족 연합 - 옮긴이)의 이바드파가 쥐고 있었다. 이들이 사막 언저리에 위치한 와단(Waddan) 지역에서 당나귀, 염소, 낙타를 공급하는 역할을 했기 때문이다. 마자타는 베르베르인과 가라만테스인의 투쟁 속에서 성장하여 사막을 가로지르는 무역으로까지 영향

Hopkins and Levtzion, *Corpus of Early Arabic Sources*, pp. 30 and 32; 미드라르는 수단의 금을 기반으로 금화를 주조했던 가장 오래된 북아프리카 왕조다. 다만 정확한 주조 시기를 파악하기는 어렵다(Gondonneau and Guerra, "The Circulation of Precious Metals," 587).

력을 확대했다. 루스탐 이맘국이 티아레(Tiaret)에 수도를 건설할 무렵, 마자타는 도시 자르마(Jarma)를 차지했다. 그곳은 이제는 완전히 소멸해버린 가라만테스 왕조의 수도였던 곳이다. 마자타는 그곳에다 더 남쪽에 있는 페잔(Fezzan) 지역의 중심지 자윌라(Zawila)까지 가기 위한 무역 거점을 설치했다. 그리고 다시 거기서부터 상업 네트워크를 더욱 확장하여 과거 무슬림의 장군 우크바가 원정에 나섰던 가장 먼 지점, 동부 사하라의 카와르(Kawar)까지 진출했다. 최소한 9세기 초에는 사하라의 수단 왕국이었던 카넴(Kanem)과 정기적 접촉을 유지했다. 수단의 해당 지역에서는 금이 생산되지 않았다. 그러므로 이바드파의 상업 네트워크를 통해 북쪽으로 수출했던 무역 품목은 또다시 노예가 되었다.

글을 맺으며: 고전기 사하라 남북 무역권의 형성

10세기 말이 가까워지는 어느 즈음, 카이라완에서 주도적인 무슬림 학자였던 이븐 아비 자이드(Ibn Abi Zayd, 922~996)는 교리의 표준이 되는 카테키즘(catechism, 교리문답)을 저술했다. 수니파에 입각한 말리크파(Maliki school)의 교리였다. 거기에 다음과 같은 내용이 나온다. "적들의 땅, 혹은 빌라드-아스-수단(Bilad-as-Sudan)으로 가서 교역하는 행위는 비난받아 마땅한 괘씸한 짓이다. 예언자께서도 '여행은 처벌의 일환'이라고 말씀하셨다."[47] 이와 같은 선언으로 보아, 지금 우리가

---

47 Ibn Abî Zayd al-Qayrawânî, *La risâla: ou, Epître sur les éléments du dogme et de la loi de l'Islâm selon le rite mâlikite*, trans. Léon Bercher (Algiers: J. Carbonel, 1945), pp. 317-18; see also Michael Brett, "Islam and Trade in the Bilad Al-Sudan, Tenth-Eleventh Century AD," *Journal of African History* 24 (1983): 7-8 and 433.

논의하는 시간 범위의 마지막 시기인 기원후 900년경에도 사하라를 관통하는 남북 무역이 존재하기는 했지만, 사막의 남북 양쪽 문화의 통합은 아직 먼 훗날의 이야기였다. 이븐 아비 자이드의 판단이 바뀌려면 이슬람 정통파가 마그레브와 사하라 지역 전체를 장악하고, 적어도 사하라 남쪽의 수단 지역 통치자들에게까지 이슬람이 전파되어야 하며, 사막을 가로지르는 카라반의 여정에 안전이 충분히 보장되어 북아프리카 전역의 자원과 사하라 남북 무역로가 연결될 수 있어야 했다. 그다음 세기가 끝날 때까지도 이와 같은 조건은 충분히 성숙하지 못했다.

사하라 남북 무역이 정통파 무슬림으로부터 좋지 않은 명성을 얻게 된 이유는, 아마도 카와리즈파 무슬림이 이를 시작했고 초기 무역 관계를 주도했기 때문일 것이다. 카와리즈파에 속하는 수프르파와 이바드파가 모두 카이라완(Qayrawan)과 트리폴리(Tripoli)를 장악하고자 하는 시도를 포기한 뒤, 그들로서는 달리 방도가 없었기 때문에 사막 지대의 베르베르인과 교역을 시도할 수밖에 없었던 것 같다. 이바드파에게는 키트만(kitman, 은둔)의 교리라는 것이 있었다. 이라크 지역에 있는 무슬림의 중심부와 그들의 종교적 입장이 달랐기 때문에, "적"의 통치를 감내해야 한다는 교리였다. 이번에는 그 대상이 수단 지역의 이교도 왕들이었다. 같은 교리에 근거하여 카피룬(kaffirun, 이슬람 신도가 아닌 자)을 노예로 거래하는 것도 정당화되었다.[48]

상황이 바뀌어 수니파 무슬림이 사하라 남북 무역을 주도하는 시대

---

48 Savage, *A Gateway to Hell*, p. 21. 페잔 지역 및 특히 자월라는 계속해서 이바드파의 통제 아래 놓여 있었다.

가 찾아왔다. 이번에도 역설적 상황이 벌어졌다. 900년대 초에 시아파를 따르는 파티마 칼리파국(Fatimid)이 알제리 동부에서 봉기했다. 파티마 칼리파국은 909년에 티아레에서 루스탐 이맘국을 무너뜨렸고, 그 이듬해에는 튀니지 지역을 장악하여 아글라브 토후국을 흡수했다. 이바드파는 사하라 이북에 있던 정치적 근거지를 버리고 달아났다. 그러나 그들은 남쪽으로 내려가 사하라 남북 무역에 더욱 긴밀히 관여하게 되었다. 그들의 종교와 상거래의 중심지를 사막 언저리에 있던 도시 와르글라(Wargla)로 옮겼다. 그곳은 타드메카(Tadmekka)를 경유하여 서부 수단 지역의 금 생산지에 접근할 수 있는 곳이었다. 또한 페잔 교역로를 통해 중부 수단 지역의 노예를 수급하기에도 좋은 위치였다.[49] 페잔 지역의 주요 거점들은 12세기 말까지 이바드파의 관할 아래 놓이게 되었다.[50] 한편 알제리 동부에서 시작한 파티마 칼리파국은 튀니지까지 확장하여 시아파 무슬림을 전파했고, 972년 지리드 토후국(Zirids)을 남겨둔 채 이집트로 진출했다. 그러나 수니파 무슬림에 속하는 말리크파가 지리드 토후국에 강력히 파고들었다. 카이라완의 신학자 이븐 아비 자이드는 그 대표적인 인물이었다. 1140년에 지리드 토후국은 공식적으로 이집트에 있던 그들의 종주국(파티마 칼리파국) 및 그들의 교리와 결별했다. 이로써 북아프리카 역사상 최대의 시아파 판도는 막을 내렸다.

---

49 Savage, *A Gateway to Hell*, pp. 137-38, 144, and 155-56; 11~12세기 이바드파 문헌 3편이 다음 자료에 인용되어 있다. Levtzion and Hopkins, *Corpus of Early Arabic Sources*, pp. 88-91. 모두 수단 서부와의 무역 관련 내용이 포함되어 있다.

50 Tadeusz Lewicki, "La répartition géographique des groupements ibadites dans l'Afrique du Nord au moyen-âge," *Rocznik Orientalistyczny* 21 (1957), 339-43.

말리크파 교리는 11세기 중엽 서부 사하라 및 모로코 지역으로 파고 들어갔다. 이를 기반으로 사막 지대에 살던 산하자(Sanhaja, 베르베르의 일파)인이 무라비트 술탄국(al-Murabitun)을 건설했다. 건국 운동을 주도한 인물은 압둘라 이븐 야신(Abdullah ibn Yasin)이었는데, 그는 말리크파 신학자로, 카이라완의 종교 지도자들이 현지인의 요청에 따라 파견한 선교사였다. 정치적으로 무라비트 제국(1073~1146)은 지역 내에서 돌풍을 일으켰다. 모로코와 스페인을 정복했지만 오래 유지하지 못했고, 심지어 수단 지역에서조차 사하라 사막 지역의 베르베르인에게 패했다. 그러나 종교 및 문화적 차원에서 무라비트 술탄국의 영향력은 좀 더 오래도록 지속되었다. 그들은 적어도 사하라 남북 통합권역의 서부 절반에서 이바드파, 시아파, 기타 현지 무슬림의 잔재를 제거했다.[51]

종교적 열정이 무라비트 술탄국을 이끌었다는 사실은 의심의 여지가 없다. 그러나 그들의 정치적 등장은 서부 사하라 무역 거점과의 경쟁 관계에서 비롯되었다. 산하자인의 경쟁 상대는 새롭게 성립된 수단 지역의 왕국들, 특히 소니케(Soninke)인의 가나 제국(Ghana empire)이었다. 11세기의 지리학자 알-바크리(al-Bakri)는 이븐 아비 자이드와 같은 시각으로 가나 제국의 수도를 설명했다. 도시는 둘로 나뉘어 있었는데, 하나는 "무슬림 거주 구역"(즉 마그레브에서 온 상인들)이었고, 또 하나는 "왕의 도시"였다. "왕은 이교도였고 우상을 섬겼다." 그리고 알-바크리가 주목했던 서부 수단 지역의 왕국 둘이 더 있었다. 니제르강 중류 지역에

---

51 Nehemia Levtzion, 'Abd Allah ibn Yasin and the Almoravids', in John Ralph Willis (ed.), *The Cultivators of Islam* (London: F. Cass, 1979), pp. 78-112.

있던 타크루르(Takrur)와 가오(Gao) 왕국으로, 이들은 가나 제국보다 세력이 약했지만, 이미 이슬람으로 개종한 뒤였다.[52] 11세기 후반에 이르러 가나 제국 또한 무슬림으로 개종했다. 아마도 무라비트 술탄국의 영향력 때문이었을 것이다. 심지어 이들은 "남부 및 서부 수단 지역에서 과거 이바드파의 영향을 뿌리 뽑기 위한" 원정에 힘을 보탰을 수도 있다.[53]

무라비트 술탄국의 정통파들은 초기 사하라 남북 무역에서 일정한 역할을 했던 북아프리카의 유대인 공동체도 위협했다. 유대인은 카와리즈파 무슬림과 마찬가지로 교양 있는 무슬림이 선택하기 어려운 직업이라면 무엇이든지 대신 맡아서 돈을 벌었다. 또한 기독교인과 달리 비잔티움 제국의 통치가 아랍의 통치로 바뀌는 것을 오히려 환영하는 입장이었다(비잔티움 제국에서 유대인을 박해했기 때문이다).[54] 티아레에 있던 카와리즈파 무슬림 공동체와 사막 언저리에 있던 와르글라(Wargla)나 시질마사(Sijilmasa) 같은 곳에서 유대인 장인과 상인을 환영했고, 유대인은 금속 제련 같은 소중한 기술을 제공했으며, 동쪽(튀니지와 이집트)과 북서쪽(스페인)에 있던 유대인 상인의 네트워크도 연결해주었다.[55] 12세

---

52 Hopkins and Levtzion, *Corpus of Early Arabic Sources*, pp. 77, 79-80, and 87.
53 Nehemia Levtzion, *Ancient Ghana and Mali* (London: Methuen, 1973), p. 45.
54 Kaegi, *Muslim Expansion*, pp. 84-6 and 293, and H. Z. Hirschberg, *A History of the Jews in North Africa* (Leiden: Brill, 1974), vol. I, pp. 56-59.
55 Pessah Shinar, "La symbiose judéo-ibadite en Afrique du Nord," in Michel Abitbol (ed.), *Communautés juives des marges sahariennes du Maghreb* (Jerusalem: Yad Izhak Ben-Zvi et l'Université hébraïque de Jérusalem, 1982), pp. 86-88, and Hmida Toukabri, *Les juifs dans la Tunisie mé dié vale, 909-1057: D'après les documents de la Geniza du Caire* (Paris: Romillat, 2002), pp. 54-72.

기에 무와히드 칼리파국(Muwaḥḥidūn)이 성립되자 과거 무라비트 술탄국 시절에 비해 유대인의 신앙 생활과 상업 활동이 심각하게 위축되었다. 그러나 기독교도와 달리 유대인 공동체는 세력을 다시 회복했으며, 이후 사하라 남북 무역에서 훨씬 더 큰 역할을 담당했다(자료도 더 많이 남겼다).[56]

중부 수단 지역에서는 9세기의 어느 시점에 카누리인(Kanuri)이 카넴 제국(Kanem empire)을 세웠다. 근거지는 사막 남부 지대였다. 이들은 페잔 지역에 있던 이바드파 상인의 노예 무역에서 주요 공급처로 활동했다.[57] 카넴 제국의 통치자들도 적어도 11세기에 수니파 이슬람으로 개종했고, 얼마 지나지 않아 메카로 순례 여행을 떠나기 시작했다.[58]

수단 지역에서 순례를 다녀오려면 북아프리카를 거치지 않을 수 없었다. 그러므로 순례 여행이 가능했다는 것은 곧 사하라 남북 교역이 원활하게 이루어졌음을 의미하는 증거이기도 하다. 사하라 남북 교역은

---

56 Hirschberg, *A History of the Jews in North Africa*, pp. 117-29; Ralph A. Austen, *Trans- Saharan Africa in World History* (New York: Oxford University Press, 2010), pp. 99-100; and Ghislaine Lydon, *On Trans-Saharan Trails: Islamic Law, Trade Networks and Cross- Cultural Exchange in Western Africa* (New York: Cambridge University Press, 2008), pp. 65-70.
57 Vikør, *The Oasis Of Salt*, pp. 173-77. Savage, *A Gateway to Hell*, p. 83에서는 9세기에 티아레에 있던 이바드파 왕조와 수단의 카넴 왕국으로 추정되는 어떤 나라와의 관계에 관한 자료가 제시되어 있다.
58 카넴 제국의 뒤를 잇는 카넴-보르누(Kanem-Bornu) 왕조의 연대기는 13세기에 저술된 자료인데, 그에 따르면 이미 1075년에 순례 여행을 다녀왔다는 기록이 있다. 그러나 외부의 자료를 통해 교차 검증이 가능한 순례 여행의 시점은 13세기 후기로 확인된다. See Dierk Lange, *Le dīwān des sultans du (Kānem-) Bornū: chronologie et histoired' un royaume africain (de la fin du Xe siècle jusqu'à 1808)* (Wiesbaden: F. Steiner, 1977), pp. 69 and 73.

지역 내 새로운 종교 공유를 떠받치는 기둥이었을 뿐만 아니라 사막을 관통하는 이동의 안전을 보장하는 체제가 성립되어 있었음을 의미한다. 낙타를 이용하는 기술은 이후에도 큰 변화가 없었다. 대신 카라반의 규모만 훨씬 더 커졌을 따름이다(안내자를 한 번만 고용하면 시기에 따라 여러 상단이 결합하여 사막을 이동할 수 있었다). 사하라와 수단 지역에서 이슬람의 영향 또한 갈수록 그 폭과 깊이를 더함으로써 카라반 교역의 관리와 관행에도 결정적 역할을 하기에 이르렀다.[59] 그러나 이러한 모든 발전의 기초는 북아프리카 지역에서 신석기, 고대, 초기 이슬람의 시대를 거치는 동안 환경과 사회와 정치와 종교적 투쟁의 과정을 거치며 만들어진 것이다.

---

59 On caravan economies and organization, see Ralph A. Austen. See also Dennis D. Cordell, "Trade, Transportation and Expanding Economic Networks: Saharan Caravan Commerce in the Era of European Expansion, 1500-1900," in Toyin Falola and Alusine Jalloh (eds.), *Black Business and Economic Power* (University of Rochester Press, 2002), pp. 80-113, and Lydon, *On Trans-Saharan Trails*, pp. 206-386.

더 읽어보기

Primary sources

Herodotus, *The Histories*, trans. A. D. Godley, Cambridge, MA: Harvard University Press, 1921, vol. II, pp. 383-89.

Hopkins, J. F. P., and Nehemia Levitzon, *Corpus of Early Arabic Sources for West African History*, Cambridge University Press, 1981.

Secondary sources

Abun-Nasr, Jamil M., *A History of the Maghrib*, Cambridge University Press, 1975.

Austen, Ralph A., *Trans-Saharan Africa in World History*, New York: Oxford University Press, 2010.

Brett, Michael, and Elizabeth Fentress, *The Berbers: The People of Africa*, Oxford: Blackwell, 1996.

Bulliet, Richard W., *The Camel and the Wheel*, Cambridge, MA: Harvard University Press, 1975.

De Villiers, Marq, and Sheila Hirtle, *Sahara: A Natural History*, New York: Walker, 2002.

Dowler, Amelia, and Elizabeth R. Galvin (eds.), *Money, Trade and Trade Routes in Pre-Islamic North Africa*, London: The British Museum, 2011.

Encyclopédie berbère, Aix-en-Provence: EDISUD, 2008.

Encyclopedia of Islam, 2nd edn., ed. P. Bearman, Th. Bianquis, C. E. Bosworth, E. van Donzel, and W. P. Heinrichs. Leiden: Brill, 2005.

Gruen, Erich S., *Rethinking the Other in Antiquity*, Princeton University Press, 2010.

Harper, Kyle, *Slavery in the Late Roman World, AD 275-425*, Cambridge University Press, 2011.

Hirschberg, H. Z., *A History of the Jews in North Africa*, Leiden: Brill, 1974, vol. I.

Kaegi Jr., Walter E., *Muslim Expansion and Byzantine Collapse in North Africa*, Cambridge University Press, 2010.

Law, R. C. C., "North Africa in the Hellenistic and Roman Periods, 323 BC to AD 305," in J. D. Fage and Roland Oliver (eds.), *The Cambridge History of Africa*, vol. II, Cambridge University Press, 1978, pp. 148-290.

Lydon, Ghislaine, *On Trans-Saharan Trails: Islamic Law, Trade Networks and Cross-Cultural Exchange in Western Africa*, New York: Cambridge University Press, 2008.

Mattingly, David (ed.), *The Libyan Desert: Natural Resources and Cultural Heritage*,

London: Society for Libyan Studies, 2006.
McIntosh, Susan Keech, "Changing Perceptions of West Africa's Past: Archaeological Research Since 1988," *Journal of Archaeological Research* 2 (1994): 165-98.
Merrills, A. H. (ed.), *Vandals, Romans and Berbers: New Perspectives on Late Antique North Africa*, Aldershot: Ashgate, 2004.
Muzzolini, Alfred, "Livestock in Saharan Rock Art," in Roger M. Blench and Kevin C. MacDonald (eds.), *The Origins and Development of African Livestock: Archaeology, Genetics, Linguistics, and Ethnography*, London: UCL Press, 2000, pp. 87-110.
Savage, Elizabeth, *A Gateway to Hell, a Gateway to Paradise: The North African Response to the Arab Conquest*, Princeton, NJ: Darwin Press, 1997.
Schiedel, Walter, "The Roman Slave Supply," in Keith Bradley and Paul Cartledge (eds.), *The Cambridge World History of Slavery*, Cambridge University Press, vol. I, 2011, pp. 287-310.
Shaw, Brent D., *Sacred Violence: African Christians and Sectarian Hatred in the Age of Augustine*, Cambridge University Press, 2011.
Vikør, Knut S., *The Oasis of Salt: The History of Kawar, a Saharan Centre of Salt Production*, Bergen, Norway: Centre for Middle Eastern and Islamic Studies, 1999.
Wilson, Andrew, "Saharan Trade in the Roman Period: Short-, Medium- and Long-Distance Trade Networks," *Azania: Archaeological Research in Africa* 47 (2012): 409-49.

케임브리지 세계사 08
제국과 네트워크 2
지역을 넘어선 교류

2023년 2월 10일 1판 1쇄

크레이그 벤저민 편집
류충기 옮김

펴낸곳 : (주)소와당笑臥堂 | 신고 번호 : 제313-2008-5호
주소 : (03994) 서울시 마포구 연남로 13(영상빌딩 3층)
전화 : (02)325-9813
팩스 : (02)6280-9185
전자우편 : sowadang@gmail.com

저작권자와 맺은 협의에 따라 인지를 생략합니다.
값은 뒤표지에 적혀 있습니다.
잘못 만든 책은 서점에서 바꾸어 드립니다.

ISBN 978-89-6722-036-5 94900
ISBN 978-89-6722-028-0 94900 (세트)